成为顶级财务总监的五项精进

财务控制＋价值管理＋投融资管理
战略管理＋考核与激励

平准 李兵◎著

人民邮电出版社

北京

图书在版编目（CIP）数据

　　成为顶级财务总监的五项精进 ： 财务控制+价值管理+
投融资管理+战略管理+考核与激励 / 平准，李兵著. --
北京 ：人民邮电出版社，2020.8
　　ISBN 978-7-115-54016-4

　　Ⅰ. ①成… Ⅱ. ①平… ②李… Ⅲ. ①企业管理－财
务管理 Ⅳ. ①F275

　　中国版本图书馆CIP数据核字(2020)第083602号

内 容 提 要

　　财务管理是企业管理中的重要一环。而作为管理者的财务总监，其在公司的角色也越来越重要。
一个优秀的财务总监应该具备良好的职业道德、杰出的战略领导能力以及全面的工作能力。

　　本书将财务总监的管理能力分为5篇：财务控制篇、价值管理篇、投融资管理篇、战略管理篇以
及考核与激励篇。从这5个角度入手，通过理论介绍、实践分析和案例解析，详细剖析优秀财务总监
应具备的这5项管理能力。希望读者能通过阅读本书对财务总监的工作有更深的理解，并对实际的财
务管理工作有所帮助。

　　◆ 著　　　　平　准　李　兵
　　　　责任编辑　李士振
　　　　责任印制　周昇亮
　　◆ 人民邮电出版社出版发行　　北京市丰台区成寿寺路 11 号
　　　　邮编　100164　电子邮件　315@ptpress.com.cn
　　　　网址　https://www.ptpress.com.cn
　　　　北京七彩京通数码快印有限公司印刷
　　◆ 开本：700×1000　1/16
　　　　印张：34.5　　　　　　　　　2020 年 8 月第 1 版
　　　　字数：798 千字　　　　　　　2025 年 3 月北京第 22 次印刷
　　　　　　　　　　　　定价：128.00 元
读者服务热线：(010)81055296　印装质量热线：(010)81055316
反盗版热线：(010)81055315

财务总监作为一个越来越耀眼的职业群体，在现代商业社会中扮演着越来越重要的角色。优秀的财务总监正以其良好的职业道德、杰出的战略领导能力、全面的工作能力和专业权威性在现代企业的经营管理中发挥着巨大的作用。

财务总监是企业治理结构发展到一个新阶段的必然产物。在现代公司治理结构中，财务总监既是董事会的重要组成成员，代表董事会对企业管理层实施财务监控；也是企业管理层中的决定力量，与首席执行官一起对企业进行战略管理，尤其是财务战略管理。

进入新时代，在国内，经济已经由高速增长阶段转变为高质量发展阶段；在国际上，贸易保护主义有所"抬头"。经济环境的改变对公司的经营管理工作提出了更高的要求，因此，作为企业重要管理者的财务总监必须具备良好的职业道德和较高的专业水平。

要成为一名优秀的财务总监，应当具备什么条件，拥有哪些知识，又该掌握何种技能呢？为了帮助企业培养水准一流的财务总监，笔者精心编写了本书。全书分为5篇，共32章，内容包括：财务控制篇、价值管理篇、投融资管理篇、战略管理篇、考核与激励篇。

财务控制篇首先介绍了财务总监制度的基本内涵和实践，之后详细说明了公司的内部控制制度和公司财务治理等内容。现代公司多以集团形式存在，因此，本书特意针对集团公司的财务控制机制进行了探讨。

价值管理篇以EVA为主要框架展开，首先介绍了企业价值管理的基本理论，之后将EVA模型与企业价值管理结合起来，分别说明了EVA在企业运营管理、资金管理、预算管理、投资管理和企业并购方面发挥的作用。

投融资管理篇首先说明了企业融资和投资的关系，之后分别介绍了融资和投资的业务内容。其中，融资从债权融资、融资租赁和股权融资3个方面进行了论述；而投资则从基本理论和项目投资两个方面进行了介绍。

战略管理篇主要分为公司战略管理和财务战略管理两个部分。首先介绍了公司战略管理系统和3种公司战略类型；其次论述了财务战略和企业战略的关系，介绍了财务战略管理的过程和意义，并将EVA模型应用到了企业战略管理中。

考核与激励篇则从企业绩效评价和薪酬激励两个方面展开。首先概述了企业绩效评价体系，然后对绩效评价指标的方法和影响因素进行了详细的论述，并针对上市公司市场价值评价与分析做了特别的说明。在此基础上，介绍了主要的薪酬激励理论，并把 EVA 引入薪酬激励框架的设计。

本书结合了国际、国内对财务总监的研究成果，将财务总监的理论和案例有机结合起来，从财务总监工作的各个方面完整地介绍了现代财务总监应当具备的专业知识与必须掌握的管理方法和技能，为助力读者成为一名合格的财务总监尽绵薄之力。

本书的使用对象：有志成为财务总监的财务、会计和职业经理人等人士以及在职的财务总监。

在本书的编写过程中，笔者参考和借鉴了国内、外相关文献资料，也得到了该领域专家的支持，在此表示感谢。同时由于编者学识有限，书中难免有不足之处，还请读者不吝批评指正，以便再版时修订。

编者

目录

第1篇 |财务控制篇|

第 3 章　公司报告

第 4 章　企业信息化管理与财务管理信息化

第 5 章　会计制度

第6章　会计机构和会计人员管理

第7章　内部控制制度

第 8 章 内部审计

第 9 章 公司财务治理

第 10 章 集团公司财务控制

第2篇　|价值管理篇|

第11章　EVA概念框架

第12章　EVA的功能与评价

第 16 章 EVA 与企业投资管理

第 17 章 EVA 与企业并购

第 3 篇 | 投融资管理篇 |

第 18 章 企业投融资概述

第21章　企业项目投资

第4篇　|战略管理篇|

第22章　公司战略与战略管理系统

第 23 章　公司战略类型

第 24 章　财务战略管理

第 25 章 EVA 与企业战略管理

第 26 章 公司核心竞争力管理

第27章 公司业务规划

第5篇 |考核与激励篇|

第28章 绩效量化考核体系

第 29 章 绩效量化的考核方法

第 30 章　企业激励与薪酬理论概述

第 31 章　薪酬激励系统

第 32 章　基于 EVA 的薪酬激励

第1篇
|财务控制篇|

第1章
财务总监制度的基本内涵

1.1　财务总监的具体职责

随着经济的不断发展，财务总监在企业财务部门承担的角色越来越重要。财务总监由董事会聘任，对董事会负责，站在投资者的角度为维护投资者的利益而对企业实行财务监管。其职责侧重于监管企业账目的真实性与完整性，监管企业的资金流向是否符合董事会决议，对自己向董事会提供的财务报告和其他工作报告的真实性与可靠性负责。

财务总监的职责主要包括以下几个方面。

（1）在董事会和总经理的领导下，总管公司的会计、报表、预算工作。

（2）建立和完善公司财务部门，建立科学、系统、符合公司实际情况的财务核算体系和财务监控体系，对公司进行有效的内部控制。

（3）贯彻执行总经理办公会议决议。在总经理的领导下，负责分管部门的日常工作。

（4）组织领导公司财务管理、成本管理、预算管理、会计核算、会计监督、审计、存货控制等方面的工作，努力降低成本、增收节支、提高效益。

（5）组织执行国家有关财经法律、法规、方针、政策，监督公司遵守国家财经法令、纪律以及董事会决议，保障公司合法经营，维护股东权益。

（6）利用财务核算原理与会计管理原理为公司的经营决策提供依据，协助总经理制定公司战略，并主持制定公司财务战略规划。

（7）参与公司投资、重要经营活动等方面的决策和方案制定工作，参与重大经济合同或协议的研究、审查工作，参与重要经济问题的分析和决策工作。

（8）负责制订公司利润分配、资本投资、财务管理、销售预测、开支预算和成本标准等计划。

（9）对公司投资活动所需要的资金筹措方式进行成本核算，并提供最经济的筹资方式。

（10）筹集公司运营所需资金，保证公司战略发展的资金需求，审批公司重大资金流向。

（11）制定和管理税收政策方案及程序，协调公司同银行、工商、税务等部门的关系，维护公司利益。

（12）负责审核签署公司预算、财务收支计划、成本费用计划、信贷计划、财务报告、会计决算报表，会签涉及财务收支的重大业务计划、经济合同、经济协议等。

（13）掌握公司财务状况、经营成果和资金变动情况，并及时向总经理汇报工作。

（14）主持制定公司的财务管理、会计核算和会计监督、预算管理、审计、库管工作的规章制度及工作程序，经批准后组织实施并监督检查落实情况。

（15）制订财务系统年度、月度工作目标和工作计划，经批准后执行。

（16）加强财务系统人员的培训和考核工作，提高财务系统人员的业务素质。

（17）做好财务系统各项行政或事务性工作，提高工作效率，增强团队精神。

（18）审核财务报表，提交财务管理工作报告。

（19）完成总经理临时交办的其他任务。

1.2　财务总监的权力

财务总监的权力是由其在董事会中的地位和其在管理层中的作用决定的。财务总监代表董事会对管理层实施财务监控，其一般是企业董事会中相关委员会的主要成员，同时也是企业经营管理中的重要一员。财务总监参与企业的经营管理，对企业的财务工作进行领导与监控。

1.2.1　行使董事会权力

财务总监行使董事会权力，是以董事身份行使其权力的，拥有董事的所有权力，承担董事的所有责任。具体而言，财务总监行使董事会权力主要是行使董事会下属相关委员会的权力。这些相关委员会包括财务委员会、投资委员会、预算委员会、薪酬委员会、审计委员会、股东委员会、发展委员会、执行委员会。

（一）参与企业投资决策

除日常生产经营外，投资也是决定企业命运的一项重要活动。如果说日常生产经营决定企业短期生存状况，投资则决定企业长期的生存与发展。企业作为一个以持续经营、追求发展为目标的营利性组织，为了长远发展，投资必不可少。财务总监作为财务方面的专业人士和企业财务管理方面的最高组织指挥者，要积极参与企业的投资决策，对企业投资进行承受力分析和经济效益分析，并要筹措投资所需要的资金。

（二）调配企业营运资金

人们常将企业的资金比作人体身上的血液，缺少血液人就会死，即使不缺血，血液流动不畅也会使人体生病。企业也一样，缺少资金就有可能面临倒闭，资金流动不畅就会使企业出现经营困难。

企业的经营过程其实就是一项资金转化为另一项资金的过程，即从货币资金开始，经过储备资金、生产资金、销售资金这几个阶段的转化之后再回到货币资金的状态，不断往复。在企业资金的循环过程中，为满足资金的需求量和确保资金流动顺畅，需要有人来合理调配资金。对企业营运资金的管理是企业财务管理的重要内容之一，也是难度比较大的一项工作。如何合理调配企业营运资金，保证企业资金顺畅流动，是财务总监的日常工作之一。

资金对企业的重要性不用多说，在企业生产经营过程中，资金的需求量是随着生产经营的变化而不断变化的。由于种种原因，企业不可能准备一个随时支取资金的百宝箱。只有一小部分企业能随时拿出企业经营所需要的全部资金，而绝大多数企业需要通过资本市场、金融市场、经营市场去筹措经营所需要的资金。筹措企业生产经营、投资发展所需要的资金是财务总监的重要工作之一。

（三）审核会计报告

虽然财务总监在企业里要做的工作很多，但其中最基础的还是会计核算工作。财务总监作为企业财务管理方面的最高组织指挥者，其首要的任务就是组织好企业的会计核算，企业所有的财务管理工作都是建立在及时、全面、真实的会计核算基础之上的。会计核算是企业财务管理过程的基础，其工作内容非常具体和繁杂。财务总监主要是组织会计核算，并不需要亲自进行具体会计操作。财务总监主要是组织企业会计核算体系以及相关财务、管理制度的建立，努力建设一个高效的会计机构，带出一支有战斗力的团队，促使企业会计核算符合国家的政策及企业的利益要求。会计核算的所有工作最终是以会计报告综合反映出来的。财务总监通过审核会计报告来监管企业会计核算工作，并监管经营过程中各项制度、政策执行的情况，监控企业的预算执行过程与结果。审核企业会计报告是财务总监必不可少的工作之一。

（四）进行企业经济活动分析

企业会计报告专业性、综合性比较强，其中很多财务数据比较笼统，只能综合反映企业的某些经营状况，而至于其间包含的许多具体经济信息无法一一反映。为保证企业管理者能读懂其中的内容，财务总监应利用自己的专业知识，通过对企业各方面经营活动过程的了解，利用所学的专业分析方法，对企业经济活动情况进行综合分析，写出比较系统、让其他管理者都读得懂的分析报告，为企业最高决策者提供决策所需要的相关财务信息。

（五）组织企业财务预算的编制、日常检查等工作

随着企业规模的扩大，预算管理在企业管理中的重要性越显突出，财务管理也是如此。超过一定规模的企业的财务管理主要是围绕财务预算来进行的。财务总监作为财务管理方面的最高组织指挥者，因此，其组织企业进行财务预算的编制是顺理成章的事。当然，预算编制只是财务管理的初始环节，财务管理关键还在于执行。要使执行不偏离规划，财务总监在执行过程中时刻进行预算的日常检查必不可少，只有这样，才能真正做到事前有规划、事中有管理、事后有分析。

（六）管理企业财务制度

企业是一个以营利为目的的经济组织，经济组织管理具有共性，那就是制度化，即以制度管人管事。财务管理作为经济组织管理中的一个重要组成部分，并且是核心部分，其体系化和制度化必不可少。作为企业财务方面的最高组织指挥者和责任人，财务总监是这一制度化体系建设的组织者，应组织好对企业内部财务制度的制定、贯彻执行，组织好对

国家财政、财务、税收等相关法规的学习与执行；应对制度的执行进行详查，以确保企业守法经营。

1.2.2　行使管理层权力

财务总监行使管理层权力，首先要做好成本控制，组织企业进行成本管理，压缩企业成本；其次要合理调节企业税负，进行企业纳税筹划；最后要协调各方面财务关系，做好财务管理工作。

（一）组织企业进行成本管理，压缩企业成本

在现代经济社会中，做独家生意的情况是很少的，绝大部分商品在市场上都能找到相同或相似的替代品。在这种情况下，产品的质量和成本就显得十分重要。在激烈的市场竞争中，成本在很大程度上决定了企业的盈利水平乃至命运。成本控制是企业财务管理的重点，也是企业财务总监工作的重点之一。组织企业进行成本核算、成本管理和压缩企业支出，是财务总监必须做好的一项工作。

（二）进行企业纳税筹划

依法纳税是每个企业应承担的法定义务，为国家建设多实现税收，对每个企业来说都是一件非常光荣的事。但交税都会引起企业资金净流出，这就意味着留给企业自用的资金就会少一些。这对企业来说是一种压力，特别是当企业面临急需资金的情况时更是如此。企业既要做到依法纳税，又要避免资金过快、过集中地流出，因此，必须进行业务调节、纳税筹划。通过纳税筹划，企业可以在遵守国家法规的基础上，合理调节企业税负，调节资金流动，这是财务总监的工作目标之一。

（三）协调各方面财务关系

财务部门作为企业组织中的一个重要部分，财务管理作为企业管理体系的重要内容之一，都不可能独立于组织而存在。财务关系是企业在组织财务活动过程中与有关各方面发生的经济利益关系，与企业的经济利益息息相关。因此，协调各方面财务关系至关重要，是财务总监行使管理层权力的重要组成部分。

1.3　财务总监的工作任务

财务总监既是董事会的重要成员，又是企业管理层中的决定力量。财务总监既代表企业的所有者对公司的日常经营行使监督职权，又作为企业管理层中的主要领导人员，对企业的财务工作进行全面、系统的管理与督导，扮演企业价值管理人的角色，参与企业的战略管理。正因为如此，财务总监的工作方式是全方位地参与企业的经营管理，运用自己的职业权威，对企业的财务工作进行监督、控制与领导，同时也借助外部力量来协助自己的工作，如请注册会计师对企业的会计与内外部审计进行指导等。

财务总监在为企业创造价值的活动中所进行的工作可以概括为总体的工作任务、具体的工作任务和日常工作安排。

1.3.1　总体的工作任务

财务总监总体的工作任务包括价值管理和财务管理两个方面，其中价值管理是核心，财务管理的各项工作围绕价值管理进行。

（一）价值管理

在现代企业中，价值管理成为了企业财务管理的主流思想，从而使财务总监在企业中的角色定位也发生了本质的变化。如今，衡量财务总监工作的很重要的一个方面在于其在何种程度上为企业创造价值。

例如，默克集团的茱迪·莱温特是美国最优秀的财务总监之一，她重新设计了默克集团对于新型药品获利能力的估算方法。莱温特设计了一套新型的财务数量分析模型来证明新型药品的研究开发费用并非一种单纯的支出，而是一种能为企业创造收入的投资。在莱温特的说服下，默克集团的研究开发预算从 1985 年的 42.6 亿美元增长到 1995 年的 120 亿美元；同一时期，由于不断有新产品投放市场，默克集团获取了丰厚的利润，其股票价格也增长了 39%。

企业的经营战略与财务战略之间存在着密切的内在联系，企业战略就是在这种内在联系的基础之上应运而生的。实施企业战略的目的就是在企业控制权市场和资金市场中确立明显的优势，它与企业中、长期的财务规划密不可分。财务总监根据企业的经营战略提出符合企业实际的辅助性财务战略，而各部门主管在提交计划和提案时，应依据这份辅助性财务战略，着眼于价值创造。

财务总监应将企业战略与财务责任融为一体，使其成为沟通各部门主管的战略经营核心与企业、投资者财务要求的桥梁。财务总监应当全程参与企业价值创造战略的制定，并与总经理一起，全方位培养企业的价值管理能力。因而，企业为创造价值所做的一切努力，其成败的关键因素之一在于企业是否拥有一位强有力的财务总监以及其是否能发挥强势作用。

（二）财务管理

财务总监总体工作任务中的财务管理是指财务总监运用自己的职业知识进行财务预测、计划、决策、控制、分析、审计与财务研究工作。财务总监主要是就企业全部资金的需求量、利润、风险、收益等情况进行长、短期预测，为企业的财务决策提供相关依据。

在企业的财务决策工作方面，财务总监主要在财务预测的基础上，对企业的现金收支、资金、利润与资本负债进行中、长期计划与规划，使企业的日常经营活动能在有计划、有准备的情况下有组织地进行。财务决策工作是财务总监工作的重点，其要点是：利用企业的财务杠杆及比较各种筹资方式的优劣，做好企业的筹资决策，使企业的资本结构达到最优、财务风险降低到最小，获得最合理的财务杠杆效应；利用现金流量做好企业的投资决策方案，提高项目方案的投资回报率，降低项目及企业的投资风险。此外，财务总监还应做好后期股东的股利分配决策以吸引投资者，同时给股东最合理的回报。

在企业的财务控制工作方面，财务总监的工作不仅限于财务预测、规划与决策。作为企业管理层的主要成员，财务总监还应对企业的会计系统进行控制，保证资金的安全。重点是要建立健全责任会计体系，推行全面预算管理，选好财务控制指标，并对几个关键的财务控制领域，如现金、应收账款、存货等领域进行控制，目的是使企业达到最优的存量水平并且防止舞弊、贪污与挪用资金的情况发生。

在企业的财务分析工作方面，为了增加董事会、管理层对企业财务状况的了解和对企业财务政策的支持，财务总监还应对企业的总体财务状况进行分析。应重点运用各种财务方式与财务手段进行企业偿债能力、获利能力和发展能力的分析，以增强投资者对企业的信心。

在企业的财务审计工作方面，财务总监在进行财务审计监督控制时，一般是委托专门的会计师事务所进行审计工作的。财务总监的主要职责是协助他们进行外部审计工作。当然，财务总监还应对企业进行内部审计，并与控制工作联系，对企业的收支、存货与固定资产、筹资与投资等情况进行审查，防止"账外账"等不合法的现象出现。

在企业的财务研究工作方面，现代信息社会中学习（研究）型组织盛行，作为企业财务部门的最高负责人，财务总监应提倡进行财务研究。财务总监应认真研究企业的财务环境、利率与通货膨胀、新观念与财务管理工作的融合，当然，不能忘了对财经领域的工作进行研究，这是财务研究工作的重点所在。

1.3.2 具体的工作任务

财务总监具体的工作任务是在总体工作任务的指导下对企业的财务工作进行领导与管理，主要内容有：战略管理、资本运作管理、会计系统管理、成本系统管理、财务控制体系管理、薪酬激励系统管理以及税费系统管理。

（一）战略管理

面对激烈的竞争环境，任何管理活动的先进性都只是暂时的，而稳妥的战略与相应的改革才是经久不变的。建立稳妥的战略和实行相应的改革是企业提高竞争力与创造价值能力的前提条件。财务总监在企业的战略管理中所承担的主要工作内容有以下几点。

1. 实现企业战略与价值最大化两大目标的有机结合

（1）不断评估企业各项项目计划创造价值的能力，在重大财务管理问题上提供专业建议。

（2）协助制定企业扩展战略。

（3）评估企业利用机会创造价值的能力，就欠缺的能力提出建议和相应的整改方案。

（4）就企业的具体提案进行业绩评估与财务评估。

（5）规划并实施企业战略的重大交易。

（6）制定企业财务绩效衡量标准以及目标完成情况的内部监督制度。

2. 制定、建议、实施企业财务管理战略，以支持企业推行其经营管理战略

（1）制定关于企业价值创造的有效资本结构和股利政策的战略。

（2）设计并管理向投资者和金融界披露企业管理计划要点和经营绩效的战略。

（3）谈判并实施所有重大财务交易，包括借贷、股票发行和股权重构等。

3. 实施与企业战略相配套的资源管理策略

（1）注重传统资源以外的为企业创造价值的各类资源，如知识资源等；研究各类资源的价值动因，将资源管理自觉地纳入提高企业价值的总体目标。

（2）采用包括管理信息系统、企业资源计划、业务流程重组和平衡计分卡在内的新型资源管理技术或管理工具，提高企业资源配置效率。

（二）资本运作管理

在西方许多国家，企业的财务管理已经达到相当均衡的水平，成本已降低至企业的经济底限，各种价值增值的方法也已经普通被采用。而财务总监的压力主要集中于为企业寻找继续发展的良机，即优化企业的资本运作。企业相关资本的运作是一个较为复杂的体系，因此，财务总监要做的工作是繁重的，包括企业兼并、重组、收购在内的资本运作，涉及资产的评估、交易、融资、谈判等工作。财务总监在资本运作管理中必须考虑资本运作的成本与风险问题。

（三）会计系统管理

在一个多层次、多体系、多结构的企业管理控制系统中，企业会计系统处于基础支持地位，为企业财务管理系统、预算管理系统、业绩计量系统、报酬和激励系统等提供支持性服务。财务总监在会计系统管理中所承担的工作内容主要有以下几点。

（1）确定企业财务管理体制。

（2）进行会计报告、会计政策的选择和盈余管理。

（3）设计、推行内部控制制度，切实防范风险。

（四）成本系统管理

企业成本系统管理包括企业的成本核算系统和成本控制系统两大方面。财务总监在企业的成本系统管理中所承担的工作内容主要包括以下几点。

（1）利用相关的成本信息做出重要的产品特征决策和产品组合决策、制定竞争性策略、改善经营行为、评价业绩情况并以此控制分散经营的下属组织。

（2）拥有企业准确的成本信息以改进成本分配过程，确保成本分配的准确性，促进成本系统管理。

（3）注重利用包括战略成本管理、目标成本管理、作业成本管理和适时生产系统管理等在内的新型成本管理技术或成本管理系统，提高企业成本管理绩效。

（五）财务控制体系管理

企业必须建立一个有效的财务控制体系。财务控制体系的好坏，在很大程度上决定了企业经营管理水平的高低。财务控制体系不仅包括企业总体的财务工作内容，而且包括企业项目预算等方面具体的工作内容。财务总监在总体财务控制体系管理中所承担的工作内容主要有以下几点。

（1）将企业组织单元划分为不同类型的责任中心，建立一套行之有效的责任会计体系来实施管理控制。

（2）建立全面的资金预算管理体系，包括预算编制和预算执行两个基本环节。

（3）选择适当的内部控制指标，监督并评估各部门的绩效。

（六）薪酬激励系统管理

企业薪酬激励系统管理是现代企业财务管理向人力资源管理渗透的结果，具有极高的实用价值。建立一个有效的激励与薪酬管理系统，是财务总监的一项重要工作任务。财务总监在薪酬激励系统管理中所承担的工作内容主要有以下几点。

（1）建立适合企业经营管理的绩效评估体系。

（2）用适合的平衡计分卡来评估绩效。

（3）分析影响管理者报酬计划的有关因素，采用递延支付、长期报酬方案等思路解决管理者逐利的短期行为。

（4）稳妥地在企业内部推行年薪制、管理层收购、员工持股、期权激励等分配方案。

（七）税费系统管理

企业税费系统管理的内容主要有对增值税、所得税等税收的筹划，对商业保险、社会保险费用进行合理规划，有计划地为企业财产及员工购买保险。此外，财务总监还应指导企业财务人员交纳国家的各种行政事业性收费。

1.3.3　日常工作安排

（一）需要思考的问题

财务总监在其工作职责的指导下，需要深层次思考的问题主要有以下几点。

（1）企业怎样通过建立一流的财务统计支持系统以适应企业的战略管理，提高企业的管理水平。

（2）企业怎样从长期战略发展的角度，建立具有风险防范功能的财务长期规划体系。

（3）企业怎样促成使自己在制定财务运营战略、增加股东权益中发挥重要作用，并且使这一作用的发挥通过投资管理和预算控制得到不断加强。

（4）企业怎样将被动的财务内部监控理念转变成在预测和管理过程中的积极干预和渗透。

（5）企业怎样建立一个合理、适当的财务支持系统，以协调、规范不同企业的财务活动和财务流程，引领企业兼并或集团并购。

（6）怎样寻找更有利的企业扩张机会。

（二）具体工作安排

企业的财务总监代表的是一种全新的会计师形象，必须由从前兢兢业业、固守传统填制报表的一般会计人员，转变为现在的高级决策支持专家。在众多的大、中型企业中，财务总监拥有的深厚的财务知识以及他们对于企业经营环境的准确理解，正在越来越多地为企业管理发挥作用、创造价值。财务总监逐渐成为企业价值创造队伍的主导者和全能成员，其日常具体工作安排主要有以下几点。

（1）对董事会直接负责，向董事会分析筹资、融资、投资以及收入分配方案，提交企业预算及汇报财务情况。

（2）听取财务部部门经理的工作汇报，经过审批，提交各种财务报表给企业管理层和董事会。

（3）代表企业整体的管理层提出企业会计机构建设方案和基本财务会计制度，并上报董事会。

（4）组织实施股东（大）会和董事会批准的重大财务方案。

（5）代表企业管理层制定财务、会计的规章制度。

（6）监督企业日常的财务管理工作，保证企业财务、会计和税务工作的运作符合国家相关法律法规的规定和预先设定的程序。

（7）进行企业资金预算管理和财务分析工作，并上报董事会。

（8）主持企业资金管理工作，控制企业的财务风险、运营风险，保持合理的资产负债率，增加企业价值。

（9）与金融机构、会计师事务所、律师事务所保持良好的关系，寻求良好的专业服务支持。

（10）参与其他非财务范围的决策，对涉及财务方面的问题发表意见。

1.4　财务总监素质要求

财务总监是一个高标准、严要求的职业经理人群体，他们不仅能预测企业的价值，而且能为企业寻找新的价值增长点。一个合格的财务总监应具有与其职位相称的基本素养，只有这样他们才能做好本职工作，承担起相应的责任。财务总监的基本素质要求应包括：良好的职业道德、超强的职业权威、综合的工作能力。

1.4.1　良好的职业道德

职业道德不应该只是一个概念，而应该是财务总监在日常工作中所遵守的准则。财务总监良好的职业道德主要包括以下几点内容。

（1）对社会负责。

在企业财务管理的过程中，财务总监可以被看作是社会公众利益的代表。他们代表了债权人、股东、消费者、员工及其他利益相关人的利益，因此，他们必须最大程度保证披露的会计报表对每个利益团体来说都是公允可靠的，这种对社会公众的责任，财务总监必须牢记在心中。

（2）全面专业的财务知识体系。

财务总监必须掌握大量的财务会计、审计、财务管理等知识，通晓相关的经济法律法规。随着经济环境的复杂化，财务总监所要学习和掌握的相关知识将变得更加多元化。

（3）严格的执业注册制度。

目前的经济社会对财务总监这一职位还没有执行注册制度，但一般企业往往要求财务总监具有注册会计师资格。相应地，财务总监也应遵守注册会计师的相关执业注册制度。在正式执业以前，从业人员不但必须具备良好的教育背景，而且还要通过严格的专业考试，以确保他们掌握了复杂的专业知识，并对相关的准则和法规非常熟悉。

（4）赢得社会的信任。

注册会计师、律师、心理医生等专业性较强的职业都必须得到社会充分的信任。对于财务总监而言，这种信任显得尤为重要，因为财务总监的工作职责就是增强社会公众对企业财务情况的信任。如果连从业人员本身都不值得信任，那么还何谈增强对企业的信任呢？

1.4.2　超强的职业权威

财务总监超强的职业权威来源于其良好的职业道德。职业权威主要包括组织权威、个人权威和专业权威。

（一）组织权威

组织权威主要源自财务总监职位本身在企业内部管理结构中的突出作用及地位。一般情况下，财务总监是董事会成员，由董事会任命，对董事会直接负责，代行董事会的财务审批职能和内部监控职能；同时，财务总监又是企业管理层成员，直接领导并监督企业的财务运作。

财务总监的组织权威可以理解为其所具备的组织领导基础，它来自管理者对他人的影响力。影响力是指管理者在与下属的交往中，影响和改变他人心理与行为的能力。影响力的大小、强弱、持久性都会影响到财务总监的组织权威。

（二）个人权威

所谓个人权威，主要源自企业财务总监通过学校教育和自我教育所获得的个人能力与基本素养。财务总监的个人权威主要体现在基本素质和基础能力两个方面，其主要内容有以下几点。

（1）对一些思想交流、历史事件和现实世界的不同文化有一定程度的了解，具备必要的国际视野。

（2）具备人类基本行为的知识。

（3）具备对世界上经济、政治、社会问题的国际意识。

（4）拥有开展数据调查和进行财务数据分析的经验。

（5）具有调查研究、抽象逻辑思维和批判思维的基本知识。

（6）拥有必要的科学、艺术和文学知识。

（7）对人与社会的关系以及价值有着比较深刻的理解。

（8）具有独立思考的能力及对价值判断的经验。

（9）具有准确陈述自己观点以及严谨缜密的书面表达能力。

（10）具备一定的交际能力（如与他人协调、处理和解决冲突等能力），领导的能力，行政和人事管理能力，特别是要具备在勇于对总经理和业务经理的想法提出质疑的同时，能维护他们的尊严和自信的能力，以及领导和协调重大交易谈判的能力。

（11）具备一定的运用信息技术的能力。

（三）专业权威

所谓专业权威，主要是指财务总监所积累的专业能力和专业经验。董事会或管理层在进行财务及经营决策时，需要参考财务总监的专业建议，因此，企业的财务总监应具备相当丰富的财务、会计和管理知识技能，对企业内部控制和财务管理应具有丰富的经验和深刻的理解。财务总监的专业权威体现在以下几点。

（1）深厚的财务、管理技术知识。

（2）运用技术知识分析和解决有关经营管理问题，包括十分复杂的管理难题。

（3）从所掌握的企业财务管理信息中识别相关信息的敏锐的业务判断力和出色的分析能力。

（4）在复杂情况下发现问题，并能恰当安排解决问题的方案。

（5）综合运用多种知识和技能制定相关政策、方案。

（6）以简明扼要的方式向管理层或董事会提出意见和建议。

（7）掌握职业道德知识，遵守职业道德规范。

1.4.3 综合的工作能力

财务总监与其他任何企业的经营管理者一样，必须具备综合的工作能力。财务总监应具备的综合的工作能力包括：理财能力、决策能力、协调能力、表达能力、组织能力、应变能力和意志能力。

（一）理财能力

理财是制订财务计划、组织财务活动、处理财务关系的一种管理活动。财务总监作为企业的财务管家，其具体理财工作包括以下几点。

（1）组织编制和执行项目资金预算、财务收支计划与资金的信贷计划。

（2）负责筹措营运资金，高效地使用所筹集的资金，并将项目资金的计划与执行情况报告给董事长、总经理。

（3）进行产品成本费用预测、计划、控制、核算、分析和监督，督促企业相关管理部门降费减耗，提高经济效益。

（4）建立健全企业的经济核算制度与相关财务制度，利用财务会计资料进行经济活动的效益分析。

（5）负责本企业财务机构的职责设置和会计人员的配备，对会计职务的设置和会计人员的聘任提出科学合理的方案，定期组织会计人员的业务培训与考核，督促会计人员依法行使职权。

（6）督促本企业财会人员严守企业财务秘密，建立信息保密制度。

（7）协助董事会及总经理对企业的生产经营、投资等问题做出决策。

作为董事会财务管家，财务总监主管企业理财工作的战略导向，需要具备独特灵活的理财思路，在理财经验和实际工作方面应有深厚的经验，以便灵活地应对和处理财务事务。对于财务总监而言，理财能力是其应具备的首要工作能力。

（二）决策能力

决策就是从两个或多个可行方案中选择一个相对更优方案的过程。在决策过程中，财务总监要权衡每个方案的利弊得失，因此要具有较高的抽象能力和判断能力、明晰的逻辑思维能力、系统的综合思考能力、敏锐的洞察力和丰富的想象力，从而形成准确的项目效应估计，迅速做出适当的决策。财务总监的决策能力来源于扎实的专业知识和丰富的工作经验，是由其个人素养、文化素养、所掌握的社会与自然科学知识等各种综合知识以及直接和间接的实践经验结合而成的。

（三）协调能力

协调能力主要是指财务总监妥善处理与上级、同级和下级之间的人际关系的能力。财务总监在工作中总要同这三个方面的人打交道，而这些人的身份、地位、交往需求、心理状况不尽相同。财务总监需要与他们友好相处、互相配合、协调一致。

（四）表达能力

准确的表达能力是财务总监的一项重要能力，也是一项基本功。尤其是财务总监在反驳上级的决策时，更需要足够的表达能力去说服董事会成员，使董事会转而支持自己的决策。表达能力包括口头表达能力和书面文字表达能力两个方面。口头表达能力，即说话的能力，表现为财务总监对演讲、对话、报告、讨论、谈判等各方面的技巧与艺术的运用。书面文字表达能力，即文字的应用能力，对财务总监来讲，主要是指对发展规划、会计报告、总结等的写作能力。从口头表达技巧方面来看，表达能力主要包括坚定信心，配合恰当的体态，注意口语修饰，利用悬念手法，根据反应调整表达内容等。

（五）组织能力

组织能力是财务总监应该具备的重要才能之一，是指财务总监作为企业财务部门的最高领导者，为了获得股东理想的经济效益，对被管理者实行有效管理和控制的能力。财务总监的组织能力，主要表现在用人授权和控制指挥两个方面。作为一个企业的财务总监，其应该能够合理地运用手里的资源，做到"人尽其才、才尽其用"，让各项资源变成自己"手的延伸、腿的延伸、耳的延伸以及脑的延伸"。财务总监不但要能够将手下的人"撒"出去，放手让他们工作，各司其职、各尽其责，而且还要能够采取有效的管理控制手段，对他们的行动方向、行为方向和行为效果实行"遥控"。这样，财务总监的组织能力就能体现出来，从而形成以其为中心的"内核"集体。

（六）应变能力

应变能力是一种根据社会经济情况的不断发展变化随时调整领导行为的一种非常宝贵的能力，是复杂的现代管理领导活动对管理者的综合素质提出的一条重要的要求，也是确保管理活动获得圆满成功的一个先决条件。具有快速应变能力的财务总监，能够从表面的平静中及时发现新情况、新问题，从中探索新路子，总结新经验；对改革中遇到的新事物、新工作，能够倾听各方面的意见，认真分析具体情况，勇于开拓新方法，大胆提出新构想、新方案；对已取得的工作成绩，不满足、不陶醉，在取得成绩的时候不得意忘形，能透过成绩找差距、挖隐患。

（七）意志能力

财务总监在面临竞争日益激烈的外部市场环境以及纷繁复杂的财务管理工作时，要想认真做好自己的本职工作、实现企业和自身的目标，就必须有一种超强的意志力。这种意志力就是财务总监事业心的中心支柱。财务总监的意志能力源自其健康的体魄与平和的心态，只有这样，财务总监才能尽可能地做好企业的财务管理工作，当好财务部门的负责人。

第 2 章
财务总监制度的实践

2.1　国外企业财务总监制度的实践情况

2.1.1　财务总监制度的产生与发展

19 世纪末，西方国家一些企业的财务主管，逐渐从繁重的簿记工作中解脱出来，将加强企业财务控制、对内部实施成本控制、降低材料消耗、提高工人效率作为工作目标。随着钢铁、铁路、化工等工业企业规模的迅速扩张，企业需要很多资金，财务主管把更多精力投入资本市场，与股东和金融业主进行广泛沟通，以便从资本市场中筹集到企业发展所需的营运资金，从而使得这些财务主管在公司的地位也随之提高。在配合公司经营主管搞好内部经营管理工作的同时，财务主管扮演着资本市场与企业之间沟通的主角，他们的重要地位和作用得到了广泛认可。财务主管不再只做一些记账和报账等简单重复的工作，而是开始对企业实施财务控制，参与企业管理决策，这就构成了早期的财务总监制度。

20 世纪中期，公司经营权与所有权进一步分离，美国等发达国家推动资本大众化，结果造成分散的股东对公司监督和控制力度减弱的局面，公司代理问题突出。财务部门负责人不仅要完成日常的财务和会计管理工作，还要负责与股东进行沟通。股东（出资人）不断要求公司财务总监对企业经营管理实施有力的监督，促使财务总监监督的责任不断加大。在这种情况下，财务总监在公司中的地位也得到了大幅度的提高。

20 世纪后期，公司市场控制权竞争激烈，很多公司的战略思想从关注多元化战略开始向打造企业核心战略转变，财务总监开始在兼并的浪潮中发挥无可替代的作用。公司财务首席执行官承担的职责已经与一般财务经理承担的职责不一样了，在公司的战略规划和战略制定中，他们成为了管理层有力的助手和参谋，成为了公司高级管理层与股东之间沟通的桥梁。

2.1.2　财务总监与财务总监制度的含义

在一些其他国家或地区的公司里，财务经理下设财务司库和财务控制员。财务司库的主要职责是管理公司现金，募集资金，同银行和股东保持持续性、经常性业务联络；财务控制员的主要职责是控制公司经营管理在预算框架下运转。规模较大的公司，如企业集团等，董事会中行使最高财务决策权的"财务经理"就是首席财务执行官（CFO）。我们将一般财务经理称为"一般财务总监"，将大型企业首席财务执行官称为"高级财务总监"。我们认为，从广义上理解，财务总监（包括财务经理和首席财务执行官）应是受托（包括受股东委托、受集团企业管理层等其他委托）进行财务监督管理的高级财务管理人员。这个定义中有 3 层意思：一是受托；二是行使财务监督管理职能；三是高级财务管理人员，有别于一般的财务管理人员。

2.2　我国财务总监委派制的实践

我国的财务总监委派制始于 20 世纪 90 年代，最初用于政府对国有企业的监督，而后发展到对公司制企业进行监督，主要存在 3 种形式，即政府机关委派制、董事会委派制、总经理委派制。政府机关委派制一般用于国有独资企业、国有控股企业，财务总监主要是履行监督职能；董事会委派制主要用于集团企业，财务总监由董事会聘任，履行监督与控制职能；总经理委派制中财务总监由总经理任命，财务总监直接对总经理负责。财务总监委派制本质上是一种所有权内部监督制度。这种制度是现代企业内部治理的重要部分，也是企业经营规模和组织规模扩大后的必然产物。财务总监委派制在我国的实践已有近 30 年的历史，为维护所有者利益发挥了重要的作用。

经过多年的实践，我国的财务总监委派制由一种与国有企业改革相配套的经济监督制度，逐渐演变为公司治理结构有机组成部分的一项基础性制度。

（一）财务总监政府机关委派制

深圳、四川、上海等地由政府对国有大、中型企业委派财务总监的做法，引起了业内人士的广泛关注。

（1）资格认定。

深圳市的委派单位是国有资产管理委员会代表政府组建的国有资产经营公司，包括投资管理公司、建设集团公司和物资集团公司。财务总监在全国范围内进行招聘，招聘条件非常严格。

（2）职责界定。

财务总监的职权包括以下几点。

① 审核公司的重要财务报表和报告，并与总经理共同确认其准确性后上报。

② 参与制定公司的财务管理规定，监督检查公司各级财务运作和资金收支情况。

③ 财务总监与总经理联签批准规定限额范围内的企业经营性、融资性、投资性、固定资产资金支用和汇往境外资金及担保贷款事项。

④ 参与拟订公司年度财务预、决算方案。

⑤ 参与拟订公司的利润分配方案或亏损弥补方案。

⑥ 参与拟订公司发行公司债券方案。

⑦ 参与拟订公司所属部门或二级公司的承包方案。

⑧ 审核公司新项目投资的可行性方案。

⑨ 每半年向国有资产产权部门报告本企业的资产和经济效益变化情况，对公司有关经营的重大问题要及时报告。

财务总监的责任包括以下几点。

① 对上报的公司重要财务报表和报告的真实性，与总经理共同承担责任。

② 对国有资产的损失承担相应责任。

③ 对公司重大投资项目因决策失误造成的经济损失承担相应责任。

④ 对公司严重违反财经纪律的行为承担责任。

⑤ 实行财务总监与总经理联签制度后，因财务总监把关不严乃至徇私舞弊造成失误或经济损失的，视其情节轻重，追究财务总监的行政责任、经济责任或法律责任。

（二）财务总监董事会委派制

1. 特点

该模式的主要特点是：财务总监由董事会聘任，是对公司财务活动和会计活动进行管理和监督的公司高级管理人员，其职级一般不低于公司行政副职。财务总监对董事会批准的公司重大经营计划、方案的执行情况进行监督，定期向董事会和监事会报告公司财务运作情况，并接受董事会和监事会的质询；财务总监对董事会和总经理负责，在财务支出上建立总经理与财务总监联签制度，即在董事会的授权范围内，企业财务事项必须由总经理和财务总监联合签批后才能生效。

2. 优点

这种模式比较符合《中华人民共和国公司法》（以下简称《公司法》）的有关规定，便于在公司内部建立起有效的财务监控机制。联签制度是财务监控的重要组成部分，借鉴了《总会计师条例》的可取之处，利用内部控制机制来控制决策风险。同时，在这种模式下，公司财务负责人更容易介入公司决策层，参与公司发展战略的制定和实施；公司财务管理工作的重心转向制定财务战略和加强投资管理等方面，并将监控实施于战略决策的全过程。

3. 弊端

（1）强调财务总监的监督职能，容易忽视或削弱财务总监参与公司经营管理的职能，特别是牵制了财务总监在公司内部建立起一个有效的、与公司发展战略相适应的财务支持系统。

（2）财务总监同时要向董事会和总经理负责，组织线条不够清晰，一旦出现总经理的决策与董事会决议精神相违背的情况，财务总监可能会无所适从，左右为难。

（三）财务总监总经理委派制

在这种模式下，公司的财务总监由总经理任命，财务总监直接对总经理负责。财务总监承担的角色在本质上与传统意义上的总会计师角色并没有什么不同。由于财务总监是由总经理任命的，两者之间的工作沟通也会变得更容易一些。

这种模式的弊端是：在日常管理中，缺乏必要的内部牵制或监控，长期困扰国有企业改革和管理的"内部人控制"现象不可能从本质上得到改善。当董事会的战略意图与公司管理层的利益目标发生冲突时，因这种"对总经理负责"的指导意图的存在，董事会的战略目标就很难通过公司的财务管理来实现。同样，公司管理层也不一定会建立适应董事会战略意图要求的财务支持系统。

3.1 会计报告系统

3.1.1 会计报告系统的含义

会计报告系统是指针对企业自身经营管理和不同利益关联方的信息诉求，为了汇总、分析、分类、记录、报告公司日常的经济交易，履行对于相关资产与负债的受托责任，企业建立的一套动态管理各类会计信息的机制。一般而言，会计报告系统涵盖了企业会计制度基础结构的全部组成要素，包括制度（内部控制制度）、体制（财务控制体制）、机制（会计人员及会计组织管理机制）、技术（网络会计技术和内部审计技术）和公司报告（包括但不限于财务报告）。

会计报告系统包括内部与外部两套财务报告体系。对外提供的财务报告遵循的是国家制定的会计准则；而对内提供的财务报告则属于管理会计的范畴，无须遵循统一的会计准则。

3.1.2 会计报告系统的作用

（一）在公司治理中的作用

会计报告系统与公司治理有着密切的关系。及时有效的财务会计信息披露是公司治理的重要措施，完善的会计报告系统对公司治理发挥的重要作用如下。

（1）有助于提高决策层的有效性，抑制"内部人控制"的现象。为了真正实现对股东负责的目标，决策层成员必须成为公司治理的积极参与者和重大决策的制定者、落实者，而这种决策层成员的参与性依赖于及时、有效、可靠的会计信息。同时，完善的会计报告系统有利于减少公司内部的信息不对称现象，有利于提高管理的透明度，遏制管理腐败。

（2）有助于履行对其他利益相关者的责任。公司管理层应保障公司的全部利益相关者的利益，而不仅是为股东服务的。为此，财务总监要权衡公司全部利益相关者的信息披露诉求，提供完善的会计报告系统。

（3）有助于加强资本市场对公司的自行监控，增强投资者的信心。公司对外公开披露会计信息在某种意义上具有"准公共产品"的特性。充分有效的公司财务会计信息有助于提高资本市场对公司监控的可行性、有效性。

（4）有助于完善管理层的激励机制。人力资本定价原则是确定高级管理人员薪酬的基础与前提。而人力资本定价是一种典型的市场化行为。高级管理人员的短期激励一般以会计盈余为基础，长期激励则以市场价值为基础。两者均反映为一系列的定性和定量的业绩要素和相应的会计指标，这必须依赖充分有效的会计报告系统。

（二）在公司管理中的作用

会计报告系统处于公司组织结构和管理系统的基础地位，为公司决策系统、理财系统、计划与预算系统、绩效计量系统和薪酬激励系统提供支持性服务。会计报告系统不仅为公司的经营决策提供信息，同时也为公司的业绩评估和个体行为激励提供有用的数据和资料。正因为如此，它有助于使公司结构保持为一个整体，防止其与公司的其他系统和机制割裂开。

在复杂、多层次公司组织的规划和控制活动中，财务总监应认识到会计报告系统的重要作用。一个完善的会计报告系统或许不能保证公司一直在竞争中处于优势，特别是在公司没有好的产品、生产效率低下、市场销售不景气的情况下。但是，一个不健全、低效、脆弱的会计报告系统，却会很容易使一个具备产品、生产和市场优势的公司陷入困境。

3.1.3　会计报告系统的类型

会计报告系统的类型主要包括以下 4 种。

（一）资本经营型会计报告系统

资本经营型企业的基本特点是围绕企业资本保值增值进行企业日常的经营管理，把资本收益作为企业管理的核心。资本经营型企业的管理目标是资本保值增值或追求资本盈利能力最大化。因此，资本经营的基本内涵是指企业以资本为基础前提，通过资本决策与优化配置来提高资本经营效益，使企业以一定的资本投入，取得尽可能多的资本收益。资本经营的领域包括资本流动、收购、重组、参股和控股等能实现资本增值的领域。

反映资本经营效果的核心指标是企业的净资产收益率。要完成企业资本经营的最佳目标，一方面要提高总资产报酬率，即搞好资产经营；另一方面要搞好企业日常的投资决策，降低资金成本，特别是需要降低企业的负债成本，优化企业综合资本结构，实现最优的资本结构比例。因此，资本经营型会计报告系统主要包括：资产经营报告、资金成本报告、资本结构报告、所得税报告、经济增加值报告等。

（二）资产经营型会计报告系统

资产经营型企业的基本特点是把资产作为企业投入的一种资源，并围绕资产的配置、重组、使用、报废等环节进行管理。在资产经营型企业中，产品经营或商品经营以资产经营为基础，即围绕资产经营进行产品经营和商品经营。资产经营型企业的管理目标是追求资产的增值和盈利能力的最优化。因此，资产经营的关键在于合理配置、使用企业的经营资产，以一定的资产投入，取得尽可能多的收益，实现最优的资产配置。

反映资产经营核心目标的指标是企业的总资产报酬率。企业要做好资产经营，一方面要提高销售利润率和商品的盈利能力，即做好产品的销售，针对市场需求不断调整产品的性能，扩宽销售渠道；另一方面要做好资产配置与重组，提高企业经营的资产使用效率，加快资产周转速度。要加快资产周转速度，关键在于优化资产结构，使全部资产都充分发挥作用，避免资产闲置及损失浪费。因此，资产经营型会计报告系统主要包括：商品经营报告、资产结构报告、资产利用程度报告、对外投资报告、资产损失及不良资产报告、资产利用效果报告、资产重组报告等。

（三）产品经营型会计报告系统

产品经营型企业的基本特点是围绕企业产品生产全流程进行经营管理，包括供应、生产和销售各环节的管理及相应的筹资、投资活动。产品经营型企业的管理目标是追求产品供、产、销的衔接及盈利。因此，产品经营的基本内涵是指企业以市场为导向，组织供、产、销活动，以一定的人力、物力生产与销售尽可能多的社会需要的产品，以取得尽可能多的利润。

反映产品经营核心目标的指标是产品的经营利润率。企业要从产品经营角度追求利润最大化的直接目标，一方面要提高营业利润率，另一方面要扩大销售规模与水平。因此，产品经营型会计报告系统主要包括：产品经营报告、营业收入报告、产品销售价格报告、市场占有率报告、采购价格报告、管理费用报告、销售费用报告、财务费用报告、营业外收支报告等。

（四）生产经营报告系统

生产经营型企业的基本特点是企业只管生产，不管供应与销售，更不管筹资、投资等活动。生产经营型企业的管理目标是完成生产任务，降低生产消耗。因此，生产经营的基本内涵是指在企业统一战略计划指导下，组织产品生产，以一定的人力、物力消耗，按时、保质、保量生产出一定的产品。

反映生产经营核心目标的指标是生产的产值（或收入）成本率。企业要从生产经营角度追求利润最大化的直接目标，一是要提高产量，二是要降低生产物耗。因此，生产经营报告系统主要包括：商品产品成本报告、单位成本报告、材料成本报告等。

3.2 公司报告

3.2.1 公司报告的概念和编制目的

（一）公司报告的概念

公司报告又可称为公司经济报告，它是根据公司日常经济交易信息加以编制的，总括地反映企业在一定时期内的财务成果、理财过程、公司资源、公司战略和公司背景的报告文件。公司报告一般包括5种类型的信息：财务和非财务数据、管理部门对财务和非财务数据的分析、预测信息、关于股东和管理部门的信息以及公司的背景。

（二）公司报告的编制目的

公司报告的编制目的是为企业实际与潜在的投资者、债权人及其他报告使用者做出有效的经济决策提供可靠信息。更进一步说，编制的公司报告应当包括决策者做决策时进行合理选择的备选方案。公司报告应当体现外部使用者的共同需要，有助于外部使用者做出投资、信贷等决策，其编制目的包括以下几点。

（1）全面系统地揭示企业某一时点的财务状况、一定时期的经营成果和现金流量，有利于经营管理人员了解本单位各项任务指标的完成情况，以便及时发现问题，调整经营方向，制定措施，提高经营管理水平和经济效益，为经济预测和决策提供依据。

（2）有利于国家经济管理部门了解国民经济的运行状况。通过对各单位提供的财务报表资料进行汇总和分析，国家经济管理部门可以了解和掌握各行业、各地区经济的发展情况，以便宏观调控经济运行，优化资源配置，保证国民经济稳定持续发展。

（3）有利于投资者、债权人和其他有关各方掌握企业的财务状况、经营成果和现金流量等情况，进而分析企业的盈利能力、偿债能力、投资收益、发展前景等，为投资、贷款和贸易提供决策依据。

（4）有利于满足财政、税务、工商、审计等部门监督企业经营管理的需要。这些部门通过财务报表可以检查、监督各企业是否遵守国家的各项法律、法规和制度，有无偷税、漏税的行为。

3.2.2　公司报告的内容

公司报告由核心报表和其他报告组成。核心报表包括资产负债表、利润表和现金流量表这3种主要的会计报表以及利润分配表、主营业务收支明细表、成本费用明细表等各种会计报表附表。核心报表构成公司报告的主体，提供基本的会计信息，属于"强制性信息报告"范畴。其他报告包括表外揭示和特殊管理会计报告，其内容涉及企业概况、分部报告、社会责任报告、人力资源报告、财务预测报告和特殊管理会计报告等方面，属于"非强制性信息报告"范畴，提供企业经济信息的补充资料。

第4章
企业信息化管理与财务管理信息化

信息技术的飞速发展改变着我国传统经济结构和社会秩序，企业不再处于物质经济环境，而是处于以网络为媒介、客户为中心，将企业组织结构、技术研发、生产制造、市场营销、售后服务紧密连接在一起的信息经济环境。互联网技术融入企业的会计、管理和业务领域，已成为不可逆转的发展趋势。想要在市场中获得一席之位，企业必须踏上信息化之路，将财务管理与信息化工具相结合，建立电子化和网络化的会计信息系统。

企业的信息化建设，要基于以下基本目标：统一企业信息管理的标准，促进信息交换，以实现信息资源共享；以互联网技术应用促进流程优化与管理规范，推进企业战略实施。对于集团企业而言，集团总部应成立专门的信息管理机构，加强统配信息资源的权威性，为成员企业提供专业化、高水平、高效率的信息服务。

财务管理信息化要以会计信息系统为基础，全面实现会计电算化，并尽可能推行网络财务。会计电算化管理是一项重要的会计基础工作，因为实现网络财务有利于实现对企业各分部的有效控制，并促进企业业务系统与财务系统的进一步集成和协同，全面提升企业的竞争优势。

4.1　企业信息化管理

企业信息化管理是指对企业信息实施过程进行的管理，主要包含信息技术支持下的企业变革过程管理、企业运作管理以及对信息技术、信息资源、信息设备等信息化过程实施的管理。

企业信息化管理的精髓是信息集成，其核心要素是数据平台的建设和数据的深度挖掘。企业通过信息管理系统把企业的设计、采购、生产、制造、财务、营销、经营、管理等各个环节集成起来，共享信息和资源，同时利用现代技术手段寻找自己的潜在客户，有效地支撑企业的决策系统，达到降低库存、提高生产效能和质量、快速应变的目的，从而增强企业的市场竞争力。

4.1.1　企业信息系统

（一）含义

以计算机为基础的信息系统由硬件、软件、数据库、远程通信、人员以及收集、操作、存储并将数据加工为信息的各种过程组成。它能为企业提供最基础的共享信息系统资源，因而也被称为企业的技术基础设施。

将计算机应用于工商领域的最初目的是专注于数据处理，后来其信息处理与决策支持的作用才日益显现。现在，通信与咨询又成了计算机信息系统演变过程中最重要的方面。与这一演变过程相对应，企业的内部信息系统可以为定价、生产、资本预算以及市场营销决策提供部分的信息资料。

（二）组成内容

通常，一个组织的管理层可以分为 3 个层次，即高层、中层和基层。由于管理层次的构成和分层目的不同，每个层次的信息需求也不同。一般来说，组织的 3 种管理层次对应着 3 种不同类型的信息系统。第一，经理信息系统：支持组织的战略层，帮助高层管理者进行长期战略计划活动的信息系统。第二，决策支持系统和管理信息系统：支持组织中层管理者进行监督、控制、管理和决策的信息系统。第三，业务处理系统：处理和记录企业经营运作所必需的组织基本活动和作业信息的计算机系统，服务于组织的作业层。其中，业务处理系统中使用最广泛的是会计信息系统。

1. 基层的信息系统

基层的信息系统主要指业务处理系统。

业务是指所有与企业有关的交易。业务处理是指收集和加工有关企业日常交易的数据。业务处理系统（Transaction Processing System，TPS）是指企业中用来记录完成交易的人员、过程及数据和各种设备的系统。

TPS 在数据（信息）发生时将它们记录下来，通过联机事务处理系统产生新的信息，将新的信息保存到数据库中供其他信息系统使用，以提高事务处理效率并保证其正确性。

TPS 存在于企业的各个职能部门，是进行日常业务处理、记录、汇总、综合、分类，并为组织的操作层次服务的基本商务系统，因此是企业联系客户的纽带，也是其他信息系统的基础。

2. 中层的信息系统

中层的信息系统主要是指管理信息系统和决策支持系统。

管理信息系统（Management Information System，MIS）是一个以人为主导，利用计算机硬件、软件、网络通信设备以及其他办公设备，进行信息的收集、传输、加工、储存、更新、拓展和维护的系统。同样是进行数据的收集处理，但业务处理系统仅为基层处理事务数据，而管理信息系统可以为各管理层提供信息。MIS 只有在信息流通顺畅、管理规范的企业中才能更好地发挥作用，其应用不仅取决于技术、资金、互联网系统、软件应用、软件实施等"硬"环境，还取决于企业的管理基础、文化底蕴等"软"环境，而且这些"软"环境往往起着更重要的作用。

决策支持系统（Decision Support System，DSS）是一个以管理科学、运筹学、控制论和行为科学为基础，以计算机技术、仿真技术和信息技术为手段，针对半结构化的决策问题，支持决策活动的具有智能作用的人机系统。该系统能够为决策者提供所需的数据、信息和背景资料，帮助决策者明确决策目标和识别问题，建立或修改决策模型，提供各种备选方案，并且对各种方案进行评价和优选，通过人机交互功能对各种方案进行分析、比较和判断，为正确的决策提供必要的支持。

在一个企业和组织内部，MIS 和 DSS 可以并存，它们所要解决的问题不同。MIS 主要用于解决结构化的决策问题，即问题的信息、背景已经完全明晰，对此类问题的解决只需建立明确的模型或者规则。因此，一个 MIS 往往可以解决多个决策问题。而 DSS 主要是解决半结构化或非结构化的决策问题，即这些问题的条件、背景不够明晰，不能直接用既有的模型、公式等进行分析。因此，DSS 往往是针对一个特定的半结构化或非结构化的决策问题而开发的，系统也相对更加个性化。表 4-1 所示为 DSS 与 MIS 的区别。

表 4-1　DSS 与 MIS 的区别

项目	MIS	DSS
出发点	面向信息、报表和控制	面向特定的决策问题
解决的问题	多为结构化问题	非结构化、半结构化问题
特征	信息处理	决策支持
目标	效率	有效性
处理技术	以计算机为主进行处理	以人机会话为主进行处理

项目	MIS	DSS
用户	组织	个人、群体、组织
驱动方式	数据驱动	模型驱动
典型问题	"……正常吗？"	"……怎么办？"
分析能力	弱	强

3. 高层的信息系统

高层的信息系统主要是指经理信息系统。

经理信息系统（Executive Information System，EIS）服务于组织的战略层，是一个通过先进的图形技术和通信技术帮助高层管理人员解决非结构化决策问题，并由高层管理人员亲自使用的计算机信息系统。

尽管都用于提供决策支持，但 EIS 和 DSS 仍有一些本质的区别。首先，高层管理人员要应对企业面临的各种环境挑战，EIS 的目标是帮助高层管理人员解决他们所面临的不断变化的各种管理和决策问题，而且，EIS 必须充分考虑决策者的个体特点偏好及其所面临的不断变化的环境，更多以图形的方式来表示各类信息，且应集成通信功能和日程安排功能。DSS 则用来辅助一个或一群决策者解决一类特定的、往往是重复出现的半结构化或非结构化问题，一般需借助特定的模型解决问题。

4.1.2　信息技术建设的重要性

（一）信息技术建设有利于推动企业组织结构、流程及战略管理工作

企业迫切需要将信息技术融入业务和管理流程，从而提高效率，增强协同能力，控制风险和降低成本，提高企业的综合竞争能力。只有全面推进企业信息化的建设，完整地收集、迅速地传递、正确地处理和有效地利用企业内部和外部的信息，才能使企业的管理活动达到最佳效果。

信息战略是企业在总体战略和企业各部门、分部的目标与功能的基础上，结合行业信息化实践和技术，提出的关于信息技术管理、信息资源管理和信息组织管理等方面的远景、目标和实施方案。实践中常见的信息战略是"战略驱动型信息化建设"。

（二）信息技术建设有利于促进企业资源整合与协同

在新经济时代，企业竞争实力的积聚更加依赖于信息技术和管理技术的有机结合。越来越多的大企业集团开始采用企业资源计划（Enterprise Resources Planning，ERP）这种先进

的、集管理和信息技术于一体的管理理论和系统。这一举措在实践中取得了很好的效果。

ERP 是指利用先进的信息技术和现代化的管理手段，对现有的经营过程进行再思考和再设计，最大程度地实现技术上的功能集成和管理上的职能集成，以实现企业经营在利润、质量、服务和速度等方面的巨大提升。

ERP 使企业管理信息系统升级为集成系统。在 ERP 的基础上，企业充分利用互联网技术，将供需链管理、客户关系管理、商业智能、电子商务、办公业务自动化等功能全面集成，形成资源和数据共享、适应网络经济的充分柔性的企业管理信息系统。

ERP 是将企业的三大流（物流、资金流、信息流）进行的全面一体化管理。它不仅可用于生产企业的管理，而且也可用于许多其他类型企业的管理，如一些非生产或公益性企业的资源计划与管理等。另外，要特别一提的是，随着企业对人力资源管理重视的加强，已经有越来越多的采用 ERP 的企业将人力资源管理纳入 ERP 系统，作为其重要组成部分。

4.1.3　企业的信息技术风险

信息技术建设尽管为企业管理之必需，但信息技术投资对于企业来说却蕴含巨大的风险。

企业的信息技术风险体现在以下几个方面。

（1）成本高，且收益难以预估。信息技术建设有利于提高公司运营效率等好处很难通过具体的财务数据进行说明，且此项建设将花费较高成本。同时，信息技术建设需要其他管理系统的联动和配合，包括科学的管理体制、良好的管理基础、完善的管理机构、合理的管理流程。此外，还要有管理人员和领导人员的支持和参与。若企业管理本身基础薄弱，则信息技术建设将难以发挥其效果。从成本和效益的角度来考虑，其获益率未知。

（2）企业内部体制和文化障碍。信息技术建设涉及管理体制及机构的调整、业务流程的优化或重组，需要管理人员改变已有的工作习惯。这容易受到员工的排斥，进而无法很好地发挥其效用。

（3）信息网络安全问题。一旦开始实施信息化，数据安全问题便成为很大的隐患。企业信息一旦泄露，可能导致灾难性的后果。

（4）信息技术系统的滞后性。企业信息技术系统一旦建立，要进行更改便会形成较高的时间成本。相对于动态多变的管理需求而言，信息管理和信息技术建设总是相对滞后的。

4.2 财务管理信息化

财务管理信息化是指利用先进的信息技术和现代化的管理手段，以会计信息系统（Accounting Information System，AIS）为基础，全面实现会计电算化，并推行网络财务，在互联网环境下实行财务核算、分析、控制、决策和监督等现代化财务管理模式、方式及各项功能，从而能够进一步实现管理数字化，并最终实现管理信息化。

财务管理信息化的主要目的是对财务管理信息系统进行集成，将企业的核心财务资源整合起来，让其发挥更大的效用。会计信息系统是财务管理信息化的基础，会计电算化是会计信息系统的电子化，网络财务则是会计信息系统的网络化。

企业的会计电算化管理是一项重要的会计基础工作，务必要抓实、抓好。网络财务一方面有助于集团公司实现对子公司经营管理活动的集中、实时控制；另一方面也极大程度地促进了企业业务系统与财务系统的集成化和协同化，为企业整合价值链财务资源提供了可行性。

4.2.1 财务管理的信息化思路

（一）单个企业的财务管理信息化

财务管理信息化的前提是会计信息系统的信息化。会计信息系统，是一个将企业交易活动数据转换成基础会计数据的企业信息系统。按信息化程度区分，财务管理信息化可分为会计电算化和网络财务这两个阶段。

我国多数企业的财务管理仍处于会计电算化阶段。会计电算化即企业会计信息系统的电子化，其技术核心是账务处理软件。在会计电算化的基础上，企业逐渐建立起以会计信息系统为核心的计算机信息管理系统，做到企业内部信息资源共享。

（二）集团公司的财务管理信息系统集成

集团总部可通过财务管理信息系统集成来实现对各分部经营管理活动的有效控制。集成的财务管理信息系统能够帮助集团总部对来自各分部的财务数据进行处理和分析，有助于总部与各分部进行沟通，实现全局性控制，使总部战略决策建立在准确、实时的基础上，从而提高决策效率。

在建立战略导向型的财务管理信息系统时，财务总监要注意 MIS、ERP 等管理系统的应用和推广，实现业务与财务的无缝连接。在集成财务管理信息系统时，要考虑实现报表、凭证、交易的"三集中"，其中交易集中代表最高境界。

较常用的集成方法有以下 3 种。

第一种是用可以进行中央备份的财务分支机构及子公司的财务处理系统进行备份，以随时监控，使集团总部能够及时了解情况，并在必要的时候予以干预。

第二种是利用互联网进行凭证的集中控制，分支机构及子公司在交易完成后，利用互联网将与交易相关的会计凭证汇总到集团总部，由集团总部进行会计核算和账务处理。不合规、不合法或不符合集团规定的凭证将受到责任追究。

第三种是更高层次的财务控制。集团总部利用互联网对交易进行集中控制。首先分支机构将交易信息传至集团总部，由集团总部批准，经审批后分支机构进行交易，交易完成后集团总部进行实物变更记录和会计处理。

4.2.2　会计信息系统

企业的会计信息系统是利用信息技术对会计信息进行采集、存储和处理，完成会计核算任务，并能进行会计管理、分析、决策的辅助信息系统。其基本内涵是将计算机技术应用到会计工作中，使会计信息系统属于管理信息系统的一部分。它的意义绝不仅仅是取代了手工录入的处理方式，而是实现了会计信息处理质的飞跃，会对会计理论和实务产生很大影响。

信息系统理论、计算机技术以及会计理论和方法是会计信息系统的理论基础和支柱。而会计信息系统产生的基础财务数据，是企业信息系统最重要的组成部分。

会计信息系统中的数据处理过程包括数据收集、数据存储、数据加工和输出文件这 4 个主要环节，它们构成一个会计循环。

（1）数据收集。企业与企业之间的交易行为时时刻刻都在发生，每一交易或事项都是以数据记录的形式来进行描述的。系统所收集的数据就是对企业每一次交易行动的具体描述和对环境转换的描述。数据收集一般情况下以手工的形式完成，也可利用扫描仪、POS 设备和终端设备等先进设备自动完成。

（2）数据存储。存储数据是为了在需要时调用数据，因此，建立数据库即是最佳的数据存储方式。

（3）数据加工。这个环节通过分类、排序、运算和汇总等操作，将收集的数据加工成信息。

（4）输出文件。会计信息系统会产生大量的输出，包括记录和报告，以供企业内部和外部的个人或组织使用。

4.2.3 会计电算化

会计电算化是指将电子计算机、现代通信技术应用于会计领域，按照会计的基本理论和方法处理会计数据，及时、准确地提供会计信息的过程。它实现了数据处理的自动化，使传统的手工会计信息系统发展演变为电算化会计信息系统。

（一）电算化软件

会计电算化的技术核心是账务处理软件。只有在会计电算化的基础上，企业才能逐步建立起以会计信息系统为核心的企业计算机信息管理系统，做到企业内部信息资源共享。

会计核算软件的功能模块一般包括存货、往来账、工资、固定资产、成本、销售核算、账务处理、报表汇总、财务分析等模块，它们之间以转账机制凭证为接口，以账务处理模块为核心，最终生成报表信息进而实施财务分析。

存货模块可以产生材料收付存汇总表、产成品收发存汇总表，并通过这些表内数据生成有关存货的机制转账凭证。这些凭证经确认后，通过机器自动输入账务处理模块。往来账模块可以产生债权、债务动态情况表，并通过债权、债务变动生成机制转账凭证，经确认后，通过机器自动输入账务处理模块。工资模块可以产生工资汇总分配表，通过工资汇总分配表，生成有关工资的机制转账凭证，输入账务处理模块。固定资产模块可以产生固定资产折旧表，然后生成相关机制转账凭证，输入账务处理模块。无论采用何种成本核算方式，成本模块都可以产生成本计算底稿，然后生成相关机制转账凭证，输入账务处理模块。销售核算模块可以产生销售利润明细表，生成相关机制转账凭证，输入账务处理模块。报表汇总模块可以通过自定义和取数公式，从账务处理模块中自动提取数据，并生成相关报表。财务分析模块从报表管理模块和账务处理模块中提取数据，运用各种专门的分析方法，完成对企业财务活动的分析，实现对财务数据的进一步加工，生成各种分析和评价企业财务状况、经营成果和现金流量的信息，为决策提供准确依据。财务分析模块运用的分析方法主要包括比率分析法、结构分析法、对比分析法和趋势分析法等。

（二）电算化管理

随着会计电算化的发展，企业的内部控制制度也在发生相应的变化。目前而言，许多企业会计电算化管理中的内部控制存在较多问题，财务总监急需找到相应的解决措施以帮助企业规避风险，保护企业的会计数据，以做好企业的管理，提高企业的经济效益。

目前的会计电算化管理制度中，将电算化管理分为 4 个部分：会计电算化岗位责任管理、会计电算化操作管理、计算机软硬件和会计数据管理、电算化会计档案管理。我们可以按照这 4 个部分的要求来加强内部控制的建设。

1. 会计电算化岗位责任管理

企业各财务核算单位必须使用企业指定的财务软件进行本单位的财务核算，并建立本单位的会计电算化岗位责任制，明确各电算化岗位的职责范围。会计电算化岗位主要有电算主管岗、电算维护岗、软件操作岗和审核记账岗。

实行会计电算化岗位责任制后，企业需定期对会计电算化各岗位人员进行考核，并将考核结果纳入个人的年度考评。对不按照制度履行岗位职责，给企业造成严重后果的，应按照企业有关规定追究相关责任人的责任。

2. 会计电算化操作管理

（1）职责权限管理。

企业实行会计电算化后，应设置基本会计岗位和会计电算化岗位。各使用单位应根据各基本会计岗位的内容制定会计电算化岗位的权限标准，如需赋予某岗位其权限以外的临时性权限，则应由财务总监授权。系统管理人员负责依据制定的会计电算化岗位权限标准，对各岗位分配权限，对于临时性的赋权在各岗位人员完成相应的任务后应及时收回。

（2）基本操作要求。

企业所有上机工作人员均需事前接受专门培训，并经考核后上岗。

上机工作人员必须设置自己的操作密码，并定期进行更换。网络服务器及数据库的密码安全由系统管理人员负责。上机工作人员离开系统时应退出系统或进行系统封锁，并对自己账号下的所有操作负完全责任。

上机工作人员应备有专用上机工作手册，用于登记往来单位及往来个人名称、科目编码、常见摘要规范的输入形式、报表数据关系变动、软硬件故障分析等内容。

（3）数据处理。

会计科目的设置要规范、明确，明细科目的编码间要留有余地，新增会计科目时要随时修改报表格式及数据定义公式，以确保报表数据的准确性。

当日发生的业务，应于当天处理。记账凭证录入工作应遵循序时管理、随时录入、主管会计人员随时复核的原则。审核合格后的记账凭证应及时打印，并与原始凭证一起妥善保管。

机器产生的所有凭证、账簿、报表等会计资料，必须按月以书面形式清晰地打印出来。经打印的凭证、账簿、报表，要按会计工作规范的要求，经制单人员、记账人员、会计主管签字或盖章。审核人员将打印件与机内数据核对一致后，必须签字或盖章以示完成审核。打印的账页或报表作为档案保存时，会计经理必须逐页签字或盖章。

3. 计算机软硬件和会计数据管理

（1）计算机软硬件管理。

各核算单位应为开展会计电算化配备必要的计算机（包括硬件设备和软件）。在选择硬件设备时，企业应尽量选用统一的计算机机种、机型及有关配套设备，并按照有关固定资产管理的办法设立账、卡，由专人负责使用和保管。同时，企业应根据实际需要选择合法的、安全的、可扩充的、满足各方面需求的、统一的软件，同时结合企业及下属各单位的实际情况对软件进行改造。需对正在使用的财务软件进行升级或维修时，应报经财务管理总部和信息技术中心负责人审批后进行，并记录升级或维修的时间及模块。

企业各使用单位要制定具体的防病毒措施。所有在用的计算机软件必须定期进行病毒检测，所有来历不明的媒体介质均须经过病毒检测。实行联网的服务器、工作站不得使用各种非正版软件，办公用计算机不得安装各种游戏软件。

（2）会计数据管理。

会计数据管理主要为保护会计信息安全，即保证信息不丢失、不损毁、不向无关人员泄露、不被非法修改。

企业应每天对系统中的数据进行备份，保证在计算机发生故障时可将数据恢复到最近状态。数据备份的目标是防止任何时间发生的软硬件故障以及人为失误造成的数据损毁。备份模式采用最近 3 个月月末的备份，备双份以上，并存储于不同地点。对备份的数据应加强管理，防止被非法复制或毁坏，要对其内容及运行环境等进行记录。

对会计数据的备份、恢复、转出、转入的权限应严加控制。严禁未经授权将财务数据复制出系统转给无关的人员或单位，严禁未经授权进行数据恢复或转入操作。

4. 电算化会计档案管理

电算化会计档案包括：每年一次的数据库备份资料、打印输出的经过签字或盖章的会计资料、所有的系统软件以及其他应存档的资料。

计算机打印输出的会计凭证、报表、账簿等各种会计资料的保存应按《财政部会计档案管理办法》的相关规定执行。数据库的备份要永久保留，备份数据应连续、完整编号，并由专人负责定期检查、定期转录。以磁性介质保存的数据必须备有双份，并分别存放于适宜保存的不同地点。

4.2.4　网络财务

（一）含义

网络财务是一种基于网络计算的技术，以整合实现企业电子商务为目标，能够替代互联网环境下会计核算、财务管理模式及各种功能的财务管理软件系统。网络财务下的财务管理是用电子信息技术将财务活动和网络联系起来，在网络上实现记账、实时查账、在线资金往来、动态报表制作等操作，并通过财务和业务的协同实现资金统筹使用、高效财务结算以及业务处理一体化。

网络财务还可以形成一个以客户为中心的、企业内外协同运作的在线供应链，可以对供应商进行动态管理，以帮助企业全面掌握货源、减少成本开支。在线的客户关系管理将帮助企业形成以客户为中心的理念，建立互动式的动态客户档案，实现网上资金划拨和销售，建立服务电子商务的客户关系管理方式。

网络财务将现代网络技术与财务管理技术有机结合，标志着一个高科技含量的财务管理时代的到来。

（二）网络财务的优势与问题

网络财务不仅可以实现会计电算化时代"桌面财务"的一切功能，而且还具有传统财务所无法比拟的优势；同时，网络财务也存在一些问题。

1.　优势

（1）拓展了财务管理空间。

网络财务使物理距离变成了"鼠标距离"，企业的财务控制能力能延伸至全球任何一个结点。企业总部利用网络对其分部实行远程会计处理和财务监控，加强了财务资源的集中管理，并使得企业从注重内部资源整合转化为注重外部资源整合，拓展了企业调配资源的范围。

（2）加快了财务管理时效。

网络财务还打破了时间限制，使企业的财务管理变得即时和迅速。财务管理由事后的静态核算发展到事中的动态反映和监控，使得会计信息的准确性、时效性和风险可控性都大大提高。网络财务具有的远程处理功能和动态信息核算功能，从根本上促进了财务与业务的协同。这种协同包括与企业内部部门的协同、与供应链的协同和与社会的协同，并在此基础上消灭了信息孤岛，实现了信息集成。

（3）提升了财务管理效能。

网络财务在实践中使企业财务管理的效能进一步提升，这表现在3个方面。①财务信息网页数据化。网络财务下的财务信息实现了无纸化形式，使得网页数据可供相关使用者随时提取，上市企业可利用网站放置企业财务报告以供投资者或股东随时随地查阅，这显著增强了信息的时效性。②结算支付电子货币化。使用电子货币是电子商务应用的重要条件，也是构建网络财务的重要基础，其特色是结算时不需用支票、汇票、现金等纸质票据，而是直接自动划转网络上的电子货币，这极大地提高了结算效率，加快了资金周转速度，降低了企业资金成本。③办公方式多元化。依托互联网的在线办公、远程办公、分散办公和移动办公等方式可能会取代传统办公方式，这不仅降低了企业的商务成本，而且显著提高了效率。

2. 问题

（1）信息的完整性与真实性难以确定。

在网络环境下，数据信息通过网络得以传递，电子符号代替了会计数据，磁介质代替了纸介质，财务数据流动过程中的签章等传统确认手段不再存在，所以信息的完整性与真实性难以得到保障。

（2）网络环境具有不安全性与不稳定性。

首先，由于互联网体系使用的是开放式的 TCP/IP 协议，数据以广播的形式进行传播，所以易于被侦听、口令字试探和窃取、身份假冒等，这是技术上容易引起安全问题的重要体现。其次，随着电子商务的发展、财务管理和业务管理的一体化发展，电子单据、分布式操作使得企业可能受到不法攻击的点增多。而对于企业内部使用者来讲，如果使用权限划分不当、内部控制不严，也容易造成信息滥用和泄密。同时，网络环境的不稳定性可能使得员工不能及时在网上使用相关数据，从而降低工作效率。

（3）缺乏专门的法律法规。

网络财务时代已经到来，尚缺乏专门的法律法规来约束企业网络财务系统的建设与实施，这大大增加了网络财务的风险。

（三）网络财务系统建设

企业按照信息化建设的总体规划要求，在完成网络基础平台及承载应用系统运行的软硬件系统平台建设的基础上，通过外购或自行研究开发等方式，将会计电算化软件升级为网络版财务软件，以实时管理为特征，增加会计、控制和财务模块功能，建立依托于网络层和平台层的财务管理应用系统。

网络财务系统可以增强企业总部对分部的监控能力，减少会计报表编制过程中的人为因素，相对提高会计数据的准确性、真实性及会计信息传递的速度和质量，有效地支持企业内部不同层级管理层的决策，提高企业整体管理水平和核心竞争力。为此，企业的网络财务系统建设要做到：①符合企业战略发展要求；②与企业其他业务系统匹配；③功能多样化，满足企业日常使用；④系统设置合理，能保证企业的数据信息安全。

财务总监在推进网络财务系统建设的过程中，要统一规划，量力而行，分步实施。首先，总部要通过统一软件、科目代码和辅助核算，提高企业的会计核算和内部审计的效率和质量；逐步实现财务系统与网络系统的互联，实现对各分部资金使用情况的及时掌握。其次，企业总部要实现财务系统与业务系统的互联，实现前端业务系统与后台财务系统的集成，实现对经营风险和财务风险的实时监控；通过业务与财务信息的集成化、协同化（业务层、专业核算层和总账层相互衔接）以及预算管理系统、财务分析系统和决策支持系统的建立和完善，实现全面预算管理、资金集中控制和对分部财务及业务信息的实时监控。最终，企业要整合外部财务资源，即进行整个价值链（包括供应商、客户、合作伙伴、银行等方面）的财务资源整合，推动协同商务的发展。

同时，企业在构建网络财务系统时要重点加强技术控制。在技术上对整个财务网络系统的各个层次（通信平台、网络平台、操作系统平台、应用平台）都要采取安全防范措施和规则，建立综合、多层次的安全体系。通过建立防火墙、密钥技术、数字签名、安全协议等手段，在财务软件中提供周到、强力的数据安全保护，包括数据存储安全性，数据操作安全性，数据传输安全性以及数据运用、查询、分析安全性。

第 5 章

会计制度

会计制度是对商业交易和财务往来在账簿中进行分类、登录、归总，并进行分析、核实和上报结果的制度，是开展会计工作所应遵循的规则、方法、程序的总称。一个企业有着各种各样的经济业务，而不同行业的企业又有各自的特殊性。有了会计准则，会计人员在进行会计核算时就有了一个共同遵循的标准，各行各业的会计工作便可在同一标准的基础上进行。这样可以使会计行为更加规范化，使会计人员提供的会计信息具有一致性和可比性，大大提高了会计信息的质量。

5.1　会计制度的内容及作用

企业应制定明确的会计制度，以规范自身的财务管理和会计核算活动。

会计制度是制定其他财务会计管理规定和办法的依据。会计制度在企业内部控制和集团企业财务控制中发挥着极其重要的作用。

5.1.1　会计制度与财务制度

严格地讲，会计制度应称为"财务管理与会计核算制度"，包括会计制度和财务制度。但在企业的管理实践中，由于会计活动与财务活动并没有十分明确的界限，会计制度和财务制度的区分也不是十分明显。所以很多企业将会计制度和财务制度合二为一，将其统称为会计制度。两者的关系如图 5-1 所示。

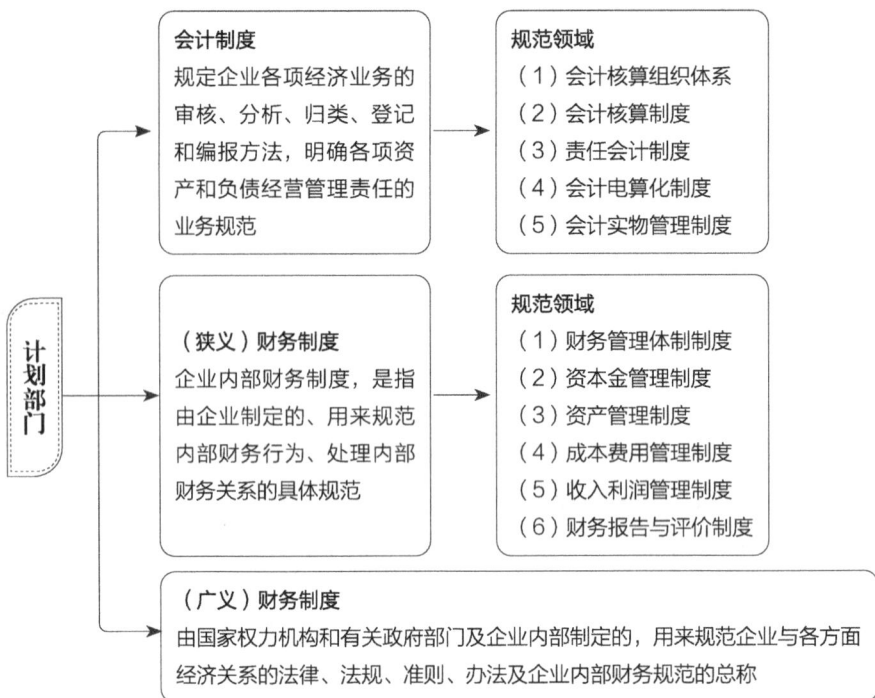

图 5-1　会计制度与财务制度的关系

（一）会计制度的含义与规范领域

企业会计制度是指由政府部门、企业单位通过一定程序制定的具有一定强制性的会计行为准则和规范。

我国会计管理体制遵循统一领导、分级管理的原则，由国务院财政部门根据《中华人民共和国会计法》制定企业会计准则，统一会计制度，规范会计工作，逐步形成我国的会计规范体系。这是我国会计管理的一大特色。

会计制度要注重会计的控制功能。会计制度所规范的主要领域包括但不限于以下几点。

（1）会计核算组织体系。

（2）会计核算制度（科目设置与运用、报表的种类及编制方法等）。

（3）责任会计制度（涉及单轨制与双轨制的选择、处理流程、责任中心划分、指标范围、设置内部凭证与报表等）。

（4）会计电算化制度（软件的统一、系统设置、职责权限限制等）。

（5）会计实物管理制度（会计档案、会计工作交接等）。

（二）财务制度的含义与规范领域

财务制度是指各级政府财政部门制定的组织企业财务活动和处理财务关系的行为规范，以及企业根据财政部门制定的财务制度制定的企业内部财务制度。前者称为国家统一的财务制度，后者称为企业内部财务制度。企业内部财务制度的依据是国家统一的财务制度，同时，企业制定内部财务制度时应当充分考虑企业内部的生产经营特点以及管理要求。企业内部财务制度一般应当包括资金管理制度、成本管理制度、利润管理制度等。资金管理制度主要包括资金指标的分解、归口分级管理办法、资金使用的审批权限、信用制度、收账制度、进货制度；成本管理制度主要包括成本开支范围和开支标准、费用审批权限、成本降低指标以及分解等；利润管理制度主要包括利润分配程序、利润分配原则、股利政策等。

实施财务制度的关键在于确立财务制度的权威性。具有权威性的财务制度会通过其自身的标准规范自动调节各关联方的行为。财务制度所规范的领域一般包括以下几点。

（1）财务管理体制制度。财务管理体制制度的主要规范有：财务机构的设置办法，明确企业负责人、财务负责人、财务部门、各职能部门在财务管理方面的职责和权限，对财务人员业务素质及条件的规定。

（2）资本金管理制度。资本金管理制度主要规定企业资本构成，筹资来源和方式，审批程序，责任归属，权利义务以及资本保值、增值、使用、核算要求等。

（3）资产管理制度。资产管理制度主要规定企业货币资金及往来款项，存货，对外投资及固定资产、无形资产等的管理方法、程序、权限要求以及责任等。

（4）成本费用管理制度。成本费用管理制度主要规定企业内部各支出项目、范围、标准、审批程序、权限与责任等。

（5）收入利润管理制度。收入利润管理制度主要规定收入、利润的预测及日常管理，货款的结算和收回，以及利润分配的方法、程序、比例及其内部分配的使用范围、标准、审批程序及责任等。

（6）财务报告与评价制度。财务报告与评价制度主要规范企业应编制的财务预算、报告的种类、格式、内容、报送程序、报送时间，以及财务评价指标体系的建立、财务分析方法的确定、财务指标计算口径和评价方法等。

5.1.2　会计制度的内容体系

根据会计制度的含义，企业会计制度的内容体系大致包括总则、会计组织结构、财务管理与会计核算体系、会计核算原则和组织形式、账户处理及核算程序、会计报告体系、资本金管理和筹资管理、资产负债表和利润表项目的管理及核算、利润分配、财务计划和全面预算管理、税务管理、清算、外币、财务分析、会计档案、网络财务和会计电算化、责任会计与会计控制、会计事务管理等内容。

5.1.3 会计制度的作用

会计制度是公司一项极其重要的制度，其作用体现在以下两点。

（一）会计制度是公司内部控制的重要组成部分

公司会计制度是依据《企业会计准则》，行业会计制度，国家其他有关法律、法规，并结合集团公司其他规章制度而制定的，是公司从事财务会计活动的行为规范，有助于督促公司严格执行国家规定的各项财务开支限额和核算方法，有助于公司防范法律风险、经营风险和财务风险。

公司内部控制的核心是包括财务控制的会计控制，内部控制制度建设过程也正是围绕会计控制这一核心着手的。公司内部控制融会计控制和管理、业务控制于一体。会计制度明确规定公司的会计控制流程和规范，与控制环境、控制程序共同组成内部控制的整体结构。会计制度在保护公司资产、检查会计数据的准确性和可靠性，以及提高经营效率、促使有关人员遵守既定的管理方针方面，发挥着积极的作用。

（二）会计制度是集团公司财务控制的重要机制

集权式财务控制体制代表着集团管理的发展趋势。集团总部应制定统一的财务会计制度，以此来规范子公司的财务行为，统一集团子公司的会计处理方法和程序，以实现对子公司财务活动的有效控制。

集团总部根据《企业会计准则》与行业会计制度，针对本集团的特点及子公司的具体情况，为了满足内部经营管理和会计核算以及向外提供信息的需要，制定在集团范围内使用的会计业务规范。集团会计制度要特别强调统一会计政策和强化会计控制功能。

集团的会计制度要结合财务集权和财务授权控制的特点，重点就重大投融资、对外担保、合并、分立、转让、中外合资合作、公司改制、注册资本变更、薪酬制度和资产损失处理等重要事务或事项控制做出明确规定。

5.2 会计制度的核心要点

公司会计工作的基本任务是贯彻执行国家财政政策和会计法规，强化财务管理，加强财务监督，规范各项财务收支的计划控制、核算、分析和考核工作，如实反映公司财务状况和经营成果，依法纳税，接受股东大会、董事会、监事会等内部机构以及财政、税收、审计、证券监管等有关部门和行业主管部门的监督检查，依法合理筹措资金，有效利用公司的各项资产，增收节支，为公司领导当好参谋，为公司决策提供依据，为公司创造最大利润，为股东创造最大收益。结合我国公司实际情况，财务总监在制定和完善公司会计制度时，对其核心要点需给予充分的关注。

5.2.1 公司财务管理会计核算体系

公司董事会制定公司的基本管理制度，全面负责公司的投资决策、业务经营、财务管理和会计核算工作。在单轨制组织结构中，公司总经理主持日常经营管理和会计核算工作，财务总监则通过总经理的授权分管公司财务工作；在双轨制组织结构中，财务总监则通过董事会授权直接管理公司财务工作。

财务总监应当根据《会计法》的规定，确保公司会计工作和会计资料的真实性和完整性；负责公司财务计划的制定和监督检查，协助公司管理层制定经营方针和资本运作政策；负责公司会计机构的设置，对会计人员的配备和奖惩提出建议，并确保会计机构、会计人员依法负责协调金融、财政、税务、审计、证券监管等方面的关系。

财务管理部门是负责公司财务管理和会计核算工作的职能机构。集团总部的财务管理部门对下属各部门财务管理和会计核算工作具有业务指导职能，并具有管理下属部门会计人员的职能。如果实行集中的财务管理模式，集团总部财务管理部门直接负责下属机构的财务管理和会计核算工作，如图 5-2 所示。

需要说明的是，图 5-2 主要反映公司财务管理和会计核算组织体系中的业务分工，人员配备则由工作量和会计人员的工作能力决定，可以"一人多岗（不相容职务除外）"，亦可以"一岗多人"。

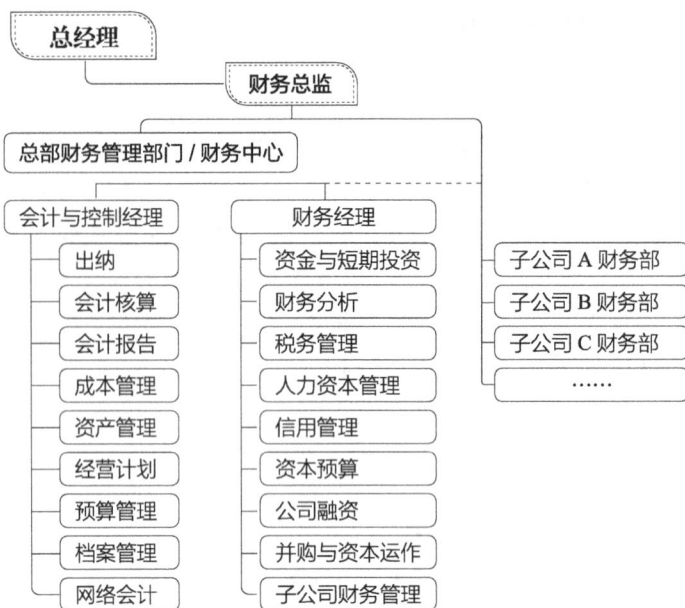

图 5-2　公司财务管理和会计核算组织体系

5.2.2　会计核算原则和组织形式

（一）会计核算原则

会计核算的一般原则是进行会计核算的思想指导和衡量会计工作质量的标准。会计核算的一般原则可以归纳为 3 类：衡量会计质量的一般原则、确认和计量的一般原则、起修正作用的一般原则。

会计核算工作应当以实际发生的经济业务为依据，做到方法正确、记录准确、内容完整、手续齐备、符合时限。每发生一笔经济业务，都应当取得或者填制原始凭证。各种原始凭证必须内容真实、完整，手续齐备，数字准确。会计报表应当清晰明了，便于理解和利用。

公司应当设置日记账、明细账和总账 3 种主要账簿以及各种必要的辅助性账簿。各种账簿应当根据审核无误的原始凭证、记账凭证或者科目汇总表登记。做到登记及时、内容完整、数字准确、摘要清楚。

公司应当根据权责发生制的原则进行记账。公司收入和费用的计算应当遵循配比原则。公司的财产应当按照实际成本核算。

公司应当划分资本性支出和收益性支出的界限。支出的效益涉及 1 个以上（不含 1

个）会计年度的，应当作为资本性支出；支出的效益仅涉及本会计年度的，应当作为收益性支出。

公司的会计核算方法，前后各期应当一致，不得随意变更。若有必要变更，一般应当自新的会计年度开始时进行变更，并在变更年度的会计报告中将变更的情况、变更的原因及对公司财务状况和经营成果的影响予以充分说明。

公司的会计报告应当全面反映公司的财务状况和经营成果。对于重要的经济业务，应当在会计报告中单独进行反映。

公司应实行会计电算化，并根据实际情况推行网络财务管理。

（二）会计核算的组织形式

公司按"统一领导、分级管理"的原则，形成总体管理与分级管理相结合的、完整核算与单独核算相结合的、有机的会计核算整体。

公司作为独立法人，以其全部资产依法自主经营、自负盈亏、照章纳税。公司财务管理部门作为公司会计工作的职能部门，统管所属范围内的全部财务管理及会计核算工作。子公司财务部门视其章程规定设置，在业务上接受总公司财务总监、财务管理部门的直接管理和指导。

5.2.3　会计核算基础

（一）会计科目设置

企业、事业单位等，应在国家统一规定的会计科目的基础上，建立本会计主体的会计科目体系。具体内容包括：确定其所使用的会计科目的数量、级次、名称，每一个会计科目所包括的具体内容、记录和核算的方法与要求，以及各科目之间的联系。所以，会计科目的设置不单只从会计对象的角度出发，而更多的是从会计核算方法的角度出发。会计科目设置是会计核算工作的第一步。会计科目应根据行业会计制度设置。

（二）会计凭证

会计凭证是指记录经济业务发生或完成情况的书面证明，是登记账簿的依据。会计凭证是记录经济信息的载体，是根据行业会计制度和公司内部会计控制要求按统一格式编制的。会计凭证根据编制程序和用途的不同，分为原始凭证和记账凭证。前者又称单据，是在经济业务发生之时即填制的原始书面证明，如销货发票、款项收据等；后者又称记账凭单，是以审核无误的原始凭证为依据，按照经济业务的事项内容加以归类，并据以确定会计分录后所填制的会计凭证。记账凭证是登记账簿的直接依据，常用的记账凭证有收款凭证、付款凭证、转账凭证等。

（三）会计凭证传递

会计凭证传递是指会计凭证从填制或取得时，经审核、记账到装订保管的全过程。公司发生的经济业务，必须经过填制会计凭证、登记账簿和编制财务报表等一系列会计处理过程，才能转化为有用的会计信息，从而完整、集中、系统地反映公司及所属各单位的经济活动和经营管理情况。

会计凭证传递流程是公司内部会计控制的重要形式。为了保证会计信息的质量和会计工作的效率，公司要结合内部控制制度对一些频繁发生的主要经济业务的会计凭证传递程序做出明确规定。

（四）会计账簿设置

会计账簿简称账簿，是由具有一定格式、相互联系的账页组成，用来序时、分类、全面地记录一个企业、单位经济业务或事项的簿籍。设置和登记会计账簿，是重要的会计核算基础工作，是连接会计凭证和会计报表的中间环节。公司做好这项工作，对于加强经济管理具有十分重要的意义。公司会计账簿包括但不限于总账、序时账、明细账、备查账等。

5.2.4　会计报告体系

（一）会计报表

会计报表是公司会计报告的主要部分，是公司向外传递会计信息的主要手段。会计报表是根据日常会计核算资料定期编制的，综合反映公司某一特定日期财务状况和某一会计期间经营成果、现金流量的总结性书面文件。现在的会计报表是公司的会计人员根据一定时期（如月、季、年）的会计记录，按照既定的格式和种类编制的系统的报告文件。随着公司经营活动的拓展，会计报表的使用者对会计信息的需求不断增加，仅仅依靠几张会计报表提供的信息已经不能满足或不能直接满足他们的需求。因此，公司需要通过报表以外的附注和说明提供更多的信息。

（二）合并会计报表

公司对其他公司的投资，如占该公司资本总额的50%以上（不含50%），或虽然占该公司资本总额不足50%，但具有实际控制权的，应当编制合并会计报表，以综合反映公司和子公司所形成的集团公司的经营成果、财务状况及其变动情况。

合并会计报表种类至少应包括：合并资产负债表、合并利润表、合并现金流量表、合并所有者权益变动表和附注。

为编制合并会计报表，子公司向公司提供的其他有关资料包括以下几项。

（1）子公司所采用的与公司不同的会计政策。

（2）与公司及与公司的其他子公司业务往来、债权债务、投资等的资料。

（3）与子公司利润分配有关的资料。

（4）子公司所有者权益变动的明细资料。

（5）其他编制合并会计报表所需要的资料。

5.2.5　资本金管理及公司融资管理

（一）资本金的筹集和管理

资本金按投资主体可分为国家资本金、法人资本金、个人资本金以及外商资本金等。投资者可以以货币资金、实物、无形资产等方式向公司注资；但公司不得吸收投资者已设立有担保物权及租赁资产的出资。投资者按照出资比例或者章程规定的比例，分享公司利润、分担公司经营风险及经营亏损。

公司在筹集资本金的过程中吸收投资者的无形资产（不包括土地使用权和公路经营权）出资不得超过注册资本的 20%；因特殊情况，需要超过 20% 的，应当经有关机关审查批准，但是最高不得超过 30%。法律另有规定的从其规定。

公司必须对资本金进行保值、增值管理。

在公司改变经营形式时，要由公司组织力量清查资产、负债，做到账实相符，并在此基础上委托资产评估机构对公司的资产进行评估，确定评估价值，并将其作为所有者对改变经营形式后的公司的投资。

公司在筹集资本金的过程中，应将投资者实际交付的出资额超出其资本金的差额，接受捐赠的财产的资产评估价值或者章程约定价值与原账面价值的差额，以及资本汇率折算差额等均计入资本公积。资本公积按照法定程序，可以转增资本。

（二）公司融资管理

根据经营需要，在董事会批准或授权的前提下，公司可向金融机构、金融组织融资，分别以借款用途确定借款期限。

如符合国家法律、法规提出的合规性要求，公司也可以通过发行债券筹集长期资金。发行债券是国有企业筹集长期资金的重要方式。发行前按程序报批；发行后，公司应依照法律规定，在预定期限内还本付息。债券可以溢价或折价发行，并按债券的还款期限摊销溢价或折价金额。公司发行债券累计总额不超过公司净资产的 40%。

（三）资金管理

公司应当建立以财务总监为领导，以公司财务管理部门为资金结算中心的统筹统贷、统借统还的资金运行机制。其目的在于有效地管理和监督公司系统内的资金使用情况，加速资金周转速度，提高资金使用效率，降低筹资成本，保证资金安全，提高公司整体效益。

5.2.6 对外投资管理及核算

（一）投资类别

对外投资按时间划分，包括短期投资和长期投资。短期投资是指能够随时变现、持有时间在 1 年以内（含 1 年）的投资。长期投资是指不准备随时变现、持有时间在 1 年以上的投资。

长期投资又可以分为股权投资和债券投资。股权投资包括向附属企业或其他企业的投资，包括两种投资形式：一是直接投资形式，是指将现金或资产投入被投资企业，由被投资企业向投资企业出具出资证明书，确认股权；二是间接投资形式，是指投资企业向被投资企业的投资是通过在证券市场上购买该企业的股份实现的。债券投资包括国库券、公债、企业债券等的投资。

（二）投资管理

投资管理是一项针对证券及资产的金融服务，从投资者利益出发并达到投资目标。投资者可以是机构，如保险公司、退休基金等，也可以是私人投资者。投资管理包含几个元素，如金融分析、资产筛选、股票筛选、计划实现及长远投资监控等。公司对外股权投资需经董事会批准。

（三）投资计价与投资收益核算

公司投资计价和投资收益核算应遵循会计准则规定。

5.2.7 或有负债管理

或有负债是指因过去的交易或事项可能导致未来所发生的事件而产生的潜在负债。对外担保是或有负债的重要表现形式之一，因此，公司应加强对外担保的管理。任何个人、部门未经董事会授权，不得以公司名义对外提供担保。子公司对外提供担保时，也需经公司批准，否则应追究担保提供者的责任。

财务管理部门应设置备查簿，用于登记信用担保的提供及被担保人对第三方执行负债的情况，并加强或有负债的函证工作，每月向被担保方或第三方债权人进行函证。

5.2.8　税务管理

税务管理是公司在遵守国家税法，不损害国家利益的前提下，充分利用税收法规所提供的包括减免税在内的一切优惠政策，实现少交税或递延交纳税款，从而降低税收成本、实现税收成本最小化的经营管理活动。它是一种合理、合法的行为。

税务管理的核心是税收筹划，公司其他的税务管理活动最终都是为了实现税收筹划。税收筹划是指纳税人在遵守国家税法、不损害国家利益的前提下，通过对经营、投资、理财活动的事先筹划和安排，尽可能取得节税的经济利益的行为。税收筹划必须与公司的实际情况相结合，运用在公司投资、筹资和生产经营活动过程中。

5.2.9　清算程序

会计制度应按国家法律规定明确清算事项处理程序和清算程序。

清算工作结束后，清算机构需制作清算报告。清算报告应包括以下内容：① 清算的原因、期限、过程；②债权、债务的处理结果；③ 清算财产的处理结果。清算报告应附有经中国注册会计师审定的清算开始日财务会计报表审计报告及清算结束日对于清算费用及清算损益的审计报告。

5.2.10　财务分析

（一）分析方法

财务分析的方法有很多种，主要包括趋势分析法、比率分析法和因素分析法。

趋势分析法又称水平分析法，是将两期或连续数期财务报告中的相同指标进行对比，确定其增减变动的方向、数额和幅度，以说明公司财务状况和经营成果变动趋势的一种分析方法。

比率分析法是指利用财务报表中两项相关数值的比率揭示公司财务状况和经营成果的一种分析方法。

因素分析法又称因素替换法、连环替代法，它是用来确定几个相互联系的因素对分析对象——综合财务指标或经济指标的影响程度的一种分析方法。采用这种方法的出发点在于，当有若干因素对分析对象产生影响时，假定其他各个因素都无变化，按照一定顺序确定每一个因素单独变化对分析对象所产生的影响。

（二）财务指标

总结、评价公司财务状况和经营成果的财务指标主要包括以下5类。

（1）短期偿债能力分析指标：流动比率、速动比率以及现金比率等。

（2）长期偿债能力分析指标：资产负债率以及已获利息倍数等。

（3）营运能力分析指标：存货周转率、应收账款周转率以及总资产周转率等。

（4）盈利能力分析指标：销售净值率、销售毛利率、资产净利率、净资产收益率等。

（5）国有资产保值增值指标：国有资产保值增值率等。

5.2.11　会计档案管理

会计档案是指会计凭证、会计账簿和会计报告等会计核算专业资料，是记录和反映公司经济业务的重要史料和证据，具体包括以下几个方面：① 会计凭证类：原始凭证、记账凭证、汇总凭证、其他会计凭证；② 会计账簿类：总账、明细账、日记账、固定资产卡片、辅助账簿、其他会计账簿；③ 会计报告类：月度、季度、年度会计报告，包括会计报表、附表、附注及文字说明及其他会计报告；④ 其他类：银行存款余额调节表、银行对账单、会计档案移交清册、会计档案保管清册、会计档案销毁清册、其他应当保存的会计核算专业资料。

会计档案管理包括档案建档、查阅和保管等方面的管理，公司需要结合国家有关档案管理的法律、法规遵照执行。

5.2.12　会计电算化管理

会计电算化管理是在会计核算电算化的基础上利用会计核算提供的数据和其他有关数据，借助计算机会计管理软件提供的功能和信息，帮助会计人员合理地筹集和运用资金，节约生产成本和经费开支，提高经济效益的过程。开展会计电算化的公司应根据工作需要，建立健全会计电算化岗位责任管理制度、会计电算化操作管理制度、计算机软硬件和会计数据管理制度、电算化会计档案管理制度等会计电算化内部管理制度，以保证会计电算化工作的顺利开展。

会计电算化管理的内容分为以下几点。

（1）资金管理电算化。

（2）成本管理电算化。

（3）收入与利润分配管理电算化。

会计电算化管理主要有以下几项任务。

（1）进行会计预测。根据计算机内存储的会计核算历史数据，并按照现有条件和要求，在会计管理软件的指挥下，补充输入一部分数据，并选定预测方法，由计算机进行预测和输出预测结果。

（2）编制财务计划。财务计划是会计预测的系统化和具体化的表现形式，可由计算机自动完成。编制财务计划的方法需要事先在会计管理软件中加以定义。

（3）进行会计控制。会计控制主要通过预算控制软件和责任会计软件来实现。这两个软件是会计管理软件的两个部分，都需要会计核算软件提供详细的数据。

（4）开展会计分析。利用会计管理软件分析和评价计划的完成情况，找出差异和努力的方向。

第6章
会计机构和会计人员管理

　　贯彻"董事会领导下的财务总监制度"和"财务总监领导下的会计人员委派制度"是现代企业会计机构设置和会计人员管理的原则，此原则能够有效控制"委托—代理"风险。由于各企业在规模、组织结构、业务性质和文化背景等方面存在差异，企业会计组织结构的模式也不尽相同，但会计、控制、财务和内部审计应是企业会计系统中不可缺少的功能模块。

6.1　会计机构

　　企业会计机构的设置受制于企业的治理结构、会计人员管理体制、企业会计系统的职责和财务总监的地位。建立市场化、数字化日趋分散的股权结构是我国企业改革的大方向，资本意志越来越迫切地要求在企业治理中的话语权，对财务控制权的争夺也日渐敏感和激烈。与此相适应，"董事会领导下的财务总监制度"和"财务总监领导下的会计人员委派制度"构成企业会计体制的核心内容，成为企业设置会计机构的主要指导原则。

6.1.1　财务总监的组织定位

　　财务总监制度是企业治理结构和企业内部管理机制的有机组成部分。在企业治理结构层次中，财务总监代表所有者对管理者进行监督，主要履行监督职责；而作为企业会计系统的第一领导人，财务总监又必须全面、全过程地参与并主导企业的内部管理控制系统，为增加企业价值做贡献。

　　为避免财务总监陷入既代表所有者又代表经营者的两难困境，企业必须强调财务总监的单轨制，并从组织上保证财务总监对企业会计人员（包括子公司财务总监和会计负责人）的绝对主导权。图 6-1 所示为财务总监对企业会计人员的绝对主导权示意。

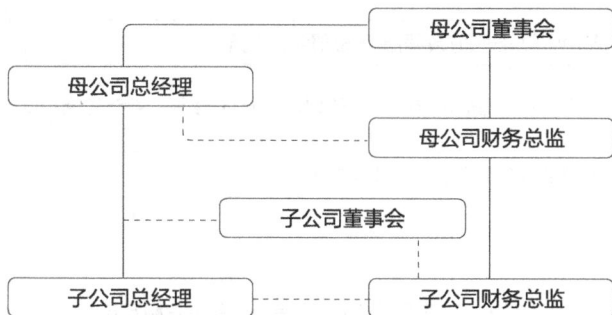

图 6-1　财务总监对企业会计人员的绝对主导权示意

在公司治理结构中，财务总监与总经理处于平等地位，二者同样受聘于董事会并对董事会负责，财务总监并没有对总经理负责的义务。这样的制度安排，有利于财务总监履行其监督、控制职能，保证其独立性。

子公司财务总监的工作汇报流程，一般实行"双首长制"。所谓"双首长制"，是指子公司财务总监要同时向子公司总经理和上级财务总监汇报工作；但对子公司总经理的汇报是虚线汇报，而对其上级财务总监的汇报是实线汇报。子公司财务总监的雇用、任命和考核由其上级财务总监（或子公司董事会）负责；即使子公司总经理对子公司财务总监的表现存有异议，也必须有事实证明且必须征得上级财务总监的同意，才可以进行人事调整。在"双首长制"下，子公司财务总监向上级财务总监负责可以保证其能独立地贯彻和履行职能；而同时向子公司总经理汇报又可充分地考察和衡量其服务的公司的工作和业绩。

除了集团总部的会计人员外，财务总监对下属单位会计人员主导权的实施方式，要视下属单位组织特征及控制权强弱程度而有所区别。在财务中心体制下，集团总部整合集团成员企业的会计机构、人员和业务并将其都划归到财务中心管理，由财务中心向集团成员企业提供统一的财会服务，财务总监通过财务中心总经理直接负责管理财务中心；对于以分公司、事业部形式存在的下属单位，财务总监可以采取会计委派、会计轮岗及直接任命会计负责人的直接方式，予以强力控制；而对于以独立法人形式存在的子公司，财务总监则要根据拥有子公司控制权的大小，以提名或推荐的间接方式，通过子公司董事会任命子公司财务总监。图 6-2 所示为财务总监对公司会计系统的控制方式。

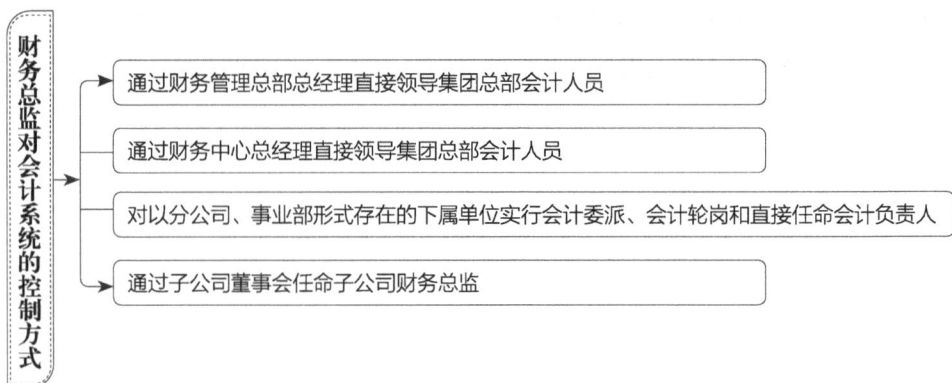

图 6-2　财务总监对公司会计系统的控制方式

6.1.2　会计机构的一般设置

《会计法》规定，各企业应当根据会计业务的需要设置会计机构，或者在有关机构中设置会计人员并指定会计主管人员；不具备设置会计机构条件的，应当委托经批准设立的从事会计代理记账业务的中介机构代理记账。由于企业规模、组织结构、业务性质和文化背景等诸多因素的不同，各企业对于会计系统职能的组织方式也各不相同。图 6-3 所示为企业会计组织结构的通用模式。

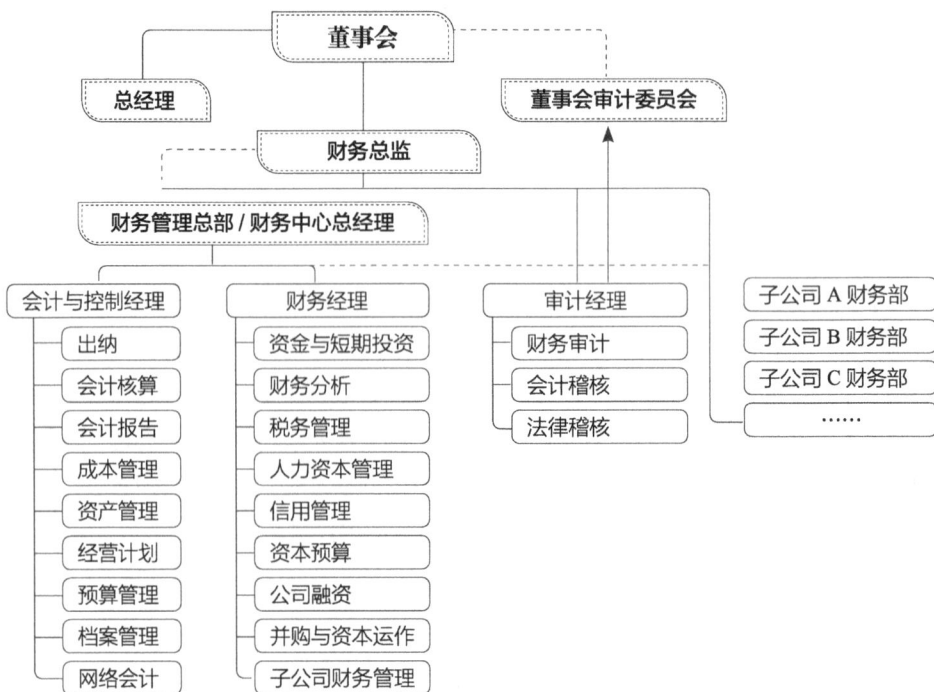

图 6-3　企业会计组织结构的通用模式

（一）企业会计机构的设置

为了科学、合理地组织、开展会计工作，保证企业正常的经济核算，各企业原则上应设置会计机构。一个企业是否单独设置会计机构，往往取决于以下 3 个因素：一是企业规模的大小；二是经济业务和财务收支的繁简；三是经营管理的要求。

一般来说，大、中型企业和具有一定规模的行政事业单位，以及财务收支数额较大、会计业务较多的社会团体和其他经济组织，应单独设置会计机构。规模较小、业务和人员较少的企业，可以不单独设置会计机构，而将会计业务并入其他机构，或委托经批准设立的从事会计代理记账业务的中介机构代理记账。不单独设置会计机构的企业应在有关机构中配备会计人员并指定会计主管人员。

（二）会计机构负责人（会计主管人员）的任职资格

会计机构负责人（会计主管人员）是指在一个企业内具体负责会计工作的中层领导人员。在一个企业内部，不论是设置会计机构或者在有关机构中设置会计人员，都需要有一位负责人。在设置会计机构的情况下，该负责人为会计机构负责人；在有关机构中设置会计人员的情况下，该负责人为会计主管人员。

会计机构负责人（会计主管人员）是企业会计工作的行政领导，担负着组织、领导会计人员进行会计核算、实施会计监督的重要职责，其素质和能力对本企业的会计工作有着较大影响，所以有必要对其任职资格加以规定。《会计法》规定，担任企业会计机构负责人（会计主管人员）的，应当具有会计师以上专业技术职务资格或从事会计工作 3 年以上。

（三）会计人员回避制度

回避制度是指为了保证执法或者执业的公正性，对可能影响其公正执法或者执业的人员实行职务回避和业务回避的一种制度。在会计工作中，由于亲属关系而共同作弊和违法违纪的案件时有发生，所以在会计人员中实行回避制度具有重要意义。

《会计基础工作规范》规定，国家机关、国有企业、事业单位任用会计人员应当实行回避制度。单位负责人的直系亲属不得担任本单位的会计机构负责人、会计主管人员；会计机构负责人、会计主管人员的直系亲属不得在本单位会计机构中担任出纳。直系亲属关系包括夫妻关系、直系血亲关系、三代以内旁系血亲以及近姻亲关系。

（四）会计工作岗位

会计工作岗位是指一个单位会计机构内部根据业务分工而设置的职能岗位。无论单位是否设置单独的会计机构，均应根据会计业务需要设置会计工作岗位。设置会计工作岗位、明确分工，有利于会计工作的程序化、规范化，提高工作效率和工作质量。

6.2 会计人员管理

财务总监职位是一个集技术、管理和领导职能于一体的高级管理人员职位；财务总监要依靠由会计人员组成的团队来驾驭企业庞大、复杂的会计系统，因而对会计人员的领导和管理就显得相当重要。

对于财务总监来说，会计人员管理包括业务指导、道德示范、有效沟通、知识管理和会计人力资源管理等主要环节，如图6-4所示。

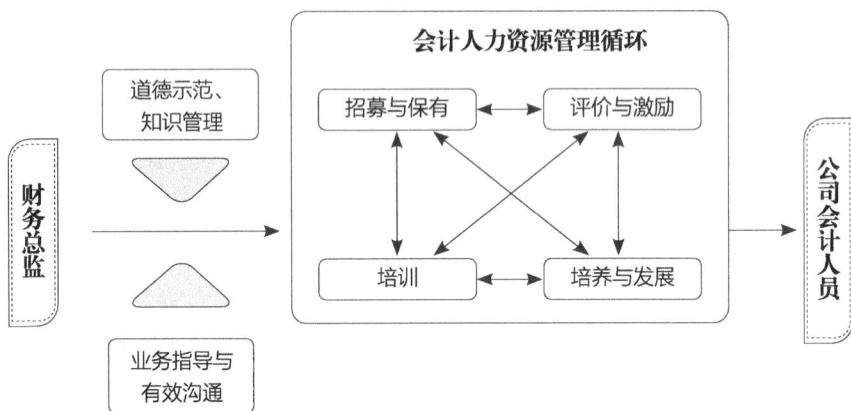

图6-4 财务总监对会计人员的管理

6.2.1 示范效应和沟通

（一）财务总监的示范效应

作为企业财务资源的"第一把关人"和会计人员的"总头"，财务总监对会计人员言传身教的示范效应是很明显的。财务总监的态度和行为对下属会计人员有着很大的影响力。财务总监对会计人员遵纪守法、执行道德标准行为的倡导和支持，对于规范企业行为来说，本身就是一种很好的激励方式。财务总监要时刻恪守职业道德，时时保持较高的专业水准和亲和的人格魅力，这种努力自然会被下属会计人员认同、依靠和敬重，并产生潜移默化的影响。

财务总监除了自身要遵守职业道德外，还要规范和协调企业会计人员的道德行为，使职业道德成为企业内部控制制度的一个有机组成部分。同时，财务总监还要监督下属经理人员和其他会计人员采取稳健的会计政策，保持一个适当和有效的会计制度，保护财产，建立内部控制系统，保证产生真实的会计报表。唯有如此，财务总监才能督促企业的会计团队时刻保持职业警觉，随时察觉并掌控企业财务上的反常情况，从而做到明察秋毫。

（二）财务总监与会计人员的沟通

财务总监有责任为会计人员创造平等、宽松和高效的工作氛围。为此，财务总监应该通过开放、诚实、频繁的沟通方式向会计人员提供重要信息，使会计人员明白企业的战略、文化和他们的使命与角色，使他们能积极地投入追求企业目标的过程中。

虽然电子邮件和微信也是交流工具，但它们替代不了面对面交流。财务总监应尽可能增加与会计人员面对面交流的次数，向他们传递有助于工作的各种信息。财务总监利用日常工作的接触，给予下属会计人员更多的精神激励和信息激励，包括崇尚平等、扩大授权、提供充分的资源条件、支持并参与举办企业集体活动等。

员工拥有美满的家庭生活会极大地促进其工作的开展，因此，财务总监还应考虑实现会计人员职业生活与私人生活之间的平衡。

公司可考虑采用以下措施来达到这一平衡。

（1）协助员工配偶取得一份稳定的工作并将此作为一项员工福利。

（2）将公司资源用于员工家庭娱乐和教育方面。

（3）建立"家庭日制度"，公司确定某一休息日为家庭日，邀请员工家庭成员到公司做客、参观、与管理人员共同就餐等，以及提供机会使员工家属互相认识和了解。

（4）允许员工灵活安排工作时间以平衡员工工作与家庭生活的关系。

（5）组织员工参加健身活动以保持员工的健康，采取包括禁烟、降低胆固醇、控制高血压等在内的措施保持员工的健康。

6.2.2　注重知识管理

企业的成长过程实质上是一个持续学习的过程，开发新产品、引进新技术、推行新的管理制度等，都需要企业更新原有知识，吸收或创造新知识。企业的竞争优势归根结底来源于组织学习和知识管理。知识管理依托于信息系统，关注的是如何最佳地引导、利用和激励人们去改进和共享其知识。公司所有的部门对知识管理都是非常重视的。

知识管理是企业培养和造就高素质的会计人员队伍的有效途径。财务总监要有知识管理的意识，要创造融洽的沟通氛围，让所有的会计人员能分享知识并将所学知识有效地应用到工作中；还要考虑设计一张适合本企业特点的"无形资产控制表"，它用于针对知识资产的成长性、流动性、创新程度、利用率和稳定性而进行监控分析，用积分卡的形式集中反映企业知识管理的动态发展指标。

6.2.3　会计人员管理的关键环节

财务总监应要求公司人力资源管理部门针对公司会计人员的情况制订详尽的计划，为公司会计人员做出系统的规划和安排。对招募、培训、培养与发展、评价与激励等关键环节，财务总监要提出明确的要求，并应根据实际情况亲自把握。

（一）会计人员的招募

公司要增大招募和吸引人才的力度，要根据公司的战略构想，构建一支会计人员精英队伍；同时，根据投资项目的需要吸收部分高层次具有专业知识技能的专家型人才。

思科公司的"内部员工推荐计划"颇有借鉴意义。公司内部核心员工往往对公司的企业文化和用人标准比较熟悉，人以群分，员工的朋友圈中往往也积聚了类似的人才，员工可以将自己朋友圈中的人才推荐给公司，这是公司非常好的招聘来源。在员工推荐后的72小时内，思科公司就会跟进推荐人和被推荐人；如果被推荐人通过第一场面试，推荐人可以一直跟踪面试的进展；如果被推荐人最终被录用并通过思科公司90天的试用期，推荐人将获得可观的现金奖励；如果一年后这位被推荐的员工在公司绩效评估中表现出色，推荐人还可以获得额外的现金奖励。这是思科公司创造性的做法，让所有员工都成为"猎头"。思科公司大概有10%的应聘者是通过员工推荐获得的。这个做法的好处不仅仅体现在员工引荐，还体现在开辟了及时沟通的渠道。这种内部员工推荐的方式，大大提高了成功招聘会计人员的概率。

（二）会计人员的培训

公司已成为对员工越来越重要的教育场所。为此，公司应建立人才培训计划和专门的培训制度，尽可能创造学习机会使新招聘和现有的员工迅速掌握从事各自岗位工作所必需的知识、技能和应具备的职业态度。

会计人员的培训首先要从职业道德入手。会计人员的职业道德标准主要包括以下8个方面。

第一，爱岗敬业。要求会计人员热爱会计工作，做好本职工作，忠于职守，尽心尽力，尽职尽责。

第二，诚实守信。要求会计人员做老实人、说老实话、办老实事，执业谨慎，信誉至上，不为利益所诱惑，不弄虚作假，不泄露秘密。

第三，廉洁自律。要求会计人员公私分明、不贪不占、遵纪守法、清正廉洁。

第四，客观公正。要求会计人员端正态度，依法办事，实事求是，不偏不倚，保持应有的独立性。

第五，坚持准则。要求会计人员熟悉国家法律、法规和国家统一的会计制度，始终坚持按法律、法规和国家统一的会计制度的要求进行会计核算，实施会计监督。

第六，提高技能。要求会计人员增强提高专业技能的自觉性和紧迫感，勤学苦练，刻苦钻研，不断进取，提高业务水平。

第七，参与管理。要求会计人员在做好本职工作的同时，努力钻研相关业务，全面熟悉本单位经营活动和业务流程，主动提出合理化建议，协助领导决策，积极参与管理。

第八，强化服务。要求会计人员树立服务意识，提高服务质量，努力维护和提升会计职业的良好社会形象。

知识经济和流程管理的出现，给会计职业的发展提出了许多全新的挑战。现代管理要求会计人员有更全面的知识结构和技能，这增加了会计人员的取得成本；同时，职能交叉使公司内部职责分工模糊化，产生了对"全能型"人才的需求，降低了会计人员资本的专属性。财务总监必须要认识到这些挑战的存在，并相应调整会计人员培训与发展的战略安排。在这种情况下，一方面，财务总监在参与公司组织结构设计时，在强调会计控制职能在公司管理中处于核心地位的前提下，要注意会计职能与其他管理职能的融合；另一方面，要逐渐培养公司会计人员具备越来越强的组织管理能力，其职能由单纯的决策支持向决策靠拢，加强会计控制系统和会计人员在公司管理运作中的重要性。

（三）会计人员的培养与发展

财务总监要注重会计人员的职业培养和财务管理干部的选拔。公司内部要建立良好的人员内部流动机制，鼓励会计人员和财务管理干部每一到两年的时间在公司内部进行流动，甚至跨越会计岗位，使他们能更全面地从事各种工作并面对多种挑战。这种岗位轮换制度可以扩宽员工的技能领域，提升员工的复合技能。图 6-5 为美国通用电气公司（GE）的财务干部选拔标准。

杰克·韦尔奇要求

找到优秀的管理人员，给他们足够的资源和权力，让他们去充分发挥；

提拔和奖励最优秀的员工，给他们不可思议的薪资，让他们为你经营企业；

毫不迟疑地解雇不合适的经理，他们应该去能够发挥他们特点的公司

充分

财务干部选拔标准：德才兼备、以德为主

提供机会让其成长，设计好一条循序渐进的职业发展线路并落实实施，定期检查进展情况并及时做出调整，通过传、帮、带加快其成长步伐；组建一个优势互补的团队；通过群策群力的方法解决难题。在决策上，上级的指示可以由指令性方式最后转换到参与性方式	给予充分的资源让其发挥，不应干预过多；一旦符合条件就应予以晋升并给予最具竞争力的薪酬待遇；不断提供新的挑战，业绩好的人可以调到最有挑战性的工作岗位；业绩不理想的人可以给予第二次机会或者换一个环境

德

尽早让他们意识到他们应该做别的选择

不充分

不充分　　　　　**才**　　　　　**充分**

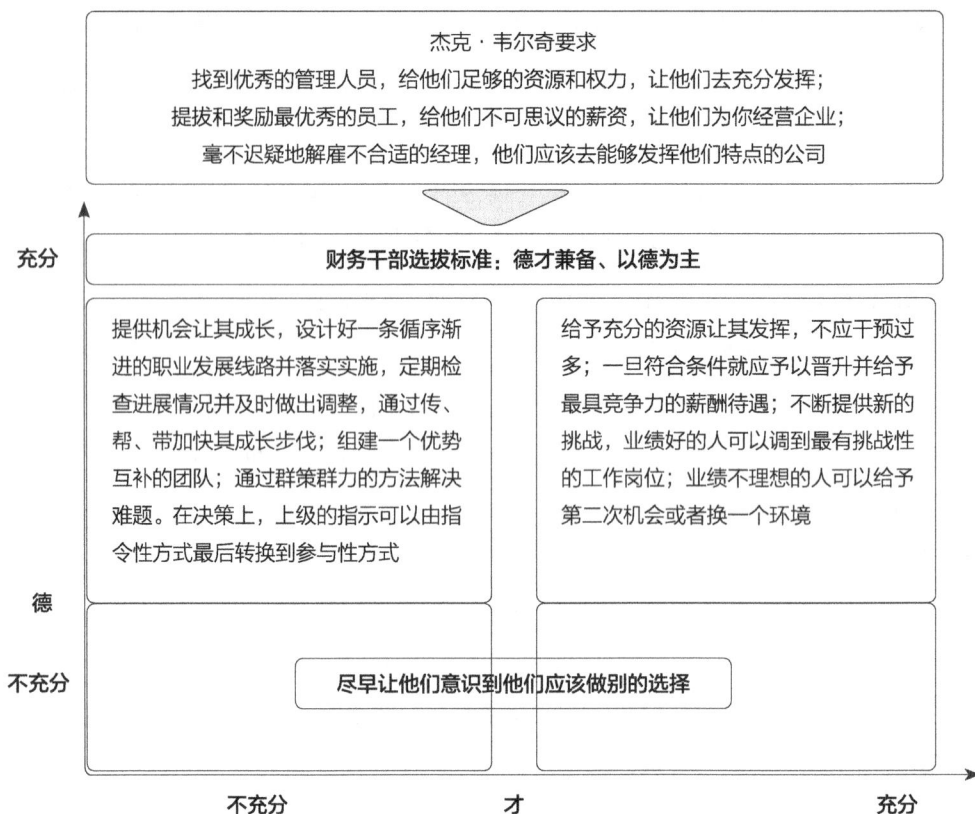

图6-5　美国通用电气公司（GE）的财务干部选拔标准

GE严格按照价值观与业绩来选拔与任用人才。GE在用人、培养人方面，拥有不同于其他公司的独特体制，这种体制建立在GE的企业文化、价值观的基础上。GE通过每年的C阶段人力资源评估会发现大量的优秀人才，那些既能够遵守GE价值观，又有突出业绩的员工将通过评估脱颖而出；富有领导才能与发展潜力的员工也绝不会被遗漏。恪守价值观、业绩突出、富有潜力的优秀员工都将成为GE下一步重点培养与发展的对象。

对于刚刚进入GE的新员工，特别是重要岗位的员工，GE会通过许多措施帮助他们迅速适应GE的企业文化与环境，使他们在最短的时间内进入工作状态并做出业绩。对于重要的岗位，GE会安排从美国、欧洲等国家或地区过来的专业人士帮助重要员工适应工作，并作为他们的导师或者伙伴，为他们尽快适应工作提供3～6个月的支持，以帮助他们快速成长。GE也通过海外培训与工作等方式让他们快速成长起来。有的员工进入公司的第二个星期就要去国外进行培训，从某种意义上来说，这对人才也有着巨大的吸引力。

（四）会计人员的评价与激励

公司要借助有效的激励机制，为员工创造良好的工作环境，充分开发每个员工的潜

能，鼓励员工为公司创造价值，实现员工的自我满足感。激励包括奖励和惩罚。对希望出现的行为，公司用奖励进行强化；而对不希望出现的行为，要利用处罚进行约束。

评价体系是激励的基础，有了准确的人事评价，才能有针对性地进行激励。人事评价主要是对员工在执行职务过程中的工作姿态、工作状况和工作绩效进行系统的考察和分析，由此可以对员工的日常工作进行观察记录，以此作为激励和调整的依据；对相同岗位的员工的贡献进行排序，可以客观地评价员工的能力、工作状况和工作适应性，考察员工在现有职级和职位上完成职责的出色程度以及是否具备晋升更高一级职位的潜力。人事评价标准是从公司成立之日起形成并不断完善的，对每个岗位的职责、义务、奖惩做出了明确的规定，特别是对责任的划分和界定进行了细致的说明。为了保证评价结果的合理性，人事评价标准应该是开放的。人事评价要公开进行，其结果要公布并接受监督。

根据评价结果而实施的人事调整，除体现在薪酬方面外，更要体现在职位任用的变化和代谢管理上。一个业绩优秀的公司，其用人政策应当是"严把始末、放松中间"，尽可能地提升和必要的淘汰都是必需的。在会计人员提升方面，公司应尽可能考虑从内部提升，内部提升可以培养长久性的员工。在会计人员的代谢管理中，实行末位淘汰制会有明显的效果。末位淘汰是一种自加压力的竞争机制，可以为更优秀的员工腾出位置，保证会计人员队伍的不断优化和素质的不断提高。

第7章
内部控制制度

企业内部控制贯穿企业生产经营的方方面面，是保障企业有序运行和防范企业内部风险的重要手段，是企业治理的重要组成部分。一个有效的内部控制系统，如同完善的法人治理结构，是企业高效运作的基础，对企业业绩的提高和可持续发展具有重要意义。

随着企业生产经营规模的不断扩大，集团企业产生，简单的组织架构和管理已无法满足企业正常生产经营活动的需要。我国企业对内部控制的关注相对于国外企业起步较晚，对内部控制概念的界定较模糊，再加上我国企业治理结构先天不足，导致我国企业内部控制普遍薄弱。随着企业竞争加剧，影响企业运作的内、外部因素越来越复杂，财务总监要充分认识到完善内部控制制度的重要性和艰巨性，按照内部控制整体思想，从内部控制框架的基本要素入手，逐渐提高企业的内部控制水平，从制度建设上来增强企业的抗风险能力。

7.1 内部控制制度的基本内涵

所谓内部控制，是指企业为了保证各项业务活动的有效进行，确保资产的安全完整，防止欺诈和舞弊行为，实现经营管理目标而制定和实施的一系列具有控制职能的方法、措施和程序。同样是两权分离的产物，内部控制机制与现代企业制度之间存在着天然的内在联系，也正是这种内在联系，决定了内部控制制度在现代企业制度建设中的重要性。

7.1.1 内部控制整体框架及特征

1994 年，美国反虚假财务报告委员会下属的发起人委员会（The Committee of Sponsoring

Organizations of the Treadway Commission，COSO）在《内部控制——整体框架》中对内部控制的构成要素进行了系统描述，并提出了许多内部控制整体框架思想的新观点。

（一）内部控制的构成要素

内部控制的构成要素来源于管理层经营企业的方式，并与管理的过程相结合，具体包括控制环境、风险评估、控制活动、信息与沟通、监督 5 个要素，如图 7-1 所示。

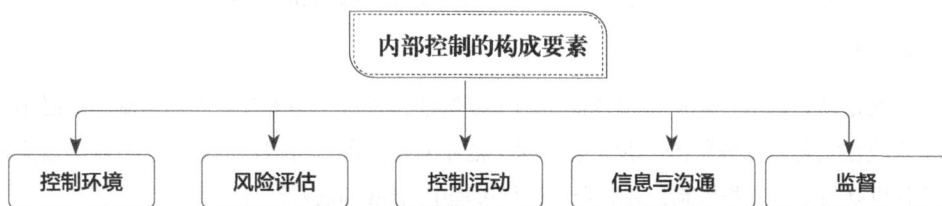

图 7-1　内部控制的构成要素

1. 控制环境

从系统论的观点看，管理控制体系的环境，就是指管理控制系统之外的、对管理控制体系有影响作用的一切系统的总和。内部控制环境是指企业内部的，对内部控制有直接或间接影响的要素总和，包括公司治理结构和议事规则、审计委员会、内部机构设置、岗位职责、业务流程、内部审计、人力资源政策、职业道德修养和专业胜任能力、企业文化、价值观和社会责任等。控制环境影响企业控制目标的制定与实施。任何企业的核心都是企业中的人及其活动。人的活动在环境中进行，人的品性包括操守、价值观和能力等，它们既是构成环境的重要因素之一，又与环境相互影响、相互作用。环境要素是推动企业发展的"引擎"，也是其他要素的核心。

2. 风险评估

每个企业都面临来自内、外部的风险，内部控制的首要目标就是控制风险。企业必须制定详细的风险控制程序，该程序必须和销售、生产、采购、财务等作业相结合。为此，企业也必须设立可辨认、分析和管理相关风险的机制，以了解自身所面临的风险，并适时加以处理。

3. 控制活动

《企业内部控制基本规范》规定，企业应当结合风险评估结果，通过手工控制与自动控制、预防性控制与发现性控制相结合的方法，运用相应的控制措施，将风险控制在可承受范围之内。控制措施一般包括：不相容职责分离控制、授权审批控制、会计系统控制、财产保护控制、预算控制、运营分析控制和绩效考评控制等。企业必须制定控制的政策及程序，并予以执行，以帮助管理层保证"为实现其控制目标，其用以辨认并用以处理风险所必须采取的行动业已有效落实"。

4. 信息与沟通

企业在其经营过程中，需按某种形式辨识、取得确切的信息，并进行沟通，以使员工能够履行其责任。企业应当建立有效的信息与沟通传递机制，确保信息及时传递，保障内部控制机制有效运行。信息与沟通系统使企业内部的员工能取得在执行、管理和控制企业经营过程中所需要的信息，并通过交换这些信息实现内部控制的有效运行。

5. 监督

监督活动是内部控制有效发挥作用的重要保证，它对于完善企业内部控制体系必不可少。企业在完善内部控制体系时，必须健全企业的内部审计机构，加强监督机制，设立日常监督机制与专项监督机制，并对企业运行过程中出现的问题予以修正。

（二）企业现代内部控制特征

随着我国对内部控制研究的重视和发展，内部控制呈现多元化的特点，企业越来越重视内部环境与外部环境的结合、客观因素与主观因素的协调等。企业现代内部控制特征主要有以下几点。

（1）明确对内部控制的"责任"。COSO报告认为，不仅是管理人员、内部审计人员或董事会，企业中的每一个人对内部控制的制定和实施都负有责任。这种思想有利于企业所有员工团结一致，主动维护并改善企业的内部控制，消除与企业管理层的对立关系。

（2）强调内部控制应该与企业的经营管理过程相结合。COSO报告认为，经营管理过程是指企业通过规划、执行及监督等基本的管理过程对企业加以管理。内部控制分布在企业作业的一连串行动中，是企业经营管理过程的一部分，与经营管理过程结合在一起，而不是凌驾于企业的基本活动。它使经营管理过程发挥其应有的功能，并监督企业经营管理过程的持续进行。

（3）强调内部控制是一个"动态过程"。内部控制是对企业的整个经营活动进行监督与控制的过程，是一个发现问题、解决问题、发现新问题、解决新问题的循环过程。企业的经营活动是永不停止的，因此，企业的内部控制过程也不会停止。

（4）强调"人"的重要性。COSO报告特别强调，企业员工既是控制的主体，又是控制的客体，既对其负责的作业实施控制，又受到他人的控制和监督。只有人才可以制定企业的目标，并设置内部控制的机制；反过来，内部控制影响着人的行动。

（5）强调"软控制"的作用。软控制主要是指对那些属于精神层面的事物，如高级管理层的管理风格、管理哲学、企业文化、内部控制意识等的控制。所有的内部控制都是针对"人"而设立和实施的，企业内部会因此形成一种控制精神和控制观念，它将直接影响企业的控制效率和效果。

（6）强调风险意识。COSO 报告指出，所有的企业，不论其规模、结构、性质或产业是怎样的，其组织的不同层次都会遭遇风险。对此，管理层必须密切注意各层次的风险，并采取必要的应对措施。

（7）糅合了管理与控制的界限。在 COSO 报告中，控制已不再是管理的一部分，管理与控制的职能与界限已经模糊。

（8）强调内部控制的分类及目标。COSO 报告将内部控制的目标分为 3 类：与营运有关的目标、与财务报告有关的目标以及与法令的遵循性有关的目标等。这样的分类高度概括了企业内部控制的目标，有利于不同的人从不同的角度关注企业内部控制的不同方面。COSO 报告认为，目标的设定是管理过程的一个重要部分，它虽然不是内部控制的组成要素，但却是内部控制的先决条件，也是促成内部控制的要件。

（9）明确指出内部控制只能做到"合理"保证。COSO 报告认为，不论设计及执行有多么完善，内部控制都只能为管理层及董事会提供达成企业目标的合理保证，而目标达成的可能性还要受内部控制的先天条件限制。

（10）提出了成本与效益原则。COSO 报告明确指出，内部控制要建立在成本与效益原则的基础上，企业应当正确处理成本与效益的关系，保证以合理的控制成本达到最佳的控制效果。没有零成本的内部控制，也不存在完美无缺的内部控制。

7.1.2　会计系统内部控制

内部控制理论起源于财务中账目的核对与岗位的职责分离，因此，内部控制与会计系统有着天然的"血缘关系"。财务系统内部控制的有效建设，可以保障企业资金在运营、筹资、投资过程中的规范性。

（一）会计系统内部控制的含义与重要性

会计系统是企业管理系统的核心子系统之一。一方面，它通过记录和报告历史经济业务来反映企业的资产状况、经营成果以及现金流量的状况；另一方面，这些信息为企业经营决策和与企业利益相关的外部使用者的投资决策提供依据。真实、完整的会计信息对企业来说是非常重要的，它是企业进行有效经济分析和准确预测与决策的基础。如果会计信息真实、完整且相关，那么就为企业决策提供了较好的信息基础；反之，则不仅对企业不利，还会对企业有害，因为虚假、片面的会计信息可能会起误导作用，将企业的决策行为引导到错误的方向。

要保证会计信息的真实、完整，就必须建立健全会计系统内部控制制度。可以这样说，会计系统内部控制是会计信息真实、可靠的制度保障和前提。健全、完善的会计系统内部控制可以通过程序控制、手续控制、凭证编号、复核和核对等措施，使会计信息加工中的各个环节相互制约，以免发生错误，而且即使发生了经济业务的错误记录，会计系统内部控制也可以自动地发现和纠正这些错误，从而保证最终输出的会计信息是完整、真实的。另外，操纵会计信息也通常是企业内部人员营私舞弊的主要手段。一切经济活动最终都综合反映在会计信息中，营私舞弊最终肯定会影响会计信息的真实性和完整性。由此可见，建立会计系统内部控制制度对每个企业来说都是必需的。

（二）会计系统内部控制的目标

会计系统内部控制要求企业依据《会计法》和国家统一的会计制度，制定适合本企业的会计制度，明确会计凭证、会计账簿和财务报告以及相关信息披露的处理程序，规范会计政策的选用标准和审批程序，建立、完善会计档案保管制度和会计工作交接方法，实行会计人员岗位责任制，充分发挥会计的监督职能，确保企业财务报告的真实、可靠和完整。

会计系统内部控制以保护财产物资和确保会计资料可靠性为目的，是与保护财产物资的安全性、会计信息的真实性和完整性以及财务活动的合法性有关的控制。会计系统内部控制的目标是通过对财产物资和会计信息等控制对象制定一系列控制方法、措施和程序从而达到最终目的和要求，它是建立、完善会计系统内部控制以及有效实施会计系统内部控制的指南。

会计系统内部控制应达到的基本目标有以下几点。

第一，规范企业会计行为，保证会计资料的真实性和完整性。

第二，堵塞漏洞、消除风险，防止并及时发现、纠正错误及舞弊行为，保护企业资产的安全、完整。

第三，确保企业贯彻执行国家有关法律法规和企业的规章制度。

企业在设计会计系统内部控制时，应遵循合法性与实用性相结合、全面约束与权力控制相结合、全面控制与关键点控制相结合、岗位职责与不相容职务分离相结合、成本控制与效益相结合的原则，具体内容有以下几点。

（1）合法性与实用性相结合是指会计系统内部控制既要符合国家有关法律法规，又要符合企业的实际情况。企业应本着实事求是的原则，设计符合自身需要的会计系统内部控制制度，真正为实现企业目标发挥关键性的控制作用。

（2）全面约束与权力控制相结合是指会计系统内部控制既要约束所有会计人员，又要给予有关人员一定的权限，并要求其在权限范围内履行其职责。

（3）全面控制与关键点控制相结合是指会计系统内部控制既要面面俱到，涵盖所有的会计业务、会计岗位以及相应的程序等，又要针对会计业务以及相应的程序、会计岗位中的关键控制点采取特殊的措施。

（4）岗位职责与不相容职务分离相结合是指会计系统内部控制既要保证企业内部涉及的会计工作机构和岗位设置合理、相应的职责权限划分合理，又要保证不相容职务相分离。

（5）成本控制与效益相结合是指会计系统内部控制同样也要遵循成本效益原则。

会计系统内部控制的设计除了要遵循上述原则外，还要考虑另外两个问题：一是做好充分的准备工作。要想建立一个健全的会计系统内部控制制度，首先必须做好调查准备工作，详细了解企业有关情况，如企业的所有业务及其流程、岗位设置、人员结构等。二是应以风险为导向，重点防范关键点，将内部控制的风险降到最低。

7.2 内部控制框架

COSO 内部控制框架认为，内部控制系统是由控制环境、风险评估、控制活动、信息与沟通以及监督 5 个要素组成的。它们取决于管理层经营企业的方式，并融入管理过程本身，其相互之间的关系可以用图 7-2 所示的模型表示。这些基本要素按照一定的结构有机结合起来而构成的系统，就是内部控制的外在表现形式。

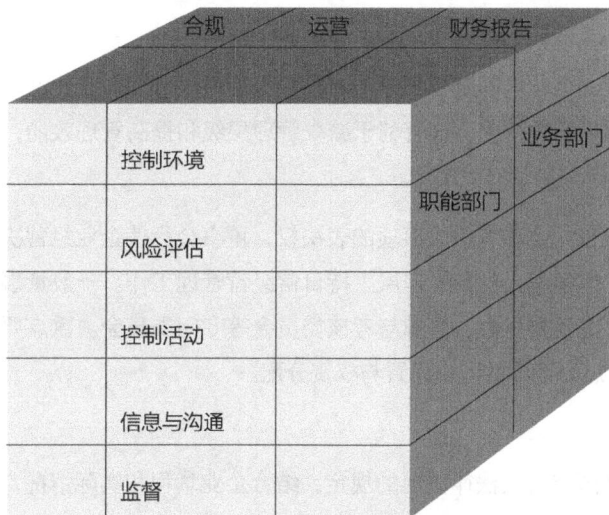

图 7-2 COSO 内部控制框架

7.2.1 控制环境

控制环境是指对建立、加强或削弱特定政策、程序及其效率产生影响的各种因素，它反映了企业董事会和管理层关于内部控制对公司重要性的态度。它是一种氛围，塑造企业文化，影响企业员工的控制意识，影响企业内部各成员实施内部控制的自觉性，决定其他内部控制要素能否发挥作用，是内部控制其他要素发挥作用的基础。控制环境直接影响企业内部控制的贯彻和执行以及企业经营目标和整体战略目标的实现。控制环境一般包括治理结构、机构人员设置及权责分配、议事规则、独立董事制度，内部审计，人力资源政策，企业文化，法制观念等。

（一）治理结构、机构人员设置及权责分配、议事规则、独立董事制度

1. 治理结构

治理结构是内部控制环境的最高层次，健全、完善的公司治理结构将为公司内部控制环境奠定坚实的基础。公司作为法人组织，具有权力主体资格，但其权力不能由公司本身来行使，而必须由公司的某些自然人来行使，这些自然人包括公司的股东、董事和经理层等。这些自然人在行使公司的权力时面临以下问题：公司的权力在这些自然人之间究竟如何进行分配，公司的股东究竟可以享有哪些权力，公司的董事究竟可以行使哪些权力，公司的经理层究竟可以行使哪些权力等。

2. 机构人员设置及权责分配

企业应当根据国家有关法律法规和企业章程，结合实际情况，科学地界定决策、管理、执行、监督等各方面的职责权限，形成科学有效的职责分工机制和制衡机制，切实发挥相关机构和人员的职能作用，为企业内部控制的建立和实施提供强有力的组织结构保障和工作机制保障。

机构人员设置：企业内部机构和人员的设置应当科学合理，应能够适应企业经营管理的实际需要和外部环境的变化，这有利于减少管理层级和提高管理效能，避免机构重叠和效率低下，促进内部控制的有效实施。

权责分配：股东大会享有重大事项的表决权，董事会行使企业经营决策权，监事会监督董事、经理和其他管理人员，经理层主持日常经营管理工作。一般董事会下设战略委员会、审计委员会、提名委员会、薪酬与考核委员会等专门委员会。重点要明确董事长和董事会成员、经理、总会计师的人员设置与权责分配。

3. 议事规则

企业应当根据国家有关法律法规的规定，结合企业章程和实际情况，建立规范的议事规则，促进企业内部控制的有效运行。议事规则分为股东大会议事规则、董事会议事规则等。董事会下设董事会办公室，由董事会秘书兼任办公室负责人，保管印章；监事会下设监事会办公室，由监事会主席兼任办公室负责人，保管印章。

4. 独立董事制度

为进一步完善上市公司的治理结构，促进公司规范运作，上市公司应按照有关规定，建立独立的外部董事制度，即独立董事制度。

（二）内部审计

内部审计是在一个组织内部建立的一种独立评价活动，同时是对该组织的活动进行审查和评价的一种服务。内部审计通过审查、评价经营活动及内部控制的真实性、合法性和有效性来促使组织目标的实现。内部审计的主要目的是评价组织内部控制以确保能揭露组织潜在的风险，经济高效地达到组织目标。

1. 审计委员会

企业应当在董事会下设立审计委员会，并赋予审计委员会监督企业内部控制建立和实施情况的相应职权。审计委员会负责人和成员应当具备相应的独立性、良好的职业操守和专业胜任能力。

2. 机构设置和人员配备

企业内部审计机构的组织领导体制，应依照法律规定和企业章程确定。设有专门的内部审计机构的企业，应当配备一定数量具有执业资格的内部审计人员和提供与履行内部审计职能相适应的工作条件；未设有内部审计机构的企业，应当由董事会授权或者企业章程规定的有关机构承担内部审计职责。

3. 内部审计工作的独立性

内部审计工作的独立性，是指内部审计机构和人员在进行内部审计活动时，不存在影响内部审计客观性的利益冲突的状态。

4. 内部审计机构的职权

内部审计机构应当依照法律规定和企业授权，结合内部审计监督，对内部控制的有效性开展审计监督活动，进行监督检查。内部审计机构对监督检查中发现的内部控制缺陷，应按照企业内部审计工作程序进行报告；对监督检查中发现的内部控制重大缺陷或重大问题，视具体情况，有权直接向董事会及审计委员会、监事会报告。

5. 内部审计机构与董事会或最高管理层的关系

内部审计机构应接受董事会或最高管理层的领导，保持与董事会或最高管理层的良好关系，协助董事会或最高管理层履行职责，实现董事会或最高管理层与内部审计在组织治理中的协同作用，并在授权范围内配合监事会工作。内部审计机构负责人应积极寻求董事会或最高管理层对内部审计工作的理解与支持。

6. 内部审计机构的管理

内部审计机构的管理是指内部审计机构对内部审计员和内部审计活动实施的计划、组织、领导、控制和协调工作。

（三）人力资源政策

在外部环境变化巨大、技术发展日新月异、市场竞争日益激烈的今天，人是企业最重要的资源，企业之间竞争的关键是人才的竞争。人力资源政策包括岗位职责与人力资源需求计划，招聘、培训与离职，人力资源考核政策，薪酬及激励政策等一系列有关人事的活动和程序，旨在通过有形的、具体的制度和措施来影响并约束员工的行为。

1. 岗位职责与人力资源需求计划

企业应当建立岗位说明制度，明确岗位职责和任职要求，合理制订人力资源需求计划。

2. 招聘、培训与离职

企业应当规范招聘及离职的程序，应当以提高员工道德素养和专业胜任能力为目标开展培训工作。

3. 人力资源考核政策

人力资源考核政策应当科学合理，能引导员工实现企业经营目标。企业应当制定科学合理的人力资源考核政策，对员工履行职责、完成任务的情况实施全面、公正、准确的考核，客观评价员工的工作表现，引导员工实现企业经营目标。

4. 薪酬及激励政策

企业的薪酬及激励政策的合理性对吸引人才、留住人才、激励人才、满足组织需要等方面有十分重要的作用。企业应当规范薪酬发放标准和程序，建立和完善针对各层级员工的激励约束机制，促进员工责、权、利的有机统一和企业内部控制制度的有效执行。

（四）企业文化

如果说组织机构和人员的设置是企业的"骨架"，那么企业文化就是企业的"灵魂"。企业文化是指企业在经营管理过程中形成的、影响企业内部环境和内部控制效力的精神、意识和理念，主要包括企业的价值观和社会责任感、现代管理理念和经营哲学、风险意识、不同层级人员的职业操守和行为守则等。企业文化是推动企业发展的不竭动力，也是企业的美德所在，具有鲜明的企业特色。

1. 价值观和社会责任感

企业的高级管理人员有责任在企业范围内培育健康向上的整体价值观和社会责任感，

倡导诚实守信、爱岗敬业、开拓进取、锐意创新和团队协作精神。

2. 现代管理理念和经营哲学

企业的管理理念，确立了企业的运作规则，把企业的价值观转换成更直观的描述，在具体操作中坚持现代管理理念，是企业管理的核心思想和终极之道。企业在激烈的市场竞争环境中，面临着各种矛盾和多种选择，要求有一个科学的方法论来指导，有一套逻辑思维的程序来决定自己的行为，这就是经营哲学。经营哲学，是一个企业特有的从事生产经营和管理活动的方法论原则，是企业一切行为的逻辑起点，是指导企业行为的基础。

3. 风险意识

企业风险是和企业的生存发展共存的。企业的高级管理人员应当强化风险意识，将风险意识作为企业文化建设的重要组成部分，贯穿企业经营管理的每个环节，避免因个人风险偏好给企业带来的不利影响和损失。

4. 不同层级人员的职业操守和行为守则

企业应当根据高级管理人员、中层管理人员和一般员工的职责权限，结合不同层级人员对实现企业内部控制目标的影响程度和不同要求，分别制定适合不同层级人员的职业操守和行为守则，并明确相应的监督和约束机制。

（五）法制观念

企业的法制观念包括法制教育、法律顾问制度、重大法律纠纷案件备案制度。

1. 法制教育

企业应当加强法制教育，增强董事、监事、经理及其他各级管理人员和员工的法制观念，严格依法决策、依法办事、依法监督。高级管理人员有责任在企业范围内传播遵规守法精神。

2. 法律顾问制度

企业法律顾问制度是与现代企业制度同时诞生的，是现代企业制度的重要组成部分。法律顾问制度对于维护企业的合法权益，促进企业依法经营管理和加强企业内部监督、风险控制都有重大影响和重要意义。企业应注重通过完善企业法律顾问制度来建立健全法律监督机制，促进依法决策、依法经营管理。

3. 重大法律纠纷案件备案制度

企业应结合自身的实际情况制定本企业的重大法律纠纷案件备案制度。

7.2.2 风险评估

在进行风险评估时，我们需要有一个框架用于集结并优化信息。这个框架必须能广泛地涵盖风险的所有来源与分类，从而成为一个有用的发现并优先淡化风险的工具。阿瑟·安德森公司为我们提供了一个很好的范例。这个框架将公司经营的不确定性风险分为环境风险、过程风险和决策所需信息风险三大类。图 7-3 所示为阿瑟·安德森公司的商务风险模型。

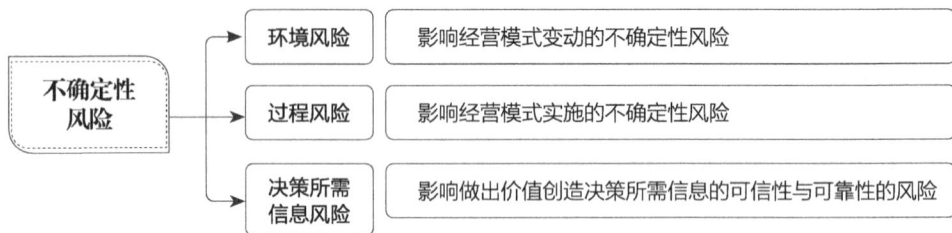

图 7-3　阿瑟·安德森公司的商务风险模型

环境风险：当外部力量影响到企业的业绩，或影响到企业在战略、运营、客户和供应商关系、组织结构以及融资方面的选择时，就会出现环境风险。这些外部力量包括竞争对手和监管部门的行为、市场价格的变动、技术创新、产业基础的变化、市场资金供应状况等企业无法直接控制的外部因素。

过程风险：当业务过程未能实现企业经营模式所规定的预计目标时，就产生了过程风险。例如，降低过程绩效的因素包括：业务过程与企业层面的经营目标和战略没有很好地结合起来，未能有效地满足客户要求，运营效率低下，减少了企业价值（而没有实现保值增值），未能使企业的金融、实物、客户、雇员、供应商、知识与信息资产免受意外损失及风险（或免遭误用和滥用）。

决策所需信息风险：当企业制定决策所依靠的信息不充分、不及时、不正确或者与决策制定过程不相关时，就会出现决策所需信息风险。

这 3 类风险是相互联系的。企业面临的环境风险和过程风险是由企业所处的内、外部状况决定的。而决策所需信息风险则直接取决于企业获取信息过程与非正式的"情报收集"过程的效率与可靠性。非正式的"情报收集"过程是指企业将收集的相关数据转化为信息并通过书面报告或口头沟通的方式把信息提供给相应管理者的过程。

7.2.3 控制活动

内部控制的核心就是要根据风险评估的结果，依据风险应对的策略采取各种控制措施，实施内部控制。基本的控制措施与方法有以下 9 种。

（一）不相容职务分离控制

不相容职务是指由一人担任时会增加发生差错或舞弊可能性的两项或多项职务。不相容职务分离基于这样的设想：两个或两个以上的部门或人员无意识地犯有同样错误的可能性很小，而有意识地合伙舞弊的可能性低于一个部门或人员舞弊的可能性。一般而言，企业的经济活动可以划分为授权、签发、核准、执行和记录 5 个步骤，如果每个步骤都由相对独立的部门或人员分别实施或执行，就能形成相互制衡的机制，保证不相容职务相分离，从而发挥内部控制制度的作用。

（二）授权批准控制

授权批准是指企业的每个部门或每个岗位的人员在处理经济业务时，必须经过授权批准，以便进行内部控制。授权批准控制的要求规定了各级管理人员的职责范围、业务处理权限和应承担的相应责任。授权的目标就是确保业务处理的所有重大交易都做到真实、有效，并与企业目标相符合。

授权批准的内容一般包括 4 个方面：一是授权批准的范围，通常为企业所有的经营活动；二是授权批准的层次，应当根据经济活动的重要性和金额大小确定不同的授权批准层次；三是授权批准的责任，应当明确被授权者在履行职责时应对哪些方面负责，避免授权责任不清；四是授权批准的程序，即规定每一类经济业务的审批程序，以便按照程序办理审批手续，避免出现越级审批和违规审批的现象。

（三）会计系统控制

会计系统控制要求企业依据《会计法》和国家统一的会计制度，制定适合本企业的会计制度。明确会计凭证、会计账簿和财务报告的处理程序，建立和完善会计档案保管制度和会计工作交接方法，实行会计人员岗位责任制，充分发挥会计系统的控制职能。会计系统的控制主要有以下 4 个方法。

1. 会计凭证控制

会计凭证控制是指在填列或取得会计凭证时实施的控制措施。为了防范风险和加强对原始凭证的统一管理，企业一般需要做到严格审查，设计科学的凭证格式，对凭证进行连续编号，规定合理的凭证传递程序和明确的凭证装订、保管手续。

2. 会计账簿控制

会计账簿控制是指为了保证账簿数据的真实、可靠以及对账簿的科学管理而实施的控制措施。会计账簿的控制措施一般包括按照规定启用会计账簿，对会计数据审核无误后登记会计账簿，对会计账簿进行连续编号，按照规定的时间和方法结账等。

3. 会计报告控制

会计报告控制要求报告编制人员在规定的时间按规定的方法编制报告，会计报表必须由单位负责人、总会计师以及会计主管人员审阅、签名并盖章。

4. 会计复核控制

会计复核控制是指对各项经济业务的记录采用复查核对的方法进行控制，其目的是避免发生差错和舞弊，保证财务会计信息的准确性和可靠性，及时发现并改正会计记录中的错误，做到证、账、表记录相符。

（四）财产保护控制

财产保护控制要求企业严格限制未经授权的人员对财产的直接接触，采取定期盘点、财产记录、账实核对、财产保险等措施，确保各种财产的安全、完整。财产保护控制包括以下几点。图 7-4 所示为财产保护控制。

（1）限制接近。限制接近主要是严格限制无关人员对实物资产的直接接触，只有经过授权批准的人员才能接触实物资产。限制接近的对象包括现金、其他易变现资产、存货等。

（2）定期盘点。建立资产定期盘点制度，并保证盘点时资产的安全性。企业通常可采用先盘点实物再核对账册的方法来防止盘盈资产流失，对盘点中出现的差异应进行调查，对盘亏资产应分析原因、查明责任并提出相应处理措施。

（3）记录保护。应对企业各种文件资料（尤其是资产、财务、会计等资料）妥善保管，避免文件资料受损、被盗、被毁。采用会计电算化的企业，尤其要注意对某些重要的资料制作备份记录，以便在遭受意外损失或毁坏时重新恢复。

（4）财产保险。企业通过对资产投保（如火灾险、盗窃险、责任险和一切险），增加资产受损后的补偿机会，从而减少资产的损失。

（5）财产记录监控。企业要建立起资产个体档案，应对资产增减变动情况及时予以全面记录。加强财产所有权的管理，特别是要加强对低值易耗品的核销和实物资产的管理，避免低值易耗品的价值在采用一次摊销法从财务账册上核销后，失去对其实物资产的监控。

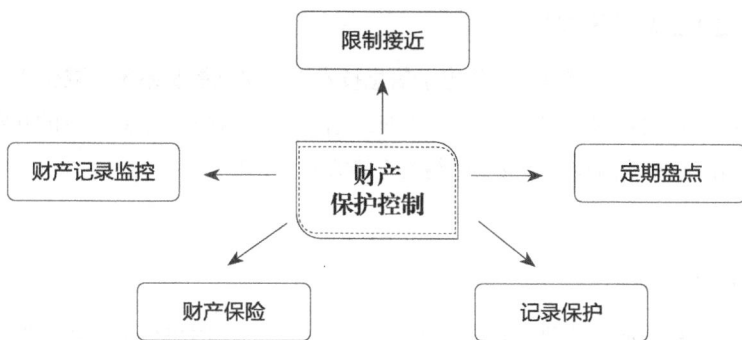

图 7-4　财产保护控制

（五）全面预算控制

全面预算控制要求企业加强对预算编制、预算执行、预算分析、预算考核等环节的管理，明确预算项目，建立预算标准，规范预算的编制、审定、下达和执行程序，及时分析和控制预算差异，采取改进措施，确保预算执行的效果。对预算内的资金实行责任人限额审批制度，对预算外的资金实行集体审批制度，严格控制无预算的资金支出。

（六）运营分析控制

运营分析控制就是对企业购销、生产、仓储、运输、投融资等运营活动的信息加以分析，从中发现偏离目标的方面，有针对性地采取措施加以控制的过程。企业应建立购销分析会计制度、生产分析会计制度、仓储运输分析会计制度、投融资分析会计制度等，系统、规范地分析、控制、改进企业的运营活动。

（七）绩效考核控制

绩效考核是指运用科学的方法，对企业或其分支机构一定经营期间内的生产经营状况、资本运营效益、管理者业绩等进行定量与定性的考核、分析，做出客观、公正的综合评价的过程。绩效考核控制作为一个反馈控制手段在内部控制中作用显著。

（八）内部报告控制

内部报告控制要求企业建立和完善内部管理报告制度，全面反映经济活动情况，并及时提供业务活动中的重要信息，以增强内部管理的时效性和针对性。

内部报告体系的建立应反映部门和员工的管理责任，符合"例外管理"的要求；报告的形式和内容应简明易懂，并应做统筹规划，避免重复。企业要根据管理层级设计报告频率和报告内容。对于企业高层而言，若报告时间间隔长，内容要从简；反之，报告时间间隔短，内容要从详。常用的内部报告包括资金分析报告、经营分析报告、费用分析报告、资产分析报告、投资分析报告、财务分析报告等。

（九）电子信息系统控制

电子信息系统控制要求企业运用电子信息技术手段建立控制系统，减少或消除内部人为控制的影响，确保内部控制制度的有效实施，同时要加强对电子信息系统的开发与维护、数据输入与输出、文件储存与保管、网络安全等方面的控制。

7.2.4 信息与沟通

信息与沟通系统不仅处理企业内部产生的各种信息，同时也处理企业与外部的事项、活动，以及与环境等有关的信息。企业的信息与沟通系统不仅是企业内部控制建设的一个重要方面，同时也是企业内部一个重要的特定控制程序，是企业内部控制的一个组成部分。一个有效的信息与沟通系统，还应保证企业内部每个人能清楚地知道其所承担的特定职责。每名员工不仅必须了解企业内部控制制度的有关方面、这些方面如何生效以及自己在内部控制制度中所担负的责任，还必须能够分析非正常事项发生的原因，并采取适当的措施。

信息与沟通系统不仅要有向下的沟通渠道，还应有向上的、横向的以及与外界的沟通渠道。首先，企业管理层要向全体员工发布有关认真履行各自控制职责的明确信息，使其了解自己在控制系统中的地位和作用。其次，企业要有一条自下而上报告重大信息的有效途径，即建立开放、畅通的信息反馈渠道，以便企业管理层发现内部控制系统的薄弱环节，并及时采取相应的补救措施。最后，企业要建立反映职责履行情况的报告系统，这对企业实施内部控制尤其重要。

同时，企业应当建立反舞弊制度、举报投诉制度和举报人保护制度，设置举报专线，明确举报投诉处理程序和时限，确保举报、投诉成为企业有效掌握信息的重要途径。这一举措是保障企业的信息与沟通、保证企业内部控制制度得到有效实施的明智举措。

7.2.5 监督

监督是企业内部控制制度有效发挥作用的保证，它对于一个完善的内部控制体系来说必不可少。内部控制系统通常是组织完善的系统，在某种程度上持续地监督组织活动。内部控制系统的有效性越高，对单独评估的需求程度就越低，管理层为了合理地确认内部控制系统的有效性所必须进行的单独评估的频率取决于管理层的判断。

持续性监督根植于企业日常重复发生的活动中。与独立评估所实施的程序相比，持续性监督程序在实时基础上实施，动态地应对环境的变化并在企业中根深蒂固，故而更加有效。由于独立评估发生在事实发生之后，所以持续性监督的日常程序通常可以更快地发现问题。尽管如此，一些持续性监督程序完善的企业仍然每隔几年要对其整个内部控制体系或其中一部分进行一次独立评估。

将监督分为日常监督和专项监督对企业的监督工作有更好的现实意义。日常监督主要是定期对企业的财务数据和资产进行清查，定期对企业员工进行内部控制培训，测试内部控制活动的有效性，对内、外审计师给出的内部控制建议做出响应等；专项监督主要是独立评估工作，是内部审计、监察等部门从独立性角度出发，对内部控制系统进行审核的过程，其主要关注的是内部控制系统的设计和运行的有效性。

7.3 内部控制系统建设

我国许多企业对内部控制的认识，还停留在职务分离和账户核对的层次上，而尚未认识到内部控制机制与现代企业制度的深刻内在联系。在不断规范企业治理结构的同时，我国企业必须要建立一套健全、有效的内部控制机制。财务总监首先要对企业内部控制原理和结构有充分了解，对内部控制系统的有效性标准有深入认识，并在此基础上选择合适的内部控制方法。针对我国企业的一般情况，采用业务循环法制定现代内部控制制度，是一种比较稳妥的选择。

7.3.1 内部控制系统的特征

一个有效的内部控制系统应该具有以下特征。

（1）简单易懂。有效的内部控制系统应当由简单易懂的程序组成，任何具有有效控制责任的员工都能够理解内部控制的理由、目的及其对实现战略的贡献。

（2）与计划过程相结合。内部控制与计划过程联系得越紧密和恰当，内部控制系统就越有效。将内部控制与计划联系在一起的最佳办法是在制订计划时就考虑内部控制问题，即在计划过程确立目标时，也确定内部控制的明确标准，这些标准可以反映计划的实现情况。

（3）经济性。企业必须不断监控和评估内部控制系统，以确定管理这一系统的全部费用，并且应将费用与内部控制系统所创造的价值相比较。

（4）灵活性。内部控制系统应有足够的灵活性以适应变化，并应适当地规定其不适用的情况。

（5）监管责任。每一项控制制度都必须有专人或专门的组织负责监控和管理，这些员工或部门应该了解他们自身的责任。

（6）全面。内部控制系统应反映企业的复杂性、交易的多样性、交易的范围等。内部控制系统涉及的范围要足够宽泛，不能缺乏对非正常交易的相关规定。

（7）准确。在不准确信息的基础上做出的决策，是不好的决策。内部控制提供的信息应是准确的，否则会导致不适当的管理行为和资源浪费。

（8）及时。内部控制系统要能根据需要随时提供信息，环境越不确定、不稳定，企业就越需要及时获得信息和经常评估。

（9）动态。内部控制系统应当是动态的，以适应不断变化的技术和过程。

（10）客观性。内部控制系统应尽可能提供客观的信息，客观信息比主观信息更有效，能更好地指导管理。

（11）处理问题。内部控制系统会因技术、过程、程序等因素经常发生问题和失误，有效的内部控制系统应能及时对问题进行监测，并及时处理和解决问题，以保证企业内部控制合理、有效。

（12）自我监察、早期警报。内部控制系统应能进行自我监察，具有自动提供警报的机制，而不依赖于人为的检查或审计。

7.3.2　内部控制系统建设

根据内部控制理论框架，企业内部控制系统由组织结构、人员管理和业务程序3个部分组成。企业在实践中，一方面，要按照政策控制、流程控制和职责控制这3个层面来考虑内部控制系统整体框架的建设；另一方面，要按照"先易后难"的原则，从业务流程入手，在各个环节中设立互相制约的职能岗位，确定相应的关键控制点，从基础环节来改造企业的整个内部控制系统。

（一）分层次构建内部控制系统框架

从流程的角度看，企业内部控制主要体现在政策控制、流程控制和职责控制这3个层面，如图7-5所示。

政策控制	流程控制	职责控制
非流程化的与控制环境有关的政策性因素控制	主要通过在流程的设计和执行中对风险进行控制	主要通过对各岗位的职能定位、职责分工等形成相互监督牵制、监督与协作的关系
• 建立风险管理的哲学、目标和政策； • 建立不同业务之间的防火墙（针对特殊业务）； • 建立前台、中台和后台之间的实体分隔与职责分离； • 对法律法规的遵循建立限制架构，设立各种审批权限、交易权限等	• 对业务流程进行梳理和优化 • 寻找业务流程运行过程中的风险点； • 针对风险点提出风险评级指标，并制定相应的控制程序及改进策略	• 对部门风险控制机构进行职能定位； • 对前台、中台和后台的各岗位进行职能定位和职责分工； • 在公司层面，如有专门部门负责公司重大投融资决策等问题，须对其进行专门的职能定位和职责分工
体现于公司部门政策及内控手册、制度当中	体现于公司流程及操作手册中	通常体现于公司岗位设置和职责定位中

图 7-5　分层次构建内部控制的整体框架

1. 政策控制

在政策控制层面，企业所做的工作包括：① 以相关的法律法规为依据，制定公司的内部控制手册；② 手册中明确规定公司的风险管理目标和政策；③ 在特定业务中，制定业务防范规定，以建立特定业务的防火墙；④ 对企业业务中特定的授权以及相应的汇报和审批流程进行详细、规范的规定，并附流程图为参照，使业务人员在执行中可以严格遵循。

2. 流程控制

在流程控制层面，企业应做到：① 通过对业务运作流程进行分析，寻找可能对业务带来潜在损失的"风险点"；② 在风险评估报告中评估"风险点"现状，根据其可能对企业造成的损失进行风险评估；③ 根据评估的结果，设计一定的内部控制程序，提出流程改进建议，并编制相应的手册，帮助企业弥补业务中可能出现的损失。

3. 职责控制

在职责控制层面，企业应做到：① 通过管理部门、业务部门和支持部门的各岗位进行职责定位和职责分工，以明确各岗位之间相互监督、牵制和协作的关系；② 建立专门的风险管理和控制机构，设立专门的风险控制岗位，并明确其岗位职责、分工及其与业务部门的监督与协作关系；③岗位职责和分工须与组织结构相结合，以明确具体岗位在组织结构中的地位；④岗位职责手册须标明该岗位的具体工作职责、上下级关系、任职资格，便于员工在操作中严格遵循。

（二）业务流程环节的内部控制系统建设

按照"先易后难"的原则，企业可优先考虑从业务流程入手，从业务基础环节来建设企业的内部控制系统，这主要包括构造业务循环模型、分析常见弊端、提出内部控制要点和设计内部控制文本这 4 个环节。

1. 构造业务循环模型

业务循环法是 20 世纪 70 年代初并被广泛运用的了解和评价内部控制的一种方法。企业按照业务循环设置相应的流程图，在各个环节中设立相互制约的职能岗位，确定其中的关键控制点，从而进行内部控制。这样不仅可以避免按业务项目设置内部控制产生的缺陷，还对不同业务性质的企业具有普遍性的指导意义。

不同类型的企业，由于其业务构造和规律不同，其业务循环的划分也有所不同。通常，制造企业业务流程内部控制，存在着 4 个循环，如图 7-6 所示。

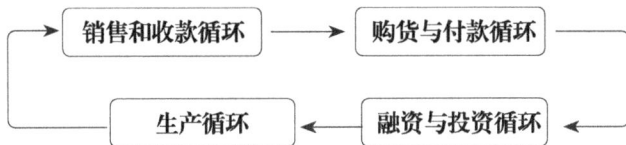

图 7-6　制造企业的内部控制循环系统

（1）销售和收款循环。

本循环包括向客户收取订购单，核准购货方的信用，装运商品，开具销货发票，记录收益和应收账款，记录现金收入等。

（2）购货与付款循环。

本循环包括购买存货、其他资产或劳务，发出订货单，检查所收货物和开具验收报告，记录应付销货方债务，核准付款，支付款项和记录现金支出等。

（3）融资与投资循环。

本循环包括授权、核准、执行和记录有关银行贷款，融资租赁，应付公司债券和股本，短期投资与长期投资等。

（4）生产循环。

本循环不仅包括领取各种原材料及其他物料用品，交付生产，分摊费用，计算生产成本，核算销售成本等程序，还包括雇用、辞退员工，制定最低工资标准，核计实际工时，计算应付工薪，计算个人所得税和其他代扣款项，记录工薪卡，发放工资等。

企业在构造业务循环模型时，应着重考虑满足以下要求：① 反映企业经营活动全貌，符合企业经营特点；② 以现金流为中心，以价值运动为主线；③ 满足审计方法的使用。

以现金流为中心、以价值运动为主线构造的业务循环模型如图 7-7 所示。

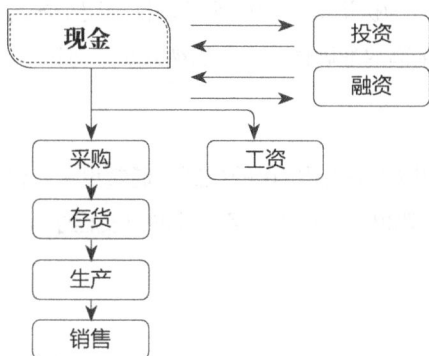

图 7-7　以现金流为中心、以价值运动为主线构造的业务循环模型

在构造的企业业务循环模型基础上，还应对每一个业务循环再进行作业构造。例如，销售业务的作业构造如图 7-8 所示。

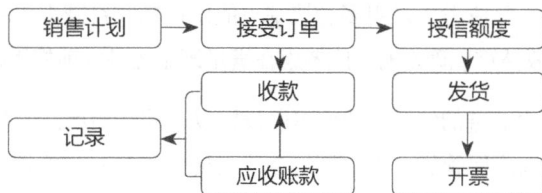

图 7-8　销售业务的作业构造

2. 分析常见弊端

分析常见弊端是指在企业业务循环构造的基础上分析该业务在运行中可能出现的弊端，这个过程实质上也就是风险评估。业务循环的风险来自记录错误、违反会计政策、欺诈和侵吞、非法交易、资产流失等因素。

企业可通过总结归纳该类业务曾发生过的弊端，也可采用"合理怀疑"来判断业务循环常见弊端，即对假设不予控制可能造成损失的机会和可能出现的问题进行主观推测。例如，销售业务中常见的弊端有：虚计销售收入，调节利润；销售成本结转不实，调节利润；结算方式选用不当，造成坏账；销售费用支出失控，造成成本增大；销售凭证保管不严，造成产品流失风险。

3. 提出内部控制要点

企业针对现有弊端设置相关内部控制要点时，要考虑以下因素。

（1）关键控制点。

关键控制点是指在一个业务处理过程中起着重要作用的那些控制环节，如果没有这些关键控制点，业务处理过程就很可能出现错误或舞弊，达不到既定目标。设置关键控制点要针对错弊的发现和纠正：为保证会计记录的准确性，明细账与总账之间的核对就是关键控制点；为保证银行存款余额的准确性，由非出纳人员核对银行对账单就是关键控制点。

（2）补偿性控制。

补偿性控制是指能替代前道控制作用的控制，通常设置补偿性控制的目的是即使前道控制失控也可以予以补救。要根据每一类业务处理的重要程序设置数量不等的补偿性控制，以保证内部控制运行的可靠性。

（3）成本效益分析。

内部控制对防范业务活动的错弊只能起到"合理保证"的作用。合理保证是指控制成本不超过实施控制而获得的收益，这也是成本效益原则的体现。在这个问题上要把握这几种情况：第一，无论采取哪种控制都应满足控制收益大于控制成本的基本要求，设置的所有控制点应达到控制收益大于控制成本的目的；第二，当有些业务可以通过不断增加控制点来完善控制程序时，就应考虑采用多少控制点能使控制收益减去控制成本的边际值达到最大；第三，当控制收益难以确定时，应考虑在满足既定控制的前提下，使控制成本最小。

结合前文所述销售业务的例子，我们可以设置以下控制要点：① 销售业务的职务分离（审批者、销售员、仓库保管员、收款员与会计人员相分离）；② 销售定价控制（制定价目表并予以执行，特殊情况有专人审批）；③ 授信额度控制（建立客户信用评估等级、授信机制、审批信用额度、审批销售合同）；④ 销售发票控制（发票编号、空白发票保管、开票审核）；⑤ 销售费用控制（销售费用预算编制、落实责任人、专人审批、定期分析考核）；⑥ 应收账款控制（分析应收账款账龄、催收应收账款、坏账预警信息反馈、销售应收和实收的定期核对）；⑦ 退货控制（退货审批、退货原因分析、有关责任者追究、货物验收）。

4. 设计内部控制文本

内部控制文本是指指导落实内部控制的文件。企业可根据其内部管理的基础和管理水平，选择采用单独格式或混合格式的控制文本。

（1）单独格式的内部控制文本。

单独格式的内部控制文本的特点是将企业内部控制要点按业务领域单独列示，具体又分为两种格式，如图 7-9 所示。

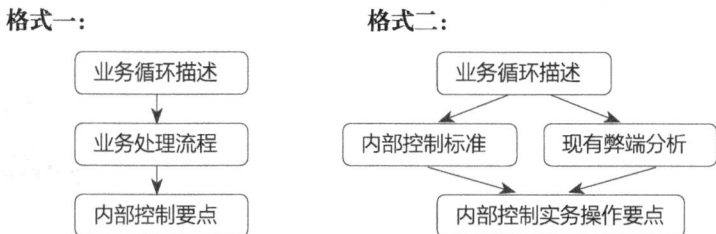

格式一：

业务循环描述

↓

业务处理流程

↓

内部控制要点

格式二：

业务循环描述

↙　　↘

内部控制标准　　现有弊端分析

↘　　↙

内部控制实务操作要点

图 7-9　单独格式的内部控制文本

（2）混合格式的内部控制文本。

混合格式的内部控制文本的特点是将内部控制与管理制度结合起来（如将内部控制与会计制度结合起来）列示，其基本格式如图 7-10 所示。

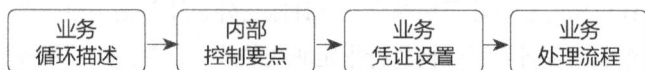

业务循环描述 → 内部控制要点 → 业务凭证设置 → 业务处理流程

图 7-10　混合格式的内部控制文本

混合格式的内部控制文本将内部控制融合在企业的业务管理制度中，使业务管理制度既有业务程序又有控制程序，便于企业有关部门和员工熟悉和掌握。而单独格式的内部控制文本将业务管理制度中内部控制的要求分离开来单独列示，便于企业管理层、内部审计人员和注册会计师了解和评价。企业应视其规模大小和业务复杂程度来选择内部控制文本格式，一般中小企业、基层企业可采用混合格式的内部控制文本，而大型企业、集团公司及其总部可考虑采用单独格式的内部控制文本。

第 8 章

内部审计

内部审计是一种独立、客观的确认工作和咨询活动，它的目的是为企业增加价值，并提高企业的运作效率。内部审计采取系统化、规范化的方法对风险管理、控制及治理过程进行评价，提高其效率，从而帮助企业实现目标。

内部审计是企业内部控制的基本内容和方式，也是财务总监履行职责的必要条件和有力保证。内部审计机构的职责除了审核企业会计账目外，还包括稽核、评价内部控制制度是否完善和提高企业内部各组织机构执行指定职能的效率，并向企业最高管理部门提出建议和提交报告。

财务总监应该清楚，内部审计的职责不能仅限于查错防弊和监督制度执行。内部审计的资源与技能还要与股东预期和企业战略相结合，在改革流程和推广经验方面向企业提出有价值的建议，从而增加企业价值。

8.1　内部审计的组织定位

8.1.1　内部审计职能

现代企业内部审计发展至今，已形成了自己独特的两大职能：一是确认，内部审计可对不同于会计的计量及其他业务具体职责的履行等活动进行再次测试和评价，判断其真实性和准确性；二是咨询，随着市场环境变得越来越复杂，企业经营面临的各种风险也越来越多，集团下属企业自身判断能力不足以及各部门业务专业知识狭窄，致使集团和企业的内部咨询变得较频繁，而内部审计作为独立的一方比较适合履行解答疑问这一职责。可见，现代企业内部审计是以确认和咨询两大职能为核心，并通过这两大职能实现监督的。

（1）确认职能，是一种为组织的风险管理、控制和治理过程进行独立评价而客观地审查证据的职能。例如，对财务、绩效、合规性、系统安全和应尽责任的审查等。

（2）咨询职能，即提供建议以及为相关的客户提供服务活动。这种服务的性质与范围是与客户协商确定的，目的是在内部审计师不承担管理层职责的前提下，适当参与改进组织的治理、风险管理以及控制过程，如顾问、建议、协调、培训等。咨询的类别主要包括以下 4 个方面。

① 正式的咨询服务：属于计划内的和书面协议规定的工作。

② 非正式的咨询服务：日常性活动，如参加常设委员会、短期的项目、专门会议、日常的信息交流等。

③ 特别的咨询服务：如参加兼并收购小组或系统转化小组的活动。

④ 紧急的咨询服务：如参加为灾后恢复、维护运营或其他非常业务而建立的小组，参加为满足特殊要求或紧急事件提供临时帮助而建立的小组。

8.1.2　审计机构的设置原则

企业设置审计机构应该符合独立性、实效性、法定性和适应性原则。

（一）独立性原则

内部审计的最本质特征是独立性。独立性是内部审计机构设置的前提条件。无论是部门中的还是企业中的内部审计机构，都必须保持其组织上和业务上的独立性。内部审计机构既不能附设在财务部门中，也不能附设在其他职能部门中。

内部审计机构的独立性还体现在内部审计机构应从平行于各职能部门的单一机构向更高层次、更完善的结构转变。我国企业的内部审计机构多是处于与其他职能机构平行的地位，一般不对同级机构进行审计，而只审计下级机构，监督控制效果不佳。所以，内部审计机构应相对独立于企业的经营管理系统，受财务总监领导，并接受公司监事会的工作指导。

（二）实效性原则

内部审计机构及人员应该是专门从事审计工作的机构和人员，他们完全置身在其他具体的业务活动之外。内部审计机构的设置应该精干。

传统观念认为，内部审计岗位不属于关键职能岗位，亦非职业生涯中重要的晋升之阶，这种观念严重制约了内部审计职能的发挥。事实上，一名出色的内部审计人员必须具备多种专业技能才能取得成功，即其必须是个多面手，在必要时能够扮演经营咨询专家、心理学家、后备支援人员和工程技术人员等多种角色。

财务总监应注重从企业内部选拔一些品行良好、有一定专业基础、有发展潜力、深谙企业规章和文化的员工加入内部审计人员队伍，也可适当从四大会计师事务所招募一些遵守国际审计准则、有丰富实务经验的专业人士。同时，财务总监有责任帮助内部审计人员自由参与企业的各种经营管理工作，培养开阔的视野，让内部审计人员拥有更多为企业创造价值的机会。

（三）法定性原则

法定性使内部审计具有权威性，权威性来源于内部审计机构在企业组织结构中的独立性和内部审计人员的专业水平。内部审计机构的权力是股东或董事会授予的，财务总监应就内部审计机构的职责、权限和操作规程做出明确规定，注重维护内部审计机构的独立性和权威性。

（四）适应性原则

内部审计机构的设置要与国家政策环境、公司历史沿革、公司组织架构、公司管理层对内部审计的认知、公司从股东到基层职工的全体人员对内部审计的期望相适应。内部审计滞后会削弱内部审计的作用，而超前又会造成一定程度的管理混乱，反而会阻碍内部审计的发展。

8.1.3　内部审计机构的基本定位

为充分体现内部审计机构的独立性，应坚持内部审计制度与财务总监制度相结合的原则，并将它体现在公司的治理结构和内部组织结构中。

监事会、审计委员会和审计部分别对股东会、董事会和财务总监负责，同时三者之间还存在着业务指导关系。对于规模不大、业务活动比较简单的公司，也可只设审计部，但审计部应通过财务总监的领导对董事会负责，并在业务上受监事会指导。之所以做出这种制度安排，原因在于在公司治理结构的约束机制中，董事会是决策机构，这一机构肩负着保证公司管理行为的合法性和可信性职责。

审计委员会是董事会的常设机构，一般由董事会聘请的非执行董事组成，其成员主要是企业财务专家、其他专业人员（如法律、工程技术人员等）和来自会计师事务所的资深会计师。

审计委员会的基本职责包括：① 审查由财务总监提名的内部审计机构负责人的任职资格；②检查内部审计部门的职责要求、目标及有关内部审计政策；③聘请外部注册会计师进行审计；④审查财务总监提交的内部审计机构的年度工作计划；⑤对与企业关系重大的审计项目进行审议；⑥定期与财务总监、内部审计机构负责人会面并交换意见；⑦向董事会汇报工作，并与董事会随时保持联系。

8.2　内部审计的工作内容

内部审计工作是企业加强内部控制和内部管理不可缺少的手段。财务总监在履行监督职责时，要注意抓住关键环节，指导内部审计部门有针对性地开展各项审计工作和专项审计调查，妥善处理好"稳定、改革、发展"的关系。以帮助企业建立竞争优势为总的目标导向，确定内部审计的主要内容及适应新时期要求调整审计工作方法，都极为重要。图 8-1 所示是内部审计的目标导向、内容和方法。

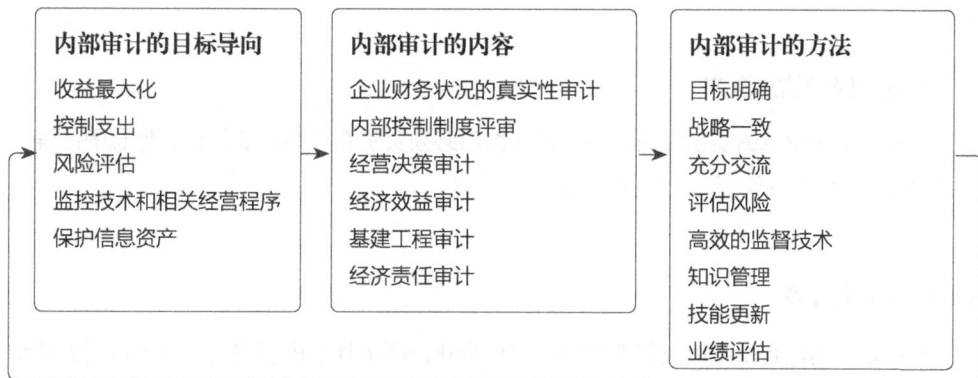

内部审计的目标导向	内部审计的内容	内部审计的方法
收益最大化	企业财务状况的真实性审计	目标明确
控制支出	内部控制制度评审	战略一致
风险评估	经营决策审计	充分交流
监控技术和相关经营程序	经济效益审计	评估风险
保护信息资产	基建工程审计	高效的监督技术
	经济责任审计	知识管理
		技能更新
		业绩评估

图 8-1　内部审计的目标导向、内容和方法

8.2.1　目标导向

开展内部审计工作，要围绕建立企业的竞争优势进行。内部审计部门能够在提高企业收益、改进经营程序、增进部门交流、加强风险管理等诸多方面对企业的经营业绩产生积极影响，从而为实现企业增值做出巨大的贡献。

（一）收益最大化

传统的内部审计部门很少将促进企业收益最大化作为工作目标，其实这方面的发展空间最为广阔。内部审计可以有效控制和防范票据错误、欺诈或技术条件不足等导致的收益流失现象，可以通过确保技术研发和客户关系管理项目符合企业的既定目标来保证企业的利益。

（二）控制支出

内部审计部门一贯重视企业的支出管理，并且随着电子通信、网上商务和供应链管理的出现，内部审计在这些新兴领域内进行支出审核与评估的作用更加突出。

（三）风险评估

在大多数企业中，风险管理与评估投资方案是财务总监的工作重点，财务总监必须依靠企业内部审计部门处理这些关键性问题。

（四）监控技术和相关经营程序

内部审计部门必须掌握技术研发方面的重要技能。当新技术的应用导致经营程序出现变化时，企业内部审计部门必须对这种变化的效果进行监测与评估，确保企业既定目标的实现。

（五）保护信息资产

为确保企业信息的安全使用，内部审计部门必须负责企业信息的整合、信息的准确性与即时性以及信息的管理和安全保障工作。

8.2.2　审计内容

内部审计的内容是不断发展变化的。现代企业内部审计的内容主要可分为以财务活动为对象的内部财务审计和以经营管理活动为对象的经济效益审计两大类。但在具体实施审计时，两者又是互相联系、交叉、渗透的。财务总监在领导公司的审计工作时，主要围绕以下几方面开展工作。

（一）企业财务状况的真实性审计

资产、负债、损益审计有别于传统的财务收支审计，这是对企业资产、负债、损益的真实性进行的审计。只有搞清楚其真实性，才能进一步全面、准确地了解企业资产运动状况及结果，才能进一步做出判断和分析。审计重点包括3个方面：一是核定企业资产的存在性及其实际价值，检查企业会计报表所反映的财务状况的真实性；二是审核企业财务核算的合法、合规、合理性；三是评价有关经济活动的效益性。

当前，以资产重组和组织结构调整为重点的经济体制改革正进入全面推进阶段，作为企业内部审计工作基础的资产、负债、损益审计也被赋予了新的使命和内涵。在企业改制、资产重组的过程中，资产、负债、损益审计主要围绕处理产权关系，开展资产清查和界定债权等中心工作进行。通过全面的清产核资，准确核定企业的资产、负债、损益，摸清家底，界定产权，从而为企业制定资产重组方案提供真实、可靠的依据，有利于促进国有资产优化配置，盘活存量资产，保证企业有效运行。

（二）内部控制制度评审

内部审计作为一种"制约和平衡"的结构安排，负责确保内部控制环境，持续不断地进行风险评估，提供建设性意见和可靠的观点，及时准确地披露信息，以确保公司的全部会计行为符合企业会计准则和中国证券监督管理委员会的各项规定。为实现这些目标，内部审计部门一般是通过内部控制制度评审的手段来进行的。

内部控制制度评审是从检查内部控制制度入手，对企业内部控制制度进行健全性、符合性和实质性测试，查找企业管理的失控点和薄弱点，针对存在的问题，确定审计范围、重点和方法。这样，一方面可提高审计工作的效率和效果；另一方面，通过对各内部控制制度的评审，找出"薄弱点"，加强"关键点"，消除"失控点"，帮助企业建立健全内部控制制度，建立有效合理的监督制度，修复漏洞，防范风险。

（三）经营决策审计

在市场经济条件下，企业依法享有自主经营决策权，经营决策的正确与否，直接影响到企业经济效益的优劣，关系到企业的兴衰成败。内部审计部门可通过开展经营决策审计，如投资前的可行性研究和论证、预测对外投资的收益和效果等，为管理层和决策层提供真实、可靠的决策依据，促进科学决策，减小投资风险，防止资金流失。

（四）经济效益审计

经济效益审计是现代企业审计的主要标志之一。内部审计部门置身于企业，对企业内部情况比较熟悉，可以以其相对独立的地位，通过财务收支、企业管理、内控制度的设置和具体实施等方面，对企业经济效益进行评价分析；通过对影响经济效益指标的诸项因素的计算分析，找出影响企业经济效益的问题和症结；通过扩大收入、控制成本、节约开支等多项整改措施的实施，抓住节约成本的具体环节，挖掘潜力，修复漏洞，为企业改善经营管理、提高经济效益提供有效的方案。

（五）基建工程审计

目前，由于建筑市场不够规范，投资管理体制尚未健全，与之相配套的管理法规、政策也在不断修改，加上社会不正之风的干扰，很大一部分基建工程项目存在高估冒算、损失浪费、虚列工程成本、超预算、超工费等问题。工程预、决算直接关系到工程费用的多少，是控制工程费用支出的一个重要环节，也是容易出现漏洞的环节。企业通过开展基建工程审计，监督基建工程预、决算的真实性和合法性，避免虚列项目、错套定额、高报材料费和多计工作量等问题的发生，有利于维护企业合法权益，节约建设资金，促进企业加强基建工程管理。

（六）经济责任审计

当前，企业经营中的短期行为和虚假行为时有发生，潜亏现象严重。开展经济责任审计，有利于分清企业领导在职期间的经济责任，全面、正确地评价其经营业绩。通过审计企业领导在职期间各项经济计划指标的完成情况，收入、成本核算，生产经营盈亏的真实性，国有资产的完整性及保值增值情况等，客观地评价其工作成绩。

8.2.3　审计方法

在新形势下，企业内部审计部门需要运用全新的理念和工作方法开展内部审计。这些新方法包括以下几种。

（1）目标明确。要明确掌握企业高级管理层、审计委员会与董事会等核心人员对企业的预期目标，并确定其优先顺序。

（2）战略一致。内部审计部门的资源、技能和投资要与企业核心成员的预期目标高度协调。

（3）充分交流。内部审计部门应及时通报调查结果，提供技术支持并促进交流。

（4）评估风险。投入资源时要充分关注高回报的投资计划。

（5）高效的监督技术。要充分利用先进的系统与工作程序并不断改进、升级。

（6）知识管理。积极地在企业内部、各个职能部门之间和合作公司之间进行优秀经验的交流。

（7）技能更新。要富有创新精神，不断培养技能广博、适应发展需要的专业人才。

（8）业绩评估。拥有精密的量化评估系统，对目标完成情况与创造的价值进行精确评估。

8.3　内部审计职业道德

8.3.1　内部审计职业道德概述

内部审计职业已经成为 21 世纪令人非常向往的职业之一。内部审计人员不仅拥有令人羡慕的社会地位和薪酬，也因其在企业治理、内部控制和风险管理方面发挥的不可替代的作用，受到企业治理层、高级管理层的重视，同样社会公众也对内部审计职业寄予厚望。

内部审计职业道德是内部审计人员在开展内部审计工作时应当具有的职业品德、应当遵守的职业纪律和应当承担的职业责任的总称。职业品德是内部审计人员应当具备的职业品格和道德，它是职业道德体系的核心部分，其基本要求是客观、诚信、正直、廉洁。

内部审计人员作为企业经营活动和内部控制的评价者和监督者，应当保证自身的诚信、正直，忠于国家、企业，维护职业荣誉，不能开展和参与有损国家利益、企业利益和职业声誉的活动。

8.3.2　内部审计职业道德原则

（一）诚信正直原则

诚信是指诚实和守信。内部审计人员的言行与内心思想应一致，不虚假；能够履行自己的职责，取得社会的信任。正直是指内部审计人员应当将国家、企业、员工利益置于个人利益之上，能明辨是非，坚持正确的观点，不屈服于压力，按照法律及职业要求不偏不倚地对待各相关利益方，不以牺牲一方利益为条件而使另一方受益。内部审计人员在开展内部审计业务时，不仅要做到用权为公、不得以权谋私，还要做到在任何情况下都不能屈从于外部压力，违反原则。我国《内部审计人员职业道德规范》明确规定，内部审计人员在开展内部审计业务时，不得有歪曲事实、隐瞒审计发现的问题、进行缺少证据支持的判断或是做误导性的或者含糊的陈述等行为，不应有利用职权牟取私利、屈从于外部压力而违反原则等行为。

（二）客观性原则

客观性原则是指内部审计人员执行内部审计业务时，应当以事实为依据，保持公正、不偏不倚的态度。客观性一般是指内部审计人员的客观性是发自内心的，是内部审计人员在从事内部审计活动时要保持的精神态度。不论内部审计人员旨在查找企业经营活动或内部控制中的差异或缺陷而发挥监督的功能，还是旨在对经营活动或内部控制进行评价，或者希望借助自身的专业素质和技能为企业增加价值而服务，客观性都是内部审计人员的最基本要求。

（三）专业胜任能力

专业胜任能力是指内部审计人员为履行职责应具备的专业知识、职业技能和实践经验。21 世纪对复合型内部审计人员提出了新的要求，即内部审计人员不仅要具备会计、审计方面的知识，还需要掌握经营、管理、信息技术、风险管理和法律等方面的知识，并能够灵活运用所掌握知识的技能和经验。为此，内部审计人员应当保持并提高专业胜任能力，接受必要的专业教育，通过权威性的职业资格认证，并按照规定参加继续教育及岗位培训。

（四）保密原则

内部审计人员应当对开展内部审计业务所获取的信息保密，非因有效授权、法律规定或其他合法事由不得泄露；在内部审计机构及外勤工作场所以外的任何地点或场所均不应谈论可能涉及审计单位机密的话题；除非得到被审计单位的书面允许或法律、法规要求公布，不得提供或泄露给第三者，也不能将其用于私人目的，要避免因为这些信息与资料的泄露给企业带来损失。除此之外，内部审计人员还应采取措施，确保协助其工作的业务助理人员和专家遵守保密原则。

第 9 章
公司财务治理

　　越来越多的股东认识到，虽然我国实行同股同权的公司治理机制，但拥有股权并不意味着拥有企业的控制权，更不代表拥有企业的财务控制权。企业管理者负责企业日常经营管理活动，财务部门直属于管理者，而股东不直接参与企业的经营管理活动，这就使得股东与管理者之间形成了信息不对称的局面，如果在公司财务治理上没有一个合理的体制和机制安排，股东们的利益保障就无从落实。因此，从财务管理体制方面来把握公司的控制权，将潜在的法律控股权转化为现实的财务控制权，越来越成为股东的迫切需求和强烈愿望。

　　公司会计人员的管理体制是公司财务治理的另一个重要问题。为了解决会计信息失真问题，遏制"内部人控制"现象，近年来出现的财务总监委派制、会计人员委派制和"会计楼"等模式，均属于对这一方面的创新探索。

9.1　公司财务的分层治理

　　随着公司规模的不断扩大，公司的利益主体越来越呈现出多元化的趋势。这使得公司财务越来越复杂，只有通过财务分层治理对财务体系进行分层次管理，才能达到降低财务体系的复杂性、简化管理的目的，进而使整个财务体系的效率得以提高。财务分层治理理论在未来公司财务治理中的作用将不容忽视，财务分层治理理论的研究对于完善我国公司财务治理结构、构建我国公司财务分层治理理论都有着重要的意义。

公司财务分层治理概述

（一）何谓公司财务分层治理

公司财务分层治理是指将企业所有者财务与管理者财务分离管理，以更好地实现财务管理职能。企业活动大致是由经营活动和财务控制活动两方面组成的，企业组织设计和管理控制系统的构建，也必须考虑经营和财务这两种不同的控制系统及其特性；与之相适应，企业内部权力也划分为经营权与财务控制权这两个方面。经营权涉及实物控制权，财务控制权涉及价值控制权。公司财务分层治理是公司制企业财务管理的有效模式。从公司治理结构来看，公司财务治理是分层次的，即不同的财务管理主体对应不同的职责、权力。公司财务治理具体可分为 3 个层次，如表 9-1 所示。

表 9-1　公司财务治理的 3 个层次

层次	管理主体	管理对象	管理目标	管理特征
出资者财务治理	所有者／财务总监	资本	资本保值与增值	间接控制
管理者财务治理	管理者／财务总监	法人财产	法人资本的有效配置	决策控制
财务经理财务治理	财务经理	现金流转	现金收益的提高	短期经营

1. 出资者财务治理

产权关系明晰是现代企业制度的基本特征，管理者重视的是公司财务运营的过程，而出资者重视的是公司财务管理的结果。因为出资者和管理者的权力、责任不同，所以产生了第一层次的财务治理，即以出资者为治理主体的出资者财务治理。从公司治理结构来看，股东会（大会）、董事会、经理层分别在公司内部拥有相互联系又相互制约的权、责、利关系，而这就要求公司具有独立于出资者的法人地位，出资者保留了最终所有权，企业得到了法人所有权和经营权。出资者财务治理约束机制的目标是要求企业管理当局提供真实、完整、及时的会计信息，监督企业管理当局的经营管理行为，做出正确的投资决策，实现资本的保值增值。

2. 管理者财务治理

在企业中，出资者只起到监督作用，提供战略层次的指导，不直接参与经营管理，而具体战术的制定是由管理者完成的。管理者需要制定具体执行方法让企业正常运作，以保证达到企业的目标。这是第二层次的财务治理，即以管理者为治理主体的管理者财务治理。管理者在进行财务治理的时候，主要管理企业的具体财务投资，有效地控制预算执行情况，负责聘任、解雇财务经理等。管理者是企业经营管理活动的灵魂。

3. 财务经理财务治理

出资者的最终目标要通过董事会的财务决策、组织和协调来实现，而管理者财务治理的决策和协调又要通过财务经理和财务人员的具体操作来落实。企业财务经理由董事会委托，财务经理和财务人员行使的是财务决策事项的执行权与日常管理权，这样就形成了传统意义上的第三层次的财务治理，即以财务经理为治理主体的财务经理财务治理。财务经理财务约束机制的目标主要是建立经营风险控制系统、保护企业财产安全完整、确保国家有关法律法规和企业内部规章制度的贯彻执行，实现董事会的财务管理战略和财务决策。财务经理的主要任务是管理好企业的日常财务工作，掌控企业财务的操作性大权，为了企业的财务稳固和发展，提高财务资金的使用效益。当然，财务经理除了管理企业日常财务工作外，还要负责财务治理和财务管理，拟订各种计划，管理日常财务决策、财务分析与财务报告等具体事务。财务经理还受到企业管理层的领导，是企业经济活动的具体执行者。

虽然上述 3 个层次的内容在整个公司治理中各有侧重，但它们的最终目标是一致的，即实现股东财富（企业价值）最大化，而它们之间的辩证统一是实施有效公司治理的关键。

（二）公司财务分层治理控制

公司财务分层治理控制包括所有者对管理者的控制、财务总监行使会计控制权和公司会计部门及会计人员履行会计控制责任这 3 个层次。

1. 所有者对管理者的控制

所有者对管理者的控制对应公司财务治理的第一个层次。所有者将其资本投入企业后，其资本就与债权资本结合在一起构成企业的资本，形成企业的法人财产。所有者失去了对法人财产的直接控制权，为了实现其资本保值增值目标，只能通过控制其资本的方式操纵法人财产。控制资本既是产权控制的重要内容，也是财务控制的前提和基础，具体控制措施是通过所有者委派财务总监制度来实现的。

应强调董事会在企业财务控制中的主体地位。财务控制绝不只是财务总监或财务部门的事情，也不只是企业管理者的职责，而是所有者对企业财务进行的综合、全面的管理。一个健全的财务管理体系，实际上是完善的法人治理结构的体现；反过来，财务控制的创新和深化，也将促进企业制度的建立和治理结构的完善。

这一层次体现了两个控制主体相互制衡的关系：所有者通过激励和约束来控制管理者，保证自身获取最大化的经营利益；管理者通过正确的决策和有效的经营，在履行受托经济责任的同时获得制度化的、约定的经济利益。

2. 财务总监行使会计控制权

财务总监行使会计控制权对应公司财务治理的第二个层次，管理者财务控制的对象是企业法人财产。

财务总监是由所有者委派的，是所有者利益的维护者，并具体监督和指导企业会计控制过程。财务总监控制作用的发挥一方面通过对企业会计部门和会计人员的领导和控制，掌握企业会计系统的运行情况，对于企业重大的交易、资产变动等拥有审批权；另一方面通过主持定期及非定期的企业外部审计，及时发现企业经营和会计方面已经发生的或潜在的问题，并采取相应的措施。

3. 公司会计部门及会计人员履行会计控制责任

公司会计部门及会计人员履行会计控制责任对应公司财务治理的第三个层次，在这一层次上，不能将会计控制体制与企业行政管理体制混为一谈。在这一层次上，行使会计控制权的是企业的会计人员，作用方向是企业经理层和各部门，而监督和评价会计人员履行控制责任的，却是上一层次代表所有者利益的财务总监。由此可见，会计人员对经理层的会计控制与经理层对会计人员的行政领导，是不同的管理过程。

（三）公司财务控制权的分层配置

在财务控制权的配置中，决策权的配置居于中心地位，是财务控制权配置的关键。在实际配置中，财务决策权是按财务事项的重要程度，依照重要性原则以及效率原则分层级配置的，其中事关企业发展全局、对企业影响较大的战略性财务事项的决策权由股东（大）会及董事会拥有，而日常、重复性、对企业影响较小的财务事项的决策权由经理层掌握。

公司财务控制权的分层配置分为财务决策权的分层配置和财务监督权的分层配置两个方面。

1. 财务决策权的分层配置

财务决策权的分层配置大致遵循以下规则：公司股东会（大会）或董事会决定公司的重大融资事项，公司管理层决定公司的营运资本管理，作业单元则主要负责公司的营业性收入和支出事项。

2. 财务监督权的分层配置

特别针对国有企业，我国在公司不同层次的财务监督方面做过许多改革探索，包括财务总监委派制、"会计楼"制度、会计人员委派制、监事会制度、稽查特派员制度等。

可以看出，不同财务监督方式在公司治理结构和财务治理中所处层次不同，所起的作用也不同。从实践情况来看，按照总经理和财务总监共同向董事会负责的双轨制思路，以"董事会委派财务总监和财务总监主导公司会计、审计系统相结合"为核心内容的财务总监制度，取得的财务监督效果最为显著。

9.2　会计人员的管理体制

由于企业的会计系统是唯一的，所以对会计人员的委托权也变成一种稀缺资源，成为企业各利益关联方争夺企业财务控制权的焦点。会计人员管理体制不仅与企业财务治理密不可分，而且也是企业财务治理的一个重要问题。

会计人员具有反映和监督这两种基本职责，根据这两种职责的统一和分离，从理论上讲，存在"会计人员独立""会计人员双重身份""会计人员委派制""会计人员回归企业"4 种基本的会计人员管理体制。与这些改革思路相适应，会计人员委派制是提高企业财务治理效果的较佳选择。

9.2.1　会计人员管理体制概述

我国会计人员管理体制的内容包括：会计人员专业技术资格制度，会计人员的任免、考核、表彰、奖励制度，会计人员的继续教育制度，会计人员权利、义务以及依法行使职权及保障制度等。

企业是由所有者、管理者、债权人、政府以及客户、社会公众等组成的一组契约的集合点。在这些契约中，会计数据是极其重要的组成部分，生成会计数据的会计人员处于受托者的地位，其工作涉及契约各方的利益。由于一个企业只能有一个会计系统，所以对会计人员的委托权就变成一种稀缺资源。如何配置这种委托权资源，以最大程度保证各方利益，并实现最大效益，便成为会计人员管理乃至公司财务治理的核心问题。

会计人员管理体制模式是与一定的社会经济环境相联系的。在高度集中的计划经济体制下，会计人员管理体制模式是高度集中的国家直接管理模式，即国家采取行政手段对会计机构、会计人员进行直接管理。随着以所有者为控制主体的企业制度的解体，一方面，会计信息与企业有关各方利益的联系日益密切，另一方面，"内部人控制"现象长期得不到根本性遏制，会计信息失真现象普遍存在。这引发了人们对企业会计人员管理体制的重新认识。处在变革时期的国有企业的会计人员管理体制模式，尚处在探索时期。财务总监委派制、会计人员委派制和"会计楼"等模式，都是探索的产物。

9.2.2　会计人员管理体制的理论分析

（一）会计人员管理体制的决定因素

会计人员职责的明确以及会计人员激励约束机制的建立，是影响企业会计人员管理体制的两个基本因素。

1. 会计人员职责

会计人员的职责包括核算（反映）和监督（控制）两个基本方面。核算是会计最基本的职能，获取企业的经济信息是所有信息需求者的基本需求。监督包括对企业生产经营过程的控制和对企业经营者的监督这两个方面：控制企业生产经营过程有利于提高企业的经济效益，符合所有信息需求者的目的，控制企业生产经营过程也必然是会计人员的一项基本职责；但是，监督企业管理者的要求来自外部信息需求者，这与管理者的要求相冲突，会计人员是否必须履行这一职责，要由其委托权的配置情况来决定。

在职责安排中，由于企业内部会计人员的两难境地，监督管理者的职责也最好从会计人员中分离出来，作为财务总监的主要职责之一。

2. 会计人员激励约束机制

企业会计人员的激励约束机制有法律模式、经济模式和道德模式这 3 种基本类型。

法律模式（又称"强制模式"）通过法律、法规的规定，明确会计人员应采取的行为和违反规定的责任。这种模式提高了会计人员做出有违委托者利益的行为所必须付出的成本，但不可能将这种行为移出会计人员的选择空间，特别是在利益大于成本的情况下。

经济模式（又称"交换模式"）从改变会计人员自身利益出发，赋予会计人员一定的剩余索取权，让其承担一定的风险，使其从自身效用最大化的目标出发，选择符合委托者利益的行为。其基本思想是尽可能解决会计人员"成本－补偿"的平衡问题。经济模式因其符合会计人员自身效用最大化原则，所以应作为选择会计人员管理模式的基本考虑。

道德模式（又称"劝说模式"）通过加强对会计人员的职业道德教育，从而使其改变对各种可选择行动的可能后果的评价，使其行为与委托者的预期趋于一致。但这种方式只能起到局部、短期的作用。

（二）会计人员管理体制的理论模式

企业会计人员管理体制模式，从理论上讲有"会计人员独立""会计人员双重身份""会计人员委派制""会计人员回归企业"4 种模式。

1. "会计人员独立"模式

会计人员独立的实质是将会计人员视为信息需求者的共同代理人，契约各方均要求会计人员为自己的利益服务。这种模式的特点是共同享有，但势必会出现"拥挤的产权现象"，引起效率上的牺牲。

2. "会计人员双重身份"模式

会计人员双重身份的实质是视会计人员委托权为"社团产权"，只不过这个"社团"

仅包括管理者和所有者。明确界定的产权是解除"拥挤的产权现象"的充分条件，这种模式下，单靠缩小"社团"规模仍然存在着与"会计人员独立"模式相同的弊端，只是问题的严重程度轻一些而已。

3. "会计人员委派制"模式

会计人员委派制又称会计委派制，是政府部门和产权管理部门以所有者身份，委派会计人员代表政府和产权管理部门监督企业资产经营和财务会计情况的一种制度。会计人员委派制从人事关系上实现了会计独立。将会计人员委托权界定给政府或企业所有者，必然要求会计人员履行核算和监督双重职责。这种模式的主要缺陷在于难以建立起对会计人员有效的激励和约束机制。

4. "会计人员回归企业"模式

这种模式是将会计人员委托权赋予企业管理者，因而只要求会计人员履行核算和控制生产经营过程的职责。这种模式的最大优点是会计人员的工作在委托者的直接监督之下，容易建立起有效的激励和约束机制；最大缺陷是无法满足外部信息需求者对企业管理者进行监督的要求。

（三）会计委派制的实践情况

随着我国市场经济体制的逐步完善，以及世界经济全球化、投资主体多元化和所有制结构多样化局势的形成，传统的会计人员管理体制的弊端日益显现。这主要表现在：第一，部分会计人员利用所有者缺位、经营权失控的现象，采取各种手段，使国有资产流向特定利益主体，造成国有资产流失；第二，部分会计人员受局部或者个人利益的驱动，导致会计信息失真，使会计变成谋私工具；第三，会计群体独立性差，会计监督职能弱化，不能有效遏制财务上的滥收乱支现象；第四，会计人员的合法权益难以得到保障；第五，会计规范不能适应证券市场，会计与资本市场不能衔接。

跳出传统的会计人员管理体制，建立符合市场经济规律、与现代企业制度相协调，并与国际惯例相接轨的新型会计管理体制已势在必行。会计委派制作为防止会计信息失真和国有资产流失的一种新兴的会计人员管理体制，逐渐在我国得到推行。"会计楼"制、财务总监委派制和稽查特派员制是 3 种较常见的会计委派制的实践形式。

1. "会计楼"制

"会计楼"制是指将会计从企业内部分离出去，统一在"会计楼"办公，"会计楼"人员的工资报酬由"会计楼"负责统一管理发放的制度。这种制度类似于代理记账的会计委派制形式。"会计楼"制的优点是试图从会计核算的日常工作中保证会计信息的真实和可靠，力图使会计人员从双重受托责任中解脱出来，保证会计信息的质量；缺点是片面追求会计的监督职能而忽视会计的管理职能，且一定程度上干涉了企业自主权中的人事权，不符合现代企业制度的要求。

2. 财务总监委派制

财务总监委派制为国有控股、国有独资企业甚至民营企业、中外合资企业及外资企业提供了一种能较为有效地克服"内部人控制"问题的监督模式。这种模式的主要问题是：财务总监既代表所有者又代表管理者，容易陷入两难境地；如果会计人员仍由管理者领导，则财务总监履行职责无法得到保障。

3. 稽查特派员制

稽查特派员制是指向国有大、中型企业派出稽查特派员，由他们代表国家行使监督权力的制度。稽查特派员不参与、不干预企业生产经营活动，其主要职责是对企业的经营状况实施财务监督，对企业主要领导者业绩做出评价。稽查特派员制能有效解决国有企业管理者选择和国有企业管理者激励和约束机制这两方面的问题。但要发挥稽查特派员制的预期作用，首先必须挑选好稽查特派员及其助理，其次对稽查特派员及其助理进行严格管理，逐步建立起规范的管理制度。

9.3 会计人员管理体制的发展趋势

与我国经济体制改革和企业改革的进程相比，我国的会计改革，特别是企业会计人员管理体制改革相对滞后。在股权结构多元化的现代企业制度的环境下，按"董事会领导下的财务总监制度和财务总监领导下的会计人员委派制度相结合"原则构建的企业会计系统的独立性较高，能较大程度地满足各利益相关者的会计信息需求，不失为一种现实而有效的选择。从某种程度上讲，这种会计系统也代表了公司治理结构的发展趋势。

有些学者提出"财务会计中介化、管理会计企业化"以及"会计市场化"的改革思路，这两种思路对于彻底解决会计人员的角色定位问题和进一步完善财务总监制度，也有一定的借鉴意义。

9.3.1 财务会计中介化、管理会计企业化

所谓"财务会计中介化"，是指将原本隶属于企业的、主要从事会计核算职责的会计人员，剥离为独立于企业和政府的"第三者"。他们对委托者负责，以企业会计准则为依据，在客观、公正、独立、规范的基础上，通过提供财务、成本和财产经营责任信息来确

认管理者的受托责任完成情况，履行会计反映的职能。所谓"管理会计企业化"，是指原本隶属于企业的从事理财和控制的会计人员，应彻底摆脱政府和企业"双重"管理体制的束缚，实现会计角色的回归，并有效运用利益驱动规律，促使会计人员对企业整个经营管理过程进行预测、决策和监控，不断向企业管理当局提供有效的会计信息，以充分发挥理财和管理会计在企业经营管理中的作用。

在这种思路下，独立后的会计主体仍然是企业。会计中介机构则负责对外公开发布企业会计报告。企业管理会计机构在实时接收会计中介机构提供的会计报告的基础上，汇总企业内部其他非会计信息，为企业管理提供决策支持；内部审计机构可以通过对相关管理活动的实时监控和对财务会计信息的事中审计，达到维护所有者权益的目的。

9.3.2　会计市场化

很多学者认为，唯有把会计推向市场并形成专业市场，以市场需求为导向，以会计公司为中枢，合理配置会计资源，彻底实现会计机构和会计人员独立化、会计事务产业化，才是我国企业会计人员管理体制改革的基本思路和必然选择。

体现会计市场化思路成立的"会计公司"不是传统意义上的会计师事务所。会计公司实行独立核算、自负盈亏的政策，并依法纳税，具有独立的法人资格。会计人员由会计公司负责管理。会计公司接受所有者委托提供会计服务，负责企业的会计核算；企业只需设置管理会计，为企业管理当局服务。

企业按委托人要求，与会计公司签订合同，并向会计公司支付费用；会计公司按合同要求，向委托人及社会有关方面提供会计报表。会计公司之间实行公平竞争，优胜劣汰，从而充分、合理、高效地利用会计资源。

会计师事务所和注册会计师负责对会计公司提供的会计报表进行审计，会计公司需向会计师事务所支付审计费用。会计师事务所应停止会计服务业务，而专门负责鉴证性（含验资及经济案件鉴定等）业务。

第 10 章
集团公司财务控制

10.1 集团公司的财务特征与财务控制

10.1.1 集团公司的财务特征

（一）财务关系是联结企业集团的纽带，是决定其他各种关系的基础

企业集团内部（如总公司和分公司）主要是靠行政关系维系运转的，无关联公司间的经济交易活动是靠社会契约进行的。在我国现代企业集团的实践中，一些企业集团实行了集权制度，总公司剥夺了子公司的全部自主性权利；有些企业集团则是一盘散沙，形不成企业集团的优势。究其根源，是没有处理好企业集团财务关系这条纽带，忽略了企业集团的财务特性。企业集团是母公司开展投资活动的结果。母公司通过投资所形成的股权纽带对子公司实施控制，这是一种能使企业集团持久而稳定运行的制度安排。

（二）母公司的股东权益是集团的最大利益，各子公司的利益应服从集团的利益

就法律角度而言，对于企业集团，母公司和子公司均是独立的企业法人，存在着各自不同的经济利益，为各自的股东追求财务成果最大化是它们的使命。但是就整个企业集团运营的角度而言，集团内的股东具有多层次性，子公司的股东是母公司，子公司为股东追求利益就是为母公司追求利益，而母公司的利益最终归属于母公司的股东。由此可见，母公司的股东权益是集团的最大利益，各子公司的利益只是这个利益的组成部分。

（三）企业集团内部的利益具有协同性

一般而言，组建企业集团的初衷就是要发挥"1+1>2"的群体效应。为了发挥群体效应，母公司在制定整个集团的总体战略时往往从企业集团的角度出发，并通过其控股权把各子公司的生产经营活动统一到集团战略之下。为了贯彻集团整体的财务、经营战略，母公司制定的战略可能会影响子公司的利益。例如，母公司对集团内部交易制定转移价格，调整集团内部各级子公司之间的利益分配，以有利于集团的整体利益。在这种情况下，子公司的利益服从于集团的利益，集团内部的利益关系表现出协同性。

（四）财务结构的合理性呈跨企业状态

财务结构状况是企业财务状况的风向标。资产与负债之间、资产各项目之间、各种负债之间的不同组合，将会影响企业抵御风险的能力，对此，企业应该予以高度重视。但在企业集团内部，从集团的整体利益出发，可能并不要求每个子公司的财务结构达到最优状态，却力求整个集团的财务结构达到合理状态。

（五）财务信息有重复，路线较长易失真

大部分的企业集团与单一企业一样，需要利用前期的财务信息进行未来经济决策。但是，企业集团这样一种特殊的组织结构，给财务信息的产生带来了一定的影响。首先，子公司之间的内部交易往来，会使财务记录出现重复现象，使信息失真；其次，各子公司所处的行业不同，可能会导致信息合并并无法反映集团的真实情况；再次，信息传递的层次越多信息越容易失真，集团结构的多层次使财务信息的传递路线加长，失真的可能性增大；最后，若各子公司采用的会计政策、会计方法不同，也会导致财务信息失真。

10.1.2　财务控制

（一）财务控制的含义

财务控制是指对企业的资金投入及收益过程和结果进行衡量与校正，确保企业目标实现以及为达到此目标所制订的财务计划得以实现的过程。现代财务理论认为，企业理财的目标以及它所反映的企业目标是股东财富最大化（在一定条件下也就是企业价值最大化）。财务控制总体目标是在确保法律法规和规章制度贯彻执行的基础上，优化企业整体资源综合配置效益。通过厘定资本保值和增值的委托责任目标与其他各项绩效考核标准来制定财务控制目标，是企业理财活动的关键环节，也是确保实现理财目标的根本保证，因此，财务控制将服务于企业的理财目标。

（二）财务控制的特征

财务控制是指按照一定的程序与方法，确保企业及其内部机构和人员全面落实和实现财务预算控制的过程。财务控制的特征有：以价值形式为控制手段，以不同岗位、部门和层次的不同经济业务为综合控制对象，以控制日常现金流量为主要内容。

财务控制是内部控制的一个重要组成部分，是内部控制的核心，是内部控制在资金和价值方面的体现。从工业化国家发展的经验来看，企业的控制存在着宏观和微观两种不同模式。其中宏观的财务控制主要借助于金融、证券或资本市场对被投资企业直接实施影响来进行，或者通过委托注册会计师对企业实施审计来进行；微观的财务控制是对企业内部虚假、欺骗行为的一个重要而系统的检查，是从微观层面对企业财务的控制和监督。前者主要反映公司治理制度、资本结构以及市场竞争等对企业的影响，后者实际是外部审计控制。

财务控制必须确保企业经营的效率性和效果性、资产的安全性、经济信息和财务报告的可靠性。财务控制的作用主要有以下 3 个方面：一是有助于实现企业经营方针和目标，既是工作中的实时监控手段，也是评价标准；二是保护企业各项资产的安全和完整，防止资产流失；三是保证业务经营信息和财务会计资料的真实性和完整性。

（三）财务控制的分类

（1）按照内容划分，财务控制可分为一般控制和应用控制。

（2）按照功能划分，财务控制可分为预防性控制、侦查性控制、纠正性控制、指导性控制和补偿性控制。

（3）按照时序划分，财务控制可分为事前控制、事中控制和事后控制。

（四）财务控制的局限性

良好的财务控制虽然能够达到上述目标，但无论控制制度的设计和运行多么完善，也无法消除其本身固有的局限，为此财务总监必须对此加以研究和预防。局限性主要有 3 个方面：一是受成本效益原则的局限；二是财务控制人员由于判断错误、忽略控制程序或人为作假等原因，导致财务控制失灵；三是管理人员的行政干预，致使建立的控制制度形同虚设。由于财务管理存在于企业经济活动的方方面面，其对企业生产经营的影响非常大。

10.2　集权与分权

10.2.1　集团总部与分部的财务定位

（一）集团总部

集团公司大多是跨地区、跨行业、跨所有制甚至跨国经营实体，是由多个具有独立法人资格的企业组成的企业群体。集团公司一般是由分散经营的各个成员公司组成的，集团的整体利益是集团的最高目标，为此，集团公司的财务管理要在保持集团整体利益的前提下进行，既要发挥集团的整体优势，又要充分尊重子公司的法人地位。作为掌控集团公司战略方向和重要资源的集团总部，其财务部门职能的定位应当放在以下几个方面。

1. 投资决策中心

集团控制主要体现在对三大权力的控制，即资产经营权控制、人事任免权控制和投资决策权控制。作为决定集团未来发展方向的投资决策，是集团财务部门需要重点关注的。集团总部对其所属企业的投资拥有决策控制权，集团公司所有投资必须在集团总部的掌控之中，只有这样才能有效地保证集团能将有限的资金投入集团战略需求，才能保证集团的发展方向符合集团战略。集团总部财务部门全面掌握集团财务资源，它是集团投资决策的主要参与者之一，是集团的投资决策财务控制中心。

2. 资源配置中心

按集团战略需要，集团总部每年对集团内各公司下达任务，集团总部掌握着集团内人、财、物等方面的资源配置权。为了完成任务，接受任务的下属公司往往需要向集团总部索要资源。人力、财务、物力资源需要在集团内部进行有效配置，以保证集团内各公司有充分的条件来完成预算。资源配置不能由集团各成员自行完成，也不能由市场来决定，而需要集团总部根据集团战略、集团资源保有量及各成员公司的具体情况，经过综合分析，决定集团资源如何在各成员公司间进行分配。集团总部是集团各公司的资源配置中心，作为掌管集团财务资源的集团财务部门，是集团资金的配置中心。

3. 信息中心

集团成员的各种信息都需要按集团的规定定期汇集到集团总部，经集团总部汇总筛选后向外发布。作为集团信息的重要组成部分的财务信息，是由各集团成员各自的财务信息汇集而成的。集团成员各自的信息只能代表其自身的情况，无法反映集团的全貌，只有汇集好各成员的单个信息才能反映集团的全貌。集团财务部门是集团的信息中心。

4. 制度中心

对一个集团来说，统一各项制度非常重要，特别是作为集团制度重要组成部分的财务制度。集团财务部门负责制定与修订集团内部统一的财务规章与制度，并督促各集团成员执行这些制度。统一财务制度是集团各成员步调一致的根本保证，也是集团对各成员公司进行监控与考评的依据，集团财务部门是集团的制度中心。

（二）集团分部

集团所属各公司是集团开展业务的基础，集团的收入、成本、利润主要来自其下属成员，战略、制度主要由各成员来实施，因此，集团分部的职能定位主要为以下3个方面。

1. 收入利润中心

集团业务大都分散在集团各成员之间，集团各成员作为集团公司的各分部，是集团公司的利润源，完成集团预算的收入和利润计划是集团各成员的主要任务，集团分部成为集团的收入利润中心。

2. 成本费用中心

作为集团分部的集团各成员，既是集团的收入利润中心，也是集团的成本费用中心。收入、成本和利润是公司经营不可分割的三要素，集团的大部分收入由各分部实现，成本也由各分部支出，因此，成本费用中心与收入利润中心一样，都是集团分部。

3. 制度执行中心

集团总部统一制定相关制度，但制度具体还是要由各分部实施的。制度的执行贯穿公司经营始终，因此，集团分部在公司经营过程中形成了制度执行中心。

10.2.2 集权与分权的选择

（一）集权制

1. 集权制的含义

企业管理的集权制是指企业管理的权力集中在较高的管理层，以实现指挥的高度统一。集团制适当地削弱了下级管理层的管理权限，防止局部利益的盲目膨胀，避免下级管理层因本部门的利益驱动而做出与整体利益相违背的决定，有利于实现企业价值最大化。

2. 集权制的优点

（1）有利于企业管理层在生产经营活动中进行统一指挥、集中领导、直接决策。

（2）有利于企业管理层对企业的整个组织及经营活动实行全面控制。

（3）有利于企业有效地拟定和贯彻企业的经营管理战略。

（4）有利于充分利用企业的经营资源。

（5）有利于提高企业的整体效益。

3. 集权制的缺点

（1）加重了企业高层管理人员的工作负荷。

（2）不利于调动下级管理人员的积极性、主动性。

（3）有可能导致企业重大的决策失误，可能会存在企业高层管理人员由于个人利益、偏见等因素导致决策失败的情况，给企业集团造成难以估量的损失，甚至毁灭一个企业集团。

（二）分权制

1. 分权制的含义

分权，是指现代企业组织为发挥下级组织的主动性和创造性，而把生产管理决策权分给下级组织，最高领导层只集中少数关系全局利益和重大问题的决策权。

2. 分权制的优点

（1）可以降低集权程度，弱化直线制组织结构的不利影响：分权管理可以发挥下级管理人员在制定和实施决策过程中能迅速做出反应的优势。

（2）提高下级部门管理人员的责任心，促进权责的结合，提高组织的绩效。

（3）减少高层管理人员的管理决策工作，提高高层管理人员的管理效率。

（4）有利于实施下级管理人员激励机制。

3. 分权制的缺点

（1）管理人员意见产生分歧较多，难统一。

（2）协调各事业部与总部的关系变得更为困难，可能会导致职能失调的情况发生。

（3）可能导致整个企业统一指挥不够灵活，各部门间协调和对各分部的业绩控制更加困难，增加收集信息的成本。

（4）总部发生的管理费用一般会分配到各分部，从而产生不能公平分配的问题。

10.3 集团公司的财务控制机制探讨

10.3.1 母公司企业文化的作用机制

企业集团的企业文化能够对企业效能产生非常重要的影响。企业文化对价值创造的影响体现在：第一，企业文化简化了企业内部大量信息的处理成本；第二，企业文化弥补了正式社会契约（制度）的缺陷，使员工能够自觉遵守行为规范；第三，企业文化提高了团队的理性能力，降低了内部讨论成本，并促进了更多协作行为的产生与发展。在企业集团文化氛围之中，母公司企业文化占据主导地位。

组织文化与组织有效性理论认为，企业文化对绩效的影响是一个多种因素相互作用的漫长过程，它以不同程度的社会、心理、历史渗透等方式在组织内部进行传播，并与氛围营造、行为控制、组织学习、战略形成、领导和差异化等组织运作的动态过程交织在一起。企业文化对上述过程的影响又将受到要素一致性、符号力量、战略匹配度和权变灵活性的限制。显然，企业文化不仅会对控制绩效产生影响，还会对控制行为施加影响。企业文化通过氛围营造、组织学习等方式影响企业员工的价值观和工作态度，进而影响到员工工作行为，包括工作努力程度和工作方式等。因而，母公司企业文化还通过对财务控制行为施加影响而作用于控制绩效。

10.3.2 母公司管理者能力的作用机制

母公司管理者的能力中最重要的能力就是战略能力、管理能力、洞察能力和学习能力。母公司管理者的战略能力可使集团制定正确的发展战略目标和与之适应的战略实施策略，从而有效规避战略风险、减少母公司的投资损失、提高投资效益，并更加充分地利用集团内部的资源和能力。管理能力的作用至少表现在以下几个方面：通过对集团内部所有经济资源进行合理配置，使经济资源的组合效应实现最大化；设计有效的集团内部的财务管理制度，使得财务管理工作有序化、标准化、高效化；良好的组织、领导、协调和沟通能力有助于发挥集团的协同效应。

洞察能力是母公司管理者洞察市场、发现商机的能力，这关系到企业发展的方向与战略的正确性，对于企业的发展至关重要。学习能力是学习的方法与技巧，是把新知识融入已有的知识、分析和解决实际问题的能力，学习能力是其他所有能力的基础。企业每天都面临着千变万化的市场挑战。所以，管理者只有不断学习，才能在激烈竞争的市场中不被淘汰。

10.3.3　子公司治理有效程度的作用机制

治理控制是整个集团内部控制的上层建筑，是内部控制的动力来源，它决定着企业集团管理控制的有效性。财务控制属于内部控制的子集，公司治理与内部控制之间的关系同样适用于与财务控制之间的关系。公司治理是财务控制有效运行的前提条件，公司治理越完善，越能抑制公司管理层的机会主义行为，防范道德风险，降低集团内部的交易成本，提升集团价值。企业集团财务控制绩效不仅取决于母公司的治理有效程度，还取决于子公司的治理有效程度。母公司对子公司的财务控制要通过子公司的董事会传递到子公司管理层，最终落实到子公司的日常经营管理活动中。如果子公司治理结构存在一定程度的缺陷，权力过于集中，失去平衡，那么将会导致子公司被内部人控制，母公司的控制意图将会被扭曲。而随着企业集团层次的复杂化，"委托–代理"链条不断拉长，子公司治理有效程度低，将导致母公司难以对子公司实施有效监督；相反，子公司治理有效程度越高，母公司财务控制行为就越容易得到有效落实，母、子公司的控制绩效也就越好。

第 2 篇

|价值管理篇|

第 11 章

EVA 概念框架

EVA 是企业财务管理中较晚出现的一个概念，它是 Economic Value Added 的缩写，意为经济附加值，又称经济利润、经济增加值。对企业而言，每年创造的经济增加值等于税后净营业利润与全部资本成本之间的差额。其中资本成本既包括债务资本的成本，也包括股权资本的成本。目前，以可口可乐公司为代表的一些著名跨国公司大都使用 EVA 指标评价企业业绩。

从算术角度来说，EVA 等于税后净营业利润减去债务资本成本和股本资本成本，是所有成本被扣除后的剩余收入。EVA 是对真正利润的评价，或者说，是表示将净营业利润与投资者用同样资本投资其他风险相近的有价证券的最低回报相比，前者超出或低于后者的量值。在讨论 EVA 之前，我们首先简要回顾一下企业的经营目标。

11.1 企业目标：股东价值最大化

企业目标就是创造价值，是实现其宗旨所要达到的预期成果。没有目标的企业是没有希望的企业，因此，企业目标就是企业发展的终极方向，是指引企业航向的灯塔，是激励企业员工不断前行的精神动力。

企业目标管理就是指：企业的最高层领导根据企业面临的形势和社会需要，制定出一定时期内企业经营活动所要达到的总目标，然后层层落实，要求下属各部门主管人员甚至每个员工根据上级制定的目标和保证措施，形成一个目标体系，并把目标完成情况作为考核的依据。简而言之，企业目标管理是让企业的主管人员和员工亲自参与目标的制订，在工作中实行自我控制，并努力完成工作目标的一种制度或方法。

那么，企业的目标到底是什么？在回答这个问题之前，需要先回答"企业的产权是什么"这个问题。只有明确了企业为谁所有、企业所有权处置者的目标是什么，才能够分析企业的目标是什么。

关于产权问题，现代企业理论主要有两大学派：占主流地位的产权学派和发展迅速的利益相关者学派，相应地就形成了两种不同的企业目标。"委托－代理"理论是前者的核心理论，其主张企业由股东所有，股东享有企业的剩余索取权和剩余控制权，企业的目标主要是股东财富最大化。持这种观点的有阿尔钦、德姆塞茨、曼内、詹森、麦克林、哈特和张维迎。利益相关者理论是后者解决企业治理问题的核心理论，其主张股东、债权人、员工、消费者、供应商等利益相关者对企业共同拥有产权，企业的目标主要是利益相关者财富最大化。持这种理论观点的有布莱尔、弗里曼、米歇尔、杨瑞龙和周业安。

11.1.1 委托代理理论

21 世纪，信息技术、网络技术的快速发展使管理发生了革命性的变化，这种变化最直接的影响表现在企业内部信息交流上，促使企业内部组织结构简化、管理效率提高。在这种变化下，价值成为了一切管理活动的主体，这标志经济社会进入了价值管理的时代。

委托代理理论认为股东财富最大化是企业的根本目标，如图 11-1 所示。股东财富最大化是企业财务管理的出发点和最终目标。

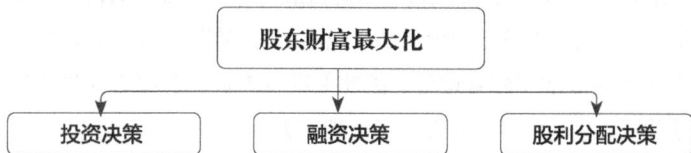

图 11-1 企业的根本目标

从财务管理的角度来看，股东是企业的实际出资人，因此无论是在形式上还是在法律上，股东都是企业的所有者。股东创办或者投资企业的唯一目的就是获利，得到投入资本的增值，直至投入资本达到价值最大化。

从经济学的角度来看，基于社会中经济人最大化自身利益的假设，股东拥有企业，企业的目标必然是为股东服务的，以股东投入的资本为限，最大限度地为股东创造价值。这一点不论是在个人独资企业、合伙企业、有限公司还是股份公司，都是整个市场经济运行的基础。

11.1.2 利益相关者理论

现代企业理论认为，企业是多边契约关系的总和，股东、债权人、经理层、普通员工等缺一不可。各方都有各自的利益，共同参与，构成企业的利益制衡机制。企业的财务目标应与企业多个利益集团有关，是这些利益集团相互作用、相互妥协的结果。在一定时期内和一定环境下，某一利益集团可能会占主导地位，但从企业长远发展来看，不能只强调某一集团的利益，而置其他集团的利益于不顾。

具体而言，利益相关者理论认为，企业是一系列契约关系的集合体，只有满足各利益相关者的利益要求，企业才能够获得可持续发展。这个理论所论及的利益相关者，不仅包括企业的法律所有者——股东，还包括员工、管理者、客户、消费者、债权人和社会公众等。按照该理论，企业实际上就是股东、债权人、员工和社会公众等利益相关者之间一系列契约关系的集合体。既然企业或多或少存在一定的契约安排，而且各利益相关者已经以各种方式向企业投入了一定的生产要素，企业利益相关者必然有对企业产出利益的索取权。布莱尔认为，除了股东之外，企业的供应商、债权人、消费者、员工都向企业投入了专用性资源，都进行了特殊的投资，从而共同承担企业经营的风险。另外，风险承担者应该获得风险的控制权，所以，那些向企业提供了专用性资源并承担企业经营风险的利益相关者都应该分享企业的剩余索取权和剩余控制权。

由此，利益相关者理论提出的企业目标是利益相关者财富最大化或者利益相关者价值最大化。该理论的主要观点如下。

（1）利益相关者理论认为，即使将股东财富最大化作为唯一的目标，也并不能够真正实现为股东创造价值。因为无论是理论还是实践都证明，在所有权与经营权分离的情况下，股东并不能完全控制企业的实际管理者，因此很难有效防止企业的资源被滥用，而且来自市场和绩效考核的压力也可能导致管理者的短期行为。

（2）利益相关者理论强调，企业的目标是为社会创造财富，而不是单纯为股东创造财富。布莱尔认为，企业在最大化股东价值之外还应该存在部分社会目标，而且应使那些率先思考企业治理问题的人对于企业的目标问题形成一种新的认识：企业的存在是为社会创造财富。

（3）利益相关者理论认为，除股东以外的其他利益相关者，特别是企业的管理者和员工，可能是比股东更高效的公司管理者。一方面，现代企业股东的高度分散会导致"搭便车"行为，从而使大股东失去监管动力；另一方面，很多外部股东并不了解企业内部信息，因此很难做出正确的决策。

11.1.3　利润最大化目标的缺陷

现代企业一般是企业所有权和经营权分离的治理结构，根据"委托 – 代理"理论，企业由所有者和债权人投资，由职业经理人负责经营管理。职业经理人必须协调所有与企业有利害关系的相关者之间的利益。在这种新的企业环境下，利润最大化目标已经不能同时满足各利益相关者的要求，其主要有以下几方面缺陷。

（1）利润最大化目标没有考虑货币时间价值。投资项目创造当前价值（现值）的大小，不仅取决于项目未来创造价值总额的大小，而且受到时间的制约。我们知道今天的 1 元钱和将来的 1 元钱是不等值的，这种一定量货币在不同时点上的价值量的差额，称为货币的时间价值。通常情况下，货币的时间价值相当于没有风险和没有通货膨胀条件下的社会平均资金利润率。而利润最大化目标没有区分不同时期的报酬，即没有考虑货币的时间价值。

（2）利润最大化目标没有考虑企业风险。如果两个企业的预期收益相同，但是，其中一个企业的预期收益的波动较另一个企业的波动大得多，那么，前者的风险将更大。如果企业经营者偏重于稳健经营，那么宁愿得到较少但较确定的利润，也不愿得到较多但不确定性也大的利润。这样，利润最大化目标就不能满足企业所有者经济利益最大化的要求。

（3）假如利润最大化指的是税后利润最大化，那么仍不能使企业所有者经济利益实现最大化。因为对企业来说，企业管理者为了控制企业财务风险，完全可以通过追加股本并将所得资金投资于低报酬率（只要大于 0）项目的办法，来增加企业税后利润；但是当低报酬率项目给企业带来的新增收益与新增股本之比，低于企业原先的每股收益水平，则每股收益就会下降，不能使企业所有者经济利益实现最大化。

（4）片面追求利润最大化，可能导致企业短期行为，如忽视产品开发、人才开发、生产安全、技术装备水平、生活福利设施建设、社会责任履行等。

近年来，随着有效市场理论、资产定价理论、资产组合理论、期权定价模型的日臻完善，以及企业管理理论研究和实践中战略理论和财务理论的相互融合，特别是 20 世纪 80 年代以来，企业对货币市场和资本市场依赖程度加深，迫使企业管理发生了一场革命，即紧紧围绕"价值"这个中心，为股东创造更多的财富，从而使企业管理进入以价值为基础、以价值最大化为目标的价值管理阶段。

现代企业以价值最大化作为终极目标，克服了利润最大化目标的缺陷。该目标的优势体现在以下几个方面：① 该目标注重资金的时间价值和投资的风险价值，有利于统筹安排企业长、短期规划，合理制定股利政策，兼顾企业所有者近期利益和远期利益等；② 该目标反映了企业对资产保值增值的要求，企业价值不是账面资产的总价值，而是企业全部资产的市场价值，包括当期营运价值和未来成长价值之和，追求企业价值最大化的结果可以促使企业合理配置资源，保证资产的保值增值；③ 该目标有利于克服管理上的片面性和短期行为。

11.1.4　建立基于 EVA 的财务管理系统

随着经济的不断发展，传统的以利润为导向的财务分析方法难以适应基于价值的管理理念。而基于 EVA 的财务分析体系能够使股东定义利润与财务分析体系的具体指标相一致，正好取代传统的业绩评价指标，成为衡量企业经营业绩的主要标准。

作为企业治理和业绩评估标准，EVA 正在全球范围内被广泛应用，并逐渐成为一种全球通用的衡量标准。EVA 被美国《财富》杂志称为“当今最为炙手可热的财务理念”。但是，EVA 不仅是一种有效的企业业绩衡量指标，还是一个全面财务管理的架构，是经理人和员工薪酬的激励机制，是决策与战略评估、资金运用、兼并和定价出售的基础理念。将 EVA 价值与业绩考核挂钩，就构成了 EVA 管理模式。

美国思腾思特咨询公司认为，目前的企业财务控制系统是以传统的会计和预算程序为基础的，而传统的预算目标会导致管理行为方面上的问题。因此，EVA 的目的在于完全消除财务管理中的主观性。将预期的业绩由内部的预算标准转变为外部以市场为基础的价值增值要求，将有助于减少采用传统会计和预算程序在标准制定过程中出现的“讨价还价”现象和其他的“粉饰”行为。EVA 的实施可以形成一个“用于指导和控制公司的经营和战略的财务政策、财务程序、财务指标和业绩评价方法的集合”的财务管理系统，这个系统包括以下管理理念：设立和宣传对内、对外的财务目标；评价短期利润计划和长期战略规划；分配公司资源，决定是购买新的设备，还是收购或出售一家子公司；从财务角度评价经营业绩；根据现有业绩，追溯导致这种业绩的战略和经营因素，为改进管理提供依据。因此，从根本上来说，EVA 是一个以薪酬激励计划为核心、为各个方面的决策提供依据的财务管理系统。但是，实施 EVA 财务管理系统有几个前提：一是进行激进的分权，即授予经营单位经理更多的决策权；二是要求有严格的组织结构，将经营单位经理转变为准所有者，这是通过 EVA 激励系统的实施来实现的；三是以 EVA 为业绩作为最终裁决。

这条途径在实践中，无论是对刚起步的企业还是对大型企业都十分有效。当前 EVA 的高低对企业来说并不真正起决定性作用，而重要的是 EVA 的增长，正是 EVA 的连续增长为股东财富带来了连续增长。

11.1.5 建立基于 EVA 的企业财务管理目标

财务管理目标是财务学的核心问题之一。财务管理目标是企业理财活动希望实现的结果，是评价企业理财活动是否合理的基本标准。财务管理目标是企业财务管理活动的导向器，决定着财务管理主体的行为模式。确立合理的财务管理目标，无论是在理论上还是在实践上，都有重要的意义。一般情况下，基于 EVA 的企业财务管理有 3 个具体目标。

（一）销售持续增长目标：市场份额及销售增长率

保持销售收入的不断增长是企业实现价值增值的基础。一般来说，企业的现金流入与销售收入成同方向变化趋势：销售收入增长越快，说明企业的市场竞争力越强；来自销售收入的现金流入越多，企业创造价值的能力越强。因此，企业应提高对企业价值做出较大贡献的主营业务的盈利能力和现金流创造能力，同时实施基于提高核心竞争力的财务运行机制和相应的财务策略，并合理协调经营战略与财务策略的关系。

（二）资产流动效率目标：提高资产质量及运营效率

提高资产的质量和运营效率是企业实现价值增值的关键。企业拥有高运营效率的资产意味着企业利用较少的资金投入即可获得较多的营业收入，进而获得来自营业收入的现金流入。因此，成功经营的企业往往是那些懂得有效配置和运营资产的企业。提高企业价值创造能力的关键是优化资产结构与配置规模，提高资产的运营效率。

（三）财务风险控制目标：优化资本结构及控制财务风险

优化资本结构及控制财务风险是企业实现价值增值的重要环节。在资产报酬率大于负债利息率的前提下，适当提高负债比率，就可以从息税前利润的增加中使权益性资本获得更多的财务杠杆利益。但是过度的负债也会加大破产风险。因此，企业应优化融资结构与规模，降低资金成本，同时平衡近期融资与远期融资需求，维持合理的资信水平，保持财务灵活性和持续融资能力。

总而言之，企业价值最大化的目标仅仅依靠单个目标的实现是无法充分完成的。企业只有力求同时实现销售持续增长目标、资产流动效率目标和财务风险控制目标才会拥有较强的价值创造能力，才会更好地实现企业价值最大化的目标。

11.2　EVA 产生的背景

从理论上说，家族企业与现代企业各有利弊。现代企业由于所有者、管理者两权分离，所有者与管理者之间形成了代理关系。对所有者来说，就有一个代理成本问题，如所有者对管理者的监督成本、管理者偷懒给企业造成的损失、管理者损公肥私给企业造成的损失等。家族企业虽然所有者与管理者合二为一，融资能力不强，但能省去代理成本；然而，由于受企业管理者思维方式、能力等限制，容易造成决策失误，也会给企业造成损失。一个企业在选择运用管理形式时，应该通过比较各种形式给企业造成的损失来选择使自己企业损失最低的方式。在公司制企业制度下，股东为企业提供财务资源，但是他们处在企业之外，只有管理者在企业里直接具体地从事财务管理工作。股东是企业所有者，其目标是实现股东财富最大化。股东委托管理者代为管理企业，为实现企业目标而努力，但管理者的目标和股东的目标并不完全一致。管理者的目标一般有增加薪金、增加闲暇时间、减少风险等。一个企业要裁员，因为这样可以增加股东的财富，但管理者一般不会主动去做，因为采取这种措施可能会造成管理者与员工的冲突，对管理者本身的利益没有好处。因此，股东要实现自己的目标，应该诱使管理者代表股东的利益，股东付出监督成本，以使管理者对股东负责，解决代理成本问题。因此，法人治理结构的进一步发展要求企业采取一种措施，减少代理成本，使企业管理者能站在股东的角度考虑问题。在这样的经济环境下，企业采取新的业绩度量模式和激励机制是经济发展到一定阶段的产物。

企业制度决定了激励方式。在古典企业制度下，业主制、合伙制的企业里，管理者与所有者合二为一，因此不需要激励制度。在现代企业制度下，企业的所有权与经营权分离，所有者与管理者不是一体或不完全是一体的，因此产生了职业经理层。所有者应该对员工进行激励，对管理者进行激励，同时赋予管理者一定的权力。激励机制像一场演出，所有者提供资金搭建舞台，职业经理层为导演，员工就是演员。演好一场能够吸引更多观众的戏既要有导演的精心策划，同时又要有优秀演员的尽力表演，所有这些，都需要进行激励。而建立现代企业制度的一个重要内容，就是要建立一个与企业经营发展相适应的内部激励机制和利益约束机制。

现代企业制度下，要求建立一种能让资本效率有效发挥的新型激励机制。也就是说，要在保证所有者财富增加的前提下，将创造的部分价值奖励给管理者和员工，同时也让他们承担更多的风险。这是一种将人力资本与货币资本有效结合的新型激励形式。

建立与现代企业制度相符合的激励机制，要求设计一种随时间而延续的激励机制。企业的发展在不断延续，过去的一些激励措施，如年薪、奖金、工资等方式都是一个静态存量激励，不能将企业的收益风险同管理者的收益风险紧密结合起来，因此，激励机制需要使用一种可以延续的奖金指标。而 EVA 是一个流量指标，将它作为激励中的变量正符合这种要求。如果每年的 EVA 改善未能持续，这种奖金就是不确定的，还可能受到损失。这是一种带有风险价值的奖金，并且将 EVA 与股票期权等激励方式相结合，更能体现人力资本价值的要求。

11.3 与 EVA 相关的概念比较

11.3.1 经济利润、会计利润与 EVA

（一）经济利润与会计利润

经济利润具体表现为收入超过实际成本和隐含成本的剩余部分。隐含成本是指企业所有者自己提供资本、自然资源和劳动的机会成本。经济学家考虑的是资源的有效配置问题，也就是如何把资源用在能使所有者所付代价最小的用途上，而能保证做到这一点的手段是必须考虑每项资源的机会成本。这种利润能够表明企业将资源投入这一方案可获得的净收入比投入其他方案可获得的净收入多少。经济利润是企业投资资本收益超过加权平均资金成本部分的价值。其计算过程如下。

经济利润 =（投资资本收益率 − 加权平均资金成本率）× 投资资本总额

传统的会计利润忽略了资本需求和资金成本，而价值管理要求将管理的重心转向经济利润指标。计算经济利润的目的是实现资源的最优配置，从经济上判断方案的优劣。因此，企业管理层应当建立创造经济利润的理念。

会计利润的含义与经济利润的含义不同。会计利润是按照一定的程序和方法计算得出的，是配比结果，是企业在一定时期实现的收入与为实现这些收入所发生的实际耗费相比较而求得的。从会计报表来看，会计利润是企业期末净资产减去期初净资产的差额。

经济利润由于考虑了资源应用的机会成本，能够指引人们把资源用于最有价值的地方，即资本能够实现最大增值获利的地方。正因为如此，经济利润是资本增值经营决策的基础，随着企业资本经营概念的引入和增值经营活动的开展，会计在计划和决策中的作用不断加强，这就要求会计在确认会计利润的同时，还应根据现实需要估测经济利润。

（二）EVA 与经济利润

EVA 所考虑的增值，是基于经济利润的。由于考虑了资本成本（机会成本），EVA 既可以用于对高层经理及企业员工的业绩评估，也可以用于具体的增值经营决策分析。

EVA 是企业管理、财务会计的一个新名词。但 EVA 并不是一个全新概念，EVA 思想源于经济利润基础之上的剩余收益法。在某种程度上，可以说 EVA 是剩余收益的一个新版本。

根据 EVA 的创立者——美国纽约思腾思特咨询公司的解释，EVA 表示的是一个企业扣除资本成本（Cost of Capital，COC）后的资本收益（Return on Capital，ROC）。也就是说，一个企业的经济增加值是该企业的资本收益和资本成本之间的差额。站在股东的角度，一个企业只有在其资本收益超过为获取该收益所投入的全部资本时，企业的股东才有收益。因此，经济增加值越高，说明企业的价值越高，股东的回报也就越高。

根据上述定义，经济增加值的计算公式如下所示。

$$EVA=ROC-COC$$

ROC 通常用税后净营业利润（NOPAT）来衡量，COC 则等于企业的加权平均资本成本率（WACC）与全部投入资本（CE，包括债务资本和权益资本）的乘积。因此，经济增加值的计算公式可以改写为如下公式。

$$EVA=NOPAT-WACC\times CE$$

当然，EVA 并不是所有问题的答案，其本身也存在局限性，特别是学术界对 EVA 的实证研究结果并不像 EVA 倡导者说的那样近乎完美，其对实践的指导也是有限的。例如，由詹姆斯、迪德和陈西民对 1983—1992 年的 566 家公司经营业绩进行了一项关于股票报酬与 EVA 的相关性研究，但其结果并不能证明 EVA 在解释股票报酬的变化方面明显优于其他指标。

（三）EVA 与会计利润

EVA 就是采用了经济利润取代会计利润的概念，因此具有极大的优势。会计利润和 EVA 之间存在十分明显的区别。例如，运用新技术的优越性之一是减少资金在企业运作过程中的占用。按照原有的会计标准，6 天或 60 天的存货时间对利润的影响是没有差别的。事实上，缩短存货时间，可以提高资本的运营效率，可以降低资金成本。这正是新经济运营模式为企业经营带来的革新之一。再如一些书籍零售公司，能够及时收到顾客付款，但是通常经过一段时间才会向供货商支付货款。像银行一样，公司拥有大量的在途闲置资金，从而形成负的流动资金需求。按照传统的会计准则，负的流动资金需求对会计利润没有贡献，但是从 EVA 的角度来看，它增加了企业的效益，原因是负的流动资金减少了对现有资金的需求，从而降低了资金的使用成本。这一例子表明会计意义上的损失有可能转化成正的经济利润。与会计利润相比，EVA 包含了因节约资本带来的收益，即减少资金的占用就意味着创造了更多的 EVA。

在我国，对会计利润的接受度，远远高于对 EVA 的接受度。也正因为如此，企业往往做出错误决策，银广夏事件正好说明了我国企业盲目追求会计利润的恶果。

除了会计利润外，利润率指标也同样失去了其原有的重要性。今天，许多成功企业都是高利润率的企业。一个高的利润率代表着一个良好的客户满意度、一种面向未来的投资，或者代表着加速资金周转、减少资金沉淀的结果。但在许多情况下，高利润率并不意味着很好的经营业绩。这种变化对许多既有的财务管理技能与方法提出了质疑。EVA 在这方面提供了正确答案。例如，某个公司的某产品使用了多个生产商的配件，公司是自身生产配件，还是与其他厂商签订合同？显然，专业的配件供应商在元配件生产方面更具优势，因为他们专注于这些元配件生产，并能够通过合同根据公司的实时要求进行专业化生产。站在会计利润的角度，对外采购在一定程度上影响利润表；站在 EVA 的角度，对外采购虽然降低了会计利润，但同时降低了资产负债表中所需要的资金，增加了经济利润。EVA 方法通盘考虑了损益表中的费用和资产负债表中的资金成本，管理人员在对外采购与自身生产之间可以做出更好的抉择。

11.3.2 EVA、MVA、CVA

（一）EVA 与 MVA

公司实施基于价值的管理，其目标是实现股东财富最大化，但如何衡量呢？斯图尔特引入市场附加值（Market Value Added，MVA）的评估方法。他认为只有将公司总价值与投资者总资本之间的差异实现最大化，才能达到股东财富最大化，这一差异就是 MVA。由于 MVA 可以直接度量企业给股东带来的收益，故已成为国际上衡量公司价值变化的通用指标。MVA 的定义式如下所示。

$$MVA = 总市价 - 总资本$$

其中，总市价是债务和权益的市场价值之和，总资本是对资产负债表中的总资产进行调整后的数值，它根据 EVA 概念进行调整。显然，MVA 是公司管理者在经营过程中为投资者创造的额外价值，也是市场对一个公司盈利能力和未来发展潜力的综合评价。投资收益率只反映公司某一时期的业绩，而 MVA 能够评估公司长期的业绩，在股市上体现为公司过去及未来所有资本项目的净现值。对于关注股东财富的公司来说，MVA 最大化应是首要目标。

MVA 虽可直接衡量公司给股东带来的收益，但它反映的是公司开办以来经营活动总的效果；而 EVA 可集中对公司或某部门某年的经营业绩做出符合实际的评价，用途更广。EVA 是提升 MVA 的驱动力。从 EVA 的定义式可以看出，EVA 考察的是公司一年中的营业利润是否足以抵偿机会成本，即营业利润是否能抵偿该资本投资到风险相同的其他项目中而期望得到的回报。EVA 是一种从基本层面评价公司的指标，可以衡量公司为股东创造财富的状况，全面反映公司当期盈利表现，适用于任何公司。对于上市公司，市场通过股票价格对其进行评价，基于此，思腾思特咨询公司设计了 MVA，用于反映资本市场对公司未来盈利能力的预期。在衡量上市公司的价值时，MVA 是很简单和有用的指标，但对于政府机构和非上市公司而言，它就显得无能为力了，这时就要用到 EVA。

虽然 MVA 的值取决于公司预期的现金流，而 EVA 是一个公司在过去一年资本成本外的额外收益。一个公司如采用 EVA 来评价经营业绩，管理者必然尽量降低资本成本并努力增加营业利润。这将在很大程度上改善公司未来的现金流，增加公司的价值。一般来说，EVA 与 MVA 正相关，可用下面的式子来表示 EVA 与 MVA 之间的关系。

$$MVA = \sum_{i=1}^{n} \frac{EVA}{(1+WACC)}$$

上式中，n 是未来的年数。

从上式可以看出，MVA 实际上就是未来所有年份的 EVA 按加权平均资本成本折现的价值。如果市场认为某公司 EVA 为 0，利润刚好等于投资者的期望收益，而且永远保持"保本"状态，那么该公司的 MVA 也将为 0。如果 MVA 上升，则意味着市场预期未来的 EVA 也会增加，反之亦然。一个较好的公司会努力实现 EVA 的持续增长，并获得 MVA 持续增长的回报。

EVA 能正确评估公司的市场价值，不仅可用于改善公司的经营状况，还可对兼并收购活动以及股票投资活动给予指导。20 世纪 90 年代，国外有大量文章讨论了 EVA 与 MVA 的关系。乌耶穆拉·坎特和皮提特于 1996 年选择了 100 家美国银行 1986—1995 年的 MVA 和 EVA 以及各种财务指标数据进行研究，研究发现 MVA 与 EVA 的相互关系最强；同时还看到 EVA 与其他传统财务评价指标相比，它对 MVA 的解释度明显较高。这种解释度通常用回归分析中的多重确定系数来表示。该系数表示变量 Y 中可被独立变量 X 解释的变量所占的百分比，它也是回归模型与数据符合好坏的重要量度。现将上述 100 家银行的 EVA 数据以及总资产收益率、净资产收益率、净收入与每股收益率等传统财务指标数据对 MVA 的解释度列于表 11-1 中。

表 11-1　各种财务评价指标对 MVA 的解释度

评价指标名称	EVA	总资产收益率	净资产收益率	净收入	每股收益率
解释度	40%	13%	10%	8%	6%

米卢诺维奇和特舒伊于 1996 年在对计算机行业一些公司所做的研究中得到了相似的结果：EVA、净资产收益率与每股收益率的解释度分别为 42%、29%、29%。这些研究表明，在一个以股东权益为目标的公司中，EVA 是比传统会计指标更好的业绩评价指标。

（二）EVA 与 CVA

现金附加值（Cash Value Added，CVA）是一种净现值模型，它将净现值计算周期化，即按年、季、月等时间段计算周期性的净现值，而不仅仅只选取某个完整的期间计算净现值。CVA 概念将投资分为两类：策略投资与非策略投资。策略投资旨在为股东创造新价值，如公司扩张等。因此，公司中能够创造价值的现金支出将被视作策略投资。策略投资可以投资于有形或无形资产，如投资新产品或新市场等。传统观念中关于现金支出是作为投资还是作为费用的争论在此已无关紧要。非策略投资则旨在维持由策略投资所创造的价值。

公司投资会产生相应的费用，CVA 模型中策略投资构成资本，购置新办公桌椅之类的非策略投资将被视作成本。但在会计系统中，资本由购买办公桌椅之类实物的支出构成，却并不包含对于无形资产的策略投资。

根据公司的每一项策略投资可以计算出经营所要求的现金流，而公司每一项策略投资的经营所要求的现金流的总和构成了公司的资本。经营所要求的现金流是以适当的资本成本折现的现金流，它本质上是年金，但在实际中按每年的实际通货膨胀率计算。而经营现金流是在策略投资之前、非策略投资之后的现金流，它必须大于经营所要求的现金流。经营所要求的现金流并不能预测未来的经营现金流是多少，而只是未来现金流的一个不变衡量点。在投资的经济使用年限中，经营所要求的现金流是固定的。

如果一定期间内经营现金流大于经营所要求的现金流，策略投资就创造了价值。计算公式如下所示。

$$CVA = 经营现金流 - 经营所要求的现金流$$

$$= 销售额 - 成本$$

$$= 营业利润 - 营运资本 - 非策略投资$$

CVA 也可以用指数形式表示，公式如下所示。

$$CVA 指数 = \frac{经营现金流}{经营所要求的现金流}$$

思腾思特咨询公司的 EVA 方法为什么构建在会计体系上而不是在现金流基础上？他们认为，净现值指标只有用于整个经营周期才有效，因此，现金流只适用于价值评估，而不宜作为衡量业绩的指标。对此，瑞典的弗雷里克·威森里德提出异议，他认为随着 CVA 概念的发展，CVA 完全可以用于评估业绩和公司营利性。弗雷里克还提出，由于应用 EVA 必须对现有的会计体系加以调整（复杂的调整将达到 164 项），实践中这么繁重的工作量令人难以承受，那这一方法是否真的有效也就值得怀疑了。实行 EVA 评估的公司往往只对会计体系进行少量调整，通常在 1~10 项。而实行 CVA 评估只需在公司财务管理体系重构时做一些基础工作，在实施时，会比 EVA 系统下的工作简单得多。此外，如果对基于价值管理过程中的信息质量要求更高，就应采用 CVA 模型。

弗雷里克·威森里德通过实例研究表明

EVA 的净现值 = CVA 的净现值

11.4　EVA 价值管理体系：4M

自从 1988 年 EVA 作为业绩衡量方法引起广泛关注之后，较为全面的价值管理体系也随之逐渐形成。这一体系主要包括 4 个方面：评价指标、管理体系、激励制度和理念体系，如图 11-2 所示。

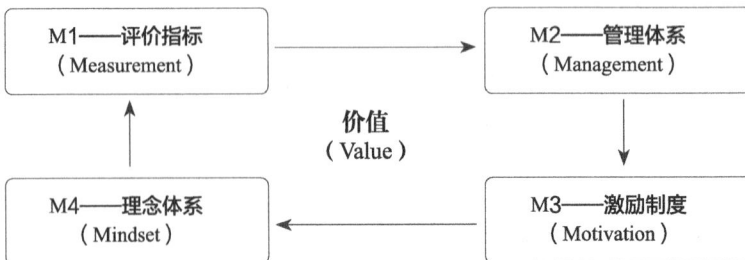

图 11-2　EVA 价值管理体系

EVA 价值管理体系从分析公司的 EVA 业绩入手，从评价指标、管理体系、激励制度和理念体系 4 个方面具体提出如何建立使公司内部各级管理层的管理理念、管理方法和管理行为都致力于实现股东价值最大化的管理机制，最终目标是协助提升公司的价值创造能力和核心竞争力。

EVA 可以真实地衡量企业的经营业绩，建立与 EVA 考核体系相配套的激励机制，可以鼓励管理层积极进行价值创造。如果要保证价值的长期、持续提升，就必须建立以 EVA 为核心的价值管理体系，让价值管理真正成为企业核心管理制度的重要部分，使价值管理能够指导管理层和企业员工的行为。

11.4.1　M1——评价指标

EVA 是衡量业绩比较准确的指标，对无论处于何种时间段的企业业绩，都可以做出准确而恰当的评价。在计算 EVA 的过程中，首先要对传统收入概念进行一系列调整，从而消除会计运作中产生的异常情况，并使其尽量与经济真实状况相吻合。例如，一般公认会计准则要求企业把研发费用计入当年的成本，即使这些研发费用是对未来产品或业务的投资。为了反映研发的长期经济效益，把在利润表上作为当期一次性成本的研发费用从中剔除。在资产负债表上，做出相应的调整——把研发费用资本化，并在适当的时期内分期摊销。

在计算 EVA 的过程中，需要对利润表和资产负债表的部分内容进行调整，从而消除会计准则对企业经营运作的扭曲反映。以 EVA 为业绩考核的评价指标，有利于企业在战略目标和工作重点的制定中贯彻以长期价值创造为中心的原则，从而与股东的要求相一致。

（一）以企业的长期价值创造为业绩考核的导向

考核的导向作用不仅是对目标考核而言的，而且要与企业的战略规划和业务发展方向紧密结合。在确定了发展战略和业务框架后，企业需要通过实行各种措施和手段，来保证这一目标的顺利实现。业绩考核就是一个非常重要的手段。重点引导什么，就考核什么；想让企业干什么，考核指标就定什么。以 EVA 为业绩考核体系的核心内容，可以较好地满足股东以长期价值创造为中心的要求，实现企业的健康发展。EVA 管理体系中科学的会计调整能够鼓励企业的管理者进行可以给企业带来长远利益的投资决策。例如，在计算 EVA 时，将企业为提升其未来业绩、但在当期不产生收益的对在建工程的资本投入，在当期的资本占用中剔除而不计算其资本成本，这对管理者来说更加客观，考核结果更加公平，使他们敢于在短期内通过加大在这方面的投入来换取企业持续的发展，从而为企业和股东持续创造财富。

（二）考核中要考虑企业的规模、发展阶段、行业特点和行业对标数据

以 EVA 为核心的业绩考核体系，强调要根据各企业的战略定位、行业特点、企业规模、发展阶段以及工作计划的具体情况来设计业绩考核方案，具体可以从以下几个方面入手。

（1）对相同或相近行业的企业，在设计考核方案的时候，考核指标也应是相同或相近的，工作重点为根据企业各自的战略定位、企业规模、发展阶段和工作计划设定不同的考核指标基准值。

（2）对不同行业的企业，在设计考核方案的时候，除 EVA 之外的其他考核指标，还应尽量选取有代表性的行业指标，以充分体现行业特点。

（3）在确定考核指标基准值时，还必须要与行业公司进行对比。对一些可比性较强的比率指标，如 EVA 率（EVA 除以投入资本）、总资产报酬率和净资产收益率等，尽量以公司自身数据和行业公司对标数据的较高者为考核指标的基准值，从而提出更高的要求，促使被考核公司争当行业一流公司，提高核心竞争力。

（三）侧重对经营结果进行考核

战略目标和业务发展的落实集中体现在经营结果上，以 EVA 为核心的业绩考核体系侧重于对经营结果进行考核，可以对企业的经营业绩有正确、客观的判断，发现不足，从而有利于实现对企业发展的正确引导。但是，对于企业的经营管理过程也不能完全忽视，可选用少数传统的财务指标和部分非财务指标（如安全生产等）进行考核，以此作为对考核结果的补充和完善。

11.4.2　M2——管理体系

EVA 是衡量企业所有决策的单一指标。企业可以把 EVA 作为全面财务管理体系的基础，这套体系涵盖了所有指导运营、制定战略的政策、方法以及衡量指标。EVA 体系囊括管理决策的所有方面，包括战略计划、资本分配、并购和撤资的估价，制订年度计划，甚至包括企业每天的运作计划。总之，增加 EVA 是超越其他企业的重要目标。从更重要的意义角度来说，成为一家 EVA 企业的过程是一个扬弃的过程。在这个过程中，企业将扬弃其他财务衡量指标，否则这些指标会误导管理人员做出错误的决策。例如，如果企业的既定目标是最大程度地提高净资产回报率，那么一些高利润的部门不会太积极地进行投资，即使是对一些有吸引力的项目也不愿意投资，因为他们害怕会损害本部门的回报率。相反，业绩并不突出的部门会十分积极地对几乎任何项目进行投资，即使这些投资得到的回报低于公司的资本成本。这些行为都会损害股东利益。与之大相径庭的是，统一着重改善 EVA 将会确保所有的管理人员为股东的利益做出正确决策。

EVA 公司的管理人员清楚，增加价值只有 3 条基本途径：一是通过更有效地经营现有的业务和资本，提高经营收入；二是投资于回报超出企业资本成本的项目；三是通过出售对他人更有价值的资产或通过提高资本运用效率（如加快流动资金的运转、加速资金回流）达到把资本沉淀，从现存营运中解放出来的目的。

管理层在对企业进行日常管理时，需关心以下几个主要问题。

（1）企业整体的价值创造情况如何，哪些业务板块或下属企业正在创造价值或毁灭价值。

（2）每个业务板块或企业的历史价值创造情况如何。

（3）是否需要制定新的战略来保持价值创造的持续性。

（4）是否需要修订业务或投资组合策略来重新进行资源调配。

（5）实行新的战略或调整业务、投资组合策略后能够在未来为企业增加多少价值。

对以上管理层关心的问题，企业可以从完善战略回顾和完善预算两个方面加以解决。

（一）完善战略回顾

战略回顾的内容包括价值诊断、基于价值的战略规划管理、分析和调整资源配置和业务组合策略、进行投资决策管理以及设计价值提升策略 5 个方面。

1. 价值诊断

企业必须通过 EVA 指标对其整体业绩状况和下属各业务板块企业的价值创造情况进行详细分析，这样才能真正知道其价值创造的实际情况，从而建立有针对性的价值管理体系。

通过对企业的各类业务、各下属企业、不同产品、不同客户、价值链上的不同环节、各部门等进行的价值衡量，明确企业内部价值创造的真实情况。同时，除了了解企业内部价值创造情况，也需要知道企业在整个行业中的价值创造情况，并进行行业分析，旨在通过与国内、外同行业进行的对比和基准分析，了解企业价值创造的优势和劣势，为制定正确的价值战略提供信息。

2. 基于价值的战略规划管理

企业的战略规划往往与业务计划脱节，经营计划又往往与企业的预算脱节。但实施价值管理的企业的战略规划、业务计划和经营计划、预算是密不可分的整体，需要通过平衡计分卡形成战略与实施相匹配的管理机制。

为了实现股东价值最大化，战略规划过程必须以价值为导向。战略规划的目标是设计、选择和实施价值最大化战略。企业可从以下几个方面入手。

（1）以实现长期价值创造作为战略规划的设计、选择和实施的基础。

（2）对拟定的各种战略规划方案，按照价值最大化原则进行分析和相应改进。

（3）对改进的战略规划方案，以企业内部管理层预期目标和股东及市场期望目标为标准进行衡量和评估。

（4）在企业内部各主要部门和管理层讨论和评估的基础上，选择最终能反映价值最大化原则的战略规划加以实施。

（5）按照最终战略规划将战略目标合理分解为年度目标，并在企业内部制订资源调配计划和详细的业务计划预算。

3. 分析和调整资源配置和业务组合策略

基于年度战略规划目标和业务计划，以价值为基础进行资源配置。通过不同的业务组合决策分析，制订合理的资源分配计划，将资源集中配置在能创造更多价值的业务单元。

4. 进行投资决策管理

在投资、并购、扩张决策上，价值管理机制成为遵守资本纪律、避免盲目扩张的行为规范。价值管理以是否创造价值作为决策的标准，投资和并购行为同样如此。以价值为基础的投资管理可以帮助企业提高投资决策的质量，使投资成为价值增长的重要驱动力。科学、严谨的价值评估和风险分析可帮助企业发掘价值增值的机会并提供投资并购的决策基础。完善的投资管理流程能够确保投资并购过程的有效性。科学的投资行为决策机制和以 EVA 为基础的业绩衡量体系可以保证投资并购行为真正实现价值增值。企业应明确长期的投资方向，并在企业的投资、并购、扩张决策上，充分运用价值管理机制，从而使企业制定并遵守严格的资本纪律，避免盲目扩张。

我国众多的企业在投资决策分析中普遍重视对投资项目的可行性评估，但是存在的主要问题是投资评估普遍采用的是静态的定点现金流贴现分析，缺乏对项目风险的量化分析，同时缺少对项目投资后的评估及项目运行绩效的跟踪及配套的机制。

5. 设计价值提升策略

企业需要对其现有资产和未来投资设计不同的 EVA 提升策略。

（1）提升现有资产使用效率，改善业绩。

EVA 具有"记忆"的功能，它能不断提醒企业管理层对企业现有资产进行管理，提高现有业务的利润率或资本的使用效率，从而改善业绩。企业可以通过采取减少存货、减少应收账款周转天数、提高产品质量、丰富产品种类、增加高盈利产品的产量、寻找价格更合理的原材料供应商或改变销售策略等手段来提升现有资产的使用效率，进一步提升现有资产的收益率，使之高于资本成本率。

（2）处置不良资产，减少不良资产对资本的占用。

对不符合企业战略规划及从长远来看回报率低于资本成本率的业务，企业应采取缩减生产线、业务外包或行业退出的手段，来减少不良资产对资本的占用。

（3）投资回报率高于资本成本率的项目，提高总体资产的价值创造能力。

对现有的创造价值的业务，企业可以继续加大投资以扩大业务规模；此外，企业也应对外寻找回报率高于资本成本率的新项目，从而提高总体资产的价值创造能力。

（4）优化财务结构和资本结构，降低资本成本率。

通过对财务杠杆的有效使用，增加融资的途径，从而降低付息负债的利息率，并最终实现资本成本率的降低，提高 EVA 的回报率。

（二）完善预算

1. 完善预算编制流程

我国企业编制的业务和财务预算通常与其基于价值的战略规划和年度化的战略目标脱节，并且业务和财务预算目标没有与价值衡量紧密联系，导致一方面在提高收入、利润等指标，另一方面却在损毁企业的价值。此外，有的企业虽然对其战略规划也实行战略回顾程序，但其内容仍然较空泛，尚未能做到将战略规划合理分解为年度战略目标并在此基础上制订详细的年度经营计划，从而使业务和财务预算缺乏对价值创造目标的支持。

2. 完善预算分析和经营监控体系

为了实现管理层对预算的执行和经营的实时监控，企业还应从财务、运营、行业与竞争 3 个方面着手，完善其预算分析和经营监控体系。

（1）财务方面。

需要对企业的财务状况用 EVA 模型进行分析，看其直接影响 EVA 的几个方面，如资本回报率、税后净营业利润和资本周转率等的表现如何，找出企业需要加强的薄弱环节。

（2）运营方面。

需要从企业运营的角度对价值驱动要素进行分解、分析，如将税后净营业利润分解为投资收益、其他业务收入、销售毛利率、经营费用率和管理费用率等指标，将资本周转率分解为净营运资产周转率和固定资产周转率等指标。对各指标进行分析，掌握影响企业价值变动的主要原因。

（3）行业与竞争方面。

需要对企业所处行业的国际、国内竞争对手的相应指标进行对比分析，找到企业业绩变动的原因，分析产品、渠道和客户价值贡献等情况，从而综合分析及预测企业未来的价值变动情况。分析企业的竞争能力，需要结合企业的战略规划和预算，并对企业过去 3 ~ 5 年的 EVA 历史结果、当年的 EVA 结果和未来 3 ~ 5 年的 EVA 预测结果进行趋势分析，从而确定企业的竞争能力。

3. 发现最敏感的关键价值驱动要素

企业的关键价值驱动要素在企业不同的下属企业中不是完全一样的，企业需要根据不同下属企业所处的行业及其业务和资本规模等，找到与之相应的最敏感的关键价值驱动要素，从而提升 EVA，始终做到有效地提升企业价值，实现企业价值的长期健康增长，最终达到企业战略规划的要求。

11.4.3　M3——激励制度

将 EVA 与管理层的薪酬挂钩，即把 EVA 的一部分回报给管理层，从而创造出使管理层更接近于股东的环境，使管理层甚至企业的普通员工开始像企业的股东一样思考。按照 EVA 的一个固定比例来计算管理层的奖金是以 EVA 为核心的薪酬管理体系的思路，这样可以避免传统激励制度下出现的只关注短期目标的行为，消除在业绩好时奖励有限、业绩差时惩罚不足的弊端。以长期价值创造为核心的激励制度，既体现了管理者价值，又保障了股东利益，是一种股东、管理者双赢的激励机制。

一个有效的激励机制能支持企业战略的实施，实现企业的发展目标，创造有特色的企业文化，正确引导企业管理层和员工的行为，并能合理地协调管理层和股东之间的利益，平衡成本的付出和减少人才流失的风险。

（一）EVA 激励制度概述

EVA 薪酬方案由 4 个部分组成：基本工资、年度奖金、中长期奖金和股票期权，其比例以及与 EVA 的关系如图 11-3 所示。

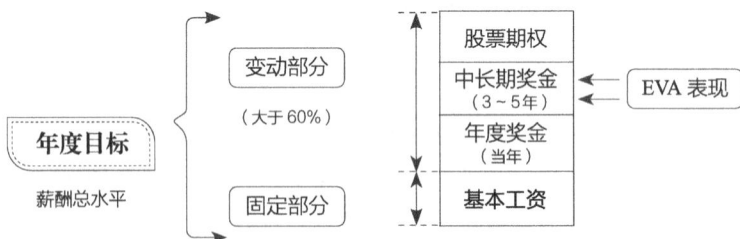

图 11-3　EVA 薪酬方案示意

固定部分的基本工资反映了人才市场的竞争性薪酬水平，应与在该员工所适用的劳动力市场上具有类似教育背景、技能、经验、从事类似职业的人群的平均薪资水平相当；年度奖金和中长期奖金共同组成 EVA 资金激励体系的变动部分，这两部分薪酬直接与 EVA 的表现相关。

股票期权是上市公司给予高级管理人员和技术骨干在一定期限内以一种事先约定的价

格购买公司普通股的权利。不同于职工股的崭新激励机制,股票期权能有效地把公司高级人才与其自身利益很好地结合起来,由持有者向公司购买未发行在外的流通股。股票期权的行使会增加公司的所有者权益。

(二)EVA 激励制度的特点

(1)建立股东控制管理层的运营机制。导入 EVA 激励制度,建立一种股东控制管理层行为的机制,确保管理层在追求自身利益的同时实现股东财富最大化。这样的运营机制使管理层、股东保持同一立场,增强了委托者和代理者的信任,真正协调管理层与股东的关系。通过 EVA 制度建立管理层和股东的利益纽带,使管理层和股东的关系进一步协调和融洽,促使管理层与股东在心态上一样想着努力去经营管理企业。

(2)将股票期权奖励与 EVA 奖金相结合。杠杆股票期权方案与企业的 EVA 奖金计划密切相关,奖金数量确定后,除了现金奖励外,管理层还将获得大量的企业股票期权。将股票期权奖励与 EVA 奖金结合起来,使股票期权本身成为一种可变的报酬,这样整个激励制度的杠杆化程度就提高了。这样管理层工作方向便从降低股东的期望目标转向了努力提高业绩,这样管理层和股东就有了一个共同的利益纽带;同时,也达到了积极的策略驱动积极的预算,而不是温和的预算驱动温和的策略的效果。

11.4.4　M4——理念体系

采用 EVA 业绩评价体系,使企业所有营运部门都能从同一点出发,大家会有一个共同的目标——为提升公司的 EVA 而努力。决策部门和营运部门会积极建立联系,部门之间不信任和不配合的现象会减少,企业经营层和普通员工都会从股东的利益出发制定和执行经营决策。

通过实施 EVA 价值管理体制,以价值创造为使命,把 EVA 作为业绩考核指标,实施 EVA 激励机制,在股东、管理层和员工之间形成有效价值创造的机制,这正是企业治理机制的核心。

企业治理指的是明确企业存在的根本目的,设定企业管理者和所有者(即股东)之间的关系,规范董事会的构成、功能、职责和工作程序,并加强股东及董事会对管理层的监督、考核和奖励机制。从本质上讲,企业治理之所以重要是因为它直接影响到投资者(包括组织和个人)是否愿意把自己的钱交给管理者,它是企业筹集资金过程中一个至关重要的因素。建立良好的企业治理结构包括以下 3 个方面。

1.　建立多元化、独立、有实权的董事会

建立多元化、独立、有实权的董事会包括:明确董事会在企业的职责和责任,建立健

全董事会的相关规章制度和日常工作流程，如董事会成员的组成、主要的董事会成员资格、董事会会议召开的频率、董事会会议召开议程和相关流程等。强有力的董事会扮演 4 种重要角色：监督企业的业务和控制机制，监管企业的风险状况，确保管理团队专业化，最大程度地保证股东利益。每种不同的角色下，董事会都承担着不同的职责，包括评估企业的战略和业绩，处理现存的和潜在的利益冲突，选拔管理层，监控、评估管理层的换届继任，保证企业会计报表的可靠性，监管财务状况的披露和企业与投资者的沟通情况等。强有力的董事会是良好的企业治理的基础，建立健全董事会的相关规章制度和日常工作流程，有利于董事会充分发挥以上作用，真正起到保护股东权益的作用。

2. 组织成立管理能力强、工作积极性高的企业管理层

组织成立管理能力强、工作积极性高的企业管理层包括明确管理层的任务和职责，建立以 EVA 为核心的管理层业绩衡量标准和考核目标，以及建立 EVA 业绩考核体系和激励方案体系。

以 EVA 为核心的管理层业绩考核体系及激励制度，能够有效地激励管理者的行为，使其专注于企业价值的创造。将管理层的任务和职责明确，并将其与企业的考核和激励制度相结合，能够最大程度地发挥管理层的积极性。EVA 应成为联系、沟通管理各方面要素的纽带，它是企业各经营活动（包括内部管理报告、决策规划、与投资者和董事沟通等）的核心。只有这样，管理者才有可能通过应用 EVA 获得回报，激励计划才能以简单有效的方式改变员工行为。

3. 建立投资者关系管理机制

无论是对于上市企业还是非上市企业，维护与加强投资者对企业的信心以及股权的增值都非常重要。在投资者关系管理上，企业管理层与投资者的期望往往存在一定的差距，这主要是由于企业信息披露的不充分、企业与投资者沟通的不充分造成的。这种信息的不对称性，对达成投资者对企业管理层业绩的认同、稳定投资者信心及上市企业的股票价格均有不利影响。

投资者关系管理从详细分析投资者心理和需求的角度出发，理解投资者的各种类别、战略要求以及他们对企业优、劣势的认识，从而探求他们对企业未来发展的信息需求。通过建立投资者与企业之间高效的沟通渠道，针对不同类别的投资者提供不同的企业信息，包括重设长期预期值和改变竞争者的预期业绩的战略变化等，保证信息的充分与透明。企业应注重向投资者传递或者解释企业的短期业绩，并对不良经营信息的透明度进行有效管理。

11.5　EVA 核心理念及其计算原理

11.5.1　EVA 的核心理念

EVA 的核心理念是资本成本。从投资者角度看，资本成本就是机会成本；从企业角度看，资本成本就是使用资金的机会成本，是投资项目要求的最低收益。如果企业资本收益率低于投资者要求的收益率，那么企业则难以在资本市场上获得投资者的青睐。

理解资本成本需要明确以下两点。

（1）资本成本取决于投资项目的预期收益风险，由使用成本决定。同一企业、不同投资机会和不同企业的资本成本不同。

（2）资本成本不是企业自己设定的，而是由资本市场评价的，企业必须到资本市场上去发现。

EVA 的核心理念反映了股东价值最大化的企业经营哲学和财务目标。任何性质的长期资金都有它的使用成本即资本成本，因此，在计算某个投资项目时，必须将资本成本考虑在内。资本成本隐含的价值理念体现在企业投资、融资、经营等活动的评价标准中，作为企业取舍投资机会的财务基准或贴现率。只有当投资项目的预期收益率超过资本成本时，企业才应进行该项投资。资本成本用于评估企业内部正在经营的业务单元的资本经营绩效，为业务、资产重组或追加资金提供决策依据。只有投资收益高于资本成本时，业务单元继续经营才有经济价值。资本成本是企业根据预期收益风险变化动态调整资本结构的依据。预期收益率稳定的企业可以通过增加低成本的长期债务或减少高成本的股权投资来降低加权平均资本成本。

所以，EVA 的核心理念是其可以作为资本市场评价企业是否为股东创造价值、资本是否保值增值的指标。在 EVA 理论下，投资收益率并非企业经营状况和价值创造能力的评估标准，而关键在于投资收益是否超过资本成本。

11.5.2　EVA 的计算方法

格兰特认为，有两种流行的、具有操作性的方式来定义 EVA，其中一种是会计的观点，在该观点下 EVA 被定义为公司的税后净营业利润与该公司加权平均资本成本间的差额，用公式表示如下。

$$EVA = 税后净营业利润 - 加权平均资本成本$$

$$= 税后净营业利润 - 资本占用 \times 加权平均资本成本率$$

由以上公式可知，EVA 的计算结果取决于 3 个基本变量：税后净营业利润、资本占用和加权平均资本成本率。税后净营业利润衡量的是公司的盈利情况；资本占用是一个公司持续投入的各种资本，如债务、股权等；加权平均资本成本率反映的是公司各种资本的平均成本。其中，税后净营业利润和资本占用的数据来源于企业的会计报表。

（1）税后净营业利润是根据资产负债表进行调整得到的，其中包括利息和其他与资金有关的偿付，而利息支付转化为收益后，也是要扣税的。这与会计报表中的净利润是不同的。

（2）资本投入额为企业所有筹集资金的总额，但不包括短期免息负债（如应付账款、应付工资、应付税款等），即资本投入额等于股东投入的股本总额、所有的计息负债（包括长期负债和短期负债）以及其他长期负债的总和。

（3）资本成本等于公司资本结构中资本各个组成部分以市场价值为权重的加权平均成本。资本成本通常包括短期负债、长期负债以及股东权益等。

EVA 的定义表明，只有当公司利润高于其加权平均资本成本时，公司价值才大于投资成本。站在股东的角度，一家公司只有在其资本收益超过为获取该收益所投入的全部成本时才能为股东带来价值，这就是 EVA 体系的核心思想。图 11-4 是 EVA 构成示意。

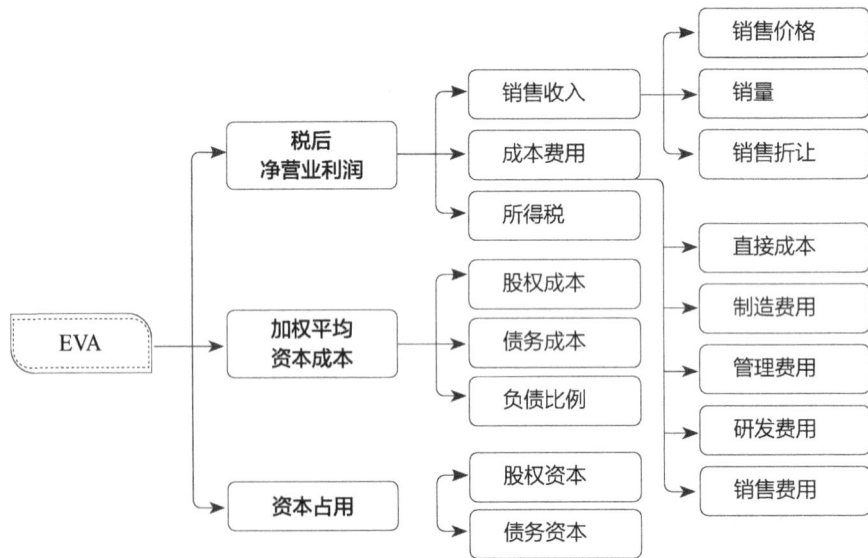

图 11-4　EVA 构成示意

从上述 EVA 的计算公式中不难发现，提高 EVA 的途径至少有以下几点。

（1）在现行投资成本的水平上增加回报。

（2）通过提高资金使用效率，加快资金周转速度，把沉淀的资金从现存经营活动中解放出来。

（3）增加利润。只要一项投资的预期收益率大于资本成本率，价值就会增加。

（4）从那些毁坏价值的项目中撤出资金以减少投资成本，当减少的投资成本大于减少的回报时，EVA 就会增加。

（5）投资那些从长期来看能够使净资产收益率高于资本成本率的项目。

（6）增加杠杆功能，重视内部融资的资本成本。

（一）税后净营业利润

税后净营业利润等于企业的销售收入减去除利息支出以外的全部经营成本和费用（包括所得税）后的净值。因此，税后净营业利润实际上是在不涉及资本结构的情况下企业经营所获得的税后利润，即全部资本的税后投资收益，反映了企业资产的盈利能力。除此之外，企业还需要对部分会计报表科目的处理方法进行调整，以确认企业的真实经营业绩。税后净营业利润与会计利润表的对应关系如图 11-5 所示。

会计利润表		税后净营业利润
营业收入		营业收入
－ 营业成本		－ 营业成本
－ 税金及附加		－ 税金及附加
＋公允价值变动损益		＋公允价值变动损益
＋ 投资收益		＋ 投资收益
－ 资产减值损失		
－ 销售费用	会计调整	－ 销售费用
－ 管理费用		－ 管理费用
－ 财务费用		
＋营业外收入		
－ 营业外支出		
－ 所得税费用		－EVA 所得税费用
－ 会计净利润		＝税后净营业利润

图 11-5　税后净营业利润与会计利润表的对应关系

（二）资本占用

资本占用是指所有投资者投入公司经营的全部资金的账面价值，包括债务资本和股权资本。其中债务资本是指债权人提供的短期贷款和长期贷款，不包括应付账款、应付票据、其他应付款等不产生利息的商业信用负债（即无息流动负债）。股权资本不仅包括普通股，还包括少数股东权益所占用的资本。因此，资本占用可以理解为公司的全部资产减去商业信用负债后的净值。同样，计算资本占用时也需要对部分会计报表科目进行调整，以消除公司真实投入资本的偏差。在实际中既可以采用年末的资本占用，也可以采用年初资本占用与年末资本占用的平均值。

从资产到资本占用的调整，主要包括以下几个项目。

1. 无息流动负债——不占用资本，予以扣除

资产来源于负债和所有者权益，在短期负债中除了短期借款和一年内到期的长期负债以外，其余负债都是无息债务，如应付账款、应付职工薪酬等。由于这部分无息债务不占用资本，所以在计算资本占用时应将此部分扣除。

2. 在建工程——收益在未完工前得不到反映，不作为当期资本占用

在建工程是企业对未来持续经营和发展的投入，在建设当期并不能为企业带来经济利益。如果将在建工程也计入资本占用，由于在建工程涉及的金额较大，会导致资本成本有较大的提高，相应对 EVA 的结果影响也较大、对管理者业绩考核不利，这样会使管理者对关系企业未来发展能力的此类投资产生顾虑。因此，将在建工程排除在资本占用外，待形成固定资产后再计入资本占用中。

3. 减值准备——非企业真实损失，不予扣除

坏账准备、存货跌价准备、长期股权投资减值准备和固定资产减值准备等都不是企业实际发生的损失，因此也应该计入资本占用，调整时应该把计提的各项准备加上。

4. 非经常性收支——属于对股东资本的占用

营业外收支净额和政府补助等也属于对资本的占用，如营业外支出侵占了某笔资金用于投资别的项目的机会；同样，企业投资所用的资金也可能来源于政府补助，因此，计算资本占用时要将非经常性净支出的税后数值加入资本占用（如果是净收入则应该从资本占用中扣除）。

11.5.3 资本成本

资本成本是指企业取得和使用资本时所付出的代价。

资本成本在 EVA 体系中具有举足轻重的地位，资本成本是 EVA 绩效指标优于传统会计绩效指标的法宝之一。按照财务学对资本成本的定义，它表示投资者所要求的收益率。管理会计和财务学基本上都认为计算 EVA 所使用的资本成本就是计算公司的加权平均资本成本。

杜亚特和里瑟里斯腾证明了为使剩余收益型的业绩评价指标体系满足目标一致性，除了采用相对收益的折旧程序外，资本成本必须综合考虑委托人的资本成本和代理问题，如果将委托人的最低收益率定义为公司项目的内部收益率，这个内部收益率是将项目的现金流量减去代理人的期望信息租金后计算得到的。为保证目标一致性，计算剩余收益型的业绩评价指标时，资本成本必须等于最低收益率。他们证明了如果项目还有额外的风险，为了达到目标一致性，资本成本必须低于委托人的最低收益率。

与此同时，在 EVA 的模式中，资本成本具有决定性的作用。思腾思特咨询公司用资本资产定价模型（Capital Asset Pricing Model，CAPM）计算资本成本。CAPM 是一个单因素的线性模型，仅仅考虑了风险的因素。同时，它假设市场是完全竞争无摩擦的，投资者对资产收益的联合分布有相同的预期。CAPM 的假设比较抽象，模型也相对简单，与资本市场的实际情况相距甚远。现成的还有两个模型——套利定价模型（Arbitrage Pricing Theory，APT）和期权定价模型（Option Pricing Model，OPM）。APT 可以说是一个多因素的 CAPM 模型，但 APT 是后验的，总是能够将模型建立起来，同时也总能找到一些影响因素，而这些因素的确定具有很大的随意性，需要进一步验证；OPM 是一个非线性模型，可能比前两个模型更贴近实际，但是，情况是否真的如此，仍需要检验。

（一）企业加权平均资本成本

资本成本是以经济学中"机会成本"的概念为基础的，简而言之就是使用资本所要付出的代价。资本成本一般用一个百分数来表示，即企业的占用资本所花费代价的程度，是指企业为生产经营需要而筹集使用资金所付出的代价，是企业投资者对投入资本所要求的收益率，也是投资企业的机会成本。例如，投资甲公司的资本成本就是因投资甲公司而不能进行其他风险投资所放弃的利益。资金是企业的一种经济资源，使用这种资源就必须做出一定补偿，同时也就失去了其他投资的机会。除非企业给投资者的回报能够弥补投资者因放弃类似最佳投资机会造成的损失，否则企业就不可能吸引资本投入。由此，投资者要求的回报和机会成本之间的等价关系就建立起来了。企业的投入资本是企业所有筹集资金的总额，主要包括股东权益和计息负债。股东投资与债权人借资面临的风险并不一样，因此他们预期的回报也不同。所以企业作为一个整体所承担的资本成本就是一个股权与债务组合的成本。

计算加权平均资本成本（WACC）的一般公式如下。

$$WACC = \frac{L}{L+E} \times K_L \times (1-T) + \frac{E}{L+E} \times K_E$$

上式中：

L——企业负债的市场价值；

E——企业权益的市场价值；

K_L——企业负债的税前成本；

K_E——企业权益资本成本；

T——企业所得税税率。

一般来说，债务和股权的权重是基于市场价值而不是基于账面价值的。对于没有上市的公司或者估计市场价值较为困难的公司，可以使用账面价值进行计算，也可以使用目标价值确定资本权重。偏离目标结构的资本，因其风险因素发生变化，资本成本也随之变化，但对加权平均资本成本影响却不大。

（二）债务与股权的权重比例

不管是借款还是发行股票，企业都是以市场价值为基础进行筹资的，所以债务与股权权重的计算是基于市场价值的，而不是基于企业财务报表中的账面价值。

股票的市场价值一般是根据企业发行在外的股票数乘以当前的股票价格来确定的。非上市企业则采取股权估价的方式进行股票价格确定。

关于债务的市场价值的计算，就比较困难了，因为很多企业是通过银行借款来筹资的，并不都是以发行市场可流通债券形式筹资的，因此缺乏将债务市场化的依据。戴蒙达兰提出一种方法，将企业全部负债当作一种附息债券，再将全部利息费用作为这种附息债券的票面利率，其到期日则采取企业全部负债以价值为权重的加权平均到期日，由此就可以把负债当作在市场流通的债券进行贴现，从而计算出其市场价值。

不过，在应用 EVA 的实践中，也可以使用目标资本结构来取代债务及股权的市场价值计算工作。

（三）债务成本率

债务成本率就是公司实际支付给债权人的税前利率。一般公司都有不只一个的债务融资来源，各个债务都有不同的债务利率。这种情况需要全面考虑，分别计算它们的市场价值，然后根据其价值权重在计算 WACC 时进行加权平均。

债务成本率反映的是公司在资本市场中债务融资的边际成本。从银行角度来看，它是信贷风险的体现，实际上反映的是公司的信用度。通常情况下，可以从以下几个方面来获得债务成本的信息。

（1）评级公司的整体信用评级（针对上市公司）。

（2）评级公司对公司所发行的债务进行的评级（针对非上市公司）。

（3）公司近期所发行的中、长期债务成本（针对上市、非上市公司）。

（4）公司在银行中、长期贷款的平均债务成本（针对非上市公司）。

（5）行业类似公司的整体信用评级、债务成本（针对非上市公司）。

如果公司有多种债务融资来源，且每种债务利率不同，那么，WACC 公式中的债务成本率应该使用加权平均值。另外，公司的所得税税率对于 WACC 的计算非常重要，因为支付的利息是可以免税的。在实际应用中，公司通常用一个比较稳定的目标税率，来反映公司长期稳定运行的税率，从而避免大的计算结果波动。

在实际操作过程中，可以以公司的举债利息率与扣除公司所得税影响后的乘积作为债务成本。例如，某个公司举债利息为 7%，其所得税税率为 25%，则其实际债务成本为：税后债务成本 = 7% × （1−25%） = 5.25%。

（四）股权资本成本率

相对而言，股权资本成本率的确定就比较困难了。债权人提供债务可以向公司明确要求回报的比率，并可以通过协议的形式明示；股东向公司投资并没有在法律上明示对于回报的要求，所以很难直接获知股东投入资金的资本成本率。

根据风险与收益理论可知，股东承担一定的风险自然会要求相应的回报。那么，理论上根据对风险与收益的分析与测量，就可以得到相应的股权资本成本率。在实际操作中，可以通过风险与收益模型，如 CAPM、APT 等，来确定向公司投资的股权资本成本率。下面介绍思腾思特咨询公司所推崇的，普及程度相对较高的资本资产定价模型。资本资产定价模型是由斯坦福大学的威廉·夏普和哈佛大学的约翰·林特纳等人创立的，其计算公式如下。

$$K=R_f+\beta \times （ R_m-R_f ）$$

上式中：

K——股票的预期收益率；

R_f——无风险收益率；

β——股票的风险系数；

R_m——市场组合的平均收益率。

11.5.4 股权资本成本的计算

股权资本是投资者对股票投资的预期回报。股票投资是一种风险投资，所要求的回报应高于债务投资的回报，需要在债务资本的基础上另加风险溢价。股权资本成本无法像债务资本成本那样依照合约上规定的利率来计算，而只能依靠建立风险资产模型，通过对资本市场行为的观测来推断股票投资的预期回报。常用的模型有资本资产定价模型和套利定价模型。

（一）资本资产定价模型

1. 资本资产定价模型概述

资本资产定价模型是金融资产定价模型之一。这一模型是 20 世纪 50 年代至 60 年代一些证券分析师和研究人员提出来的，斯坦福大学的威廉·夏普和哈佛大学的约翰·林特纳在吸收詹姆士·托宾和哈里·马科维茨投资组合理论的基础上，发表了资本市场理论，建立了资本资产定价模型。莫新、亚历山大、弗兰西斯、埃尔顿及格鲁拜尔等人深化了威廉·夏普等人的研究成果，使资本资产定价模型日臻完善，成为最基本、最重要的金融资产定价模型。

资本资产定价模型建立在一系列假设之上，其主要的假设有：① 投资者是风险规避的；② 资本市场信息公开化，每个投资者面临相同的选择机会；③ 投资者的选择多样化，在风险相同的情况下，投资者选择预期投资收益率最高的投资组合，在预期收益率相同的情况下，投资者选择风险最小的投资组合；④ 股票市场非常完善，赋税成本和交易成本为 0；⑤ 所有资产无限可分，并可以在市场上自由出售；⑥ 投资者可以进行无风险贷出或无风险借入，买卖资产不影响借贷利率；⑦ 投资者是股票市场价格的被动接受者，其交易行为难以对股票市场价格产生影响。

在这种理想的资本市场环境下，企业可以建立起证券风险与预期收益的数量关系，公式如下。

$$K = R_f + \beta \times (R_m - R_f)$$

上式中：

K ——风险资产的预期收益；

R_f ——无风险资产的预期收益；

R_m ——股票市场平均收益；

β ——所考察资产的风险相对于股票市场的风险程度。

资本资产定价模型的基本思想是：风险资产的预期回报应等于无风险资产的预期回报

加上由于调节产生的市场风险酬金。可以用图 11-6 来表示资本资产定价模型。

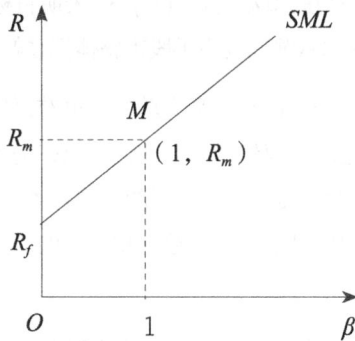

图 11-6　资本资产定价模型

2. 市场风险报酬率

通过资本资产定价模型可以看出，估计股权资本成本要用到两个关键数值：市场风险报酬率和 β 值。戴维·扬和奥贝恩认为市场风险报酬率应取 5%，以此值计算的美国大多数上市公司的 WACC 在 8% ~ 11%。但也有研究人员认为市场风险报酬率应当更低。沃顿商学院教授杰里米·西格尔研究了 200 年来的股票市场回报，发现持有期超过 20 年的股票可以抵消通货膨胀的影响，因此他认为股票作为长期投资工具，比证券更安全。从长远来看，投资者对股票市场波动的担心是多余的，因而投资者要求获得额外回报的要求是非理性的。詹姆斯·格拉斯曼和凯文·哈西特在此基础上进一步研究认为，随着投资知识的丰富、投资理性的增强、货币财政政策的完善、股市有效性的提高，市场风险报酬率可能是 0，或者在向 0 逼近。值得注意的是，詹姆斯·格拉斯曼和凯文·哈西特的结论是建立在投资者的长期投资选择基础上的。事实上，许多投资者出于理性会选择较短期的投资，当投资期缩短时，股票投资的风险随之增大，市场风险报酬率也就不可能为 0，取 5% 左右的市场风险报酬率是一个合理的选择。

美国股市的市场风险报酬率为 4.5% ~ 5%，计算方法是将 60 年左右的标准普尔指数的年均收益率与长期国债的年均收益率相减。由于我国证券市场只有 30 年左右的历史，股票市场和债券市场收益数据的质量和数量都不适合于进行长期估算。所以，建议市场风险报酬率取 4.8%，与股票市场日益全球化的观点保持一致。

3. β 值的估计

对 β 值的估计主要有两种方法：一种是定性分析法，依靠专家判断、头脑风暴或者德尔菲法来估计；二是用统计方法计算，常用的有平均法、最小平方法、回归分析法等。回归分析法又可分成时间序列法和横截面法。这里主要介绍基于时间序列的回归分析法。以 S&P500 为例，选取 S&P500 和目标公司 60 个月的 60 对收益值，以 S&P500 的平均回报

为 X 轴，以目标公司的回报为 Y 轴，确定趋势线 $y=a+bx$，b 就是目标公司的 $β$ 估计值。$β=1$ 表明目标公司的股票波动与股市波动相同；$β>1$ 表明目标公司股票波动比股市整体波动高；$β<1$ 表明目标公司股票的涨跌幅度小于股市整体涨跌幅度。

在回报期的选择上，标准普尔指数以月为单位，也有以周或者日为单位的。布卢姆伯格和瓦鲁伊纳以周为单位。选取不同的样本空间计算出来的 $β$ 值是不一样的，在计算前要根据目标公司的行业特征、风险程度等选择合适的参照样本。在我国，由于股市发展较晚，在计算时可以以周为单位，利用股票的周收益率和相应的股票指数的周收益率进行线性回归分析。

当 EVA 用于部门管理，需要分析该部门的股权资本时，为了确定 $β$ 值，可以选同行业上市公司的值进行算术平均的计算。由于资本结构对 $β$ 值的影响较大（财务杠杆比率越高，$β$ 值越大），可以用目标公司的资本结构对 $β$ 值进行调整，公式如下。

$$β= \frac{1+（1-T）（D÷E）}{1+（1-T）（\overline{D÷E}）} \overline{β}$$

上式中：

$D÷E$——样本公司债务与股权资本的平均比例；

T——企业所得税税率。

（二）套利定价模型

套利定价模型是另一种资产定价模型，由斯蒂芬·罗斯于 1976 年建立。套利是指利用同一种金融资产在不同市场上价格的差异，低价买进或高价卖出的获利行为。套利是无风险的，随着套利活动的发生，不同市场的金融资产供求关系会发生变化，最终导致差价消失。套利定价模型也假定投资者是风险规避的，并且具有相同的预期，据此来确定受客观因素影响的金融资产的均衡报酬。

套利定价模型认为，任何风险资产的回报都可以分成两个部分，一部分是可预期的回报，另一部分是不可预期的回报。不可预期的回报是两类因素作用的结果：一是宏观经济因素（普遍性因素），包括 GDP、通货膨胀、利率等非预期变动；二是与特定资产相关的风险因素（特殊性因素），即风险分成系统风险和非系统风险，非系统风险可以通过多元投资化解，不应得到风险补偿。包括收益和风险的关系如下。

$$R=α+ \sum b_i F_i+ε$$

上式中：

$α$——预期收益；

F_i——第 i 种因素，同时表示市场对投资者承担第 i 种因素的非预期变化带来的风险而支付的价格；

ε——公司特有的非系统风险收益。

套利定价模型的计算比资本资产定价模型的计算要复杂得多，实用性并不强。利用套利定价模型计算首先要通过时间序列分析获得多个公司的值，然后再用从时间序列分析中获得的数值作为截面数据对某一特定时段的回报进行回归，得到 F_i 值，最后对多个时段的 F_i 值取平均值，获得各种宏观因素的价格。

据格雷厄姆和哈维对 392 个财务总监的调查，有 73% 的公司使用资本资产定价模型计算股权资本成本，其他使用最多的方法不超过 40%（一个公司可能使用两种或两种以上的方法）。

11.5.5　资本结构

从加权平均资本成本的计算公式可以看出，资本结构（债务和股权的比例）对资本成本的影响也很大。因为市场风险报酬率的存在，股权资本成本要高于债务资本成本，公司融资战略要寻求最佳的资本结构，实现资本成本最小化，企业价值和 EVA 最大化。MM 定理说明，在没有"公司利润的课税制度和破产惩罚的存在"的理想假设下，任何公司的市场价值与其资本结构无关，而是取决于将其预期收益水平按照与其风险程度相适应的折现率进行资本化的结果，公式如下。

$$V_L = V_U$$

上式中：

V_L——杠杆企业的价值；

V_U——无杠杆（完全权益）企业的价值。

通俗地讲，在没有税收和破产成本的前提下，融资方式无关紧要。但在现实世界中，不仅有税收，还有财务危机和破产成本。债务融资可以带来税收免除，但随着财务杠杆的提高，公司财务危机和破产威胁随之增大，公司面临高层离职、客户流失、供应链中断、股东和债权人矛盾冲突等潜在危险，公司价值也因此会减小。图 11-7 是资本结构与公司价值示意。

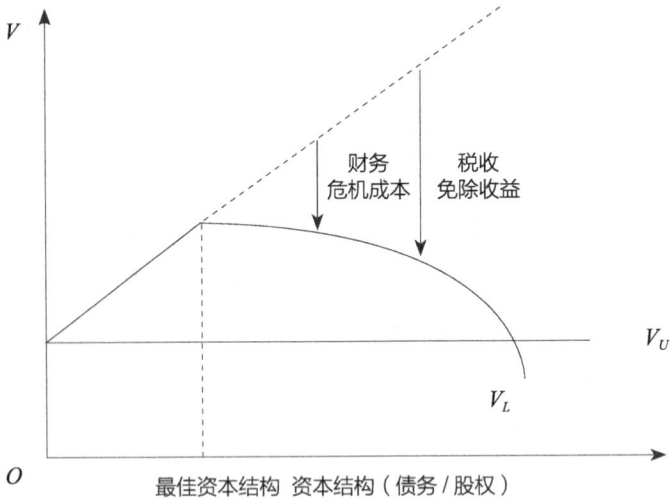

图 11-7　资本结构与公司价值示意

因此，最优的资本结构在于平衡债务与非债务的税收收益和破产成本。大多数金融学家认为，理论上最佳资本结构是存在的，但具体到某一个公司，最佳的资本结构无法通过模型计算出来，而只能依靠公司财务总监对市场环境、经营风险、利润水平、杠杆目标的主观判断。获得理想的资本结构是一个动态的、持续调整的、不断逼近的过程。艾斯沃斯·达摩达兰给出了资本结构调整二叉树，如图 11-8 所示。

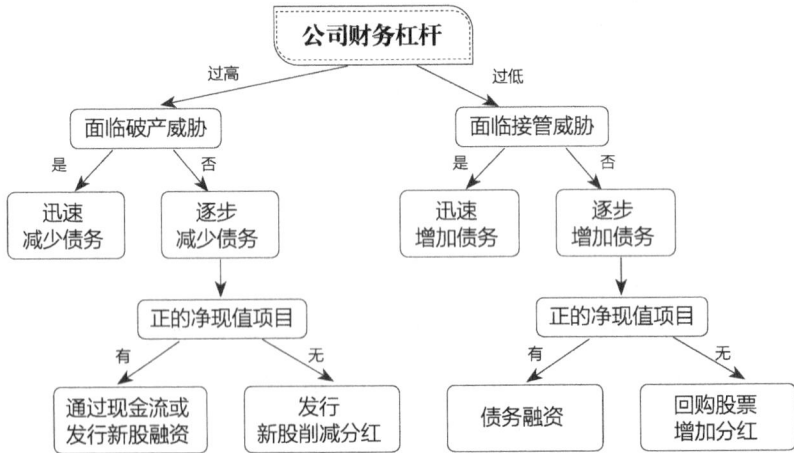

图 11-8　资本结构调整二叉树

应当看到，公司的 EVA 取决于内部现金流和真正的价值创造活动，而不是融资方式。决定价值创造的不是资本的来源，而是财务总监通过经营管理使资本回报超过资本成本的能力，体现在财务总监识别竞争优势的战略眼光、创造竞争优势的战略决策和维持竞争优势的战略举措。

第 12 章
EVA 的功能与评价

　　EVA 企业价值管理系统是集企业的评价指标、管理体系、激励制度、理念体系为一体的综合性、全面性的管理系统。其评价指标功能主要靠以 EVA 为核心的业绩评价指标体系来实现；管理体系功能主要靠以 EVA 为基础的企业治理体系来实现；激励制度功能主要靠建立在 EVA 奖金之上的财务激励体系来实现；理念体系功能主要靠以 EVA 为目标的文化理念体系来实现。

12.1　EVA 的评价指标功能

　　评价指标作为企业管理系统的重要组成部分，是发挥组织活力、健全分配体系、实现企业目标的关键所在。因此，EVA 企业价值管理系统的重要功能应是评价指标功能。而这一功能将如何实现呢？我国企业现行的业绩评价方法存在着明显的不足。

　　EVA 企业价值管理系统是一种试图通过改变企业的财务资本配置来达到企业的价值创造和价值增值目的的财务管理体系。EVA 企业价值管理系统是一个强调从企业的经营利润中扣除相应的资本成本后的剩余收益的业绩评价系统。EVA 企业价值管理系统的决策要求所计划投资的项目所带来的价值增量必须超过项目的资本成本，此评价指标是一个能够提供项目决策的核心评价指标。它作为企业价值创造的衡量指标，确认了项目的资本成本，与股东价值息息相关，所以明显优于传统的会计盈利指标，尤其在资本配置方面的效果更加明显。

　　虽然 EVA 企业价值管理系统并没有完全解决企业相关成本费用确认和准确计算的所有问题，但它既不仅仅是在财务上体现出一个数字那么简单，也不仅仅是说明公司当前的财务状况与经营成果，而是涉及公司的长期经营和发展的规划与战略。EVA 企业价值管理系统仍然是以传统的会计核算方法和预算程序为基础的，但它克服或尽量避免了传统的预算目标会导致企业管理行为方面的问题，可以消除财务管理中的主观因素影响。应用 EVA 企业价值管理系统可以形成一个用于指导和控制企业的经营和战略的财务政策、财务程序、财务指标和核算方法的财务管理体系，而且还可以从财务角度评价企业整体的经营业绩，追溯到导致呈现此种业绩的深层战略与经营管理原因，为改进企业的业绩管理提供依据。

EVA 评价指标作为一种业绩评价指标，能够反映企业在一定时期内真实的经营业绩。EVA 评价指标将企业所有的资本都纳入了指标核算体系，表明了在一定时期内企业所能创造的价值总量。在 EVA 评价指标计算过程中，一方面对传统企业收入概念进行了一系列的调整，从而可以在一定程度上消除会计运作产生的异常情况，使财务数据与企业真实经济状况尽可能相符；另一方面，EVA 评价指标从股东的角度来定义企业的经营利润，更符合企业实际情况。从股东角度来说，只有当企业经营的利润超过了他们投资资本的机会成本时，他们的财富才会实现增值。企业的股东认为，不仅债务资本是有成本的，公司自身股权资本的使用也是存在一定成本的。只有收回包括股权资本在内的全部资本成本之后的 EVA 才是真正意义上的企业经营利润，只考虑债务资本成本的会计账面利润并不是企业真正的利润。若 EVA 为负数，即使会计报告有盈利，对企业而言也是亏损的。

12.2　EVA 的理念体系功能

12.2.1　现有企业理念误区

企业文化是一种重要的精神力量，首先表现为企业的凝聚力和激励力。就凝聚力而言，可以说现代企业文化是一种结合企业所有员工的黏合剂。倘若企业形成了一种被全体内部成员共同接受的价值观念，企业全体员工就会改变原来各自为政、以自我为中心的个人价值观念，产生强烈的企业集体意识，形成"顺向合力"。从财务角度而言，现有企业的理念误区主要表现在以下两个方面。

（1）多种财务经营目标引起企业内部混乱。

大多数企业用于核算企业财务经营目标的方法存在多个维度。企业的长期发展战略通常建立在所得收入或市场占有率增长的前提下。在评估企业的单个产品或生产线时，常常以产品的毛利率或资金流动量作为衡量标准。在评价企业内部各业务部门绩效时，则可能以企业总体的总资产回报率或是根据年度战略规划预算所确定的利润水平为衡量标准。而财务管理部门通常根据项目的净现值法来分析企业是否进行资本投资，但是在评估企业的并购活动时，则又常常以并购活动对收入增长的贡献度作为衡量指标。除此之外，生产线管理人员和业务部门负责人的奖金每年都要基于计划重新评估，这些标准和目标前后并不一致，通常会导致企业日常经营战略、策划决策缺乏应有的凝聚力。

（2）不同利益集团存在不同的财务管理目标与绩效要求，不同的财务管理目标势必引起冲突。

财务管理目标是企业进行相关理财活动所期望达到的最终结果，但是，一个企业中的不同主体在企业的财务管理及资源配置上会做出不同的选择。随着现代企业制度的出现，企业的产权进一步分化，财产的所有权与财产的经营权发生了分离。同时，现代企业制度使得传统意义上的财产存在两种形式和两重主体：其一是以价值形式存在并且运动着的投资者的股票或股权，这是由股东掌握的资产所有权，它的归属主体是股东；其二是以实物资产的形式存在并且运动着的企业资产，由管理者掌握和运用、行使经营权，它的归属主体是企业法人。因此，从产权分离的角度来看，理财主体可分为出资者和管理者。作为两个不同的利益主体，他们在财务管理目标上必定存在着差异。出资者的财务管理的最终目标应该是所投入资本的保值与增值，关心企业的长期稳定发展和长远利益，追求股东财富最大化；管理者的财务管理的最终目标则可能是经理效用（利益）最大化，追求更高的绩效薪酬。"内部人控制"就是源于出资者与管理者的财务管理的最终目标的不一致。由于"委托－代理"关系的存在，代理冲突、利益冲突在出资者与管理者之间不可避免，"逆向选择"与"道德风险"问题时有发生。

12.2.2　以创造 EVA 为目标的理念体系的优势

以创造 EVA 为目标的理念体系不仅仅是一种会计绩效计量方法，更是一种企业的经营管理理念和企业价值文化。以创造 EVA 为目标的理念体系以能够正确度量企业最终业绩为实现目标，凝聚着管理层和员工，使他们在目标利益一致的激励下，用团队文化大力挖掘企业存在的发展潜能，尽最大努力利用各方资源，形成一种凝聚力、向心力。

（一）以创造 EVA 为目标的理念体系终结了多目标引起的混乱状况

以创造 EVA 为目标的理念体系仅仅使用一种财务衡量指标就串联起了企业的所有生产、经营、决策过程，将其置于统一目标的引领之下，即如何增加 EVA 为企业各职能部门的员工提供了相互进行沟通的共同语言，使企业内部的信息交流更加高效便利。由于企业经营的最终目标是提升企业的 EVA，各职能部门之间与部门内部就会自动加强联系、沟通与合作。因此，以创造 EVA 为目标的理念体系是一套有效的企业法人治理制度，这套制度自动引导管理层和普通员工从所有者利益的角度出发去思考和工作，真正把管理层和员工的收益和其所做的贡献有机结合在一起，从而培养出企业真正的团队、主人翁意识和分享精神，给管理层以强大的动力。

（二）以创造 EVA 为目标的理念体系代表着共同利益

EVA 管理的最终目标是实现股东财富最大化和公司价值最大化。这样人们就会提出质疑——专注于追求股东财富最大化和企业价值最大化，是否会忽略企业中其他利益相关者的利益？这些利益相关者主要包括管理层、债权人、企业员工、顾客、供应商、周围的环境、政府，甚至还包括股东自身的长远利益。实际上，实现股东财富最大化是保证企业其他利益相关者的长远利益的有效的方式，也是唯一的一种方式。因为股东财富最大化的目标可以激励企业将有限的资源用于最有效率与价值的领域。如果企业不再以追求股东财富最大化为目标，就会导致企业资源的浪费甚至社会的恶性循环，那么也就无法使其他利益相关者的利益得到保证。

以创造 EVA 为目标的理念体系作为一种管理工具，具有两个显著的特点：一是容易被人理解，二是与企业的价值创造过程息息相关。因此，它能够满足所有利益相关者的诉求。并且，以创造 EVA 为目标的理念体系提供了一个单一、协调、持续的目标，使得所有决策都能够模式化、制度化、标准化。利用它，企业可以采用同样的尺度来系统地评价一个项目、一个部门、一个责任中心、一个子公司是增加还是减少了股东的财富等。正是由于以创造 EVA 为目标的理念体系在评价公司业绩方面具有清晰、公正和可靠的特征，它能够体现公司所有利益相关者的共同利益。

（三）以创造 EVA 为目标的理念体系是能将所有者与管理者财务管理目标紧密相连的一条重要纽带

对于管理者而言，所有者实施以 EVA 为基础的奖金激励计划，使得管理者必须在提高 EVA 的压力下采取不同的手段以提高资本运营管理能力。同时，管理者也必须更加高效地利用内部的留存收益，提高融资效率，因为 EVA 使他们认识到使用企业的所有资源都是有代价的。运用以 EVA 为基础的奖金激励计划时，并不只根据正或负的 EVA 进行奖惩，而主要是根据 EVA 的增长进行奖励。由此可见，以创造 EVA 为目标的理念体系有利于将管理者利益与股东利益协调一致，从而维护股东利益。EVA 最大化的实质就是权衡了管理者利益下的股东财富最大化。

12.3 EVA 业绩评级体系的优缺点分析及对企业的影响

12.3.1 EVA 业绩评价体系的优点

（一）为企业管理者明确目标

传统的财务指标从不同角度反映企业业绩，复杂多样的数据让人忘记了股东财富最大化才是企业经营的最终目标，而 EVA 业绩评价体系的提出明确了企业的根本目的，即为股东创造最大的经济价值。EVA 指标数据单一、目标明确，直接反映企业为股东创造的财富，这为企业的经营管理活动设定了目标并提供了衡量尺度。

（二）企业管理层可以运用 EVA 制定激励制度

EVA 指标的计算更真实地反映了企业经营的经济效益的好坏，通过 EVA 业绩评价体系可以设计一整套真正有效的激励机制，把企业管理者、员工利益、股东利益完全统一起来，使员工能够分享他们创造的财富，培养良好的团队精神和主人翁意识，从企业的"内部人"变成"自己人"，对企业各层次人员起到良好的激励作用。EVA 业绩评价体系在个人绩效和企业收入之间架起了一座桥梁，有助于从最基本开始实现企业的价值增长，为实现最终目标打下良好的基础。

（三）能尽量剔除会计失真的影响，真实反映企业价值

将净利润作为企业业绩评价的基本指标，会使会计收益计算忽略股权资本成本；将净利润作为企业业绩评价指标会使企业业绩产生偏差，从而歪曲企业的真实价值；将净利润作为企业业绩评价指标，容易导致企业操作利润。但对于 EVA 来讲，在计算前会对会计信息来源进行调整，减少了管理者操控财务数据的空间，尽量消除了失真的会计信息，从而客观、公正地反映企业的真实业绩，更真实、更完整地反映企业价值。

（四）让资本成本得到有效利用

EVA 中资本成本概念的引入使管理者能更理智地使用资本，管理者乐于提高资本的利用效率，因为资本利用是有成本的。管理者认识到，如果他们不能达到预期的 EVA 增长目标，对自己是不利的。他们不会对增长目标"讨价还价"，同时由于资本成本的问题，管理者将更精明审慎地利用资本，因为资本费用直接和他们的收入挂钩，而这对每次决策都会产生影响。

（五）优化企业文化，促进企业发展

作为一种经营理念，EVA 业绩评价体系为企业文化注入了新的活力。一直以来，企业

内部各部门之间由于职能、目标、利益等方面的分歧，存在有功一起享、有问题就互相推卸责任的情况，使得相互之间缺乏信任，难以很好地合作。EVA 业绩评价体系在统一各部门利益的同时也明确了目标，人人都关注 EVA，促使全体员工团结一致、协作分工，不仅能优化企业的内部管理，而且能够促进企业良好发展。

12.3.2　EVA 业绩评价体系对企业的影响

一般而言，实施了 EVA 业绩评价体系的企业，通常会在以下几个方面出现重大转变。

（一）改变了企业管理层的管理行为

EVA 业绩评价体系并不是一种财务创新，但它却改变了企业管理行为，使许多习以为常的观念受到彻底冲击。

（1）EVA 业绩评价体系针对所有资产考虑资本成本，促使企业管理层直接关注与库存商品、应收账款以及机器设备有关的成本，更为谨慎地使用和处置不良资产，减少不必要的规模扩张。

（2）EVA 业绩评价体系会促使企业管理层更加关注资产负债表上资产项目的利用，而不仅仅考虑利润表中的盈利水平。因为 EVA 的高低不仅取决于公司创造了多少利润，而且取决于它占用了多少资本。

（3）在 EVA 业绩评价体系下，企业可将自由现金流量返还给股东，这无疑减少了股权资本的比例，相应增加了债务资本的比例，使资本结构趋于合理（资本成本也将因此降低）。

（二）使公司树立资本成本意识

随着国务院国有资产监督管理委员会对 EVA 考核的推进和强化，企业将会逐步树立资本成本意识，自觉开展全成本管理，企业也会从过去一味追求规模扩张逐步转向规模发展与效益并重，并通过合理投资、改善经营管理、强化成本管理控制和调整资产结构等手段来提升企业发展能力。

（三）结束了多目标引起的混乱

大多数企业用于表达财务目标的方法又多又杂。企业的战略计划通常建立在所得收入或市场占有的增加基础之上。在评估个体产品或生产线时，企业常常以毛利率或资金流动为标准；在评价各业务部门时，则可能根据总资产回报率，或是预算规定的利润水平进行衡量。财务部门通常根据净现值分析资本投资，但是在评估可能的并购活动时则又常常以收入增长的可能贡献为衡量指标。EVA 业绩评价体系解决了这些问题，仅使用一种财务衡量指标，就把所有决策过程归结为一个问题"我们怎样提高 EVA？"EVA 业绩评价体系为各个营运部门的员工提供了相互交流的渠道，使所有管理决策得以被制定、监督、交流，并得到报偿。一切活动都基于前后一致的指标，而且这一指标总是以股东投资的增加价值为标准。

（四）有利于企业的可持续发展和风险的防控

EVA 业绩评价体系不支持企业以牺牲长期业绩的代价来获得短期效益，而是鼓励企业着眼于长远发展，关注能给企业带来长远利益的经营活动，如新技术的投入、新产品的研发等。因此，应用 EVA 业绩评价体系符合企业的长期发展利益。

EVA 业绩评价体系的资本成本约束机制，能有效抑制投资、并购过程中肆意利用债务融资的高杠杆手段，从而能够在投资的源头（在投资项目的早期筹资阶段）控制债务资本过度扩张的风险。

12.3.3　EVA 业绩评价体系的缺点

（一）信息含量的局限性

在采用 EVA 业绩评价体系进行业绩评价时，对非财务信息的重视不够。EVA 是一个绝对数，不便于企业在不同时期或在同一时期与不同规模企业之间进行比较。例如，企业在成长初期时，EVA 一般偏低，用 EVA 评价企业业绩，股东会对管理者的决策丧失信心，不利于企业的长期发展。又如，股东向甲、乙两个企业分别投入 10 亿元和 1 亿元，经营一年后，两个企业的 EVA 均为 1 000 万元，为股东创造的利益是相同的，但显然乙企业的效率更高。所以，只用单一的 EVA 评价企业业绩，无法揭示战略、经营过程与企业业绩之间的关系。因此，在用 EVA 评价企业业绩时，应当引入一些其他指标作为辅助评价指标，要将 EVA 和非财务评价指标结合起来使用。

（二）存在短期指标导向

EVA 属于短期财务指标，虽然采用 EVA 业绩评价体系能有效地防止管理者的短期行为，但管理者在企业都有一定的任期，为了自身的利益，他们可能只关心任期内各年的 EVA，然而股东财富最大化依赖于未来各期企业创造的 EVA。若仅仅以当年实现的 EVA 作为业绩评价指标，企业管理者从自身利益出发，会对产品研发项目的投资缺乏积极性。因此，在评价企业管理者经营业绩及确定他们的报酬时，不仅要考虑当年的 EVA 指标，而且要考虑其他的财务指标，这样才能激励管理者将自己的决策行为与股东的利益保持一致。

（三）过于依赖财务数据

EVA 是一个根据会计报表数据计算的结果，它依赖于收入实现和费用确认的财务会计处理方法。为提高企业的 EVA，企业往往采用调整会计政策、债务重组、资产重组等手段粉饰会计报表。虽然 EVA 的计算包括了资本成本，但由于资本成本的确定又依赖于对历史数据的分析，所以，企业仅仅以 EVA 来评价管理者的业绩会造成激励失效。

第13章

价值管理概述

13.1 价值管理及其特征

13.1.1 企业价值与价值管理

（一）企业价值

我们正处在一个全面创新的时代，这个时代已从根本上改变了企业管理方式及其运作模式。企业价值创造、过程创新等名词开始普及，企业的概念不再仅仅局限于企业的内部职能部门及组织，而是已延伸至企业外部整个供应链条，包括供应商、客户和其他利益相关者。企业价值有两个层次：一是企业整体价值，它是企业未来所能获得收益的资本化，即未来收益现值化；二是企业的价值活动，企业的每一项活动都会产生一定的价值，其数值可能为正、可能为负，如果为正，称为价值创造，反之，称为价格毁灭。企业价值有两种表现形式：一种是企业外在价值，即企业外部投资者认定企业值得的投资价值，对于上市企业而言就是企业股票的市场价值；另一种是企业内在价值，即企业自身的价值。

（二）价值管理

价值管理包括以下3个方面。

（1）创造价值，企业如何使未来的价值实现最大化，这一点与企业战略管理相似。

（2）管理价值，包括企业治理、变革管理、企业文化、企业沟通、领导力、企业竞争力等方面。

（3）衡量价值，即评估企业价值。

需要说明的是，虽然价值管理在各企业的实际应用不相同，但价值管理一般而言都包括6个基本步骤：① 确定企业的总体目标以增加股东的价值；② 选择与企业目标一致的组织战略和组织设计；③ 确定具体的业绩评价体系和关键价值驱动因素，在既定的组织战略和组织设计下真正创造企业价值；④ 在对企业关键价值驱动因素分析的基础上，进一步制订行动计划，选择业绩评价指标并合理确定这些指标的目标值；⑤ 评估行动计划、组织实施和业绩评价体系的有效性；⑥ 鉴于企业当前的状况，全面评价企业的总体目标、战略、计划和控制系统实施的有效性，若存在重大缺陷应及时予以修正。

13.1.2　价值管理的特征

价值管理是从价值的保值增值视角来看待企业的全部活动的，因此，企业管理在一定程度上就是价值管理，而销售、市场、财务、生产管理均是围绕实现价值管理的职能活动。价值管理除了财务部门的管理之外还需要企业几乎所有部门的管理活动的支撑，它强调的是一种整体视角和观念，与传统的财务管理区别明显。其主要特征如下。

（一）机会成本观念

当企业投入资本的回报超过投入资本的成本时，才会为企业带来价值增值。

（二）重视企业可持续发展能力

由于在进行企业价值估算时始终包含一个假设，即估价是在企业持续经营状态下进行的，所以决定企业价值的基本因素除未来各期的预计现金流量、企业加权平均资本成本以外，必然还包括企业存续期这一因素。即能否实现股东价值最大化不取决于企业在以往时期里所获得的收益，而取决于企业在未来时期里可能获得的现金流量、企业投资活动的风险程度的大小，以及企业未来存续期的长短。企业的持续存在既是对投资者利益的最好保障，又是整个社会保持稳定和繁荣的重要基础。因此，企业价值管理必须重视可持续发展或者说长期性这一特征。

（三）奉行以"现金流为主"的行为标准

企业价值的概念不是基于已经获得的市场份额和利润数额产生的，而是基于与适度风险相匹配的已经获得和可能获得的自由现金流量产生的。自由现金流量是企业价值的根源，其变化代表着企业实际可支配的财富变化。企业价值本质上是投资者对企业自由现金流量的追索权。企业价值取决于它在当期以及未来创造自由现金流量的能力。价值基础管理观念强调的是追求长远的现金流量回报，而不是短期的每股收益变化。

（四）企业价值由多因素驱动

根据 Rappaport 价值模型，影响企业价值的因素可归纳为自由现金流量和资本成本两大类，具体包括销售增长率、营运资本增长率、现金流量时间分布和加权资本成本等。决定企业价值的因素是多元化的，企业在追求价值最大化的过程中，应考虑企业经营的收益、风险的互动，并将经营管理行为与长期财务目标联系起来。这些行为必须与财务决策、业务流程等同时实施。企业在为股东寻求回报的同时满足了管理层、债权人、供应商、员工、政府等的共同价值需求。所以有人认为企业价值最大化的目标本身就是一个多方面利益协调且最终达到综合最大化的目标。

（五）价值管理以"过程"为导向，并且是长期的

价值管理强调以"过程"为导向，它包含着确立价值最大化的终极目标。它是以制定战略、制订计划、分解短期目标、激励和指导员工为完成目标而进行的一系列行动，即战略、组织、控制、评价等。它特别关注如何运用这些概念实现企业战略和日常经营决策的连接。这正是价值管理关注的重点。

（六）决策模型化

企业的任何决策应当可以寻找到对企业价值有直接影响的变量。将众多的变量纳入一个分析模型，使决策从经验主义层面走向准确的绩效导向管理层面。在 Rappaport 提出自由现金流量估值模型以后，人们继续研究并建立了各种各样的模型，大致包括以下 3 类。

（1）经济增加值模型与市场增加值模型。

（2）由波士顿咨询集团和 HOLT 价值联合会提出的投资现金流收益模型。

（3）由瑞士一家咨询公司开发的现金增加值模型，它也是从现金流开始的，并对战略投资和账面投资加以区别，并认为只有 5 年的平均现金增加值指数的折现值等于或大于 1 才意味着创造了价值。其中现金增加值指数等于现金流的现值除以经营现金流需求的现值。

（七）以资本市场为依托

价值管理活动的开展几乎都以资本市场为背景，价值管理理论的形成和发展更是离不开发达、完善的资本市场。在发达、完善的资本市场，投资者高度分散，为了有效地聚拢投资者的人气和资金，企业管理层也不得不进行价值管理。价值管理的结果能够得以实现的基本条件在于股票价格能够基本反映企业管理层的管理绩效。由此可见，在经济金融化日益深化的现代社会中，将证券市场的价格机制引入企业价值的生成和管理过程，是企业管理层的必然选择。因而可以毫无疑问地讲，以资本市场为依托成为企业价值管理的基本特征之一。

（八）价值管理需要价值度量指标

没有度量，就没有管理。度量什么就得到什么。价值度量指标与价值管理相互促进，不分先后。传统的业绩度量指标有净利润、股东权益收益率、资产报酬率、每股收益、市盈率等。随后产生了更针对股东价值评价的股东增加值和经济增加值等指标。在所有价值度量指标中，影响最大、应用最成功的要属经济增加值。

13.2　价值管理评价

13.2.1　价值管理的优点

企业实施价值管理的优点主要体现在以下几个方面。

（1）稳定地创造价值，最终实现股东价值最大化。

（2）提高了企业的透明度。

（3）帮助企业应对日益全球化、解除管制的资本市场。

（4）协同企业高级管理人员与股东及其他利益相关者之间的利益。

（5）促进投资者、投资分析人员以及其他利益相关者之间的交流与沟通。

（6）促进企业内部的战略交流与沟通。

（7）防止低估企业股价的情况出现。

（8）优先管理事项明晰。

（9）提高了经营决策水平和质量。

（10）帮助企业平衡短、中、长期经营目标。

（11）鼓励能够实现价值创造的投资行为。

（12）合理分配企业资源。

（13）促进企业规划和预算系统流线化。

（14）设置有效的薪酬回报系统和目标。

（15）促进并购股份的使用。

（16）防止企业被兼并的情况出现。

（17）有效管理日益增加的经营复杂性和风险不确定性。

13.2.2　实施价值管理过程中存在的问题

价值管理优点的对立面即为价值管理的不足之处。价值管理是一项囊括所有方面的综合管理方法，需要经常对企业文化进行变革。因此，价值管理对企业来说无疑是一项大规模的工程。为了确保成功，企业需要投入大量的时间、资源以及耐心。

价值管理听起来似乎要比企业战略简单得多，但事实并非如此。对企业来说，它们都是复杂的系统工程。EVA 管理、绩效管理和平衡计分卡都是非常强大的管理和决策支持工具，但其应用成本不菲，因此陷入这些价值管理方法的细节或运用过于复杂的价值管理方法都是不明智和不可取的。

第14章
EVA 与企业运营管理、资金管理

14.1　EVA 与企业运营管理

14.1.1　企业运营管理的相关概念

（一）企业运营管理的对象

企业运营管理的对象是整个运营过程和运营系统。企业的运营过程是一个投入、转换、产出的过程，是一个具体的劳动过程和价值增值的过程。企业必须考虑如何对生产运营活动进行计划、组织和控制。运营系统是使上述变换过程得以实现的手段，其构成与变换过程中的物质转换过程和管理过程相对应，包括一个物质系统和一个管理系统。

（二）企业运营管理的目标

企业运营管理的主要目标是质量、成本、时间和柔性，它们是企业竞争力的根本源泉。因此，企业运营管理在企业经营中具有非常重要的作用。近二三十年来，现代企业的生产经营规模不断扩大，产品本身的技术和知识的密集程度不断提高，产品的生产和服务过程日趋复杂，市场需求日益多样化，世界范围内的竞争日益激烈，这些因素使企业运营管理本身也在不断发生变化。尤其是近十几年来，随着信息技术突飞猛进的发展，企业运营管理增添了新的有力手段，运营学的研究也进入了一个新阶段，其内容更加丰富、范围更加广阔、体系更加完整。

（三）企业运营管理的特点

企业运营管理的特点主要表现在以下 3 个方面。

（1）信息技术已成为运营管理的重要手段。由信息技术引起的一系列管理模式和管理方法的变革，成为运营管理的重要研究内容。近三十年来出现的计算机辅助设计、计算机辅助制造、计算机集成制造系统、物料需求计划、制造资源计划以及企业资源计划等，在企业运营管理中得到了广泛应用。

（2）运营管理全球化。全球经济一体化趋势的加剧，使全球化运营成为现代企业运营管理的一个重要课题，因此，全球化运营管理也越来越成为运营学的一个新热点。

（3）运营系统的柔性化。生产管理运营的多样化和高效率是互相矛盾的，因此，在生产管理运营多样化的前提下，努力搞好专业化生产管理运营，实现多样化和专业化的有机统一，也是现代运营管理追求的方向。供应链管理成为运营管理的重要内容。

14.1.2　企业运营管理的职能

现代管理理论认为，企业管理按企业内部的各职能进行分工，其中最基本也最主要的职能是财务会计、技术、生产运营、市场营销和人力资源管理。这 5 项职能在企业内部既是独立的又是相互依赖的，正是这种相互依赖和配合才能实现企业的经营目标。企业的运营活动是这 5 项职能有机联系的一个循环往复的过程，企业要达到自身的经营目的与实现未来的可持续发展，上述 5 项职能缺一不可。

14.1.3　EVA 与企业运营管理的关系

传统的企业管理是以多目标为导向的，这往往导致企业的运营管理决策与预期目标发生冲突。而在 EVA 管理模式下，企业为实现一定的目标而进行管理，因此，企业的运营管理也必须服务于特定的目标，即帮助企业不断实现价值创造与价值增值。企业以实现价值最大化为目标，这个目标是靠 EVA 管理模式的持续改进来实现的。因此运营管理的实施必须以不断增加 EVA 为导向，运营管理的效果也要以对价值创造的贡献和毁损为衡量标准。可以说，提高 EVA 离不开有效的运营管理，运营管理的有效性是通过 EVA 实现的，两者自成一体，又相辅相成。

14.2 EVA 与资金管理

14.2.1 持有货币资金的原因

总体而言，企业持有货币资金的原因是满足企业的交易性需要、预防性需要与投机性需要。

交易性需要是指企业生产经营活动中货币资金支付的需要，如购买原材料、支付员工工资、偿还债务、交纳税款等。这种需要发生频繁，金额较大，是企业持有货币资金的主要原因。预防性需要是指企业为应付意外的、紧急的情况而持有货币资金，如生产事故、自然灾害、客户违约等打破原先的货币资金收支平衡的情况。企业为预防性需要而持有货币资金的多少取决于：一是企业临时举债的能力；二是企业其他流动资产的变现能力；三是企业对货币资金预测的可靠程度；四是企业愿意承担风险的程度。投机性需要是指企业为抓住市场机会，为投机获利而持有货币资金，如抓住机会以超低价购入有价证券、原材料、产品等，意在短期内抛售获利。

14.2.2 持有货币资金的成本

货币资金是指企业拥有的，以货币形式存在的资产，包括现金、银行存款和其他货币资金。货币资金是企业资金运动的起点和终点，是企业生产经营的先决条件。随着再生产过程的进行，企业中会形成频繁的货币收支。

持有货币资金的成本主要是持有现金的成本。企业对现金的管理除了要做好日常收支、加速现金流转速度外，还需要控制好现金持有规模，即确定适当的现金持有量。成本分析是通过分析持有现金的成本，寻找持有成本最低的现金持有量的分析方法。企业持有的现金，将会有以下 3 种成本。

（一）机会成本

现金作为企业的一项资金占用，是有代价的，这种代价就是它的机会成本。现金的流动性极佳，但营利性极差。持有现金则不能将其投入生产经营活动，企业会因此而失去将其投入生产经营活动获得的收益。企业为了经营业务，有必要持有一定的现金以应付紧急的现金需要。但现金持有的现金过多，会使机会成本大幅度上升，就不合算了。

（二）管理成本

企业拥有现金，就会发生管理费用，如管理人员工资、安全措施费等。这些费用是持有现金的管理成本。管理成本是一种固定成本，与现金持有量之间无明显的比例关系。

（三）短缺成本

现金的短缺成本是指企业因缺乏必要的现金，不能应付业务开支所需而使企业遭受的损失或为此付出的代价。持有现金的短缺成本随现金持有量的增加而下降，随现金持有量的减少而上升。

使上述 3 项成本最小的现金持有量，就是最佳现金持有量。如果把以上 3 种成本放在一张图上，如图 14-1 所示，就能表现出持有现金的总成本（总代价），找出代表最佳现金持有量的点：机会成本线向右上方倾斜，短缺成本线向右下方倾斜，管理成本线为平行于横轴的线，总成本线便是一条抛物线，该抛物线的最低点即为持有现金的最低总成本。超过这一点，机会成本上升的代价又会大于短缺成本下降的好处；在这一点之前，短缺成本上升的代价又会大于机会成本下降的好处。这一点表示的横轴上的量，即企业的最佳现金持有量。

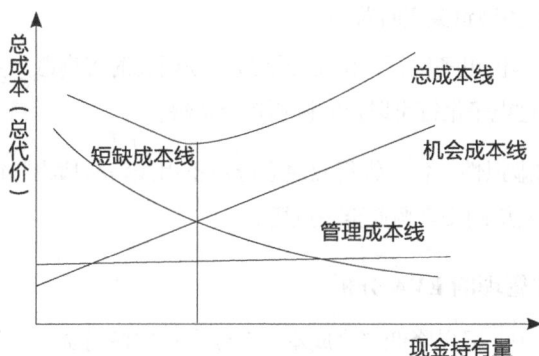

图 14-1　成本与现金持有量的关系

14.2.3　EVA 导向的货币资金管理模式

分析了持有货币资金的成本后，下面主要探讨以 EVA 为导向的货币资金管理模式，这种模式主要是指资金集中管理。

（一）资金集中管理

企业对资金集中管理的主要表现在以下 4 个方面。

1. 零余额账户管理和资金物理归集体系

企业总部选择金融信誉好、结算能力强、结算网点多、现金管理能力强的银行开立资金集中管理总账户，经营单位也在该银行开立分账户，通过企业总部、经营单位和银行三方签订的账户管理协议，企业总部建立总分账户管理体系。银行按期或按照指令将经营单位资金余额自动归入企业总部的资金集中管理总账户，并按照约定的利率为经营单位资金计息。这样，既保证了企业总部集中资金的需求，也确保了经营单位的资金利益。

2. 资金虚拟集中

资金虚拟集中是相对于资金物理集中而言的。企业利用银行的现金管理系统，按期自动计算账户体系中各账户的借方余额和贷方余额，进行虚拟轧差，根据资金净头寸计息，而不需要进行实际的资金划转。

3. 资金的"收支两条线"管理

"收支两条线"是指经营单位只能开立费用账户，用于日常采购和费用开支；企业总部开立收支总账户，根据经营单位的资金计划和预算，拨付资金；经营单位的收入应结算到企业总部的收支总账户中。通过"收支两条线"管理，企业总部可以集中资金，但应同时强化资金预算管理和合同管理。

4. 利用电子银行实现资金实时监控

目前各大银行均提供电子银行，供企业通过互联网实时查询账户余额、及时对账和进行资金划转。企业通过电子银行可以及时调剂资金余缺。

由于电子银行的虚拟性，各大银行应建立应急备用线路和病毒防御系统，经常对网络系统进行维护，确保网络的安全畅通至关重要。

（二）资金集中管理的 EVA 分析

企业通过资金集中，可以降低资金成本、有效和集中使用资金，从而提高资金的利用效率和收益水平。首先，通过资金集中，大量沉淀的在途资金可以得到充分利用，减少了资金占用，可以增加 EVA。其次，实行资金集中管理，配套的资金预算管理政策有助于规范企业的收付款程序，从而为企业争取信用交易提供保障，间接减少资金占用，降低资本成本，改善 EVA。最后，资金集中管理有助于缩小融资规模，也可以起到降低资本成本的作用。

实施资金集中管理也会带来一些问题。例如，企业不得不增设内部银行或结算中心，甚至增设财务公司等类似机构来实现资金集中管理的各项职能；同时因各成员企业可能遍布各地，存在跨地域、跨地区的情况，要实现资金的集中管理，必然要借助现代化的网络设施，各种软、硬件的投入与维护、确保系统及数据的安全运行，必然导致相关费用大幅增加。如果内部资金交易量达不到一定程度，无法取得相应的边际效益，集中管理所带来的收益反而不能补偿由此增加的成本费用，那么必然降低 EVA 水平，结果得不偿失。

实施资金集中管理时如果仅将分公司、子公司间的资金简单集中在一起进行统一调度，不在内部推行市场化、银行化运作，则会导致无钱公司无偿占用有钱公司资金，不利于调动各成员企业加强销售收款控制。资金回流速度放慢，运营效率降低，应收款项慢慢放大，导致整个集团出现大量的应收款项。各成员企业将以种种理由推脱收款的责任，但又不停地要求对方按需求支付各种资金，而为满足资金支付的需要，集团总部必然要靠增加融资来解决支付问题，长此以往，必然造成资本成本不断增加、EVA 水平不断降低。

另外，贷款企业不把按时归还内部借款当成一种财务风险来处理，甚至不把内部借款当回事，内部分公司、子公司的不良"信贷"绝对难免。内部不良贷款得不到及时解决与控制，将在内部形成一种借钱可以不按时归还甚至不用归还的风气，由此给集团带来的后果将是灾难性的，资金占用不断放大，资本成本不断增加。

值得注意的是，资金集中管理的目的是控制各分公司、子公司的风险，但如果集团总部只具有集中资金的管理权与投资权，自身没有健全的投资决策机制，将集中起来的暂时闲置的经营资金进行长期投资，甚至是用来进行过度扩张、盲目扩张，则势必造成整个集团的经营资金被挤占、抽空，将带来营运资金链断裂的风险，信用危机在分公司、子公司之间形成"火烧连营"之势，最终将导致整个集团崩盘。

第 15 章
EVA 与企业预算管理

15.1　全面预算管理理论

15.1.1　全面预算管理理论在我国的发展

　　企业预算管理理论的形成始于 1922 年，麦金西出版的《预算控制》一书从控制的角度对预算管理的理论和方法进行了详细的阐述。20 世纪 30 年代至 70 年代，会计理论及管理思想蓬勃发展，这在很大程度上影响了企业预算管理理论。在市场经济背景下，为了在激烈的竞争中脱颖而出，我国企业需要进一步加强预算管理工作以提高自身的经济效益，因此引入了在西方企业中成功应用的全面预算管理理论与方法，同时我国部分企业开始寻找更符合我国国情的全面预算管理模式。

15.1.2　全面预算管理的概念与特征

　　全面预算管理是以企业战略为导向，利用预算对企业内部各部门的各种财务及非财务资源进行分配、考核、控制，以便有效地组织和协调企业的生产经营活动，完成既定的经营目标，是企业全过程、全方位及全员参与的管理方法。全面预算管理，使得企业的经营目标转化为各部门、各岗位以至个人的具体行为目标，作为各责任单位的约束条件，能够从根本上保证企业经营目标的实现。全面预算一般分经营预算、财务预算和专门决策预算3 个部分。经营预算是指与企业日常业务直接相关、具有实质性的基本活动的预算。财务预算是指与企业现金收支、经营成果和财务状况有关的各项预算。专门决策预算主要涉及长期投资, 故又称资本支出预算, 是指企业不经常发生的、一次性业务的预算。

基于以上概念, 可以从中探讨关于全面预算管理的 6 层含义。

（1）全面预算管理的导向是企业战略。企业战略决定了全面预算管理的中心内容与形式。编制与实施全面预算的目的是执行并保证企业战略的贯彻落实, 它对企业战略起着全方位的支持作用, 是与企业发展战略相配合的战略保障体系。

（2）全面预算管理贯穿企业业务活动的全部过程。它需要企业所有员工的共同参与, 只有通过全体员工的参与才能实现其指导企业经营活动的意义。

（3）全面预算管理的基本前提是分析和预测。市场风险无处不在, 处于市场经济中的企业所处的环境是不确定的。对未来不可知因素、变量和结果的不确定性进行分析和预测并实施相应对策以应对市场风险的过程就是全面预算管理的过程。

（4）全面预算管理的主要功能是规划。通过预算, 企业对内部资源进行整合利用, 并与外部资源进行协调对接, 通过这一系列的具体安排, 企业实际上就对管理活动进行了一定的规划。

（5）全面预算管理的核心是协调和控制, 涉及各项经济资源如何分配以及产生冲突时如何解决。

（6）全面预算管理应重视考核。企业通过全面预算管理规划各责任主体对企业具体的资金和实物的投入、产生效果及利益的安排, 并通过对预算过程的监控, 对比分析各个利益主体的实际投入及其对企业的影响, 然后根据结果, 为最终的奖惩提供依据。

根据以上有关全面预算管理的含义, 可以归纳出全面预算管理具有以下 5 个特征。

（1）管理全方位。全面预算管理涉及企业的经营预算、财务预算、筹资预算和资本预算等, 包括对预算的编制、控制、执行、考评、奖惩等。这些过程贯穿企业运营的每个部门、每个环节以及每个员工。

（2）战略指示性。现代企业的全面预算管理必须以企业的战略发展目标为导向, 这样才能对企业的现有资源做出科学合理的配置, 提高其使用效率, 为企业战略目标的实现提供有效保障。

（3）追求利益性。全面预算管理的最终目的还是帮助企业实现价值最大化目标, 通过对企业的资金投入进行精确的管理和缩减, 使企业获得更多的利益, 尽快实现其发展目标。

（4）监督控制性。全面预算管理不仅是下达预算目标、编制和汇总预算额度, 而且还是在预算执行过程中对企业预算行为进行控制, 对预算结果进行考评。

（5）程序机制性。预算本身是一个机制化的过程, 具有鲜明的程序性, 需要立项、编制、审批、执行、监督、考评等程序，从预算本身的管理角度来看，它是自我约束、自我管理的一种机制。

15.1.3 预算模式与方法

（一）预算管理模式

企业所采取的预算管理模式由其市场外部环境和其所处的生命周期决定。处于不同的外部环境和发展周期，企业采取的预算管理模式也不同。依据产品生命周期理论，可以将企业采取的预算管理模式分为以下4类。

（1）处于初创期的企业采用以资本预算为起点的预算管理模式。由于初创期的企业进行新品开发，需要大量的现金支出，使得企业的净现金流量经常为绝对负数，所以企业需要对拟投资项目进行预算和规划，以保证项目的资本支出需要。

（2）处于增长期的企业采用以销售为起点的预算管理模式。在增长期，虽然产品生产技术已经较为成熟，但是否能被市场和消费者完全接受以及什么价格才能被接受仍是未知数，企业仍然面临经营风险和财务风险。因此在这一阶段的企业编制预算时应把重点放在市场营销上。

（3）处于成熟期的企业采用以成本控制为起点的预算管理模式。处于成熟期的企业的生产环境和应变能力都有了不同程度的改善，产品质量和现金流量都较为稳定，此时控制成本、提高收益就成了企业管理的核心。因此处于此阶段的企业需要建立以成本控制为起点的预算管理模式。

（4）处于衰退期的企业采用以现金流量为起点的预算管理模式。处于衰退期的企业在经营上拥有稳定的市场份额，但拥有的市场总量在下降，销售开始呈现负增长，同时存在大量应收账款而潜在投资项目不确定，自由现金大量闲置，此时有效收回监控现金并保证被有效利用就成了企业管理的核心。因此处于此阶段的企业应采取以现金流量为起点的预算管理模式。

（二）预算编制模式

全面预算的编制有自上而下、自下而上以及上下结合3种模式，它们适用的企业环境和管理风格不尽相同，各具优、缺点。下面是对3种模式的具体介绍。

（1）自上而下模式。其原理是由中、上层管理人员根据自己的经验和判断对项目的总体费用以及构成项目的子项目费用进行估计，将估计结果传达给下一级管理人员，下一级管理人员再在此基础上对项目和子项目的费用进行估计，然后再传递给下一级人员，直到最底层人员。这种编制模式的优点是总体预算往往比较准确，且避免了在不同任务上预算分配不均或不合理的情况；缺点是权力高度集中在上层管理人员，不能发挥下级各部门人员自身管理的主动性和创造性，不利于人本管理，可能会给项目实施带来一定的负面影响，甚至导致项目失败。

（2）自下而上模式。顾名思义，它和自上而下模式恰恰相反，其原理是运用工作分解结构对项目的所有工作进行分解，由基层管理人员对各工作任务完成所需的时间和经费进行仔细考察并形成初步估计，然后由项目经理在此基础上加上适当的间接费用（管理费用、不可预见费用等），最终形成项目的总预算。这种编制模式的优点是基层管理人员更清楚具体活动所需的资源量，可以避免引起争执和不满，提高基层管理人员的主动性；缺点是基层管理人员可能会从自己的利益出发，宽打窄用，多报预算，导致资源浪费，不能最大程度地发挥各部门的职能。

（3）上下结合模式。这种编制模式将自上而下和自下而上两种模式相结合，其原理是高层管理人员将预算目标自上而下下达，由各预算责任主体进行具体的预算编制，然后由高层管理人员对各级责任部门编制的预算进行审核，确定总预算后再分解给各责任主体执行。这种编制模式的优点是体现了公平公正的原则，既提高了基层管理人员的主动性，也避免了预算过程中出现的宽打窄用的行为，提高了预算编制的效率和准确性，从而有效保证了项目的完成，兼顾了全局利益；缺点是这种编制模式较前两者而言相对烦琐，在编制过程中需要在自上而下和自下而上两者间不断循环。

（三）预算管理方法

预算管理方法主要包括静态预算、弹性预算、零基预算和滚动预算这 4 种。

静态预算也叫固定预算，它是以预算期内正常的、可能实现的某一业务量（如生产量、销售量）水平为固定基础，不考虑可能发生的变动因素而编制预算的方法。静态预算的优点是简便易行，缺点主要有以下两点：① 过于机械、呆板，因为编制预算的业务量基础是事先假定的某一个业务量，不论预算期内业务量水平可能发生哪些变动，都只按事先确定的某一个业务量水平作为编制预算的基础；② 可比性差，当实际的业务量与编制预算所依据的预计业务量发生较大差异时，有关预算指标的实际数与预算数就会因业务量基础不同而失去可比性。因此，按照静态预算方法编制的预算不利于正确控制、考核和评价企业预算的执行情况。

弹性预算又称变动预算、滑动预算，是在变动成本法的基础上，以未来不同业务水平为基础，分别确定与之相应的费用数额以便反映在不同业务量的情况下应该开支的费用水平的编制预算的方法。弹性预算的优点是：① 能够适应不同经营活动情况的变化，扩大了预算的范围，更好地发挥预算的控制作用，避免了在实际情况发生变化时，对预算进行频繁修改；② 能够使预算对实际执行情况的评价与考核建立在更加客观可比的基础上。弹性预算的缺点是在评价和考核实际成本时，往往需要使用插补法来计算企业实际业务量的预算成本，较为烦琐。

零基预算是指在编制成本费用预算时，不考虑以往会计期间所发生的费用项目或费用数额，而是以所有的预算支出为零作为出发点，一切从实际需要出发，逐项审议预算期内各项费用的内容及其开支标准是否合理，在综合平衡的基础上编制预算的一种方法。零基预算的优点是：① 有利于提高员工的"投入－产出"意识；② 有利于合理分配资金，经过"成本－效益"分析，对每个业务项目存入和支出金额精打细算，使有限的资金流向富有成效的项目；③ 有利于发挥基层管理人员参与预算编制的主动性、积极性和创造性；④ 极大地增加了预算的透明度，使预算更加切合实际，预算的编制和执行也能逐步规范，从而提高预算管理水平。零基预算的缺点是：① 由于一切工作从"零"做起，采用零基预算法的工作量大、费用相对较高；② 分层、排序和资金分配时，可能因为主观因素影响，容易引起部门之间的矛盾；③ 任何企业工作项目的轻重缓急都是相对的，过分强调项目，可能会导致相关人员只注重短期利益，忽视本企业作为一个整体的长远利益。

滚动预算又称连续预算或永续预算，是指在编制预算时，将预算期与会计年度脱离开，随着预算的执行不断延伸补充预算，逐期向后滚动，使预算期始终保持为一个固定期间的编制预算的方法。滚动预算的优点是：① 保持预算的完整性、持续性，从动态预算中把握企业的未来；② 使各级管理人员始终对未来一定时期的生产经营活动进行周详考虑和全盘规划，保证企业的各项工作有条不紊地进行；③ 由于预算能随时间的推进不断加以调整和修订，所以预算与实际情况更加适应，有利于充分发挥预算的指导和控制作用；④ 有利于管理人员对预算资料做经常性的分析研究，并根据当前的执行情况及时加以修订，保证企业的经营管理工作稳定而有序地进行。滚动预算的缺点是预算编制工作比较繁重。

15.1.4　全面预算管理的作用

全面预算管理的作用主要表现在以下 4 个方面。

（一）全面预算管理可以帮助企业实现战略目标

俗话说"三分战略、七分执行"，为了将企业的战略目标有效落实到具体实践活动中，按照目标一致性的原则将经营总目标细分到各部门必不可少。在衡量各部门具体目标的完成情况时，预算是量化目标的一种极为有效的手段。它不仅明确了企业一定时期的经营总目标，而且也明确了各部门的具体工作目标和努力方向，为企业提供了经营目标的一个全面框架。对战略目标进行分解、逐一落实到各部门，可以使企业的发展战略规划和具体行动方案紧密结合，从而确保企业战略目标的最终实现。

（二）全面预算管理可以促进企业内部沟通协调，提高运作效率

实施全面预算管理，可以协调企业资源，使资源达到最优配置，并通过预算的执行、控制、分析、调整，确保各部门依照预算标准分工明确，各司其职。企业内部各级、各部门员工依照预算规范自己的行为，不断向企业的终极目标靠拢，财务部和其他成本中心也不会再讨价还价，有效避免了企业内部各级、各部门之间的隔阂和摩擦，大量减少了内耗并节省了时间，从而提高了企业整体的运作效率。

（三）全面预算管理可以起到内部控制、防范风险的作用

全面预算管理的本质是企业内部管理控制的一项工具，它是为实现企业目标所采用的一种管理与控制手段，将成本的事后控制变为事前控制可以有效防范企业风险。企业制定和实施全面预算的过程，就是使自身所处的经营环境与拥有的资源和企业的发展目标保持动态平衡的过程，也是企业在此过程中所面临的各种风险的识别、预测、评估与控制的过程。因此，全面预算管理可以帮助企业实行内部控制，起到防范风险的作用。

（四）全面预算管理可以帮助考核部门业绩，起到激励作用

全面预算管理为企业对各部门的考核提供了标准和依据。企业通过考察各部门预算完成情况，分析预算的偏离程度和造成偏离的原因，可以较大可能地将责任追溯到具体行为实施人，从而对员工行为起到相应的约束作用，促使员工尽职尽责；然后根据具体情况进行总结，并考虑是否需要全面修改预算和追究责任，以此改进自身的工作。全面预算管理有助于企业实现奖惩分明，从根本上调动员工的积极性，促使各部门为完成预算目标更加积极努力地工作。

15.1.5　全面预算管理的调控分析体系

（一）全面预算管理的控制体系

全面预算管理控制是指在全面预算管理执行过程中对全面预算管理执行情况进行的日常监督和控制。在执行全面预算管理的过程中，常常因为一些内部人为因素或外界客观环境的变化导致实际执行情况与预算目标产生偏差。如何纠正偏差，使企业按照既定目标继续平稳地运行就成了管理人员的当务之急。为了保证实际预算实施情况与预算目标不脱轨，就需要对企业的全面预算管理执行过程进行监督和控制。从具体的实施过程来看，全面预算管理控制首先要求管理者找到预算管理各环节的关键控制点，这些控制点往往有自己的一套评价指标，通过对各环节控制点评价指标的逐层细分可以将企业的总目标具体落实到每个部门的每个员工身上。其次通过动态监控这些具体目标的完成情况了解企业预算的实现情况，并找出造成预算重大偏差的原因，最终帮助管理者寻求相应的解决办法。

（二）全面预算管理的差异分析

全面预算管理差异分析就是通过比较实际执行结果与预算目标，确定其差异额及差异原因。如实际结果与预算目标的差异较大，企业管理者应审慎调查，并判定其产生原因，以便采取适当的矫正措施。全面预算管理差异分析有利于企业及时发现预算管理中存在的问题，是控制和评价职能赖以发挥作用的最重要的基本手段。

全面预算管理差异分析的方法有以下两种。

（1）预算差异数量分析方法。数量分析应根据不同情况分别采用比例分析法、比较分析法、因素分析法、盈亏平衡分析法等方法，定量、充分地反映预算执行单位的现状、发展趋势及存在的问题和潜力，从品种结构、价格、变动成本、边际收益、费用等诸多因素进行分析。从盈亏的形成过程来看，差异的形成可以归为两大方面原因：销售收入差异和成本差异。根据销售收入和成本的构成，销售收入差异和成本差异又包括价格差异和数量差异两大类。所谓价格差异，是指由于价格因素变动而导致的差异；所谓数量差异，是指由于数量变动而导致的差异。差异分析应该是一个循序渐进的过程，即从综合性的财务指标入手，逐步分解，最后落实到具体的生产技术指标上。

（2）预算差异原因分析方法。利用预算差异原因分析方法的主要目的是找到差异的原因。预算差异原因分析方法主要有：所涉及特定主管、领班及其他人员开会磋商；分析工作情况，包括工作流程、业务协调、监督效果、其他存在的环境因素；直接观察，由直接员工进行实地调查，由辅助者（明确指定其责任）进行调查；由内部稽核人员开展稽核工作；进行特殊研究等。

在评估与调查差异发生的基本原因时，企业应当考虑以下因素：① 差异可能是微不足道的。② 差异可能是由报告上的错误所致——会计部门所提供的预算目标及实际资料，应该检查书写有无错误。例如，因一笔会计分录误记到某部门，便可能使该部门发生不利差异，而造成另一部门的有利差异。③ 差异可能是由特定的经营决策所致——为了改善效率，或为了应付某些紧急事故，管理者下达决策而导致了差异的发生。例如，管理层可能决定加薪来对付另一公司"挖墙角"的挑战，或者进行以往没有规划的特殊广告项目等。对这类差异企业须认真辨认，因为一旦认清，便没有进一步调查的必要，当该项决策做成时，就已认定差异必须发生。许多差异可能是由不可控因素造成的，而这些因素又可加以辨认，如洪涝损失等。对于不知道真正原因的差异，企业应予以格外关心和认真调查，这些差异一般均须采取矫正行动。

全面预算管理差异分析的程序如下。

（1）确定分析对象及分解标准。在编制年度预算的同时，由预算管理委员会确定预算差异分析的对象与差异分解标准。首先确定差异分析的对象，适合进行差异分析的预算项目具有如下特点：对预算目标的实现有较重要的影响、成本动因数据可以准确获得、该费用与其动因之间有较为确定的对应关系（如线性关系）等。其次确定差异分解标准，预算管理委员会结合公司实际，根据差异分解原则，制定主要成本、费用项目的差异分解标准，包括差异分解的程度、各项目差异分解所参照的数据来源及收集方式、差异的各细分部分对应的责任方等。

（2）收集信息。在预算的执行过程中，由预算执行与控制部门根据差异分解标准的要求，进行信息收集工作，相关信息包括预算执行过程中的财务信息、重要的外部市场信息、公司内部的非财务信息等。

（3）差异计算与分解。月度预算执行结束后，由预算执行与控制部门根据收集的信息计算出各项目的预算差异，并依据差异分解标准对差异进行分解，确定差异的责任部门。

（4）判断差异的重要程度。预算管理委员会根据实际经验，制定差异重要性标准，由预算执行与控制部门按此标准衡量实际发生的预算差异，确定其中重要的、需由相关责任部门做出解释的差异。差异的重要程度根据项目的不同性质可采取以下方式确定：设定差异率，即超过某一特定百分比的差异即为重要差异；设定差异金额，即超过某一特定金额的差异即为重要差异；观察差异变动趋势，即连续若干月持续增长的差异即为重要差异。

（5）对重要差异进行解释。确定重要差异后，由预算管理委员会要求各责任单位对差异产生的原因进行解释。预算差异产生的原因很多，通过差异分解只揭示并排除了其中一部分原因，要对预算差异做出全面解释，需要各责任部门在差异分解的基础上，对其经营活动进行深入的、定量的分析，并对其可控性及在后续月度可能产生的影响做出判断。

（6）差异原因报告、审核与确认。各责任部门的分析结果汇总到预算管理委员会，并上报到公司执行层。公司执行层对差异原因分析进行审核，并予以确认。

15.1.6　全面预算管理的考评体系

全面预算管理是一个闭环的管理流程，包括预算编制、预算执行、预算调整、预算分析以及预算考评。虽然全面预算管理作为现代企业不可或缺的重要管理模式已被越来越多的企业认可并实施，但在全面预算管理的各个环节中，预算考评作为最后一个环节往往被人们忽视，从而影响全面预算管理的整体实施效果。因此对企业来说，建立全面预算管理的考评体系刻不容缓。从定义上来讲，全面预算管理考评是指基于预算内容，对照一定的标准，对预算执行的单位和责任人的预算完成情况进行检查、分析和评估，并制定相应的激励、约束措施，是衡量全面预算管理实施成果的有效手段。从作用上来讲，全面预算管理考评能帮助公司将预算管理与公司战略进行更好的结合，从而提升管理效益；对整个周期预算管理工作进行总结、检查与评估，也是激励、奖惩的依据；通过对上一期预算执行情况的分析，及时纠正预算管理过程中出现的偏离企业预算目标的行为，为下次预算编制提供丰富的资料和经验。

15.2 EVA 预算管理模式

15.2.1 传统预算管理模式的分析与评价

（一）以销售为核心的预算管理模式

以销售为核心的预算管理模式是以销售预测为基础，以销售收入为考核的主要指标，以销定产编制销售预算；根据销售预算考虑期初、期末存货的变动情况来安排生产，以保证生产顺利进行和各项资源的供应和配置。这种模式主要适用于以快速成长为目标的企业或处于市场增长期的企业，这种企业追求的不是短期利润的提高，而是市场占有率的提高；还适用于季节性经营企业，这种企业所面临的市场不确定性较大，其生产经营活动必须根据市场变化灵活调整。

这种模式的优点主要有：实行以销定产，符合市场发展的需求；能够减少资金沉积，提高资金使用效率；不断提高市场占有率，使企业快速成长。这种模式的缺点主要有：可能会造成产品过度开发，出现过度赊销的情况；可能增加企业坏账损失，造成利润虚增，不利于企业长远发展。

这种模式下具体预算编制过程如下。

（1）企业根据市场长期销售预测，以市场销售预测为依托，参考企业预算年度的目标利润，合理确定本年度的销售预算和资本支出预算。

（2）各部门在销售预算的基础上，以"以销定产"为原则，编制生产预算、销售费用预算和管理费用预算。

（3）根据生产预算确定直接材料预算、直接人工预算和制造费用预算。产品成本预算和现金预算是相关预算的汇总。

（4）财务部门以各职能预算为基础，结合所掌握的信息，编制财务预算、管理税控开票系统。利润表预算和资产负债表预算是全面预算的汇总。

（二）以利润为核心的预算管理模式

以利润为核心的预算管理模式是以企业利润最大化作为预算编制的核心。这种模式下，预算编制的起点和考核指标都是利润。这就使得利润不仅是预算的结果，还是预算的前提，促使企业千方百计增加收入、降低成本，以保证目标利润能顺利实现。该模式主要适用于以利润最大化为目标的企业或大型企业集团的利润中心。

这种模式的优点主要有：有助于企业管理方式从直接管理转向间接管理，通过以利润为核心的预算系统对各职能部门的执行情况进行检测，帮助企业高层管理者和所有者快速把握企业的运转情况，实现对企业的全面管理；通过将预算利润层层分解落实到各二级单位、车间、班组甚至个人，帮助员工明确自己的工作目标，同时配合薪酬激励方案激发员工的工作积极性；促使企业主动追求利润目标，着力扩大销售和内部挖掘，从而维持企业的竞争能力，增强企业集团的综合盈利能力。这种模式的缺点主要是可能导致管理者的短期行为。例如，只顾预算年度利润，而忽略企业的长远发展；只顾追求高额利润，不顾企业财务风险和经营风险的增加；采取一系列手段虚降成本，使利润虚增；追求自己不熟悉的利润增长点，偏离企业的主营业务。

这种模式下具体预算编制过程如下。

（1）母公司确定各子公司的利润预算数并下达给子公司。

（2）子公司与母公司就母公司初拟的利润目标进行协商。

（3）子公司根据母公司正式下达的年度利润指标编制预算。

（4）母公司汇总各子公司的预算，编制全公司利润预算。

（三）以成本为核心的预算管理模式

以成本为核心的预算管理模式是企业为适应低成本竞争采用的一种预算管理模式。此种模式下，预算编制以成本预算为起点，预算控制以成本为主轴，预算考评以成本为主要指标。这种预算管理模式主要适用于处于市场成熟期的企业或大型企业集团的成本中心。

这种模式的优点主要有：促使企业采取各种方式降低成本，增加利润，提高盈利能力；有利于企业采取低成本扩张战略，扩大市场占有率，进而提高企业的竞争能力。这种模式的缺点主要有：可能会使企业只顾降低成本，而忽略新产品的开发以及产品质量，导致顾客忠诚度降低；该种预算管理模式与收入脱节，忽略了成本高同时收入也高的优质项目，对企业的长期发展不利。

这种模式下具体预算的编制过程如下。

（1）以市场竞争为原则确定目标成本，即以企业期望收益为依据、以市场价格为已知变量来规划企业总预算成本，以预算总成本为基础。

（2）将目标成本按项目和责任中心进行分解，分解到涉及成本发生的所有管理部门或单位，平衡后形成约束各预算单位管理行为的分预算成本，如直接材料成本、直接人工成本、制造费用等。不论是总预算成本还是分预算成本，都不同于传统意义上的标准成本。标准成本往往与标准产量相联系，而预算成本是与市场可接受的需要量相联系的，确定预算成本的目的是实现企业的目标利润。

（3）以市场需求为起点编制收入预算。

（4）根据收入预算和成本预算等编制利润预算等一系列财务预算。

（四）以现金流量为核心的预算管理模式

以现金流量为核心的预算管理模式是主要依据企业现金流量进行预算管理的一种模式。现金流量是预算管理工作的起点和主要考核指标。以现金流量为核心的预算管理模式主要适用于处于市场衰退期的企业、出现财务困难的企业或重视现金回收的企业。

该种模式的优点主要有：有利于增加现金流入；控制现金流出；有利于实现资金收支平衡，帮助企业快速摆脱财务危机。这种模式的缺点主要有：预算资金投入较少，不利于企业高速发展；预算政策比较保守，可能会使企业错过发展的良机。

这种模式下具体的预算的编制过程如下。

（1）资金管理部门根据各组织单位的责任范围，下达现金预算应包括的内容和格式。

（2）各组织单位根据资金管理部门的要求和自身的实际情况编制相应的现金流量预算并向上报出，逐级汇总。

（3）资金管理部门将各组织单位编制的现金流量预算进行汇总，按照"量入为出"的原则统筹安排，在此基础上通知各下级单位预算的调整数并与之进行协商，最后设定现金流量预算数。

15.2.2　EVA 预算管理模式

（一）EVA 的经济内涵

EVA 为经济增加值，是指企业税后营业净利润在减去债务和股权要求的经济回报以后的所得。与传统利润指标相比，EVA 提高了企业所有者的投入回报要求，重视所有者投入的股权资本，注重真实的经济利润。企业将这种理念作为构筑全新的财务管理、财务决策、薪酬激励等各项制度的基础，可以用它来评价企业创造价值的实际能力。

（二）在预算管理中引入 EVA 的必要性

一方面，过去传统的预算管理方法存在很多弊端，已经无法满足现代企业的管理需求，因此，在预算管理中引入 EVA 显得尤为必要。传统预算管理方法具体的弊端主要体现在以下几个方面。

一是传统预算管理方法表现出的传统刚性化控制要求与组织柔性化趋势之间存在矛盾。近年来，企业组织中无论是内部边界还是外部边界都变得模糊而多变，现代企业为了在不断变化的环境中有效地发挥作用，需要建立更加灵活而有柔性的组织结构，以期在发生意外变化时能够迅速做出反应并及时进行调整。为了减少企业决策和行动之间的时间间隔，加快组织对市场和竞争动态变化的反应速度，使组织能力柔性化，许多企业都在进行着广泛的组织形式创新，主要表现为减少层级，建立多功能、多单元小组等。然而这些创新型的组织形式却与预算控制相矛盾。传统的管理控制理论将企业的控制分为 3 个层次，即战略计划控制、管理控制和经营（或作业）控制，并认为它们分属于企业的高级管理层、中级管理层和作业层。其中，中级管理层的主要控制手段就是传统的预算控制，随着企业扁平化趋势的推进，预算控制的重要性也大不如前。正是由于传统预算控制是一种刚性化控制，它以鲜明的层级、固定的内外部组织边界、相对稳定的责任单位的任务与责任为基础，即与层级结构之间有着不可分割的关系，才显得传统预算控制与组织的柔性化趋势之间的矛盾不可调和。

二是传统的预算管理方法会给企业带来两方面的矛盾与失调。第一，预算系统内的目标失调。由于企业所有者和管理者审视企业的角度不同、获取利益的方式不同，决定了两者之间必然会由于利益的分歧，出现预算计划业绩与执行业绩之间的矛盾，从而导致战略目标和预算目标间的差异。一般而言，业绩考核只专注于预算目标的完成，为了避免资源配置的失误和资源浪费，预算目标通常非常明确且现实。管理人员因为害怕出现过大的预算差异可能只满足于完成预算目标，放弃进一步的努力。而对于那些努力超越客观约束的管理人员，传统预算管理方法也无法给予其应有的奖励，然而战略目标的实现恰恰需要超越客观约束，因此，预算编制和战略目标之间的矛盾便不可避免地产生了。第二，预算责任单位及个人的职能失调。具体表现有 3 种：产生预算余宽、操纵预算执行结果、阻碍绩效的持续改进。传统的预算管理方法讲究将预算作为经营业绩的评价标准来激励员工，员工为了使经营业绩看起来更佳，会倾向于报告保守性的预算数据，也就是预算余宽，从而忽略了对未来事件进行客观公正的预测和披露。同时，传统预算管理方法习惯以预算评价作为奖惩的依据，这引发了另一个重要问题——管理人员为了获得奖励不惜冒风险做假账，操纵预算执行结果，从而进行盈余操纵。从上可见，传统预算管理方法常使员工将注意力仅仅放在完成预算目标上，而不是放在挖掘更大的潜力为企业创造更多利润或探索如何更快、更好地适应外界环境的变化上，这在很大程度上限制了业绩的持续改进，约束了企业对环境的灵活应变能力。

三是传统预算管理方法重视财务指标的特点与企业主要竞争要素转变之间的矛盾。近年来，企业的主要竞争要素逐渐从财务资本转变为知识资本和人力资本（包括出色的管理者、知识工作者、有效的管理系统、忠实的顾客和品牌等）。许多知名大企业的市场价值中都只有很少一部分是通过财务资本创造的，大部分还是由知识资本创造的。许多企业已经认识到未来现金流量越来越多地来自对知识资本的有效管理和控制，最大化知识资本价值比最大化财务资本价值可以为股东带来更多的价值增值。这种关键因素的转变要求企业改变传统的业绩管理方法和以财务资本为主的预算控制模式。

另一方面，和传统预算管理方法相比，在预算管理中引入 EVA 能克服传统预算管理方法的许多弊端，具体优势表现为以下 6 个方面。

（1）基于 EVA 的全面预算管理是以企业战略目标为指导的。

没有战略意识的预算就不能增强企业的竞争优势、促进企业的价值发展。基于 EVA 的全面预算管理把企业战略分解为关键性成功要素、关键绩效指标以及各种行动方案，并以此为依据制定企业的预算，确保预算目标和企业的战略目标相一致。和传统预算管理方法相比，它更关注企业如何创造性地完成战略目标、如何激励员工的创造性以及价值创造。以企业的战略思想作为预算的基调，有利于更好地实现企业整体的财务管理目标。

（2）以 EVA 为全面预算管理编制的起点。

EVA 衡量的是企业所有成本均被扣除后所得的剩余收入，尤其是股东投入的资本成本。经济学家们认为只有在资本成本被扣除的情况下财富才会产生，而 EVA 的这一特征符合经济收益的实质内涵。可以说，企业价值最大化的终极目标就表现为 EVA 的最大化，因此，根据企业价值最大化的理财目标要求，全面预算管理的编制应以 EVA 为起点。可以通过对企业历史资料及企业特点的分析后，采用企业历年的平均 EVA 加上一个预期改善值得出目标 EVA，或者采用企业近几年 EVA 的平均值，或者采用行业对标值结合企业实际作为 EVA 的预算起点。

（3）基于 EVA 的全面预算管理，有助于企业重组业务部门，搭建增值平台。

在这种预算管理模式下，企业的组织结构不再像传统的组织结构那样以业务类型设置职能部门，而是立足于业务协作、资源整合，为全面预算管理体系的建立打下夯实的基础。

（4）科学的预算管理体系有利于将员工的发展目标与企业的战略目标相结合。

预算的考评，就是要把预算执行情况和各责任人挂钩，激励员工与企业形成责、权、利相统一的责任共同体。企业明确目标 EVA 后，按照责任中心，将 EVA 目标分解为各个责任中心的责任目标，包括利润中心的责任利润和成本中心的责任成本，各责任中心再进一步将目标分解落实到班组和个人，最大限度地调动每个员工的积极性和创造性。同时，基于 EVA 的业绩考核体系将企业的未来发展战略和全面预算、业绩考核紧密联系，形成一个有机的整体。将 EVA 与薪酬挂钩，赋予管理层与股东一样关心企业成败的心态，实现了股东、管理层和员工三者目标与利益的有效对接，使广大员工能够分享自身创造的财富，增强了各立体的团队精神和主人翁意识。

（5）在预算分析中 EVA 起很重要的作用。

EVA 是税后营业净利润与资本成本之差，不仅考虑了企业营业利润，还考虑了资本成本的支出，能更真实地体现企业的价值。当企业的实际 EVA 水平低于企业的目标 EVA 时，企业不但要考虑收入和成本对 EVA 的影响，还要考虑资本成本的支出对企业的影响。同时，利用敏感分析方法能找出影响 EVA 的主要因素，提高预算的准确性、加强主要影响因素对实现企业目标 EVA 的影响。如果实际 EVA 低于企业的目标值，企业通过具体的分析，就可以得出收入对 EVA 影响多少、各项费用对 EVA 影响多少，并将各部门对 EVA 的影响明确到具体的责任中心。

（6）EVA 在预算的考核与激励中起重大作用。

从"委托－代理"理论角度来看，建立以 EVA 为核心的预算管理模式也是十分必要的。代理矛盾之所以会产生，主要是源自经营权和所有权的分离。传统的考核与激励模式最明显的缺陷就是不能把管理者和股东的权益结合起来，使其一致。传统考核模式下，在企业业绩较低的时候，管理层往往没有奖金，业绩水平一旦达到了一定程度，管理层开始获得奖金，随着业绩增加奖金也不断增加；但是在超过某一点后，管理层将不能再获得额外的奖金，因此该模式便不再具有持续激发管理层努力工作的能力。一旦奖金封顶，管理层就会去做侵蚀股东财富的行为，如在年末通过经销商压货或将一部分销售额转到下一年度的做法谋求个人利益的最大化。而将 EVA 注入全面预算管理，则能有效避免这一行为的发生。EVA 是在会计数据的基础上通过对传统会计利润的调整得到的，能真实测量企业经营业绩，为正确评价企业管理者提供较为全面、合理的数据，同时促进企业建立合理的激励机制，最大程度地调动管理者积极性。和传统考核模式不同，EVA 考核模式采用的是一种"下不保底，上不封顶"的机制，即只有在管理者获得了正的 EVA 时才能获得相应的奖金，EVA 的逐渐上升，代表经营创造的价值越多，那么管理者获得的奖金也越多。相反，虽然企业有账面利润，但是 EVA 却是负数，那么就意味着经济活动在侵害股东利益，管理者就不会获得奖励。这种考核模式平衡了股东和管理者的利益分歧，对预算执行中管理业绩的考评更为公正，同时也调动了管理持续改进业绩的积极性。由此，EVA 概念使得对企业优劣的判断标准发生了变化。管理者知道他们增进自己利益的唯一方式就是为股东创造更多的财富，所以以他们将分享自己创造的财富。因此，管理者会改变自身的经营目标，将目标从利润最大化、效益最大化转变为 EVA 最大化，最终使企业的管理者与股东的价值取向趋于一致。所以，将 EVA 指标引入全面预算管理体系，有助于将 EVA 的观念传达给股东和管理者，使资本意识包括在预算编制当中，从而影响到业绩评价，使 EVA 观念成为一座事关各方利益的"桥梁"。EVA 预算管理模式规避了预算目标和战略目标之间的偏离风险，提高了预算指标制定的合理性，为战略目标的实现打下了坚实基础。同时，当企业开始意识到资本成本的重要性时，"免费午餐"就不复存在，"内部人控制"等不良现象也将烟消云散，新的理念和新的预算编制模式将有利于经营管理模式改革，使企业创造价值的能力进一步得到提高。

（三）EVA 预算管理模式的地位分析

EVA 预算管理模式是企业进行战略分析、战略制定和战略实施的一项重要工具，但这并不意味着基于 EVA 的全面预算管理能代替企业战略。预算目标不等同于企业战略，它只是企业战略的具体化，是服务于企业战略的，并且预算管理需要以企业战略为导向。

基于 EVA 制定企业战略的主要步骤如下。

（1）以"为股东创造价值"为核心价值观，明确把 EVA 作为企业经营活动的评判工具。

（2）使用 EVA 对企业战略进行评估，确定企业总体战略和各单元战略。包括：重新确定企业的核心业务、在确定的核心业务基础上对企业资源进行整合（退出、并购、内部资源纵向整合和横向整合）。

（3）对战略目标进行分解，具体分成战略层面、管理层面和作业层面，不同层面预算管理过程的侧重点也不同。战略层面实施战略预算管理，将预算和平衡计分卡相结合，进行横向价值链分析；管理层面实施 EVA 预算管理，将预算和 EVA 相结合进行纵向价值链分析；作业层面实施作业预算管理，将预算与作业相结合，进行内部价值链分析。确定了不同层面的关键价值驱动因素后，针对这些因素设定相应的 EVA 目标，并落实责任者。

（四）EVA 预算管理组织体系

全面预算管理的实施需要一个良好的平台作为支撑，对一个预算组织即企业组织而言，企业自身的组织结构就是进行全面预算管理的基础环境。一般来说，将 EVA 预算管理组织体系分成两个层次：EVA 预算管理组织和 EVA 预算执行组织。

EVA 预算管理组织是企业基于 EVA 实施全面预算管理的主体，是负责整个企业预算编制、审定、监督、协调、控制与信息反馈、业绩考核的组织机构。其目的是通过加强预算管理和战略规划之间的联系提高预算编制和预算控制的效率和效果。详细来看，预算管理组织又由预算管理委员会和预算编制单位组成。预算管理委员会是实施全面预算管理的最高决策和管理机构，以预算会议的形式审议出资者各所属单位的预算草案，该委员会是董事会的一个专门委员会，主任由董事长兼任，委员由董事会其他成员兼任，董事长助理兼任执行委员。预算管理委员会下设办公室，负责日常预算事务的处理，由集团财务总监兼任办公室主任，成员由财务各经理和人事、行政等部门负责人兼任，预算的日常管理工作由办公室成员单位具体负责执行。各实体单位设预算工作小组，组长由各实体单位财务负责人兼任，成员由各实体单位部门负责人兼任。各实体单位要设置专门的预算管理员。

总地来说，预算管理委员会的主要职责有以下 9 条。

（1）审议有关预算管理的制度、规定和政策。

（2）根据董事会下达的经营战略和规划，预测、制定并审议通过集团及其所属机构的预算控制总体目标。

（3）审议通过预算编制的方针、程序、方法。

（4）审查集团的整体预算方案、审查所属各单位的预算草案，并就必要的修正提出意见与建议。

（5）在预算编制和执行过程中，对各单位发生的分歧、矛盾或问题进行协调、调解和仲裁。

（6）审查预算考核方案。

（7）经审议通过的预算呈董事长审批，董事长审批后下达执行。

（8）接受预算追加方案的审查和审批。

（9）接收预算分析报告，并提出预算工作改进的意见与建议。

预算编制单位，顾名思义，就是负责制定筹集和分配预算资金年度计划的企业内部机构，一般包括公司所有单元。预算委员会必须明确财务部门在预算管理中的特殊地位，即财务部门是负责预算编制、分析和实施控制的主管部门，是预算委员会的执行机构。但需要指出的是，财务部门在预算编制、分析和控制过程中除了应用财务信息外，更应该关注那些影响企业长期经营业绩和战略目标实现的非财务信息。

EVA 预算执行组织主要是指各基层责任中心，包括成本中心。投资中心以及（模拟）EVA 中心。各执行层根据上、下层沟通达成的预算目标将预算计划落实到具体行动中，并定期上报预算执行情况，接受预算管理组织的考核和监督。当然，除了建立和完善必要的一级预算以外，对于一些重要的部门预算和项目预算还应该进行进一步的细分，并将细分后的二级预算划归至对应的预算管理部门。为此，企业需要对内部的增值作业及其涉及的部门、组织、资源按成本效益原则进行必要安排，以优化资源配置；同时对内部的非增值作业及其涉及部门、组织、资源进行适当调整，以减少不必要的资源浪费。前者属于企业的流程再造，后者属于企业的组织再造。

（五）EVA 全面预算管理编制与考评体系

以 EVA 为核心的全面预算管理模式下，EVA 是预算编制的起点和考核的指标。企业可以采用上年 EVA 实际数乘以 EVA 调整系数的方式来确定当年的 EVA 预算额。据此为出发点，企业管理层就可以合理地编制出各种预算并通过预算执行、控制、监督、分析和考评的程序来保证 EVA 预算目标的实现。EVA 全面预算管理编制与考评体系一般分为业务预算、资本预算和财务预算这 3 个部分，但不仅仅局限于这 3 个部分。

在业务预算方面，企业主要围绕销售、生产和经营活动中的价值驱动因素编制预算，在编制预算时还要考虑市场的变化和竞争对手状况，综合分析和预测企业未来的价值变动情况，然后将 EVA 分解为企业总的收入和成本，并根据各部门的权重确定各部门的 EVA。由于预算编制与考评结合，所有资金的占用都不是免费的，所以业务预算就能挤出很多"水分"，从以前的"讨价还价"模式走向"理性预测"模式。

在资本预算方面，企业需要具体考虑是投资预算还是筹资预算。若是投资预算，那么企业在进行投资决策时需要基于 EVA 判断该投资是否创造价值，避免企业盲目扩张；若是筹资预算，企业应基于 EVA 的考虑尽可能地进行多渠道融资，以优化财务结构和资本结构，降低资本成本。可见 EVA 资本预算也要考虑如何把资金投放到有助于增加股东价值的项目中去以及如何以最低成本进行融资。

在财务预算方面，企业应运用 EVA 对企业的预计会计报表和企业实际的财务状况进行分析，观察影响 EVA 的税后净营业利润、资本回报率、资本周转率等指标，找出亟待加强的薄弱环节。值得注意的是，在业务预算与资本预算之间还存在预算协调的问题。如果企业一味地追求资本扩张，那么尽管每个项目的预期 EVA 值均大于 0，但如果业务预算的 EVA 值为负，企业的整体价值也可能遭到不良影响。相反，如果企业满足现有项目的业务运行，而不去考虑通过新的项目实现可持续发展，那么企业就很有可能不断退化，最终被市场淘汰。由此可见，EVA 全面预算管理是股东价值落实的过程，而不是简单的金额分配。

15.2.3 EVA 预算管理体系的实施

（一）EVA 预算的编制

1. EVA 预测

在预测企业的 EVA 目标值之前，要先确定基于 EVA 的企业战略目标是什么。本书前面也有讲到，EVA 作为考核企业经营业绩和价值创造能力的指标，是战略的具体化，并不能直接代替企业的发展战略。所以企业在预测 EVA 目标值之前要做的就是在企业内部营造出 EVA 管理的氛围，让企业的所有员工包括管理层了解 EVA 的思想和理念，并建立一套标准的企业 EVA 文化体制，贯彻 EVA 的管理思想。之后再根据具体情况制定 EVA 战略，并对该战略进行层层分解，利用关键驱动因素分析法将企业的经营计划转变为全面预算指标体系，落实到各个责任中心和执行部门。

然后才是预测 EVA 的目标值。预测企业的 EVA 目标值需要考虑多方面的因素。从企业外部因素来看，需要考虑的因素有国家的宏观经济政策、行业现状与前景、企业所占市场份额以及竞争状况等；从企业内部因素来看，需要考虑的因素则是企业发展战略、企业的资金状况、产能利用情况、企业下一期将发生的业务、成本费用等。在具体实务操作中，企业可以采用算术平均法和系数法来对下一期的 EVA 目标值进行预测。

关于使用算数平均法计算 EVA 预测值，有以下 3 种观点：第 1 种是直接以企业最近几个预算期的 EVA 实际值的算术平均值为基准，预测下一预算期的 EVA 值；第 2 种是以企业上一年度 EVA 实际值作为基准值，预测 EVA 目标值，公式为 EVA 目标值 = 上期实际 EVA 值 +EVA 期望改善值；第 3 种是以上一年度的实际值和目标值的算数平均值作为基准值，预测 EVA 目标值，公式为 EVA 目标值 =（上期实际 EVA 值 +EVA 目标值）÷2+EVA 期望改善值。

系数法则是以上一预算期的实际值为基础，利用一个适当的系数对其进行调整从而得出下一期 EVA 目标值的方法，其公式为 EVA 目标值 =$a+b\times$ 上期实际 EVA 值。其中，a，b 是两个固定的系数。

2. 以 EVA 为导向的业务预算的编制

业务预算是指与企业日常经营活动直接相关的经营业务的各种预算，是全面预算的基础，其主要内容就是成本费用的预算，一般包括销售预算、材料采购预算、人事费用预算等。

（1）销售预算。

销售预算是指为销售活动编制的预算，是业务预算编制的起点，是企业与市场联系最直接的部分。销售预算同其他各项预算在不同程度上有着直接或间接的关系。销售预算一经确定，就成为生产预算以及各项生产成本预算的编制依据。销售预算是一个财务计划，它包括完成财务计划的每一个目标所需要的费用，以保证公司销售利润的实现。销售预算以销售预测为基础，销售预测的主要依据是各种产品历史销售量的分析。编制销售预算应结合市场预测中各种产品发展前景等资料，先按产品、地区、顾客和其他项目分别编制，然后加以汇总；根据销售预测确定未来期间预计的销售量和销售单价后，求出预计收入。

在此基础上，销售部门主管按公司战略目标，分析可利用的费用，根据目标和活动，选择一种或多种决定预算水平的方法进行预测，并将预测的销售配额分配给各部门；或销售人员根据上年度预算，结合上一年度的销售配额，用习惯的方法计算出本年度预算额，提交给销售经理。

（2）材料采购预算。

各部门在确定了各自的 EVA 权重后，提出材料采购计划，编制材料采购预算。具体编制方法是：将本期应购数量乘以材料的购入单价或者按照材料需求计划将应购数量乘以标准成本。为使预算对实际资金调度具有意义，材料采购预算应以实际付款的金额来编制，而不是以采购金额来编制的。材料采购预算涉及的基础资料多、范围广，核定有一定难度，属于预算编制的重点。

（3）人事费用预算。

人事费用是企业的经常性支出，包括付给员工的工资、奖金、津贴、福利费、退休金、保险费等。这些项目支出往往与多个部门有关，涉及管理费用、销售费用、制造费用、生产成本。一般思路是公司确定年度用人方针，各部门提出人力需求计划，利用 EVA 薪酬模型，进行人事费用预算的编制。

在得出人事费用总预算数后，再根据各部门权重进行分配。具体编制时主要包括以下3 种预算：第一，年度工资预算，包括办公室人员工资（按月度工资 ×12）和车间一线人员工资（按年产量 × 工资单价）；第二，招聘与人事管理费用，包括人才网络年度费用、人才市场预计招聘费用、社保费用、招聘的其他费用（体检、办理员工证、合同签订审核）、出差招聘的费用；第三，员工培训费用（年度培训预算），包括外请老师的讲课费用、内部老师的讲课补贴费用。

总地来说，基于 EVA 的业务预算，重点关注的就是业务发展方向的优化调整，将 EVA 分解为企业的总收入和总成本，并根据部门预算对企业的日常生产经营工作进行安排，提出预算期间的资源需求，确定各责任部门的 EVA，提高资本的使用效率；通过业务部门之间的协调，关注业务优化调整，达到资源优化配置的目的。

在 EVA 业务预算的编制过程中，需要注意价值驱动因素的分解，区分价值增值业务和非增值业务，尤其是在企业每年所面临的内外部环境都有变化、每年需要做的业务也有所区别的情况下。这时如果还是按照上一年的情况来编制预算，就有可能发生以下情况：没有考虑有助于增值的业务，非增值业务却由于没有得到控制而照常发生。对于不能提升价值的业务企业要坚决摒弃，要做到有的放矢，而不是盲目投入，这样才能保证不对企业的价值造成损害。编制全面预算时，企业要改变过去预算编制时简单的增量或减量的编制方法，尽可能地完善预算编制方法，灵活运用滚动预算、弹性预算和零基预算来编制目标

EVA。滚动预算的编制方法是企业比较好的选择，因为滚动预算可以从动态预算中把握企业的未来价值，保持了预算的完整性、持续性。

3. 以 EVA 为导向的资本预算的编制

资本预算是企业在预算期内进行投资活动和筹资活动的预算。

以 EVA 为导向的投资预算需计算出投资项目的时间、规模和收益，并进行分析和筛选，以是否给企业带来价值增值作为决策标准。从经济活动的角度来看，投资预算的编制主要包括对内投资的预算编制和对外投资的预算编制。对内投资也叫资本性支出，主要是针对企业的经营生产活动展开的，是企业为购置、扩建、改造、更新固定资产和用于无形资产投入及购建其他长期资产而发生的支出，对内投资一般对企业有一年以上持续影响。对外投资，主要是指将企业的资金或是资产投资于外部项目的投资。企业在对内或对外投资进行资本预算，确定是否对某个项目进行投资时，需要运用 EVA 实施可行性分析，即对某个项目的未来 EVA 进行预测和计算，再根据预测的结果进行判断。

（1）如果 EVA>0，则说明该项目是能够创造价值的，且 EVA 越大，创造的价值越多，那么企业能够对该项目进行投资。

（2）如果 EVA=0，则说明该项目所创造的利润仅仅等于在该项目投入资本的机会成本，那么企业是否应该投资还需管理层进行进一步的判断。如果可以通过改变投资方案或经营方案的方法来提高资源的使用效率，那么该项目尚有投资的潜力；相反，如果不能通过改变投资方案或经营方案的方法来提高资源的使用效率，那么企业就不应该对该项目进行投资。

（3）如果 EVA<0，则说明该项目不仅不能为企业创造价值还会损害企业价值，那么企业就应该果断摒弃该项目，不应该进行投资。

在编制对内投资预算时，企业应重点编制研发费用预算和工程预算。虽然研发费用在当年的投入对当年的 EVA 是没有影响的，但在以后期间需要进行摊销并计入 EVA。因此企业在编制 EVA 预算时需要在满足企业战略发展需要的前提下安排好研发投入时间以及金额。工程预算主要涉及在下一个年度有多少需要转资，虽然在建工程不作为资本占用进行考核，但是一旦某期转资过多，将对 EVA 产生很大的影响，所以企业应当在满足企业正常经营需要的基础上对工程进度有个统筹的安排。一般企业在编制资本预算前会由生产技术部门对年度支出计划进行统一规划安排，一方面需要结合 EVA 进行可行性分析，另一方面还要考虑资金的来源情况，在此基础上结合企业现有现金净流量情况，充分考虑资金成本，决定资金的筹措方式。在编制对外投资预算时，则主要依据企业的战略发展目标来安排投资的金额、时间、地点和对象等因素。

以 EVA 为导向的筹资预算则主要考虑资本占用成本。资本占用成本主要是支付给股东的投资股利、支付给银行的贷款利息、支付给债券持有人的债息等。资本占用成本具有经常性、定期性支付的特征，它与筹资金额大小、所筹资本使用期限长短成同向变动关系，可视为一项变动成本。资本占用成本是资本成本的主要构成内容，也是降低资本成本的主要努力方向。企业应当着重关注成本相对较高的权益性资本成本对 EVA 的影响，努力促使企业进行多渠道融资，优化财务结构和资本结构。

4. 以 EVA 为导向的财务预算的编制

由于财务预算综合反映各项业务对企业现金流量和经营成果的影响，所以财务预算实际上是业务预算和资本预算的综合体现。为了使各项经济内容的预算更加形象具体且有可比性，企业可以在业务预算和资本预算编制的过程中结合自身的实际情况引入 EVA 预算表。

5. EVA 预算表的编制

EVA 代表了企业本期所创造的净收益在弥补了所有的成本费用后的剩余，代表了企业主体在运用现有的人力、物力和财力的基础上所创造和增加的企业价值。EVA 预算表列示了如何将企业的会计账面利润经过一系列的调整转化为经济账面利润的过程，是经济意义上的企业利润表。EVA 预算表如表 15-1 所示。

表 15-1　EVA 预算表

项目	金额
营业利润 　加：财务费用 　当年计提的坏账准备 　当年计提的存货跌价准备 　当年计提的长短期投资、委托贷款减值准备 　投资收益 　期货损益 　减：EVA 税收调整 　税后净营业利润（NOPAT）债务资本	
加：股权资本	
债务资本 约当股权资本 减：现金和银行存款 在建工程（净值）运用资本 乘：加权平均资本成本率 资本使用成本	
经济增加值（EVA）	

相关说明如下。

① 营业利润取自利润表上的数额。

②EVA 税收调整 = 利润表上的所得税 + 税率 ×（财务费用 + 营业外支出 − 固定资产、无形资产、在建工程减值准备 − 营业外收入 − 补贴收入）。

③ 运用资本 = 债务资本 + 股权资本 + 约当股权资本。

其中：债务资本 = 短期借款 + 一年内到期长期借款 + 长期借款 + 应付债券；股权资本 = 股东权益合计 + 少数股东权益；约当股权资本 = 存货跌价准备 + 长短期投资、委托贷款减值准备 + 固定资产、无形资产减值准备 + 累计税后营业外支出 − 累计税后营业外收入 − 累计税后补贴收入 − 累计税后固定资产、无形资产、在建工程减值准备。

④ 现金和银行存款属于消极投资，在建工程净值上占用的资本不代表能用来产生经营利润的资本，故应从运用资本中减除。

对于集团企业，因考虑到集团内部各成员企业间业务的差异（分属不同的细分行业），EVA 测算也应在会计调整与资本成本测算方面体现出差异。为此，针对不同业务板块的成员企业，应设计不同的 EVA 测算与考核方案。这就给 EVA 测算模型与系统（软件）的设计提出了较高的要求，即模型与系统应提供不同方案设计、模拟试算、方案执行、多期关联运算等方面的功能。

6. EVA 预算的分解

当企业的 EVA 预算目标确定后，一般需要将该预算目标分解，预算目标的分解过程也是 EVA 预算编制过程的一部分。预算编制与企业目标管理的目标分解、责任分解不可分割，确定了目标执行或责任承担的部门，也就确定了预算编制的责任部门。预算约束条件分解为部门业务行为的约束条件，并与其产出的子目标或任务目标对应结合。为了更好地落实预算目标，需要全面认识企业内、外部各种要素对企业价值创造的影响，即需要全面了解企业价值的驱动要素。以下将从财务性价值驱动因素和非财务性价值驱动因素两个方面来进行分析。

首先，对影响企业 EVA 的财务因素进行分析。采用杜邦分析法，利用各主要财务指标间的内在联系，层层分解出企业最基本的生产要素，从而直观地反映和评价企业财务状况和经营成果的总体面貌。

$$税后净营业利润 = 税后经营净利率 × 销售收入$$

$$=（税后经营净利润 ÷ 净营运资产）×（净营运资产 ÷ 销售收入）× 销售收入$$

$$= 净资产净利率 × 净资产周转次数 × 销售收入$$

通过上述分解，将税后净经营利润最终分解成净资产净利率、净资产周转次数和销售收入。再对税后经营净利率进一步分解为收入和成本，成本可细化为销售费用、管理费用、人工费用等。也可以对净资产周转率进行分解，分解应收账款周转率、存货周转率、固定资产周转率、现金周转率等指标，这些指标就是财务性驱动因素。EVA 分解过程如图 15-1 所示。

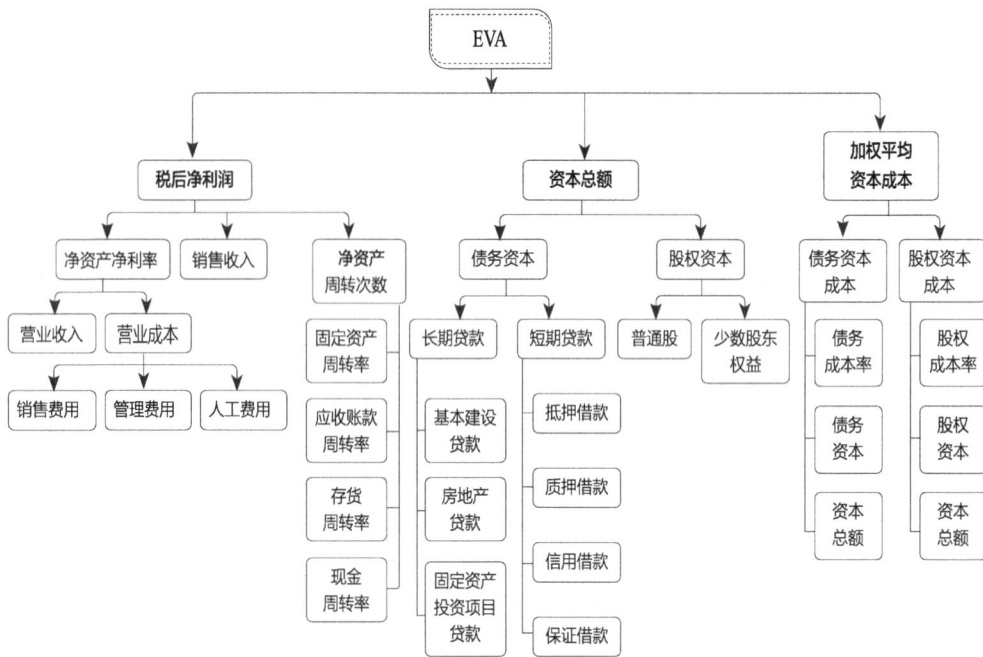

图 15-1　EVA 分解过程

从图 15-1 可见，财务指标反映的是价值创造的结果，是滞后性的指标，往往难以代表真正创造财富的核心能力和管理层绩效，因此企业更需要注重非财务性指标的价值驱动作用。尽管非财务性指标能提供创造未来价值的动因，但指标的计量及独立第三方审计通常较困难，好在瑞简（M. R. Rajah）、拉克尔（D. F. Larcker）和因特尔（C. D. Inter）3 位教授的研究为 EVA 的非财务性价值驱动因素提供了可量化的 4 个衡量标准：雇员和销售额的比率、研发费用和销售额的比率、新产品的引进、市场价值和账面价值的比率。在设计企业非财务性业绩衡量标准的模型时，实施平衡业绩衡量系统中，企业应根据自身经营战略、行业特性以及联系财务绩效与股东价值来选择最适合的非财务性指标。高层管理者需详细描绘公司的战略地图，识别出能考核经营业绩、衡量战略目标实现程度的关键性指标。

（二）EVA 预算的执行

预算执行是全面预算管理的关键，预算能否有效执行决定了预算目标能否达成。如果预算执行不力，即使预算编得再好，整个管理系统也是无效的。

1. 预算执行的内容

预算执行的主要内容包括以下 4 个方面。

（1）对于涉及资金支付的预算内事项、超预算事项和预算外事项，企业应当建立规范的授权批准制度和程序，避免出现越权审批、违规审批、重复审批等现象。

（2）建立预算执行实时监控制度，密切跟踪、检查重大的关键性预算指标，分析预算执行的差异，根据可控性原则动态调整行动方案、纠正预算执行中的偏差，极力引导 EVA 有利差，尽量避免 EVA 不利差。

（3）借助现代电子信息技术手段监控预算执行。结合 ERP 系统建立预算执行情况预警机制，积极推进预算管理信息化。

（4）建立健全预算执行情况内部反馈机制和报告制度，发挥 EVA 预算差异分析报告的反馈与指导作用，促进企业全面预算目标的实现。

2. 预算执行的作用

预算执行最重要的两个作用就是对预算进行综合控制和调整。

（1）预算控制。

基于 EVA 的预算控制主要围绕 EVA 这个核心指标进行，要想达到或超过这个指标就需要增加收益或减少成本，具体体现为以下 3 点。

① 成本费用的控制。成本费用包括生产成本和费用。生产成本包括直接材料、直接人工和制造费用。对直接材料的控制可以对照企业实际产量对原材料的需求，严格规范材料的采购制度和领用制度，以减少浪费。同时建立健全库存管理系统，制定适合企业的库存管理模型，在不影响企业正常生产经营的前提下减少库存成本。对直接人工的控制体现在对单位产品人工工时的控制，即提高车间工作人员的工作效率，减少单位产品耗费工时。对制造费用的控制主要针对的是其中变动的部分，企业要提高生产率、减少浪费。费用是指期间费用，主要包括管理费用和销售费用（财务费用作为资本成本的组成部分不在此核算）。对费用的控制同样是针对其中变动的部分，提高管理人员和销售人员的工作效率，增加单位时间内的价值创造量。

② 风险的控制。风险的控制主要分为企业内部的风险控制和对外投资的风险控制。企业的内部风险主要是指存货的减值风险以及应收账款的坏账风险等。针对存货的减值风险，可以通过利用 ERP 系统进行供应链管理的方式来化解，即根据外部环境的变化及时做好市场的销售预测，减少库存成本，降低库存风险；针对应收账款的坏账风险，可以通过完善客户信用档案和坏账准备计提方案的方式来化解。对外投资的风险控制主要体现在投资前进行 EVA 可行性分析，慎重投资，同时在投资过程中还要持续、密切关注投资环境的变

化，将投资风险控制在最低。

③ 资金的控制。资金的控制主要是指对现金流的控制，包括现金流的平衡、协调和可持续。关注对资金的控制是由 EVA 预算的特性决定的。EVA 预算区别于传统预算最根本的特征就是考虑了资本成本，因此企业要根据自身情况确定一个最佳现金持有量，平衡各部门之间的现金分配，减少资金占用导致的浪费，提高资金的使用效率。

（2）预算调整。

预算执行具有刚性特征，刚性约束是保障预算管理达到预期效果的必要条件。然而，瞬息万变的企业外部环境以及内部环境，如宏观经济政策的变化、市场的波动、企业内部组织战略的调整等，又会导致在预算执行过程中出现一些无法预测的问题和情况，这就要求企业预算保持一定的弹性。尤其是对于那些没有预算或超出预算但又必须发生的经济业务，企业应当在坚持预算刚性管理的基础上及时进行预算调整，以保证正常的生产经营和 EVA 预算目标的实现。当然，预算调整绝不是盲目、随意的调整，而应当有章可循，应根据企业自身发展的不同阶段来实施。

预算调整应当遵循以下原则。

① 不能偏离企业发展战略和年度预算目标。

② 调整方案应当能够在经济上实现最优化。

③ 调整重点应当放在预算执行中出现的重要的、非正常的、不符合常规的关键性差异方面。

针对预算内的调整，企业可以按照内部授权批准制度，在不影响预算目标的前提下，采取及时、有效的经营管理对策，对业务预算和资本预算进行调整，保证预算目标的实现。针对预算外的调整，由预算执行单位逐级向企业预算委员会提出书面报告，阐述预算执行的具体情况、客观因素变化情况及其对预算执行造成的影响程度，提出预算的调整幅度。财务管理部门对预算执行单位的预算调整报告进行审核分析，集中编制企业年度预算调整方案，提交预算委员会、企业董事会或经理办公室审议批准，然后由预算管理委员会等下达预算调整方案并由预算执行单位执行。预算调整流程如图 15-2 所示。

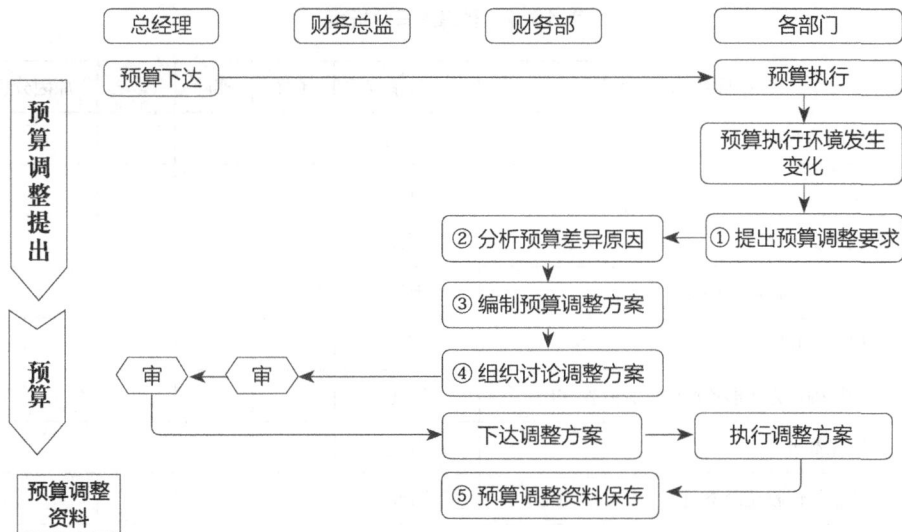

图 15-2　预算调整流程

关键步骤说明如下。

① 各部门根据变化的预算执行环境的要求，提出预算调整要求。

② 财务部根据相关部门提出的预算调整要求，结合企业年度经营目标的要求，分析导致预算出现异常的原因。

③ 财务部根据年度预算执行情况和企业发展要求，在分析部门预算调整意见的基础上编制预算调整方案。

④ 财务部召开由相关部门参加的预算调整会议，组织讨论调整方案。

⑤ 财务部根据企业财务文件管理办法，对在财务预算调整过程中形成的文件进行整理、分类保存，以备参考。

（三）预算差异分析

预算差异分析是指将预算执行结果即实际业绩和预算目标进行比较，分析差异产生的原因并据此采取纠正措施的过程。预算差异分析是一种对历史资料的事后分析，是对年度全面预算管理结果的总结和反馈，对于编制和执行下一年度预算具有十分重要的指导意义，只有及时且经常性地进行预算差异分析才能发挥其对生产经营业务的指导作用。

在进行预算差异分析时，引入 EVA 预算差异分析表可以使分析结果更加直观、形象。EVA 预算差异分析表可以参照 EVA 预算表的模板进行设计，不同的是 EVA 预算差异分析表在表格中加上了预算执行的具体情况。预算差异分析表的具体格式和内容如表 15-2 所示。

表 15-2 预算差异分析表

指标名称	计量单位	预算	实际	差异	原因分析
一、税后净营业利润	万元				
其中：净利润	万元				
利息支出	万元				
研究开发费用调整项	万元				
其中：研究与开发费用	万元				
当期确认为无形资产的研究开发支出	万元				
勘探费用	万元				
非经常性收益调整项	万元				
所得税税率	%				
二、资本成本	万元				
其中：调整后资本	万元				
平均所有者权益	万元				
平均负债	万元				
平均无息流动负债	万元				
平均在建工程	万元				
平均资本成本率（5.5%、4.1% 或上浮 0.5 个百分点）	%				
三、经济增加值	万元				
四、经济增加值的变动值	万元				

以预算差异表为切入点进行预算差异分析，可以非常直观地看出每个项目的预算执行情况，同时还可以直观地找出完成度较低的项目，以帮助企业进行进一步的深入分析。

通常将预算差异产生的原因大致分为外部因素和内部员工工作效率两大类。

（1）外部因素导致的预算差异。如果外部因素的变动呈长期趋势，通常会影响企业的经营战略，因此企业应当将该因素纳入下一期预算编制时考虑的因素，适当调整下期的预算目标；反之，则不应影响下一期预算目标的确定。

（2）内部员工工作效率导致的预算差异。员工的工作效率是可以通过人为控制进行调节的。针对内部员工自身工作效率达不到企业预期而造成的预算差异，企业应当分清楚责任归属，客观评价员工的工作业绩，建立完善、健全的奖惩激励制度，将各预算执行主体的实际业绩与其切身利益相结合，并根据差异产生的原因确定下期预算改进的措施，寻求新的增长点。

具体的做法是：将 EVA 指标融入预算差异分析，从运营的角度将价值驱动因素进行分解、分析。例如，将税后净营业利润分解为销售毛利率、其他业务收入、投资收益等指标；将资本周转率分解为固定资产周转率、净营业资产周转率等指标，找出影响企业价值变动、脱离预算目标的主要原因。在此基础上，企业对分析得出的关键价值驱动因素进行控制，设计价值提升策略。例如，企业可通过减少库存、降低应收账款周转天数、扩大高盈利产品的生产规模、改变销售策略等手段以提高资产收益率；通过处置不良资产、业务外包、缩减生产线等手段以减少资本占用，降低资本成本；通过投资回报率高于资本成本率的项目来提高企业资产的价值创造能力等，从而实现企业价值的长期健康增长，从而达到预算目标及战略规划的要求。在预算执行过程中产生了问题需要追究相关责任单位的，需要找出问题产生的根本原因，避免在以后年度预算执行中再次出现相同的问题。预算目标不符合实际情况而导致预算执行偏离实际的，根据实际情况调整下一年度的预算，并且吸取教训，为下一年度编制合理、有效的预算提供借鉴。

（四）预算考核体系

建立健全员工业绩考核体系是完善企业经营业绩考核制度的重要举措。俗话说："考核与奖惩是预算管理的生命线。"只有通过科学合理的考核以及赏罚分明的奖惩才能保障预算管理落到实处，提高企业生产效率，因此企业必须抓紧构建和完善员工业绩考核体系。以 EVA 为核心的预算考核体系是以价值创造为考核标准的，具体的考核流程分为以下几个步骤。

首先，确定预算考核主体。预算考核主体一般分为企业内部各级预算责任中心和相关个人。对各级预算责任中心的考核可分为直接奖惩和按比例奖惩两种方式。直接奖惩是明确一个奖金总额，责任中心完成就奖励，完不成就扣罚相应数额的一种方式。按比例奖惩是根据责任中心预算目标的分值和相应权重，确定一个比例，对完成或超额完成预算的奖励一定比例，对完不成预算的处罚相应比例的一种方式。对相关个人的考核可分为客观考核方法和主观考核方法两类。客观考核方法是对可以直接量化的指标体系进行的考核，如对生产指标和个人工作指标进行的考核等。主观考核方法是考核者根据一定的标准设计的考核指标体系对被考核者进行的主观评价，如进行工作行为和工作结果的评价等。

其次，根据预算指标的分解情况，确定评价主体所对应的预算指标项目。值得注意的是，在这一过程中，需要遵循定量与定性相结合、可控性、可行性和明晰性的原则。就拿定量与定性相结合这一原则来说，对预算的考评可以有物质上的奖励，也可以有精神上的奖励。物质奖励如工资、奖金等，精神奖励如评优、表彰、职务、职称等，此外，企业还可以适当提供福利奖励如旅游、休假等。

最后，将预算目标和实际执行结果进行比较，找出评价主体的 EVA 业绩和预算目标之间的差异，将考核结果与各执行单位和员工的薪酬、岗位等挂钩，按照规定客观、公正地实施预算奖惩，确保奖惩措施公平合理并得以及时落实。当实现的 EVA 业绩正好达到预算目标时，企业应当按事先规定好的奖金数额对评价主体进行奖励。若实现的 EVA 业绩超过预算目标或没有达到预算目标时，企业应当按照一定的比例对评价主体的奖金进行相应的增加或实施一定的惩罚。为了企业的长期可持续发展，同时也为了降低人才流失速度，企业可以采用延期支付奖金的方式，为员工设置"奖金账户"，将每年应获得或应扣减的奖金存入该奖金账户，在每年的年末根据该账户余额支付员工奖金。这么做不仅可以避免管理者的短期投机行为，而且可以通过增加跳槽成本来避免人才的流失，同时也不会导致因为某年的经营失误而使奖金骤减的情况出现，这有利于激发员工的工作热情，提高企业的生产经营效率。

由于预算的最初编制和最终考核使用的是同一指标，所以以 EVA 为核心的考核体系能使预算的过程管理和结果管理有机结合，实现预算管理和业绩评价的融合，加强和完善企业的内部控制。并且这种基于 EVA 的预算考核体系还统一了企业所有者和企业管理者之间的利益，避免了上、下级之间的诸多博弈，同时也避免了横向部门之间为争夺资源而进行的博弈，降低了博弈成本，对于企业提高管理效率和生产效率都起到了非常重要的作用。

15.3　EVA 预算管理模式的特殊问题

15.3.1　EVA 预算管理模式的缺陷

尽管 EVA 预算管理模式有很多优点，但在我国的应用中仍存在着一定的局限性，主要表现在以下几个方面。

（一）EVA 核算准则不统一，缺乏一致的管理解决方案

对于 EVA 的具体计算，一般需要参考发达国家的算法，但是不同企业有不同的核算模式和衡量标准，企业需要根据自身的战略目标结合实际经营状况加以调整，往往需要在管理运用中引入投入产出比加以分析。虽然 EVA 本身就是以资产负债表和利润表为计算基

础，经过调整后得出的会计调整值，但是调整的结果也不一定能达到精确的状态，其直接导致的问题就是不同行业以及不同规模的部门和企业之间缺少统一的衡量标准，企业之间无法进行相互博弈，这进一步导致了 EVA 的效用受到限制。

（二）EVA 思想容易受到一些企业的排斥

对于以 EVA 为考核标准的企业来说，只有 EVA 为正企业才能实现价值增值。然而就我国企业目前的运用状况来看，大多数企业核算后的 EVA 往往是负的，这对投资者来说是一个很不利的信号，他们大多会选择限制投资的方式来保护自己的利益不受侵害，这样一来，企业在进行业绩核算时更不会采取不利于企业未来发展的行为，这就是 EVA 管理模式未能在我国企业得到普遍运用的重要原因之一。

（三）将 EVA 作为单一指标与预算管理相结合本身就存在缺陷

基于 EVA 的全面预算管理体现的是 EVA 这一指标对全面预算管理的改进作用，如整合企业资源、改善"委托 – 代理"关系等着眼于企业未来发展的战略。将 EVA 作为全面预算管理的最终目标，是为了更好地体现企业的价值增值。但是，EVA 只是预算考核指标中的其中一项指标，除此之外还有销售利润率、市盈率等多种财务指标以及其他一些非财务指标。企业在实际操作时，必然要将 EVA 与其他相关指标相结合再进行财务管理的决策。而本书将 EVA 这一单一指标作为全面预算管理的核算标准及目标值，是为了更好地阐述 EVA 对全面预算管理的改进机理，以便清晰明确地展示 EVA 的价值增值作用。在以后的研究中，笔者会考虑将 EVA 与其他指标相结合进行更深层次的研究，以应用于企业的战略管理实践中。

15.3.2 基于 EVA 预算管理模式需要注意的问题

（一）注意业务预算和资本预算的协同

传统的预算管理模式下业务预算和资本预算往往相互分离，主要发挥的是费用控制功能，预算在调整组织结构、优化业务流程、促进价值增加等方面的功能还未得到彰显。生产经营和资本经营相分离导致企业在管理过程中无法做到价值协同。例如，企业的采购预算如果采用赊购方式，那么形成的应付账款属于无息流动负债，不影响资本成本，但如果采用现金购买方式，则会占用企业的资本，增加资本成本；销售预算亦然，如果企业采用赊销方式，也会导致资本占用增加从而增加资本成本；研发预算是受鼓励的，它的费用支出可以等同于利润创造；工程预算则取决于项目是否竣工转资，如果不转资，则可以暂时不计算资本成本。对于这些对 EVA 的驱动因素，企业在进行业务预算和资本预算时就应该予以充分考虑。

因此在利用 EVA 预算管理模式时应当充分发挥业务预算和资本预算的协同效应，充分重视预算的增值性，在业务预算中不以压缩日常维护性支出为手段来实现成本控制，在资本预算中不仅要考察是否完成项目建设工程、资金是否挪用，还要对投资回报进行持续跟踪和考察、激励。企业高级管理人员应该清楚认识到：今天的投资就是明天的成本，明天的成本控制不力，同样影响后天的投资，无论是投资还是经营，都应该以 EVA 为导向，不但要注重当期的 EVA，而且要考虑如何使整个寿命期内的整体 EVA 达到最大。只有充分发挥业务预算和资本预算的协同效应，企业才能避免诸多短期行为，实现企业价值最大化。

（二）加强预算分析的合理性和科学性

采取基于 EVA 的预算管理模式进行预算分析时都有固定的模板，一般重点分析执行结果与预算目标之间的差异，很少对预算本身的合理性及科学性进行分析，缺少进一步的优化预算。这种预算分析不到位，易导致预算调整准确性不高或调整过于随意等问题出现，使预算的严肃性和科学性受到破坏，价值潜力难以挖掘；或者过于强调预算的刚性，严禁出现"突破预算"的现象，这降低了企业对环境变化的应变速度，易导致企业丧失一些潜在机会。因此对企业而言，首先应对自身的未来产业布局和核心竞争能力进行战略分析，在此基础上确定 EVA 会计调整的方案，并以此作为考核依据。若企业在决定预算方案之前能多考虑预算的可行性和相适程度，做到预算分析的合理性和科学性，就能有效地降低成本，提高预算调整的准确性。由于预算分解已经按照价值驱动因素完成，在执行过程中就应该抓住影响价值创造的主要差异，对预算项目的敏感性有十足的把握。只有充分分析原因，提出改进方案，才能做到持续地创造价值，从而不会偏离企业的战略目标。

（三）避免预算编制过程中的诸多博弈

由于信息的不对称，预算在编制和执行中往往存在多种博弈现象，如部门博弈、上下博弈等。预算博弈存在的一个重要原因，是仅将预算管理作为成本控制的技术手段，而将企业战略、组织结构、职能划分等多方面的因素视为既定的外生变量。这一点和前文提到的企业需发挥业务预算和资本预算的协同效应有异曲同工之妙。要避免预算编制过程中的诸多博弈，最根本且亟待改革的一点就是改变企业对 EVA 的固有思想。把 EVA 仅仅理解为一个财务指标是错误的，也是极其危险的。通过 EVA 预算的编制和执行，发现问题，不断优化成本、收入、组织结构、管理体制、流程乃至企业战略，才是价值管理的核心内容。企业具体应该对 EVA 的几个主要调整项目，如财务费用、研发支出预算、在建工程控制、各种资产减值准备控制、广告费用等项目进行管理，资源类企业还重点涉及勘探费用、弃置费用、战略性投资、产量指标的权衡等项目。

（四）注重考核的全面性和激励

传统的预算考核体系科学性和系统性不强，具体表现为：重视财务指标的考核，忽略非财务指标的考核；重视对预算执行状况的追踪和考核，忽略对预算编制的科学性和相适性的考核；考核流于形式，奖惩制度不完善，无法有效调动员工的主观能动性。这些弊端导致预算考核无法起到应有的作用，对企业实现预算目标的帮助也大打折扣。

为了避免出现以上问题影响企业预算目标的实现，企业在实施以 EVA 为基础的预算管理模式时，要把握好 EVA 预算中的关键环节，即 EVA 激励机制。"有考核无激励"的预算考核体系没有任何意义。只有通过激励机制对预算考核对象按预算执行结果进行一定的奖惩才能调动员工的工作积极性和创造性，促使他们为企业创造更多价值。可供考虑的做法是：实行弹性预算，构建生产经营指标和财务绩效指标的考核体系，在月度预算执行的基础上按一定权重对相关责任部门进行考核，促使他们注重各项指标之间的平衡，树立为 EVA 努力的意识。不能忽略的还有一点，就是企业应当注重物质奖励和精神奖励并行，给予员工应有的尊重，提升他们的自我认可度和内心对企业的归属感，只有员工的自我价值得以实现，他们才能真正做到与企业的利益共存亡。

（五）加强对预算的监控

传统预算监控侧重预算差异分析和追踪。本书认为在以 EVA 为核心的预算管理模式下，监控的重点应在不利差异的预警分析上，企业应当设立警戒线，若预算执行严重超出警戒线即发出警告，并对超出严重者采取有关应急措施。为加强预算的执行力，必须对下达的各项成本费用事项进行严格的控制、检查，确保预算事项得到有效执行。一切调整事项，必须经预算管理最高权力机构批准，并有相应的资金来源支持，否则不予执行和考核认可。在以 EVA 为核心的预算管理体制运行之初，加强预算控制的力度，适当提高预算分析的频率，可以改善预算管理变革的效果。

在我国，EVA 预算管理模式想要得以盛行还面临着诸多障碍：我国市场还不成熟，法律法规不健全，制约着 EVA 预算考评体系的发挥；传统的会计利润指标具有很高的信息价值，EVA 指标不能完全取代会计利润指标等。但这并不影响 EVA 预算管理模式在我国的应用与推广。随着经济的发展，经过理论探讨和实践摸索，EVA 预算管理模式将会不断地走向完善和成熟。

第 16 章
EVA 与企业投资管理

16.1　项目投资概述

项目投资是一种以特定项目为对象，直接与新建项目或更新改造项目有关的长期投资行为。与其他形式的投资相比，项目投资具有投资内容独特（每个项目都至少涉及一项固定资产投资）、投资金额大、影响时间长（一年或一个营业周期以上）、发生频率低、变现能力差和投资风险大的特点。一个回报大于投入的项目是不是一定是有价值的项目，这是众多企业的管理层经常困惑的问题。

长期投资决策的主要目的是评估长期投资项目的生存能力和盈利能力，以便判断该项目是否值得投资。当企业采用不同的评价标准对项目进行评估时，有可能得到相互矛盾的结论，此时该如何应对？这将是本章要介绍的内容。

按照决策内容划分，企业的决策可以分为投资决策、筹资决策和日常经营决策。而对于创造价值而言，投资决策是 3 项决策中最重要的决策。投资是筹资的目的，决定了筹资的规模和时间；投资决定了日常经营活动的特点和方式，因为投资决定了购置资产的类别，而不同的生产经营活动需要不同的资产。

16.1.1　投资项目的主要类型

投资项目的主要类型包括以下 4 种。

（一）扩张性项目

扩张性项目是指为扩大经营业务范围而购置新的机器设备，从而扩大企业生产经营规模的项目。该类项目预期会带来经营现金流的增加。

（二）重置性项目

重置性项目是指替换现有的机器设备或者厂房，即在不改变企业整体规模的前提下进行正常的设备替换的项目。该类项目预期不会带来新增经营现金流的流入。

（三）强制性项目

强制性项目是指法律要求的项目，包括确保工作现场安全、消费安全和保护环境而实施的项目。该类项目多数属于企业履行社会责任的范畴，预期会导致经营现金流的减少。

（四）其他项目

其他项目包括新产品研发投资、专利权投资、土地投资等。这些项目经常不直接产生现实的经营现金流入，而使企业得到一项选择权，其获利能力往往具有一定的不确定性。例如，新产品的研究与开发项目，通常不直接产生现实的收入，而是使企业得到一项是否投产新产品的选择权。

16.1.2　投资决策程序

投资决策要考虑的问题很多，主要包括确定投资方向、把握投资时机、控制投资规模、确保投资收益以及衡量和降低投资风险。投资决策程序中最主要以及最核心的内容是判断实施该项投资是否会给企业带来增值。为了减少企业投资活动的风险性和盲目性，也为了让外部资金的提供者对其所要投资项目的偿还能力和盈利前景有充分的了解，企业应在投资决策中使用重要的辅助决策工具——项目财务评价。

项目财务评价程序包括：① 提出各种投资项目的方向与内容。② 对投资项目进行市场调查、分析，主要是对项目在未来市场中的销售前景、现金流量、利润的分析预测。③ 对投资项目进行财务评价，将项目的评估指标与可接受标准进行比较。其中，项目财务评价的主要指标有动态和静态之分。动态指标主要有内部收益率、净现值和净观值率；静态指标主要有静态投资回收期和会计收益率。④ 对项目进行非财务评价，主要分析影响决策的非计量因素和非经济因素。⑤ 对已接受财务评价的项目进行优化和再评估。

16.1.3　投资决策使用的主要概念

（一）相关成本

相关成本是指与特定决策有关的、在分析评估时必须加以考虑的各种形式的成本。

为了识别一项成本的相关性，需要使用一些专门的成本概念。

（1）可避免成本与不可避免成本。可避免成本是指企业可以通过决策行动改变其数额的成本，或是成本发生与否直接同某项备选方案是否实施相关联的成本。不可避免成本是指采取某项决策行动不能改变成本数额的成本，也就是同某一种特定决策方案没有直接联系的成本；成本发生与否，并不取决于有关方案的取舍。因此，可避免成本是相关成本，不可避免成本是不相关成本。

（2）未来成本和沉没成本。未来成本是指尚未发生的成本，是在特定条件下可以合理地预测在未来某个时期或未来某几个时期将会发生的成本。由于决策是面向未来的，与之相关的成本也只能是未来将要发生的成本，因此未来成本是相关成本。沉没成本是指由于过去的决策产生的，而不能由现在或将来的任何决策改变的成本。沉没成本是不相关成本。

（3）机会成本。机会成本是一种资源（如资金或劳力等），是指当投资本项目而放弃其他投资项目的机会时，其他投资项目可能取得的收益。机会成本是一项重要的相关成本。

（4）差量成本。差量成本是指两个备选方案的预期成本之间的差异数，是用来确定不同备选方案的经济效益大小的因素。差量成本属于相关成本。

（二）增量现金流量

所谓增量现金流量，是指接受或拒绝某个投资项目时，企业总现金流量因此发生的变动。只有增量现金流量才是与项目相关的现金流量。与项目相关的现金流量分为初始期现金流量、经营期现金净流量和处置期现金流量。初始期现金流量主要包括购置新资产的支出、额外的资本性支出（运输、安装、调试等支出）、净营运资本的增加（或减少）、旧资产出售的净收入（重置项目），以及其纳税影响等；经营期现金净流量＝销售收入－付现成本－所得税＝税后经营净利润＋折旧；处置期现金流量包括处置或出售资产的残值变现价值、与资产处置相关的纳税影响和营运资本的变动。

16.1.4　投资决策的非财务因素

项目投资经常是战略性的，所以非财务因素和不可计量因素的重要性往往胜过财务因素的重要性。非财务因素和不可计量因素主要包括：① 投资决策使用的信息是否充分和可靠；② 企业是否有足够的人力、物力及时间资源来实施并完成该项目；③ 项目对于现有的员工、顾客、供应商及现有的产品有什么影响；④ 企业是否能够及时、足额筹集到项目所需资金；⑤ 项目是否符合企业的发展战略，项目对于提升长期竞争力有何影响，竞争对手可能会有什么反应；⑥ 项目的实施是否符合有关法律的规定和政策的要求等。

16.2　项目评价的传统方法

当前，投资项目决策过程中的经济评价包括前期评价和后期评价。投资项目前期评价的方法和指标非常成熟，主要采取现金流量折现法，常用的评价指标包括净现值（NPV）和内部收益率（IRR）。此外，常用的指标还有回收期、会计收益率等。这些前期评价指标是中华人民共和国国家发展和改革委员会明确指定的，也是国际通行指标。项目后期评价的方法和指标与前期评价的方法和指标是一致的，评价指标包括净现值、内部收益率、回收期、会计收益率等。

16.2.1　净现值法

净现值是指特定项目未来现金流入的现值与未来现金流出的现值之间的差额，它是评价项目是否可行的重要指标。按照这种方法，所有未来现金流入和流出都要用资本成本折算为现值，然后用流入的现值减流出的现值得出净现值；或者直接将未来各期的净现金流量折现，再减去期初的现金流出。

计算净现值的公式如下。

$$净现值(NPV) = \sum_{k=0}^{n} \frac{I_k}{(1+i)^k} - \sum_{k=0}^{n} \frac{O_k}{(1+i)^k} = \sum_{k=1}^{n} \frac{I_k - O_k}{(1+i)^k} - NI$$

上式中：

n——项目期限；

I_k——第 k 年的现金流入量；

Q_k——第 k 年的现金流出量；

i——资本成本；

NI——初始投资额。

净现值法的规则是：在只有一个备选项目的采纳与否的决策中，净现值为正时采纳，净现值为负时拒绝；在有多个备选项目的互斥决策中，应选择净现值是正值且最大的投资项目。

净现值法的优点是：① 运用了时间价值原理，考虑了货币时间价值。② 考虑了风险因素。投资收入贴现率运用市场资金成本率，它随着风险大小而相应调整，风险越大，资金成本率越高，各期的回收额就会越大。③ 计算中采用的折现率实在、合理，因为资本成本是企业投资利润率的下限。

净现值法的缺点是：① 没有考虑通货膨胀因素。② 计算中采用的折现率的确定比较困难，在经济不稳定、市场利率经常变化时更是如此。折现率通常指行业基准收益率，每个行业都有其相对稳定的基准收益率。但是，由于客观条件的限制，我们往往得不到较准确的基准收益率，因此折现率的确定便带有比较强的主观性。在常规的净现值计算中，虽然没有明确地给出关于再投资收益率的假设，但实际上隐含了再投资收益率等于基准收益率的信息。如果投资项目在以后各年收回的净现金流量恰好是按这个基准收益率进行再投资的，那么净现值法就是一个理想的评价方法，而实际上资本市场是不断变化的，再投资收益率也是变化的。③净现值只能说明项目盈亏总额，不能提供单位投资效益情况，无法评价不同投资额的若干项目。于是，人们开始计算盈利指数，又称现值指数。可是，盈利指数虽然能说明单位投资效益状况，却又无法说明该投资项目盈亏总额是多少。所以，净现值和盈利指数应结合使用，互相补充。不过，净现值和盈利指数都只能通过说明各项目收益相对于评价标准（市场资金成本率）高于、等于或低于的情况，以判断此项投资是否可行。它们不能说明投资方案本身的投资收益率到底是多少。因此，作为对具体投资项目方案的评价，还需进一步测算投资项目本身实际的投资收益率，即内部收益率。

16.2.2　内部收益率法

内部收益率是指使投资项目的净现值为 0 时的贴现率（资本成本），也就是使投资项目在其经济寿命期内各年现金净流量的现值之和恰好等于其初始投资额时的资本成本。

$$净现值(NPV) = \sum_{k=0}^{n} \frac{I_k}{(1+内部收益率)^k} - \sum_{k=0}^{n} \frac{O_k}{(1+内部收益率)^k} = 0$$

上式中：

n——计算的期数；

k——计算期内的某一单位时期；

I——流入的现金金额；

O——流出的现金金额。

内部收益率法的规则是：在只有一个备选项目的采纳与否的决策中，采纳内部收益率大于预定资本成本的项目，拒绝内部收益率小于预定资本成本的项目；在有多个备选项目的互斥决策中，应选择内部收益率大于预定资本成本且内部收益率最大的投资项目。同时，当使用内部收益率法与净现值法得出的结果不同时，按照净现值法的结果来进行选择。

内部收益率法与净现值法的区别在于：内部收益率法是将投资项目的各年净现金流量按该投资项目本身的内部收益率来计算其增值的方法。净现值法是将投资项目的各年净现金流量按投资者要求的预定收益率作为再投资报酬率来计算其增值的方法。前者是先将收入与投资相比，确定了投资报酬率，然后将其与市场成本率进行比较，看其大于市场成本率多少。而后者则是先在投资收入中扣除利息（市场资本成本），再与投资额进行比较，看其盈利能力有多大。另外，前者为相对数，后者为绝对数。两种方法各有侧重，应结合使用。

内部收益率法的优点是：考虑了时间价值，并且在计算时不需事先给定基准折现率；计算后，可以得出项目本身的投资报酬率。

内部收益率法的缺点是：① 内部收益率法包含一种假设——投资项目各年（各期）净现金流量（投资净收益）均按内部收益率再投资，即在项目寿命周期中各期的现金流量必须按内部收益率的水平进行再投资，各期净现金流量全部用于投资，没有现金流量的流出，这些要求在投资实践中是很难达到的；② 内部收益率法不能说明企业投资项目的收益总额。一般地，投资规模大的项目，利润率偏低，若只用内部收益率评价投资项目，可能会更多地重视那些投资小、利润率较高的项目，而不愿意进行较大规模的投资，但大规模的投资项目对企业利润总额的贡献和长远发展是十分重要的；③ 如果项目的期限超过一年，则求解内部收益率的方程就是多次方程，方程正解的个数可能为 0 或者大于 0 的任意整数，也就是说项目可能没有内部收益率，或者内部收益率不止一个。

16.2.3　回收期法

回收期是指投资引起的现金流入累积到与投资额相等所需要的时间。它代表收回投资所需要的年限。回收年限越短，对项目越有利。

在原始投资一次支出，每年现金净流入量相等时，回收期的计算公式如下。

$$回收期 = \frac{原始投资额}{每年现金净流入量}$$

如果现金流入量每年不等，或原始投资是分几年投入的，则可使下式成立的 n 为回收期。

$$\sum_{k=0}^{n} I_k = \sum_{k=0}^{n} O_k$$

上式中：

I_k——第 k 期流入的现金金额；

O_k——第 k 期流出的现金金额。

通常来说，当投资项目的回收期短于投资者的期望回收期时，该项目具有财务可行性，可以选择，否则就可能被放弃。例如，当投资者的期望回收期为 2 年时，投资回收期小于或等于 2 年的所有项目都可行，而那些回收期在 2 年以上的项目就不可行。

回收期法的优点是：计算简便、容易被决策人正确理解、可以大体上衡量项目的流动性和风险。

回收期法的缺点是：① 忽视了货币时间价值，把不同时间的货币收支看成是等效的；② 没有考虑回收期以后的现金流，也就是没有衡量营利性；③ 易导致公司接受短期项目，放弃有战略意义的长期项目。

一般来说，回收期越短的项目风险越低，因为时间越长越难以预计，风险越大。短期项目给企业提供了较大的灵活性，快速收回的资金可用于别的项目。因此，利用回收期法可以粗略地快速衡量项目的流动性和风险。事实上有战略意义的长期投资往往早期收益较低，而中、后期收益较高。回收期法优先考虑急功近利的项目，可能导致公司放弃长期成功的项目。

回收期法虽然存在一些不足，但是该方法的决策过程简便，因此，在处理规模相对比较小的投资决策，例如建一个小仓库、修理卡车等时，通常使用回收期法。因此，它常常受到中、小企业的青睐。

为了克服回收期法不考虑货币时间价值的缺点，有学者提出了折现回收期法。折现回收期法是指在考虑资金时间价值的情况下以项目现金流量流入抵偿全部投资所需要的时间。使下式成立的 n 为回收期。

$$\sum_{t=0}^{n} \frac{(I_k - O_k)}{(1+i)^t} = 0$$

上式中：

I_k——第 k 期的流入现金金额；

O_k——第 k 期的流出现金金额；

i——当期的折现利率。

折现回收期法虽然考虑了货币时间价值，但是仍然忽略了项目后期的效益。因此，当公司遇到大型投资项目时，回收期法与折现回收期法往往无法发挥作用，净现值法就会取而代之。

16.2.4 会计收益率法

会计收益率法计算简便，应用范围很广。它使用会计报表上的数据和会计收益与成本理论来计算项目的投资回报率。其计算公式如下。

$$会计收益率 = \frac{年平均净收益}{原始投资额} \times 100\%$$

会计收益率法的优点是：① 它是一种衡量营利性的简单方法，使用的概念易于理解；② 使用会计报告的数据，数据容易取得；③ 考虑了整个项目寿命期的全部利润；④ 该方法揭示了采纳一个项目后会计报表的变化情况，使经理人员知道业绩的预期值，也便于项目的后期评价。

会计收益率法的缺点是：① 使用账面收益而非现金流量，忽视了折旧对现金流量的影响；② 忽视了净收益的时间分布对项目经济价值的影响。

16.3 投资项目 EVA 评价法

企业在进行投资决策时，一般比较重视投资项目的可行性评估，但是在方法论上却存在以下缺陷：其一，评估普遍使用净现值作为项目投资决策的工具，缺乏对项目风险的量化分析；其二，缺乏对资本的机会成本分析，管理者可能会进行盲目扩张、改建等，不利于投资者对管理者实现有效的资本控制；其三，企业在对项目经理进行业绩评价时往往采用与投资决策评价不同的计算指标，如净利润、投资报酬率等，这样会导致前期项目投资预算和后期业绩评价脱节的弊端。本节将介绍能够贯穿项目评价全过程的 EVA 评价法，EVA 管理理念贯穿项目的审批、实施以及后期评价的全过程。

16.3.1 EVA 考核在企业与项目两个层面的对应关系

企业可以看作是若干项目组成的集合体。EVA 考核在企业与项目两个层面的对应关系如表 16-1 所示。

表 16-1　EVA 考核在企业与项目两个层面的对应关系

评价对象	前期	当期
企业	企业价值 EVA 评价	年度 EVA 考核
项目	项目前期 EVA 评价	项目后期 EVA 评价

根据表 16-1 可分解出 EVA 考核在企业与项目两个层面的对应关系如下。

（一）从评价对象角度，两者是宏观与微观的对应关系

企业 EVA 考核趋于宏观，倾向于对企业的整体效益进行评价；项目 EVA 考核则趋于微观，倾向于对某一投资项目的具体评价，是企业层面的 EVA 目标对投资项目的具体要求，在项目操作层面上体现了 EVA 的价值导向功能。换言之，项目 EVA 是对企业 EVA 的微观分解。

（二）从评价时机角度，两者均涉及前期评价和当期评价

在企业层面，当期评价主要是当前年度 EVA 考核，企业层面的前期评价是指企业价值评估，其基本原理为：企业价值 = 投资资本 + 预期 EVA 的现值。

在项目层面，当期评价是指项目后期评价，是在项目投产后进行的事后评价，前期评价则是项目前期管理的重要内容。

16.3.2　EVA 在投资项目管理中的应用

（一）项目 EVA 考核的应用范围

展望未来，随着 EVA 考核工作的逐步深化和成熟，EVA 考核可能覆盖到全部项目类型，包括扩张性项目、重置性项目、强制性项目和其他项目，评价内容包括项目前期论证和深化论证。EVA 指标的评价贯穿投资项目的全过程。一旦投资项目得以确立，EVA 作为整个管理系统的决策指标，可以覆盖战略决策、资金分配、预算编制及日常经营等。这既体现了 EVA 指标独具的特点，也可对投资决策进行进一步评价，对投资行为进行不断修正。

（二）项目 EVA 评价方法

1. 项目前期评价的 EVA 考核

（1）项目 EVA 指标的计算方法。

项目 EVA 为项目税后净营业利润与全部资本成本的差额，其计算公式如下。

新建项目 EVA = 税后净营业利润 − 资本成本

税后净营业利润 = 净利润 + 财务费用 ×（1 − 所得税税率）新建项目资本成本 = 新建项目占用资金 × 适当的项目投资回报率

（2）项目 EVA 指标的应用方法。

首先，进行项目 EVA 评价。不同的项目采用的评价方法不尽相同。

针对扩张性项目、重置性项目和其他项目，主要以盈利为目的，可将 EVA 指标作为

项目立项的必要依据。根据投资项目的 EVA 大小，可将项目的投资效益水平分为 3 类：高效益、平效益和低效益。如果该项目具有高效益，则表明该项目能够为企业创造价值，通过 EVA 评价；如果该项目仅有平效益或低效益，则不能为企业增加价值，不予立项，如表16-2 所示。

表 16-2　项目 EVA 评价比选（1）

投资效益	项目累计 EVA	项目比选规则
高效益	EVA>0	通过 EVA 评价
平效益	EVA=0	不予立项
低效益	EVA<0	不予立项

其次，进行项目立项评价。当某项目已经通过 EVA 评价，且财务内部收益率≥行业基准收益率时，准予立项。

最后，在准予立项的项目间进行比选，实行投资规模控制。在投资规模有限的前提下，在准予立项的投资项目中，可以通过净现值的大小来排序，然后选择在投资规模以内的组合中，累计净现值最大的组合。企业也可以根据自身情况采用其他排序方法，如按照财务内部收益率高低来进行排序。

针对强制性项目，其常常不会为企业带来收益，要更多地考虑社会责任。对于这种项目，企业要同时将 EVA、会计利润作为项目立项的约束性指标，根据项目 EVA、会计利润的高低，将项目的投资效益水平分为 5 类：高效益、平效益、低效益、零效益和负效益。如果该项目具有高效益，则表明该项目能够为企业创造价值，可优先考虑通过 EVA 评价；如果该项目具有平效益或低效益，可以考虑通过 EVA 评价；如果该项目仅有零效益甚至负效益，置后考虑通过 EVA 评价，如表 16-3 所示。

表 16-3　项目 EVA 评价比选（2）

投资效益	项目累计 EVA	项目累计会计利润	项目比选规则
高效益	EVA>0	会计利润 >0	优先考虑
平效益	EVA=0	会计利润 >0	可以考虑
低效益	EVA<0	会计利润 >0	可以考虑
零效益	EVA<0	会计利润 =0	置后考虑
负效益	EVA<0	会计利润 <0	置后考虑

对于强制性项目，在法律规定下可以进行选择时，尽量先选择实施 EVA 较大的项目。

假设，企业 A 现拥有两个投资项目，即项目一和项目二。这两个项目的净利润都为正值，即两个项目都具有盈利能力。然后需要再通过资金投入和资金成本率来计算资本成本，进而得出两个项目的 EVA，具体数据如表 16-4 所示。

表 16-4　项目评价比选

金额单位：万元

项目	①5 年净利润	② 资金投入	③ 资金成本率（%）	④EVA（＝①-②×③）
项目一	242	5 475	5.58	−64
项目二	283	3 023	5.58	114

如表 16-4 所示，虽然两个项目的净利润都大于 0，但项目一的 EVA 为负数，项目二的 EVA 为正数，因此项目二更具有投资性。

【例 16-1】北方公司考虑用一台新的效率更高的设备来代替旧设备，以减少成本，增加收益。旧设备原购置成本为 40 000 元，已使用 5 年，估计还可使用 5 年，已提折旧 20 000 元，假定使用期满后无残值，如果现在销售可得价款 20 000 元，使用该设备每年可获收入 50 000 元，每年的付现成本为 29 000 元。新设备的购置成本为 60 000 元，估计可使用 5 年，使用新设备后，每年收入不变，每年付现成本节约 10 000 元。假设该公司的资本成本为 6%，所得税税率为 25%，新旧设备均用直线法计提折旧。

在本例中，一个方案是继续使用旧设备，另一个方案是出售旧设备而购置新设备。两个方案的有关数据计算如下。

（1）旧设备的年经营成本 =29 000+20 000÷5=33 000（元），旧设备的年税后净利润 =（50 000-33 000）×（1-25%）=12 750（元），旧设备的年资本成本 =20 000×6%=1 200（元），旧设备的年 EVA 值 =12 750-1 200=11 550（元），旧设备的年净现金流 =12 750+20 000÷5=16 750（元）。

（2）新设备的年经营成本 =29 000-10 000+60 000÷5=31 000（元），新设备的年税后净利润 =（50 000-31 000）×（1-25%）=14 250（元），新设备的年资本成本 =60 000×6%=3 600（元），新设备的年 EVA 值 =14 250-3 600=10 650（元），新设备的年净现金流 =14 250+60 000÷5=26 250（元）。

比较两种设备的 EVA 值：因为两种设备的可使用年限、资本成本都一样，所以只比较两者的年 EVA 值即可。由于 11 550>10 650，即旧设备的 EVA 值大于新设备的 EVA 值，应选择继续使用旧设备。

如果考虑货币的时间价值，也可以对项目每期的 EVA 进行折现进而计算出 DEVA

（EVA 的折现值），对 DEVA 值进行分析。如果 DEVA>0，则认为该项目为企业增加了价值，可投资该项目；如果 DEVA<0，则认为该项目不仅不能为企业增加价值，反而会浪费企业的资源，则应放弃该项目。

根据证明，在项目投资的决策阶段，NPV 与 DEVA 在对项目是否投资的评价中是等价的。

【例 16-2】某家公司生产的一种产品 A，现有生产设备的年名义产量为 180 吨。通过改进工艺和延长工时，生产设备的年产量最多可增加到 195 吨。按照现有的营销战略，2016 年的销售量将达到 190 吨，随后将维持在这个水平。对于产品 A，正面临一个只需稍加改进就可进入 G 国新市场的机会。一家 G 国公司掌握着工艺改进的诀窍，愿意以一次性费用 715 万元达成转让协议。公司需要对是否扩大产品 A 的生产能力、进入新市场进行决策。

对产品 A 的需求预测见表 16-5。无论改进与否，产品 A 均以 39.5 元 / 千克的价格出售。生产设施：现有生产设施包括两条生产线，每条生产线的最大生产能力均为每年 97.5 吨。在同一厂房内增加一条具有相同生产能力的新生产线，由于该厂房并无其他用途，故无须给占用空间分摊成本。新生产线既可用于生产已有的产品 A，也可用于生产改进的产品 A。项目寿命期：公司认定此种类型和风险的所有项目的寿命均为 15 年。因此，新的生产线将于 2020 年年初开始运营。所得税税率按照 24% 计算。资本成本：15%。公司其他项目的盈利将抵销短期的负现金流。假定年中发生的所有项目支出均发生于年底。

表 16-5 产品 A 的需求预测

年份	总需求量（吨）	增量销售量（吨）[②]
2018	175	0
2019	190	0
2020[①]	220	29
2021	240	29
2022	250	10
2023—2033	250	0

注：①商业运营开始年份，生产线于 2033 年年底终止；②指来自该项目的增量销售量。

以下为现金流数据。

（1）项目资本投资：安装新生产线的总支出为43万元。2018年需要投资4万元，2019年需要投资39万元。

（2）相关支出：由于需对特定的设备进行拆除或重新安排以使新生产线顺利进入现有的厂房，这必将发生一定的支出。2019年该项工作的税前估计成本为4.86万元。

（3）设备重置投资：每5年需更新各种类型的辅助设备，所以，在2024年底和2028年底将分别花费12万元的重置成本。

（4）流动资本的净变化额：流动资本的变化大体上与销售额的变化成比例。当2017年的销售量为164吨时，流动资本约为20万元。随后的流动资本净变化即按这一比例（约为0.121 95万元／吨）进行计算。只有2020年及以后的变化额与本分析有关，因为本项目的商业运营是从2020年初开始的。表16-6所示是流动资本的净变化额。

表16-6　流动资本的净变化额

单位：万元

年份	2018	2019	2020	2021	2022	2023—2033
与上一年相比的净变化额	1.34	3.37	3.66	3.66	1.22	0.00

（5）预付专有技术费用：商业运营开始前即2019年年底一次性支付给G国公司7.5万元。

（6）来自商业运营的税前现金流（采用新生产线的增量现金流）：①固定成本。项目实施后，管理者的工资、保险费和财产税等固定成本每年将增长75万元。此增长速度将在项目寿命期（15年）内保持不变。②变动成本。主要包括原材料成本、直接人工成本、低值易耗品推销费用、维护成本的变动部分。2020年的变动成本预计为9.18元／千克；2021年的变动成本将减为8.83元／千克；2020年的变动成本将减为7.56元／千克；以后年份的变动成本维持2019年水平。③管理费用。2020年当产品被首次引入时，增加的管理费用预算为90万元。2020年后，管理费用每年预算为110万元。

（7）开办费：主要是用于改进工艺的人员培训费和项目启动时的技术支持费。2019年总的开办费估计为0.85万元。

（8）销售收入。

2020年度销售收入预期为39.5元／千克 ×29 000千克／年 =114.55万元／年。

2021 年度销售收入预期为 39.5 元／千克 ×60 000 千克／年 =237 万元／年。

2022—2033 年，销售收入稳定在 39.5 元／千克 ×70 000 千克／年 =276.5 万元／年。项目商业运营产生的税前现金流数据见表 16-7。

表 16-7　商业运营期间的税前现金流

单位：万元

年份	固定成本	变动成本	管理费用	销售收入	商业运营期间的税前现金流
2020	75.00	26.54	90.00	114.55	−76.99
2021	75.00	52.98	110.00	237.00	−0.98
2023—2033	75.00	52.92	110.00	276.50	38.58

接下来进行税前分析。

表 16-8 给出了该项目的税前现金流计算结果。

表 16-8　税前现金流计算结果

单位：万元

年份	项目本年支出 ①	相关支出 ②	设备重置支出 ③	流动资本净变化额 ④	预付专有技术费用 ⑤	总投资现金流：⑥=①+②+③+④+⑤	商业运营期间的税前现金流 ⑦	开办费 ⑧	整个项目的税前现金流：⑨=⑥+⑦+⑧
2018	−4					−4			−4
2019	−39	−4.86			−7.5	−51.36		−0.85	−52.21
2020				−3.66		−3.66	−76.99		−80.65
2021				−3.66		−3.66	−0.98		−4.64
2022				−1.22		−1.22	38.58		37.36
2023						0	38.58		38.58
2024			−12			−12	38.58		26.58
2025						0	38.58		38.58
2026						0	38.58		38.58
2027						0	38.58		38.58
2028			−12			−12	38.58		26.58
2029						0	38.58		38.58

续表

年份	项目本年支出 ①	相关支出 ②	设备重置支出 ③	流动资本净变化额 ④	预付专有技术费用 ⑤	总投资现金流：⑥=①+②+③+④+⑤	商业运营期间的税前现金流 ⑦	开办费 ⑧	整个项目的税前现金流：⑨=⑥+⑦+⑧
2030						0	38.58		38.58
2031						0	38.58		38.58
2032						0	38.58		38.58
2033				8.543①		8.543①	38.58		47.123

注：①表示该值为项目终止时回收的流动资本。

利用表16-8中第⑨列的税前现金流数据，可知道项目的内部收益率为18%，大于资本成本15%，2019年年底的净现值为19.89万元。因此，无论是用内部收益率标准、还是用净现值标准来衡量，该项目都是一个盈利性的项目，公司管理者应采纳进入G国新市场的方案。

在现金流以相同的折现率折现的假定下，不论采用何种折旧方法，EVA分析和NPV分析都是等价的，EVA分析方法完全可以应用于企业投资项目的评价。

近年来EVA指标及分析方法获得广泛应用的主要原因是：EVA分析方法明确考虑和计算了项目投资的资本成本，使经理和决策者们都意识到资本并不是免费的，资本的使用要付出相应的机会成本，特别是以前常常被忽略的股权资本成本。此外，EVA分析方法的另一大优点在于它是基于税后现金流的分析。实际上，税收效应对投资项目的决策有着重要影响。

2. 项目后期评价的EVA考核

对于投资项目后期评价，增加EVA考核，以项目前期评价中的EVA值作为评价标准，计算出该项目投产后的实际年度EVA，进行对比考核。

由于EVA类似于利润指标，是该项目当期的实际核算指标，不存在预测误差，所以，项目后期评价的EVA考核，可将项目前期评价和后期评价有力地联系在一起，有效弥补净现值、内部收益率的预测误差带来的不足。由表16-9可知，投资项目每期的折旧或摊销额影响当期EVA值，但是由DEVA=NPV可知，整个项目周期内，每期折旧或摊销额的分配并不影响对项目价值的判断。

表 16-9　投资项目净现金流量（NCF）和 EVA 的关系

	期初	第 1 期	第 2 期		第 n 期
净现金流量	I_0	NCF_1	NCF_2		NCF_n
折旧或摊销		D/A_1	D/A_2		D/A_n
会计核算利润		NCF_1-D/A_1	NCF_2-D/A_2		NCF_n-D/A_n
占用资本额		I_0	I_0-D/A_1		$I_0-(D/A_1+D/A_2+\cdots+D/A_n-1)$
EVA		NCF_1-D/A_1-I_1r	NCF_2-D/A_2-I_2r	……	NCF_n-D/A_n-I_nr

这个结论的实践意义在于，如果采用 EVA 考核经理业绩，并且考核期限涵盖投资项目的整个周期，经理利用应计项目调节各个会计期间利润，将无法改变整个考核期间的业绩。同时，该结论也为在业绩考核实践中根据项目性质调整折旧或摊销额提供了理论基础。

企业的投资决策不仅包括在 EVA 大于 0 的项目上增加投资，也包括从 EVA 小于 0 的项目上撤回资金。减少 EVA 小于 0 的投资项目，有利于企业整体 EVA 的提升。

16.3.3　EVA 与传统项目评价指标的比较

（一）EVA 与 NPV 比较

EVA 与 NPV 都是基于价值的管理，从计算方法上来看，两者都考虑了货币的时间价值和风险因素。然而它们要求的决策过程根本不同。从 NPV 的计算公式可以看出，NPV 计算的基础是现金流量。而 EVA 以对外报告的会计收益为基础，通过进行一系列调整，计算出在补偿了投入资本（债务和股权等）成本之后的企业净收益。

相比于 NPV，EVA 可以更准确地描绘一个投资项目每年带来的增加值。更重要的是，在对项目经理的业绩进行评价的时候，EVA 可以把前期的项目预算决策与后期的业绩衡量完美结合，项目经理的奖金额度可通过 EVA 计算公式每年自动计算，并且可以规定在 EVA 持续增长的情况下才发放奖金。奖金的额度没有上限，这样就可以激励项目经理更有动力去进行经营管理，去追求正的可持续增长的 EVA，并且在进行投资时会考虑到长远利益，从而在追求个人财富增加的同时也为企业创造了价值。

（二）EVA 与 ROI 的比较

投资收益率（Return On Investment，ROI）是被较为普遍使用的指标，主要应用于投资决策。以 ROI 作为评价部门业绩的指标时，部门经理可能会通过增大分子（基于现有资产，取得更多的利润）或减小分母（减少投资额）来使这个比率尽量变大。当投资项目高于资本成本而低于部门目前的 ROI 时，部门经理会放弃这个有利可图的投资机会而缩减投资额。任何低于现有 ROI 的投资项目或资产项目均会成为不投资或被处置的对象，即使该项目的实施会给企业带来净收益。基于 ROI 指标分析投资与否，经理能有效地提升自己的显性业绩，但整个企业的经济值并不能实现最大化。因此，ROI 高的公司并不意味着其管理层为股东创造的价值多于 ROI 低的公司的管理层为股东创造的价值。

以 EVA 作为评价部门业绩的指标时，EVA 大于 0（或收益大于资本成本）的投资机会都会得到企业和部门经理的赞同，而通过增加这些收益大于资本成本的投资或减少收益低于资本成本的投资，企业层面的 EVA 就会增加。对部门的业绩评价与使公司价值最大化的目标有了一致性，这样就能合理地减少由于"委托 – 代理"关系导致的成本。

16.3.4 投资项目 EVA 全程评价的优点

（一）EVA 提供了科学的决策标准，有利于企业准确把握项目投资的决策方向

从 EVA 的计算公式可知，项目 EVA 的持续增长意味着项目价值的持续增长，也就意味着企业价值的持续增长。因此采用 EVA 作为项目投资决策的工具符合企业价值最大化的目标，利用 EVA 指标可以为企业资本的合理投资提供正确的评价标准，从而在各个不同的业务部门合理地分配资源。

如果项目的累计 EVA 小于 0，不能为企业创造价值，那么企业必须将一些已经实施或准备实施的项目的资金撤回来，因为它要求考虑包括股权和债务在内所有资本的成本。这一资本成本的概念会督促经营者更加重视资本成本，做出真正能提升企业价值的投资决策。因此，企业应根据自身实际需要制定明确的 EVA 计算方法，进行一些具体科目的调整。只有真正理解了 EVA，并以优化投资决策为目标，才能掌握 EVA 的精髓。

（二）EVA 可以加强国有企业对股权资本的重视

传统的会计利润在计算时只考虑债务资本成本，而忽视了股权资本成本。一个企业运作需要的资本主要由债务资本和股权资本构成。由于资本的逐利性决定了资本都是有成本的，所以债务资本和股权资本的使用都不是免费的。债务资本需要企业定期支付利息，在会计报表上列支财务费用，因此这是一种显性的成本；而股权资本的投入者虽然也要求企业提供一定的资本回报，但是这种回报没有固定日期，股权资本是一种隐性的资本成本。特别是在国有企业，股权资本一般是国家资本，企业往往形成了无偿使用的错觉。因为投入项目的股权资本也可以投向其他盈利项目，所以其他项目可能带来的最高收益就是股权资本的机会成本。在传统的会计利润的条件下，许多项目是名义上在盈利，但是事实上却在损害企业的利益，因为这种名义上的利润没有计算股权资本成本，而这种利润根本不够

抵偿股权资本成本。

强调资本成本是 EVA 最突出、最重要的一个方面，是因为基于 EVA 计算出的利润是真正的经济利润。EVA 能真实反映项目的经营业绩，项目的经济利润必须弥补所有的资本成本，剩下的才是为企业创造的价值。这样就可以提醒企业的管理者在做出项目投资决策时重视股权资本成本，意识到股权资本不是免费的。

（三）EVA 有利于实现项目投资评价指标和业绩考核指标的统一

首先，企业在进行资本投资决策时，一般都会用净现值法来进行项目可行性分析，该方法考虑的是整个项目寿命期内现金流量的分布。然而，现金流量在业绩评价方面很难执行，因为在对项目经理进行评价时一般都是以自然年份为期限的。其次，很多企业在项目被批准进入实施阶段后都采用如投资回报率、净利润等指标对项目经理进行业绩评价，这样很容易导致决策评价指标和绩效评价指标的不一致，不利于管理政策的延续性和管理者对项目的后续评价与控制。而 EVA 却可以作为项目投资决策时项目价值评估和项目经理业绩评价的双重手段。

通过之前的叙述可知，EVA 和 NPV 对于项目投资前的评价是一致的，但是只有利用 EVA 才能将项目各阶段联系起来，实现项目决策和业绩评价的完美结合。以 EVA 作为项目经理的业绩考核指标，可以对项目经理进行有效的激励和监督，可避免项目经理为获得年度报酬而忽视长期发展，并且 EVA 指标具有很强的可操作性。

年度奖励计划通常会对长期的激励计划造成损害，因为它大多只基于当前年度绩效的评估，而对来年的报酬没有影响。为消除这种短期行为，扩展决策者的视野，基于 EVA 的考核要求把奖金存储器或奖金库作为奖励制度的重要组成部分。每一年，正常范围内的奖金会随 EVA 的增长向员工支付，但超出正常范围的奖金则会存储起来，以后支付；当 EVA 下降的时候奖金就会被取消。当管理者意识到当 EVA 下降时存储的奖金就会被取消时，他们就不会再盲目追求短期收益而忽视潜在问题了。同时，如果管理者想离职，就必须放弃存储的奖金，从而给他们戴上了一副"金手铐"。EVA 以业绩的改善为标准支付奖金，使管理者和所有者站在了同一起跑线上，可使其做出有利于企业长期发展的决策。

（四）EVA 有利于企业的长期发展

由于 EVA 指标的设计着眼于企业的长期发展，所以应用该指标能够鼓励管理者做出能给企业带来长期利益的投资决策，如新产品的研制与开发、人力资源的开发等。这样就能杜绝企业管理者短期行为的发生，促使管理者注重所创造的实际收益的大小，并且考虑所运用资产的规模以及使用该资产的成本大小。基于 EVA 考核并不鼓励盲目投入，如果战略性支出并不能在以后的收益期间得到补偿，就能从以后会计期间的 EVA 中很清楚地看出来。

（五）EVA 适用于对所有行业的评价

假设两个企业的资本结构不同，那么即使它们的债务资本成本、股权资本成本以及真实利润是相等的，但在利润表中表现出来的净利润也是不同的，股权资本比例高的企业将表现为更多的利润。这样，资本结构差异就成为企业获取利润的一个因素。显然，单纯依据传统的会计利润指标无法准确计算企业为股东创造的价值。事实上，股权资本收益率是股东期望在现有资产上获得的最低收益率，不同的企业所预期的资本收益是不一样的。同时，EVA 指标还考虑了所有投入资本的成本，股权资本不再是免费的，因此剔除了资本结构的差别对经营业绩的影响。此外，利用 EVA 指标能将不同投资风险、不同资本规模和资本结构的企业放在同一起跑线上进行评价，因此，EVA 指标适用于对所有行业的评价。

16.3.5　投资项目的短期盈利考核与长期价值评价

我们常常会遇到这样一种情况：某些项目的投入在短期内的 EVA 是负值，但是随着环境的变化，可以预测到以后的 EVA 会越来越高，但是前期 EVA 的负值表现会让项目经理处于两难境地。

科普兰通过对 1992—1998 年标准普尔 500 家公司经市场调整的股东总体回报率与 3 个不同时期（当年、第 2 年、第 3 年至第 5 年）公司盈利预测变化率的回归研究，得出一个令人吃惊的结论：事实上，比起当期盈利，投资者更关心公司未来 3~5 年的盈利状况。然而，我们通常只通过当年数据对管理者进行考核，因此，我们需要将投资项目的短期盈利考核方法与长期价值评价方法相结合。

关于长期价值评价，21 世纪后兴起了基于预期的市值管理理论，该理论强调在公司的经营管理中要充分考虑到外部预期情况。公司管理者可以运用市值管理理论形成从上而下围绕预期绩效的管理模式，从公司高层战略规划、公司中层项目计划到公司基层项目执行都必须符合外部预期下的预算要求，以避免投资过度或投资不足。因此，公司只有创造出符合投资者对公司长期利润预期的经营现金流，才能保证公司市场价值的稳定和增长。

尽管市值管理理论的计算模型与 EVA 评价模型有一定的出入，但是这种考虑未来预期的理念应该在 EVA 考核时给予重视，在条件允许的情况下，可以通过建立"市 EVA 率"（股价每股 EVA）指标改进投资项目估值方法。但是如果市场不是充分有效的，这种对未来的预期也有可能没有包含在当前市价中，因此公司要充分认识到这种方法的局限性。

公司长期投资价值衡量与短期盈利要求的关系可以通过 EVA 激励考核机制来实现。也就是说，在建立考核制度时，要考虑到未来 EVA 的增量所带来的激励是否能让项目经理有足够的积极性去优化其投资决策。

第 17 章

EVA 与企业并购

企业并购（Mergers and Acquisitions，M&A）包括兼并和收购两层含义、两种方式。国际上习惯将兼并和收购合在一起使用，统称为 M&A；在我国，将企业之间的兼并与收购行为称为并购，即企业法人在平等、自愿、等价、有偿的基础上，以一定的经济方式取得其他法人产权的行为，是企业进行资本运作和经营的一种主要形式。然而，并购行为与企业发展战略之间是什么关系，并购结果对企业的整体价值有何影响，以及如何把握企业价值的驱动因素成为关键的问题。

17.1 企业并购理论与种类

17.1.1 企业并购的理论基础

由于规模经济、交易成本、价值低估以及代理理论等的长足发展，企业并购理论和实践的发展非常迅速。企业并购理论成为经济学最活跃的领域之一。

（一）竞争优势理论

并购动机理论的出发点是竞争优势理论的原因在于以下 3 个方面：第一，并购的动机源于竞争的压力，并购方在竞争中通过消除或控制对方来提高自身的竞争实力；第二，企业竞争优势的存在是企业并购产生的基础，企业通过并购从外部获得竞争优势；第三，并购动机的实现过程是竞争优势的双向选择过程，并且还会产生新的竞争优势。并购方正是针对自己所需的目标企业的特定优势选择目标企业的。

（二）规模经济理论

古典经济学和产业组织理论分别从不同的角度对规模经济的追求给予了解释。古典经济学主要从成本的角度论证企业经济规模的确定取决于多大的规模能使包括各工厂成本在内的企业总成本最小。产业组织理论主要从市场结构效应的理论方面论证行业规模经济，同一行业内的众多生产者应进行竞争费用和效用的比较。企业并购可以获得企业所需要的产权及资产，实现一体化经营，获得规模效益。

（三）交易成本理论

在适当的交易条件下，企业的组织成本有可能低于在市场上进行同样交易的成本，市场被企业替代。当然，企业规模扩大，组织费用将增加，考虑并购规模的边界条件是企业边际组织费用的增加额等于企业边际交易费用的减少额。在资产专用性情况下，需要某个投入中间产品的企业倾向于对生产中间产品的企业实施并购，使得作为交易对象的企业可以转入企业内部。在决策与职能分离的情况下，多部门组织管理不相关经济活动，其管理成本低于这些不相关经济活动通过市场交易的成本，因此，把多部门的组织者看作一个内部化的资本市场，在管理协调取代市场协调后，资本市场得以内在化，通过统一的战略决策，使得不同来源的资本能够集中起来投向高盈利部门，从而大大提高资源利用效率。在科学分析这一效果方面，现代财务理论和实践的发展以及相关信息处理技术促进了企业并购财务理论的发展，也为量化并购对各种经济要素的影响、实施一系列盈亏财务分析、评估企业并购方案提供了有效的手段。

（四）代理理论

简森和梅克林从企业所有权结构入手提出了代理理论，包括所有者与代理人订立契约成本、对代理人监督与控制成本等。并购可降低代理成本。通过公平收购或代理权争夺，公司现任管理者将会被代替，兼并机制下的接管威胁将降低代理成本。

（五）价值低估理论

企业并购的发生主要是因为目标公司的价值被低估。被低估的主要原因有3个方面：一是经济管理能力并未发挥应有的潜力；二是并购方有外部市场所没有的有关目标公司真实价值的内部信息，且认为并购会得到收益；三是由于通货膨胀等原因造成目标企业资产的市场价值与重置成本之间存在差异，如果当时目标企业的股票市场价格低于该企业全部重置成本，则并购的可能性大。价值低估理论预言，在技术变化快、市场销售条件及经济不稳定的情况下，企业的并购活动频繁。

（六）市场力量理论

市场力量理论又称为市场垄断力理论，该理论认为，企业收购同行业的其他企业的目的在于寻求占据市场支配地位，或者说兼并活动发生的原因是它会提高企业的市场占有份额。

根据这一理论，企业在收购一个竞争对手后，即产生了将该竞争对手挤出市场的效应，企业可能会在削减或降低现有竞争对手的市场份额的同时，提高自身的市场地位和控制能力，从而可以提高其产品的价格和增加市场的垄断程度，获得更多的超额利润（即垄断利润）。

17.1.2　企业并购的种类

（一）按所属行业的相关性分类

横向并购：两个或多个生产和销售相同或相似产品企业之间的并购行为。

纵向并购：生产过程或经营环节相互衔接、密切联系的企业之间，或者具有纵向协作关系的专业化企业之间的并购行为。

混合并购：分属不同产业领域，既无工艺上的关联关系，产品也完全不相同的企业间的并购行为。

（二）按并购的实现方式分类

承担债务式并购：并购企业以承担目标企业的债务为条件接受其资产并取得产权的一种方式。

现金购买式并购：并购企业使用现款购买目标企业绝大部分资产或全部资产，以实现对目标企业的控制的一种方式。

股权交易式并购：并购企业用其股权换取被并购企业股权或资产的一种方式。

（三）按是否利用被并购企业自身资产来支付并购资金分类

杠杆并购：并购企业利用被并购企业资产的经营收入，来支付并购价款或作为此种支付的担保的并购方式。管理层收购（MBO）是杠杆并购的一种。

非杠杆并购：并购企业不用被并购企业自有资金及经营所得来支付或担保支付并购价格的并购方式。

（四）按并购双方是否友好协商分类

善意并购：并购企业与被并购企业双方通过友好协商来确定相关事宜的并购方式。

敌意并购：在友好协商遭到拒绝时，并购企业不顾被并购企业的意愿而采取非协商性并购的手段，强行并购被并购企业的并购方式。

（五）按并购动机分类

战略并购：出于对企业发展战略利益的考虑，以获取经营协同效应为目标的并购方式。这类并购涉及协同效应和成长战略目标。

财务并购：也称为金融并购，一般是指主要受到筹资动机的驱动而发生的并购。

混合并购：是对其他并购动机的一种综合归类，但这种并购方式可能是出于财务协同效应的目的，可能是受减少赋税的驱动，也可能出于企业主要管理人员的利益（动机）。

（六）按收购形式分类（针对上市公司）

协议收购：收购者在证券交易所之外以协商的方式与被收购公司的股东签订收购其股份的协议，并按照协议所规定的条件、收购价格、收购期限及其他约定事项收购上市公司股份的一种收购方式。

要约收购：通过证券交易所的证券交易，投资者持有一个上市公司已发行的股份超过30％时，依法向该上市公司所有股东发出公开收购要约，按照约定的价格以货币支付形式购买股票，以获取上市公司控制权的一种收购方式。

17.2 并购分析方法

17.2.1 并购分析方法的种类

（一）市场股价分析法

市场股价分析法也叫股价变动法，这种方法下，首先假定市场是有效的，因为这个基本前提使得我们可以认为公司绩效的改变也直接反映到市场的股票价格上。市场股价分析法以并购前后的股价变动来衡量公司并购绩效。

（二）财务指标评价法

财务指标评价法下，使用财务数据比较并购前和并购后公司绩效的表现，以并购前后财务指标的变化来衡量公司的并购绩效。只有业绩指标和资产质量指标同时提高的实质性资产并购才是成功的资产并购。

财务指标评价法具体包括账面价值法、估值乘数法、现金流量贴现法和实物期权法。

账面价值法应用简单，主要适用于对金融机构的估值。但其缺点有不能准确反映资产的创收能力、会计制度对价值影响巨大（如国有银行的坏账准备）、对通货膨胀造成的价值变动没有调整、不能反映企业增长潜力和经营风险。

估值乘数法是应用具有行业代表性的可比企业的估值乘数，对目标企业进行估值的方法。估值乘数包括账面价值乘数、销售额乘数、息税前利润乘数、盈利乘数和现金流乘数。因为这种方法采取的是现实中的具体事例，所以当不具有企业详细数据时适用性强。由于各个企业之间具有其特殊性，所以使用这种方法时难以准确选择可比企业。

现金流量贴现法下，需要预测企业将来经营产生的自由现金流，将其折现为现值，得出企业价值。此种方法运用的难度不大、多数证券分析人员和企业财务管理人员对该方法较熟悉，这种方法可用于评估企业总体价值和各业务单元的价值。这种方法考虑了增长预期和潜在风险，可运用于企业战略规划。但是此种方法难以决定贴现率、估值结果受增长假设和终值测算影响大、信息需求高、是静态估值，对于不确定因素多的企业（如周期性创业企业）适用性弱。

实物期权法最常用于对大型资本项目，如自然资源投资项目进行评估；这种方法适用于战略灵活性要求高的情况。这种方法的优点是动态评估，包含对不同情景的反应战略，提供制定、执行企业战略的框架；缺点是分析工作复杂、对数据要求高、对业务假设敏感性强。

17.2.2　对目标公司的财务效益评价

对目标公司的财务效益进行评价，主要是按照目标公司的财务数据计算相关比较客观的财务指标来进行判断的。在实务中，经常用到的是以下几个指标。

（一）投资报酬率（ROI）

该指标是指并购公司兼并目标公司后取得的年净收入的增加额与兼并的总投资之比，用于衡量由于并购公司的兼并投资所产生的增量效益与投资总额的比率。

$$ROI = 年净收入增加额 \div 兼并总投资$$

（二）剩余收益

剩余收益是指目标公司的经营利润超过了并购公司所预期的最低报酬的部分。超过的部分越多则越有利于给集团带来剩余收益。

（三）经济增加值（EVA）

EVA 是指 NOPAT（息前税后利润）扣除投入的全部资本（主要包括债务资本和股权资

本）成本后的余额。其中，NOPAT 为公司税后净营业利润，由利润表中数据调整得到，是公司税前利润加上利息扣除所得税之后的余额。公司资产期初的资本投入额，包括股权资本投入和债务资本投入。该指标反映公司经营所占用的资本额。全部资本成本＝股权资本比例 × 股权资本成本＋债务资本比例 × 债务资本成本。债务资本成本一般是以公司借款利息或债券利息为基础，扣除所得税后确定的；股权资本成本一般用资本资产定价模型确定。该指标的意义在于：它综合了公司投入资本规模、资本成本和资本收益等多种因素。对于一项并购投资，只有当投资者从目标公司获得的收益大于其投资的机会成本时，才表明股东从并购活动中取得了增值收益。

（四）市场增加值

市场增加值与经济增加值都需要在资本收益中扣除资本成本，但经济增加值中的资本收益率及资本收益是以会计意义上的经营利润为计算依据的，而市场增加值是以资产的市场价值为基础对公司经营业绩进行衡量的。该指标认为，公司用于创造利润的资本价值总额既不是公司资产的账面价值，也不是公司资产的经济价值，而是其市场价值。经济增加值指标比较适合评价公司具体某个年份的资本经营效益；而市场增加值是以未来预期现金流量为计算依据，反映出市场对公司整个未来经营收益的预期，是一种价值评估指标，更适合于评价公司的中、长期资本增加能力。

17.2.3　对并购后集团公司的财务效益评价

（一）资本成本降低率

它是一种财务协同效益，是指当一个处于需求增长低于整个经济增长的行业中的公司，并购另一个处于需求高速增长行业中经营的公司时，通过兼并和使用收购公司低成本的内部现金达到降低合并后企业的投资成本，从而抓住目标公司所在行业中可以获得的投资机会。

（二）资本积累增加率

公司并购是通过"大鱼吃小鱼"的办法来实现的，其原理是把分散的、较小的资本合并成统一的、较大的资本。公司并购是加速资本积聚的重要条件。同时，并购尤其是杠杆收购的兴起，使不具备并购实力的公司，也有可能进行并购。从而使公司通过扩大外部规模增加资本积累的速度大大提高。

（三）超常收益

企业开展经营活动的最终目的在于价值增值，并购的所有动因都在于获取超常利润。按照现代财务理论，并购的目的是增加股东财产，即兼并后股东股票的价值增加。从目前的实际情况来看，企业并购机制的利润效应表现为：一方面，是短期行为效应，获取近期利益；另一方面，是长期效应，获取先进技术，进行专业化协作，最后取得长期的利润最大化。采取不同的并购策略，可以获取各自不同的利益。

17.2.4 对并购后集团公司的非财务效益评价

一项并购行为的完成，意味着并购公司实现了某种战略目标，这些战略目标可能是在现在市场中取得竞争优势，也可能是市场份额或产品的扩张，或者是平均资本成本的降低等。虽然在这一过程中，某一战略目标可能占主导地位，但同样伴随对其他战略目标的影响，因而对企业并购效果的评价，既要包括对财务协同效应的评价，如对筹资能力、筹资成本、资本的积累等方面的评价，也要包括对获取竞争优势、实现企业经营战略、产生经营协同效益方面的评价。另外，由于企业最终的并购目标仍然是增加企业价值，使股东财富获得长期稳定的增长，但在不同的时期，在面临不同的经济环境和竞争对手的情况下，企业可能出于战略上的考虑，或是基于战术上的需要等，其总目标总是要通过各种分目标或非财务目标来实现的。所以，考核评价时应将财务评价与非财务评价相结合。长期以来，我国产业经济结构失衡，导致存量资源利用效率低下。而产业经济结构的动态演进是通过产业之间、企业之间的兴衰，以及各企业之间配置结构的变化，使较高生产率的产业和企业在资源配置总构成中的比重上升，从而使经济达到非均衡式增长的。而并购正是实现经济非均衡增长的一种重要机制。因此，企业并购的非财务效益评价应着手于微观和宏观两个方面。具体可从以下几个方面进行考虑。

（1）并购是否达到合理的规模经济。

（2）并购是否使生产关系变革。

（3）并购是否协调了企业之间的关系。并购是一家企业兼并、收购另一家企业，这种行为产生的一个重要动因是企业之间存在差异、具有各自不同的优点和缺点。所有这些差异，都要求企业之间相互协调彼此补充，以达到共同发展的目的。

（4）并购是否有利于产业结构的调整。首先，观察并购是否促成新兴技术部门的形成；其次，观察并购是否提高存量资产的运行效率。

（5）并购是否达到市场优势效应。相关企业是否拥有市场优势地位，需要从企业的绝对规模和相对规模两个角度来进行判断，而企业的相对规模主要应从市场份额、主导定价能力、资金优势、市场的准入壁垒以及供应商或消费者对相关企业的依赖程度等方面进行考虑。

17.3　EVA 并购分析

1982 年，美国的思腾思特咨询公司以"经济效益"为原则，提出了 EVA 的概念，即 EVA 等于经济调整后的税后净营业利润减去债务成本费用和股权成本费用后的剩余收入。

17.3.1　EVA 并购分析的必要性

EVA 的基本思想是强调对全部成本费用的计量，要求企业管理者无论是运用债务还是运用股权都要充分考虑其成本费用。因此，EVA 被认为是对真正的"经济利润"的评价。它的核心理念是：资本获得的收益至少要能补偿投资者承担的风险。该模型最初是作为一种管理工具，用于评价企业的经营管理状况和管理水平，后来被引入价值评估领域，为企业整体价值评估提供了新的思路。

从 EVA 管理在国外的应用实践来看，EVA 管理之所以能够逐渐取代传统利润目标管理成为企业管理决策系统，驱动公司价值增长，是由于它涵盖了财务预算、融资决策、业务重组、收购分拆、股东交流以及激励补偿等重要信息，在公司管理过程中发挥着重要的作用。

17.3.2　EVA 并购流程分析

进行 EVA 并购流程分析的步骤比较简单，主要包括预测未来 EVA、测算企业终值、确定贴现率，最后估算企业价值。

17.3.3　EVA 并购协同效应分析

并购后两个企业的协同效应主要体现在生产协同、经营协同、财务协同和人才技术协同等方面。

（一）生产协同

企业并购后的生产协同主要通过工厂规模经济取得。并购后，企业可以对原有企业间的资产及规模进行调整，使其实现最佳规模，降低生产成本；原有企业间相同的产品可以由专门的生产部门进行生产，从而提高生产效率；原有企业间相互衔接的生产过程或工序，并购后可以加强生产的协作，使生产得以流畅进行，还可以降低中间环节的运输、储存成本。

（二）经营协同

经营协同可以通过企业的规模经济来实现。企业并购以后，管理机构和管理人员可以精简，使管理费用由更多的产品分担，从而节省管理费用；研究和开发费用可以由更多的产品分担，从而可以迅速采用新技术，推出新产品。并购后，企业规模的扩大，还可以增强企业抵御风险的能力。

（三）财务协同

并购后的企业可以对资金进行统一调度，增强企业资金的利用效率，由于规模和实力的扩大和增强，企业筹资能力可以大大提高，满足企业发展过程中对资金的需求。另外，并购后的企业由于在会计上的统一处理，可以在企业中互相弥补产生的亏损，从而达到合理避税的效果。

（四）人才技术协同

并购后，原有企业的人才、技术可以共享，充分发挥人才和技术的作用，增强企业的竞争力。尤其是一些专有技术，企业通过其他方法很难获得，然而通过并购，因为获取了对目标企业的控制，也就相当于获得了该项专利或者技术，从而促进企业的发展。

被收购企业生产产品或提供劳务的类型以及潜在的一体化效率的性质的相互作用如图17-1 所示。

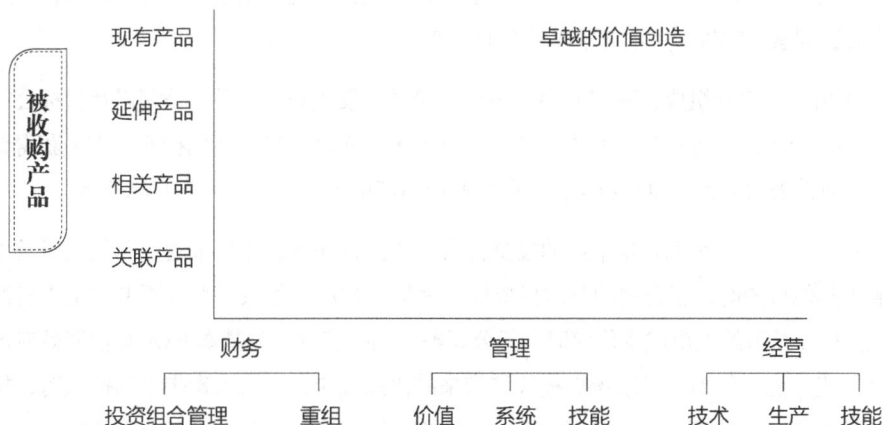

图 17-1　对实现 EVA 驱动的一体化效率的前景分析

如果被收购产品属于并购公司现有产品的范畴，则最有可能带来经营上的协同作用。图17-1 中的横轴，体现的是 EVA 导向下的并购中财务、管理与经营中的协同效应分析，即以价值创造为目标，以 EVA 计算与分解为导向，寻求并购前后财务、管理与经营中的增值因素，从而得出要不要并购以及以何种方式并购的结论。

再来看图 17-1 中的纵轴,如果被并购公司与并购公司有类似的生产线,则这种并购最有可能带来一体化效率。由于并购公司可能清楚地了解被并购公司所面临的竞争和经营挑战,从而能够更快地实现规模经济效应、分销和产品开发。这种并购的另一个结果可能是由于并购公司对 EVA 驱动因素了如指掌,从而具有提高价格的能力,这当然就是出于反垄断考虑一些对有竞争力公司的并购会被阻止的原因。

下面的几个层次是针对延伸产品、相关产品以及关联产品的并购,如果被并购公司提供的产品有助于并购公司生产线的扩展,则这种并购代表潜在价值创造的下一个层次。它使得并购公司不需要冒险涉足太远的领域就能增加核心业务,至多需要对其战略流程图进行一定的调整。关联产品是指那些存在于完全不相关公司,但在技术、生产过程或分销方面与并购公司有一定程度关联的产品。

17.3.4　EVA 并购定价分析

(一)EVA 投资价值改进方案的提出

EVA 投资价值改进方案的提出主要是为了解决在并购过程中可能发生的收购溢价问题。收购溢价是指为了取得收购所创造的协同效应带来的超额收益而付出的投资价值超过企业公平市值的部分。

对企业并购 EVA 定价改进方案中的投资价值,无论并购方出于何种并购动机,必须考虑 3 个关键因素:EVA、资本成本以及企业终值。

EVA 由 4 个部分组成:基本 EVA,表示无论并购发生与否,并购公司以及目标公司能独立获得的 EVA;协同效应产生的 EVA;上市带来的 EVA;进入新的行业、市场获得新的市场机会而带来的或者因为并购获得某些行业产品许可带来的先入优势 EVA 收益。

当并购方的并购动机只是单纯的投资行为,并没有并购后能带来的协同效应以及上市的价值等其他目的时,新公司的整体投资价值为基本 EVA。如果并购在不考虑上市资源的稀缺性价值以及节约上市成本价值时,新公司整体的投资价值为基本 EVA 与协同效应产生的 EVA。当并购方的动机是获得规模经济带来的协同效应、上市因素带来的价值时,投资价值是基本 EVA、协同效应产生的 EVA 与上市带来的 EVA。上市因素主要是指目前并购方享有的证券市场直接融资的便利以及由此带来的影响力。然而上市以后,公司会面临诸多不确定因素,因此目前很难对上市价值进行定量分析。同时,并购方在并购完成后往往还要投入巨额成本进行资产整合与重组。因此,上市带来的 EVA 应根据目标公司的经营状况、并购后的整合难度等因素在进行并购可行性分析时予以综合考虑。

（二）并购的资本成本组成

并购的资本成本是并购方为实施并购所付出的经济代价，可以把它细分为 4 个组成部分：获得目标公司控股权而实际支付的并购交易价格；并购后对目标公司的重组以及整合成本；被并购企业的表外负债以及或有负债；支付的其他成本。

获得目标公司控股权而实际支付的并购交易价格是指在并购交易时，并购方可以用现金、股票、证券或者三者的混合形式支付并购交易对价，但是不同的支付方式带来的成本也明显不同。同时，并购方也获得了目标公司的控制权。

在我国的公司并购中，重组和整合主要表现为：① 通过资产置换，把自身的优质资产折价注入上市公司，在短期内改善其经营业绩和财务状况，以获得配股、增发等再融资资格；② 对目标公司的业务结构、销售网络、运营流程等进行重新规划和重整，以使其纳入收购方自身发展轨道；③ 为实现战略意图而对目标公司的长期发展持续投入。在实务中，对公司上市所能带来的收益进行分析时，重组成本和整合成本一般已经合并考虑进去了。

表外负债是指被并购企业资产负债表上没有体现但实际上明确要承担的义务，如职工的退休工资、离职费、安置费等。这些费用虽然没有在被并购企业资产负债表上出现，但也是并购方实施并购需要负担的成本。或有负债指过去的交易或事项形成的支付义务，其存在须通过未来不确定事项的发生或不发生予以证实，如果或有负债发生了，并购企业就要承担支付义务，这是潜在的并购支付成本。或有负债形成的原因大致有未决诉讼以及争议，债务担保、纳税责任、环保责任、产品责任等。

并购中要支付的其他成本，包括并购直接费用（如支付给中介机构的并购咨询费、资产评估等相关的费用以及注册发行权益证券的费用等）、并购管理费用（包括企业并购部门的费用以及其他不能直接计入所核算的特定并购事项的费用等）。并购支付资金的需要量主要是由并购支付的对价决定的，尽管大型并购事件的并购直接费用也很多，但相对于庞大的并购所要支付的对价来说还是很少的，至于并购管理费用有时候更可以忽略不计。

（三）企业并购 EVA 定价改进方案的提出

只有当并购所带来的 EVA 大于或者等于并购后新公司获得的整体投资价值与并购的资本成本的差时，这个并购在经济可行性的角度上来说才是可以实施的。

由此，可以推导出以下公式：并购方在并购交易中能够支付给目标公司股东的交易价格上限≤并购后新公司获得的整体投资价值－并购后对目标公司的重组以及整合成本－被并购企业的表外负债以及或有负债－支付的其他成本。通常并购方在并购交易中能够支付给目标公司股东的交易价格上限大于等于目标公司净资产。

假设并购方企业为 B，目标企业为 S，并购后的企业为（B+S），并购支付的交易价格

为 P。在做并购可行性分析时，判断并购是否可行，必须满足两个条件：第一，（B+S）的价值大于等于 B 的价值与 S 的价值的和；第二，（B+S）的价值减 B 的价值，再减 S 的价值的差大于等于 P 与 S 的价值的差，也就是说（B+S）的价值减 B 的价值大于等于 P。第一个条件是判断并购是否可行的基础，第二个条件是判断并购后是否可以产生效益，两者缺一不可。

并购后新企业获得的整体投资价值大于等于 B 与 S 的最小公平市值，以及 S 的最小公平市值小于等于 P（这里要视 S 的最小公平市值与目标公司净资产孰大，选择较大值）；且 P 同时又小于等于并购后新企业获得的整体投资价值减 B 的最小公平市值，再减去并购后对目标企业的重组以及整合成本，再减去被并购企业的表外负债以及或有负债，再减去支付的其他成本。由此可以得出基于 EVA 的企业并购交易价格：并购交易价格＝（1+ 并购溢价系数）×S 的最小公平市值。

17.3.5　EVA 并购估值法优缺点分析

（一）EVA 并购估值法的优点

EVA 并购估值法具有以下优点。

（1）引进了资本增值的理念，定量分析并购方案是否会产生价值、产生多大价值，明确指出价值来源，落实未来价值创造责任。

（2）能够明确经营效率和资本效率之间的取舍。

（3）适用于横向与竞争对手进行业绩对比以及纵向逐年对比。

（4）可以从上而下或从下而上地分析企业价值（EVA 可用于对项目、产品、品牌、业务部门等进行价值评估）。

（5）理论上与现金流量净现值方法有相同的严谨性，但突出了年度业绩期望。

（6）越来越得到金融界和投资者的接受和应用。

（7）评价了企业创造新价值的能力，并体现了对企业非财务资本创造价值能力的重视，与企业管理直接挂钩、与企业管理制度定量挂钩，与企业资本预算、经营计划、战略选择、业绩考核和激励等管理方面直接挂钩。

（8）用经济利润代替会计利润，克服了按照会计原则进行价值衡量导致的企业价值扭曲。

（9）以权责发生制为基础计量，并吸收了收付实现制的特点。

（二）EVA 并购估值法的缺点

EVA 概念进入我国以后，我国很多学者对它进行了深入的研究。他们一致认为：EVA 在企业管理体系、激励制度、评价指标、理念体系、企业文化等方面将有广泛运用。但 EVA 作为一项评价指标具体应用到企业价值评估中，仍具有一定的局限性。

其局限性主要体现在以下几个方面。

（1）要求估算资本成本率，而这个指标的确定在实务中存在一定的难度。

（2）需要与动态分析方法相结合。

（3）应用于管理时需要管理者转变理念。

（4）对业务假设（如 NOPAT 增长、资本结构、资本支出等项目）的敏感性高。

（5）研究表明，EVA 理论不适用于金融机构、风险投资企业、新成立的企业以及矿山、石油开采（如周期性强的企业、创业企业）类型的企业。根据 EVA 的特点，适用 EVA 指标的企业必须是一家持续经营企业。

（6）不能提供并购评估的非财务标准（如战略、非市场因素、组织和人的因素）。

（7）通货膨胀的影响。EVA 评价使用的是资产历史成本，没有考虑到通货膨胀的影响，无法反映资产的真实收益水平，价值扭曲程度因企业所处的行业以及企业的资产结构和投资周期、折旧政策不同而有所差别。

（8）易折旧影响。在新资产使用初期，由于资本基础较大、资本成本较高，随着折旧增加，资本基础就逐渐变小；若采用直线法折旧，会使 EVA 逐渐增长。这样，有着大量新投资企业的 EVA 比新投资少的企业的 EVA 低。为了克服不平滑资本成本的影响，采用年金折旧法进行折旧。

17.3.6　EVA 并购整合管理

企业并购整合是指并购企业为了获得目标企业的资产所有权、股权和经营控制权进行的资产、人员等企业要素的整体系统性安排，从而使并购后的企业按照一定的并购目标、方针和战略组织运营。

（一）并购整合的过程

1. 整合规划与评估阶段

积极的整合策略始于并购前期，在选择并购目标、进行谨慎性调查时，就要分析组织的匹配性、业务的关联性以及文化的相容性等，以便确定核心能力的转移能否实现、并购整合后能否产生足够的协同效益。

2. 整合计划制订阶段

在分析评估的基础上正式组建整合团队，项目经理安排整合，制订全面的整合计划，并设定整合里程碑。整合计划中应包括 3 个基本要素：新企业的战略目标；对资源、系统和职责的整合将如何支持这些目标；整合的顺序和时间表。

3. 整合计划实施阶段

在这一阶段，企业具体实施整合计划，涉及企业治理结构、企业战略、人力资源、有形资产和无形资产等财务资产、业务及管理流程等的整合，这一阶段是整合成功的关键阶段。

4. 并购整合评价与改进阶段

随着整合计划的完成，合并后的新企业董事会需要及时对整合计划的实施效果、整合团队的工作绩效进行评价和审计，及时发现存在的问题。

根据评价结果和存在的问题，明确未来还需进行哪些方面的整合工作以及如何进行整合，并制订改进的长期计划。

（二）并购整合策略分析框架

首先，认真分析并购后整合的内、外部影响因素。外部因素包括社会文化、法律以及价值观等；内部因素包括双方业务的关联性、并购动机、战略取向、目标企业的资产状况、业务链以及人力资源等。

其次，确定整合战略，并制订详细的整合计划。

最后，通过并购整合，实现提升核心能力和强化市场地位的整合目标，最终实现创造新增价值的并购战略目标。

整合的关键包括以下 4 个方面。

1. 公司治理整合

根据整合计划，调整董事会、监事会、总经理等治理机关，并在整合战略的指导下重新设计治理机关的运作机制，重新设计公司的管理组织，重组和优化管理流程等。

2. 人力资源的整合

人力资源的整合包括人力资源的重新估价，支持层面的人力资源的重新调整、冗员裁减、保留关键员工，薪酬体系和绩效管理体系的调整与优化等。

3. 业务整合

从并购双方的价值链出发，识别存在并购协同效应的机会，对于增加新公司价值的环节进行整合以扩大价值增长，对于减少新公司价值的环节通过整合创造价值。

4. 资产的整合

资产的整合包括有形资产的整合和无形资产的整合，资产的整合应当以业务的整合为基础，应当有利于产生和增加并购协同效应。

目前大部分企业在并购整合管理中的问题主要有以下 8 个方面：缺乏明确的整合目标和相关责任落实、缺乏考评机制；在并购项目研究阶段没有深入探讨整合管理议题；并购项目分析决策的主体与并购后整体管理的责任主体偏离；并购后投资效益跟踪不健全；并购项目的经营、财务结构合并到区域事业部，淡化了对并购项目个体、业绩表现的跟踪、考察；事业部内部的生产和销售既有产销结合，又有产销分离；既有两者都是利润中心的，又有生产为成本中心、销售为利润中心的，导致个体项目绩效难以核准；年度预算与并购前商业计划脱节严重；过去管理重点以做新项目、扩大规模为目标，对并购后管理重视不足。这些问题容易导致以下不良后果：整合成本高，效益实现周期长，并购项目的财务、经营潜在风险巨大，资本市场对企业整合管理能力产生怀疑，影响公司未来融资能力。

并购整合管理成功的因素主要有：善于挖掘 EVA 价值驱动因素，如并购优质资产、加强投资后管理、发挥资产潜在价值；积极放权，在经营层面对并购企业进行结果管理，通过预算、考核制度来控制被并购企业；重视业务组合调整，对前景不佳的资产快速处理、出售。这都是 EVA 导向管理积极倡导的。

第 3 篇

|投融资管理篇|

第 18 章

企业投融资概述

18.1　企业融资与投资

18.1.1　企业融资与投资的关系

（一）企业融资

企业融资是指以企业为主体融通资金，使企业及其内部各环节之间资金供求由不平衡到平衡的运动过程。当资金短缺时，以最小的代价筹集到适当期限、适当额度的资金；当资金盈余时，以最低的风险、适当的期限将资金投放出去，以取得最大的收益，从而实现资金供求的平衡。企业融资的基本目的是维持企业正常生产、进行实业投资和扩大再生产。

（二）企业投资

企业投资是指企业投入资金，以期望在未来获取收益的一种行为。企业投资可分为直接投资和间接投资。直接投资是指把资金投放于生产经营环节，以期获取利益的投资。在非金融性企业中，直接投资所占比重较大。间接投资又称证券投资，是指把资金投放于证券等金融性资产，以期获得股利或利息收入的投资。企业投资的目的是发展生产、实现财务盈利目标和降低风险，而直接投资需要一定时间的投资过程和较长时间的回报过程。企业发展的驱动因素是资本，企业发展取决于投资，投资是企业的第一生产力。

（三）融资与投资的关系

融资与投资的关系用一句简单的话概括就是"融资为投资，投资需融资"。企业投资所需的资金来源于企业的自由资金和企业融资。融资与投资本来就是并存的，企业的融资就是投资机构的投资，企业融资的目的是投资，而融资和投资的操作程序及方法是完全对应的。

18.1.2　企业的融资方式

融资方式是企业筹集资金所采取的具体方式，受到法律环境、经济体制、融资市场等融资环境的制约，特别受国家对金融市场和融资行为方面的法律法规制约。

一般来说，企业最基本的融资方式有两种：股权融资和债务融资。股权融资形成企业的股权资金，通过吸收直接投资、公开发行股票、提取留存收益等方式取得；债务融资形成企业的债务资金，通过向金融机构借款、发行公司债券、融资租赁、利用商业信用等方式取得。至于发行可转换债券等筹集资金的方式，属于兼有股权融资和债务融资性质的混合融资方式。

（一）吸收直接投资

吸收直接投资，是指企业以投资合同、协议等形式定向吸收国家、法人单位、自然人等投资主体资金的融资方式。这种融资方式不以股票这种融资工具为载体，而是通过签订投资合同或投资协议规定双方的权利和义务，主要适用于非股份制公司筹集股权资本。吸收直接投资，是一种股权融资方式。

（二）公开发行股票

公开发行股票，是指企业以发售股票的方式取得资金的筹资方式。股票是股份有限公司发行的，表明股东按其持有的股份享有权利和承担义务的可转让的书面投资凭证。股票的发售对象，可以是社会公众，也可以是特定投资主体。这种筹资方式只适用于股份有限公司，而且必须以股票作为载体。公开发行股票，是一种股权融资方式。

（三）提取留存收益

留存收益，是指企业从税后净利润中提取的盈余公积金以及从企业可供分配利润中留存的未分配利润。提取留存收益，是企业将当年利润转化为股东对企业追加投资的过程，是一种股权融资方式。

（四）发行公司债券

发行公司债券，是指企业通过发售公司债券取得资金的融资方式。根据《公司法》《中华人民共和国证券法》（以下简称《证券法》）等法律法规规定，只有股份有限公司、国有独资公司、由两个以上的国有企业或者两个以上的国有投资主体投资设立的有限责任公司，才有资格发行公司债券。公司债券是公司依照法定程序发行、约定还本付息期限、标明债权债务关系的有价证券。发行公司债券，适用于向法人单位和自然人两种渠道进行融资。发行公司债券，是一种债务融资方式。

（五）向金融机构借款

向金融机构借款，是指企业根据借款合同从银行或非银行金融机构取得资金的融资方式。这种融资方式广泛适用于各类企业，既可以用于筹集长期资金，也可以用于融通短期资金，具有灵活、方便的特点。向金融机构借款，是一种债务融资方式。

（六）融资租赁

融资租赁，也称为设备租赁或现代租赁，是指企业与租赁公司签订租赁合同，从租赁公司取得租赁物资产，通过对租赁物的占有、使用取得资金的融资方式。融资租赁方式不直接取得货币性资金，企业通过租赁信用关系，直接取得实物资产，快速形成生产经营能力，然后通过向出租人分期交付租金的方式偿还资产的价款。融资租赁，是一种债务融资方式。

（七）利用商业信用

商业信用，是指企业之间在产品或劳务交易中，由于延期付款或延期交货所形成的借贷信用关系。商业信用是由业务供销活动形成的，是企业短期资金的一种重要的和经常性的来源。利用商业信用，是一种债务融资方式。

18.1.3　企业的投资方式

将企业投资的类型进行科学的分类，有利于分清投资的性质，有利于企业按不同的特点和要求进行投资决策，加强投资管理。

（一）直接投资与间接投资

按投资活动与企业自身生产经营活动的关系，企业投资可以划分为直接投资和间接投资。直接投资，是将资金直接投放于形成生产经营能力的实体性资产，直接谋取经营利润的企业投资。通过直接投资，企业购买并配置劳动力、劳动资料和劳动对象等具体生产要素，开展生产经营活动。间接投资，是将资金投放于股票、债券等权益性资产的企业投资。之所以称之为间接投资，是因为股票、债券的发行方，在筹集到资金后，再把这些资金投放于形成生产经营能力的实体性资产，以获取经营利润。而间接投资方不直接介入具体生产经营过程，而是通过股票、债券上所约定的收益分配权利，获取股利或利息收入，分享直接投资的经营利润。

（二）项目投资与证券投资

按投资对象的存在形态和性质，企业投资可以划分为项目投资和证券投资。企业可以通过投资，购买具有实质内涵的经营资产，包括有形资产和无形资产，形成具体的生产经营能力，开展实质性的生产经营活动，以谋取经营利润。这类投资，称为项目投资。项目投资的目的在于改善生产条件、扩大生产能力，以获取更多的经营利润。项目投资属于直接投资。企业可以通过投资，购买具有权益性的证券资产，通过证券资产所赋予的权利，间接控制被投资企业的生产经营活动，获取投资收益。这类投资，称为证券投资，即购买属于综合生产要素的权益性权利资产的企业投资。证券，是一种金融资产，即以经济合同为基本内容、以凭证票据等书面文件为存在形式的权利性资产。证券投资的目的在于投资企业通过持有权益性证券，获取投资收益，或控制其他企业的财务或经营政策，而并不直接参与具体生产经营过程。因此，证券投资属于间接投资。

直接投资与间接投资、项目投资与证券投资，这两种投资分类方式的内涵和范围是一致的，只是分类角度不同。直接投资与间接投资强调的是投资的方式，项目投资与证券投资强调的是投资的对象。

（三）发展性投资与维持性投资

按投资活动对企业未来生产经营前景的影响，企业投资可以划分为发展性投资和维持性投资。发展性投资，是指对企业未来的生产经营发展全局有重大影响的企业投资。发展性投资也可以称为战略性投资，如企业间兼并与合并的投资、转换新行业和开发新产品的投资、大幅度扩大生产规模的投资等。发展性投资项目的实施，往往可以改变企业的经营方向和经营领域，或者明显地提高企业的生产经营能力，或者实现企业的战略重组。维持性投资，是为了维持企业现有生产经营正常顺利进行，不会改变企业未来生产经营发展全局的企业投资。维持性投资也可以称为战术性投资，包括更新或替换旧设备的投资、配套流动资金的投资、生产技术革新的投资等。维持性投资项目所需要的资金不多，对企业生产经营的前景影响不大，投资风险相对也较小。

（四）对内投资与对外投资

按投资活动资金投出的方向，企业投资可以划分为对内投资和对外投资。对内投资，是指在本企业范围内的资金投放，投放的资金用于购买和配置各种生产经营所需的经营性资产。对外投资，是指对本企业范围以外的其他单位的资金投放。对外投资多以现金、有形资产、无形资产等资产形式，通过联合投资、合作经营、换取股权、购买证券资产等投资方式，向企业外部其他单位投放资金。对内投资都是直接投资，对外投资主要是间接投资，也可能是直接投资。

18.2　债权融资

根据我国资金市场和资本市场的发育情况，我国常见的债权融资方式有银行贷款、发行企业债券和集合资金信托等。不管处于什么样的资本市场环境，债权融资都是企业最为重要的融资方式之一。与股权一样，债权也是企业产权的重要组成部分。尽管一些长期债权融资方式，如长期借款和发行长期企业债券等，对企业控制权也会提出限制性要求，并存在"债转股"的潜在可能性，但债权融资对企业控制权配置不会产生实质性影响。

18.2.1　银行信贷

（一）银行信贷的概念

信贷，即信用、借贷。银行信贷是指以银行为中介并要求以利息为回报的货币借贷。以银行为中介，界定了信用形式及其发展阶段。银行信贷只指借贷通过银行进行，而不是企业之间的商业信用、财务发债的国家信用、个人之间的民间信用、商家与消费者之间的消费信用，更不是高利贷。现今的银行，已发展成为专门化、独立化的金融中介，专司存款货币经营的间接融资，可以与证券信用、商业信用、消费信用等相结合，将其纳入自身循环。

以利息为回报，是指借贷必须是有条件的，必须设定还本付息的前提。银行从事借债、用债、收债的交易活动，必须遵从债的普遍原则，即偿还利息，不然会造成银行破产，祸及社会。财政拨款、企业自有资金、慈善捐助、馈赠、救济等形式的资金，无须以利息回报为条件。

货币借贷指借贷的标的只能是货币，不能是实物。银行只经营货币，货币产品与其他产品无差别，可与一切产品进行交换，是社会一切财富的代表。银行的借贷行为具有广泛的社会性，能发挥引导社会资源合理流动的作用，并有利于降低借贷双方的成本。

（二）银行信贷的资金来源

银行信贷资金量最常见的来源有以下几种。

（1）各项存款，包括企业存款、城镇居民储蓄存款、农业存款、信托存款、其他存款（不包括以上内容）等。

（2）债券筹资。

（3）向中央银行借款。

（4）同业拆借和同业存放。

（5）代理性存款，包括代理财政性存款、委托存款及委托投资基金、代理金融机构委托贷款基金等。

（6）所有者权益，即出资人投资于商业银行的资金。

18.2.2　企业债券

（一）企业债券的概念

企业债券，是指企业依照法定程序发行，约定在一定期限内还本付息的有价证券，通常泛指企业发行的债券。企业债券的发行主体可以是股份公司，也可以是非股份公司，所以一般归类时，企业债券和企业发行的债券合在一起，可直接称为企业债券。

（二）企业债券的分类

企业债券按不同标准可以分为不同种类，常见的分类有以下几种。

（1）按期限划分，企业债券可分为短期企业债券、中期企业债券和长期企业债券。根据我国企业债券的期限划分，短期企业债券的期限在 1 年以内，中期企业债券的期限在 1 年以上 5 年以内，长期企业债的券期限在 5 年以上。

（2）按是否记名划分，企业债券可分为记名企业债券和不记名企业债券。如果企业债券上登记有债券持有人的姓名，投资者要凭印章或其他有效的身份证明领取利息，转让时要在债券上签名，同时还要到发行公司登记，这类债券称为记名企业债券；反之则称为不记名企业债券。

（3）按债券有无担保划分，企业债券可分为信用债券和担保债券。信用债券是指仅凭筹资人的信用发行的、没有担保的债券，信用债券只适用于信用等级高的债券发行人。担保债券是指以抵押、质押、保证等方式发行的债券。其中，抵押债券是指以不动产作为担保品所发行的债券，质押债券是指以有价证券作为担保品所发行的债券，保证债券是指由第三者担保偿还本息所发行的债券。

（4）按债券可否提前赎回划分，企业债券可分为可提前赎回企业债券和不可提前赎回企业债券。如果企业在债券到期前有权定期或随时购回全部或部分债券，这种债券就称为可提前赎回企业债券；反之则是不可提前赎回企业债券。

（5）按债券票面利率是否变动划分，企业债券可分为固定利率企业债券、浮动利率企业债券和累进利率企业债券。固定利率企业债券是指在偿还期内利率固定不变的企业债券；浮动利率企业债券是指票面利率随市场利率定期变动的企业债券；累进利率企业债券是指随着债券期限的增加，利率累进的企业债券。

（6）按发行人是否给予投资者选择权划分，企业债券可分为附有选择权的企业债券和不附有选择权的企业债券。附有选择权的企业债券，指债券发行人给予债券持有人一定的选择权，如可转换公司债券、有认股权证的企业债券、可退还企业债券等。可转换公司债券的持有者，能够在一定时间内按照规定的价格将债券转换成企业发行的股票；有认股权证的企业债券的持有者，可凭认股权证购买所约定的公司的股票；可退还企业债券的持有者，在规定的期限内可以退还该证券。反之，如果没有上述选择权的债券，即是不附有选择权的企业债券。

（7）按发行方式划分，企业债券可分为公募债券和私募债券。公募债券是指按法定手续经证券主管部门批准公开向社会投资者发行的债券；私募债券是指以特定的少数投资者为对象发行的债券，发行手续简单，但一般不能公开上市交易。

（三）企业债券的特点

企业债券有以下 4 个特点。

（1）契约性。作为一种有价证券，企业债券实际上代表着一种债权债务的责任契约关系。企业债券主要通过规定债券发行人在既定的时间内必须支付利息，在约定的日期内必须偿还本金，来明确双方的权利、义务和责任。这一特点表现在两种方式中：一种是债券持有者对发行者的特定资产（一般是指不动产）具有索偿权，一旦发行者的经营出现问题，债券持有者则可要求以已经指定的资产进行赔偿，这种债券实际上是抵押债券；另一种是债券的持有者对企业资产不具有索偿权，其索偿权是针对发行者的一般信誉而言的，这是企业债券中责任关系的通常形式。

（2）优先性。企业债券的持有者只是企业的债权人，不是所有者，无权参与或干涉企业日常的经营管理和决策工作。但债券持有者有按期收取利息的权利，其收入在会计科目上计入企业成本，所以在发放顺序上要优先于股东的分红。而当发债的企业在经营破产后清理企业资产时，债券持有者可优先于股东收回本金，且企业债券一般都在发行时便确定了还本的期限。

（3）通知偿还性。部分企业债券附有通知偿还的规定，即发行者具有可以选择在债券到期之前偿还本金的权利。发行债券的企业当准备降低债券的利率时通常使用这项权利，届时发行企业可以随时通知偿还一部分或全部企业债券。

（4）可兑换性。部分企业债券，如可转换公司债券，允许其持有者随意将其兑换成另一种金融交易工具。兑换条件在契约中已经明确，其目的也是增加债券的灵活性和流动性，从而减少利息的支出。

（四）企业债券与公司债务的差别

第一，发行主体的差别。公司债券是由股份有限公司或有限责任公司发行的，我国《公司法》和《证券法》对此也有明确规定，因此，非公司制企业不得发行公司债券。企业债券是由中央政府部门所属机构、国有独资企业或国有控股企业发行的债券，它对发债主体的限制比公司债券对发债主体的限制要求得多。在我国，各类公司有几百万家，而国有企业仅有 20 多万家。在发达国家中，公司债券的发行属公司的法定权力范畴，无须经政府部门审批，只需登记注册，发行成功与否基本由市场决定；与此不同的是，各类企业债券的发行则需要经过法定程序由授权机关审核批准。

第二，发债资金用途的差别。公司债券是公司根据经营运作具体需要所发行的债券，发债资金的主要用途包括固定资产投资、技术更新改造、改善公司资金来源的结构、调整公司资产结构、降低公司财务成本、支持公司并购和资产重组等。因此，只要不违反有关制度规定，发债资金如何使用几乎完全是发债公司自己的事务，无须政府部门的关心和审批。但在我国的企业债券中，发债资金的用途主要限制在固定资产投资和技术更新改造方面，并与政府部门审批的项目直接关联。

第三，信用基础的差别。在市场经济中，发债公司的资产质量、经营状况、盈利水平和可持续发展能力等是公司债券的信用基础。由于各家公司的具体情况不尽相同，所以，公司债券的信用级别也相差甚远，与此对应，各家公司的债券价格和发债成本有着明显差异。虽然运用担保机制可以增强公司债券的信用级别，但这一机制不是强制规定的。与此不同的是，我国的企业债券，不仅通过"国有"机制贯彻了政府信用，而且通过行政强制落实了担保机制，以至于企业债券的信用级别与其他政府债券的信用级别大同小异。

第四，管制程序的差别。在市场经济中，公司债券的发行通常实行登记注册制，即只要发债公司的登记材料符合法律等制度规定，监管机关就无权限制其发债行为。在这种背景下，债券市场监管机关的主要工作集中在审核发债登记材料的合法性、严格规范债券的信用评级、监管发债主体的信息披露和债券市场的活动等方面。

我国企业债券的发行中，发债需要经过严格审批，这是由于担心国有企业发债引致相关对付风险和社会问题。所以，在申请发债的相关资料中，不仅要求发债企业的债券余额不得超过净资产的 40%，而且要求有银行提供担保，以做到防控风险；一旦债券发行，审批部门就不再对发债主体的信用等级、信息披露和市场行为进行监督了。

第五，市场功能的差别。在发达国家中，发行公司债券是各类公司获得中、长期债务性资金的一个主要方式。在 20 世纪 80 年代后，公司债券又成为推进金融脱媒和利率市场化的重要力量。在我国，由于企业债券实际上属政府债券，它的发行受到行政机制的严格控制，每年的发行数额不仅远低于国债、央行票据和金融债券，而且也明显低于股票的融资额，为此，不论在众多的企业融资中还是在金融市场和金融体系中，它的作用都微乎其微。

18.2.3　过桥贷款

过桥贷款又称搭桥贷款，是指金融机构 A 拿到贷款项目之后，由于暂时缺乏资金没有能力运作，于是和金融机构 B 商量，让其帮忙发放资金，等金融机构 A 资金到位后，金融机构 B 则退出的贷款模式。这笔贷款对于金融机构 B 来说，就是所谓的过桥贷款。在我国，扮演金融机构 A 角色的主要是国家开发银行、中国进出口银行、中国农业发展银行等政策性银行，扮演金融机构 B 角色的主要是商业银行。过桥贷款是为并购交易双方"搭桥铺路"而提供的款项，可以理解为银行或其他金融机构向借方提供的一项临时或短期借款。它的形式可以是定期贷款，也可以是循环信用证，只是在时间方面更短些。所以它只能作为一种短期融资方式，在并购交易中起着"桥梁"的作用。过桥贷款的利率比一般贷款的利率要高 2%~5%。在市场情况变化异常时，交易必须加速运转，收购市场费较高，迫使买方快速获得资金以结束交易，从而相继采用过桥贷款，随后通过销售债券与权益票据来偿还银行贷款。

从一般意义上讲，过桥贷款是一种短期贷款，是一种过渡性的贷款。过桥贷款是使购买时机直接资本化的一种有效工具，回收速度快是过桥贷款的最大优点。过桥贷款的期限较短，最长不超过一年，利率相对较高，以一些抵押品（如房地产或存货）来做抵押。因此，过桥贷款也称为过桥融资、过渡期融资、缺口融资或回转贷款。过桥贷款在国外通常是指中介机构在安排较为复杂的中、长期贷款前，为满足其服务公司正常运营的资金需要而提供的短期融资。对我国证券公司来说，过桥贷款是专指由承销商推荐并提供担保，由银行向预上市公司或上市公司提供的流动资金贷款。也就是说，预上市公司发行新股或上市公司配股、增发的方案已得到国家有关证券监管部门批准，因募集资金尚不到位，为解决临时性的正常资金需要向银行申请并由具有法人资格的承销商提供担保的流动资金贷款。此外，过桥贷款还可以用于满足并购方实施并购前的短期融资需求。

18.3 融资租赁

18.3.1 融资租赁的特征

融资租赁又称设备租赁或现代租赁，是指实质上转移与资产所有权有关的全部或绝大部分风险和报酬的租赁。融资资产的所有权最终可以转移，也可以不转移。一般而言，融资租赁具有以下特征。

（1）租赁物由承租人决定，由出租人出资购买并租赁给承租人使用，并且在租赁期间内只能租给一个承租人使用。

（2）承租人负责检查验收制造商所提供的租赁物，对该租赁物的质量与技术条件，出租人不向承租人提供担保。

（3）出租人保留租赁物的所有权，承租人在租赁期间支付租金而享有租赁物的使用权，并负责租赁期间租赁物的管理、维修和保养。

（4）租赁合同一经签订，在租赁期间任何一方均无权单方面撤销合同。只有租赁物毁坏或被证明为已丧失使用价值的情况下方能中止执行合同，无故毁约则要支付相当多的罚金。

（5）租期结束后，承租人一般对租赁物有留购和退租两种选择，若要留购，购买价格可由租赁双方协商确定。

18.3.2 融资租赁的种类

（一）直接融资租赁

直接融资租赁是指由承租人指定设备及生产厂家，委托出租人融通资金购买并提供设备，由承租人使用并支付租金，租赁期满由出租人向承租人转移设备所有权或由承租人续租的融资租赁方式。直接融资租赁以出租人保留租赁物所有权和收取租金为条件，使承租人在租赁期内对租赁物取得占有、使用和收益的权利。这是一种典型的融资租赁方式。

（二）经营性租赁

经营性租赁方式下，由出租人承担与租赁物相关的风险与收益。使用这种方式的企业不以最终拥有租赁物所有权为目的，在其财务报表中不将租赁资产反映为固定资产。企业为了规避设备风险或者需要进行表外融资，或需要利用一些税收优惠政策，可以选择经营性租赁方式。

（三）出售回租

出售回租，有时又称售后回租、回租租赁等。出售回租是指物件的所有权人首先与租赁公司签订买卖合同，将物件卖给租赁公司，取得现金；然后，物件的原所有权人作为承租人，与该租赁公司签订回租合同，将该物件租回。物件的原所有权人按回租合同还完全部租金并付清物件的残值以后，重新取得物件的所有权。

（四）转租赁

转租赁是以同一物件为标的物的多次融资租赁方式。在转租赁业务中，上一租赁合同的承租人同时又是下一租赁合同的出租人，称为转租人。转租人向其他出租人租入租赁物件再转租给第三人，转租人以收取租金差为目的。租赁物品的所有权归第一出租人。

（五）委托租赁

委托租赁是指出租人接受委托人的资金或租赁标的物，根据委托人的书面委托，向委托人指定的承租人办理融资租赁业务的融资方式。在租赁期内租赁标的物的所有权归委托人，出租人只收取手续费，不承担风险。

（六）分成租赁

分成租赁是一种结合投资的某些特点的创新性租赁方式。租赁公司与承租人之间在确定租金水平时，是以租赁设备的生产量与租赁设备的相关收益来确定租金的，而不是以固定或浮动的利率来确定租金的，设备的生产量大或与租赁设备相关的收益高，租金就高；反之租金则少。

18.3.3 融资租赁的功能

（一）融资功能

融资租赁从其本质上来看以融通资金为目的，它是为解决企业资金不足的问题而产生的。需要添置设备的企业只需付少量资金就能使用到所需设备进行生产，因此，融资租赁相当于为企业提供了一笔中、长期贷款。

（二）促销功能

融资租赁可以用"以租代销"的形式为生产企业提供金融服务。一方面可避免生产企业存货太多，导致流通环节的不畅通，有利于社会总资金的加速周转和国家整体效益的提高；另一方面可扩大产品销路，提高产品在国内、外市场上的竞争能力。

（三）投资功能

融资租赁也是一种投资行为。租赁公司对租赁项目具有选择权，可以挑选一些风险较小、收益较高以及国家产业倾斜的项目给予资金支持。同时一些拥有闲散资金、闲散设备的企业也可以通过融资租赁使其资产增值。融资租赁作为一种投资手段，既可以使资金具有专用性，又可以改善企业的资产质量，使中小企业实现技术、设备的更新改造。

（四）资产管理功能

融资租赁将资金运动与实物运动相联系。因为租赁物的所有权在租赁公司，所以租赁公司有责任对租赁资产进行管理和监督，控制资产流向。随着融资租赁业务的不断发展，还可利用设备生产者为设备的承租人提供维修、保养和产品升级换代等特别服务，使承租人经常能使用上先进的设备，降低使用成本和设备淘汰的风险，尤其是对于售价高、技术性强、无形损耗快或利用率不高的设备有较大好处。

18.3.4 融资租赁的会计处理

（一）承租人的会计处理

1. 租赁期开始日的会计处理

在租赁期开始日，承租人应当将租赁期开始日租赁资产公允价值与最低租赁付款额现值两者中较低者作为租入资产的入账价值，将最低租赁付款额作为长期应付款的入账价值，其差额作为未确认融资费用。承租人在计算最低租赁付款额的现值时，如果知悉出租人的租赁内含利率，应当采用出租人的租赁内含利率作为折现率；否则，应当采用租赁合同规定的利率作为折现率。如果出租人的租赁内含利率和租赁合同规定的利率均无法知悉，应当采用同期银行贷款利率作为折现率。其中，租赁内含利率是指在租赁期开始日，使最低租赁收款额的现值与未担保余值的现值之和等于租赁资产公允价值与出租人的初始直接费用之和的折现率。

2. 未确认融资费用的分摊

在融资租赁下，承租人向出租人支付的租金中，包含了本金和利息两个部分。承租人支付租金时，一方面应减少长期应付款，另一方面应同时将未确认的融资费用按一定的方法确认为当期融资费用。在先付租金（即每期期初等额支付租金）的情况下，租赁期第一期支付的租金不含利息，承租人只需减少长期应付款，不必确认当期融资费用。

在分摊未确认的融资费用时，按照租赁准则的规定，承租人应当采用实际利率法。在采用实际利率法的情况下，根据租赁期开始日租赁资产和负债的入账价值的基础不同，融资费用分摊率的选择也不同。未确认融资费用的分摊率的确定具体分为下列几种情况。

（1）以出租人的租赁内含利率为折现率将最低租赁付款额折现，且以该现值作为租赁资产入账价值的，应当将租赁内含利率作为未确认融资费用的分摊率。

（2）以合同规定利率为折现率将最低租赁付款额折现，且以该现值作为租赁资产入账价值的，应当将合同规定利率作为未确认融资费用的分摊率。

（3）以同期银行贷款利率为折现率将最低租赁付款额折现，且以该现值作为租赁资产入账价值的，应当将同期银行贷款利率作为未确认融资费用的分摊率。

（4）以租赁资产公允价值为入账价值的，应当重新计算分摊率。该分摊率是使最低租赁付款额的现值等于租赁资产公允价值的折现率。存在优惠购买选择权时，在租赁期届满时，未确认融资费用应全部摊销完毕，租赁负债应当减少至优惠购买金额。在承租人或与其有关的第三方对租赁资产提供了担保或由于在租赁期届满时没有续租而支付违约金的情况下，在租赁期届满时，未确认融资费用应当全部摊销完毕，租赁负债还应减少至担保余值。

3. 租赁资产折旧的计提

承租人应对融资租入的固定资产计提折旧，主要涉及两个问题：一是折旧政策，二是折旧期间。

（1）折旧政策。

对于融资租入资产，计提折旧时，承租人应采用与自有应折旧资产相一致的折旧政策。同自有应折旧资产一样，租赁资产的折旧方法一般有年限平均法、工作量法、双倍余额递减法、年数总和法等。如果承租人或与其有关的第三方对租赁资产余值提供了担保，则应计折旧总额为租赁期开始日固定资产的入账价值扣除担保余值后的余额；如果承租人或与其有关的第三方未对租赁资产余值提供担保，则应计折旧总额为租赁期开始日固定资产的入账价值。

（2）折旧期间。

租赁资产的折旧期间，应视租赁合同而定。如果能够合理确定租赁期届满时承租人将会取得租赁资产的所有权，即可认为承租人拥有该项资产的全部使用寿命。因此，应以租赁期开始日租赁资产的寿命作为折旧期间；如果无法合理确定租赁期届满后承租人是否能够取得租赁资产的所有权，则应以租赁期与租赁资产寿命两者中较短者作为折旧期间。

4. 履约成本的会计处理

履约成本是指租赁期内为租赁资产支付的各种使用费用，如技术咨询和服务费、人员培训费、维修费、保险费等。承租人发生的履约成本通常应计入当期损益。

5. 或有租金的会计处理

或有租金是指金额不固定，以时间长短以外的其他因素（如销售量、使用量、物价指数等）为依据计算的租金。由于或有租金的金额不固定，无法采用系统的、合理的方法对其进行分摊，所以或有租金在实际发生时，计入当期损益。

6. 出租人提供激励措施的处理

出租人提供免租期的，承租人应将租金总额在不扣除免租期的整个租赁期内，按直线法或其他合理的方法进行分摊，免租期内应当确认租金费用及相应的负债。出租人承担了承租人某些费用的，承租人应将该费用从租金费用总额中扣除，按扣除后的租金费用余额在租赁期内进行分摊。

7. 租赁期届满时的会计处理

租赁期届满时，承租人对租赁资产的处理通常有 3 种情况：返还、优惠续租和留购。

（1）返还租赁资产。

租赁期届满，承租人向出租人返还租赁资产时，通常借记"长期应付款——应付融资租赁款""累计折旧"科目，贷记"固定资产——融资租入固定资产"科目。

（2）优惠续租租赁资产。

如果承租人行使优惠续租选择权，应视同该项租赁一直存在而做出相应的账务处理。如果租赁期届满时承租人没有续租，根据租赁协议规定须向出租人支付违约金时，借记"营业外支出"科目，贷记"银行存款"等科目。

（3）留购租赁资产。

在承租人享有优惠购买选择权的情况下，支付购买价款时，借记"长期应付款——应付融资租赁款"科目，贷记"银行存款"等科目；同时，将固定资产从"融资租入固定资产"明细科目转入相关明细科目。

8. 相关会计信息的列报与披露

承租人应当在资产负债表中，将与融资租赁相关的长期应付款减去未确认融资费用的差额，在长期负债或一年内到期的长期负债中列示。承租人应当在附注中披露与融资租赁有关的下列信息。

（1）各类租入固定资产的期初和期末原价、累计折旧额。

（2）资产负债表日后连续3个会计年度每年将支付的最低租赁付款额以及以后年度将支付的最低租赁付款额总额。

（3）未确认融资费用的余额以及分摊未确认融资费用所采用的方法。

（二）出租人的会计处理

1. 租赁债权的确认

由于在融资租赁下，出租人将与租赁资产所有权有关的风险和报酬实质上转移给承租人，将租赁资产的使用权长期转让给承租人，并以此获取租金，所以，出租人的租赁资产实际上在租赁期开始日就变成了收取租金的债权。出租人应在租赁期开始日，将租赁期开始日最低租赁收款额与初始直接费用之和作为应收融资租赁款的入账价值，并同时记录未担保余值，将应收融资租赁款、未担保余值之和与其现值的差额确认为未实现融资收益。

会计处理为：在租赁期开始日，出租人应按最低租赁收款额与初始直接费用之和，借记"长期应收款——应收融资租赁款"科目；按未担保余值，借记"未担保余值"科目；按租赁资产的公允价值（最低租赁收款额的现值和未担保余值的现值之和），贷记"融资租赁资产"科目；按租赁资产公允价值与其账面价值的差额，借记"营业外支出"科目或贷记"营业外收入"科目；按发生的初始直接费用，贷记"银行存款"等科目；按借方与贷方的差额，贷记"未实现融资收益"科目。

2. 未实现融资收益分配的会计处理

在分配未实现融资收益时，出租人应当采用实际利率法计算当期应确认的融资收入。由于在计算内含报酬率时已考虑了初始直接费用的因素，为了避免未实现融资收益高估，在初始确认时应对未实现融资收益进行调整。会计处理为：出租人每期收到租金时，按收到的租金，借记"银行存款"科目，贷记"长期应收款——应收融资租赁款"科目。在未确认融资收益初始确认时对其进行调整，借记"未实现融资收益"科目，贷记"长期应收款——应收融资租赁款"科目。每期采用合理的方法分配未实现融资收益时，按当期应确认的融资收入金额，借记"未实现融资收益"科目，贷记"租赁收入"科目。

3. 应收融资租赁款坏账准备的计提

为了更加真实、客观地反映出租人在融资租赁中的债权，出租人应当定期根据承租人的财务及经营管理情况，以及租金的逾期期限等因素，分析应收融资租赁款的风险程度和回收的可能性，对应收融资租赁款合理计提坏账准备。出租人应对应收融资租赁款减去未实现融资收益的差额部分（在金额上等于本金的部分）合理计提坏账准备，而不是对应收融资租赁款全额计提坏账准备。计提坏账准备的方法由出租人根据有关规定自行确定。坏账准备的计提方法一经确定，不得随意变更。会计处理如下。

（1）根据有关规定合理计提坏账准备时，借记"信用减值损失"科目，贷记"坏账准备"科目。

（2）对于确实无法收回的应收融资租赁款，经批准作为坏账损失，冲销计提的坏账准备时，借记"坏账准备"科目，贷记"长期应收款——应收融资租赁款"科目。

（3）已确认并转销的坏账损失，如果以后又收回，按实际收回的金额，借记"长期应收款——应收融资租赁款"科目，贷记"坏账准备"科目；同时，借记"银行存款"科目，贷记"长期应收款——应收融资租赁款"科目。

4. 未担保余值发生变动的会计处理

出租人应定期对未担保余值进行检查，至少于每年年末检查一次。如果有证据表明未担保余值已经发生减少，应重新计算租赁内含利率，并将由此而引起的租赁投资净额（即最低租赁收款额及未担保余值之和与未实现融资收益之间的差额）的减少确认为当期损失，以后各期根据修正后的租赁投资净额和重新计算的租赁内含利率确定应确认的租赁收入。如已确认损失的未担保余值已经恢复，应在原先已确认的损失金额内转回，并重新计算租赁内含利率，以后各期根据修正后的租赁投资净额和重新计算的租赁内含利率确定应确认的融资收入。未担保余值增加时，则不进行任何调整。

在未担保余值发生减少时，对前期已确认的融资收入不进行追溯调整，只对未担保余值发生减少的当期和以后各期，根据修正后的租赁投资净额和重新计算的租赁内含利率计算应确认的融资收入。会计处理如下。

（1）期末，按出租人的未担保余值的预计可收回金额低于其账面价值的差额，借记"信用减值损失"科目，贷记"未担保余值减值准备"科目。同时，按上述减值金额与由此所产生的租赁投资净额的减少额之间的差额，借记"未实现融资收益"科目，贷记"信用减值损失"科目。

（2）如果已确认损失的未担保余值得以恢复，应按未担保余值恢复的金额，借记"未担保余值减值准备"科目，贷记"信用减值损失"科目。同时，按原减值额与由此产生的租赁投资净额的增加额之间的差额，借记"信用减值损失"科目，贷记"未实现融资收益"科目。

5. 或有租金的会计处理

出租人在融资租赁下收到的或有租金，应在实际发生时确认为当期收入。会计处理为：借记"银行存款"等科目，贷记"租赁收入"科目。

6. 租赁期届满时的会计处理

租赁期届满时，出租人应区别以下情况进行会计处理。

（1）收回租赁资产。

通常有可能出现以下 4 种情况。

① 存在担保余值，不存在未担保余值。出租人收到承租人返还的租赁资产时，借记"融资租赁资产"科目，贷记"长期应收款——应收融资租赁款"科目。如果收回租赁资产的价值低于担保余值，则应向承租人收取价值损失补偿金，借记"其他应收款"科目，贷记"营业外收入"科目。

② 存在担保余值，同时存在未担保余值。出租人收到承租人返还的租赁资产时，借记"融资租赁资产"科目，贷记"长期应收款——应收融资租赁款""未担保余值"等科目。如果收回租赁资产的价值扣除未担保余值后的余额低于担保余值，则应向承租人收取价值损失补偿金，借记"其他应收款"科目，贷记"营业外收入"科目。

③ 存在未担保余值，不存在担保余值。出租人收到承租人返还的租赁资产时，借记"融资租赁资产"科目，贷记"未担保余值"科目。

④ 担保余值和未担保余值均不存在。此时，出租人无须进行会计处理，只进行相应的备查登记。

（2）优惠续租租赁资产。

① 如果承租人行使优惠续租选择权，则出租人应视同该项租赁业务一直存在而进行相应的会计处理。例如，可能继续分配未实现融资收益等。

② 如果租赁期届满时承租人没有续租，承租人向出租人返还租赁资产时，其会计处理同上述收回租赁资产的会计处理。

（3）留购租赁资产。

租赁期届满时，承租人行使了优惠购买选择权。出租人按收到的承租人支付的购买资产的价款，借记"银行存款"等科目，贷记"长期应收款——应收融资租赁款"科目。如果还存在未担保余值，还应借记"营业外支出——处置固定资产净损失"科目，贷记"未担保余值"科目。

7. 相关会计信息的披露

出租人应在附注中披露与融资租赁有关的下列事项。

（1）资产负债表日后连续 3 个会计年度每年将收到的最低租赁收款额及以后年度将收到的最低租赁收款额总额。

（2）未实现融资收益的余额。

（3）分配未实现融资收益所采用的方法。

18.4　股权融资

18.4.1　股权融资的概念与特点

股权融资是指企业的股东愿意让出部分企业所有权,通过企业增资的方式引进新的股东,同时使总股本增加的融资方式。对于股权融资所获得的资金,企业无须还本付息,但新股东将与老股东同样分享企业的盈利与利润增长。

股权融资具有 3 个特点。

1. 永久性

股权融资筹集的资金具有永久性,无到期日,无需归还。

2. 不可逆性

企业采用股权融资无须还本,投资者欲收回本金,需借助流通市场。

3. 无负担性

股权融资没有固定的股利负担,股利的支付与否和支付数额视公司的经营情况而定。

18.4.2　股权融资的优势与风险

(一)股权融资的优势

股权融资在企业投资与经营方面具有以下优势。

(1)股权融资需要建立较为完善的公司法人治理结构。公司的法人治理结构一般由股东大会、董事会、监事会、高级经理组成,相互之间形成多重风险约束和权力制衡机制,降低了企业的经营风险。

(2)在现代金融理论中,证券市场又称公开市场,指的是在比较广泛的制度化的交易场所中,对标准化的金融产品进行买卖活动,是在一定的市场准入、信息披露、公平竞价交易、市场监督制度下规范进行的。与之相对应的贷款市场,又称协议市场,在这个市场上,贷款者与借款者的融资活动通过直接协议开展。在金融交易中,人们更重视的是信息的公开性与可得性。所以从信息公开性和资金价格的竞争性两方面来讲证券市场优于贷款市场。

(3)如果借款者在企业股权结构中占有较大份额,那么其运用企业借款从事高风险投资和产生道德风险的可能性就将大大减小。因为如果这样做,借款者自己也会蒙受巨大损失，所以借款者的资产净值越大，借款者按照贷款者的希望和意愿行事的动力就越大，银行债务拖欠和损失的可能性就越小。

（二）股权融资的风险

当企业在利用股权融资对外筹集资金时，企业的经营管理者就可能产生进行各种非生产性的消费，采取有利于自己而不利于股东的投资政策等道德风险行为，导致管理者和股东的利益冲突。詹森和麦克林（1976）认为，当融资活动被视为契约安排时，对于股权契约，由于存在"委托（股东）-代理（管理者）"关系，代理人的目标函数并不总是和委托人的目标函数相一致的，而产生代理成本。

代理人利用委托人的授权为增加自己的收益而损害和侵占委托人的利益时，就会产生严重的道德风险和逆向选择。要解决代理人的这种道德风险，应转换融资方式，企业投资所需的部分资金通过负债的方式来筹集被认为是比较有效的方法。代理人的道德风险主要源于代理人持股比例过低，只要提高代理人的持股比例就能有效地抑制其道德风险。因此，在代理人的持股比例不变的情况下，在企业的融资结构中，增加负债的利用额，使代理人的持股比例相对上升，就能有效地防止代理人的道德风险，缓解代理人与委托人之间的利益冲突。

由于负债的利息采用固定支付的方式，负债的利息有利于削减企业的闲余现金收益流量。在詹森和麦克林的分析框架中，债务是通过提高代理人的股权比例来降低股权的代理成本的。因此，对代理人几乎或根本不拥有股权的大型现代公司来说，这种说法解释力不足。格罗斯曼和哈特（1982）弥补了这个缺陷，在他们的研究中假定代理人在企业中持股比例为0或接近于0，这时债务可视为一种担保机制，从而降低代理成本。当企业利用负债进行融资时，如果企业经营不善、经营状况恶化，债权人有权对企业进行破产清算，这时，企业代理人将承担因企业破产而带来的企业控制权的丧失的后果。因此债务融资可以被当作一种缓和委托人和代理人冲突的激励机制。

18.4.3　股权融资的方式

（一）股权质押融资

股权质押融资，是指出资人以其拥有的股权这一无形资产作为质押标的物，为自己或他人的债务提供担保的行为。把股权质押作为向企业提供信贷服务的保证条件，增加了中、小企业的融资机会。

（二）股权增资扩股融资

股权增资扩股融资也称股权增量融资，是权益性融资的一种形式，是股份公司和有限责任公司上市前常用的融资方式。按照资金来源划分，企业的增资扩股可以分为外源增资扩股和内源增资扩股。外源增资扩股是以私募方式进行的，通过引入国内、外战略投资者和财务投资者增强企业资本实力，实现企业的发展战略和行业资源的整合。内源增资扩股是通过原有股东加大投资，使股东的股权比例保持不变或者发生一定的改变，从而增加企业的资本金。

增资扩股融资具有以下优点。

一是能够扩大企业的股本规模，增强企业实力及影响力，降低资产负债率，优化资本结构，有利于提高企业的信誉度。

二是增资扩股利用股权筹集资金，所筹集的资金属于自有资本。与债务资本相比，自有资本一方面能够提高企业的信誉和借贷能力，对于扩大企业的生产规模、壮大企业实力具有重要作用；另一方面自有资本没有还本付息的风险，资本始终存在于企业，除非企业破产。

三是吸收直接投资不仅可以筹集现金，而且能够直接获得所需要的先进设备与技术，这与仅筹集现金的筹资方式相比较，更能尽快形成生产经营能力。

四是通过增资扩股实现企业改制，也是一个产权明晰的过程。由于外部股东的加入，企业可以利用外部股东在管理上的经验，建立有效的企业治理结构以及激励与约束机制；可以调整股东结构和持股比例，克服企业一股独大的缺陷，建立股东之间的制约机制。

五是企业根据其经营状况向投资者支付报酬——企业经营状况好，可向投资者多支付一些报酬；企业经营状况不好，可不向投资者支付报酬或少支付报酬，比较灵活，没有固定支付的压力，财务风险较小。

六是通过增资扩股不仅可以增加企业的净资产，同时也可以增加企业的现金流量，有利于企业加大固定资产的投资力度，提高企业的产能、销售收入和净利润，加快企业发展，为上市创造条件。

（三）私募股权融资

私募股权融资是相对于股票公开发行而言的，是以股权转让、增资扩股等方式通过定向引入累计不超过 200 人的特定投资者，使公司增加新的股东获得新的资金的融资方式。近年来，随着全球的私募基金蜂拥进入中国，私募融资已成为非上市公司利用股权直接融资的有效方式之一。

私募股权融资有以下优点。

首先，私募股权融资的手续较为简便，企业能快速获得所需资金，且一般不需要抵押和担保。

其次，私募股权投资者在所投资企业的经营管理上非常积极主动，为企业提供经营、融资、人事等方面的咨询与支持，营造一种良好的内部投资者机制，为企业提供前瞻性的战略指导，帮助企业更快地成长和成熟起来。

最后，企业通过有效运作所融资金，扩大生产规模、降低生产成本，使企业资产增加、融资渠道多样化，从而获得更多的外部支持，提升品牌形象，提高内在价值。

第 19 章
管理层收购

19.1　管理层收购及其利益机制

管理层收购来源于英文 Management Buyout，其缩写为 MBO。MBO 与人力资本管理理念相适应，是以公司内部管理层为收购者而实施的特殊的杠杆收购。MBO 是一种有效联结资本市场和人才市场的公司产权和激励管理的创新机制。

并不是所有的公司都适合做 MBO，目标公司在产权、行业、管理、经营和环境方面必定具有一些特征。MBO 的主要关联方包括目标公司管理层、原有股东和当地政府、为 MBO 而设立的特殊目的公司（Special Purpose Vehicle，SPV）、新投资者、贷款人和中介机构。成功的 MBO，要有效平衡这些关联方的利益关系。

19.1.1　管理层收购基本概念

（一）基本含义

19 世纪 60 年代至 70 年代，英国开始出现在一些公司分立或剥离时，公司将部分股份出售给管理该公司的管理层的现象。英国工商金融公司将该种现象称为管理层收购，即 MBO。关于管理层收购的概念，我国学术界尚未有统一的界定，亦是众说纷纭。李盾认为，管理层收购即目标公司的管理者或经理层利用借贷融资本公司的股份，从而改变本公司所有者结构、控制权结构和资产结构，进而达到重组本公司的目的，并获得预期收益的一种收购行为。徐士敏认为，管理层收购是指目标公司的管理层或经理层通过融入资金，购买本公司股权，从而改变公司股权结构的一种重组行为，也是杠杆收购的一种方式。任自力认为，所谓管理层收购，是指目标公司的管理层利用融资购买本公司股份，从而获得或可能获得本公司实际控制权的行为。李耀认为，管理层收购是指上市公司的在职管理层通过股权转让活动成为上市公司的第一大直接股东或间接股东，并拥有对公司的实际控制权的行为。

与管理层收购概念相近的是杠杆收购，英文为 Leveraged Buyout，其缩写为 LBO。杠杆收购是指收购者以自己很少的本钱为基础，从投资银行或其他金融机构筹集、借贷大量、足够的资金进行收购活动，收购后公司的收入（包括拍卖资产的营业利润）刚好支付因收购而产生的高比例负债，这样能达到以很少的资金赚取高额利润的目的。管理层收购实质上是杠杆收购的一种，管理层亦是通过杠杆收购的方式取得目标公司的控制权。

当然并不是凡是有管理层参与的公司收购即被称为管理层收购。管理层收购中的管理层通常指高级管理层。但在我国国有企业的管理层收购中，普通员工也会参与。

（二）主要特征

（1）收购主体通常为高级管理层。管理层收购的技术操作性很强，涉及范围广泛，且领域之间跨度比较大，尤其是金融、法律领域充满着风险，所以，管理层收购对管理层有很高的要求。管理层不仅要具有强大的管理能力，还要有很强的融资能力以保证收购的方案能顺利进行，使目标公司收购后能顺利完成企业治理结构的调整和业务整合，从而获得较高的经济效益。高级管理层在管理层收购中起着主导作用。

（2）收购方式为杠杆收购。管理层收购体现为高负债。通常，管理层收购的资金需求非常大，而管理层自身并不能提供足够的资金。因此，杠杆收购为管理层的首选。管理层收购计划的完成通常要借助外部大量的债务或股权性融资，融资方案的高财务杠杆性质决定了收购本身的高风险、高回报，也决定了目标公司应当是具有较大潜在管理效率空间的公司，能够通过收购实现代理成本的明显节约和经济效益的明显提升。管理层的融资方式尤为重要，是收购成功的关键。管理层必须设计出合理、可行的融资方案以满足收购的需要。

（3）收购后管理层获得实际控制权并获取预期的经济效益。实施管理层收购后，管理层获得公司的实际控制权。此种控制并不必然表现为管理层获得控股地位或多数的表决权，管理层能间接控制公司也属此种控制。收购完成后，管理层实现了企业所有权与经营权的结合。管理层收购可以激励管理层缩减代理成本、提高管理效率，管理层通过获得股份分红的方式以获取更大的经济利益。

19.1.2　管理层收购目标公司

我国国有资产管理体制改革处于探索阶段，制度环境尚不健全，一些地方把 MBO 作为调整国有经济布局和激励管理层的手段进行运用，结果与现代公司制度发展方向相背离，在实践中造成了很多问题。一些地方把 MBO 作为甩掉包袱的一种手段，造成国有资产损失和不公平交易，进一步加剧了国有企业中的信息不对称和内部人控制问题的严重性，产生了新的金融风险。与成熟的市场经济国家相比，MBO 的目标公司在我国发生了重大变异：①MBO 大量地出现在上市公司中，在我国，上市公司涉及公众的利益，MBO 直接影响到对流通股股东进行补偿的政策衔接。如果进行 MBO，则很难保证管理层个人对流通股股东进行补偿；② 收购是在没有明晰的产权主体的前提下进行的，卖方不明确，价格不公允，操作不透明；③MBO 的资金来源渠道不明。在这种情况下，MBO 更多地成了使国有资产和公众财富向私人流动的一个通道。

19.1.3 管理层收购目标公司的类型

从国外的 MBO 来看，目标公司的类型主要有以下 3 种。

1. 上市公司

这类的 MBO 目标公司是股票在交易所上市的公司。通常公司被收购后即转为私人控股，股票停止上市交易，所以这种 MBO 又称为公司的"非市场化"。这类目标公司进行 MBO 的目的有以下几种。

（1）管理层的创业尝试。MBO 为管理层实现企业家理想开辟了一条新途径。

（2）作为对敌意收购的防御手段。当上市公司面临敌意袭击者的进攻时，MBO 可以提供很有效而又不具有破坏性的保护性防御。管理层以 MBO 为手段购回企业股票，已发展成一种越来越被广泛采用的新颖的金融技术。

（3）作为大额股票转让的途径。一些机构投资者或大股东打算退出公司而转让股票时，让其在交易所公开卖出股票是不现实的，而且让大量股票外流也会影响公司的稳定，于是 MBO 就成为实现转让的最好选择。

（4）公司希望摆脱上市制度的约束。各国针对上市公司一般都制定有严格的法律法规，以约束其行为，保障股东的利益。一些管理层认为这些制度束缚了他们的手脚，成为上市公司束缚了企业的发展，于是以 MBO 方式使企业退出股市，转成非上市公司。

2. 集团的子公司或分支机构

一些多种经营的集团逆向操作，出售其多余的子公司和分支机构，甚至从某些特定行业完全退出，以便集中力量发展核心业务；或者是改变经营重点，将原来的非主营业务定为主营业务，出售其余部分业务（包括原主营业务）。这时候最愿意购买的人，往往是企业内部管理者。

3. 进行私有化的国有公营部门

这些国有公营部门通常有以下几种情况。

（1）准备将国有公营部门整体出售。

（2）国有企业整体分解为多个部分，再分别卖出，原企业变成多个独立的私营企业。

（3）多种经营的国有集团公司出售其边缘业务，继续保留其核心业务。

（4）地方政府或准政府部门出售一些地方性服务机构。

19.1.4　管理层收购的核心机制

MBO 的主要参与方包括目标公司管理层、原有股东、为 MBO 而设立的 SPV、新投资者、贷款人和中介机构。各主要参与方的利益机制如下。

1. 目标公司管理层

管理层在公司新的投资者和贷款人的帮助下，通过控股的 SPV 而控制目标公司。MBO 将直接给管理层带来以下好处：① 成为公司的股东，分享公司成长发展所带来的利益；② 在公司发展的低潮期收购股权，通过改善公司的经营业绩使公司股票增值后出售所持有的股权，或在公司上市后通过资本市场收回投资并获得丰厚回报；③ 在公司 MBO 过程中，通过与中介顾问、投资者、贷款人和资本市场的接触，进一步明确公司发展战略，并引入新的经营管理理念和先进技术，全面提升公司价值。

2. 原有股东

公司的原有股东基于业务调整、战略转型、长期规划等动机支持管理层实施 MBO。原有股东通过将目标公司的股权或资产出售给 SPV 而套回大量现金，或换回少量股权以分享公司 MBO 后的价值增值。

3. 为 MBO 而设立的 SPV

在证券行业，SPV 是指特殊目的的载体，也称为特殊目的机构、公司，其职能是在离岸资产证券化过程中，购买、包装证券化资产和以此为基础发行资产化证券，向国外投资者融资。SPV 是指接受发起人的资产组合，并发行以此为支持的证券的特殊实体。SPV 是运作 MBO 的必需平台，在管理层或新投资者与目标公司之间起着"防火墙"作用。

4. 新投资者

新投资者多是风险基金、投资银行或贷款人，他们更多的是起联结、沟通的作用。在管理层未完全控股 SPV 以前，新投资者直接出资持有 SPV 股份，并向管理层转让部分股权以换取其业绩回报。新投资者看中的是管理层对目标公司的实际控制权及目标公司所拥有的"潜在的管理效率空间"带来的价值增值。

5. 贷款人

贷款人通常是提供信贷支持的金融机构、投资机构和个人。贷款人与新投资者之间通常存在密切的合作关系，充分信赖新投资者的投资判断和诚信。贷款人直接向 SPV 提供融资以支持其收购目标公司，也会通过新投资者以"债转股"方式成为 SPV 的"过桥"股东。

6. 中介机构

中介机构包括财务顾问、会计师、律师、资产评估师（含房地产估价师）和管理顾问等，为 MBO 提供专业服务，同时收取相应的中介服务费。

19.2　管理层收购的实施

管理层实施 MBO，必须符合公司系统规划设计、平衡各利益相关者的利益、公司收益最大化和控制风险这些关键原则。

MBO 的整个实施过程包括达成意向，准备工作，确定交易的资产或业务范围，寻找融资来源，融资结构设计，价值评估及交易标的定价，确定管理层持股形式，办理公告、申报和过户手续，整合与提升企业价值，安排 MBO 还款资金来源等 10 个关键步骤。MBO的实施是一个系统工程，必须做好每一个步骤的风险控制和利益平衡工作，才能保证 MBO取得成功。

19.2.1　管理层收购的实施原则

实施 MBO 的基本原则包括系统规划设计、平衡各利益相关者的利益、公司收益最大化和风险控制等方面。

（一）系统规划设计原则

加强 MBO 实施过程的计划性，整体设计并系统规划 MBO 交易的全过程，是成功实施MBO 必不可少的基础环节。

（二）平衡各利益相关者的利益原则

在 MBO 机制中，最为核心的 3 个利益相关者是管理层、现有股东和投资者，其各自的价值取向分别是：① 对于管理层而言，其目标是实现企业股票价值最大化、个人投资成本最小化；② 对于现有股东而言，其追求股价最大化、交易过程快速、提供的承诺和保证最小化；③ 对于投资者而言，其目标是股票交易价格最小化、得到的回报和保证最大化。

在实施MBO过程中寻找利益平衡点、协调好各利益相关者的利益，也是极为重要的内容。MBO有其内在的利益平衡机制，但各关联方的利益可能存在着这样或那样的矛盾，有的甚至是此消彼长的关系，因此需要不断平衡，求得较为稳妥的实施环境。

（三）公司收益最大化原则

为了追求公司价值的最大提升，符合各相关者的根本利益，通常的手段包括提高经营业绩、"跑赢"债务、利用债务创造股权价值。

（四）风险控制原则

MBO方案设计过程中需要充分考虑各种可能的风险因素，以采取相应控制措施消除或降低风险。MBO过程的风险分析如表19-1所示。

表19-1　MBO过程的风险分析

	法律及审批风险	股东关系及人员安排风险	财务风险	未来经营风险
风险表现	（1）方案是否符合法规要求 （2）如涉及外资，需要考虑投资行业限制 （3）审批程序及时间考虑	（1）新旧股东的关系协调 （2）原有管理层在实施MBO后的安排 （3）企业冗员安排	（1）交易定价的可操作性 （2）收购资金的来源 （3）若企业未来经营不善，高额负债将形成巨大还款压力	（1）企业改组后的整合效果 （2）企业业绩的实际提升
相应对策	（1）与政府部门进行积极有效的沟通 （2）聘请相关顾问进行咨询	（1）切实了解、妥善协调各方利益 （2）遵照政府有关规定妥善安置冗员	（1）聘请专业评估机构评估 （2）合理设计交易及资本结构 （3）聘请相关顾问进行咨询	（1）制定切合实际的企业未来发展战略 （2）优化人员、结构和业务

19.2.2　管理层收购的实施步骤

MBO的实施步骤包括准备阶段、设计阶段、实施阶段、批准阶段、整合与发展阶段等5个阶段，具体包括的环节的工作如图19-1所示。

图 19-1　MBO 过程关键环节的工作安排

（一）达成意向

企业在达成初步意见环节的主要工作包括：① 对 MBO 实施的可行性进行初步评估；② 企业的管理层与现有股东达成初步意向；③ 现有股东征询政府主管部门的初步意见。

只有当管理层的征询意见得到肯定答复时，管理层才能正式启动 MBO 的运作。

（二）准备工作

企业在实施 MBO 计划时主要准备工作包括：① 企业应该组建内部工作团队、设立相应的管理层激励体系、组建 MBO 的收购主体；② 选择合适的收购中介机构（包括律师、会计师、资产评估师、管理顾问等），组建外部团队；③ 选择收购的机构战略投资者，通过其他相关机构的谈判达成收购融资安排。

管理层需要就管理层收购的方式进行决策：是自行完成，还是采用信托方式完成，或者寻求风险基金及战略同盟的参与。

（三）确定交易的资产或业务范围

首先，需要明确界定收购时交易的资产或业务范围，这就需要从企业经营战略和财务优化这两个角度来进行考察。

从经营战略角度需要考虑：① 外部市场环境分析；② 行业、市场竞争分析；③ 企业发展战略；④ 企业内部资源；⑤ 企业产品所处生命周期的阶段。从财务优化角度需要考虑：① 资产状况，如净资产额、总资产额、不良资产的比重等；② 获利能力，如净资产收益率等；③ 盈利结构，如主营业务利润、投资收益等；④ 资本结构；⑤ 现金流，稳定持续的经营性现金流最为重要。

其次，确定交易方式——是购买目标公司的股权，还是购买其资产。股权交易与资产交易这两种方式存在着较大的差别，如表 19-2 所示。

表 19-2　股权交易方式与资产交易方式的比较

	股权交易	资产交易
法律	法律整体收购：转让所有产权及与之相关的权利、责任	选择性收购：只包括企业的固定资产、工业产权、专有技术、经营许可权或营销网点等部分资产
会计和税务	可利用累积亏损减少企业所得税支出；可按企业原账面净资产核定计提折旧的基数，加大税基	交易价格与原账面价值的差额所形成的净损益计入应纳税所得额，计征企业所得税；按成交价格重新核定折旧计提基数
优势	生产和经营的连续性不受影响；较易得到政府的支持；较可能以低价获得有增值潜力的资产	操作难度相对较小；可以选择有效的资产和人员；投资额相对较小
弊端	操作难度较高；需要考虑股权结构、员工安置和承担原有债务等存量问题	影响生产和营业的连续性；剩余人员利用剩余资产和业务形成同业竞争

最后，确定资产、业务重组的工作程序，如图 19-2 所示。

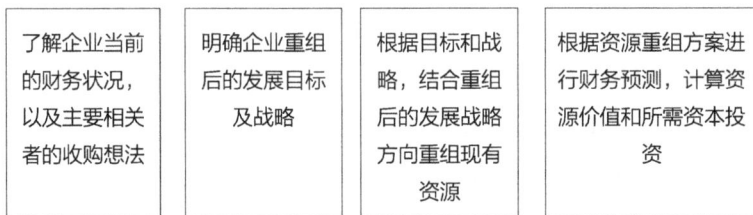

了解企业当前的财务状况，以及主要相关者的收购想法	明确企业重组后的发展目标及战略	根据目标和战略，结合重组后的发展战略方向重组现有资源	根据资源重组方案进行财务预测，计算资源价值和所需资本投资

图 19-2　确定资产、业务重组的工作程序

（1）了解企业当前的财务状况，以及主要相关者的收购想法，包括：① 了解企业所处的行业背景和市场环境；② 分析企业当前的财务状况；③ 了解各相关者（股东、债权人与管理层等）的计划与想法。

（2）明确企业重组后的发展目标及战略。包括：① 分析企业的竞争力、市场份额，以及面临的机遇和挑战；② 确定企业重组后的发展目标和战略。

（3）根据企业的资源状况，结合重组后的发展战略方向重组现有资源，包括：① 结合企业现有的资源状况和发展战略，设计资源整合和重组方案；② 比较不同重组方案的利弊，包括对各主要相关者可能造成的影响。

（4）根据资源重组方案进行财务预测，计算资源价值和所需资本投资，包括：① 根据重组方案进行财务预测，确定收购的价值范围；② 讨论企业重组方案所涉及的技术问题；③ 测算重组方案所需的资金数额。

（四）寻找融资来源

MBO 融资在我国受到严格限制，除管理层自有资金以外，我国 MBO 融资渠道主要还有以下几种。

1. 民间借贷

民间借贷是指管理者可以利用个人信用向其他个人或者非金融企业借款的行为。

2. 股权质押贷款

股权质押贷款是指管理层以未来获取的目标公司的股权为质押品向银行申请的贷款。这种贷款类似于住房抵押贷款，管理层在向银行申请贷款时并未拥有股权所有权，而是把用贷款购买的股权质押给银行，质押只是作为一种手段，使贷款成为可能。

3. MBO 信托

信托是指委托人基于对受托人的信任，将其财产权委托给受托人，由受托人按委托人的意愿以自己的名义，为受益人的利益或者特定目的进行管理或者处分的行为。将信托应用于 MBO 领域，与 MBO "联姻"即产生 MBO 信托。

4. MBO 基金

MBO 基金是一种风险并购资本，它既可提供债务融资，也可进行股权投资，抑或两者兼而有之。MBO 基金的独特作用在于风险分散功能：MBO 基金可以同时投资于若干个 MBO 项目，使其形成一个 MBO 组合，与单个 MBO 项目相比，MBO 组合的期望收益率不变，风险则显著降低。

（五）融资结构设计

无论何种融资渠道，都要充分考虑融资结构的设计，以及风险和回报因素。各融资渠道所占比例一般按优先债、次级债、外部投资者和管理层的顺序由大渐小排序，如表 19-3 所示。

表 19-3 MBO 融资结构设计

融资性质	特征	来源渠道	所占比例
管理层	普通股	目标公司管理层	5%~10%
外部投资者	普通股或优先股	投资基金	15%~29%
次级债	无担保，要求较高利息	保险公司、养老基金	10%~20%
优先债	以机器设备、不动产作抵押	商业银行	50%~60%

企业在进行融资结构设计时要重点考虑 MBO 方案中的资本结构问题，要充分考虑

MBO 项目的息税前利润和利息保障倍数因素，使债务偿还较有保障。

（六）价值评估及交易标的定价

企业价值评估是指对企业或业务在一个特定时点的整体价值做出系统科学的判断及评价，这个评估既包括企业整体资产的价值评估，也包括企业权益资本的价值评估。

在假定企业满足持续经营的前提下，最常用的评估价值基础是市场公允价值。市场公允价值是指熟悉市场情况的买卖双方在公平交易的条件下和自愿的情况下所确定的价格，或无关联双方在公平交易的条件下一项资产可以被买卖或者一项负债可以被清偿的成交价格。在公允价值计量下，资产和负债按照在公平交易中熟悉市场情况的交易双方自愿进行资产交换或者债务清偿的金额计量。

企业价值评估流程如图 19-3 所示。

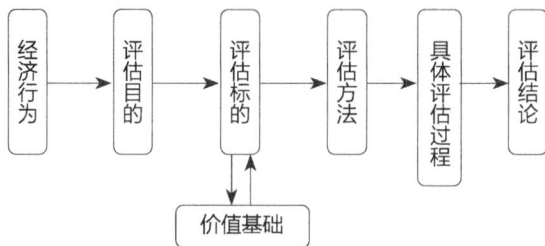

图 19-3　企业价值评估流程

企业价值评估方法主要包括成本法、市场法和收益法。

价值评估的主要难点在于：① 对资产价值、企业价值或市场公允价值含义的理解；② 对有关国有资产评估、合资、合同等民商法规的执行尺度的把握，特别是国有资产评估所涉及的核准或备案等特定程序的影响；③ 评估方法的选用；④ 评估过程中操作细节，以及与各关联方的沟通和谈判；⑤ 无形资产的作价；⑥ 如何准确地评估现金流；⑦ 评估报告的恰当理解和运用。

（七）确定管理层持股形式

综合国内、外 MBO 实践，管理层持股形式有干股、期股、期权和虚拟股票等多种形式，如表 19-4 所示。

表 19-4　管理层的不同持股形式

形式	基本概念	特点及变通方式
干股	对管理层某种形式的奖励或无偿赠送；分配盈余和剩余财产的顺序通常位于其他股东之后，故又称"递延股"	限制性干股：管理者在限制期内有表决权和分红权，但没有处置权； 递延性干股：管理者在工作一段时间后方可获得，是限制性干股的变通； 廉价股：通常以较低的价格或名义价格出售给管理层
期股	股东与管理层达成书面协议，允许管理层在其任职期间，按其经营业绩逐年获得一定的股份	这是我国较多采用的方式 管理层通常可先取得所购股份的分红权，以分红所得分期支付购股款项； 支付全部购股款项后，管理层方可取得股份的完全所有权
期权	根据合同约定，管理层拥有在将来一定期限内按照某既定价格购买既定数量股份的权利	根据美国税务法则分为两类 激励股票期权：管理层可获得税收优惠，行权时无须纳税，出售股票时才需按资本利得税率纳税； 非法定股票期权：管理层在行权时即需为股票市价和行权价之间的差额纳税，出售时购税方式同"激励股票期权"购税方式，但公司可按差额等额扣除应纳税所得额，对公司较为有利
虚拟股票	非真实股票，管理层仅有分红权，不享有所有权；虚拟股票产生的分红收益与管理层的经营业绩挂钩	管理层仅在一定时期内享有约定数量股票的分红权； 公司无须发行新股票

无论是何种持股形式，管理层成员之间都必须按以下 4 个要素妥善解决好持股问题：持股人范围、持股量、持股价格、持股期限。管理团队中是否有核心人物，其重要性在这一环节上显得特别关键。

（八）办理公告、申报和过户手续

在完成实施阶段后，管理层和原股东双方签订《股权转让协议》，并同时签署《委托管理协议》。在股权转让事项的审批期间，被转让股份股东委托收购方代行股东权利。

如目标公司是上市公司，签署协议后应予以公告，披露股权转让的相关信息，同时向当地证管办和中国证券监督管理委员会（以下简称"证监会"）报备相关材料。涉及国有股的转让，其协议生效还需得到国务院国有资产监督管理委员会（以下简称"国资委"）的批准。

在获得国资委批准后，目标公司需要进行第 2 次公告，同时到交易所和中央登记结算中心办理相关法律手续。

（九）整合与提升企业价值

管理层在实施 MBO 后需要在企业内部进行结构、资源整合。这种调整主要反映在财务结构调整和经营管理模式调整方面。

实施 MBO 后的新企业与原企业相比，资产结构发生了较大的变化。这就对管理层运作资本的能力提出了更高的要求。在企业实施 MBO 之后，要保证原有融资方案的顺利进行，满足企业出资方的基本要求，增强出资方对管理层的信任度；同时必须使所有者权益持有人看到融资初期确定的资本回报预期的可实现性。保证实施 MBO 后企业财务状况的稳定，是管理层面临的重要任务。

企业进行资源整合与提升企业价值的手段包括：① 降低企业生产经营成本，提高产品边际收益率；② 提高企业经营管理的效率，减少不必要的管理费用；③ 整合企业现有的人力资源，调整薪酬激励方式；④ 增强企业员工的责任感和凝聚力，发挥其主观能动性和创造能力，通过提高员工的工作效率改善企业生产经营状况；⑤ 采取有效措施，稳定、改善与客户的关系，增强客户对企业的信心，赢得良好的口碑；⑥ 利用企业经营管理上的重大变革的机会，调整企业原有信息传递渠道，提高市场反应速度；⑦ 根据原企业存在的管理问题，改变管理风格，建立适应企业特点的积极、高效的企业文化，保证企业经营的稳定性。

（十）安排 MBO 还款资金来源

管理层的还款资金来源包括企业经营的盈利分红、企业部分资产变现和部分股权转让所得等。

（1）企业经营的盈利分红。盈利分红通常是管理层偿还贷款的首选。除少数盈利企业外，分红所得仅能满足支付贷款利息所需。通过派息分红偿还 MBO 贷款如图 19-4 所示。

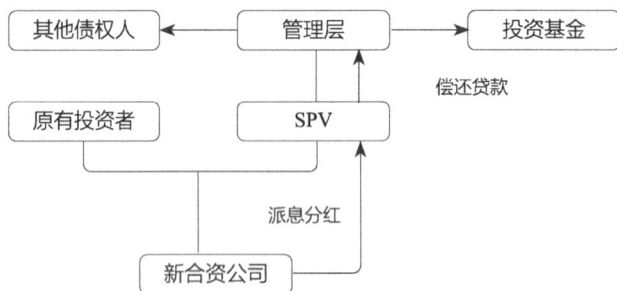

图 19-4　通过派息分红偿还 MBO 贷款

（2）企业部分资产变现。在实施 MBO 后的整合阶段，可剥离原企业部分非主营业务，将其变现用以偿还贷款。

（3）部分股权转让所得。管理者可通过以下两种方法转让部分股权：引入战略投资者，满足企业长期战略发展需要，管理层出让部分股权，用于偿还贷款；SPV 整体上市或将部分业务分拆上市，管理层溢价出售部分股权，所得资金用于偿还贷款。

第 20 章
投资管理基本理论

　　投资，是指特定经济主体（包括国家、企业和个人）为了在未来和可预见的时期内获得收益或使资金增值，在一定时期向一定领域的标的物投放足够数额的资金或实物等货币等价物的经济行为。从特定公司角度来看，投资就是公司为获取收益而向一定对象投放资金的经济行为。

20.1　集团公司投资的动机和原则

20.1.1　集团公司投资的动机

　　集团公司进行投资的主要动机一般以扩张为主，主要包括下以下几点。

　　（1）与现有产品或现有市场有关的扩充型投资，如为了增加现有产品的产量或扩充现有销售渠道所进行的投资。

　　（2）与新产品或新市场有关的扩充型投资，如为了生产新产品或打入新的市场所进行的投资。

　　（3）与维持集团公司现有生产经营有关的重置型投资，如更换已报废或已损坏的生产设备所进行的投资。

　　（4）与降低成本有关的重置型投资，如为了更换可用但已陈旧的生产设备所进行的投资。这类投资的目的是凭借效率较高的新设备来降低人工成本、原料用量与其他生产费用。

　　（5）与工业安全或环境保护有关的强制性或非收入性投资，如为了符合政府法令、劳动协议或保险条款的规定所进行的投资。

（6）其他投资动机。凡是不属于上述各类的投资，如为修建停车场或办公大楼所进行的投资等，均属此类。

20.1.2 集团公司投资的原则

1. 基本原则——确定合理可行的集团投资战略目标

集团公司应明确规定集团投资战略目标和投资领域，以及确立母公司和各子公司投资活动必须遵循的基本原则。集团公司最高决策制定机构在制定投资战略目标前，应充分考虑国家中、长期发展规划和产业结构政策，资金的需要量及筹资的难易程度，集团的经营能力、管理水平等，并考虑目标行业增长率、市场需求总量和市场成长性，研究目标行业已存在的和潜在的竞争对手的技术能力、营销渠道，测算本集团可能占有的市场份额，以避免决策上的失误。

2. 主要原则——分散风险，进行多角化投资

我国目前的集团公司多采用前后一体化的投资模式。集团公司的发展也可选择多角化投资的发展道路。进行多角化投资时，必须优先考虑产业的关联性，充分考虑公司核心技术与核心产品的优势，使综合性集团公司中的经营领域有所偏重。这样既有利于整个集团减少风险，又有利于扩大生产规模、提高生产效率和竞争能力，发挥集团公司的经营综合优势。

3. 重要原则——加强投资决策权控制，完善投资计划设计及决策机制的构建

母公司作为投资主体，具有重大投资决策权。各子公司在自身规模和经营能力范围内，也应具有一定的投资决策权。在设计投资方案前，各集团成员应进行充分的信息收集、分析和整理工作，选择合适的投资规模、时间和资金放放方式，制定可行的投资方案。方案制定后，应报集团最高权力机关审批。集团最高权力机关应考察其是否与集团的长远规划相匹配、与其内部环境和外部环境相协调，并权衡投资项目的风险和收益，以决定投资计划的取舍。

4. 在投资方案实施过程中遵循财务控制原则

在投资方案的实施过程中，应进行跟踪调查，并与财务评价系统相联系，考察其是否达到了既定目标，利用总资产利润率、资本保值增值率等指标判断资产的使用是否有效。在评价结果不理想时，须查找原因，并将结果反馈给集团管理决策层，以求改进投资方案或考虑实施产业退出战略。

20.2　投资的种类和领域

20.2.1　投资的种类

（一）按照投资行为的介入程度分类

1.　直接投资

直接投资，是指由投资者直接介入投资行为，即将货币资金直接投入投资项目，形成实物资产或者购买现有企业资产的一种投资，其特点是投资行为可以直接将投资者与投资对象联系在一起。

2.　间接投资

间接投资，是指投资者以其资本购买公共债务、公司债券、金融债券或公司股票等，以期获取一定收益的投资，也称为证券投资。

（二）按照投资的领域分类

1.　生产性投资

生产性投资，是指将资金投入生产、建设等物质生产领域，并能够形成生产能力或可以产出生产资料的一种投资，又称为生产资料投资。这种投资的最终成果是形成各种生产性资产，包括固定资产、无形资产、其他资产和流动资金等。

2.　非生产性投资

非生产性投资，是指将资金投入非物质生产领域，不能形成生产能力，但能形成社会消费能力和服务能力，满足人们物质文化生活需要的一种投资。这种投资的最终成果是形成各种非生产性资产。

（三）按照投资的方向分类

1.　对内投资

从企业的角度来看，对内投资就是项目投资，是指企业将资金投放于为取得供本企业生产经营使用的固定资产、无形资产、其他资产和垫支流动资金而形成的一种投资。

2.　对外投资

对外投资，是指企业为购买国家及其他企业发行的有价证券或其他金融产品（包括期货与期权、信托、保险），以货币资金、实物资产、无形资产向其他企业（如联营企业、子公司等）注入资金而发生的投资。

20.2.2　投资领域

投资领域是集团总部依托核心有能力的母体的衍生或支持能力对企业集团整体及各层成员企业（特别是重要成员企业）投资活动的有效范畴做出的限定，如对产业性质与产品系列定位、市场开发与渗透区域等做出的限定，是集团战略发展结构的具体体现。

投资领域的确立，预先排除了任何偏离集团核心能力有效支持的投资活动。在投资领域的限定下，那些偏离核心的投资提案甚至根本不予考虑。同样，对于业已存在的投资项目，也必须从是否符合战略发展结构的角度重新进行审视。如果某投资项目背离了核心能力或战略发展结构，即使其当前有着良好的业绩，但基于长远利益考虑，要果断地将其舍弃让售出去，以聚合资金、增强核心业务的竞争能力。现实中，受多元化观念的影响，众多企业集团将有限的资金资源分散投放于核心能力的非相关业务或项目。非相关业务或项目资金的大量占用，也许可以取得一些短期的效应，但这些企业集团没有意识到，这样做等于把本来应投资于关乎企业集团竞争优势与前途命运的核心业务运作的资源，束绑在非相关的业务或项目上。而这些非相关业务或项目，较之核心业务，即使当前取得了一定的机会收益，但对于集团未来竞争优势的强化并无多大的裨益。然而，一旦其中某些非相关业务或项目陷入困境，严重时甚至会将整个企业集团拖垮。此等事例不仅在国外大量存在，在我国也不胜枚举。

企业集团的命运取决于竞争优势，竞争优势的生成与强化离不开核心能力的培育与拓展，而能否依托核心能力的有效支持谋取市场竞争优势，确立思路清晰的战略发展结构，并遵循这一战略发展结构制定相关的投资政策，明确有效的投资领域，实现人力资源、生产资料资源、财务资源、技术信息资源及管理资源等各项资源聚合优势的充分保障，对于企业集团的兴衰具有至关重要的决定性影响。

20.3　投资方式

投资方式是指企业集团及其成员企业实现资源配置、介入市场竞争的具体方式，是贯彻集团战略发展结构与投资政策、谋求市场竞争优势、实现投资战略目标的配套的战术性支持。

投资方式的选择，取决于市场供求结构的变动预期、企业集团的不同类型及集团总部对资本纽带或产业纽带控制力度的不同考虑。一个完全随机变动的投资方式，可能能在一定阶段取得一些短期效果，但从长期来看，不仅可能导致企业集团竞争优势的丧失，而且容易引起内部控制管理结构的紊乱，妨碍企业集团资源配置与投资效率的提高。当然，投资方式的稳定性并不否定调整变动的必要性，当某种投资方式已经失去生命力时，调整与变动是完全必要的。

具体到不同类型的企业集团，各自投资方式的选择也有不同的倾向性，且基本都与对资本纽带与产业纽带关系的考虑相联系。

在资本型企业集团中，如何实现资本的保值增值是母公司关注的核心点。为了充分发挥资本的杠杆效应，最大限度地实现资本运作的目标，母公司对核心成员企业显然更倾向于绝对控股投资方式，而核心成员企业在发展更低层阶成员企业时，自然也应当以绝对或相对控股投资方式为主导思想。相反，对于那些不涉及资本运作或纯粹属于生产经营实体的一般性成员企业，母公司可权衡财务资源能力与利弊，决定是控股还是参股，是绝对控股抑或相对控股。对于这类一般性的成员企业，只要不涉及母公司控制权结构变动，各自采用怎样的投资方式，母公司都不予干涉，只要其收益回报或市场价值符合母公司资本保值与增值的期望值即可。

在产业型企业集团中，对于那些与母公司存在母子关系的成员企业，绝对或相对控股投资方式是主要的，在这一方面类似于资本型企业集团。不同的是，产业型企业集团管理总部或母公司所实施的资本运作的目的并不只在于资本的保值与增值，更主要的还在于借助资本运作调整产业、产品结构，优化资源配置，保障并进一步强化核心产业或主导产品的市场竞争优势，同时也为子公司等成员企业建立一种风险机制。这对于子公司，特别是重要的核心企业对外或对更低层阶成员企业投资方式选择上，就不能简单地仿照资本型企业集团的方式了，而必须进一步从是否有利于强化市场竞争优势的角度加以权衡分析。再者，有相当一些成员企业，母公司并不具有直接或间接控股权。既然缺乏资本纽带关系，那么这些成员企业各自选择何种投资方式，显然不是母公司能够完全限定的。在这种情况下，产业纽带关系便凸显出来。如果母公司或其控股的核心企业具有强大的产业优势（如产品优势、技术优势和信息及销售网络优势等），且这种优势足以吸引各成员企业产生高度的依附性，则无论对于母公司所控股的子公司还是对于非控股的其他成员企业（包括没有任何资本关系的关联企业），母公司在对各成员企业投资方式的限定上都有相当大的权威性。

20.4 投资标准和程序

20.4.1 投资标准

1. 投资质量标准

投资质量标准即企业集团对其系列化的主导产品规定的必须达到或具备的适应市场竞争的基本功能与素质（这里并不排除对非核心产品的质量要求）。要使投资质量标准得以落实，就必须在企业集团内部建立严格的质量保障制度与质量监督体系，实行质量否决措施。

站在市场竞争的角度，强调质量标准并非意味着质量越高越好，其中还涉及相关的成本问题。因为高质量与多功能旨在满足客户对产品使用价值的期望，并由此为产品的市场销售确立必要条件。但仅仅是质量与功能满足，并非直接意味着产品销售的必然实现，而是否具有价格的竞争优势才最终将起着决定性的作用。质量过高、功能过剩，势必会加大企业的成本支出，削弱价格竞争优势的空间，妨碍销售的增长。相反，如果为了降低成本而降低成本，以致质量过低、功能不足，易使产品失去市场，成本控制也就变得毫无意义。因此，如何准确把握质量与成本的关系，凭借质量与成本的双重优势强化市场竞争优势，是厘定投资质量标准必须权衡的一个核心问题。

2. 投资财务标准

投资财务标准是企业集团基于谋求市场竞争优势、实现价值最大化与资本保值增值目标而对投资回报确立的必要水准，是从价值角度决定投资项目可行与否的基本依据。从这个意义上来讲，财务标准的核心点便是如何厘定投资必要报酬率或必要资产收益率。

在制定投资财务标准时，企业集团必须同时关注收益的数量与质量特征，并确立相应的投资收益的数量标准与投资收益的质量标准。

20.4.2 投资程序

（1）提出投资领域和投资对象。这需要在把握良好投资机会的情况下，根据企业的长远发展战略、中长期投资计划和投资环境的变化来确定。

（2）评价投资方案的财务可行性。在分析和评价特定投资方案经济、技术可行性的基础上，进一步评价其是否具备财务可行性。

（3）投资方案比较与选择。在财务可行性评价的基础上，对可供选择的多个投资方案进行比较和选择。

（4）投资方案的执行。投资方案的执行即投资方案的具体实施。

（5）投资方案的再评价。在投资方案的执行过程中，应注意原来做出的投资决策是否合理、正确。一旦出现新的变化，要随时根据变化做出新的评价和调整。

20.5 投资评价的基本方法

对于创造价值而言，投资决策是 3 项决策中最重要的决策。筹资的目的是投资，投资决定了筹资的规模和时间。投资决定了购置的资产类别，不同的生产经营活动需要不同的资产，因此投资决定了日常经营活动的特点和方式。

投资决策决定着企业的前景，以至于提出投资方案和评价方案的工作已经不是财务人员能单独完成的了，而是需要所有管理人员的共同努力。

财务管理所讨论的投资主要是指企业进行的生产性资本投资，简称资本投资。资本投资管理的主要内容是通过投资预算的分析与编制对投资项目进行评价。因此，资本投资也称为"资本预算"或"投资项目分析与评价"。

20.5.1 生产性资本投资的特点

广义的投资，是指为了将来获得更多现金流入而现在付出现金的行为。这里讨论的只是投资的一种类型，即企业进行的生产性资本投资。

企业的生产性资本投资与其他类型的投资相比，主要有两个特点。

（1）投资的主体是企业。财务管理讨论的投资，其主体是企业，而非个人、政府或专业投资机构。不同主体的投资目的不同，并因此导致决策的标准和评价方法等诸多方面的区别。

企业从金融市场筹集资金，然后投资于固定资产和流动资产，期望能运用这些资产赚取报酬，增加企业价值。企业是金融市场上取得资金的一方，企业取得资金后进行的投资，其报酬必须超过金融市场上提供资金者要求的报酬，只有超过部分才可以增加企业价值。如果投资报酬低于资金提供者要求的报酬，将会减少企业价值。因此，投资项目的评价标准，应以资本成本为基础。

个人投资者是金融市场上提供资金的一方，他们把属于自己的现金投放于金融市场，目的是通过放弃现在的消费而换取将来更高的消费。个人投资属于"投资学"研究的内容。

政府投资不以盈利为目的，而是为了社会的公平、稳定和可持续发展。对其投资项目的评价不仅要关注对整个国民经济的影响，还要考虑许多非经济因素。

专业投资机构是一种中介机构，如基金管理公司、投资银行等。这些机构投资的目的，是把众多投资者的资金集中起来投资于证券，通过其专业服务收取费用。专业机构投资问题也属于"投资学"研究的内容。

（2）投资的对象是生产性资本资产。投资按其对象可以划分为生产性资产投资和金融性资产投资。

生产性资产是指企业生产经营活动所需要的资产，如机器设备、存货等。这些资产是企业进行生产经营活动的基础条件。企业可以利用这些资产增加价值，为股东创造财富。生产性资产投资是一种直接投资，在企业内部进行，投资后企业并没有失去对资产的控制权，投资行为并不改变资金的控制权归属，而只是指定了企业资金的特定用途。

生产性资产又进一步分为资本资产和营运资产。资本资产是指企业的长期资产，资本资产投资对企业的影响时间长，故资本资产投资又称为长期投资。营运资产是指企业的流动资产，流动资产投资对企业的影响时间短，故营运资产投资又称为短期投资。

金融资产的典型表现形式是所有权凭证，如股票和债券。正因为如此，金融资产也被称为证券。证券投资者提供的资金交给企业之后，企业再将其投资于生产性资产。证券投资是一种间接投资，当证券投资者把现金交给别人支配并换取某种所有权凭证时，他们已经失去了对资产的实际控制权。

虽然企业有时也以股权形式投资于其他企业，但这种投资与一般股票投资不同。企业的股权投资通常不以获取直接报酬为主要目的，而是为了控制被投资企业，以便从销售、供应、技术或管理上得到回报。如果直接以获取股利或资本利益为目的，不如让股东自己直接去投资股票，这不仅可以节约交易费用，而且还能减少税收负担。企业要做的事情，应当是股东自己做不了或做不好的事情。

20.5.2　生产性资本资产投资决策的主要类型

生产性资本资产投资决策的主要类型有以下几种。

（1）新产品开发或现有产品的规模扩张。这种决策通常需要企业添置新的固定资产，并增加企业的营业现金流入。

（2）设备或厂房的更新。这种决策通常需要企业更换固定资产但不改变企业的营业现金收入。

（3）研究与开发。这种决策通常不直接产生现实的收入，而得到一项是否投产新产品的选择权。

（4）勘探。这种决策通常使企业得到一些有价值的信息。

（5）其他。这种决策包括建设劳动保护设施、购置污染控制装置等。这些决策不直接产生营业现金流入，而使企业在履行社会责任方面的形象得到改善。它们有可能减少未来的现金流出。

这些投资项目的现金流量分布有不同的特征，它们的具体分析方法也有区别。最具一般意义的是第一种投资，即添置新的固定资产的投资项目。

20.5.3　投资机会的评价步骤

对任何投资机会的评价都包含以下几个基本步骤。

（1）提出各种投资方案。新产品的方案通常来自营销部门，设备更新的方案通常来自生产部门。

（2）估计投资方案的相关现金流量。

（3）计算投资方案的价值指标，如净现值、内部收益率等。

（4）将价值指标与可接受标准进行比较。

（5）对已接受的方案进行再评价。这项工作很重要，但只有少数企业对投资项目进行了跟踪审计。项目的事后评价可以告诉我们预测的偏差（我们的预测在什么地方脱离了实际），改善财务控制的线索（执行中有哪些地方出了问题），有助于指导未来决策（哪类项目值得实施或不值得实施）。

许多初学财务管理的人，最先遇到的困难是价值指标的计算，尤其是计算现值和内部收益率。其实，学财务管理的真正困难在于确定现金流量和折现率，以及对计算结果的使用。

20.5.4　资本投资评价的基本原理

资本投资评价的基本原理是：投资项目的收益率超过资本成本率时，企业的价值将增加；投资项目的收益率小于资本成本率时，企业的价值将减少。

这一原理涉及资本成本、项目收益与股价（股东财富）的关系。

【例 20-1】一个企业的资本由债务和股权组成，假设馨煜公司目前有 100 万元债务和 200 万元所有者权益，因此其总资产是 300 万元。要求：为了同时满足债权人和股东的期望，请分析企业的资产收益率应该是多少？

【解答】

债权人为什么把钱借给企业？因为他们要赚取利息。假设债权人希望他们的债权能赚取 10% 的收益，他们的要求一般会反映在借款契约中。因此，债权人要求的收益率比较容易确定。

股东为什么把钱投入企业？因为他们希望赚取收益。不过，股东要求的收益率是不明确的，他们的要求权是一种剩余要求权。好在股东要求的收益率可以通过股价来计算。对于股东要求的收益率，这里假设是已知的，假设他们要求能赚取 20% 的收益。馨煜公司要符合债权人的期望，应有 10（100×10%）万元的收益，以便给债权人支付利息。由于企业可以在税前支付利息，有效的税后成本为 5 万元（假设所得税税率为 50%）。馨煜公司要符合股权投资人的期望，应有 40（200×20%）万元的收益，以便给股东支付股利（或者继续留在企业里再投资，但也是属于股东的）。两者加起来，馨煜公司要赚取 45（10+40-5）万元息前税后收益。为了同时满足债权人和股东的期望，馨煜公司的资产收益率为 15%（45÷300×100%）。

投资者要求的收益率，也叫"必要报酬率"，是投资者的机会成本，是投资者将资金投资于其他同等风险资产可以赚取的收益。企业投资项目的收益率，必须达到这一要求。

通过【例 20-1】我们可以看出，如果馨煜公司的资产获得的收益超过资本成本，债权人仍按 10% 的合同条款取得利息，超额收益应全部属于股东。企业的收益大于股东的要求，必然会吸引新的投资者购买该企业股票，其结果是股价上升。如果相反，则有些股东会对公司不满，出售该企业股票，使股价下跌。因此，资本成本也可以说是企业在现有资产上必须赚取的、能使股价维持不变的收益。股价代表了股东的财富，反映了资本市场对企业价值的估计。企业投资取得高于资本成本的收益，就为股东创造了价值；企业投资取得低于资本成本的收益，则损失了股东财富。

因此，投资者要求的收益率即资本成本率，是评价投资项目能否为股东创造价值的标准。

20.5.5　投资项目评价的基本方法

对投资项目评价时使用的指标分为两类：一类是折现指标，即考虑了货币时间价值因素的指标，主要包括净现值、现值指数、内含报酬率等；另一类是非折现指标，即没有考虑货币时间价值因素的指标，主要包括回收期、会计收益率等。根据评价指标的类别，投资项目评价分析的方法也被分为两类：折现的分析评价方法和非折现的分析评价方法。

1. 折现的分析评价方法

（1）净现值法。

这种方法使用净现值作为评价方案的指标。所谓净现值，是指特定方案未来现金流入的现值与未来现金流出的现值之间的差额。按照这种方法，所有未来现金流入和流出都要按预定的折现率折算出现值，然后再计算它们的差额。如净现值为正数，即折现后现金流入大于现金流出，则该投资项目的报酬率大于预定的折现率；如净现值为负数，即折现后的现金流入小于现金流出，则该投资项目的报酬率小于预定的折现率。

计算净现值的公式如下。

$$净现值 = \sum_{k=0}^{n} \frac{I_k}{(1+i)^k} - \sum_{k=0}^{n} \frac{O_k}{(1+i)^k}$$

上式中：

n——投资持续的期间；

k——投资涉及的年限；

I_k——第 k 年的现金流入量；

O_k——第 k 年的现金流出量；

i——预定的折现率。

【例 20-2】假设折现率为 10%，有 3 项投资方案，（P/A，10%，1）＝0.909，（P/A，10%，2）＝0.8264，（P/A，10%，3）＝0.7513。有关数据如表 20-1 所示。

表 20-1 投资方案

单位：元

年份	甲方案		乙方案		丙方案	
	净收益	现金净流量	净收益	现金净流量	净收益	现金净流量
0		（20 000）		（9 000）		（12 000）
1	1 800	11 800	（1 800）	1 200	600	4 600
2	3 140	13 140	2 900	6 000	600	4 600
3			2 900	6 000	600	4 600
合计	4 940	4 940	4 000	4 200	1 800	1 800

要求：请分析哪个方案更好。

【解答】

净现值（甲）＝（11 800×0.909+13 140×0.8264）－20 000

$\qquad$ ＝21 585－20 000

$\qquad$ ＝1 585（元）

净现值（乙）＝（1 200×0.909+6 000×0.8264+6 000×0.7513）－9 000

$\qquad$ ＝10 557－9 000

$\qquad$ ＝1 557（元）

净现值（丙）＝4 600×（0.909+0.8264+0.7513）－12 000

$\qquad$ ＝11 439－12 000

$\qquad$ ＝－561（元）

甲、乙两项方案的净现值为正数，说明这两项方案的报酬率超过10%。如果企业的资金成本率或要求的投资报酬率是10%，那么这两个方案是有利的，因而是可以接受的。丙方案净现值为负数，说明该方案的报酬率达不到10%，因而应予以放弃。甲方案和乙方案相比，甲方案更好些。

净现值依据的原理是：假设预计的现金流入在年末可以实现，并把原始投资看成按预定折现率借入的。当净现值系数为正数时，偿还本息后该项目仍有剩余的收益；当净现值为0时，偿还本息后一无所获；当净现值为负数时，该项目收益不足以偿还本息。这一原理可以通过甲、丙两项方案的还本付息表来说明，分别如表20-2和表20-3所示。

表20-2　甲方案还本付息表

单位：元

年份	年初债款	本年利息（10%）	年末债款	偿还现金	债款余额
1	20 000	2 000	22 000	11 800	10 200
2	10 200	1 020	11 220	13 140	（1 920）

表20-3　丙方案还本付息表

单位：元

年份	年初债款	本年利息（10%）	年末债款	偿还现金	债款余额
1	12 000	1 200	13 200	4 600	8 600

年份	年初债款	本年利息（10%）	年末债款	偿还现金	债款余额
2	8 600	860	9 460	4 600	4 860
3	4 860	486	5 346	4 600	746

甲方案在第2年年末还清本息后，尚有1 920元剩余，折合成现值为1 587元（1 920×0.8264），即为甲方案的净现值（由于保留小数位数，存在一定误差）。丙方案第3年年末没能还清本息，尚欠746元，折合成现值为560元（746×0.7513），即为丙方案的净现值（由于保留小数位数，存在一定误差）。可见，净现值的经济意义是投资方案的折现后净收益。

净现值法具有广泛的适用性，在理论上也比其他方法更完善。净现值法应用的主要问题是如何确定折现率。一种办法是根据资金成本来确定，另一种办法是根据企业要求的最低资金利润率来确定。前一种办法由于计算资本成本比较困难，限制了其应用范围；后一种办法根据资金的机会成本，即一般情况下可以获得的报酬来确定折现率，比较容易解决。

（2）现值指数法。

这种方法使用现值指数作为评价投资方案的指标。所谓现值指数，是指未来现金流入现值与现金流出现值的比率，亦称现值比率、获利指数、折现后收益－成本比率等。

计算现值指数的公式如下。

$$现值系数 = \sum_{k=0}^{n} \frac{I_k}{(1+i)^k} \div \sum_{k=0}^{n} \frac{O_k}{(1+i)^k}$$

上式中：

I_k——第k期的现金流入金额；

O_k——第k期的现金流出金额。

根据前文的资料，3个方案的现值指数如下。

现值指数（甲）=21 585÷20 000=1.08

现值指数（乙）=10 557÷9 000=1.17

现值指数（丙）=11 439÷12 000=0.95

如果现值指数为1，说明折现后现金流入等于现金流出，投资的报酬率与预定的折现率相同。甲、乙两项投资方案的现值指数大于1，说明其收益超过成本，即投资报酬率超过预定的折现率。丙投资方案的现值指数小于1，说明其投资报酬率没有达到预定的折现率。

现值指数法的主要优点是可以进行独立投资机会获利能力的比较。在【例20-2】中，甲方案的现值指数为1.08，乙方案的现值指数为1.17，所以乙方案优于甲方案。现值指数可以看成原始投资渴望获得的现值净收益，因此，可以作为评价方案的一个指标。它是一个相对数指标，反映投资的效率；而净现值指标是绝对数指标，反映投资的效益。

（3）内含报酬率法。

内含报酬率法是根据方案本身的内含报酬率来评价方案的一种方法。所谓内含报酬率，是指能够使未来现金流入量现值等于未来现金流出量现值的折现率，或者说是使投资方案净现值为0的折现率。

净现值法和现值指数法虽然考虑了货币时间价值，可以说明投资方案投资报酬率高于或低于某特定的投资报酬率，但没有揭示方案本身可以达到的具体的报酬率是多少。内含报酬率是根据方案的现金流量计算的，是方案本身的投资报酬率。

内含报酬率的计算，通常需要使用逐步测试法。首先估计一个折现率，用它来计算方案的净现值；如果净现值为正数，说明方案本身的报酬率超过估计的折现率，应在提高折现率后进一步测试；如果净现值为负数，说明方案本身的报酬率低于估计的折现率，应在降低折现率后进一步测试。经过多次测试，寻找出使净现值接近于0的折现率，即为方案本身的内含报酬率。

根据【例20-2】的资料，已知甲方案的净现值为正数，说明它的投资报酬率大于10%，因此，应提高折现率以做进一步测试。假设以18%为折现率进行测试，其结果净现值为-570元。下一步把折现率降低到16%重新测试，结果净现值为65元，已接近于0，可以认为甲方案的内含报酬率是16%。甲方案内含报酬率的测试过程如表20-4所示。乙方案用18%作为折现率进行测试，净现值为-22元，接近于0，用16%作为折现率进行测试，净现值为-338元，因此，可认为其内含报酬率为18%。乙方案内含报酬率的测试过程如表20-5所示。

如果对测试结果的精确度不满意，可以使用内插法来进行完善。

$$内含报酬率（甲）=16\%+2\%\times\frac{65}{65+570}=16.2\%$$

$$内含报酬率（乙）=16\%+2\%\times\frac{338}{22+338}=17.88\%$$

丙方案各期现金流入量相等，符合年金形式，内含报酬率可以直接利用年金现值表来确定，不需要逐步进行测试。

设现金流入的现值与原始投资相等。

原始投资 = 每年现金流入量 × 年金现值系数

1 200=4 600×（P/A，*i*，3）

（P/A，*i*，3）=2.609

查阅年金现值系数表，寻找 *n*=3 时系数 2.609 所对应的利率。根据年金现值系数表，与 2.609 接近的现值系数为 2.624 和 2.577，其对应的利率分别对应 7% 和 8%。用内插法确定丙方案的内含报酬率为 7.32%。

表20-4　甲方案内含报酬率测试

单位：元

年份	现金净流量	折现率=18%		折现率=16%	
		折现系数	现值	折现系数	现值
0	（20 000）	1	（20 000）	1	（20 000）
1	11 800	0.847	9 995	0.862	10 172
2	13 140	0.718	9 435	0.743	9 763
净现值			（570）		65

表20-5　乙方案内含报酬率测试

单位：元

年份	现金净流量	折现率=18%		折现率=16%	
		折现系数	现值	折现系数	现值
0	（9 000）	1	（9 000）	1	（9 000）
1	1 200	0.847	1 016	0.862	1 034
2	6 000	0.718	4 308	0.743	4 458
3	6 000	0.609	3 654	0.641	3 846
净现值			（22）		（338）

计算出各方案的内含报酬率以后，可以根据企业的资本成本或要求的最低投资报酬率对各方案进行取舍。假设资本成本是 10%，那么甲、乙两个方案都可以接受，而丙方案则应放弃。

内含报酬率是方案本身的收益能力，反映其内在的获利水平。如果以内含报酬率作为贷款利率，通过借款来投资本项目，那么，还本付息后企业将一无所获。这一原理可以通过丙方案的数据来证明，如表20-6所示。

表 20-6 丙方案还本付息表

单位：元

年份	年初借款	本年利息（7.32%）	年末借款	偿还现金	债款余额
1	12 000	878	12 878	4 600	8 278
2	8 278	606	8 884	4 600	4 284
3	4 284	314	4 598	4 600	（2）

内含报酬率法和现值指数法有相似之处，都是根据相对比率来评价方案的，而不像净现值法那样使用绝对数来评价方案。在评价方案时要注意，比率高的方案绝对数不一定大，反之也一样。这种不同和利润率与利润额的不同是类似的。甲方案的净现值大，是靠投资20 000 元取得的；乙方案的净现值小，是靠投资 9 000 元取得的。如果这两个方案是互相排斥的，也就是说只能选择其中一个，那么选择甲有利。甲方案尽管投资较多，但在分析时已考虑到承担该项投资的应付利息。如果这两个方案是相互独立的，也就是说采纳甲方案时不排斥同时采纳乙方案，那就很难根据净现值来排定其优先次序，而内含报酬率可以解决这个问题。企业应优先安排内含报酬率较高的乙方案，如有足够的资金可以再安排甲方案。

内含报酬率法与现值指数法也有区别。在计算内含报酬率时不必事先选择折现率，内含报酬率法根据内含报酬率就可以排定独立投资的优先次序，只是最后需要一个切合实际的资本成本或最低报酬率来判断方案是否可行。现值指数法需要一个合适的折现率，以便将现金流量折为现值，折现率的高低将会影响方案的优先次序。

2. 非折现的分析评价方法

非折现的分析评价方法不考虑货币时间价值，而把不同时间的货币收支看成等效的。这种方法在选择投资方案时起辅助作用。

（1）回收期法。

回收期是指投资引起的现金流入累积到与投资额相等所需要的时间。它代表收回投资所需要的年限。回收年限越短，方案越有利。

当原始投资一次支出，每年现金净流入量相等时，回收期的计算公式如下。

$$回收期 = \frac{原始投资额}{每年现金净流入量}$$

【例 20-2】的丙方案就属于这种情况，其回收期的计算如下。

回收期 =12 000÷4 600=2.61（年）

如果现金流入量每年不等，或者原始投资是分几年投入的，则可使公式成立的 n 为回收期。

$$回收期 = \dfrac{n+第几年的尚未收额}{第（n+1）年的现金净流量}$$

根据例 20-2 的资料，甲方案和乙方案的回收期分别为 1.62 年和 2.3 年，计算过程分别如表 20-7 和表 20-8 所示。

表 20-7　甲方案回收期计算过程

单位：元

甲方案	现金流量	回收额	未回收额
原始投资	（20 000）		
现金流入			
第 1 年	11 800	11 800	8 200
第 2 年	13 140	8 200	0

回收期 =1+（8 200÷13 140）=1.62（年）

表 20-8　乙方案回收期计算过程

单位：元

乙方案	现金流量	回收额	未回收额
原始投资	（9 000）		
现金流入			
第 1 年	1 200	1 200	7 800
第 2 年	6 000	6 000	1 800
第 3 年	6 000	1 800	0

回收期 =2+（1 800÷6 000）=2.3（年）

回收期法计算简便，并且容易被决策人正确理解。它的缺点在于不仅忽视了货币时间价值，而且没有考虑回收期以后的收益。事实上，有战略意义的长期投资往往早期收益较低，而中、后期收益较高。回收期法优先考虑急功近利的项目，可能导致放弃长期成功的项目。它是过去企业在评价投资方案时最常用的方法，目前作为辅助方法使用，主要用来测定方案的流动性而非盈利性。

（2）会计收益率法。

这种方法计算简便，应用范围很广。它在计算时使用会计报表上的数据，以及普通会计的收益观念和成本观念。

$$会计收益率 = \frac{年平均净收益}{原始投资额} \times 100\%$$

仍以【例 20-2】的资料为例计算。

$$会计收益率（甲）= \frac{4\ 940 \div 2}{20\ 000} \times 100\%$$

$$=12.35\%$$

$$会计收益率（乙）= \frac{400 \div 3}{9\ 000} \times 100\%$$

$$=14.81\%$$

$$会计收益率（丙）= \frac{1800 \div 3}{12\ 000} \times 100\%$$

$$=5\%$$

也有观点认为，计算时公式的分母应使用平均投资额，这样计算的结果会提高一倍，但不改变方案的次序。

计算"年平均净收益"时，如使用不包括"建设期"的"经营期"年数，则其最终结果称为"经营期会计收益率"。

20.6　集团公司投资管理的基本内容

集团公司投资管理的内容可分为以下两类。

（1）母公司直接投资项目。这类项目的管理内容是全方位的，包括投资分析、决策和运作、业绩评价，投资决策权的行使在决策层和管理指挥层之间还应进行明确分工。

（2）子公司的投资项目。这类项目侧重投资决策和运作，包括控制投资方向、控制投资规模、审定重大投资项目。较小的投资项目可由子公司按投资决策程序自行决定。

一般来说，在资产管理上，母公司应重点控制固定资产和其他长期资产，而子公司应重点控制流动资产。同时，为了规范集团公司的投资行为，应对集团公司增量资产和存量资产实行分类管理，控制集团的经营性资产和非经营性资产、生产性资产和非生产性资产的比例，确保集团公司资产运营与发展战略的一致性，提高资产利用效率。同时，还要明确投资管理权限，严格资产变动管理。

20.6.1　投资的战略目标

投资的战略目标在于以投资带动企业集团发展。从投资的性质来看，企业集团的投资可分为集团内的生产性投资和集团发展的战略性投资。前者是单体企业或中、小型企业集团投资考虑的重点，而后者是企业集团投资考虑的重点。从投资的方向来说，企业集团既可以选择开辟新的经营领域，也可以选择提高现有生产能力。

在战略性投资当中，企业集团中的核心企业对内投资，即向其他成员企业投资，是增强企业集团凝聚力的有力手段；核心企业对外投资，即进行企业并购，是企业集团扩张的重要手段。企业集团尤其是大型企业集团主要是通过联合与兼并形成的，而很少有通过自我发展积累形成的，所以投资在企业集团中的战略地位更体现在对企业集团成长的作用上。与单体企业相比，在开辟新的经营领域时，企业集团由于资金、技术的实力雄厚，可以考虑更为广阔的投资范围。当企业集团的生产已经产生一定的规模效应时，投资于为现有生产能力服务的其他项目往往属于提高现有生产能力的投资，如投资于与原先产品生产相关的原料供应或成品销售领域等。其实，企业集团的战略性投资问题就是企业集团发展多元化与财务战略专业化的问题。

20.6.2　投资评价主体的选择

对于如何确定投资项目的评价主体的问题，在理论界和实务界存在不同观点。从理论上来看，主要有以下 3 种观点。

（1）以母公司为评价主体。这种观点认为，对投资的报酬和风险的考虑，归根结底是为了母公司的股东利益。这与股东财富最大化的财务管理目标是一致的，因为母公司的现金流量最终是为支付股利及为实现集团目标提供基础的。

（2）以子公司或投资项目本身为评价主体。这种观点认为，母公司的投资越来越分散，这样，投资目标就应该比以前更多地反映投资分散化的特点。许多国际性的企业集团都制定了长期的而不是短期的投资目标，子公司创造的利润趋向于用于本地投资，而不是归于母公司。基于这种考虑，从子公司或投资项目本身的角度进行评价也是恰当的，强调本地项目的报酬与使整个企业集团合并的收益最大目标一致。

（3）分别以母公司为评价主体和以子公司或投资项目本身为评价主体。这种观点对投资的报酬和风险考虑到了企业集团财务管理目标的多元化与复杂性，使投资目标更多元化。

20.6.3　投资评价标准

企业集团应结合具体情况选择恰当的投资评价标准。企业集团的多元法人结构所决定的多层次的组织结构，使得集团中不同企业之间可能会产生利益矛盾，反映在对集团投资项目的评价上必然产生基于不同立场的评价标准不可能完全一致的情况。企业集团应从集团发展战略出发，结合各成员企业的实际情况，根据具体情况选择恰当的投资评价标准。一般来说，为了保证集团的总体利益，在某些特定领域，集团总部要确定统一的投资评价标准并进行控制；而在其他领域，集团总部可以根据事业部和分公司所处的行业性质等因素来决定不同的投资评价标准。

投资评价标准设定的一个基本原则，应该是以集团整体利益最大化为标准而不是以某成员企业收益最大化为标准。例如，当使用一个固定的投资报酬率作为企业集团子公司的投资报酬率标准时，如果某个投资项目的投资报酬率高于这个子公司内设的投资报酬率而低于整个企业集团的投资报酬率，或低于这个子公司内设的投资报酬率而高于整个企业集团的投资报酬率时，都容易导致该子公司只顾自身利益而忽视集团整体的利益。在前一种情况下，该子公司可能会投资该项目提高自己的投资报酬率，但这会降低整个集团的投资报酬率；而在后一种情况下，子公司可能放弃可以使集团整体投资报酬率提高的项目。此时，只有引入其他投资指标，如剩余收益等，才能保证集团利益的整体性。

20.6.4　投资项目的功能定位

与单体企业相比，企业集团为投资的配套条件和实施的可能性拓宽了空间。同一个投资项目，在企业集团这个特殊的财务管理环境中可能会有不同的功能定位，不同的功能定位又会直接导致投资项目建设的内容和要求的差异。例如，投资建造一个工厂，其产品是对外销售还是对集团内部销售这一功能定位会导致投资方式、选址、设备选择等方面产生很大差异。子公司投资时确立的功能定位，可能与母公司的规划不一致，这是集团成员企业在投资时比单体企业要更深入考虑的问题。当发生矛盾时，必须从集团整体的角度为投资项目进行功能定位。

20.7　集团公司投资决策

集团公司投资决策的方法，就其一般意义上来讲有两种：经验决策和科学决策。

经验决策是指主要依靠决策者个人的经验、智慧、胆识和预感进行的决策。经验决策适用于简单的小规模投资决策。随着科学技术的进步、人类社会经济的发展，投资活动范围及规模的扩大以及投资活动过程的日益复杂，集团公司投资仅仅通过经验决策是不够的，而必须以科学决策取代经验决策。科学决策是相对于经验决策而言的决策方法，适用于日益复杂的投资活动。

科学决策方法包括数学决策方法和非数学决策方法，也就是定量和定性两种决策方法。在这里需要强调的是，定量分析的数学决策方法是有限的，它永远不可能代替人的作用。也就是说，人的判断是无法被替代的，是不能用数学方法描述的。非数学决策方法主要有集思广益法、统一思想法、德尔菲法、鱼缸法、教育交流法、集体磋商法等。同时，集团公司决策者的心理人格、知识差异等因素会导致他们对非数学决策方法做出不同的选择。

在集团公司投资决策过程中，应采用定量和定性相结合的方法。

20.7.1　投资决策的基本要素

集团公司投资决策的要素是分析、评价集团公司投资方案的依据，是集团公司投资时应该考虑的基本问题。集团公司投资决策的基本要素主要有以下 3 种。

1. 投资保本能力

投资保本能力，亦称投资保值、保全能力，指投资保持其原有价值不下跌的能力。例如，一般货币性资产，如现金、银行活期存款、应收账款、有价证券的投资等容易受通货膨胀和集团公司经营亏损或破产的影响而贬值。投资保本能力表示投入本金的安全性，本应归入投资风险性，但鉴于其重要性，应单独将其列为一项原则。

2. 投资的增值程度

投资的增值程度是指经过一段时间后，原投资额增长的程度，具体表现在以下两个方面。

（1）原有资产的增值。

（2）投资的盈利，即由于对原有资产的运用而取得的增值收入，包括投资取得的股息、利息和待分配利润等。实现最大限度地投资增值是集团公司投资最重要的目标，是分析评价投资方案最重要的尺度。在进行投资决策时，应将投资方案的投资报酬率与确定的期望报酬率相比较，只有投资报酬率高于期望报酬率的投资方案才能被采纳。而在有多个方案的互斥决策中，则应选择投资报酬率最高的方案。

3. 投资风险性

投资风险性，亦称投资安全性，是指投资遭受损失的可能性及可能的损失程度。投资风险一般只限于最初投资本金范围内，如购买股票、债券、直接投资于某有限责任公司等；有的则可能超出最初投资本金范围，如合资经营投资、合作经营投资等。导致产生投资风险的主要因素有：政治风险、利率风险、市场风险、经营风险、购买力风险、投资决策风险等。投资风险性通常与投资增值程度密不可分，在分析评价投资方案中的地位仅次于投资的增值程度。

此外，影响投资决策的要素还包括投资的流动性、投资占用时间、投资管理的难度、纳税优惠条件、对外投资后对日常经营的影响、投资的预期成本、集团公司筹资能力，以及投资的法律和社会约束等。

20.7.2 集团公司进行投资决策应把握的投资机会

集团公司投资机会是指有利于集团公司投资的一系列因素所构成的良好投资环境和时机。集团公司应当积极提高自身的能力，创造有利的条件去争取获利机会。集团公司不应无视投资环境与投资时机而盲目投资。

1. 集团公司投资机会分析与评价

分析与评价集团公司投资机会一般要经过以下几个阶段。

（1）投资方案的构想。即对集团公司投资进行总体的初步构想，明确集团公司面临的基本问题及投资的基本意向。

（2）外部环境评价。即调查研究集团公司投资的外部环境，预测外部环境可能发生的变化，并分析评价外部环境的变化对集团公司投资的影响。

（3）集团公司投资的内部评价。即调查、收集集团公司内部的投资信息，评价集团公司的各种素质与能力，分析集团公司投资的潜力。

（4）集团公司投资时机决策。即根据对投资内外部环境的评价，进一步确定放弃或修正投资方案的初步构想，选定投资时机。

2. 集团公司投资机遇的选择与捕捉

在选择与捕捉集团公司投资机遇时，一种实用的方法是单项分析法。这种方法下，通过对投资环境中某个方面的预测分析，确定集团企业共同投资的时机。这对于固定资产、房地产等实物投资更具有现实意义。一般主要选择以下两个方面进行分析。

（1）市场供需分析。

投资的时机是在市场出现短缺之前，先人一步进行投资，而不是在市场出现短缺之时再进行投资，因为此时有更多的企业把资金转移到这方面来，可能会出现供过于求的情况。同时，当某种产品处于饱和期时，集团公司要抓住时机，推出适合时代潮流的新产品以取代旧产品，从而取得较高利润。当然，购置生产这种新产品的集团公司的证券，也会取得较高的投资收益。

（2）政策分析。

国家产业政策出台初期，大多数投资者还没有把投资转移过来。如果此时进行有关的证券投资或实物投资，在投资过程中就会享受国家的各种优惠条件，因此这个时期是很好的投资机遇。而且，国家制定的产业政策一般都不是短期的，因此最初的投资者可能在很长时间内都享受这种优惠条件。在通货膨胀或银根宽松时期，物价还没有上涨或稍有上涨，货币面临贬值的风险。这时进行投资，首先可以起到避免风险和保值的作用。随着通货膨胀的加剧，国家会收紧银根，这样该产业或部门的新投资者便难以进入，竞争对手会减少，经营条件会更为有利。

20.7.3 合理确定投资的规模

1. 影响集团公司投资规模的因素

从集团公司外部（客观因素）来看，影响投资规模的因素包括政府的投资政策、银行利率、市场需求、经济波动、价格水平、投资地点的水文地质条件、通货膨胀态势、税收优惠等市场因素、资源因素、技术因素、资金因素和其他因素。从集团公司内部（主观因素）来看，影响投资规模的因素主要有集团公司投资决策者的偏好，领导者的荣誉、成功、强烈发展冲动，集团公司自有资本的数量（自有资本越多，投资规模可能越大），集团公司的筹资能力（集团公司筹资能力越强，投资规模可能越大），员工的文化技术水平等。

2. 集团公司确定投资规模应坚持的原则

（1）兼顾需要和能力原则。

集团公司投资规模，在根本上决定了现行生产提供的可供集团公司投资支配的收入和集团公司未来生产发展对集团公司投资的生产能力效应的需求。因此，集团公司在确定投资规模时不宜贪大求全，而要量力而行，不能损害集团公司现行生产。

（2）弹性原则，又称可调性原则。

集团公司投资规模确定之后，不应将之当成固定不变的控制指标。由于集团公司投资活动面临众多不确定因素，这些因素经常处于变动状态，所以集团公司投资规模也应随之进行相应调整。由于人的预测能力有一定局限性，所以集团公司投资规模的确定应留有余地，以便后期调整。

（3）联系性原则。

在确定投资规模时，不能只考虑固定资产投资规模，还应考虑流动资产投资规模；既要考虑总投资规模，又要考虑各年度投资规模。由于集团公司投资内在的联系性，必须有效地谋求各项投资之间的比例关系，有效地保证主体项目投资和配套项目投资的协调，密切关注跨年度投资运动在时间上的继起和延续。只有这样，集团公司投资才可能顺利实现预期目标。

3. 集团公司投资规模决策的方法

集团公司投资规模决策应确定集团公司投资需要量和集团公司投资供给量。集团公司投资规模的定量分析方法有量本利分析法、技术经济分析法、内部收益率法等。由于影响投资规模的因素很多，在实际工作中还需结合定性分析方法来运用上述方法。

确定集团公司投资需要量，重在确定以下要素：拟投资项目产品需求量、拟投资项目最优经济规模、集团公司投资项目所需的投资估算和投资选择。

确定集团公司投资供给量，就是确定集团公司投资项目所需资金的供给数量，这直接关系到集团公司投资的现实规模（即初始规模）。集团公司投资规模要服从于需要和可能。

确定集团公司投资规模是比较困难的，因为集团公司的投资规模涉及很多经济参数，并且这些参数在不同地点、不同时期又是不断变化的，这就增加了问题的复杂性。尽管如此，根据大量的实践经验和对某些经济参数的假定，集团公司的合理经济规模仍然是可以确定的。具体步骤是，首先确定集团公司投资规模的下限，然后确定集团公司投资规模的上限，再根据集团公司的总体实力、偿债能力、战略目标等，确定适当的集团公司投资规模。具体方法有以下3种。

（1）现有集团公司分析比较法。

现有集团公司分析比较法是通过对同行业、同技术水平的集团公司不同投资规模的比较，确定集团公司投资规模的一种方法。这种方法特别强调同种技术水平、生产同种产品的不同规模的比较，可以使投资决策者清楚什么投资规模是合理的。采用这种方法确定集团公司投资规模，必须进行大量的调查研究。首先，要对尽可能多的具有代表性的同类集团公司，包括规模最大、最小和中等水平的集团公司进行分析比较；其次，还要对这些集团公司的生产组织、经营管理、产品成本及其他技术经济指标等进行全面的分析对比；最后，根据市场竞争情况、市场需求量确定集团公司投资规模。

（2）量本利分析法。

量本利分析法是指把产品成本分为不变成本和可变成本，并根据产量、成本、盈利之间的关系，确定集团公司投资规模的一种方法。

（3）边际投资规模效益分析法。

边际投资规模效益分析法是指对每增加一单位投资而带来的边际投资效益进行分析，从而确定集团公司投资规模的一种分析方法。

20.7.4 集团公司进行投资要选择最优的投资组合

1. 集团公司投资组合的内容

对投资组合，理论界有不同认识。一般所说的投资组合即证券投资组合。证券投资组合方案的选择可以以收益最大为原则，也可以以风险最小为原则，还可以通过权衡收益与风险的方式来选择。

集团公司投资结构是集团公司投资总量中各个分量之间的比例关系，包括投资资金的来源结构，投资的时间结构、空间结构、产业结构、使用结构。

集团公司投资资金的来源结构，是指不同资金来源的投资在投资总额中所占的比例。例如，我国国有集团公司投资包括国家预算内投资、国内银行贷款、自筹资金投资、利用外资等。

集团公司投资的时间结构，是指投入现有产品与投入新产品的比例关系，集团公司只有在现有产品的生产、市场开拓和新产品的开发上都保证了合理的资金投入，才能保持自己在市场竞争中的有利地位。

集团公司投资的空间结构，是指集团公司投资在地域上的比例关系或集团公司投资在各种不同类型市场上的比例关系，如我国的大型或超大型集团公司的投资分布于世界各个国家或地区。

集团公司投资的产业结构，是指集团公司投资在互补性产业、替代性产业上的比例关系。

集团公司投资的使用结构，是指在厂房、机器设备及更新住宅、职工福利设施、证券等方面的投资的比例关系。它是集团公司投资结构的主要内容，也就是狭义上的集团公司投资结构，其具体内容包括以下几项。

（1）生产性投资与非生产性投资的比例关系。

（2）生产性投资内部各投资的各种比例关系，具体有新建项目投资与集团公司同技术改造投资的比例关系，建筑工程投资、设备及其安装工程投资的比例关系，固定资产投资和流动资产投资的比例关系等。

（3）直接投资与间接投资的比例关系。

（4）有形资产投资与无形资产投资的比例关系。

集团公司投资结构决策要求集团公司从投资构成上研究投资与集团公司发展的关系，研究投资各个组成部分之间的比例，以及这种比例的变化对集团公司发展所造成的影响。集团公司投资结构决策实质上是决定集团公司投资的配置方式及其比例关系。在集团公司投资规模确定的前提下，集团公司投资结构是否优化，直接影响着集团公司投资目标能否顺利实现。对以盈利为投资目标的集团公司而言，其投资结构是否合理直接影响着集团公司投资能否取得预期收益及取得收益的时间长短和其他代价。

2. 影响集团公司投资组合的因素

影响集团公司投资组合的因素有以下两种。

（1）投资组合会因集团公司所处行业不同而产生较大差异。

（2）集团公司规模对投资组合也有重要影响。一般而言，随着集团公司规模的扩大，流动资产的比例会相应下降。这是因为大集团公司与小集团公司相比，有较强的筹资能力。当大集团公司出现不能偿付的风险时，可迅速筹集资金，因而能承担较大的风险，所以可以只使用较少的流动资产而使用更多的固定资产。

不同的投资组合对集团公司收益和风险有不同的影响。一般而言，较多地投资于流动资产可降低集团公司的财务风险。这是因为，当集团公司出现不能及时偿付债务时，流动资产能及时变现；但如果流动资产投资过多，会造成流动资产的相对闲置，而固定资产又相对不足，这就会使集团公司生产能力下降，从而减少集团公司盈利。

第 21 章

企业项目投资

21.1 项目投资概述

项目投资是一种以特定建设项目为对象，直接与新建项目或更新改造项目相关的长期投资行为。本节所介绍的工业企业投资项目主要是指新建项目（含单纯企业投资项目和更新改造项目）。

（一）项目投资的特点

与其他形式的投资相比，项目投资具有投资内容独特，每个项目都至少涉及固定资产投资、数额多、影响时间长（至少一年或一个营业周期）、发生频率低、变现能力差和投资风险大的特点。

（二）项目计算期的构成

项目计算期，是指投资项目从投资建设开始到最终清理结束整个过程的全部时间，包括建设期和运营期（具体又包括投产期和达产期）。其中，建设期是指从项目资金正式投入开始到项目建成投产所需要的时间，建设期的第一年年初称为建设起点，建设期的最后一年末称为投产日。在实践中，通常应参照项目建设的合理工期或项目建设的进度计划合理确定建设期。项目计算期的最后一年年末称为终结点，并假定项目最终报废或清理均发生在终结点（但更新改造项目除外）。从投产日到终结点之间的时间称为运营期，又包括试产期和达产期两个阶段。试产期是指项目投入生产，但生产能力尚未完全达到设计能力时的过渡阶段。达产期是指生产运营能力达到预期设计水平后的时间。运营期一般应根据项目主要设备的经济使用寿命确定。

项目计算期、建设期和运营期之间存在以下关系。

$$项目计算期 ＝ 建设期 ＋ 运营期$$

（三）项目投资的内容

从项目投资的角度来看，原始投资（又称初始投资）等于企业为使该项目完全达到设计生产能力、开展正常经营而投入的全部现实资金之和，包括建设投资和流动资金投资两项内容。

（1）建设投资，是指在建设期内按确定的生产经营规模和建设内容进行的投资，具体包括固定资产投资、无形资产投资和其他资产投资3项内容。

① 固定资产投资，是指项目用于购置或安装固定资产发生的投资。固定资产原值与固定资产投资之间的关系如下。

$$固定资产原值 ＝ 固定资产投资 ＋ 建设期资本化借款利息$$

② 无形资产投资，是指项目用于取得无形资产应当发生的投资。

③ 其他资产投资，是指建设投资中除固定资产投资和无形资产投资以外的投资，包括生产准备投资和开办费投资。

（2）流动资金投资，是指项目投产前后分次或一次投放于流动资产项目的投资增加额，又称垫支流动资金投资或营运资金投资。

项目总投资是反映项目投资总体规模的价值指标，等于原始投资与建设期资本化借款利息之和。

（四）项目投资资金的投入方式

原始投资的投入方式包括一次投入和分次投入两种形式。一次投入方式是指投资行为一次性发生在项目计算期第一个年度的年初或年末的方式；如果投资行为涉及两个或两个以上年度，或虽然只涉及一个年度但同时在该年年初和年末发生，则属于分次投入方式。

21.2 投资项目现金流量

21.2.1 投资项目现金流量的概念

在投资决策中，现金流量是指一个项目引起的企业现金支出和现金收入增加的数量。这时的"现金"是广义的现金，不仅包括各种货币资金，而且还包括项目需要投入的企业现有的非货币资源的变现价值。例如，一个项目需要使用原有的厂房、设备和材料等，则相关的现金流量是指其变现价值，而不是其账面价值。

新建项目的现金流量包括现金流出量、现金流入量和现金净流量 3 个具体概念。

（一）投资项目现金流出量

一个项目的现金流出量，是指该项目引起的企业现金支出的增加额。例如，企业增加一条生产线，通常会引起以下现金流出：增加生产线的价款，该流出可能是一次性支出的，也可能是分几次支出的；垫支流动资金，由于该生产线投入了生产能力，引起对流动资产需求的增加，所以企业需要追加的流动资金也是购置该生产线引起的，应列入该生产线的现金流出量。只有在营业终了或出售（报废）该生产线时才能收回这些资金，并用于其他目的。

（二）投资项目现金流入量

一个项目的现金流入量，是指该项目引起的企业现金收入的增加额。例如，企业增加一条生产线，通常会引起以下现金流入。

（1）营业现金流入。增加的生产线扩大了企业的生产能力，使企业销售收入增加。销售收入扣除有关的付现成本增量后的余额，是该生产线引起的现金流入。其计算公式如下。

$$营业现金流入 = 销售收入 - 付现成本$$

在这里，付现成本是指需要每年支付的现金成本。成本中不需要每年支付现金的部分称为非付现成本，主要是折旧费。所以，付现成本可以用成本减去折旧来估算。其相关计算公式如下。

$$付现成本 = 成本 - 折旧$$

$$营业现金流入 = 销售收入 - 付现成本$$

$$= 销售收入 - （成本 - 折旧）$$

$$= 利润 + 折旧$$

（2）生产线出售（报废）时的残值收入。生产线出售或报废时的残值收入，应作为投资项目的一项现金流入。

（3）收回的流动资金。生产线出售（报废）时，企业可以相应地收回流动资金，收回的资金可以用于其他项目，因此，应将其作为该项目的一项现金流入。

（三）投资项目现金净流量

现金净流量是指一定期间的现金流入量和现金流出量的差额。这里所说的"一定期间"，有时是指在一年内，有时是指在投资项目持续的整个年限内。流入量大于流出量时，净流量为正值；反之，净流量为负值。

21.2.2　投资项目现金流量的估计

估计投资项目所需的资本支出，以及该项目有可能产生的现金净流量，会涉及很多变量，并且需要企业有关部门的参与。例如，销售部门负责预测售价和销量，涉及产品价格弹性、广告效果、竞争者动向等；产品开发部门和技术部门负责估计投资方案的资本支出，涉及研制费用、设备购置、厂房建筑等；生产部门和成本部门负责估计制造成本，涉及原材料采购价格、生产工艺安排、产品成本等。财务人员的主要任务有：为销售、生产等部门的预测建立共同的假设条件，如物价水平、折现率、可供使用资源的限制条件等；协调参与预测工作的各部门人员，使之能相互衔接与配合；防止预测者因个人偏好或部门利益而高估或低估收入或成本。

在确定投资方案相关的现金流量时，应遵循的基本原则是：只有增量现金流量才是与项目相关的现金流量。所谓增量现金流量，是指接受或拒绝某个投资方案后，企业总现金流量因此发生的变动。只有那些由于采纳某个项目引起的现金支出增加额，才是该项目的现金流出；只有那些由于采纳某个项目引起的现金流入增加额，才是该项目的现金流入。

为了正确计算投资方案的增量现金流量，需要正确判断哪些支出会引起企业总现金流量的变动，哪些支出不会引起企业总现金流量的变动。在进行这些判断时，要注意以下 4 个问题。

（一）区分相关成本和非相关成本

相关成本是指与特定决策有关的，在分析评价时必须加以考虑的成本，如差额成本、未来成本、重置成本、机会成本等。与此相反，与特定决策无关的，在分析评价时不必加以考虑的成本是非相关成本，如沉没成本、账面成本等。

例如，××公司在 2017 年曾经打算新建一个车间，并请一家会计公司进行过可行性分析，支付咨询费 5 万元。后来，由于该公司有了更好的投资机会，该项目被搁置下来，但该笔咨询费已经作为费用入账了。2019 年在进行投资分析时，这笔咨询费是否仍是相关成本呢？答案应当是否定的。该笔支出已经发生，不管该公司是否采纳新建一个车间的方案，它都已无法收回，与公司未来的总现金流量无关。

如果将非相关成本纳入投资项目的总成本，那么一个有利的方案可能因此变得不利，一个较好的项目可能因此变为较差的项目，从而造成决策错误。

（二）不要忽视机会成本

在投资项目的选择中，如果选择了一个投资项目，则必须放弃投资其他项目的机会。其他投资机会可能取得的收益是实行本项目的一种代价，这种代价被称为这项投资项目的机会成本。

例如，上述公司新建车间的投资项目，需要使用公司拥有的一块土地。在进行投资分析时，因为公司不必动用资金去购置土地，可否不将此块土地的成本考虑在内呢？答案是否定的。因为该公司若不利用这块土地来兴建车间，则可将这块土地移作他用，并取得特定的收入，只是由于在这块土地上兴建车间才放弃了这笔收入，所以这笔收入代表了兴建车间使用土地的机会成本。假设这块土地出售可净得 15 万元，则 15 万元就是兴建车间的机会成本。需要注意的是，不管该公司当初是以何种价格购进这块土地的，都应以现行市价作为这块土地的机会成本。

机会成本不是通常意义上的成本，不是一种支出或费用，而是失去的收益。这种收益不是实际发生的，而是潜在的。机会成本总是针对具体项目而言的。

机会成本在决策中的意义在于其有助于企业全面考虑可能采取的各种方案，以便为既定资源寻求最为有利的使用途径。

（三）要考虑投资项目对企业其他项目的影响

企业采纳某个新的项目后，该项目可能对企业的其他项目造成有利或不利的影响。

例如，若新建车间生产的产品上市后，原有其他产品的销量可能减少，而且整个公司的销售额也许不会增加甚至还会减少。因此，公司在进行投资分析时，不应将新车间的销售收入作为增量收入来处理，而应扣除其他产品因此而减少的销售收入。当然，也可能发生相反的情况——新产品上市后将促进其他产品的销售增长。这要看新产品和原有产品是竞争关系还是互补关系。

当然，事实上，诸如此类的交互影响，很难准确计量，但决策者在进行投资分析时仍要将其考虑在内。

（四）对净营运资金的影响

一方面，企业当开办一个新业务并使销售额增大后，对于存货和应收账款等经营性流动资产的需求也会增加，此时，企业必须筹措新的资金以满足这种额外需求；另一方面，企业扩充的结果，会使应付账款与应付费用等经营性流动负债同时增加，从而减少企业对流动资金的实际需要。所谓净营运资金的需要，是指增加的经营性流动资产与增加的经营性流动负债之间的差额。

当投资方案的寿命周期快要结束时，企业将与项目有关的存货出售，应收账款变为现金，应付账款和应付费用也随之偿付，净营运资金恢复到原有水平。通常，在进行投资分析时，假定开始投资时筹措的净营运资金在项目结束时能够收回。

21.2.3　现金流量管理

（一）现金流量的内容

不同类型的投资项目，其现金流量的具体内容存在差异。

（1）单纯固定资产投资项目的现金流量。单纯固定资产投资项目，是指只涉及固定资产投资而不涉及无形资产投资、流动资金投资和其他资产投资的投资项目。它以新增生产能力、提高生产效率为特征。

①现金流入量。单纯固定资产投资项目的现金流入量包括增加的营业收入和回收的固定资产余值等内容。

②现金流出量。单纯固定资产投资项目的现金流出量包括固定资产投资、新增经营成本和增加的各项税款等内容。

（2）完整工业投资项目的现金流量。完整工业投资项目简称新建项目，是指以新增工业生产能力为主的投资项目，其投资内容不仅包括固定资产投资，而且还包括流动资金投资。

①现金流入量。完整工业投资项目的现金流入量包括营业收入、补贴收入、回收固定资产余值和回收的流动资金等内容。

②现金流出量。完整工业投资项目的现金流出量包括建设投资、流动资金投资、经营成本、税金及附加、维持运营的投资和调整的企业所得税等内容。

（3）固定资产更新改造投资项目的现金流量。固定资产更新改造投资项目可分为以恢复固定资产生产效率为目的的更新改造项目和以改善企业经营条件为目的的改造项目两种类型。

① 现金流入量。固定资产更新改造投资项目的现金流入量包括因使用新固定资产而增加的营业收入、处置旧固定资产的变现净收入、新旧固定资产回收额与固定资产余值的差额等内容。

② 现金流出量。固定资产更新改造投资项目的现金流出量包括购置新固定资产的投资、因使用新固定资产而增加的经营成本、因使用新固定资产而增加的流动资金投资和增加的各项税款等内容。其中，因提前报废旧固定资产所产生的清理净损失而发生的抵减当期企业所得税税额用负值表示。

（二）计算投资项目现金流量时应注意的问题和相关假设

在计算投资项目现金流量时，为防止多算或漏算有关内容，需要注意以下几点：必须考虑现金流量的增量，尽量利用现有的会计利润数据，充分关注机会成本，考虑项目对企业其他部门的影响，不能考虑沉没成本因素。

为克服确定现金流量的困难，简化现金流量的计算过程，这里特做以下假设。

（1）投资项目的类型假设。假设投资项目只包括单纯固定资产投资项目、完整工业投资项目和固定资产更新改造投资项目3种类型。

（2）财务可行性分析假设。假设投资决策是从企业投资者的立场出发，投资决策者确定现金流量就是为了进行项目财务可行性分析，且该项目已经具备技术可行性和国民经济可行性。

（3）项目投资假设。假设在确定项目的现金流量时，站在企业投资者的立场考虑全部投资的运动情况，而不具体区分自有资金和借入资金等现金流量的具体形式。即使实际存在借入资金也将其作为自有资金对待；但在计算固定资产原值和总投资时，还需要考虑借款利息等因素。

（4）经营期与折旧年限一致假设。假设项目主要固定资产的折旧年限或使用年限与经营期相同。

（5）时点指标假设。为便于利用货币时间价值，不论现金流量具体内容涉及的价值指标实际上是时点指标还是时期指标，都假设按照年初或年末的时点指标进行处理。建设投资在建设期内有关年度的年初或年末发生，流动资金投资则在年初发生；运营期内各年的收入、成本、折旧、摊销、利润、税金等项目的确认均在年末发生；项目最终报废或清理均发生在终结点（但更新改造项目除外）。

在项目计算期数轴上，0表示第1年的年初，1既代表第1年的年末，又代表第2年的年初，依此类推。

（6）确定性因素假设。在本小节中，假定与项目现金流量有关的价格、产销量、成本水平、所得税税率等均为已知常数。

（7）产量平衡假设。在项目投资决策中，假定运营期同一年的产量等于该年的销售量。在这个假设下，假定按成本项目计算的当年成本费用等于按要素计算的当年成本费用。

（三）完整工业投资项目现金流量的估算

由于项目投资的投入、回收及收益的形成均以现金流量的形式表现，所以在整个项目计算期的各个阶段上，都有可能发生现金流量，所以必须逐年估算每个时点上的现金流入量和现金流出量。下面介绍以完整工业项目为代表的长期投资项目现金流量的估算过程。

1. 现金流入量的估算

（1）营业收入是运营期最主要的现金流入量，应在运营期内按项目有关产品的各年预计单价和预测销售量（假定运营期每期均可以自动实现产销平衡）进行估算。

（2）补贴收入是在运营期内与收益有关的政府补贴，可根据按政策退还的增值税、按销量或工作量分期计算的定额补贴和财政补贴等予以估算。

（3）在终结点上一次回收的流动资金等于各年垫支的流动资金投资额的合计数。回收的流动资金和回收的固定资产余值统称为回收额，假定新建项目的回收额都发生在终结点。

2. 现金流出量的估算

（1）建设投资的估算。

固定资产投资是所有类型的项目投资在建设期必然会发生的现金流出，应按项目规模和投资计划所确定的各项建筑工程费用、设备购置费用、安装工程费用和其他费用来估算。

无形资产投资和其他资产投资，应根据需要和可能，按有关资产的评估方法和计价标准逐项进行估算。

在估算构成固定资产原值的资本化利息时，可根据长期借款本金、建设期年数和借款利息率按复利计算，且假定建设期资本化利息只计入固定资产的原值。

（2）流动资金投资的估算。

在项目投资决策中，流动资金是指在运营期内长期占用并进行周转使用的营运资金，可按下式进行估算。

某年流动资金投资额（垫支数）＝本年流动资金需用数－截至上年的流动资金投资额

或　　　　　　　　　　＝本年流动资金需用数－上年流动资金需用数

本年流动资金需用数＝该年流动资产需用数－该年流动负债可用数

上式中，流动资产只考虑存货、现实货币、应收账款和预付账款等内容；流动负债只考虑应付账款和预收账款等内容。

由于流动资金属于垫付周转金，所以在理论上，投产第 1 年所需的流动资金应在项目投产前安排，即最晚应发生在建设期末（为简化计算，我国有关建设项目评估制度假定流动资金投资可以从投产第 1 年开始安排）。

3. 经营成本的估算

经营成本又称付现的营运成本（简称付现成本），是指在运营期内为满足正常生产经营而动用现实货币资金支付的成本费用。经营成本是所有类型的项目投资在运营期都要发生的主要现金流出，与融资方案无关。其估算公式如下。

某年经营成本 = 该年外购原材料燃料和动力费 + 该年工资及福利费 + 该年修理费 + 该年其他费用

= 该年不包括财务费用的总成本费用 − 该年折旧额 − 该年无形资产和开办费摊销额

公式中，其他费用是指从制造费用、管理费用和销售费用中扣除折旧费、摊销费、材料费、修理费、工资及福利费以后的剩余部分。

4. 税金及附加的估算

在项目投资决策中，应按在运营期内应交纳的消费税、土地增值税、资源税、城市维护建设税和教育费附加进行估算。

5. 维持营运投资的估算

本项目投资是指矿山项目等行业为维持正常运行需要在运营期投入的固定资产投资，应根据特定行业的实际需要进行估算。

6. 调整所得税的估算

为了简化计算，本小节所指的调整所得税等于息税前利润与适用的企业所得税税率的乘积。

（四）净现金流量的确定

净现金流量（又称现金净流量），是指在项目计算期内由每年现金流入量与同年现金流出量之间的差额所形成的序列指标。其理论计算公式如下。

某年净现金流量（NCF_t）= 该年现金流入量 − 该年现金流出量 = $Ci_t - CO_t$，（$t = 0, 1, 2\cdots$）

显然，净现金流量具有以下两个特征：第一，无论在运营期内还是在建设期内，都存在净现金流量；第二，由于项目计算期不同，每个阶段的现金流入和现金流出发生的可能性不同，使各阶段的净现金流量在数值上表现出不同的特点，如建设期内的净现金流量一般小于或等于 0，而运营期内的净现金流量则多为正值。

净现金流量又包括所得税前净现金流量和所得税后净现金流量两种形式。其中，所得税前净现金流量不受融资方案和所得税政策变化的影响，是全面反映投资项目方案本身财务获利能力的基础数据。计算所得税前净现金流量时，现金流出量的内容不包括调整所得税因素；所得税后净现金流量则将所得税视为现金流出，可用于评价在融资条件下项目投资对企业价值所做的贡献，所得税后净现金流量可以在所得税前净现金流量的基础上，直接扣除调整所得税求得。

为了简化计算，本章假定只有完整工业投资项目和单纯固定资产投资项目考虑所得税前净现金流量和所得税后净现金流量两种形式，而固定资产更新改造项目只考虑所得税后净现金流量一种形式。

现金流量表包括"项目投资现金流量表""项目资本金现金流量表""投资各方现金流量表"等不同形式。

项目投资现金流量表要详细列示所得税前净现金流量、累计所得税前净现金流量、所得税后净现金流量和累计所得税后净现金流量，并根据所得税前和所得税后的净现金流量分别计算两套内部收益率、净现值和投资回收期指标。

21.3 项目投资决策

21.3.1 项目投资决策的评价指标

项目投资决策评价指标，是指用于衡量和比较投资项目可行性，以便据此进行方案决策的定量标准与尺度。评价指标可以按以下标准进行分类。

按指标是否考虑货币价值，评价指标可分为静态评价指标和动态评价指标。前者是指在指标计算过程中不考虑货币时间价值的指标，又称为静态指标，包括静态投资回收期和投资收益率；后者是指在指标计算过程中充分考虑和利用货币时间价值的指标，又称动态指标，包括净现值、净现值率、获利指数、内部收益率。

按指标性质不同，评价指标可分为在一定范围内越大越好的正指标和越小越好的反指标两大类。只有静态投资回收期属于反指标。

按指标在决策中的重要性不同，评价指标可分为主要指标、次要指标和辅助指标。净现值、内部收益率等为主要指标，静态投资回收期为次要指标，投资收益率为辅助指标。

（一）静态评价指标

1. 静态投资回收期

静态投资回收期（简称回收期），是指以投资项目经营净现金流量抵偿原始投资所需要的全部时间，有"包括建设期的投资回收期（记作 PP）"和"不包括建设期的投资回收期（记作 PP'）"两种形式。

可分别采用公式法和列表法确定静态投资回收期指标。

（1）公式法。

如果某项目的投资均集中发生在建设期内，投产后一定期间内每年经营净现金流量相等，且其合计大于或等于原始投资额，可按以下简化公式直接求出静态投资回收期。

$$不包括建设期的静态投资回收期 = \frac{原始投资合计}{投产后前若干每年相等的净现金流量}$$

$$包括建设期的静态投资回收期 = 不包括建设期的静态投资回收期 + 建设期$$

公式法的应用条件比较特殊，包括：项目投产后前若干年内每年的净现金流量必须相等，这些年内的经营净现金流量之和应大于或等于原始投资额。如果不能满足上述条件，就无法采用这种方法，而只能采用列表法。

（2）列表法。

所谓列表法，是指通过列表计算累计净现金流量的方式，来确定包括建设期的静态投资回收期，进而再推算出不包括建设期的静态投资回收期的方法。因为不论在什么情况下，都可以通过这种方法来确定静态投资回收期，所以此方法又称为一般方法。

该方法的原理是：按照静态投资回收期的定义，包括建设期的静态投资回收期（PP）满足下列关系式。

$$\sum_{t=0}^{PP} \text{NCF}_t = 0$$

上式表明在财务现金流量表的"累计净现金流量"一栏中，包括建设期的静态投资回收期恰好是累计净现金流量为 0 的年限。

静态投资回收期的优点是能直观地反映原始投资的返本期限，便于理解，计算也比较简单，可以直接利用回收期之前的净现金流量信息；缺点是没有考虑货币时间价值和回收期满后继续发生的现金流量，不能正确反映不同投资方式对项目的影响。

只有静态投资回收期小于或等于基准投资回收期的投资项目，才具有财务可行性。

2. 投资收益率

投资收益率，又称投资报酬率（ROI），是指达产期正常年份的年息税前利润或运营期年均息税前利润占项目总投资的百分比。

投资收益率的计算公式如下。

$$投资收益率 = \frac{年息税前利润或年均息税前利润}{项目总投资} \times 100\%$$

投资收益率的优点是计算公式简单；缺点是没有考虑货币时间价值，不能正确反映建设期长短及投资方式不同和回收额的有无对项目的影响，分子、分母计算口径的可比性较差，无法直接利用净现金流量信息。

只有投资收益率大于或等于无风险投资收益率的投资项目，才具有财务可行性。

（二）动态评价指标

1. 净现值

净现值（NPV），是指在项目计算期内，按设定折现率或基准收益率计算的各年净现金流量现值的代数和。其理论计算公式如下。

$$净现值（NPV） = \sum_{t=0}^{n}（第\ t\ 年的净现金流量 \times 第\ t\ 年的复利现值系数）$$

净现值的计算可以通过一般方法、特殊方法等来完成。

（1）净现值指标计算的一般方法，具体包括公式法和列表法两种形式。

公式法：本方法是指根据净现值的定义，直接利用理论计算公式来完成该指标计算的方法。

列表法：本方法是指通过现金流量表计算净现值指标的方法，即在现金流量表上，根据已知的各年净现金流量，分别乘以各年的复利现值系数，从而计算出各年折现的净现金流量，最后求出项目计算期内折现的净现金流量的代数和，这就是所求的净现值。

（2）净现值指标计算的特殊方法。

本方法是指在特殊条件下，当项目投产后净现金流量表现为普通年金或递延年金时，可以利用计算年金现值或递延年金现值的技巧直接计算出项目净现值的方法，又称简化方法。

由于项目各年的净现金流量 NCF_t（$t=0$，1，…，n）属于系列款项，所以项目的全部投资均于建设期投入，运营期内不再追加投资，投产后的经营净现金流量表现为普通年金或递延年金的形式时，就可视不同情况分别按不同的简化公式计算净现值。

特殊方法一：当建设期为 0，投产后的净现金流量表现为普通年金形式时，公式如下。

$$NPV=NCF_p+NCF_{1\text{-}n}(P/A, i_c, n)$$

NPV：表示净现值；

NCF：表示某期的净现金流量。

特殊方法二：当建设期为 0，投产后每年经营净现金流量（不含回收额）相等，但终结点第 n 年有回收额 R_n（如残值）时，可按两种方法求净现值。

第一，将 1~（$n-1$）年每年相等的经营净现金流量视为普通年金，第 n 年净现金流量视为第 n 年终值，公式如下。

$$NPV=NCF_0+NCF_{1\text{-}(n-1)}（P/A, i_c, n\text{-}1）+NCF（P/F, i_c, n）$$

上式中：

NPV——净现值；

NCF_0——初始现金净流量；

$NCF_{1\text{-}(n-1)}$——第 1 期至第 $n-1$ 期的现金净流量；

i_c——年金利率。

第二，将 1~n 年每年相等的经营净现金流量按普通年金处理，第 n 年发生的回收额单独作为该年终值，公式如下。

$$NPV=NCF_0+NCF_{1\text{-}n}（P/A, i_c, n）+R_n（P/F, i_c, n）$$

上式中：

R_n——第 n 期年金现值。

2. 净现值率

净现值率（NPVR），是指投资项目的净现值占原始投资现值总和的比率，亦可将其理解为单位原始投资的现值所创造的净现值。

净现值率的计算公式如下。

净现值率（NPVR）＝ 项目的净现值 ÷ 原始投资的现值合计

净现值率指标的优点是可以从动态的角度反映项目投资的资金投入与净产出之间的关

系，计算过程比较简单；缺点是无法直接反映投资项目的实际收益率。

只有净现值率大于或等于 0 的投资项目，才具有财务可行性。

3. 获利指数

获利指数（PI），是指投产后按基准收益率或设定折现率计算的各年净现金流量的现值合计与原始投资的现值合计之比。获利指数的计算公式如下。

$$获利指数 = 投产后各年净现金流量的现值合计 \div 原始投资的现值合计$$
$$= 1 + 净现值率$$

获利指数指标的优点是可以从动态的角度反映项目投资的资金投入与总产出之间的关系；缺点是无法直接反映投资项目的实际收益率，其计算过程也相对复杂。

只有获利指数大于或等于 1 的投资项目，才具有财务可行性。

4. 内部收益率

内部收益率（IRR），是指项目投资实际渴望达到的收益率。实质上，它是能使项目的净现值等于 0 的折现率。IRR 满足下列等式。

$$\sum_{t=0}^{n}[\text{NCF}_t(\frac{P}{F}, \text{IRR}, t)] = 0$$

$\text{NCF}_t(P/F)$：第 1 至 t 期的现金净流量现值；

IRR：净现值率。

计算内部收益率指标可以通过特殊方法、一般方法和插入函数法 3 种方法来完成。

（1）内部收益率指标计算的特殊方法。

该方法是指当项目投产后的净现金流量表现为普通年金的形式时，可以直接利用年金现值系数计算内部收益率的方法，又称简便算法。

该方法所要求的充分必要的条件是：项目的全部投资均于建设起点一次投入，建设期为 0，建设起点第 0 期净现金流量等于原始投资的负值，即 $\text{NCF}_0 = -I$；投产后每年净现金流量相等，第 1 期至第 n 期每期净现金流量的取得表现为普通年金的形式。

应用本方法的条件十分苛刻，只有当项目投产后的净现金流量表现为普通年金的形式时才可以直接利用年金现值系数计算内部收益率。在此方法下，内部收益率 IRR 可按下式计算。

$$(\frac{P}{A}, \text{IRR}, n) = \frac{I}{\text{NCF}}$$

式中，I 为在建设起点一次投入的原始投资；$(P/A,\ \text{IRR},\ n)$ 是 n 期、设定折现率为 IRR 的年金现值系数；NCF 为投产后 $1-n$ 年每年相等的净现金流量（$\text{NCF}_1 = \text{NCF}_2 = \cdots = \text{NCF}_n = \text{NCF}$，NCF 为常数，$\text{NCF} \geqslant 0$）。

应用特殊方法的具体程序如下。

按上式计算 $(P/A、\text{IRR},\ n)$ 的值，假定该值为 C，根据计算出来的年金现值系数 C，查年金现值系数表。

若在年金现值系数表上恰好能找到等于上述数值 C 的年金现值系数 $(P/A,\ r_m,\ n)$，则该系数所对应的折现率 r_m 即为所求的内部收益率（IRR）。

若在年金现值系数表上找不到事先计算出来的系数值 C，则需要找到年金现值系数表上同期略大及略小于该数值的两个临界值 C_m 和 C_m+1 及相对应的两个折现率，然后应用内插法计算近似的内部收益率。即如果以下关系成立，

$$(P/A,\ r_m,\ n) = C_m > C$$

$$(P/A,\ r_{m+1},\ n) = C_{m+1} < C$$

就可按下列具体公式计算内部收益率（IRR）。

$$\text{IRR} = r_m + \frac{C_m - C}{C_m - C_{m+1}}\ (r_{m+1} - r_m)$$

为缩小误差，按照有关规定，r_{m+1} 与 r_m 之间的差不得大于 5%。

（2）内部收益率指标计算的一般方法。

该方法是指通过计算项目不同设定折现率的净现值，然后根据内部收益率的定义所揭示的净现值与设定折现率的关系，采用一定技巧，最终设法找到能使净现值等于 0 的折现率的内部收益率（IRR）的方法，又称为逐次测试逼近法（简称"逐次测试法"）。若项目不符合直接应用简便算法的条件，则必须按此方法计算内部收益率。

一般方法的具体应用步骤如下。

① 先自行设定一个折现率 r_1 代入计算净现值的公式，求出按 r_1 为折现率计算的净现值 NPV_1，并进行下面的判断。

② 若净现值 $\text{NPV}_1 = 0$，则内部收益率（IRR）$= r_1$，计算结束；若净现值 $\text{NPV}_1 > 0$，则内部收益率（IRR）$> r_1$，应重新设定 $r_2 > r_1$，再将 r_2 代入有关计算净现值的公式，求出净现值 NPV_2，继续进行下一轮的判断；若净现值 $\text{NPV}_1 < 0$，则内部收益率（IRR）$< r_1$，应重新设定 $r_2 < r_1$，再将 r_2 代入有关计算净现值的公式，求出按 r_2 为折现率计算的净现值 NPV_2，继续进行下一轮的判断。

③ 经过逐次测试判断，有可能找到内部收益率（IRR）。每轮判断的原则相同。若设 r_j 为第 j 次测试的折现率，NPV_j 为按 r_j 计算的净现值，则有：当 $NPV_j>0$ 时，$IRR>r_j$，继续测试；当 $NPV_j<0$ 时，$IRR<r_j$，继续测试；当 $NPV_j=0$ 时，$IRR=r_j$，测试完成。

④ 若经过有限次测试，利用有关货币时间价值系数表仍未求得内部收益率（IRR），则可利用最为接近零的两个净现值正负临界值 NPV_m 和 NPV_{m+1} 以及相应的折现率 r_m 和 r_{m+1} 应用内插法计算近似的内部收益率。即如果以下关系成立，

$$NPV_m>0, \quad NPV_{m+1}<0$$

$$r_m<r_{m+1}, \quad r_{m+1}-r_m \leqslant d \, (2\% \leqslant d<5\%)$$

就可按下列具体公式计算内部收益率（IRR）。

$$IRR=r_m+NPV_m \div (NPV_m-NPV_{m+1}) \times (r_{m+1}-r_m)$$

（3）内部收益率指标计算的插入函数法。

本方法是指在电子表格（Excel）环境下，通过插入财务函数"IRR"，并根据计算机系统的提示正确地输入已知的电子表格中的净现金流量，来直接求得内部收益率指标的方法。

内部收益率指标的优点是既可以从动态的角度直接反映投资项目的实际收益水平，又不受基准收益率高低的影响，比较客观；缺点是计算过程复杂，尤其当经营期大量追加投资时，又有可能导致多个内部收益率出现，或偏高或偏低，缺乏实际意义。

只有当内部收益率大于或等于基准收益率或资金成本时，投资项目才具有财务可行性。

上面介绍的内部收益率的 3 种计算方法中，都涉及内插法的应用，尽管具体应用条件不同，公式也存在差别，但该方法的基本原理是一致的，即假定自变量在较小变动区间内，它与因变量之间的关系可以用线性模型来表示，因而可以采取近似计算的方法进行处理。

21.3.2 评价指标与投资项目的选择

项目投资决策的关键，就是合理地选择决策方法，利用投资决策评价指标作为决策的标准，最终做出投资决策。

（一）独立方案财务可行性评价及投资决策

1. 独立方案的含义

在财务管理中，一组互相分离、互不排斥的方案称为独立方案。在独立方案中，选择某个方案并不排斥选择另一方案。就一组完全独立的方案而言，其存在的前提条件如下。

（1）投资资金来源无限制。

（2）投资资金无优先使用的排列顺序。

（3）各投资方案所需的人力、物力均能得到满足。

（4）不考虑地区、行业之间的相互关系及影响。

（5）每个投资方案是否可行，仅取决于本方案的经济效益，与其他方案无关。

符合上述前提条件的方案即为独立方案。对于一组独立方案，各个方案之间没有关联，互相独立，并不存在相互比较和选择的问题。企业既可以全部不接受，也可以接受其中一个、多个或全部。

2. 独立方案的财务可行性评价与投资决策的关系

对于独立方案而言，评价其财务可行性也就是对其做出最终决策的过程。因为对于一组独立方案中的任何一个方案，都存在"接受"或"拒绝"的选择。只有完全具备或基本具备财务可行性的方案，才可以接受；完全不具备或基本不具备财务可行性的方案，只能选择"拒绝"。所以"拒绝"本身也是一种方案，一般被称为 0 方案。因此，任何一个独立方案都要与 0 方案进行比较决策。

3. 评价方案财务可行性的要点

（1）判断方案是否完全具备财务可行性的条件。

如果某个投资方案的所有评价指标均处于可行区间，即同时满足以下条件，则可以断定该投资方案无论从哪个方面看都具备财务可行性或完全具备财务可行性。

①$NPV \geqslant 0$。

②$NPVR \geqslant 0$。

③$PI \geqslant 1$。

④$IRR \geqslant i$。

⑤$PP \leqslant n \div 2$（项目计算期的一半）。

⑥$PP' \leqslant p \div 2$（项目运营期的一半）。

⑦$ROI \geqslant i$（事先给定）。

（2）判断方案是否完全不具备财务可行性的条件。

如果某个投资项目的评价指标均处于不可行区间，即同时满足以下条件，则可以断定该投资项目无论从哪个方面看都不具备财务可行性，或完全不具备可行性，应当彻底放弃该投资方案。

①NPV<0。

②NPVR<0。

③PI<1。

④IRR<i_c。

⑤PP>$n \div 2$。

⑥PP'>$p \div 2$。

⑦ROI<i。

（3）判断方案是否基本具备财务可行性的条件。

如果在评价过程中发现某项目的主要指标处于可行区间（如 NPV ≥ 0，NPVR ≥ 0，PI ≥ 1，IRR $\geq i_c$），但次要或辅助指标处于不可行区间（如 PP>$n \div 2$，PP'>$p \div 2$ 或 ROL<i），则可以断定该项目基本具备财务可行性。

（4）判断方案是否基本不具备财务可行性的条件。

如果在评价过程中发现某项目出现 NPV<0，NPVR<0，PI<1，IRR<i_c 的情况，即使有 PP $\leq n \div 2$，PP' $\leq p \div 2$ 或 ROI $\geq i$，也可断定该项目基本不具备财务可行性。

4. 其他应当注意的问题

在对独立方案进行财务可行性评价时，除了要熟练掌握和运用上述判定条件以外，还必须明确以下两点。

（1）主要评价指标在评价财务可行性的过程中起主导作用。

在对独立项目进行财务可行性评价和投资决策分析的过程中，当静态投资回收期（次要指标）或投资收益率（辅助指标）的评价结论与净现值等主要指标的评价结论发生矛盾时，应当以主要指标的结论为准。

（2）利用动态指标对同一个投资项目进行评价和决策，会得出完全相同的结论。

在对同一个投资项目进行财务可行性评价时，净现值、净现值率、获利指数和内部收益率指标的评价结论是一致的。

（二）多个互斥方案的比较决策

互斥方案是指互相关联、互相排斥的方案，即一组方案中的各个方案彼此可以相互代替，采纳方案组中的某一个方案，就会自动排斥其他方案。因此，互斥方案具有排他性。

多个互斥方案比较决策是指在每个入选方案已具备财务可行性的前提下，利用具体决策方法比较各个方案的优劣，最终利用评价指标从各个备选方案中选出一个最优方案的过程。

项目投资多方案比较决策的方法是利用特定评价指标作为决策标准或依据，主要包括净现值法、净现值率法、差额投资内部收益率法、年等额净回收额法和计算期统一法等具体方法。

1. 净现值法

所谓净现值法，是指通过比较所有已具备财务可行性投资方案的净现值指标的大小来选择最优方案的方法。该方法适用于原始投资额相同且项目计算期相等的多方案比较决策。在此方法下，净现值最大的方案为优。

2. 净现值率法

所谓净现值率法，是指通过比较所有已具备财务可行性投资方案的净现值率指标的大小来选择最优方案的方法。在此方法下，净现值率最高的方案为优。

在原始投资额相同的互斥方案比较决策中，采用净现值率法会与采用净现值法得到完全相同的结论，但原始投资额不同时，情况会有所不同。

3. 差额投资内部收益率法

所谓差额投资内部收益率法，是指在原始投资额不同的方案的差量净现金流量的基础上，计算出差额内部收益率，并据此与行业基准折现率进行比较，从而判断方案孰优孰劣的方法。该方法适用于原始投资额不相同，但项目计算期相同的多方案比较决策。当差额内部收益率大于或等于基准收益率或设定折现率时，原始投资额大的方案较优；反之，则原始投资额少的方案较优。

该方法的原理如下：假定有 A 和 B 两个投资方案，A 方案的投资额大，B 方案的投资额小。我们可以把 A 方案看成两个方案之和。第一个方案是 B 方案，即把 A 方案的投资额用于 B 方案；第二个方案是 C 方案，用于 C 方案的投资额是 A 方案投资额与 B 方案投资额之差。因为把 A 方案的投资额用于 B 方案会节约一定的投资额，所以该部分投资额可以作为 C 方案的投资资金来源。

C 方案的净现金流量等于 A 方案的净现金流量减去 B 方案的净现金流量而形成的差量净现金流量（ΔNCF），根据 ΔNCF 计算出来的差额内部收益率（ΔIRR），其实质就是 C 方案的内部收益率。

在这种情况下，A 方案等于 B 方案与 C 方案之和，A 方案与 B 方案的比较，相当于 B 与 C 两方案之和与 B 方案的比较。如果差额内部收益率（ΔIRR）大于基准折现率，则 C

方案具有财务可行性，这就意味着 A 方案优于 B 方案；如果差额内部收益率（ΔIRR）小于基准折现率，则 C 方案不具有财务可行性，这就意味着 B 方案优于 A 方案。

总之，在此方法下，当差额内部收益率大于或等于基准折现率或设定折现率时，原始投资额大的方案较优；反之，则原始投资额少的方案较优。

该方法经常被用于固定资产更新改造项目的投资决策：当该项目的差额内部收益率大于或等于基准折现率或设定折现率时，应当进行更新改造；反之，就不应当进行此项目的更新改造。

差额投资内部收益率（ΔIRR）的计算过程和计算技巧同内部收益率（IRR）的完全一样，只是所依据的是 ΔNCF。

4. 年等额净回收额法

所谓年等额净回收额法，是指通过比较所有投资方案的年等额净回收额（NA）指标的大小来选择最优方案的决策方法。该方法适用于原始投资额不相同，特别是项目计算期不同的多方案的比较决策。在此方法下，年等额净回收额最大的方案为优。

某方案的年等额净回收额等于该方案年净现值与相关回收系数（或年金现值系数的倒数）的乘积。计算公式如下。

$$某方案年等额净回收额 = 该方案与净现值 × 回收系数$$

$$或 \qquad = 该方案年净现值 ÷ 年金现值系数$$

5. 计算期统一法

计算期统一法是指通过对计算期不相等的多个互斥方案选定一个共同的计算分析期，以满足时间可比性的要求，进而根据调整后的评价指标来选择最优方案的方法。

该方法包括方案重复法和最短计算期法两种具体处理方法。

（1）方案重复法。

方案重复法也称计算期最小公倍数法，是指将各方案计算期的最小公倍数作为比较方案的计算期，通过金额调整有关指标，并据此进行多方案比较决策的一种方法。可采取两种方式应用此方法。

第一种方式：将各方案计算期的各年净现金流量或费用流量进行重复计算，直到与最小公倍数计算期相等。然后，再计算净现值、净现值率、差额内部收益率或费用现值等评价指标。最后，根据调整后的评价指标进行方案的比较决策。

第二种方式：直接计算每个方案原计算期内的评价指标（主要指净现值），再按照最小公倍数原理分别对其折现并求代数和，最后根据调整后的净现值指标进行方案的比较决策。

由于有些方案的计算期相差很大，按最小公倍数确定的计算期往往很长。假定 4 个互斥方案的计算期分别为 15 年、24 年、29 年和 50 年，那么它们的最小公倍数就是 17 400 年，显然考虑这么长时间内的重复计算既复杂又无必要。为了克服方案重复法的缺点，人们设计了最短计算期法。

（2）最短计算期法。

最短计算期法又称最短寿命期法，是指在将所有方案的净现值均还原为等额年回收额的基础上，再按照最短的计算期来计算出相应的净现值，进而根据调整后的净现值指标进行多方案比较决策的一种方法。

（三）多方案组合排队投资决策

1. 组合或排队方案的含义

如果一组方案中的所有方案既不属于相互独立的关系，又不属于相互排斥的关系，而是属于可以实现任意组合或排队的关系，那么这些方案被称作组合或排队方案，其中又包括先决方案、互补方案和不完全互斥方案等形式。在这种方案决策中，除了要求首先评价所有方案的财务可行性、淘汰不具备财务可行性的方案以外，还需要在接下来的决策中反复衡量和比较不同组合条件下的有关评价指标的大小，从而做出最终决策。

2. 组合或排队方案决策的不同情况

（1）在资金总量不受限制的情况下，可按每个项目的净现值大小排序，确定优先考虑的项目。

（2）在资金总量受到限制的情况下，则需按净现值率或获利指数的大小，并结合净现值进行各种组合排序，从中选出能使 NPV 之和最大的最优组合。

3. 应用组合或排队方案决策的程序

（1）以各方案的净现值率高低为序，逐项计算累计投资额，并与限定投资总额进行比较。

（2）当截至某项投资项目（假定为第 j 项）的累计投资额恰好达到限定的投资总额时，则第 1 项至第 j 项的项目组合为最优的投资组合。

（3）若在排序过程中未能直接找到最优组合，则必须按下列方法进行必要的修正。

① 当排序中发现第 j 项的累计投资额首次超过限定投资额，而删除该项后，按顺延的项目计算的累计投资额却小于或等于限定投资额时，可将第 j 项与第 $(j+1)$ 项交换位置，

继续计算累计投资额。这种交换可连续进行。

② 当排序中发现第 j 项的累计投资额首次超过限定投资额，又无法与下一项进行交换时，第 $(j-1)$ 项的原始投资大于第 j 项的原始投资额时，可将第 j 项与第 $(j-1)$ 项交换位置，继续计算累计投资额。这种交换亦可连续进行。

③ 若经过反复交换，已不能再进行交换，但仍未找到能使累计投资额恰好等于限定投资额的项目组合时，可以最后一次交换后的项目组合作为最优组合。

总之，在主要考虑投资效益的条件下，多方案比较决策的主要依据，就是保证在充分利用资金的前提下，获得尽可能多的净现值总量。

21.4 投资项目的风险处置

在前面的分析中，我们都假设投资项目的现金流量是可以确定的，但实际上，真正意义上的投资项目总是有风险的，投资项目未来现金流量总会具有某种程度的不确定性。如何处置投资项目的风险是一个很复杂的问题，对此，决策者必须高度重视。

21.4.1 投资项目风险的处置方法

对投资项目的风险有两种处置方法：一种是调整现金流量法，另一种是风险调整折现率法。前者是通过缩小净现值模型的分子，使净现值减少；后者是通过扩大净现值模型的分母，使净现值减少。

1. 调整现金流量法

调整现金流量法，是把不确定的现金流量调整为确定的现金流量，然后将无风险的报酬率作为折现率计算净现值的方法。其计算公式如下。

$$调整后净现值 = \sum_{k=0}^{n} \frac{a_t \times 现金流量期望值}{(1+无风险报酬率)}$$

上式中，a_t 是第 t 年现金流量的肯定当量系数，a_t 的范围是 0~1。

肯定当量系数是指不肯定的 1 元现金流量期望值相当于使投资者满意的肯定的金额的系数，是指预计现金流入量中使投资者满意的无风险的份额。利用肯定当量系数，可以把不肯定的现金流量折算成肯定的现金流量，或者说去掉了现金流量中有风险的部分，使之成为"安全"的现金流量。去掉的部分包含了全部风险，既有特殊风险也有系统风险，既有经营风险也有财务风险；剩下的则是无风险的现金流量。由于现金流量中已经消除了全部风险，相应的折现率应当是无风险的报酬率，无风险的报酬可以根据国库券的利率确定。

2. 风险调整折现率法

风险调整折现率法是更为实际、更为常用的风险处置方法。这种方法的基本思路是对高风险的项目采用较高的折现率计算净现值。其计算公式如下。

$$调整后净现值 = \sum_{k=0}^{n} \frac{预期现金流量}{(1 + 风险调整折现率)^t}$$

上式中：

n——表示投资持续的期限；

t——表示第 t 期。

调整现金流量法在理论上应受到好评。该方法对时间和风险分别进行调整，先调整风险，然后把肯定现金流量用无风险报酬率进行折现。对不同年份的现金流量，可以根据风险的差别使用不同的肯定当量系数进行调整。

风险调整折现率法在理论上应受到批评，因其用单一的折现率同时完成风险调整和时间调整。这种做法意味着风险随时间推移而加大，可能与事实不符，会夸大远期现金流量的风险。

但从实务上看，经常应用的是风险调整折现率法，主要原因是风险调整折现率比肯定当量系数容易估计。此外，大部分财务决策都使用报酬率来进行，因此，风险调整折现率更符合人们的习惯。

21.4.2 将企业资本成本作为项目折现率的条件

将企业当前的资本成本作为项目的折现率，应具备两个条件：一是项目的风险与企业当前资产的平均风险相同；二是企业继续采用相同的资本结构为新项目筹资。

1. 加权平均资本成本与权益资本成本

计算项目的净现值有两种办法：一种是实体现金流量法，即以企业实体为背景，确定项目对企业现金流量的影响，以企业的加权平均资本成本为折现率；另一种是股权现金流量法，即以股东为背景，确定项目对股权现金流量的影响，以股东要求的报酬率为折现率。

2. 项目风险与企业当前资产的平均风险

用企业当前的资本成本作为折现率，隐含了一个重要假设，即新项目是企业现有资产的复制品，它们的风险相同，要求的报酬率才会相同。这种情况经常会发生，如固定资产更新、现有生产规模扩张等。

如果新项目的风险与现有项目的风险有较大差别，决策者必须小心从事。例如，北京首钢公司是一个传统行业企业，其风险较小，最近进入了信息产业。在评价其信息产业项目时，使用其目前的资本成本作为折现率就不合适了，因为新项目的风险和现有资产的平均风险有显著差别。

图 21-1 所示的证券市场线表明了等风险假设的重要性。新项目的风险大，则要求比现有资产赚取更高的收益率。只有当新项目的风险与现有资产的风险相同时，企业的资本成本才是合适的接受标准。对其他项目的风险投资，无论其风险比现有资产风险高或低，资本成本都不是合适的标准。但企业当前的资本成本是调整的基石，具有重要的实际意义。

需求的收益率（%）

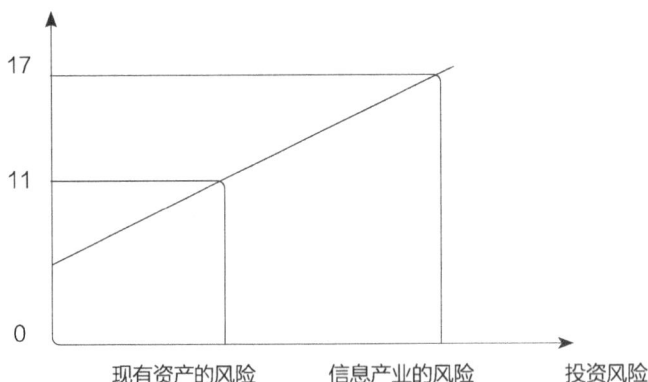

图 21-1　证券市场线

3. 继续采用相同的资本结构为新项目筹资

企业的加权平均资本成本，通常是根据当前的数据计算的，包含了资本结构因素。假设市场是完善的，资本结构不改变企业的加权平均资本成本，则加权平均资本成本反映了当前资产的平均风险。或者说，可以把投资和筹资分开，忽略筹资结构对加权平均资本成本的影响，先用当前的资本成本评价项目，如果通过了检验，再考虑用筹资来改变资本结构带来的财务影响。

假设资本市场是不完善的，筹资结构就会改变企业的加权平均资本成本。例如，当前资本结构的债务比例为 40%，而新项目所需资金全部用债务筹集，将使债务比例上升至

70%。这样，债务绝对数的上升高于负债百分比的上升，造成股权现金流量的风险增加，股权要求的报酬率会迅速上升，最终引起企业加权平均资本成本上升。与此同时，扩大成本较低的债务筹资，会引起企业加权平均资本成本下降。这两种因素共同的作用，会使得加权企业平均资本成本发生变动。因此，继续使用当前的加权平均资本成本作为折现率就不合适了。

总之，在等风险假设和资本结构不变假设明显不能成立时，不能使用企业当前的加权平均资本成本作为新项目的折现率。

21.4.3 项目系统风险的估计

如果新项目的风险与现有资产的平均风险显著不同，就不能使用企业当前的加权平均资本成本作为折现率，而应当估计项目的风险，并计算项目要求的必要报酬率。

1. 项目的系统风险

在项目分析中，项目的风险可以从以下 3 个层次来看待。

（1）从项目角度来看待，即项目自身特有的风险。例如，一项高新技术项目失败的可能性极大，这是从项目自身的角度来考虑的。项目自身特有的风险不宜作为项目资本预算风险的度量。

（2）从企业角度来看待。因为新项目自身特有的风险可以通过与企业内部其他项目和资产的组合而分散一部分，所以决策者应着重考察新项目对企业其他项目和资产组合的整体风险可能产生的增量。

（3）从股东角度来看待。要进一步考虑在余下的项目风险中，是否有部分能被企业股东的资产多样化组合分散，从而只剩下任何多样化组合都不能分散的系统风险。从资产组合及资本资产定价理论角度来看，度量新项目资本预算的风险时，也不应考虑新项目实施对企业现有水平可能产生的全部影响。企业股东可以通过构造一个证券组合，来消除单个股权的大部分风险。所以，唯一影响股东预期收益的是项目的系统风险，而这也是理论上与项目分析相关的风险度量。

2. 项目系统风险的估计

项目系统风险的估计，比企业系统风险的估计更加困难。股票市场提供了股价，为计算企业的 β 值提供了数据，将计算出的 β 值作为待评估项目的系统风险，这种方法也称"替代公司法"。

运用替代公司法时，应该注意替代企业的资本结构已反映在 β 值中。如果替代企业的资本结构与项目所在企业的资本结构显著不同，那么在估计项目的 β 值时，应针对资本结构差异做出相应调整。

调整的基本步骤如下。

（1）卸载可比企业财务杠杆。

根据替代公司股东收益波动性估计的 β 值是含有财务杠杆的 β 权益的，替代公司的资本结构与目标公司的资本结构不同，要将资本结构因素排除需确定替代公司不含财务杠杆的 β 值。该过程通常叫"卸载财务杠杆"。卸载使用的公式如下。

$$\beta_{资产}=\beta_{权益}\div[1+（1-所得税税率）\times（负债\div权益）]$$

$\beta_{资产}$ 是假设全部用权益资本融资的 β 值，此时没有财务风险。或者说，此时股东权益的风险与资产的风险相同，股东只承担经营风险即资产的风险。

（2）加载目标企业财务杠杆。

根据目标企业的资本结构调整 β 值，该过程称"加载财务杠杆"。加载使用的公式如下。

$$\beta_{权益}=\beta_{资产}\times[1+（1-所得税税率）\times（负债\div权益）]$$

（3）根据得出的目标企业的 $\beta_{权益}$ 计算股东要求的报酬率。

此时的 $\beta_{权益}$ 既包含了项目的经营风险，也包含了目标企业的财务风险，可据此计算权益成本。其公式如下。

$$股东要求的报酬率 = 无风险收益率 +\beta 权益 \times 风险溢价率$$

如果使用股东现金流量法计算现值，β 就是适宜的折现率。

3. 计算目标企业的加权平均资本成本

如果使用实体现金流量法计算现值，还需要计算加权平均资本成本。

$$加权平均资本成本 = 负债成本 \times（1-所得税税率）\times（负债\div资本）+权益成本 \times （权益\div成本）$$

第 4 篇

|战略管理篇|

第 22 章

公司战略与战略管理系统

战略管理是现代公司高层领导者最主要的职能之一，它是从全局和长远的角度来研究有关公司组织在竞争环境中生存与发展的重大问题。战略管理在现代公司管理中处于核心地位，能否做好战略管理是公司经营成败的关键。

22.1 公司战略管理的基本知识

20 世纪 70 年代初，美国经济面临石油危机，面临日本及欧洲国家的挑战，科技竞争愈演愈烈。管理学界开始重点研究如何适应充满危机和动荡的国际经济环境的不断变化，谋求公司的生存发展，并获取竞争优势的课题。较为突出的是，来自有关战争的词汇——"战略"开始被引入管理学界。

22.1.1 公司战略的概念

公司战略是指公司以未来为导向，根据公司外部环境变化和内部资源条件，为求得公司长期生存和不断发展而做出的长远性、全局性的谋划。公司战略也指在公司运作中，管理者所采取的竞争性举措和手段。公司战略是公司作为一个整体该如何运行的根本指导思想，它是对处于动态变化的内外部环境下，公司在当前及未来如何行动的一种整体表述。公司战略的核心问题就是公司从何处来、到何处去，也就是公司如何从外部得到回报并生存下去。

22.1.2　公司战略的特征

公司战略作为一个公司的根本指导思想，是一个大的宏观概念。根据其在公司管理中起到的作用，公司战略一般具有纲领性、全局性、长远性、竞争性、系统性、风险性、客观性和稳定性八大主要特征，如图 22-1 所示。

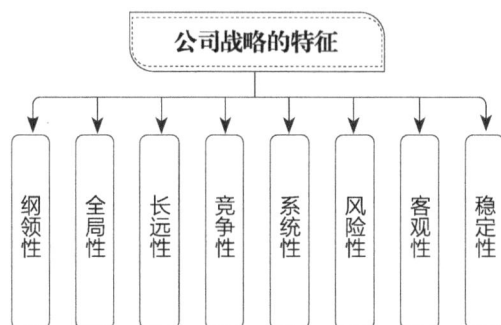

图 22-1　公司战略的特征

（一）纲领性

公司战略界定了公司的经营方向、远景目标，明确了公司的经营方针和行动指南，并筹划了实现目标的发展轨迹及指导性的措施、对策，在公司经营管理活动中起着导向作用。

（二）全局性

公司战略立足于未来，通过对国际、国内的政治、经济、文化及行业等经营环境的深入分析，结合公司已有资源，站在系统管理的角度，对公司的远景发展轨迹进行了全面的规划。

（三）长远性

首先，兼顾短期利益。公司战略着眼于长期生存和长远发展的思考，确立了远景目标，并谋划了实现远景目标的发展轨迹及宏观管理的措施、对策。其次，围绕远景目标。公司战略必须经历一个持续、长远的奋斗过程，除根据市场变化进行必要的调整外，制定的战略必须具有长期的稳定性，一般不能朝夕令改。

（四）竞争性

竞争是市场经济不可回避的现实，也正是因为有了竞争才确立了战略在经营管理中的主导地位。面对竞争，公司需要进行内外部环境分析，明确自身的资源优势，通过设计适合自身的经营模式，形成特色经营，增强自身的对抗性和战斗力，推动公司长远、健康的发展。

（五）系统性

立足长远发展，公司战略确立了远景目标，还需围绕远景目标设立阶段目标及实现各阶段目标的经营策略，以构成一个环环相扣的战略目标体系。同时，根据组织关系，公司战略需由决策层战略、事业单位战略、职能部门战略 3 个层级构成一体。决策层战略是公司总体的指导性战略，决定公司经营方针、投资规模、经营方向和远景目标等战略要素，是战略的核心，也是本书主要讲解的公司战略；事业单位战略是公司独立核算经营单位或相对独立的经营单位，遵照决策层的战略指导思想，通过对竞争环境进行分析，侧重市场与产品，对自身生存和发展轨迹进行的长远谋划；职能部门战略是公司各职能部门，遵照决策层的战略指导思想，结合事业单位战略，侧重分工协作，对本部门的长远目标、资源调配等战略支持保障体系进行的总体性谋划，如方案部战略、采购部战略等。

（六）风险性

公司做出任何一项决策都存在风险，战略决策也不例外。市场研究深入，行业发展趋势预测准确，设立的远景目标客观，各战略阶段人、财、物等资源调配得当，战略形态选择科学，制定的战略就能引导公司健康、快速地发展。反之，仅凭个人思想主观判断市场，设立目标过于理想或对行业的发展趋势预测存在偏差，制定的战略就会产生管理误导，甚至给公司带来破产的风险。

（七）客观性

客观性是指公司的高层管理人员在制定公司战略时，必须在对内外部环境客观分析的基础上做出判断，从而制定相应的适合公司的战略。在战略的制定过程中不能掺杂个人情感以及利益私欲等。

（八）稳定性

作为公司奉行的长期经营宗旨，公司战略一旦制定就必须保持相对稳定，不能朝令夕改。正在实行的战略一经修改必然带来整个公司上下的相应改变，长期不稳定的公司环境不利于公司长期的经营发展。

22.1.3　战略管理的概念

公司战略管理，是指将公司日常业务决策与长期计划决策结合而形成的一系列经营管理业务；是公司为探求长期生存和发展，根据公司内外部环境及可取得资源的情况，以正确的指导思想，对公司的发展目标、经营方向、达成目标的途径和手段做出的总体谋划，以及实施这些谋划和决策的动态过程。

加拿大麦吉尔大学管理教授亨利·明茨伯格从 5 个角度，即计划（Plan）、计策（Ploy）、模式（Pattern）、定位（Position）、观念（Perspective），对公司战略的定义进行了解析，构成了公司战略的 5P 定义。

第一，战略是一种计划。"计划"是指战略是一种有意识、有预计、有组织的行动程序，解决的是一个公司如何从现在的状态达到将来位置的问题。战略主要为公司提供发展方向和途径，包括一系列处理某种特定情况的方针政策，属于公司"行动之前的概念"。

第二，战略是一种计策。"计策"是指战略不仅仅是行动之前的计划，还可以在特定的环境下成为行动过程中的手段和策略，是一种在竞争博弈中威胁和战胜竞争对手的工具。例如，得知竞争对手想要扩大生产能力时，公司便提出自己的战略是扩大厂房面积和提升生产能力。由于该公司资金雄厚、产品质量优异，竞争对手自知无力竞争，便会放弃提升生产能力的设想。然而，一旦竞争对手放弃了原计划，公司却并不一定要将扩大能力的战略付诸实施。因此，这种战略只能称为威胁竞争对手的计策。

第三，战略是一种模式。"模式"是指战略可以体现为公司一系列的具体行动和现实结果，而不仅仅是行动前的计划或手段，即无论公司是否事先制定了战略，只要有具体的经营行为，就有事实上的战略。

第四，战略是一种定位。"定位"是指战略是一个组织在其所处环境中的位置，对公司而言就是确定自己在市场中的位置。公司战略涉及的领域很广，可以包括产品生产过程、顾客与市场、公司的社会责任与自我利益等任何经营活动及行为。但最重要的是，公司制定战略时应充分考虑外部环境，尤其是行业竞争结构对公司行为和效益的影响，确定自己在行业中的地位和达到该地位所应采取的各种措施。把战略看成一种定位就是要通过正确地配置公司资源，形成有力的竞争优势。

第五，战略是一种观念。"观念"是指战略表达了公司对客观世界固有的认知方式，体现了公司对环境的价值取向和组织中人们对客观世界固有的看法，进而反映了公司战略决策者的价值观念。公司战略决策者在对公司外部环境及公司内部条件进行分析后做出的主观判断就是战略，因此，战略是主观而不是客观的产物。当公司战略决策者的主观判断符合公司内外部环境的实际情况时，所制定的战略就是正确的；反之，当公司战略决策者的主观判断不符合环境现实时，所制定的战略就是错误的。

公司战略管理本质上是公司与变化着的环境不断对话的过程，它主要研究在迅速多变的外部环境中，如何整合公司的内外部资源，确立公司的发展方向与轨道，打造并提升公司的核心竞争力，并确保公司阶段性发展目标的实现。

此外，公司战略管理也有 5 个必须遵守的原则，即环境适应原则、全过程管理原则、整体优化原则、全员参与原则和反馈修正原则。

第一，环境适应原则。来自外部环境的影响力在很大程度上会影响公司的经营目标和发展方向。战略的制定一定要注重公司与其所处的外部环境的互动性。针对与所处的外部环境的互动关系实施战略管理，其目的是使公司能够适应、利用甚至影响环境的变化。

第二，全过程管理原则。战略是一个过程，包括战略的制定、实施、控制与评价。在这个过程中，各个阶段互为支持、互为补充，忽略其中任何一个阶段，公司战略管理都不可能成功。该原则要求将公司战略的制定、实施、控制和评价等形成一个完整的过程来加以管理，提高战略管理的有效性。

第三，整体优化原则。战略管理要将公司视为一个整体来处理，要强调整体最优，而不是局部最优。战略管理不强调公司某一个局部或部门的重要性，而强调通过制定公司的宗旨、目标来协调各单位、各部门的活动，使其形成合力。将公司视为一个不可分割的整体来加以管理的目的是提高公司的整体优化程度。

第四，全员参与原则。由于战略管理是全局性的，并且是一个制定、实施、控制和评价的全过程，所以战略管理绝不仅仅是公司领导和战略管理部门的事，在战略管理的全过程中，公司全体员工都将参与。公司战略的实施取决于公司全体员工的理解、支持和投入。

第五，反馈修正原则。战略管理持续时间一般在 5 年以上，时间跨度较大。战略的实施过程通常分为多个阶段，因此需要分步骤地实施整体战略。在战略实施过程中，环境因素可能会发生变化。此时，公司只有不断地跟踪反馈方能保证战略的适应性。根据环境的变化，及时地反馈修正战略，以确保战略的适应性。

22.1.4　战略管理的目的及作用

战略管理对于提高公司整体绩效起到了很大的作用。战略管理作为当代公司管理的重要环节，其思想方法已得到广泛运用。竞争越激烈的行业，运用战略管理的公司就越多；公司规模越大，也越重视战略管理。当处于外部环境急速变化或面临重大转折之际，公司就非常可能从战略管理的角度来重组公司。

（一）战略管理的目的

当今时代，公司的外部环境既复杂多样，又动荡多变。任何组织都是社会这个大系统中一个不可分割和具有开放性的组成部分，它的存在和发展在很大程度上受外部环境因素的影响。这些因素有些是间接地对公司起着作用，还有一些直接影响公司活动，如供应商、借贷者、股东、竞争者、顾客及其他与公司利益相关的团体。使公司在复杂多变的外部环境中生存并持续地发展下去，是战略管理的任务和目的。

对内外部环境的适应性，创造内外部环境的一致性是战略管理的重点。战略管理在制定、实施公司战略的各个阶段，都要清楚地了解外部影响因素及其方向、性质和程度，以便制定新的战略或及时调整公司现行战略以适应外部环境的变化，做到以变应变，不断提高公司的适应能力。

战略管理的目的分为以下两个层次。

第一个层次，实现公司的持续生存和不断发展，不断地完善和优化公司的经营结构，不断地提高公司的综合素质，为公司的发展提供可靠的基础。

第二个层次，是终极目的，体现为公司宗旨的实现，即公司在生存和发展过程中不断为顾客、为社会、为职工的福利和成长做大的贡献，成就事业，实现公司宗旨所体现的公司价值。

（二）战略管理的作用

1. 对管理者的作用

（1）促使管理者重视对经营环境的研究。

由于战略管理将公司的成长和发展纳入了变化的环境，管理工作要以未来的环境变化趋势作为决策的基础，这就促使公司管理者重视对经营环境的研究，正确地确定公司的发展方向，选择适合公司的经营领域或产品市场领域，从而能更好地把握外部环境所提供的机会，增强公司经营活动对外部环境的适应性，使两者达成最佳的结合。

（2）促使管理者重视战略的实施。

由于战略管理不只是停留在战略分析及战略制定上，还将战略的实施作为管理的一部分，这就促使公司管理者在日常生产经营活动中要根据环境的变化对战略不断地评价和修改，使公司战略得到不断完善，也使战略管理本身得到不断完善。这种循环往复的过程，更加突出了战略在管理实践中的指导作用。由于战略管理把规划出的战略付诸实践，而战略的实施又同日常的经营计划控制结合在了一起，这就要求管理者把近期目标（作业性目标）与长远目标（战略性目标）结合起来，把总体战略目标同局部战术目标统一起来，从而调动各级管理人员参与战略管理的积极性，有利于充分利用公司的各种资源并提高资源的协同效果。

（3）促使管理者重视战略的评价与更新。

战略管理不只是计划"我们正走向何处"，也计划如何淘汰陈旧过时的东西。以"计划是否继续有效"为指导，重视战略的评价与更新，这就促使公司管理者不断地在新的起点上对外部环境和公司战略进行连续性探索，增强创新意识。

2. 对公司的影响

（1）使公司更好地适应环境。

现代公司面临的外部环境更加动荡不安。未实施战略管理的公司，只能采取被动型防御决策，仅在环境发生变动之后才采取选择，比较被动，成效有限。而实施了战略管理的公司则可采取进攻型防御决策，通过预测未来的环境，避免可能发生的问题，使公司更好地适应外部环境的变化，更好地掌握自己的命运。

战略管理有助于公司管理者实现思维方式与现实环境的同步化，提高应变能力，在动态环境中保持清醒的头脑和敏锐的判断力，把握方向，抓住机遇，培育、积累公司的竞争能力。

（2）有助于公司明确发展方向和目标。

公司管理者可以运用战略管理的理论和方法，确定公司经营的战略目标和发展方向，制定实施战略目标的战术计划，摒弃公司管理仅追求短期业绩的行为，促使公司在全面了解预期的结果之后，采取准确的战术行动以确保在取得短期业绩的同时实现公司原定的战略目标和发展方向。

（3）全方位提升公司决策和管理水平。

战略管理可以将公司的决策过程和外部环境联系起来，使决策更加科学化和规律化。战略管理的重要贡献不在于成文的决策本身，而在于制定决策的过程。

战略制定过程是一种学习、帮助、教育和支持活动，而不是仅在高层管理者之间传递的文字游戏。战略制定过程的主要目标在于使全体员工和管理者了解公司并加强对公司的责任感，这种过程能提供激励员工潜能的机会。对于有效的战略管理而言，一个重要方面是要消除信息不对称现象，让每一名员工都知晓足够的信息，这些信息包括公司的产品计划、发展方向、经营目标、战略和目标的实施情况、客户变化情况和竞争者状况。

因而，战略管理的重要性往往体现在战略的实施方面。当管理者和员工清楚了解公司在做什么、为何这样做以及公司业绩与自身报酬的相关关系后，便会感受到自己是公司的一部分，并以支持公司为己任，从而表现出惊人的潜能和创新能力。

（4）有助于提升公司的核心竞争力。

制定战略目标要依托于公司现有的核心资源和核心竞争力，而战略管理过程对公司的核心竞争力又有着明显的提升作用。在战略制定过程中，公司要对现有核心竞争力要素进行分析、识别和初步配置；在战略实施过程中，公司要根据战略目标梳理出战略驱动因素，进而制定出关键绩效指标体系，与绩效系统相衔接，促进公司资源的进一步融合和核心竞争力的再创新。

（5）可以从根本上提高公司价值。

尽管战略管理不能确保公司一定成功，但它可以使公司更加主动地进行决策，而不是为形势所迫而被动权变。战略管理可以提高公司的效率，但更重要的是它可以使公司的经营更富有成效，使公司在思想上和观念上发生巨大的转变。

由战略管理而建立的业务规划、经营计划、预算管理、绩效和薪酬系统，构成了完整的公司管理控制链。为适应公司内部环境和外部环境的未来变化，高绩效公司趋向于对这一系统进行精细的计划，使公司的财务业绩在行业内能长期表现出较高水平。许多学者运用实证方法，通过对实施战略管理的公司和未实施战略管理的公司进行长期的观察和分析，得出了前者在销售额、利润、每股收益和公司竞争地位方面较之后者都有明显改善的结论。

22.1.5　战略管理系统模式

（一）战略管理系统模式的概念

公司战略管理系统模式是公司按照战略管理过程的要求而设立的战略管理组织、机构、制度等的总称。一个战略管理系统的规范性程度随公司的不同而不同。规范性包括系统在成员组成、职责、权力以及自由处置权等方面的明确程度。战略管理系统的规范性通常与公司的规模和公司所处的发展阶段这两个因素有非常大的关系。

（二）战略管理系统模式的种类

大型公司和小型公司在选择战略管理系统模式时有很多不同。根据公司的规模和公司所处的发展阶段这两个特性，公司战略管理系统的模式一般分为3种：公司家战略管理系统模式、适应性战略管理系统模式和计划性战略管理系统模式。

1. 公司家战略管理系统模式

公司家战略管理系统模式的权力来源是公司家。在这种战略管理系统模式中，战略是由一个铁腕人物制定的。公司战略关注的焦点是机遇，而问题是次要的。战略由公司创始人自己通过对公司未来发展的判断，并在一系列大胆的重要决策中展示出来，公司价值增长是主导目标。

亨利·明茨伯格认为，小型公司可以采用公司家战略管理系统模式，这种模式对战略的评价凭直觉进行，是非常不规范的，并且在范围上也是很有限的。

2. 适应性战略管理系统模式

适应性战略管理系统模式有时也称"走一步，看一步"。这种战略管理系统模式的特点是公司针对遭受的问题给出解决方案，而不是主动寻求新机会，决策中争论的焦点是目标的优先次序。适应性战略管理系统模式下，公司是渐进性地小步往前走。大多数大学、政府机构都采用这种战略管理系统模式，采用这种战略管理系统模式的公司数量也较多。

3. 计划性战略管理系统模式

计划性战略管理系统模式的权力来源是管理者。这种战略管理系统模式由系统收集情报信息，总结出多种可靠战略，并选择最合适的战略。这种模式下，公司既主动寻求新机会，也被动响应存在的问题。美国的美泰公司就采用这种模式。在意识到美国以及全世界家用电器产业的变化之后，美泰公司的高层管理者通过精心的选择和决策，把公司从一个高质量的洗衣机细分市场的生产供应商转变为所有家用电器市场的生产供应商。

这种模式下制定的战略是一种适用范围广泛、规范、具有多层性的战略管理系统，适合于大型公司。

计划性战略管理系统模式和公司家战略管理系统模式是两种截然不同的战略管理系统模式。计划性战略管理系统模式的组织环境是可预测的和稳定的，公司家战略管理系统模式的组织环境是屈服的；计划性战略管理系统模式适用于大型公司，公司家战略管理系统模式适用于年轻的或小型的公司。另外，在决策动机、组织目标、决策的连续性、模式的灵活性、行动幅度和方向的明确性上，二者也有很大的不同。

有时候，一些公司也采用第 4 种模式，即所谓的循序渐进式战略管理系统模式，它由计划性战略管理系统模式、适应性战略管理系统模式以及较小程度的公司家战略管理系统模式综合而成。这些公司的高层管理者对公司的使命和目标有合理而明确的想法，但是在制定战略时，他们选择反复、交互的过程，不断地探索未来，在一系列小步努力之中试探和学习，而不是一下子确定整个战略。

22.2　公司的愿景规划和事业使命

"我们公司的战略是什么？也就是说：公司将去向何方？"

"公司未来的技术、产品、顾客的重点是什么？"

"我们公司究竟想发展成为一个什么样的公司？"

"5 年之内我们在行业里要获得一个什么样的地位？"

围绕以上问题的基本观点和结论，就构成了公司的愿景。

22.2.1　公司愿景及其描述

公司愿景是一个组织中各个成员发自内心的共同目标，是蕴藏在每个成员心中的一股令人感动的力量，是愿望的景象，是一种认知图像和期望状态，体现了公司永恒的追求。公司愿景的内容包括：公司未来的发展方向、公司力求达到的产业地位、公司将要开发的能力和公司需要满足的客户。它清晰地反映了公司所确定的长期的业务目的和业务模式，它指引着公司向着特定的方向发展，并勾勒出公司发展的战略轨迹。

公司制定愿景的意义如下。

（1）保证整个公司经营目的的一致性。

（2）为配置公司资源提供基础或者标准。

（3）建立统一的公司风气或者环境。

（4）通过其中的表述，使公司员工认识公司的目的和发展方向，防止公司员工在不了解公司目的或发展方向的情况下参与公司活动。

（5）有助于将目标转化为工作组织结构，以及向公司各责任单位分配任务。

（6）使公司的经营目的具体化，并将这些目的转化为目标，以使成本、时间和绩效参数得到评估和控制。

【例 22-1】全球各大公司的愿景描述列举如下。

麦当劳：在全球食品行业占主导地位，全球性的主导地位意味着在通过便利、价值与执行战略增加市场份额和利润的同时，确立以顾客满意为中心的运作准则，提供全球最优的快速餐饮服务。

迪斯尼：成为全球的超级娱乐公司。

华为：成为世界级的领先电信设备提供商。

联想：高科技的联想、服务的联想、国际化的联想。

索尼（20 世纪 50 年代）：成为在世界范围内改变人们认为日本产品质量差的看法的最知名公司。

李宁：成为全球领先的体育用品品牌公司。

丰田：有路就有丰田车。

高盛：在每一方面都成为世界上最优秀的投资银行。

22.2.2　公司使命

提出公司的使命是确立公司愿景的起点。建立一个明确的公司使命应当成为战略家的首要责任。在所有组织中，90% 左右的问题是共同的，不同的问题比例只有 10%，而这 10% 需要适应这个组织特定的使命、特定的文化和特定的语言。

"我们的公司是什么以及它应该是什么"就是最初的公司使命的含义，它指出满足顾客的需求就是每一个公司的使命和宗旨，它认为"一个公司不是由它的名字、章程和条例来定义的，而是由它的使命来定义的，公司只有具备了明确的任务和目的，才能制定明确和现实的公司目标"。

（一）公司使命的构成要素

不同类型的公司的使命表述，在内容、篇幅和形式上各有不同。但从构成要素来看，大体上一致，可以归纳为以下 9 个方面。

1.　客户：公司的客户是谁？

客户是公司的消费者或服务对象。使命表述要以客户为中心，客户或消费者的需要决定公司的经营方向。

强生公司：我们坚信，我们对医生、护士、患者、母亲和其他所有使用和享受我们产品与服务的人负有重要的责任。

2.　产品或服务：公司的主要产品或服务项目是什么？

公司生产、经销的主要产品或提供的主要服务项目是构成公司活动类型的基本因素，公司经营的关键在于其产品或服务在市场上的销路及收益。对公司产品或服务的描述是引导消费者识别公司的重要因素。

美孚石油公司：寻找和开采石油、天然气、液化天然气，以这些为原料为社会生产高质量的产品，并以合理的价格向消费大众销售这些产品和提供相应的可靠服务。

3. 市场：公司在哪些市场参与竞争？

市场区域即公司计划要开辟或参与竞争的地区。

科宁玻璃制造公司：我们将竭尽全力使科宁玻璃制造公司取得全面的成功，并使它成为全球市场上的竞争者。

4. 技术：公司的技术是否是最新的？

公司技术水平的定位能够反映公司所提供产品或服务的质量，有助于明确公司的技术竞争力。

数据控制公司：经营应用于微电子和计算机产业的业务，两个主要业务领域为计算机硬件和计算机升级服务，具体服务范围为计算机、信息、教育和金融。

5. 对生存、增长和盈利的关切：公司是否努力实现业务的增长和良好的财务状况？

公司能够通过何种方式实现业务增长和盈利水平提高，是表达公司盈利能力的信息。

麦格劳－希尔出版公司：通过收集、评价、生产和营销有价值的信息而满足全球需求，同时使我们的用户、雇员、作者、投资者及整个社会受益。

6. 经营理念：公司的基本信念、价值观、志向和道德倾向是什么？

经营理念是指公司在生产经营活动中所持有的基本信念、价值观念、行为准则和精神追求等。正确的经营理念是公司成功最重要的保证。

玫琳凯化妆品公司：公司的全部宗旨都基于一条重要的原则，即分享与关怀。出于这种精神，人们将愉快地贡献他们的时间、知识与经验。

7. 自我认识：公司最独特的能力或最主要的竞争优势是什么？

自我认识是公司对自身比较优势和特别能力的判断与认识。

克朗•泽勒巴克公司：通过释放全体雇员的能量和利用他们的建设和创造能力，在未来 1 000 天的竞争中实现飞跃。

8. 对公众形象的关切：公司是否对社会、社区和环境负责？

公司的发展与社会、社区和环境紧密相关，公司的生产具有外部性，因此如果该公司承担了外部性，即承担了对社会、社区和环境的责任，对于公司公众形象的塑造将起到积极作用。

辉瑞公司：为增强社会经济力量做出贡献。在我们从事业务活动的所有国家，以及在地方、州和全国范围内都作为一个优秀的公司公民而发挥作用。

9. 对雇员的关心：公司是否视雇员为宝贵的资产？

重视且关心雇员，是公司"以人为本"的核心理念，通过持续的雇员关怀输出，可更好地留住雇员，提升雇员对公司的满意度，提高员工的工作积极性，为公司创造更多的经济利润。

瓦乔维亚银行：以良好的工作条件、高超的领导方式、按业绩付酬的原则、有吸引力的福利待遇、个人成长的机会和高度的就业保障，来召集、培养、激励、回报和留住高能力、高品格和有奉献精神的人员。

（二）公司使命的作用

哥伦比亚大学商学院 Schon Beechler 教授对世界 500 强中的 12 家公司的研究表明：这些成功的公司都有非常清晰的使命，不仅高层管理者的行为能够持续地与使命保持一致，而且各个层次的员工对于公司的使命也都有清晰的认识，特别是在面对危机时，这些公司能够将使命与战略保持在同一执行层面上。

这些大型公司成功的案例都表明公司使命在公司经营中起着十分巨大的作用，其具体可以表现为以下 4 点。

（1）明确公司的发展方向与业务主题，提高公司整体的运作效率。

（2）协调公司内外部的各种矛盾冲突。

（3）处理好利益相关者不同的利益要求。

（4）建立用户指导思想：将满足社会与用户要求作为公司存在的根本理由。

【例 22-2】全球各大公司、学校的使命描述列举如下。

哈佛商学院：影响公司的实践；在日益增长的全球商务环境中，提高学生进行战略性与关键性思考的能力。

麻省理工学院斯隆商学院：对日益增长的市场全球化和密集的竞争正在改变工作性质的这一事实做出反应；尊重有用的工作；为产业提供服务。

哥伦比亚商学院：让学生掌握作为管理者能够在全球经济中进行有效竞争所需的基本学科与应用的职能领域。

Intel 公司：成为全球互联网经济最重要的关键元件供应商，包括在客户端成为个人计算机、移动计算设备的杰出芯片和平台供应商；在服务器、网络通信和服务及解决方案等方面提供领先的关键元件解决方案。

可口可乐公司：带领全球人们的身体、思想及精神更怡神畅快，让我们的品牌行动不断激励人们乐观向上，让我们所触及的一切更有价值。

（三）公司愿景与公司使命的区别与联系

公司愿景不会年年改变，它像一个历久弥坚的承诺；公司使命需要根据外界环境变化或者随着公司的不断壮大而不断地进行调整，具有长期性和灵活性相结合的显著特点。

两者的区别：公司愿景是公司要追求的目标，而公司使命是公司根据这个目标所要完成的任务。公司愿景是公司未来状况的一个简明缩影和蓝图，是公司努力要达到的境界，是公司的个性、趋向性的表现，它确定了公司的整体发展方向，而公司使命是对公司的目标或存在原因的具体阐述，公司的各种计划和项目都应该以此为导向。

两者的联系：从某一角度来讲，公司使命是公司愿景的一个方面，换句话说，公司愿景包括公司使命。一个有效的公司愿景包括3个内核：存在的理由（即公司使命）、战略、价值观。公司依照愿景的期望履行公司使命，以实现自身的社会价值。公司使命是公司愿景中具体说明公司行为和经济活动的理念，具体表述公司在社会中的经济身份或角色，注重公司的行为效果。

表 22-1 所示是公司愿景与公司使命的区别与联系。

表 22-1　公司愿景与公司使命的区别与联系

	公司愿景	公司使命
区别	我们想成为什么	我们目前是什么
	着重对内公布，重在发挥激励员工和规范公司发展方向的作用	着重对外公布，便于社会了解和监督
	较为抽象	较为具体
联系	公司使命是公司愿景的起点，愿景的确定必须从使命出发，使命是愿景的一个组成部分。	

22.3　公司战略目标

公司战略目标是指公司在战略期内所要达到的水平，是公司使命的具体化和明确化。从广义上看，战略目标是公司战略构成的基本内容，它所表明的是公司在实现其使命过程中要达到的长期结果，战略目标是对公司战略经营活动预期取得的主要成果的期望值。从狭义上看，公司战略目标不包含在公司战略构成之中，它既是公司战略选择的出发点和依据，又是公司战略实施要达到的结果。

22.3.1　公司战略目标的内容

由于战略目标是公司使命和功能的具体化，所以一方面，有关公司生存的各个部门都需要有目标；另一方面，目标还取决于公司的不同战略。公司的战略目标是多元化的，既包括经济目标，又包括非经济目标；既包括定性目标，又包括定量目标。尽管如此，各个公司需要制定目标的领域却是相同的，所有公司的生存都取决于一些相同的因素。

国内外学者对于这方面的总结也有很多，稍加总结各学者的观点，就可以概括出公司战略目标的 10 个具体内容。

（1）盈利能力。用利润、投资收益率、每股平均收益、销售利润等来表示。

（2）市场。公司在市场上要达到的地位，通常用市场占有率（市场份额）来表示。市场占有率反映了公司的竞争地位。

（3）生产率。用投入产出比率或单位产品成本来表示。

（4）产品。用产品线或产品的销售额和盈利能力、开发新产品的完成期来表示。

（5）资金。用资本构成、新增普通股、现金流量、流动资本、回收期来表示。确定资本结构，减少资本成本，加强资金运作。

（6）生产。用工作面积、固定费用或生产量来表示。

（7）研究与开发。用花费的货币量或完成的项目来表示。

（8）组织。用将实行变革或将承担的项目来表示。

（9）人力资源。用缺勤率、迟到率、人员流动率、培训人数或将实施的培训计划数来表示。

（10）社会责任。用活动的类型、服务天数或财政资助来表示。

一个公司并不一定在以上所有领域都规定了目标，并且战略目标也并不局限于以上 10 个方面。

22.3.2　公司战略目标的要求

公司战略是公司根据环境的变化、本身的资源和实力选择适合的经营领域和产品，形成自己的核心竞争力，并通过差异化在竞争中取胜而做的规划。随着世界经济全球化和一体化进程的加快和随之而来的国际竞争的加剧，对公司战略的要求越来越高。

每一种经营活动都是根据某种战略来进行的。战略是公司前进的方向，是公司经营的蓝图，公司依此建立其对客户的忠诚度，赢得一个相对其竞争对手持续的竞争优势。战略的目的在于建立公司在市场中的地位，成功地同竞争对手进行竞争，满足客户的需求，获得卓越的公司业绩。

公司在制定公司战略目标时至少应满足以下几个要求：可接受性、灵活性、激励性和可实现性、适应性、易理解性。

公司总体战略规划是对公司未来一定时期内生存和发展的统筹谋划，一个想要发展壮大的公司必须要居安思危、未雨绸缪，为公司制定长远的战略规划，并且一定要分阶段、按步骤贯彻实施。

现实是未来的基础，而未来是现实的发展；现实是立足点和出发点，而未来是着眼点和目标点。管理者在制定公司的战略目标时，只有立足现实，着眼未来，才能有所创新，才能保持领先和主动，才能把握和赢得未来。因此，管理者要居安思危，构建长远战略目标，体现出未来意识和超越意识。管理者只有树立"明天即今天"的观念，才能使公司具有竞争力。

22.4 战略经营单位及战略制定

22.4.1 战略经营单位的含义及特点

战略经营单位（Strategy Business Unit，SBU）是 20 世纪 70 年代美国通用电气公司（以下简称"通用公司"）创造、发展的一种分权组织形式。一个 SBU 如同一个独特的小型企业或者独立的经营单位。每一个 SBU 都要指定一位经理（通常就是业务经理），这位经理对产品负有从提供研究的实验室起到产品工程、市场研究、生产、包装和营销工作的指导和推销的责任，并对利润负有最后的责任。经理在专职或兼职职工（即由其他部门派到重要经营单位兼职的工作人员）的协助下，就可以为该产品制定和执行策略性的经营计划。SBU 如同设在大公司里的单位，是独特的小型企业，能像单独营业的单位那样推销与处理某些产品或产品系列。这种特殊的组织单位，能保证公司经营的几百种产品或产品系列全部受到同样的重视。有些公司会为其主要的产品系列采用这一组织形式来经营。

一个理想的战略经营单位应该具备以下特征。

（1）有独立的业务。它是一项独立业务或相关业务的集合体，在计划工作中能与公司其他业务分开而单独作业。

（2）有不同的任务。它的任务有别于其他业务单位的具体任务，虽然大目标相同，但分别朝不同的方向去努力。

（3）有自己的竞争者。在各自的领域都有现实的或潜在的对手。

（4）掌握一定的资源。掌握公司分配资源的控制权，以创造新的资源。

（5）有自己的管理班子。它往往有一位经理，负责制定战略计划、提高利润业绩，并且控制影响利润的大多数因素。

（6）能从战略计划中得到好处。它有相对的独立权，能按贡献分得应有的利润和其他好处。

（7）可以独立计划其他业务。可以拓展相关业务或新的业务。

很明显，SBU 的主要好处是保证大公司中某一产品不致被销售量大、利润高的其他产品挤掉，还可以使负责指导与推销某一产品或产品系列的经理和职工集中注意力并倾注其全部力量。

22.4.2　划分战略经营单位应注意的问题

划分准确的战略经营单位必然会给公司的发展和经营带来巨大的好处，但是在相反的情况下，则可能会适得其反。所以在划分公司的战略经营单位时应该注意什么问题是公司管理者必须慎重考虑的。

根据前文介绍的战略经营单位的特点，可以总结出在划分战略经营单位时应注意的问题主要有以下几项。

1. 根据公司目标划分责任中心并授予相应的权力

在责任会计管理内部划分责任中心并授予相应的权力。在 SBU 战略中应该将不同责任中心划分为一个独立的 SBU 并组建成一个项目组，突破"螺丝钉"的传统理念，实现管理者到经营者的转变。

2. 编制责任预算，确定责任目标

根据每一个 SBU 的具体责任目标来编制具体的责任预算，并且将其作为业绩的评价标准。

3. 合理制定内部转移价格

为了正确评价每个 SBU 的工作业绩，对于各责任中心之间相互提供产品或者劳务的活动，必须由公司管理层审慎地、合理地制定出适合本公司特点的内部转移价格，以便进行计价和结算。内部转移价格的制定，既要有利于调动各 SBU 经营的主动性和积极性，又要有利于保证各 SBU 的经营目标和整个公司的经营目标的一致性。

4. 注重规模经济效应

在划分 SBU 时，要考虑各个 SBU 的规模大小所带来的影响。规模优势带来价格优势，而质量和价格优势可以成为销售中最具有诱惑力的部分。

5. 注意保证各 SBU 之间的实力均衡

因为每一个 SBU 成了一个独立的经营单元，所以它们之间必然会形成相互竞争的模式。一定程度上的竞争确实有利于公司的经营发展，但是过度的竞争也必然会给公司带来不可想象的后果。在划分 SBU 时就必须考虑到各 SBU 之间的实力分配以避免导致公司内部的不良竞争。

【例 22-3】海尔集团 SBU 实用案例。

如何将目标、市场和分配 3 个基本元素整合为一种管理机制，海尔集团独创性地采用了 SBU 经营机制。SBU 经营机制最终也可以解决管理的"老大难"问题，即目标制定与实施、考核与薪酬、激励与改进。当然，任何一种模式都很难兼顾企业发展与员工发展，很难平衡各方利益关系，很难真正做到竞争和双赢。海尔也不例外。

一、SBU 经营机制的形成与实施

海尔集团自 1998 年 9 月 8 日开始推行业务流程再造，最终目标是把员工从被管理者变成自主经营的创新主体。经过很长一段时间的组织与制度创新，在组织扁平化、流程化、信息化的基础上，海尔集团进一步对员工和经营观念进行再造。2001 年，海尔集团开始推行 SBU 理论，实行全员 SBU 经营机制，这是海尔集团业务流程再造推行到一定阶段的必然产物，属于后业务流程再造。

SBU 经营机制与职能管理最大的差别是：职能管理是分段管理，每个人不是对市场负责，而是对自己的上级负责，员工把自己作为一个被管理的客体；SBU 经营机制则强调"一票到底"的业务流程，每个人对市场效果负责，通过市场链咬合的关系，每一个员工成为自主经营的主体。自己经营出市场效果后，通过收益提成来挣自己的工资。

2001 年年底，海尔集团创造性地提出了 SBU 损益表的操作思路，具体做法是：将事业部的外部目标转化为内部目标，再将内部目标量化到个人目标，每个部门每个员工的目标完成效果以市场链的形式体现，工作指标全部货币化，实施"以市场链工资激励员工把用户的需求作为自己的价值取向，创造性地完成有价值的订单，不能以货币结算的劳动是没有价值的，属于无效劳动"。

海尔集团提出，管理水平的高低不在于员工行为的好坏，而在于能否为员工创造一个创新的空间，使每一个员工都可以在这个开放的系统中完成目标并实现创新。要求每一个员工都要面对市场，每一个员工的价值都应该体现在为用户创造价值。SBU作为一个经营的主体，自负盈亏、亏损买单、增值提成，完全是通过自己经营市场效果得到市场报酬，通过自己的服务、经营自己的产品来满足用户的需求，挣自己应得的报酬。

资源存折就是将企业员工看成企业的资产，只有资产成为优质资产，企业才算良性运营。针对这个情况，海尔集团将员工的工作看作一种负债经营，创造性地将员工的经营收入与耗用的资源结合起来，形成一种量化性的自主经营。但是企业中有些员工的工作预算不好确定，特别是支持流程人员，如财务人员等。

资源存折创造性地将经营的有效性和市场订单的多样性结合起来，实行负债性的自主经营，不仅有利于经营成果的量化，而且能促使员工开源节流，为企业且为自己创造更多的节余与利润。同时，资源存折是SBU损益表的另一种表现形式，它实质上是将损益表中的预算剔除，以一种纵向的形式体现，其实质是一样的，都是一种将企业效益与员工绩效挂钩的经营管理。

资源存折相当于为每位员工都建立了一张个人的"投入产出卡"或"个人损益表"，让每个人都明确自己的投入和产出，直接面对市场，实现了自主经营和自负盈亏。资源存折考核机制的实施极大地调动了员工的创造积极性，使员工主动找市场、明确目标、围绕目标整合资源，最终获得有价值的订单。

二、SBU 经营机制的成效分析

SBU损益表在经营活动中如同一面镜子，它可以实时检查经营得失、改进经营质量、避免走弯路。让干得好或干得坏的人干，经营效果一目了然。SBU经营机制不仅促进了海尔集团的企业经营，也是对传统粗放式管理的一次革新。

1. 员工观念的转变。首先是让每个员工都树立了自我经营意识，让每个员工从原来那种被动地执行任务转变到创造有价值的订单，从按企业的规章制度办事、符合领导标准到主动从用户的需求出发，达到用户满意的目标。每个人将原来那种工作拿工资的思想（其实就是一种雇员思维）转变成我是"老板"在经营的思想。每个人把个人价值与企业价值连接在一起，实现企业价值的最大化就是使自己与企业增值。

2. 企业的市场效果明显。SBU经营机制实质上是以发展指标、质量指标和利润指标为考核中心，改变了原来单一的收入考核机制。SBU经营机制不仅追求量的增长，而且追求质的提高，所以SBU经营机制的市场效果主要体现在"开源"与"节流"。

3. 促进管理会计作用的发挥。损益表是会计报表中最常见的一种报表，也是会计为经营管理提供信息的基本表现形式之一。海尔集团创造的SBU损益表对传统的会计制度进行了以下革新。

（1）会计计算期间由月到日，实现了一种精细化的会计核算。

（2）突出财务全面预算功能，起到对未来经营状况的分析判断作用。

4. 有助于建立科学的考核激励机制。SBU经营机制是将员工的工作经营化、数字化的体现，将各经营效果的量化指标与绩效考评标准挂钩，实现了标准透明、考核公开的公平激励政策，充分展现了"量"与"质"、"劳"与"效"长期以来倒挂的局面。

SBU经营机制打破了传统"多劳多得"的分配机制，形成了一种绩效考核机制——按照经营效果兑现报酬，实现企业与员工市场咬合的关系，企业赚钱，员工才能赚钱，企业亏损，员工也得亏损，这样就迫使每一个员工都与企业齐心协力、共担风险，使企业经营风险最小化。

三、SBU经营机制所面临的挑战

第一，SBU经营机制将原来的个人行为转化为量化的数字指标，更为全面地考核员工的业绩，其本身要求员工能全面预算和实施自己的工作，对于员工的素质要求更全面、更高，而一般的管理人员的管理能力、决策能力达不到要求会导致工作效果"打折扣"。SBU经营机制在打破原有的职能式管理的同时，对于员工之间，特别是上下级之间如何来经营这一问题还存在需要解决的矛盾。

第二，SBU经营机制实质上缩小了核算经营体，也使每个核算经营体的经营风险系数更大。对于出现的风险，如果全部由单个员工自己来买单，势必会出现个人承担不了的问题，最终给员工在心理上造成过大压力，反而产生做不好或逃避的问题。

第三，因为SBU损益表和资源存折项目打破了原有的财务概念，加入了管理的考核内容，所以如何来确定管理项目的成本和收益标准缺乏历史数据依据，特别是围绕企业的同一个目标，不同的SBU的经营角度不一样，其准确性和合理性难以确定，这容易导致损益表和资源存折实施不下去。

第四，SBU 会对资源的分配起到非常大的影响。资源来自一级管理者，这势必会出现资源配置不到位而造成下一级 SBU 的经营成果差异大，直接导致考核的公平性问题，从而影响员工的工作积极性和员工的稳定性。

第五，在现代组织中，一个人不能完成全部的工作，必然需要团队的分工合作。如何来确定团队中每个人的效益分成，标准的合理性会直接影响项目的效果和合作的可能。

第六，对于支持流程，指标的量化特别是最终归结到货币上非常难。往往会造成付出了工作劳动，却无法直接体现的市场效果，而且此工作又必须去做，这样会影响员工积极性的发挥。

第七，SBU 经营机制对于企业信息化的要求非常高，每一个 SBU 都要能获得支持其经营业务的信息。SBU 经营机制不仅需要企业内部的信息，更需要企业外部的信息，而目前能够准确获取全方位数据的可能性非常小，特别是外部数据的获取更加困难，而且实施的成本非常高。信息不真实会导致经营结果不准确。

四、谋求推进中解决问题的办法

海尔集团在实施 SBU 经营机制的过程中，已经涌现出一些自主经营意识非常强的 SBU 员工，如钢板采购经理张永召等，这说明其思路是非常对的。目前存在的两类问题，都有针对性的解决办法：一方面是由 SBU 经营机制独创性导致的问题，这需要不断地调整，寻求合理性和操作性的结合；另一方面是一些无法越过的问题，这必须要企业按照其自身的规律来解决。

第一，按照 SBU 核算到每一个员工，希望通过自主经营的模式来调动员工的积极性，这种做法与现代社会的高度分工和有效的团队合作相背离。也正是基于这一考虑，2004 年年底海尔集团提出了 SBU 经营团队，即 MMC（迷你公司）的概念，以团队为单位来实施 SBU 经营机制的推进。

第二，目前信息化程度和数据信息的可靠度不够，必然会导致企业数据信息不准确的问题。过分量化考核，将导致经营结果不准确，评价达不到企业的要求。可以从两方面来改正：其一是应有相关评判的标准，通过量化的评价数据修改考核的结果；其二是划定经营区间，在同一个区间内考核结果一样，减少数据不准确造成考核过细反而不合理的问题。

第三，在实施过程中发现，有些岗位，如质量管理、人力资源、后勤保障等部门中的岗位的某些工作是很难量化的，并非所有工作的数据都可以从计算机终端获取。

过度量化考核可能导致信息失真。例如，一个质量主管，2005年制定了自己的"卓越绩效评价体系"，将质量指标与制造速度和制造成本结合起来，即不以牺牲制造速度和制造成本为代价换取高质量合格率，将一些管理指标量化为财务指标。用缺乏可以参照的数据来分析，其准确性需要用历史数据进行试套分析。

考核力度大会影响员工积极性，考核力度小又起不到激励推动作用。可以考虑总体原则为：确保现有员工中10%的人能超出设定的目标，50%~60%的人能够完成经营目标，只有30%~40%的人还有差距。在确保员工总体积极性的同时，又能激励员工经营业绩的提升。

第四，对于资源，如果完全由上一级SBU来分配和确定，必然导致下一级SBU对于资源分配的不满。所以必须有统一的原则和程序，由相关部门和人员来评价，保证资源配置的公平合理。例如，将车间和班组确定为订单的单位，即订单优先分配给经营好的车间和班组，但问题是这种分配的盲目性是非常大的。抢订单的模式不利于企业长期生产效率的提高。

反思海尔集团SBU的实施过程可以发现，任何一种管理模式在强调其"刚性"的同时，必须考虑它的"柔性"。海尔集团在管理上强调执行，不折不扣地执行，随着SBU经营机制的运行，许多有价值的员工感到压力重大和无所适从，最终选择离开海尔集团，这究竟是不是损失，至少海尔集团现在的一些做法证明存在问题的。

另外，企业内部管理能否实现市场化？车间一线员工的计件工资、销售人员的业绩提成等是比较容易操作的，但是如果各个岗位普遍使用，企业内部部门之间、员工之间、流程之间都实行合同文本方式规范管理，实行货币化结算，这就有些反科斯定理。这一问题值得慎重地推敲与求证。

22.4.3　战略制定的方法

战略制定的方法是如何管理好公司的一个非常重要的议题。在管理实践中，通常根据公司的规模、业务特点等选择不同的战略制定方法。

（一）战略制定的原则

公司战略制定的原则是指公司在把握时代潮流、发展趋势和经营环境变化的基础上，为谋求长远、可持续、协调、稳定的发展，以正确的战略思想为指导，对公司的方针目标、方向、产品结构的选择及进行相应的公司经营资源分配时所必须遵循的原则。公司制定战略时要遵循以下原则。

（1）公司战略要率先贯彻和反映公司文化中蕴含的经营理念、精神、宗旨与价值观。

（2）公司战略要符合公司的内在条件，充分发挥优势，扬长避短，并创造新的优势资源。

（3）公司战略要打特色牌，以形成自身的独特模式。其他公司的战略模式只可供借鉴，不能盲目照搬。

（4）公司战略要有前瞻性，要预测到未来规划期内社会、经济、科技、环境、人口、市场诸多方面的重大变化带来的影响，要考虑相应对策，从而使战略有相当的适应性。

（5）公司战略应划分为若干战略阶段和设定一些战略控制点，渐进式地逼近终极目标。在该进程中，短期利益与长远利益结合，局部利益与整体利益兼顾，既积极又稳妥地推进，在这些因素的约束下选择相对合理的发展轨迹。

（6）制定公司战略事先要小心论证，要聚集公司全体员工的共同愿望，主要反映公司领导层的未来设想。必要时，可邀请社会有关专家参加战略制定或咨询论证。

（7）公司战略体系一经确定或批准，则具有长期指导性、持久性、一贯性和严肃性。除非遇到不可抗力事件或未预测到事件的严重影响，一般不宜对发展战略频繁修改或调整。尤其反对"一茬领导一个调"，后任领导随意否定前任领导制定的发展战略的现象。

（二）战略制定的主要方法

1. 自下到上的方法

由下到上的方法即首先在业务部门制定战略，然后呈送上级机构批准，公司再将各业务部门制定的战略汇总起来，这样，公司战略本身就是各个业务部门战略的组合。在业务部门这一层次，各业务部门是根据自身的特殊环境制定战略，主要的战略目标集中于各个部门现有的业务活动和使自身的地位得到巩固与加强。并且，大多数新的业务部门都将倾向于扩充现有的业务活动。大多数业务部门管理者都参与战略制定并熟悉其所在部门的战略细节和经营细节，公司一级管理者通常是非正式地参与业务部门的战略制定过程，因此，公司层级对业务部门制定的战略的审批比较容易通过。由下到上这一战略制定方法的主要缺点是：由于每个业务部门的战略都是根据其自身的特殊环境制定的，这样汇总起来的公司级战略就容易变成"大杂烩"，缺乏公司范围的凝聚性、统一性和一致性，难以适应整个公司的环境需求和资源需求。显然期望依靠几个业务部门的战略就汇集成公司统一的宗旨和方向是不太可行的。

2. 自上而下的方法

这种方法是在那些认为制定战略能够便于管理的企业中发展起来的，它完全不同于由下到上的方法。这种战略制定的方法强调只有企业的一小部分管理者投入战略制定过程。因而，通过这一方法制定的战略反映了高层管理者对如何有效地获取企业目标所做的决定。在制定战略的过程中，对各业务部门之间存在的任何矛盾，都将在公司范围内得到彻底讨论并解决（当然研究时也会要求下层管理者提出建议和意见以便考虑）。

一般来讲，自上而下制定的企业战略是具有凝聚性和统一性的战略计划，公司方向、公司目标和行动目标都很明确。公司战略确定后再分解成每一个业务部门的战略和指导方针并交给各业务部门去实施。所属各业务部门实施公司和本业务部门的战略，只有当公司（首脑集团）推出新的战略时，业务部门的战略实施才会有相应改变。业务部门、职能部门的管理者是实施他们所管辖范围内战略计划的负责人，应在必要时提出对意外问题的意见，所提出的意见经过批准后以修改或完善公司的指导方针。而公司级战略计划所包含的战略目标和行动目标则是考核业务部门经营好坏的基础。

3. 相互交叉或协商式的方法

这种方法是指公司和业务部门的管理者相互交叉、联合制定公司和业务部门的战略。这样制定出来的战略既不像自上而下的方法制定出来的战略那样是公司级管理者的产物，也不像由下到上的方法制定出来的战略那样只是业务部门管理者的产物。相反，由于公司级和业务部门的管理者都参与并讨论了战略的制定，所以制定出来的战略既反映了公司的目标与要求，又和业务部门管理者对其所管辖业务的特殊情境有密切的联系。虽然在战略制定过程中由于协商和考虑过程较长而耗费了较多的时间和精力，但是这种耗费会由于加快了战略的批准时间和缩短了战略的实施步骤而得到补偿。

这种制定战略的方法一方面由于公司的管理者与各业务部门进行了成功的协商，对各业务部门制定战略的活动影响很少；另一方面，在制定战略的过程中公司管理者会特别强调业务部门战略的形式和内容必须相对地统一。同时，由于公司级战略和业务部门建议的战略之间有抵触的部分都已通过协商得到了解决，公司的管理者就不需要再花费大量的精力去测算业务部门的战略建议所提出的数据信息，而是可以根据公司资源、战略目标和公司方向使其各业务部门的战略形成一个公司战略组合。

4. 半自治式的方法

这种方法的主要特点是公司和业务部门的战略制定活动都是相对独立的。业务部门的战略是以适应各部门一系列特殊的环境和目标而制定的。业务部门战略的形成经过公司批准执行，一般每年对战略进行一次定期检查和评估。

而公司级的战略制定和重新修改不必有连续性，其重点是认清公司的发展方向，从公司的角度分析出现的各种威胁和机会，决定经营哪些新的业务、淘汰哪些现有的业务，对公司现有组合内的各项业务制定适宜的优先原则等。公司级管理者的工作重点则放在研究业务组合并着手从整体上改善业务组合的行为上，而不是陷入测算和制定业务部门的战略的详细过程。当新的公司方向和战略出台时，也许会导致新的合并、淘汰或是重新调整各业务部门之间的资源分配状况，各个业务部门执行公司这一决策就应该修改业务部门的目标和战略。就像行使检查权和批准权一样，公司要不时地为管理者提供公司级战略的新设想。

上述 4 种战略制定的方法在现实中都可见到，而每个公司究竟使用哪一种方法，则是由公司管理者的偏好决定的。

公司战略制定出来后，也许是以明显的（也可能是不够明显的）、综合的文件形式拟定出所谓的公司战略，以书面的文字总结出战略的基本内容，但由于各方面的原因，往往不可能包括完整的、详细的、各个层次的现行战略的全部内容。公司战略的许多方面是在管理者之间口头讨论的，只有在他们的管理行动和决策中才能显露出来，而局外人只有通过一些出色的行为，诸如合并、淘汰和市场上的行动等才能推导出一个公司的部分战略内容。至于战略的其他方面也许在年报、董事会分析讨论、总经理的发言、业务书信的个人观点和商业报刊上的文章中显露出来。

不管怎样，实际上从总经理的角度来讲，总有一些重要的战略思想内容不能见之于文或不能被别人窥见。这些战略内容只刻画在总经理的大脑中，形成他的秘密战略思想，这些是书面战略、口头讨论的战略和已经实施的战略的组成部分。它是总经理根据变化了的环境调整的战略思想，总经理的这一秘密战略实际上是管理公司的主要航图。但是对这种战略的评估、检查就更少具有连续性，只能是在各种事件的发生、新机会的出现时收集到更多的信息，由于各种条件的变化而修整业务方向和定义时，才可能发生相应的调整。

22.4.4 战略方案的内容

战略方案是指为了实现公司战略目标，根据环境分析的结果比较公司现时的能力与目标之间的差距，为弥补这个差距而想要采取的政策策略和行动计划。

战略方案是一个为了创造未来而组织起来的结构，它是在现状的基础上，描述所选定方向的总体结构。战略方案是动态的、以事项为导向的策略，它帮助公司控制一些在未来可能发生的重大事件。战略方案主要包括以下 4 个方面的基本要素。

（一）经营战略方案要素

一定要制定一套科学务实的经营战略方案，其主要用于解决"做什么"这个重大问题。

就公司的经营战略来说，其基本内容主要包括：产品与市场领域、成长方向、竞争优势和协同效应。这也是安索夫著名的公司战略管理要素内容。这4个方面的基本内容可以在公司中产生一种合力，形成公司的共同经营主线。在做公司经营战略方案时，首先应当根据产品、技术以及市场营销等方面的类似性，为公司确定一条共同的经营主线。这是公司战略方案中十分关键的内容，也是十分重要的第一步。

（二）管理战略方案要素

一定要制定一套运作高效的管理战略方案，其主要用于解决"怎么做"这个问题。

就公司的管理战略来说，其基本内容主要包括：组织系统、指挥系统、联络系统、检查反馈系统、计划预算系统等。其特点是必须密切配合公司的经营战略特征来制定，服务于经营战略并服从于经营战略。

（三）人才战略方案要素

一定要制定一套极具激励作用的人才战略方案，其主要用于解决"谁来做"这个问题。

就公司的人才战略来说，它的基本内容主要包括：人才的招聘和选用、培训、激励等。从整体来说，一些公司的成功得力于它的战略成功，但从人才战略角度来说，其成功应该得力于它的人才战略成功。这样的例子在商界比比皆是。如拯救克莱斯勒公司的里·亚柯卡，复活IBM的路易斯·郭士纳，让通用公司成为美国经济"火车头"的杰克·韦尔奇，等等。可以这样说，一个公司的成功可以归结为这个公司关键的人才战略的成功。因此，这里把人才战略作为一个重要因素单独列出来。

（四）文化战略方案要素

一定要制定一套具有强大生命力，并带有鲜明个性特色的公司文化战略方案。成功的公司，它的公司文化必须是具有强大生命力的，同时是带有重大鲜明个性特征的。文化战略方案主要用于解决的是回答企业"我是谁"这个在竞争中明确定位的重大问题。

就公司的文化战略来说，其基本内容一言以蔽之，就是做好公司的形象识别系统方案。形象识别系统包含三大部分：理念识别系统、行为识别系统、视觉识别系统。

以上4个方面是一个公司进行战略规划的基本内容和核心要素。做好以上4个方面的战略方案，是一个公司走向成熟、走向成功的基础。

第23章
公司战略类型

通过分析公司经营的一般特点及可能做出的重大决策来分析归纳公司的战略类型，有利于准确认识各公司战略类型的目的和作用，也能明确各公司战略的适用范围和准则。这正是本章的研究思路。公司经营的一般特点可概括为：基于某种市场需要的利益驱动，公司组织有关资源去满足该项需要并从中获得利润。市场需要、资源、利润是公司经营特点的关键词。

23.1 公司战略的分类

公司战略是公司最高层次的战略。公司战略需要根据公司的目标，选择公司可以竞争的经营领域，合理配置公司经营必需的资源，使各项经营业务相互支持、相互协调。公司战略常常涉及整个公司的财务结构和组织结构方面的问题。

公司战略的主要类型可分为三大类：发展型战略、稳定型战略和紧缩型战略。

23.1.1 发展型战略

发展型战略强调充分利用外部环境的机会，充分发掘公司内部的优势资源，以求得公司在现有的战略基础上向更高一级的方向发展。发展型战略的核心是通过公司的竞争优势谋求公司的发展壮大。按照进入的经营领域不同，发展型战略分为一体化战略、密集型战略和多元化战略。其中，一体化战略和多元化战略是近些年来学者们研究的重点，具体的内容将在后面的章节中讲到。

（一）采用发展型战略公司的特点

采用发展型战略的公司具有以下特点。

（1）公司不一定比整个经济市场发展得快，但确实较产品销售的市场发展得要快。

（2）公司试图延缓甚至消除其行业中价格竞争的风险。

（3）公司定期开发新产品、新市场、新工艺及老产品的新用途。

（4）公司总是获得高于行业平均水平的利润率。

（5）公司不是去适应外界的变化，而是试图通过创新和创造以前未存在的新的需求，来使外界适应自己。

（二）公司发展型战略的实施方式

发展型战略的实施一般可以采用3种方式，即外部发展（并购）、内部发展（新建）与战略联盟。

1. 外部发展（并购）

外部发展的广义内涵是指公司通过取得外部经营资源谋求发展。外部发展的狭义内涵是并购，并购包括合并与收购。合并是指同等公司之间的重新组合，新成立的公司常常使用新的名称。收购是指一个公司（收购者）吸纳另一个公司（被收购者）的业务。

2. 内部发展（新建）

内部发展的广义内涵是指公司利用自身内部资源谋求发展。内部发展的狭义内涵是新建。新建与并购相对应，是指建立一个新的企业。

3. 战略联盟

战略联盟的广义内涵是指两个或两个以上经营实体之间为了达到某种战略目的而建立的一种合作关系。合并或兼并就意味着战略联盟的结束。

这里给出了"外部发展"和"内部发展"一对发展途径，又相应地给出了"并购"和"新建"一对发展途径，这是因为国内、外教材中的不同提法所致。有时，使用广义的概念更适宜一些。

此外，从交易费用的经济学角度来看，并购方式的实质是运用"统一规制"方式实现公司一体化，即以公司组织形态取代市场组织形态；而新建方式的实质则是运用"市场规制"实现公司的市场交易，即以市场组织形态取代公司组织形态；而战略联盟是这两种组织形态中的一种中间形态。

（三）公司实施发展型战略的优缺点

公司实施发展型战略的优点有：可以通过发展扩大自身价值，增加市场份额和绝对财富，体现经理人员的有效性和功绩，成为公司进一步发展的动力；可以通过不断变革来创造更高的生产经营效率与效益，使公司总是充满生机和活力；能保持公司的竞争实力，实现特定的竞争优势。

公司实施发展型战略的缺点有：获得初期效果后，很可能导致盲目的发展和为了发展而发展，从而破坏公司的资源平衡；过快的发展很可能降低公司的综合发展实力，使公司的应变能力出现内部危机和混乱；很可能使公司管理者更多地注重投资结构、收益率、市场占有率、组织结构等方面，而忽视产品的服务或质量；重视宏观发展而忽视微观发展，因而不能使公司发展达到最佳状态。

23.1.2　稳定型战略

稳定型战略，又称为维持型战略、防御型战略，是指限于经营环境和内部条件，公司在战略期期望达到的经营状况基本保持在战略起点的范围和水平上的战略。

采用稳定型战略的公司不需要改变自己的使命和目标，公司只需要集中资源于原有的经营范围和产品，以增加其竞争优势。

（一）采用稳定型战略公司的特点

采用稳定型战略的公司具有以下特点。

（1）公司满足于过去的效应，继续寻求与过去相似或者相同的战略目标。

（2）期望取得的成就每年按大体相同的百分数增涨。

（3）公司继续以相同的产品或者服务来满足其顾客。

采用此类战略的公司往往是因为管理层不希望承担较大幅度改变现行战略带来的风险。因为相应战略的改变需要资源配置的改变，而改变已经建立起的资源配置模式是很困难，需较长时间。

（二）公司实施稳定型战略的优缺点

稳定型战略适用于对战略期环境的预测变化不大，而在前期经营相当成功的公司。

公司实施稳定型战略的优点有：采用这种战略的风险比较小，公司可以充分利用原有生产经营领域中的各种资源；减少开发新产品和新市场所必需的巨大资金投入和开发风险；避免资源重新配置和重新组合的成本；防止由于发展过快、过急造成的失衡状态；稳定型战略的连续性不会因战略的改变而引起公司在资源分配、组织机构和管理技能等方面的变动，保持公司平稳发展。

公司实施稳定型战略的缺点有：一旦公司外部环境发生较大变动，公司战略目标、外部环境、公司实力三者之间就会失去平衡，将会使公司陷入困境；还容易使公司减弱风险意识，甚至会形成惧怕风险、回避风险的公司文化，降低企业对风险的敏感性和适应性；可能使公司丧失发展机会，导致管理者墨守成规、不求变革。

23.1.3 紧缩型战略

紧缩型战略又称为规避风险型战略，是指公司从目前的战略经营领域和基础水平收缩和撤退，且偏离战略起点较大的一种经营战略。与稳定型战略和发展型战略相比，紧缩型战略是一种消极的发展战略。

（一）采用紧缩型战略公司的特点

采用紧缩型战略的公司具有以下特点。

（1）公司的某些领域正处于稳定或日益衰退的市场。

（2）公司某些领域市场占有率小，且扩大市场占有率的费用太高；或市场占有率高，而维持现有市场占有率需要较高的费用。

（3）公司的某一领域不能带来满意的利润。

一般地，公司实施紧缩型战略只是短期性的，其根本目的是使公司在管理整顿后转向其他的战略选择。有时，只有采取收缩和撤退的措施，才能抵御对手的进攻，避开环境的威胁和迅速地实行自身资源的最优配置。可以说，紧缩型战略是一种以退为进的战略。

（二）公司紧缩型策略的实施方式

公司实施紧缩型战略一般可以采用 4 种方式，即收缩战略、剥离战略、转向战略与清算战略。

1. 收缩战略

收缩战略是指企业在现有的经营领域里，因不能维持其原有的产销规模和市场而不得不采取缩小产销规模和减少市场占有率的紧缩型战略。

收缩战略的特点是：公司选择某些比较有利的、能发挥自己优势的市场，抢先占据优势地位，获得较大收益；同时，逐步缩小并退出其他无利可图的市场。

收缩战略的目的是：使公司减少费用支出和投资，充分利用余下的资源，集中力量获得短期收益，改善资金流量，维持公司生存。

具体做法如下。

（1）机制变革。包括：调整管理层领导班子；重新制定新的政策和建立管理控制系统，以改善激励机制与约束机制等。

（2）财政和财务战略。如引进和建立有效的财务控制系统，严格控制现金流量；与关键的债权人协商，重新签订偿还协议，甚至把需要偿付的利息和本金转换成其他的财务证券（如把贷款转换成普通股或可转换优先股）等。

（3）削减成本。如削减人工成本、材料成本、管理费用、分部和职能部门的规模，以及削减资产（内部放弃或改租、售后回租）等。

2. 剥离战略

剥离战略是指当公司在采取收缩战略和转向战略均无效后所采取的紧缩型战略。

剥离战略的目的是去掉经营赘瘤，收回资金，集中资源，加强其他部门的经营实力，利用腾出的资源拓展新的事业领域，或者用来提升公司的经营实力，伺机抓住更大的发展机会。

但是，在剥离战略的实施过程中通常会遇到一些阻力，主要是公司战略的阻力和管理上的阻力。

克服这些阻力可采用的方法有：在高层管理者中形成"准备剥离战略"的氛围；改进工资、资金制度，使之不与剥离战略相冲突；妥善处理管理者的出路问题等。

3. 转向战略

转向战略是指当公司现有经营领域的市场吸引力微弱、失去发展活力而趋向衰退，市场占有率受到侵蚀，经营活动发生困难，或者发现了更好的发展领域和机会时，为了从原有领域脱身、转移阵地而另辟道路所实行的紧缩型战略。

公司在原有经营领域内采取减少投资、压缩支出、降低费用、削减人员的办法，目的是逐步收回资金和抽出资源以发展新的经营领域，在新的事业中找到出路，从而推动公司更快地发展。

具体做法如下。

（1）重新定位或调整现有的产品和服务。例如，当美国次贷危机导致的国际金融危机开始影响欧洲、日本等一些发达地区和国家市场的时候，D 表业公司决策层敏锐地察觉到国际金融市场的动荡很可能会影响到国际手表市场的消费能力，于是果断地对产品进行了重新定位，调整了产品结构，将中、高档表壳产量的比例由占生产总量的 60% 调整到

80%。其结果尽管导致总产量稍有降低，但 D 表业公司的总产值却上升了 20%。

（2）调整营销策略，在价格、广告、渠道等环节推出新的举措。包括在改善产品包装后提高产品价格，以增加收入；加强销售攻势和广告宣传等。例如，为了应对金融危机，一些跨国公司加强了对低收入群体的营销策略研究；又如，一些品牌服装在金融危机中大幅度调整价格等。

4. 清算战略

清算战略是指公司受到全面威胁、濒于破产时，通过将公司的资产转让、出卖或停止全部经营业务等方法来结束公司的生命的战略。

毫无疑问，对任何一个公司的管理者来说，清算战略都是其最不期望、最不乐意做出的选择，而且通常只有当其他战略都失败时公司才会采用它。

然而，对于一家公司来说，及早清算也许比亏损运行要合适得多。

具体做法如下。

（1）特许经营。

这种方式是指公司将有限权力卖给被特许经营公司，而收取一次性付清的费用。被特许经营公司可以使用特许经营公司的商标品牌，但要严格遵守许可方的经营规定。公司国际化经营战略中也包括这种方式。

（2）分包。

这种方式是指公司采用招标的方式让其他公司生产本公司的某种产品或者经营本公司的某种业务。这种方式与特许经营方式的不同之处在于，卖方出售了自己的一部分业务，要求买方在一个具体的时间内，按一定的价格向卖方提供一定数量的产品或服务。这样，买方在合同的期限内处于一种垄断地位。公司可以将不宜内部开拓的一部分业务转移给他人经营，但仍维持原先的拥有权。

（3）卖断。

这种方式是指母公司将其中的业务单位卖给另外一家公司，从而断绝一切关系。实现产权的彻底转移。例如，美国 F 汽车公司从 2007 年开始相继出售几个欧洲高端品牌就属于这种类型的清算战略。

（4）管理层收购与杠杆收购。

这种方式是指一家公司把大部分业务卖给它的管理层或者另外一家公司，母公司可以在短期或者中期保留股权。对于买者来说，这就相当于延迟付款。

（5）拆产为股、分拆。

这种方式下不存在即时和全部的所有股的转变。母公司的一部分变成了战略性的法人实体，以多元持股的形式形成子公司的所有权。母公司的股东仍然在很大程度上控制着这部分公司。与母公司脱离的子公司可以看成是准独立机构。

（6）资产互换与战略贸易。

在这种情况下，所有权的转让是通过公司之间交换资产来实现的。这要在两个公司之间达成一种匹配，卖方公司和买方公司要能够接受相互的资产。这种做法在上市公司中比较常见。例如，母公司与上市子公司之间互换资产，以提高上市公司的股票价值；而一些通过"借壳""买壳"方式上市的公司都必然存在资产互换，将"壳公司"的不良资产置换成本公司的优良资产。

23.2 多元化战略

23.2.1 多元化战略的概念

多元化战略是指企业同时生产和提供两种或两种以上基本经济用途不同的产品或劳务的一种经营战略。

企业进入与现有产品和市场不同的领域，而从擅长的领域退出可能需要进行激烈的思想斗争。但是安索夫认为："在任何经营环境中，没有一家企业可以认为自身能够不受产品过时和需求枯竭的影响。"这个观点得到了许多人的认同。由于市场变化迅速，企业必须持续地调查市场环境以寻找多元化的发展机会。

当现有产品或市场不存在期望的增长空间时（如受到地理条件限制、市场规模有限或竞争太过激烈等），企业经常会考虑多元化战略。但是，有些人认为多元化战略从本质上来说是一个消极的战略，因为采用多元化战略意味着总是在逃避某些问题，它表明企业只是对整个企业所发生的不良事件做出反应。不管怎样，多元化已经成为企业日益常见的战略选择。

多元化战略又可以分为两种：相关多元化战略和非相关多元化战略。

（一）相关多元化战略

相关多元化战略是指企业拓展的业务项目与现有的产品、业务间在生产、技术、市场营销等方面具有高度的相关性或同质性，从而使这些产品、业务间在价值链上形成有价值的匹配关系。例如，联合采购以及共享品牌、营销网络和顾客基础等可以使企业节约成本，形成更强的竞争优势。

【例23-1】海尔集团原是单一生产冰箱、冰柜的企业，后来因走相关多元化的道路，逐步将生产的范围扩大到空调、洗衣机、电视机、微波炉等多种家用电器。各类产品在物资采购、生产技术、管理、市场营销等方面具有高度的相似性，并可共用许多的资源。

（二）非相关多元化战略

非相关（无关）多元化战略是指企业所拓展或增加的产品、业务项目与原有的产品、业务项目在生产、技术、管理、市场营销等方面极少或根本不存在关联性和同质性，跨行业发展经营特征明显。只有存在吸引力的市场前景、财务收益才能分散企业的商业风险。非相关多元化战略鼓励企业进入任何适当的产业和项目。

【例23-2】江苏春兰公司原来是生产空调的专业企业，后来因走非相关多元化的发展道路，又进入了摩托车、房地产等产品、业务领域。

又如通用公司，从原来生产电灯泡开始发展成为经营家用电器、牵引机车、发电设备、金融服务、航空运输等业务的综合性企业。

23.2.2　进行多元化战略的原因

企业进行多元化战略的原因有多种，有些为了追求竞争优势、经济效益，有些则纯粹是出于个人考虑。在这里将各类原因归为三大部分：外部诱因、内部诱因和个人动机。

（一）外部诱因

（1）市场容量饱和或有限。一是供需平衡，再扩大生产风险较大，由于产品、产业生命周期较短，可充分利用未用尽的资源，分摊成本；二是逃离衰退产业，抓住新领域蕴含的商机。

（2）高度的市场集中度。

（3）市场需求的多样性和不确定性。单一市场的风险较大，而多样性则为企业提供了成长机会，还可以减少经营风险。

（4）摆脱反托拉斯法、反垄断法的约束，防止过度的产业集中，导致企业被迫改变成长方向。

（二）内部诱因

（1）充分利用剩余资源、核心能力，获取范围经济，进一步扩展能力和获得优势地位。

（2）目标远大，现有经营模式不足以实现目标。

（三）个人动机

（1）个人薪资可能随企业规模扩大而上升。

（2）企业高层领导个人的成就感。

（3）个人对企业的控制力。

23.2.3 多元化战略的优缺点

从企业形成之初至 20 世纪中、后期，企业经过了半个多世纪的发展，积累了丰富的经营经验及管理能力，很多企业已初步形成了基于知识管理的核心能力，此时企业基于发展状态的目标，就会选择多元化经营方式。但是到了 20 世纪 90 年代，很多企业发现适用于专业化经营的某些知识或能力到了多元化领域不一定就能适用，有的甚至会成为多元化经营发展的障碍。因此，很多企业回归专业化，集中力量构建企业的核心竞争力。

（一）多元化经营的优点

多元化经营使企业运作延伸到多个领域，这就会在无形中增强了企业在不同领域的综合竞争能力。多元化经营最明显的优点之一就是企业内部一些重要的资源，如销售网络、科研开发能力等能实现共享。世界 500 强中的很多企业正是遵循了这一原则，才成功地跻身于这一行列，如美国通用公司、德国西门子公司都是利用多元化经营成功的典例。多元化经营的另一个明显优点便是能分散企业风险。现代的市场环境非常复杂，这就决定了企业的投资不可能完全正确，多元化经营可以为企业分散风险创造条件，使企业在面临风险时有一定的缓冲能力，将风险损失降到最低。事实上，多元化经营为企业带来的好处有很多，如资源整合、品牌效应等。这也就是当企业专业化发展到一定阶段后，必然要实行多元化战略的原因。

（1）多元化经营可以发掘企业内部优势，实现资源共享。

与专业化经营的企业相比，多元化经营的企业相当于将原来多个专业化经营企业的经营活动组合在一个企业内进行，或者是将多个产业或产品放在一个企业或者企业集团内进行。在这种情况下，企业的技术资源、市场资源、管理资源等资源优势可以实现共享，将资源更快地转变为企业的竞争力。正是因为有了共享的资源，高层管理人员只需通过计划和行政手段就可以调整生产要素在不同经营方向上的自由流动，以减少交易成本，提高资源配置效率。例如，多元化经营企业可以建立内部人才交流市场，实现人才在本企业内不同经营方向的自由流动，这既可以提高人才的使用效率、拓展人才发展空间，又能减少人员的招聘和培训成本。相比之下，专业化经营企业中，维系企业正常运行的许多生产要素需要通过外部市场筹措，企业因此需要付出更多的交易代价。

（2）多元化经营可以有效地规避企业经营风险。

当外部经济负面干扰较大时，较专业化经营企业而言，多元化经营企业具备更强的规避风险的能力。宏观经济不景气，会对某个行业、某类产品造成巨大冲击。例如在"非典"期间，旅游行业、食品行业都受到一定冲击。我们可以发现，当企业受宏观经济不景气的影响时，从事专业化经营的企业更容易受伤，会造成整个企业的亏损，甚至倒闭。

实行多元化经营，避免"将鸡蛋放在同一个篮子里"，能够避免企业过于依赖某一市场从而容易产生波动的弱点，使企业在遭受某一产品或经营领域的打击时，通过在其他产品或行业的成功经营而弥补亏损，从而提高企业的抗风险能力。

根据马考维茨的投资组合理论，企业参与经营多种行业，就等同于投资各种股票，使企业的风险分散，使企业破产的可能性降低。尽管多元化战略不一定能提高企业的利润率，但可以减少利润率的波动。稳定的利润率对企业的财务结构将产生正面影响，从而影响企业的经济绩效，员工也因此会降低失业风险。例如，美国固特异轮胎橡胶公司是一个专业轮胎橡胶公司，但20世纪80年代它又开始投资石油管道，因为该公司发现石油管道的销售与轮胎销售正好呈反向波动关系，如此经营就像在金融市场做套期保值一样，可以降低风险。

（3）多元化经营可以充分发挥企业的品牌效应。

一种品牌的建立和维护，需要花费较长的时间和较多的资金。企业通过多元化战略可以扩大已有的企业品牌优势，增加市场影响力，从整体上减少宣传维护费用，增加利润。某种品牌的崛起往往是因为某一项产品做得专业，受市场青睐。若多元化经营得当，原有品牌会增加其他产品的附加值。

（4）多元化经营带来的其他优势。

多元化经营可以相对减少研究和开发费用，使企业充分利用生产单一产品容易产生的闲置资源，并通过将企业两个或多个业务结合起来，共同使用生产设备、销售网络、通用技术和广告服务等，提高单位经营效益和企业盈利水平。

企业实施多元化经营容易实现对相关信息的识别、隐匿和把握。① 多元化经营企业可以通过合并会计报表隐藏某一业务利润水平，减少其他企业进入该行业的风险。② 多元化经营企业可以通过内部市场转移劳动力和技术资源，与借助外部市场相比，企业通过这种方法更容易有效地掌握企业的劳动力和技术信息。③ 由于多元化经营企业内部资本市场的建立，高层管理者更容易获得各分部经理及其绩效的信息，在一定程度上解决高层管理者与分部经理间的委托代理关系。

（二）多元化经营的缺点

企业进入一个新的行业要受到许多因素的制约，同有经验的行业的经营企业相比，新进入企业的管理水平和经验、行业相关信息及行业相关人才等都是有限的。如果不能综合克服这些困难，企业将无法对各项业务实施有效的管理和控制，以致多元化经营不仅不能给企业带来超额利润，反而会加大企业的经营风险。多元化经营带给企业的不利影响主要有以下几个方面。

（1）多元化经营容易分散企业有限的经济资源。

作为一个企业，其所具有的资源毕竟是有限的，不可能同时满足所有消费者的需求。许多上市公司在选择扩张领域时带有投机性和盲目性，而忽略了一些新兴行业不仅需要管理技术，而且需要投入大量的资金，而资金的使用必然要分散企业的经营资源，企业很可能会因此丧失竞争优势甚至被淘汰出局。

【例 23-3】浙江省海宁市某实业有限公司是一家先进的企业，并且在行业中取得了优异的成绩，其主营业务水泥有着 29 年的经营历史。为了扩张企业领域，该企业开始向多元化进军，先后投资近 2 000 万元（占其注册资本的 160%）于化工、皮革和灯具等不同行业，然而，许多项目占用的资金不仅没有产生利润，反而连本金都没有收回。

浙江省海宁市某实业有限公司的做法过于冒险，在陌生的行业和领域投入了超出注册资本的资金，是该企业多元化战略失败的根本原因。所以企业要想发挥整体优势，必须加强对资金的宏观调控，最大程度地规避信贷风险，当对自己的经营能力充满信心、对主营业务的发展和市场的发展十分看好的时候，应集中精力做好主业。如果找不到合适的投资机会，就不要盲目进行投资。

（2）多元化经营不利于企业集中精力提高核心竞争力。

目前，世界上的一些大集团、大企业，无一不是靠其主打产品支撑的，如著名的可口可乐公司、海尔集团等综合性经营企业都有自己的核心产品，其主业结构非常明确和清晰。其核心竞争力表现在先进的技术以及服务理念上，通过销售到市场上的产品、劳务或服务体现出来。相反，如果企业在经营范围和投资领域进行盲目扩张，则极有可能使企业主业不主，整体优势不优，最终导致经营危机。

【例23-4】某公司是一家在纽约证券交易所挂牌、资产过亿的上市公司。该公司管理人员为实现公司的多元化经营，在兼并和收购远洋运输、金矿开采等业务过程中，由于自身的问题和投资者对公司定位不明确等原因，并不顺利，造成了公司股价一度大幅下跌的局面，最后只能采取公司分立的策略才使这种被动的局面得以扭转。所以，即使是实力雄厚的大企业，在没有充足的把握之前，最好只经营自己有核心竞争力和良好发展前景的业务，这样，才能真正把企业做大、做强，为走多元化经营之路奠定扎实的基础。

（3）多元化经营会造成管理质量下降。

多元化经营是企业谋求发展规模化、快速化的一种策略。但也正是在企业谋求做大、做强的过程中，其整合程度和发展质量会出现一些问题。由于企业经营的多元化，许多管理上的问题也是层出不穷。① 企业多元化会带来一个庞大的管理机构，这样的机构往往存在较为严重的官僚主义和形式主义作风，管理层之间的相互摩擦和冲突会产生负协同效应，从而在一定程度上抑制企业创新精神的发挥。② 由于不同的行业及不同的产品各有特点，管理模式很难协同，以致不同的管理模式分散了管理层的时间和精力，增加了管理的难度。③ 我国目前法人治理结构还没有达到十分完善的程度，对管理层的监管和制约不够。

【例21-5】以大家熟知的巨人集团为例，当该企业进军房地产行业后，由于不能准确地掌握该行业的特性，缺乏房地产经营经验，加之内部子公司监管不力，部分管理人员营私舞弊，造成了巨额的负债和亏损，致使企业的财务管理一度陷于混乱局面。

巨人集团多元化经营前、后的业绩对比鲜明。当企业业务相对单一时，管理人员业务熟练，在其工作范围内有更大的自主权和责任感，能够直接做到对其效益的好坏负责，并且直接接受市场的评估，也便于上层对下层采取更加合理的激励和约束机制，提高管理的效率，降低不必要的消耗。所以说，管理是效益的根本保证。

（4）多元化经营降低了企业适应市场的灵活性。

在市场经济大潮中，任何企业都处在动态的经营环境中。实行单一经营的企业相对于大集团而言，更容易做到快速适应环境的变化，及时调整经营战略和投资方案，以在市场波动时受较小损失。而一个多元化经营的企业，由于涉及多个产业和不同的产品，不同经营部门之间又相互依赖，常常是牵一动百。企业想做到全部能够适应国家政策的变化、科技发展的需要、经济周期的变化及客户需求的更新，绝非想象的那么简单。

大集团的发展绝对离不开管理层适应环境的超强能力。如果不行，倒不如稳扎稳打，苦练内功，集中精力抓重点项目和关键产品。

23.2.4　多元化战略的风险与控制

多元化战略要求企业同时涉足多个产业领域，实施多种经营产品的组合，这容易导致企业经营资源分散使用，经营管理难度加大，从而可能会使追求目标落空。

多元化战略所面临的风险如下。

（1）多元化战略的不恰当实施，可能使企业经营运作费用加大，而抵消外部经济的协调效应。一方面，从一个经营领域跨越到另一领域，从投入资源、开始经营到产生效益，这中间是一个艰难、漫长的过程，过程中由于陌生、不懂而导致的低效率、机会成本损失等都将使企业学习费用过多而最终影响企业效益；另一方面，企业从一个领域跳到另一个无关联的领域，有可能导致获得顾客认知成本巨大。所有这些将可能导致多元化战略的外部经济的协调效应丧失。

（2）选择失误。首先是产业选择失误。企业可能受某个产业高预期的收益诱惑，加之其在原产业经营成功而获得的自信支持，从而忽略对产业前景、管理者必备条件、本企业在该产业形成竞争优势的核心竞争力、本企业自身实力等方面的准确、客观的评价，导致产业选择失当，最终失败。其次是时机选择失误。如果一个企业在某一领域发展非常成熟，没有别的企业能够威胁它的地位，或当时所在的行业已经饱和，其产业扩张的力度几乎没有多少弹性，成长环境也随市场饱和而不甚良好，那么此时企业转向多元化发展比较适合。但是很多企业是在还没有处于成熟期，甚至是还没有到"青春期"时就盲目地进行多元化扩张，其结果往往是进退维谷。

企业多元化战略中防范风险的建议如下。

（1）如果企业正在从事的产业尚处于高速增长阶段，具备较大的发展潜力，且本企业竞争优势尚不稳固，仍需要较大投入，则不宜盲目开辟新的经营领域，实施多元化战略。

（2）实施多元化战略的企业，必须具备足够的资源和较强的实力，有能力支持新领域经营项目稳定持续产生利润前所需的持续不断的投入，以及确保在进入初期有能力对付激烈的竞争压力。

（3）具备技术、生产、市场营销相关性的多元化发展战略，能够使企业已经形成的核心能力和经验、战略资产在新领域发挥作用，以获得产业间的协调效应和范围经济效应，使获得竞争优势和取得成功的可能性更大。

（4）实施多元化发展战略，不可贪多、无限多元化。企业在一定时期内不可同时涉足过多的产业或产品、业务项目，而应在一定时期内明确选择一项业务或产品作为发展的主业，注意资源分配在一定时期内相对集中、有重点，将重点放在项目核心竞争力和竞争优势的培育上，力求做一事成一事。

（5）当企业实施多元化发展战略时，如果是以兼并、收购或合资、合作经营的方式进入的，则可以获得被兼并企业或借助其合作企业在其产业领域具备的业务、生产、技术、管理、市场营销能力（有时甚至是优势），缩短企业进入新领域后的学习、适应过程，减少摸索的失误、费用，并迅速建立起竞争能力。所以，比起自己建立企业、独立经营的方式，上述方式的优势更大些。

（6）进行多元化投资，但不进行多元化经营是一个产业多元化企业发展成熟到一定阶段的表现。在这种情况下，企业的多元化投资和对投资企业控股但不经营，退出机制灵活，既可以长线投资又可以短期变现，不失为企业壮大发展的一条有效途径。

23.3 一体化战略

23.3.1 一体化战略的概念及类型

一体化战略是指企业沿着原有的产品和业务经营的链条纵向或横向不断拓展业务的深度和广度来扩大经营规模，使企业发展壮大的一种战略。

一体化战略按照业务拓展的方向可以分为纵向一体化战略和横向一体化战略。

（一）纵向一体化战略

纵向一体化战略是指企业沿着产品或业务链向前或向后延伸和拓展企业现有业务的战略。从理论上分析，企业采用纵向一体化战略有利于节约与上、下游企业在市场上进行购买或销售的交易成本，控制稀缺资源，保证关键投入的质量或者获得新客户。不过，企业一体化也会增加企业的内部管理成本，因此，企业的规模并不是越大越好的。纵向一体化战略可以分为前向一体化战略和后向一体化战略。

1. 前向一体化战略

前向一体化战略是指获得分销商或零售商的所有权或加强对他们的控制权的战略。前向一体化战略通过控制销售过程和渠道，使企业控制和掌握市场，增强对消费者需求变化的敏感性，从而提高企业产品的市场适应性和竞争力。

前向一体化战略的主要适用条件如下。

（1）企业现有销售商的销售成本较高或者可靠性较差而难以满足企业的销售需要。

（2）企业所在产业的增长潜力较大。

（3）企业具备前向一体化所需的资金、人力资源等。

（4）销售环节的利润率较高。

【例 23-6】微软收购诺基亚。

微软公司（以下简称"微软"）宣布，将以 37.9 亿欧元收购诺基亚公司（以下简称"诺基亚"）的设备与服务部门，同时以 16.5 亿欧元收购其专利组合，共计 54.4 亿欧元，约折合 71.7 亿美元。根据协议，收购后"诺基亚"品牌仍将保留。软件业的巨头与昔日手机的霸主，会碰撞出怎样的火花？这里就收购方与被收购方分别分析其公司层战略的实施与效果。

此次诺基亚手机业务被微软收购有两大背景：一是诺基亚手机销售不畅，二是微软需要硬件平台。

首先是诺基亚手机销售不畅。在手机领域，诺基亚一直有着举足轻重的地位。然而，随着智能手机的兴起，诺基亚开始遭到来自苹果公司、谷歌公司的夹击，但是诺基亚似乎无法跟上智能手机不断创新的步伐。虽然诺基亚在全球手机市场占有份额，但它的领导地位在过去几年持续下滑。面对安卓公司、苹果公司等不断发起的挑战，诺基亚宣布将与微软进行广泛的战略合作，使用微软 Windows Phone 操作系统作为诺基亚主要的智能手机平台。而在其智能手机产品仍旧向 Lumia 过渡的过程中，塞班手机出货量 2012 年同期为 600 万台，而 2013 年第二季度基本为 0，而 Lumia 智能机从 2012 年同期的 400 万台增长至 2013 年第二季度的 740 万台。随着 Lumia520、Lumia720 的销售，第二季度绝大部分 Lumia 智能机都已经是 WP8 平台产品。第二季度 Lumia 智能手机出货量为 740 万台，比第一季度增加 31%，但仍低于市场预期。

其次是微软需要硬件平台。在移动互联网时代，入口显得更加重要。A 股市场上，手机、电视、游戏平台、浏览器等都曾作为入口受到市场热捧。例如做手机分销的深圳市爱施德股份有限公司（简称"爱施德"），作为全国性的分销厂商，在一些相对弱势的终端厂商面前拥有一定的话语权，可以和终端厂商进行协商，在产品出厂之前预装自己的应用商店或者帮助其他合作的应用厂商进行渠道推广。面对移动互联网用户的爆发式增长，安卓公司凭借免费的模式，被主流手机厂商视为首选，成为三星 Galaxy 系列、HTC One、华为 Ascend 系列等众多智能手机的网络入口；iOS 凭借具备良好用户体验的产品——手机、平板电脑以及笔记本电脑等占领市场，成为 iPhone、iPad、Mac 等终端的网络入口。反观微软，在失去先手优势的情况下，仍然利用"专利授权"的商业模式向硬件厂商索取费用，这导致 Windows Phone 进一步失去了对硬件厂商的吸引力，市场中只有诺基亚一个忠实的跟随者。而微软寻找优质的移动互联网入口势在必行，诺基亚便是微软收购的最理想选择。

基于上述两大背景，诺基亚选择的是剥离自己的手机业务，采用的是放弃的战略；而微软则是决定收购诺基亚，采用的是并购的发展战略。2013 年 9 月 3 日，芬兰赫尔辛基股市交易中，诺基亚开盘大涨 46% 至 4.32 欧元，创 52 周新高。按每股 4.32 欧元计算，诺基亚当时市值为 110 亿欧元。2013 年 9 月 2 日早些时候，微软宣布以 72 亿美元收购诺基亚手机业务。各分析人士认为，这一消息是诺基亚股价大涨的主要原因。而 2013 年 10 月 28 日，诺基亚第三季度财报虽然显示诺基亚依然亏损，但是不得不注意到：基于微软 Windows Phone 的 Lumia 智能手机的销售最终在美国实现突破——诺基亚 Lumia 手机 2013 年第三季度在北美的销量为 140 万台，是 2012 年同期的 3 倍。或许如较多分析人士认为的那样，此次收购的前景不明了，但毕竟诺基亚手机已开始显示出某些好的势头，这多多少少达到了微软收购诺基亚手机业务时的目标。

2. 后向一体化战略

后向一体化战略是指获得供应商的所有权或加强对其控制权的战略。后向一体化战略有利于企业有效控制关键原材料等投入的成本、质量及供应可靠性，确保企业生产经营活动稳步进行。后向一体化战略在汽车、钢铁等产业被采用得较多。

后向一体化战略的主要适用条件如下。

（1）企业现有的供应商供应成本较高或者可靠性较差而难以满足企业对原材料、零件等的需求。

（2）供应商数量较少而需求方竞争者众多。

（3）企业所在产业的增长潜力较大，企业具备后向一体化所需的资金、人力资源等。

（4）供应环节的利润率较高。

（5）企业产品价格的稳定对企业十分关键。

【例 23-7】蒙牛集团的后向一体化战略。

对于奶业来说，其一体化的实质是生鲜乳生产、乳品加工、市场营销等市场主体有机结合成一个整体，风险共担，利益共享，实现各方利益均衡化，从而使生产、收集、储存、运输、加工、销售等环节紧密联结，环环紧扣，保证整个产业链条的协调运转，实现整个产业健康持续发展。2013 年，以蒙牛集团为代表的我国几大巨型奶业企业集团已经明确了一体化战略发展思路，并取得了成功。

蒙牛集团的基本思路是"以产业链为依托""以技术为核心"，实行核心品质优化，从奶源生产、加工到运输和销售，实行"不依附于人力之外"的技术升级，其中最关键的是奶源上游规模化、集约化牧场建设。2013 年，蒙牛集团牧场规模化水平已达到 93%，到 2015 年实现了 100%。一体化模式为蒙牛集团带来了巨大变化：第一，提高了规模化管理水平。在奶牛饲养环节，蒙牛集团通过与国外奶业巨头爱氏晨曦（Arla Foods）建立战略合作关系，对奶牛的管理前伸到了用药、育种、牧草种植等环节，控制率达到 100%，通过对奶牛健康进行标准化管理，可全面防止可能存在的"品质漏洞"。第二，生产过程实现了标准化。在采购、运输环节，蒙牛集团强化了原料奶收购信息系统建设，提高了冷链物流 GPS 技术在全国各大事业部的覆盖率，实现了 100% 的线路监控，冷链物流到货及时率达 99.7%，到货温度合格率达 99.97%，通过全程"技术护航"，确保了原奶及时新鲜运达，实现了整个生产过程的质量保障。

（二）横向一体化战略

横向一体化战略是指企业兼并、收购或联合竞争企业的战略。企业采用横向一体化战略的主要目的是减少竞争压力、实现规模经济和增强自身实力以获取竞争优势。

以下情形比较适宜采用横向一体化战略。

（1）企业所在产业竞争较为激烈。

（2）企业所在产业的规模经济较为显著。

（3）企业的横向一体化符合反垄断法律法规，能够在局部地区获得一定的垄断地位。

（4）企业所在产业的增长潜力较大。

（5）企业具备横向一体化所需的资金、人力资源等。

【例 23-8】法国电信的横向一体化战略。

法国电信是实施横向一体化战略的典范，其不断通过兼并和控股等方式开拓市场。其中最引人注目的是于 2000 年斥资 431 亿欧元收购了英国第三大移动运营商 Orange 公司的全部股票，并把自己原来的移动电话业务归并于 Orange 品牌下，成为仅次于英国 Vodafone 公司的欧洲第二大移动通信公司。

成功收购 Orange 也给了法国电信一个重新整合其全球移动通信业务的机会，大大提高了 Orange 在英国之外的形象，使 Orange 上升为一个具有国际影响力的移动公司。该公司的全球移动网络覆盖率已经能够与 Vodafone 和 T-Mobile 相抗衡。同时，法国电信将 Orange 作为其全球移动市场树立的一个国际品牌，通过它大力发展自己在全球的移动业务。法国电信收购 Orange 时看重的就是其品牌，它不仅在拓展全球移动通信业务时使用了 Orange 这一品牌，而且其国内移动运营公司 Itineris 也继续采用 Orange 这一品牌，尽管当时 Itineris 公司在法国国内移动通信市场已经占 48% 的份额，远远领先其竞争对手。实践证明法国电信的举措是成功的，Orange 目前在世界各个主要市场都占据着很强的竞争地位。

除此之外，法国电信在 1999 年收购了西班牙互联网接入提供商 CTVJet，参股当地的 CATV 公司 MSC，并占其资本的 10%；1999 年 7 月收购了西班牙电信运营商 Catalana；2000 年 1 月以 38 亿美元收购电信运营商 GlobalOne；2000 年 12 月以 35 亿美元收购美国 Equant 公司 54% 的股份。

（三）一体化战略的作用

企业可以通过一体化战略发展扩大自身价值，这体现了经过扩张后的企业市场份额和绝对财富的增加。这种价值既可以成为企业员工的一种荣誉，又可以成为企业进一步发展的动力。

23.3.2　一体化战略的优缺点

（一）纵向一体化战略的优缺点

纵向一体化战略的优点如下。

（1）实现范围经济效应，降低经营成本，提高生产效率，减少生产步骤，带来经济性。采取这种战略后，企业将外部市场活动内部化，可以获得内部控制和协调的经济性；带来信息的经济性——信息流通速度更快，使企业更准确把握市场需求（信息的获得很关键）；带来节约交易成本的经济性；带来稳定关系的经济性——提高企业的整体效率。

（2）有助于开拓技术。在某些情况下，纵向一体化战略提供了进一步熟悉上游或下游经营相关技术的机会，而这种技术信息对基础经营技术的开拓与发展非常重要。例如，许多领域内的零部件制造企业发展前向一体化体系，就可以了解零部件进行装配的技术信息。

（3）确保供给和需求。纵向一体化战略能够确保企业在产品紧缺时得到充足的供应，或在总需求很低时能有一个畅通的产品输出渠道。也就是说，纵向一体化战略能减少上、下游企业随意中止交易的不确定性。当然，值得注意的是，在交易的过程中，内部转让价格必须与市场接轨。

（4）削弱供应商或顾客的价格谈判能力。如果一个企业在与它的供应商或顾客做生意时，供应商和顾客有较强的价格谈判能力，但该生意的投资收益超过了资本的机会成本，那么，即使该生意不会带来其他益处，也值得企业去做。因为一体化削弱了对手的价格谈判能力，这不仅会降低采购成本（后向一体化）或者提高价格（前向一体化），还可以通过减少谈判的投入而提高收益。

（5）提高企业的差异化能力。纵向一体化战略可以通过在管理层控制的范围内提供一系列额外价值来提高本企业区别于其他企业的差异化能力（核心能力）。例如，葡萄酒厂拥有自己的葡萄产地也是一种一体化战略的例证。同样，有些企业在销售自己技术复杂的产品时，也需要拥有自己的销售网点，以便提供标准的售后服务。

（6）提高该行业的进入壁垒和移动壁垒。企业实行一体化战略，特别是纵向一体化战略，可以将关键的投入资源和销售渠道控制在自己手中，从而使行业的新进入者望而却步，防止竞争对手进入本企业的经营领域。企业通过实施一体化战略，不仅保护了自己原有的经营范围，而且扩大了经营业务，同时还限制了所在行业的竞争程度，使企业的定价有了更大的自主权，从而获得较大的利润。

（7）进入高回报产业。企业现在利用的供应商或经销商有较高的利润，这意味着其经营的产业属于十分值得进入的产业。在这种情况下，企业通过实施纵向一体化战略，可以提高其总资产回报率，并可以制定更有竞争力的价格。

（8）防止被排斥。如果竞争者是实施纵向一体化战略的企业，一体化就具有防御的意义。因为竞争者的广泛一体化能够占有许多供应资源或者拥有许多称心的顾客或零售机会。因此，为了达到防御的目的，企业应该实施纵向一体化战略，否则会面临被排斥的处境。

纵向一体化战略的缺点如下。

（1）较高的全面退出障碍，会带来风险。实施纵向一体化战略的企业在行业中的投资往往较多，这提高了退出壁垒，从而增加了商业风险，有时甚至还会使企业不能将其资源调往更有价值的地方。由于以往投资的设备投入较大，放弃成本往往较高，这使纵向一体化企业对新技术应用的进度要比未实施纵向一体化企业对新技术应用的进度慢一些。

（2）代价昂贵。纵向一体化战略迫使企业依赖自己的内部活动而不是外部的供应源，而这样做所付出的代价可能随时间的推移而变得比依赖于外部资源还昂贵。产生这种情况的原因有很多。例如，实施纵向一体化战略可能切断来自供应商及客户的技术流动。如果企业不实施纵向一体化战略，供应商经常愿意在研究、工程等方面积极支持企业。再如，纵向一体化意味着通过固定关系来进行购买和销售，上游单位的经营激励可能会因为是在内部销售而不是竞争有所减弱。反过来，在从一体化企业内部某个单位购买产品时，企业不会像与外部供应商做生意时那样激烈地讨价还价。因此，内部交易会减弱员工降低成本、改进技术的积极性。

（3）存在着在价值链各个阶段平衡生产能力的问题。纵向一体化战略有一个在价值链的各个阶段平衡生产能力的问题。价值链上各个活动最有效的生产运作规模可能不大一样，这就使完全一体化很不容易做到。对于某项活动来说，如果它的内部能力不足以供应下一个阶段，其差值部分就需要从外部购买；如果内部能力过剩，就必须为过剩部分寻找顾客，如果生产了副产品，就必须进行处理。

（4）由于需要不同的技能和管理能力，加大了管理难度。实施纵向一体化战略后，企业的管理层次与管理难度都大大增加，企业管理所需的生产、营销、服务等各种职能都更加复杂，尤其是企业文化的融合，这些都对企业管理者的管理素质和管理技巧提出了更高要求。

（5）延长了时间，需要企业的经营更具灵活性。企业实施纵向一体化战略会导致产品设计方面的局限性，对厂房和原材料来源的巨额投资，妨碍新产品设计和材料品种的完善，延长企业将新产品推向市场的时间。如果一家企业必须经常改变产品的设计和模具以适应购买者的偏好，其通常会发现实施纵向一体化战略后，即进入零配件的生产领域是一件负担很重的事，因为这样做必须经常改模和重新改进设计，必须花费时间来实施和协调由此带来的变化。然而，从外部购买零配件通常比自己制造零配件便宜一些、简单一些，企业因此能够更加灵活、快捷地调节自己的产品以满足购买者的需求偏好。例如，世界上绝大部分汽车制造商虽然拥有自动化技术和生产线，但他们还是认为，从质量、成本和设计灵活性的角度来讲，从专业制造商那里购买零配件而不是自己生产零配件会获得更多的利益。

（6）弱化激励效应。纵向一体化意味着通过固定的关系来进行购买与销售，也就是说把原本的市场交易内化为内部交易。上游企业的经营激励可能会因为是在内部销售而不是在市场上竞争而有所减弱，下游企业同样也会由于从企业另一个单位购买产品，从而不会像从外部购买时那样激烈地讨价还价。因此，实施纵向一体化战略可能会弱化激励效应，从而降低企业运作的效率。

（二）横向一体化战略的优缺点

横向一体化战略的优点如下。

（1）获取规模经济。企业实施横向一体化战略可以通过收购业务达到规模扩张，可以获得充分的规模经济，从而大大降低成本，获得竞争优势。同时，企业通过收购业务往往可以获取被收购企业的专利技术、品牌等无形资产。

（2）减少竞争对手。企业通过实施横向一体化战略，可以减少竞争对手的数量，减小产业内企业间相互竞争的程度，为企业的进一步发展创造一个良好的产业环境。

（3）提高生产能力。横向一体化是企业生产能力提高的一种形式。企业通过合并或联合，可以迅速提高生产能力与生产规模，与企业自身的内部扩张相比较，这种扩张形式更为迅速、简单。

横向一体化战略的缺点如下。

（1）管理协调问题。收购一家企业，往往由于与该企业在历史背景、人员组成、业务风格、企业文化和管理体制等方面存在较大差异，而使各方面协调工作非常困难。

（2）政府法规限制。横向一体化战略容易造成产业内垄断的结构，因此各国法律都对此做出了限制。

第24章
财务战略管理

企业早已进入战略制胜时代，战略管理是企业高层次的管理，作为掌管企业财力资源的财务总监自然要将企业的财务管理融入企业的战略。所以，财务总监要具备财务战略管理的能力，掌握好财务管理乃至企业战略管理的知识、方法和手段，做好企业的财务战略管理。本章主要介绍财务总监做好财务战略管理的基本方法和内容。

24.1　财务战略与企业战略

24.1.1　财务战略与企业战略的关系

（一）企业战略

1. 企业战略的内容

企业战略，是指企业为了求得生存和长期稳定发展，根据其面临的内、外部环境和可取得的资源的情况，对企业的发展目标和达到目标的途径及手段的总体谋划。企业战略是战略观念和现代经营思想的集中体现，是企业一系列战略决策的结果，也是制订企业年度计划和长远发展规划的基础。

企业战略按其内容可分为投资战略、市场战略和产品战略；按其性质可分为攻势战略、守势战略和撤退战略；按其层次可分为总体战略和职能战略，职能战略包括财务战略、生产战略、市场营销战略、人力资源战略、研究与开发战略、资源供应战略等。

2. 企业战略的特征

（1）全局性。

企业战略关心的是企业整体的长期生存和发展问题，寻求企业发展的一切活动的长远统筹和平衡。全局性还表现在企业战略要与国家的经济、技术、社会发展战略协调一致，与国家发展的总目标相适应。

（2）方向性。

企业战略规定着企业未来一定时期内经营的基本方针，企业短期的一切生产经营活动都必须在基本方针的指导下进行，并对战略的实施提供保障。

（3）系统性。

企业战略是一个有机的系统，可以分解为不同层次的子系统。一般来讲，企业战略到底分为几个层次，要视企业的规模和特点而定。例如，在大企业中，企业战略可以分为企业的总体战略、事业部战略、职能战略和分战略，也可以直接分为总体战略、职能战略、分战略和具体战略。各战略之间的关系如图24-1所示。

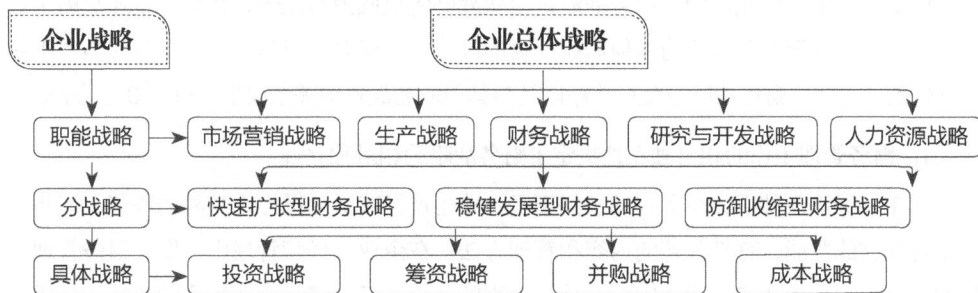

图24-1　企业战略体系

（4）竞争性。

企业战略的主要内容之一，是要变革自身的生产经营结构，形成差别优势，以奠定企业未来竞争的基础。企业战略就是针对来自环境及竞争对手等方面的冲击、压力、威胁和困难，为迎接这些挑战而制定的战略。企业必须使自己的战略具有竞争优势，以保证自己能够战胜竞争对手，从而得以持续生存和发展。

（5）相对稳定性。

依照科学程序制定的企业战略一般不便轻易变动和调整，对于战略实施过程中出现的多种不确定性因素，企业只能通过调整具体的战术和策略来应对。企业的经营活动是动态的，所以指导经营实践的策略也应是动态的，以应对外部环境的多变性。这样，企业战术和策略是动态的，而企业战略是稳定的。但这种稳定是相对的，当有足够的因素驱使企业进行战略转型和战略调整时，企业战略就会发生动态变化，变化后的企业战略在一定时期内又是稳定的，所以企业战略具有相对稳定性。

（二）财务战略

财务战略是在企业战略目标的指导下，确立企业在较长时期内的财务战略目标，并围绕该目标，建立对企业总体长远发展有重大影响的财务活动的指导思想和原则，对各种资源进行整合，重点是资金即财力资源的筹措和使用的运筹谋划，并为此制定财务战略规划的一种指导思想和原则。制定财务战略的目的是保证财务目标的实现，进而实现企业的总体战略，为企业的长期稳定发展提供长期的财力资源保证。

（三）财务战略与企业战略以及其他职能战略的关系

财务战略与企业战略密不可分，财务战略是企业战略的重要组成部分。

企业战略是一个由若干子系统组成的有机体系，具有多元结构的特征，即企业战略不仅包括企业整体意义上的战略，还包括事业部层次和职能层次上的战略。财务部门是企业管理中的一个重要职能部门，财务战略是企业战略的组成内容之一，在整个企业战略中处于核心地位。尽管财务战略与其他职能战略的区分并不绝对，但是它还是具有明显的相对独立性的。因此，财务战略与企业战略以及与其他职能战略的关系表现在以下 3 个方面。

1. 财务管理工作的相对独立性决定了财务战略的相对独立性

在市场经济条件下，财务管理已经不是企业生产经营活动过程中的附属职能，而是一个相对独立的职能，有其独特的内容和管理方法。在企业的经营管理中，作为财务管理对象的资金运动，是从实物运动中相对独立出来的一个循环系统。企业资金的筹集、使用、分配等形成的资金循环与周转以及由此引起的理财活动，都必须以满足资金提供者的利益要求为准则。同时由于资金的稀缺性，即企业的资金的有限性，以及企业对资金需要的不断增加，企业经营管理过程中的资金供应与需求始终是互相矛盾的。不断地慎重处理这些矛盾，就是要在保证各项经济业务对资金的需要的前提下，尽量合理地分配和使用资金，这就是财务活动从企业管理活动中独立出来的重要原因。所以，财务战略是从战略的角度对资金运动进行的筹划，是对企业长期发展中的财力资源的规划，财务战略在整个企业战略中处于相对独立的地位。

2. 财务管理的核心地位决定了财务战略的核心地位

在现代市场经济中，财务管理在企业管理中的核心地位已经越来越明显。财务活动是企业一切实物运动的价值表现，因此企业的一切经济活动，包括研究与开发、技术改造、购产销等，归根结底，最终体现在财务活动上，企业对经济活动的管理最终也要反映到财务管理之中，企业经济效益的好坏也必须通过财务指标反映。所以财务管理在整个企业管理中处于核心地位，理所当然财务战略也就构成企业战略的核心内容。

3. 财务战略与其他职能战略之间是既相对独立又密切联系的关系

企业的财务活动不是孤立的，而是以实物运动为基础的，和生产经营活动的其他方面是相互联系、相互影响的。例如，企业的财务活动与材料供应、产品生产、商品销售等活动是相互依存、相互制约的，与其他活动一同构成企业的整体生产经营活动。

在整个企业战略体系中，财务战略只是其中一种职能战略，是一种局部战略，必然受到其他非财务方面的职能战略或局部战略的影响和制约。有时，财务战略和非财务战略是很难分清的。例如，在企业并购等经济活动中，有很多方面都具有多重属性：扩大企业规模，实现资源优化，是经营战略的内容，但是在并购中必然既涉及资产的重组、资金的运动，又具有财务战略的特征，所以就难以将其简单地归于财务活动或者非财务活动。正因如此，财务战略虽然主要是指对企业总体长远发展有重大影响的财务活动的指导思想和原则，但又不完全限于此，一些与财务活动密切相关但具有多种属性的企业活动的财务指导思想和原则也应当包含在财务战略之中。

24.1.2 决定财务战略的基本要素

决定企业财务战略的基本要素有 3 个：企业的战略目标、企业的财务资源和企业的财务环境。

（一）企业的战略目标

企业的战略目标是财务战略的指导思想和决定性要素。财务战略作为企业战略的一个子体系，是实现企业战略目标的一个手段。企业的战略目标要满足企业战略及其目标实现的要求。例如，如果企业战略采取攻势战略，财务战略就要与之配套，采取快速扩张型战略，从财务资源上对企业战略目标的实现予以支持。

（二）企业的财务资源

企业的财务资源是财务战略的基础要素。要保证企业战略目标的实现，必须以充足的经济资源为保证，而其他资源的价值最终都表现为财务资源。企业能够利用的财务资源的数量和质量以及对这些财务资源的合理配置和使用在很大程度上决定着财务战略的目标、方针和财务规划的具体内容。

（三）企业的财务环境

企业的财务环境是财务战略的外部要素，也是企业的客观条件因素。良好的财务环境、宽松的理财环境，是决定企业财务管理和财务战略广度和深度的另一个因素。企业的财务环境包括经济环境、税务环境和金融环境等。

1. 经济环境

财务战略的经济环境主要是指影响企业战略的经济因素，主要包括经济周期、经济发展水平和经济政策。

（1）经济周期。

在市场经济条件下，经济的发展与运行具有一定的波动性。这种波动性大体上经历复苏、繁荣、衰退和萧条几个阶段的循环，这种循环称为经济周期。经济周期对财务战略的影响是很大的。我国曾经经历过若干次从投资膨胀、生产高涨到控制投资膨胀、紧缩银根到通货滞胀的发展过程，这给企业的财务环境带来了很大的变化。因此，企业的筹资、投资和资产运营等理财活动都必然受到这种经济波动的影响。例如在银根紧缩时期，社会资金就十分短缺，市面利率上升，这会导致企业面临筹资困难；而企业的投资方向也会因为市场利率的上升而转向本币存款或贷款。在财务战略的制定中就必须考虑经济周期对财务活动的影响。

（2）经济发展水平。

经济的发展给企业扩大规模、调整方向、打开市场以及拓宽财务活动领域带来了机遇，同时在经济高速发展中，资金的紧张与资金需求的不断扩大始终是矛盾的，这又给企业的财务管理工作带来了严峻的挑战。所以，企业战略目标和财务战略目标必须以宏观经济发展目标为导向，充分考虑企业今后面对的经济发展水平。

（3）经济政策。

我国的经济体制改革正在向纵深发展，财税体制、金融体制、外汇体制、外贸体制、价格体制、投资体制、社会保障体制等各项经济体制都在改革。所有的这些改革，都将深刻地影响我国的社会发展、经济发展，以及企业的发展和财务活动的正常运行。例如，金融政策中货币的发行量、信贷规模影响企业的投资资金来源和投资的预期收益；财税政策影响企业的资金结构和投资项目的选择；价格政策影响资金的投放和投资的回收期与预期收益。可见，经济政策对企业财务的影响是巨大的，这就要求财务总监在财务战略的制定中要充分考虑这些因素。

2. 税务环境

市场经济制度是以法律规范和市场规则为特征的经济制度。法律为企业的经营活动规定了活动的空间，又为企业在相应空间内自由经营提供了法律保护。从企业理财的角度来看，税收法律制度为企业提供了非常重要的法律环境。税收是国家凭借政治权力无偿征收财政收入的行为，具有强制性和无偿性的特点。税务对企业理财来讲是不可抗拒的外部因素，因此，企业只能去适应税务环境。税务环境对财务战略的影响是非常大的，为此，财务总监在财务战略的制定中必须充分考虑今后税务环境的变化以及可能变化的程度。税务环境的变化主要表现在各种税收法规的变化上，特别是增值税、消费税、所得税的变化给企业带来的影响。财务战略应当以适应税收政策为导向，合理规划资金的投放。

3. 金融环境

企业的资金来源有两种，一种是权益资本，另一种是债务资本，后者主要来自金融机构和金融市场。金融政策的变化必然影响企业的资金筹措、投资和运营活动。例如，我国加入世界贸易组织后，境外的金融机构纷纷涌入，这增加了企业的筹资渠道。我国资本市场的发展以及与世界资本市场的接轨，拓展了金融市场的规模，为企业创造了宽松的金融环境。此外，利率的变化对企业的影响也将极大地影响企业的财务活动。因此，金融环境是企业理财的主要环境因素，当然也是财务战略的重要的环境因素。

24.1.3　财务战略的类型及特征

如前所述，财务战略和企业战略密切相关，财务战略侧重于对资金及相关资源的筹措和有效配置。所以，财务战略也应当主要从资金等财务资源的筹集、投放和有效使用的角度进行划分。从这一角度出发，可以将财务战略划分为快速扩张型财务战略、稳健发展型财务战略和防御收缩型财务战略。

（一）快速扩张型财务战略

快速扩张型财务战略是以实现企业资产规模的快速扩张为目的的一种财务战略。

这种财务战略的目标是配合企业的攻势战略，在相对较短的时间内，迅速扩大企业的资产规模，以适应企业生产经营的高速发展。要快速扩大资产规模，就必须在较短时间内筹集到实施战略所需的资金。企业筹集资金的方式主要是权益筹资和债务筹资。在快速扩张型财务战略下，企业一方面需要留存大部分净利润乃至全部净利润，另一方面还必须进行大量的外部融资，更多地利用负债来弥补内部积累的不足，以满足快速扩张的需要。

从筹资方式来看，靠内部积累来扩大资产规模，其速度是较慢的、效果是较差的。而债务筹资方式的来源渠道较多，使企业能比较迅速地筹集到所需的资金；同时债务筹资能够为企业带来财务杠杆效应，能够防止净资产收益率的稀释。

当企业的资产规模快速扩张时，企业的资产收益率在一个较长的时期内会表现出相对低的水平，因为收益的增长相对于资产的增长有一定的滞后效应，那么在快速扩张型财务战略中就不能以资产收益率作为财务战略目标，而应该以企业的生产经营规模决定的资产规模作为战略目标，充分利用规模经济规律来确定战略目标。

快速扩张型财务战略的特征一般表现为高负债、低收益、少分配。

（二）稳健发展型财务战略

稳健发展型财务战略是以实现企业经营业绩的稳定增长和资产规模的平稳扩张为目的

的一种财务战略。

实施稳健发展型财务战略的企业，一般都是将资源的最优化配置和提高现有资源的使用效率作为首要任务的，主要是将积累的利润作为实现企业资产扩张的基本资金来源。为了防止由于过重的利息负担降低企业的收益，或者为了避免更多的财务风险，需要十分谨慎地采用债务筹资手段来实现资产或经营的扩张。

稳健发展型财务战略的基本特征是低负债、高收益、利润分配由少到多。随着企业逐步走向成熟，其内部利润积累的意义已不大，在这种情况下，少分配的特征就越来越不明显，直至消失，而多分配的特征就会逐渐显现出来。

（三）防御收缩型财务战略

防御收缩型财务战略是以预防出现财务危机和求得生存及新的发展为目标的一种财务战略。

采用这种财务战略的企业一般都是在以往的发展过程中遇到过挫折，或者曾经实施过快速扩张型财务战略的企业，曾经形成的负债负担重和当前经营上面临的困难迫使这类企业采取防御收缩型财务战略。实施防御收缩型财务战略的企业，其现金流动都不太顺畅，一般都将尽可能减少现金流出和尽可能增加现金流入作为首要任务。在防御收缩型财务战略下，企业需对外想办法通过举债筹资等措施以增加现金流入；对内通过精简机构等措施盘活存量资产，节约成本开支，集中一切可以集中的资源用于企业的主导业务，以增强企业主导业务的市场竞争力。由于企业缺乏发展的机会，股东们一般都要求企业将手中掌握的现金尽可能分配给股东。

防御收缩型财务战略的特征是高负债、低收益、多分配。

24.2　财务战略管理概述

24.2.1　财务战略管理的内涵、特征与作用

（一）财务战略管理的内涵

财务战略管理是企业战略管理的重要组成部分，其出发点是企业的财务活动及资金运动和财力资源的战略筹集与配置。财务战略管理是制定、实施和评价企业能够达到其财务

目标的、跨功能决策的艺术和科学。财务战略管理致力于对企业各种资源的综合利用，是对财务会计、生产、销售、新产品开发的综合管理，其目的是实现企业可持续发展的长远目标。财务战略管理决定企业长期的、一系列重大财务决策和行动，包括企业财务战略的制定、实施、评价和控制等一系列活动。所以，财务战略管理实际上是为了保证企业长远目标的实现而进行的协调企业内、外部财务环境的高层次管理活动。

（二）财务战略管理的特征

财务战略管理是企业战略管理的子系统，所以既要体现企业战略管理的原则要求，又要遵循企业财务活动及资金运动的基本规律。财务战略管理应当将它们有机结合起来，形成一个有特色、相对独立的战略系统。财务战略管理的特征有以下 3 个。

1. 财务战略管理的起点是确立企业战略目标和财务目标

每一个企业客观上都应该有一个指导其行为的基本目标以及相应的财务目标。企业目标明确也就意味着企业的总体发展方向明确；财务目标明确，就为财务战略管理提供了具体的行为准则。

有了企业的战略目标和财务目标，才能够界定企业财务战略方案的边界，排除那些显然偏离企业发展方向和财务目标要求的战略选择。换句话讲，只有明确了企业的总体目标和财务目标，才能够将财务战略，尤其是财务战略的形成过程限定在一个合理的框架之中，避免漫无目的地寻求财务战略方案之类徒劳的做法。

2. 财务环境分析是财务战略管理的重心和难点

在财务战略的制定中，首先要进行财务环境分析，而财务环境在不断变化，因此，财务总监必须使财务战略能够适应财务环境的变化，从而保证企业目标和财务目标的实现。财务环境分析是财务战略管理的重点，财务环境的不断变化，又使得对环境的分析有其特殊性。具体来讲，这种特殊性表现如下。

（1）财务战略管理的环境分析是面向未来的，而且往往需要尽可能延伸至较长远的未来时期。

（2）财务战略的实施需要保持相对稳定的实施环境，而环境的多变性往往又会迫使企业动态地调整财务战略。如何恰当地处理环境的多变性与财务战略相对稳定性之间的关系，是财务战略管理的又一难点。

（3）财务战略管理中的环境分析不可能只是单项环境分析，而应当是综合环境分析。

（4）财务战略管理中的环境分析要特别强调动态分析。虽然某一时点的环境特征很重要，但应更关心环境因素的动态变化趋势。如果缺乏动态分析，财务战略管理方案的调整就会变得非常被动。

3. 财务战略管理包括财务战略管理方案的制定、实施和评价

财务战略管理是一个系统工程，它是由若干步骤或者阶段组成的。财务战略管理不仅包括财务战略的制定，而且包括财务战略的实施和评价。没有实施阶段，财务战略就成为了摆设；不对它进行评价，就无法知道财务战略对企业的具体影响，也就无法判断其优劣。

（三）财务战略管理的作用

1. 财务战略管理可以提高企业价值和创造绩效

尽管财务战略管理不一定就能够确保企业财务目标的实现，但是它可以使企业更加主动地进行决策，而不是为形势所迫做被动改变。财务战略管理可以提高企业资源的利用效率，使企业的经营和财务管理更加富有成效。而且财务战略管理将会使财务总监的财务管理思想和观念发生巨大的变化，以适应不断变化的环境。

实践证明，许多实施了财务战略管理的企业，在销售收入、利润和每股收益及净资产收益率等指标值以及财务竞争能力方面都有较大的改善和提高。

2. 财务战略管理过程可以全方位提升企业的财务管理水平

财务战略管理包括财务战略的制定、实施和评价等环节。财务战略的制定是一种学习、帮助、教育和支持的活动，而不是仅仅在高层管理者之间传递的文书活动。对于有效的财务战略管理而言，一个重要的方面是要消除财务信息的不对称现象，让每一个员工都了解足够的财务信息。

另外，财务战略管理的重要性往往还体现在财务战略的实施方面。财务战略制定过程的主要目标在于使员工和有关的管理者了解企业的财务情况并增强责任感，而这种知晓的行为和过程或许是战略管理的主要伴生品。当管理者和员工清楚地知道企业在做什么、为什么这样做以及企业今后的经营业绩与自身利益之间的关系后，企业的凝聚力才会增强；在知晓并努力去实现企业的目标和完成企业战略任务的前提下，管理者和员工都会展现出惊人的潜能和创新能力。

24.2.2　财务战略管理的过程

财务战略管理的过程包括财务战略制定、实施和评价 3 个阶段。

（一）财务战略制定

财务战略制定是财务战略管理的首要环节，是在企业整体战略的指导下进行的，包括确定企业的财务战略目标，认清企业的财务机会和财务环境的威胁以及进行全方位的环境分析。具体来说，财务战略制定是通过对企业外部财务环境的分析和企业内部条件的分析，认清企业的优势和弱点，建立长期的财务发展目标，制定可供选择的战略方案，选择实施

的战略方案的过程。资源的有效性要求财务总监必须以成本效益原则制定财务战略。财务战略决策应当使企业在相当长的时期内与特定的经济环境、市场环境、金融环境、税收环境、人力资源环境以及企业内部的各种财务资源、生产技术有机地结合起来，从而决定企业的长期竞争策略。财务总监必须高瞻远瞩地审定财务战略实施的后果，并配以实施财务战略所必需的资源。制定财务战略的一般程序如下所示。

1. 任务陈述

任务陈述是对财务战略的目的、任务以及各种条件的描述。

2. 外部财务环境分析

制定财务战略必须要考虑企业的各种能力，如资源能力、生产经营能力、研究与开发能力等，还要考虑这些能力与财务环境的匹配问题。企业的财务环境主要包括经济环境、税务环境、金融环境等，每一种环境都将制约或者促进企业能力的提升。但是，要对较长时期的经济环境、税务环境和金融环境了解得非常深刻，并分析其对企业发展的影响和作用力的大小并不是一件容易的事情。所以在财务战略的制定过程中，对外部财务环境的分析是一个关键的环节，也是一个难点。

外部财务环境分析的重点是识别和评价超出企业控制能力的外部财务环境发展趋势，如税收制度的变化、金融体制的变化、金融政策的变化和经济发展周期的变化等，以此来揭示企业在发展过程中，在财务方面所面对的主要机会和威胁，从而使财务总监和其他管理者能够采用适当的财务战略来利用机会、规避风险和减轻风险带来的不利影响。

3. 企业内部分析

财务活动是企业一切生产经营活动和实物运动的价值形式，所以，对企业内部情况进行分析实际上是明确企业在生产经营活动过程中以及表现在财务活动中的优势和劣势，其实质是对企业资源和财务战略管理能力的分析——清楚企业的财力现在有多大，在未来的时期又将达到多大。企业内部分析的基本步骤如下。

（1）资源评估。

这一步骤确认企业是否拥有能够支持财务战略的各种资源，特别是财务资源。虽然是对内部资源进行评估，但应看到有些资源是在企业的组织之外的，所以需要对这些资源进行定性和定量的分析和评估。资源应当包括企业能够获得的支持战略的所有资源，而不应只局限于企业所有权之内的资源。

（2）价值链分析。

利用价值链分析方法可以将资源和使用这些资源的财务战略目标有机地联系起来，这对了解战略能力很有帮助。价值链强调各价值活动之间的联系，而不是仅考虑资源本身。

它强调企业的战略能力与其使用和控制资源的方式之间的相关性。

（3）比较。

由于战略能力是很难用绝对形式来评估的，所以涉及竞争优势或者货币价值的衡量，一般采用相对形式来反映，包括水平比较（即一定时期内的增长或者降低速度）、行业比较、与最佳效益的比较等。

（4）均衡。

企业的战略能力被破坏常常不是因为某一项活动或者某类资源出现了问题，而是因为这些资源之间的匹配比例不恰当。所以，应当将企业的资源均衡作为一个整体进行考虑。资源均衡应考虑3个重要问题：企业各种活动及其资源相互补充的程度、企业的灵活性与适应环境的不确定性、企业准备承担的风险水平。

（5）确认关键资源领域。

内部分析的最后一个步骤是从以上的分析中确认对企业战略和财务战略影响很大的关键因素，由此来确定企业的主要优势和劣势，并对其战略重要性做出合理的评估。

4. 建立长期的财务战略目标

在企业总的战略目标的指导下，确定企业在较长时期内的财务战略目标，为下一步的财务战略方案的制定和实施奠定基础和指明方向。

5. 财务战略方案的设计和选择

在环境分析的基础上，在财务战略目标的指导下，应当科学地设计企业的财务战略，并根据一定的标准选择最佳的战略方案。

财务战略方案的设计实际上就是将上述分析结果和财务战略目标有机地结合起来，形成不同的财务战略，如形成快速扩张型财务战略、稳健发展型财务战略以及防御收缩型财务战略。

然后，根据企业所处的特定环境和自身的功能定位、长期目标、现有资源和未来可能获取的资源预测，就可以进入财务战略制定的核心阶段——财务战略方案的选择阶段。

（二）财务战略实施

财务战略确立以后，战略管理过程并没有结束，强有力的战略执行能力是证明战略正确的重要保证，因为财务战略的战略执行是整个战略管理过程的核心。再好的战略，不能得到正确的执行和落实，就等于纸上谈兵。财务战略能否得到实施取决于以下两个问题。

一是管理问题。在财务战略的实施过程中，管理者和执行者都必须承担一定的责任，同时也需要得到激励。所以，财务总监要建立与财务战略相适应的财务管理体制，建立经营业绩与报酬挂钩的激励机制，建立有利于企业变革的外部环境等。

二是财务战略实施过程中的分工与协作问题。财务战略的实施涉及企业的方方面面，财务战略的成功实施最终取决于企业内部各职能部门、各单位管理者和员工的合作。财务总监必须设计出低成本的、最小风险的财务战略实施方案，做好各方面工作的平衡和协调。

（三）财务战略评价

及时的财务战略评价可以帮助财务总监和其他管理者认识到企业潜在的财务风险和问题，防患于未然。财务战略评价工作有 3 个基本步骤，具体如下所示。

第一步，考察企业财务战略的内在基础，主要是检查阻碍企业年度财务目标和长期财务目标实现的外部因素和内部条件。

第二步，将实际结果与预期结果进行比较，分析财务战略的实现情况。

第三步，采取有效的措施以保证行动与计划的一致性。

财务战略评价活动能够进一步加强财务总监和管理者对执行现行战略的信心，有助于帮助他们找出需要克服的困难，并能够及时采取有效的纠正性措施。纠正性措施能够使企业更好地发挥内部优势，更好地利用外部机会，更好地规避和减少外部的威胁，也能够较好地弥补内部的缺陷。对于财务总监来讲，连续的财务战略评价有利于其自身把握企业的经济命脉，提供实现企业整体战略目标以及战略管理系统所需的财务信息。

24.3 财务总监和财务战略管理

24.3.1 财务总监的战略管理职能

财务总监或总经理对企业战略负主要责任而不是全部责任，其他的企业管理者也必须承担战略管理的部分责任。财务总监对企业战略责无旁贷，无论制定战略、实施战略还是调整战略，财务总监都有特殊的发言权。财务总监参与企业战略管理，客观上要求财务总监要具备较多的战略管理知识和较强的战略管理能力，要求掌握较全面、较准确、较及时的战略管理信息。因此，财务总监面临着企业战略的知识化、能力化、信息化问题。财务总监不应只是被动地理解、贯彻首席执行官或总经理的战略意图，而应在战略决策与实施方面积极发挥对首席执行官或总经理的正面影响。

财务总监不能把自己当成一个传统的会计师，而应当深刻地认识到现代社会对财务总监的要求，努力使自己成为一个以财务运筹为核心的战略管理者。所以，财务总监首先要有战略性的思维，这主要体现在两个方面：首先资本的运作是倡导以小搏大，追求最大限度的利润；其次要具备战略管理能力。

财务总监的战略管理职能主要体现在 3 个方面：第一，财务总监作为企业的核心领导者之一，参与企业战略管理的过程，包括企业战略的制定、实施和评价；第二，发挥财务总监的专业特长，履行战略审查职责，并主持制定财务战略；第三，主持制定财务规划工作。

24.3.2 战略审查

由于财务的特殊性，企业战略中的许多内容，包括战略目标和各种具体目标都必须利用财务指标予以表示和反映。财务总监既是企业的高层管理者，又是财务方面的专家和权威，所以利用其专业优势对企业战略进行审查就成为财务总监的必然职责。

财务总监代表董事会，特别是代表外部董事对企业的战略进行审查。财务总监进行审查时主要是寻求以下问题的答案。

（1）企业对市场情况是否充分了解？还有哪些信息值得进一步去搜集？如何才能得到这些信息？

（2）企业对竞争对手的了解如何？企业预测其竞争对手对各种情况的反应能力如何？是否存在进行这种竞争态势评价的良好基础？企业是否低估或者高估其竞争对手？

（3）企业管理人员是否已经充分讨论了各种市场的细分方法？企业现行的市场细分方法在何种程度上发挥了企业的优势？

（4）企业是否能比竞争对手更有效地销售产品和提供服务？其依据是什么？

（5）企业战略所建议采取的各种行动是否会产生协同优势？它们之间的相容性怎么样？

（6）被建议采用的战略是否充分涉及企业目标、财务政策、经营范围、企业组织及一体化问题？

（7）实施战略需要哪些具体资源（人员、技能、信息、设施、技术、财务关系）？企业是否已经具备这些资源？管理层是否已制定了能够得到这些带来长期有效竞争优势的资源的计划及整体生产能力的计划？

（8）战略在何种程度上定义了企业独特的和恰当的经济角色？企业的战略与竞争对手的战略有何不同？

（9）增长率问题是否被提出？是否有充分的证据证明为实现这一增长而进行的投资是值得的？企业的历史记录是否支持这一结论？

（10）根据企业的再投资能力，企业建议的分红政策是否反映了企业的增长战略？或者它是否只是一个常规的"安全"折中？

（11）管理部门是否能够有效地实施战略？为什么？

（12）企业战略以何种方式、在何种程度上被传达到整个企业？如果竞争对手知道了本企业的战略，对企业是有利还是不利？

（13）为了使战略成为财务决策的准则，需要做出哪些规定？管理层将在何种程度上利用这些规定？

（14）企业如何保证使企业财务战略跟上新的形势？企业是否对战略进行定期审视？多长时间进行一次？哪些人参加审视？

（15）在企业战略确定之后，是否制订了一套长期财务计划？是否准备了可能采用的后续战略？

（16）企业战略是否集中于少数真正的关键问题？它是否过于详细？它是否抓住了企业的要害问题？

（17）管理人员在进行战略思考时，是否考虑到以下问题：① 为增长而增长；② 为多元化经营而多元化经营；③ 模仿行业领者；④ 为保证盈利的增长而扩大经营范围；⑤ 没有客观假设自己的经营能胜过竞争对手。

（18）是否还有其他问题或可能发生的事件应予以考虑？

24.3.3　财务规划

为了实现企业战略目标，除了进行战略审查外，财务总监作为财务管理的"指挥官"，还需要协助首席执行官或总经理制定企业的财务规划。围绕企业战略目标制定的财务规划的主要内容包括：资源规划与配置、制定政策、建立年度目标和实施财务计划。

（一）资源规划与配置

资源配置是实施战略的一项中心工作。在确定了新的战略方案后，接下来的事情就是确定如何通过规划来分配企业的各种资源，特别是合理分配企业的财务资源。资源的管理和规划，一般是在企业和业务这两个层次上进行的。

企业层次上的资源规划主要是在企业的不同组成部分（各职能部门、各业务单位）之间合理地配置各种资源，从财务战略的角度，主要是进行资金的合理规划和分配；业务层次上的资源规划主要是解决企业如何将价值链作为资源需求清单，在不同价值活动之间进行资源的合理分配问题。

（二）制定政策

实施企业财务战略，必须有具体的政策来指导日常的工作。财务总监应当按照战略管理的要求，制定旨在保证战略目标实现的有关具体政策，为管理者和员工提供具体工作的指南，为战略的实施控制活动提供基础，并且协调企业的下属各单位、各部门之间的关系。

（三）建立年度目标和实施财务计划

建立年度目标，是将财务战略的长期目标具体落实为本年度应该完成的具体目标，然后围绕年度目标编制年度财务计划。这样就将长期的战略管理与短期的财务管理有机地结合起来，使财务战略有了落脚点，既有行动目标，又有行动方案，从而推动整个企业的财务管理工作乃至经营管理工作的顺利进行。

第 25 章
EVA 与企业战略管理

25.1　企业战略管理概述

25.1.1　企业战略管理的内容

（一）企业战略管理基本介绍

企业战略管理是从全局和长远的观点研究企业在竞争环境下的生存与发展的重大问题，是现代企业高层领导者主要的职能，在现代企业管理中处于核心地位。是否有良好的企业战略管理是决定企业经营成败的关键。企业战略管理是一个层次化的体系，理论认为企业战略分为企业战略、经营战略和职能战略 3 个层次，企业针对不同层次的战略制定、实施和评价、控制行为进行管理。正确的企业战略管理有助于企业走向成功，但是不正确的企业战略管理有时会适得其反。此外，口碑也很重要，一个企业有了好口碑，才能对未来的发展打下基础。因此，企业战略管理要遵循科学的原则。

（二）企业战略管理的特点

企业战略管理是企业在宏观层次通过分析、预测、规划、控制等手段，实现充分利用该企业的人、财、物等资源，以达到优化管理、提高经济效益的目的。企业战略管理是对企业战略的设计、选择、控制和实施，直至达到企业战略总目标的全过程。企业战略管理涉及企业发展的全局性、长远性等重大问题，如企业的经营方向、市场开拓、产品开发、科技发展、机制改革、组织机构改组、重大技术改造、筹资融资等。企业战略管理的决定权通常由总经理、企业负责人直接掌握。

企业战略管理有以下 4 个明显特点。

（1）整体性。首先，将企业战略看成一个完整的过程来加以管理；其次，它将企业视为一个不可分割的整体。企业战略管理强调整体优化，而不是强调企业某一个战略单位或某一个职能部门的重要性。企业战略管理通过制定企业的宗旨、目标、战略和决策来协调企业各个战略经营单位、部门的活动。

（2）长期性。企业战略管理关心的是企业长期、稳定和高速的发展。企业战略管理的时间跨度一般在 3 年以上，10 年之内。

（3）权威性。企业战略管理重视的是企业领导者按照一定程序，对企业重大问题做出抉择并将其付诸实施的过程。企业战略是有效经营的必要前提，要充分发挥战略的整体效益功能，企业战略必须具有权威性。

（4）环境适应性。企业战略管理重视的是企业与其所处的外部环境的关系，其目的是使企业能够适应、利用环境的变化。企业是社会不可分割的一个开放的组成部分，它的存在和发展在很大程度上受其外部环境因素的影响。

25.1.2　企业战略管理的实施过程

企业战略管理过程是指企业制定和实施战略的过程，主要包括战略分析、战略选择、战略实施和战略评价 4 个阶段。这 4 个阶段也是相互联系、相互影响并相互制约的。

（一）战略分析

战略分析阶段的主要工作任务是对企业所处的环境以及企业内部资源情况进行客观分析，以了解企业的竞争地位，从而为企业有针对性地选择适合自身发展的战略提供重要参考依据。

（二）战略选择

战略选择阶段主要包括战略的制定、评价和选择。战略选择是指通过分析企业所处市场的潜在机会与风险，识别企业自身的优势与劣势，明确企业的发展宗旨与目标，通过比对与分析，选择适宜企业战略的过程。

（三）战略实施

战略实施阶段就是企业所选择的战略得以贯彻执行的阶段，也称为战略管理的行动阶段。在此阶段，需要各部门制定具体的业务战略战术，使企业整体战略得以全面落实。

（四）战略评价

战略评价阶段是企业战略管理的最后阶段。战略评价是指通过在不断变化的外部环境和内部资源中对已实施的战略进行相应的评价与调整，从而及时发现问题并给予解决，使企业的总体发展战略得以完美执行的过程。

25.1.3　企业战略管理的作用

企业战略管理具有以下 4 个方面的作用。

（一）重视对经营环境的研究

由于企业战略管理将企业的成长和发展纳入了变化的环境，管理工作要以未来的环境变化趋势作为决策的基础，这就使企业管理者重视对经营环境的研究，正确地确定企业的发展方向，选择企业合适的经营领域或产品市场领域，从而能更好地把握外部环境提供的机会，增强企业经营活动对外部环境的适应性，从而使两者达成最佳的结合。

（二）重视战略的实施

企业战略管理不是停留在战略分析及战略制定上的，而是将战略的实施作为管理的一部分。这就使企业的战略在日常生产经营活动中，根据环境的变化不断地被评价和修改，从而得到不断完善，也使企业战略管理得到不断完善。这种循环往复的过程，更加突出了战略在管理实践中的指导作用。

（三）日常的经营与计划控制、近期目标与长远目标结合

由于企业战略管理把战略规划付诸实施，而战略的实施又同日常的经营计划控制结合在一起，这就把近期目标（作业性目标）与长远目标（战略性目标）结合起来，把总体战略目标同局部的战术目标统一起来，从而可以调动各级管理人员参与战略管理的积极性，有利于充分利用企业的各种资源并提高协同效果。

（四）重视战略的评价与更新

由于战略管理不只是计划"我们正走向何处"，而且也计划如何淘汰陈旧过时的东西，以"计划是否继续有效"为指导重视战略的评价与更新，这就使企业管理者能不断地在新的起点上对外界环境和企业战略进行连续性探索，增强创新意识。

25.1.4　企业战略管理的启示

随着我国经济体制改革的逐步深化，经济市场化程度的不断提高，企业战略管理在企

业生存与发展中的作用日益重要，企业战略管理逻辑正逐渐从"机会主义"和"关系主义"转变为"市场主义"和"公平主义"，战略管理理论研究也逐渐从学术引进转变为成果创新。西方企业战略管理理论经过3个阶段的发展，已经形成了比较完整的理论体系。梳理西方企业战略理论管理的发展脉络及其内在演进规律，对我国企业战略管理理论与实践具有以下启示。

（1）要有效分析外部环境和自身条件，及时把握企业战略竞争空间扩展带来的机遇与挑战。

在当前形势下，企业战略竞争空间的扩展、竞争主体单元的扩大趋势，为企业发展提供了更多的机遇与更大的挑战。行业界限、企业间的界限日趋模糊，竞争战略的谋划将不再只限于既定的行业内市场份额的竞争、产品或服务的竞争，而更多的是在无边界的范围内对商业机会的竞争。竞争基本上界定于不同的企业战略联盟之间、不同的商业生态系统之间，竞争的物理空间也由区域性范围扩大到全球。由于竞争已不在某一特定的地理区域或行业界限内进行，所以企业必须及时把握机遇、迎接挑战，从全球与跨行业的角度考虑自身的资源配置，积极整合内、外部资源与能力，以获得最佳的整合效果。

（2）企业战略应具有高度弹性。

企业经营环境的快速变化、无法预知和充满不确定性等特点，要求企业战略在与外部变化节奏保持同步的条件下，应具备快速反应能力，这就必须依赖于企业战略的高度弹性。战略弹性是基于企业自身的知识系统对不断变化的不确定情况的应变能力，员工的知识构成及其组合方式和机制是战略弹性的核心部分。战略弹性一旦建立起来，企业内部的协调系统也就确定下来，从而使整个系统被模仿或复制的可能性极其微小，由此形成了企业的战略优势。

（3）培养与提升企业的动态核心能力，获取企业长期持续竞争优势。

企业战略的重点，从原来注重内部现有资源与外部环境的匹配转向注重内部核心能力和外部资源能力的整合，强调现代企业战略的整合性和未来预见性。企业战略要"为未来而竞争""注重未来和预测行动事件的长期效果"，体现前瞻性和主动性，注重企业核心能力的培养、使用和提升，构筑企业长期竞争优势。

（4）由传统的对抗竞争思想转变为共赢的合作竞争思想。

在变幻莫测的环境中，任何一个企业都不可能也没有实力单独参与竞争。企业的生存与发展依赖与之相关的参与者及其所构成的商业生态系统，由企业或企业联盟组成的商业生态系统正在成为参与竞争的主要形式。对于一个单独的企业来讲，竞争更体现在加入或营造有影响力的、能为自己带来实际价值的企业生态系统，并且在一个系统中寻求一个更为有利的地位，在竞争与合作的环境中，使优势和潜能充分发挥，降低经营成本和经营风险。

（5）积极进行企业战略管理实践的理论适应性创新。

企业战略管理实践是一个充满创造性的艺术，其效果受管理哲学和环境等因素的影响。不同国家的企业管理者可能奉行不同的管理哲学，可能面对不同的外部环境，因而其应用战略管理理论的方式也会有较大的差异。企业战略要与所处的经营环境相匹配。现阶段，我国兼具新兴市场和转轨经济的双重特点，这使在西方成熟市场经济环境中发展起来的战略管理思想不能完全满足我国企业实际的战略管理需要。我国的企业管理者应当紧密结合我国国情和企业的实际情况，充分发挥战略主体在理论运用和实践过程中的积极性、主动性与创造性，运用科学的战略管理基本原理并予以创造性发挥，实现企业战略管理实践方式的创新。

25.2 企业战略管理的基本内容

25.2.1 企业战略的分析

（一）企业外部环境分析

企业与其外部客观经营因素之间存在相互作用、相互联系、不断变化的关系，这些影响企业成败又非企业所能控制的因素就形成了企业的外部环境。任何企业作为一个组织系统都需要从外部环境中获取资源，并向外界输出产品或服务，企业只有适应环境并与外部环境形成良性的互动才能健康地发展。企业外部环境分析方法有 PEST 分析、利益相关者分析、波特五力模型分析、战略集团图分析和竞争对手分析。

1. PEST 分析

PEST 分析主要用于对企业所处的宏观环境进行分析，它将与企业相关的宏观环境分为政治（Politics）、经济（Economy）、社会（Society）、技术（Technology）4 个部分，这4 个部分分别对企业产生直接或间接的影响。该方法指出宏观环境往往是企业无法控制的，企业管理者在制定战略时必须考虑这些因素，当这些因素发生的变化影响到企业战略的实施时，企业必须快速地调整企业战略以适应宏观环境的变化。PEST 分析法是从宏观层次上对企业外部环境进行分析的方法。

2. 利益相关者分析

弗里曼提出了利益相关者分析，提倡企业根据与自己相关的利益相关者绘制利益相关者图，通过该图可以清晰地反映企业与其利益相关者之间的重要关系。这种分析方法提供了更为清晰、明确的关于未来战略实施困难的解决方案，为减小战略实施的阻力提供了可借鉴的参考依据。

3. 波特五力模型分析

迈克尔·波特提出的波特五力模型可以用于有效地分析企业的产业竞争环境。波特五力模型分析对企业战略的制定产生了深远的影响，它将各种复杂的企业战略因素汇聚于一个统一的分析模型中，用来分析产业的基本竞争态势，进而确定了竞争的5种主要来源，确认并评价企业面临的这5种竞争力量是企业制定竞争战略的必然环节。波特五力模型沿用了产业经济学中的SCP（结构—行为—绩效）分析模型。通过五力模型的分析，波特得出的结论是：企业如果能够找到具有优势的产业并在优势产业中居于优势地位，就能够立于不败之地。但是这个结论的隐含前提是所有的企业都是同质的。

4. 战略集团图分析

战略集团图分析是描述产业内部结构的基本方法。在一个战略集团内，各企业会有生产规模和能力上的差别，如果一个战略集团的经济效益主要取决于产量规模，那么，规模大的企业就会处于优势地位。另外，同一战略集团内的企业，虽然常常采用相同的战略，但各企业的战略实施能力是不同的，即在管理能力、生产技术和研究开发能力、销售能力等方面是有差别的，能力强者就会占优势。战略集团图分析能帮助企业更准确地把握产业中企业竞争的方向和实质。

5. 竞争对手分析

竞争对手分析是帮助企业分析竞争对手最直接的方法。竞争对手分析是帮助企业了解竞争对手的一种重要手段，但其缺点是对于竞争对手的分析都是建立在假想与猜测的基础上的，没有一套操作性很强的分析工具，因此其准确性不高，对分析者的素质也提出了较高的要求。

（二）企业资源与能力分析

企业资源与能力分析的核心思想是企业的资源差异会导致竞争优势的差异，企业的竞争优势取决于其拥有的有价值的资源。因此，一个企业要获得最优绩效，就必须对其资源进行鉴别、培育、保护与配置，开发出一系列独特的具有竞争力的资源并将其配置到拟定的战略中去。企业资源与能力分析方法有雷达图和核心能力分析矩阵。

1. 雷达图

雷达图是分析企业财务能力的重要工具，它可以简洁而明晰地从动态和静态两个方面反映企业的财务状况。静态分析将企业的各种财务比率与其他相似企业或整个行业的财务比率进行横向比较；动态分析把企业现时的财务比率与先前的财务比率进行纵向比较，就可以发现企业财务及经营情况的发展变化方向。雷达图把横向和纵向的分析比较方法结合起来，综合计算企业的收益性、成长性、安全性、流动性及生产性这 5 类指标。但由于雷达图的绘制本身需要较精确的参数，这就大大限制了它的应用范围。

2. 核心能力分析矩阵

核心能力分析矩阵是分析企业核心能力是否与市场匹配的一种实用的工具，它划分出 4 种类型的企业核心能力与市场的匹配状态，并分别给出了解决方案。由于核心能力本身具有抽象性，所以对于企业核心能力的分析至今仍没有很好的方法。核心能力分析矩阵仅仅给出了分析企业核心能力的一个大体思路，可操作性不强。

（三）企业内部环境分析

企业内部环境分析将企业与产业内的企业进行横向比较，进而发现企业相对于产业内主要竞争对手的优势、劣势，因此该种分析对企业经营更具实际意义。企业内部环境分析方法有价值链分析法和经验效益分析法。

1. 价值链分析法

迈克尔·波特提出的价值链分析法认为，不同企业参与的价值活动中，并非每个环节都创造价值，企业真正创造价值的活动是价值链上的"战略环节"。波特的价值链模型让企业把注意力放到了内部选择上，企业通过这种选择来决定如何进行竞争。这一模型也可被运用于产业层面，尤其是用来分析产品和服务的分销方式。格伦迪将波特价值链的"交易模型"进一步发展为"商业价值体系"，在这种情况下，该模型不仅可以应用于对某一特定交易活动进行分析，而且可以应用于对一系列有着先后关联的行为进行"投入－产出"分析。然而随着研究的进一步深入，价值链模型的分析结果已越来越不能满足人们的需求，这主要是因为它仅指出了某一产业所存在的问题，却没有提供解决问题的办法。

2. 经验效益分析法

波士顿咨询公司创立的经验效益分析法从另外一个角度来分析企业的内部环境。经验效益是指企业在生产创造价值的产品、服务的过程中，随着产品产量的累计增加，单位产品的生产成本下降。这里单位产品成本的下降来源于学习效应。规模效应强调的是规模和数量的概念，不同于规模效应的是，学习效应强调的是时间和数量的概念。经验效益的战略意义在于随着经验的增加，单位产品的成本会下降。因此对于处于存在经验效益产业的企业来说，采用批量生产的成本领先战略可以使企业获得降低成本与获取经验效益的双重竞争优势。

25.2.2 企业的一般竞争战略

制定竞争战略的本质在于把某企业与其所处的环境联系起来，而所处环境的关键方面在于某企业的相关行业、行业结构，它们对竞争战略的选择有强烈影响。行业内的竞争状态取决于5种基本的竞争实力，即新进入者的威胁、替代品的威胁、购买者的讨价还价能力、供应商的讨价还价能力以及行业现有竞争者之间的抗衡。

企业一般竞争战略是由著名的战略管理学家迈克尔·波特提出的。为了在长期中形成与这5种竞争实力相抗衡的防御地位，而且能在行业中超过所有的竞争者，企业可选择以下3种互相有内在联系的一般竞争战略，即成本领先战略、差异化战略和集中化战略。企业必须从这3种战略中选择一种，作为其主导战略。要么把成本控制到比竞争者成本更低的程度；要么在企业产品和服务中形成与众不同的特色，让顾客感觉到你提供了比其他竞争者更多的价值；要么致力服务于某一特定的市场细分、某一特定的产品种类或某一特定的地理范围。

（一）成本领先战略

成本领先战略是指通过有效途径，使企业的全部成本低于竞争对手的成本，以获得同行业平均水平以上的利润。在20世纪70年代，随着经验曲线概念的普及，这种战略已经逐步成为企业共同采用的战略。实施成本领先战略需要有一整套具体规划，即要有高效率的设备，积极降低经验成本、紧缩成本，控制间接费用，以及降低研究开发、服务、销售、广告等方面的成本。要达到这些目的，必须在成本控制上进行大量的管理工作，即不能忽视质量、服务及其他一些领域的工作，尤其要重视与竞争对手有关的低成本的任务。

1. 成本领先战略的优点

（1）在与竞争对手的斗争中，企业由于处于低成本地位，具有进行价格战的良好条件，即使竞争对手在竞争中处于不能获得利润、只能保本的情况，本企业仍可获益。

（2）面对购买者要求降低产品价格的压力，处于低成本地位上的企业仍可以有较好的收益。

（3）在争取供应商的斗争中，由于企业的成本低，相对于竞争对手，企业具有较强的对原材料、零部件价格上涨的承受能力，能够在较大的边际利润范围内承受各种不稳定经济因素带来的影响。同时，由于低成本企业对原材料或零部件的需求量大，所以为获得廉价的原材料或零部件提供了可能，同时也便于和供应商建立稳定的协作关系。

（4）在与潜在进入者的斗争中，那些使企业形成低成本地位的因素常常在规模经济或成本优势方面形成进入障碍，削弱了新进入者对低成本地位的进入威胁。

（5）在与替代品的斗争中，低成本企业可用削减价格的办法稳定现有顾客的需求，使之不被替代品替代。当然，如果企业要较长时间地巩固现有竞争地位，还必须在产品及市场上有所创新。

2. 成本领先战略的缺点

（1）投资较大。企业必须具备先进的生产设备，才能高效率地进行生产，以保持较高的劳动生产率；同时，在进攻型定价以及为提高市场占有率而形成的投产亏损等方面也需进行大量的预先投资。

（2）技术变革会导致生产过程工艺和技术的突破，使企业过去大量投资和由此产生的高效率一下丧失优势，并给竞争对手提供以更低成本进入的机会。

（3）将过多的注意力在生产成本上，可能导致企业忽视顾客需求特性的变化和需求趋势的变化，忽视顾客对产品差异的兴趣。

（4）由于企业集中大量投资于现有技术及现有设备，提高了退出障碍，所以企业对新技术的采用以及技术创新反应迟钝甚至采取排斥态度。

3. 成本领先战略的适用条件

（1）市场需求具有较大的价格弹性。

（2）所处行业的企业大多生产标准化产品，从而使价格竞争决定企业的市场地位。

（3）实现产品差异化的途径很少。

（4）多数用户以相同的方式使用产品。

（5）用户购物从一个销售商转换到另一个销售商时，不会发生转换成本，因而特别倾向于购买价格最优惠的产品。

（二）差异化战略

差异化战略是指为使企业产品与竞争对手产品有明显的区别、形成与众不同的特点而采取的战略。这种战略的重点是创造被全行业和顾客都视为独特的产品和服务以及企业形象。实现差异化的途径多种多样，如产品设计、品牌形象、技术特性、销售网络、用户服务等。

1. 差异化战略的优点

（1）实行差异化战略是利用顾客对产品特色的偏爱和忠诚这一点，由此可以降低顾客对产品的价格敏感性，使企业避开价格竞争，在特定领域形成独家经营的市场，保持领先地位。

（2）顾客对企业（或产品）的忠诚度形成了强有力的进入障碍，进入者要进入该行业则需花很大气力去克服这种忠诚度。

（3）产品差异可以产生较高的边际收益，增强企业对付供应商讨价还价的能力。

（4）由于顾客别无选择，对价格的敏感度又低，所以企业可以运用产品差异化战略来削弱购买者的讨价还价能力。

（5）由于企业具有特色，又赢得了顾客的信任，在特定领域形成了独家经营的市场，所以企业产品便可在与替代品的较量中，比其他同类企业的产品处于更有利的地位。

2. 差异化战略的缺点

（1）保持产品的差异化往往以高成本为代价，因为企业需要进行广泛的研究开发、产品设计、高质量原料采购和争取顾客支持等工作。

（2）并非所有的顾客都愿意或能够支付产品差异化形成的较高价格。同时，顾客对差异化所支付的额外费用是有一定支付极限的，若超过这一极限，低成本、低价格的企业与高价格差异化产品的企业相比就可以显示出竞争优势。

（3）企业要想取得产品差异，有时要放弃获得较高市场占有率的目标，因为产品差异的排他性与高市场占有率是相互矛盾的。

3. 差异化战略的适用条件

（1）有多种实现产品或服务差异化的途径，而且这些差异化是被某些用户视为有价值的。

（2）消费者对产品的需求是不同的。

（3）奉行差异化战略的竞争对手不多。

（三）集中化战略

集中化战略是指企业把经营的重点目标放在某一特定购买者群体，或某种特殊用途的产品，或某一特定地区，从而建立企业的竞争优势及其市场地位的一种战略。由于资源有限，一个企业很难在其产品市场展开全面的竞争，所以需要瞄准一定的重点，以期产生巨大、有效的市场力量。此外，一个企业所具备的不败的竞争优势，也只能在产品市场的一定范围内发挥作用。集中化战略依据的前提是，企业能比正在更广泛地进行竞争的竞争对手更有效或效率更高地为其狭隘的战略目标服务。

1. 集中化战略的优点

（1）经营目标集中，可以集中企业所有资源于一特定战略目标。

（2）熟悉产品的市场、用户及同行业竞争情况，可以全面把握市场，获取竞争优势。

（3）由于生产高度专业化，在制造、科研方面可以实现规模效益。

2. 集中化战略的缺点

（1）以广泛市场为目标的竞争对手，很可能将该目标细分市场纳入其竞争范围，甚至已经在该目标细分市场中竞争，该竞争对手可能成为该细分市场的潜在进入者，对企业构成威胁。

（2）该行业的其他企业也采用集中化战略，或者以更小的细分市场为目标，对企业构成威胁。

（3）由于社会政治、经济、法律、文化等环境的变化，技术的突破和创新等多方面因素引起替代品出现或消费者偏好发生变化，导致市场结构发生变化，此时集中化战略的优势也将随之消失。

3. 集中化战略的适用条件

集中化战略适用于中、小企业，即小企业可以以小补大、以专补缺、以精取胜，在小市场做成大生意，成为"小型巨人"。例如，美国皇冠制罐公司是个规模很小、名不见经传的小型包装容器生产厂家，该公司以金属罐细分市场为目标，专门生产供啤酒、饮料和喷雾罐厂家使用的金属罐。由于该公司集中全力，经营非常成功，令销售额达数十亿美元的美国制罐公司刮目相看。

25.2.3 企业战略的制定

（一）企业战略制定的必要前提

1. 准确的外部环境分析

（1）认清外部环境发生的变化。

商业环境时常变化，而环境变化会对企业经营产生重要影响，有些影响甚至是致命的。因此，企业要认清宏观环境的变化、行业的变革、竞争条件的变化、消费者需求的变化，只有认清这些变化，才会更有利于企业的发展。

（2）洞察变化带来的影响。

行业变化是必然的，不过不是所有的变化都会给企业带来影响。企业要分清行业变革带来的主要影响、次要影响，对给企业带来的直接影响、间接影响，做系统分析、清晰洞察、提出对策并加以应对。

（3）分清企业的机遇和威胁。

外界环境带来的变化无非是机遇和威胁。对于机遇，企业是要抓住的；对于威胁，企业是要避免的。分清这些并及时应对会使企业发展得更快。

2. 科学的内部资源盘整和能力盘整

（1）内部资源系统盘整。

内部资源系统盘整指对企业的人力资源、物质资源、财务资源、生产资源、网络资源、隐性资源（企业文化、员工意识等）等方面进行系统盘整，将之对战略的支持度和可转移性进行分析。财务、销售、成本等资源方面须定量，隐性、网络等资源方面须定性。资源盘整在于明晰现有资源状况，为战略制定与执行打下资源基础。

（2）企业能力盘整。

企业能力盘整指对企业生产能力、营销能力、盈利能力、财务收益能力、发展能力、营运能力等进行系统评估，对各部分的关键要素进行评分，并同行业先进企业、区域先进企业对比，以明晰企业的竞争优势，明确企业的核心竞争力，并着力构建企业的核心竞争力。

（3）分清企业的优势和劣势。

在资源和能力方面企业不大可能做到全部优秀。评估过程中企业要分清企业的优势和劣势，并做出相应的改善应对之策，以此来确定各资源和能力对企业战略规划的支持，为下一步的企业战略规划做准备。

3. 进行内、外部分析整合

通过对企业内、外部环境的分析，企业的商业环境就变得就清晰明确了，然后要对外部的变化影响、内部的资源和能力进行评估，进行综合比较，从而确定企业的战略规划。对企业外部环境中的关键影响因素、内部资源中的关键驱动因素和内部能力中的关键成功因素进行评分比对，并同行业中优秀企业进行对比，参照行业关键因素和竞争成功因素，选择企业的战略方向。

对企业的发展要做出必要的战略假设，对企业所有的可能发展路径进行剖析，并同企业现有的资源和能力进行匹配对比，评估战略假设的可行性，进行效果预测和发展探讨，从而确定企业的发展方向及路径。

4. 明晰企业存在的意义、愿景、使命、价值观

（1）明白企业存在的意义。

企业的存在或许是为了获取利润，或许是为了实现企业家价值，或许是为了其他目的，但在做企业战略规划前，首先要明确企业存在的意义，这样才能更好地实现企业存在的价值。

（2）明确企业的愿景。

让企业真正明白自己所需、所求，看清现实状况和发展前景，目标明确了，发展也会更加有动力。需要注意的是，企业愿景要是具体的、明确的、经过努力进取可以实现的。

（3）明确企业的使命。

企业的使命是企业在商业环境中所选择的定位，企业终究是从事商业活动的，企业使命直接关系到企业战略规划的目标设定。

（4）明确企业的价值观。

企业的价值观是企业做事的根本，是企业从事商业活动的准则，是企业商业经营的一贯方针，决定了企业战略规划的可行性、保障性，也是企业发展的根基。

（二）企业战略制定类型

1. 企业发展战略制定

（1）企业发展战略要和商业环境紧密结合。

商业环境和竞争状况将会在很大程度上影响企业发展战略的制定和执行，未来的商业发展趋势也会影响到企业的战略制定。商业分析宜以外部环境分析和预判为重，内部盘点则侧重资料分析和能力洞察。

（2）企业发展战略的制定要考虑到区域局势。

企业所处的区域、核心市场所在地、生产基地所在地及周边，无不是企业经营的重要区域，而这些区域的局势很大程度上也在影响着企业发展和企业的战略制定。企业发展战略的制定要兼顾这些方面，考虑到区域局势的可能性演变。

（3）企业资源和能力与企业发展战略的匹配度是重要的参照值。

企业发展战略可能会有很多种，战略假设也可以做很多种，但企业的资源和能力是有限的，与其相匹配的发展战略规划其实并不多，战略选择的价值就在于从假设中选出正确的路径并矢志行之。

2. 企业竞争战略制定

（1）企业竞争战略可以按业务单元进行制定，确定其具体操作要求策略，包括对各业务单元加大投入、维持现状、清算出局等做出抉择。

（2）企业竞争战略具有区域差异性，企业可分区域制定不同竞争战略，对核心区域、重点区域竞争战略进行重点关注，通过差异化操作实现利润最大化。

（3）企业可分不同子公司制定不同的竞争战略，确保其资源能力得到充分发挥，并将不同子公司差异化战略制定和总部主导统筹相结合。

3. 企业业务战略制定

（1）企业发展战略是企业业务战略制定的基调。如发展型战略体现在业务战略上就是侧重于业务增长，稳定型战略侧重于业务结构优化，紧缩型战略则侧重于业务获取。业务战略制定须以公司发展战略规划为前提和基础。

（2）竞争战略是业务战略制定的方向。竞争战略已经制定了企业的竞争方式、竞争路径，业务战略就是竞争战略的具体体现，如业务的增长、维持、淘汰等操作如何推进都来源于竞争战略的制定。

（3）业务战略侧重于业务层面的结构优化、发展提升。对业务进行系统的盘点，此处可以和前述的内部资源盘整相结合，对于业务的销售比重、毛利比重、地区构成、物流配比、生产支持状况等进行系统化分析，依据竞争战略进行相关操作。

（4）业务战略规划实际是对业务的销售额、毛利贡献、销售比重、区域构成、层次安排等做出量化规定，是对企业发展战略和竞争战略的承接落实。

4. 企业职能战略制定

（1）对市场部门给予清晰界定，明确市场操作方略。

（2）对销售部门给予界定，明确销售部门的产品研发战略、产品包装战略、品牌管理方略、渠道建设方略、客户管理方略等重要环节，聚焦资源、强化产出是企业发展的必由之路。

（3）保障体系要健全。营销部门是核心，人力保障、组织建设、财务支持、物流安排等方面一样很重要，为此要给予明确规定，这也是对企业主要价值部门的有力支持。

（三）企业战略推进与控制

（1）关键环节控制。对企业战略规划中的关键环节进行长期跟踪监控，推进执行，保证其运行及时、有效，并对整体战略规划起到推动作用。

（2）关键节点控制。对企业战略规划设置若干个关键节点，对其推进时间、空间给予清晰界定，并及时跟进，实现关键节点掌控，推进战略规划的良性实施。

（3）财务控制。对战略规划设置的业务目标、保障支持目标进行必要的财务控制，对战略执行推进所需资金按时、有计划地支付，实时动态监控、有序调整，保证战略执行有序推进，寻找机会推动战略的动态管理。

（4）组织控制。必要时可成立战略管理委员会，推进战略的制定、督导和监控，保证战略的科学制定和有效执行。

25.2.4　企业战略评价方法

　　一个企业可供选择的战略方案一般有多种，那么在众多的战略方案中究竟该选择哪一种战略或者战略组合呢？企业理想的战略应该充分利用外部市场的机会并避开威胁，同时，也应当加强企业内部的优势及对自身弱点加以改进。企业战略评价方法包括以下 4 种。

（一）波士顿矩阵

　　一般来说，企业都会有一个或几个经营业务，如何对这些业务进行投资组合分析是企业管理者在制定战略时要重点考虑的问题。最常用的方法是波士顿咨询公司（BCG）提出的波士顿矩阵（又叫"市场增长率 – 相对市场份额"矩阵）。波士顿矩阵假定，最小的和最简单的公司除外，所有的公司都是由两个以上的经营单位组成的。换言之，一切经营单位都有若干在经济上有明显区别的产品、市场。波士顿矩阵的基本思想是，当企业的各部门或分公司在不同的产业中进行竞争时，各业务经营单位都应建立适合自己的战略。

　　波士顿咨询公司认为：一个经营单位的相对竞争地位和市场增长率是决定整个经营组合中每一个经营单位应当奉行什么样战略的两个基本参数。以这两个参数为坐标，波士顿咨询公司设计出一个具有 4 个象限的网格图，如图 25-1 所示。

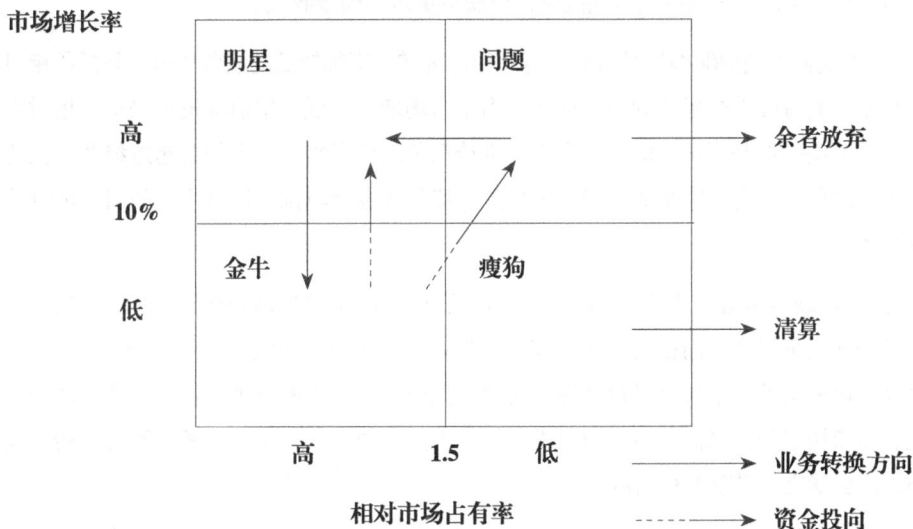

图 25-1　相对市场占有率和市场增长率组合图

　　横轴代表经营单位的相对竞争地位，以经营单位相对于其主要竞争对手的相对市场占有率来表示。相对竞争地位决定了该经营单位获取现金的速度。因为如果一个经营单位较之竞争对手有较高的市场占有率，它就应该有较高的利润率，从而应得到较多的现金流量。在这里，以相对市场占有率而非绝对市场占有率来代表竞争地位，是由于前者能更好地说明与主要（或最大）竞争对手的关系。

纵轴代表市场增长率。市场增长率代表着对一个经营单位来说市场的吸引力大小，也就是说它决定着投资机会的大小。如果市场增长迅速，会为迅速收回资金、支付投资收益提供机会。

一般来说，市场增长率高于10%被认为是高市场增长率，而高与低相对市场占有率的分界线是1.5，也就是说，如果某一经营单位的销售额是其主要竞争对手销售额的1.5倍或更多，则它被认为具有较高的相对市场占有率。然而，这种划分并非绝对的，根据不同的行业的需要，可以采用不同的划分界限。

波士顿矩阵认为：企业依据其所处的地位（相对市场占有率以及市场增长率）可以采取不同的战略。

（1）金牛类是指有较低的市场增长率和较高的相对市场占有率的经营单位。较高的相对市场占有率带来高额利润和现金，而较低的市场增长率只需要少量的现金投入。因此，金牛类通常产生大量的现金余额。这样，金牛类就可提供现金去满足整个企业的需要，支持其他需要现金的经营单位。金牛类的经营单位，应采取维持现有市场占有率、保持已有地位的维护战略；或采取抽资转向战略，以获得更多的现金收入。

（2）瘦狗类是指那些相对市场占有率和市场增长率都较低的经营单位。较低的相对市场占有率一般意味着少量的利润。此外，由于市场增长率低，用追加投资来扩大相对市场占有率的办法往往是不可取的。因为用于维持竞争地位所需的资金经常超过经营单位的现金收入。因此，瘦狗类常常成为资金的陷阱。瘦狗类经营单位一般采用的战略是清算战略或放弃战略。

（3）问题类是指那些相对市场占有率较低而市场增长率却较高的经营单位。高速的市场增长需要大量投资，而相对市场占有率低却只能产生少量的现金。对问题类而言，因增长率高，可采取的一个战略是对其进行必要的投资，以扩大相对市场占有率使其转变成明星类。当市场增长率降低以后，明星类就转变为金牛类。如果认为问题类不可能转变成明星类，那么就应当采取放弃战略。

（4）明星类是指市场增长率和相对市场占有率都较高的经营单位。明星类需要的和产生的现金流量都很大。明星类通常代表着最优的利润增长率和最佳的投资机会。显而易见，最佳战略是对明星类进行必要的投资，从而维持或改进其有利的竞争地位。

应用波士顿矩阵的战略选择，如表25-1所示。

表 25-1　应用波士顿矩阵的战略选择

象限	战略选择	经营单位营利性	所需投资	现金流量
明星	维持或扩大市场占有率战略	高	多	几乎为 0 或微小负值
金牛	维持或抽资转向战略	高	少	极大剩余
问题	扩大市场占有率或放弃战略	低或负值	非常多或不投资	负值或剩余
瘦狗	放弃或清算战略	低或负值	不投资	剩余

运用波士顿矩阵进行战略方案评价应采取的步骤如下。

（1）将企业分成不同的经营单位。实际上企业建立战略经营单位组织时，就已经做了这一步。在矩阵中，圆圈用来表示每一经营单位。

（2）确定经营单位在整个企业中的相对规模。相对规模的度量尺度是经营单位的资产在企业总资产中的份额或经营单位的销售额占企业总销售额的比例。在矩阵中，圆圈面积代表经营单位的相对规模。

（3）确定每一经营单位的市场增长率。

（4）确定每一经营单位的相对市场占有率。

（5）绘制企业整体经营组合图。

（6）根据每一经营单位在企业整个经营组合中的位置选择适宜的战略。

（二）行业吸引力矩阵

行业吸引力矩阵是通用公司与麦肯锡咨询公司共同发展起来的。它是在波士顿矩阵的基础上演变而来的。和波士顿矩阵相比，行业吸引力矩阵有较大的改进，其在两个坐标轴上增加了中间区域，增加了分析考虑的因素。它也用矩阵来定出各经营单位在总体经营组合中的位置，据此来制定不同的战略，如图 25-2 所示。

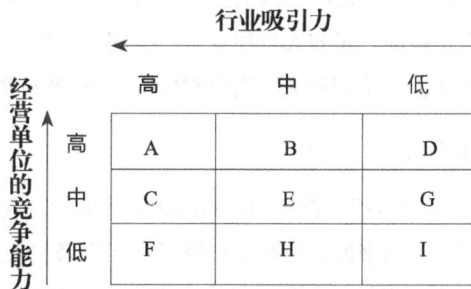

行业吸引力

经营单位的竞争能力	高	中	低
高	A	B	D
中	C	E	G
低	F	H	I

图 25-2　各经营单位在总体经营组合中的位置

横轴用多个指标反映行业吸引力，纵轴表示行业中本经营单位的竞争能力。由于细致的划分，它的优点与缺点都显示得很明显。行业吸引力矩阵比之前的波士顿矩阵更能适应多变而特殊环境的要求，但也增加了分析的复杂性。它能适用于波士顿矩阵这种传统4象限矩阵适用的范围，而且对不同需求、技术寿命等不同阶段和不同竞争环境均适用。

横轴按经营单位所处行业的吸引力强度分成高、中、低3等。所评价的因素一般包括行业规模、市场增长速度、产品价格的稳定性、市场的分散程度、行业内的竞争结构、行业利润、行业技术环境等。纵轴按经营单位所具备的竞争能力大小也分为高、中、低3等，所评价的因素包括生产规模、增长情况、市场占有率、盈利性、技术地位、产品线宽度、产品质量及可靠性等。行业吸引力的3个等级与经营单位竞争能力的3个等级构成一个具有9象限的矩阵，企业中的每一个经营单位都可放置于矩阵中的适当位置。

企业内的所有经营单位可归为3类，不同类型的经营单位应采取不同的战略。

（1）发展类。这类包括处于A、B和C位置的经营单位。对于这一类经营单位，企业要采取发展战略，即要多投资以促进其快速发展。因为这类经营单位所处的行业很有前途，经营单位又具有较强的竞争地位，所以应该多投资，以便巩固经营单位在行业中的地位。

（2）选择性投资类。这类包括处于D、E和F位置的经营单位。对这类经营单位，企业的投资要有选择性，选择其中条件较好的经营单位进行投资，对余者采取抽资转向或放弃战略。

（3）抽资转向或放弃类。这类包括处于G、H和I位置的经营单位。这类经营单位的行业吸引力和竞争能力都较低，应采取不发展战略。对一些目前还有利润的经营单位，采取逐步回收资金的抽资转向战略，而对不盈利又占用资金的经营单位则采取放弃战略。

（三）PIMS分析

PIMS是Profit Impact of Market Strategy的缩写，PIMS分析又称战略与绩效分析，也叫PIMS数据库分析方法，是数据库技术在竞争分析中的运用，是竞争对手分析的重要构成部分。PIMS研究最早于1960年在通用公司内部开展，主要目的是找出市场占有率的高低对一个经营单位的业绩到底有何影响。以通用电气公司各个经营单位的一些情况作为数据来源，经过几年的研究和验证，研究人员建立了一个回归模型。该模型能够辨别出与投资收益率密切相关的一些因素，而且这些因素能够较有力地解释投资收益率的变化。

PIMS研究的主要结论如下。

（1）投资强度。投资强度以投资额对销售额的比值来度量，或更准确地说，以投资额对附加价值的比率来表示。总体来说，较高的投资强度会带来较低的投资收益率和现金流量。然而，对于资本密集的经营单位来说，可以通过以下5种措施来降低投资强度对利润的影响：① 集中于特定的细分市场；② 扩大产品线宽度；③ 提高设备生产能力的利用率；④ 开发在能力和用途上有灵活性的设备；⑤ 尽可能租赁设备而不购买设备。

（2）劳动生产率。劳动生产率以每个职工平均创造的附加价值来表示。劳动生产率对经营业绩有正面的影响。劳动生产率高的经营单位较劳动生产率低的经营单位具有良好的经营业绩。

（3）市场竞争地位。市场占有率对经营业绩有较大的正面影响，较高的市场占有率会带来较高的收益；低市场占有率和高投资强度会导致现金的枯竭。

（4）市场增长率。一般来说，较高的市场增长率会带来较多的利润总额，对投资收益率没有什么影响，而对现金流量有不利的影响。也就是说，处于高市场增长率行业的经营单位需要资金来维持或发展其所处的竞争地位，因而需要耗费资金，减少了现金回流。

（5）产品或服务的质量。产品质量与经营业绩密切相关，出售高质量产品或服务的单位较出售低质量产品或服务的经营单位具有较好的经营业绩。并且还发现，产品质量与市场占有率具有强正相关关系，即两者有互相加强的作用。当一个经营单位具有较高的市场占有率并出售较高质量的产品时，其经营业绩也较好。

（6）革新或差异化。如果一个经营单位已经具有了较强的市场竞争地位，则采取开发较多的新产品、增加研究与开发的费用，以及加强市场营销力等措施会提高经营业绩。反之，如果经营单位市场竞争地位较弱，则采用上面的措施会对利润有不利的影响。

（7）纵向一体化。一般来说，对处于成熟期或稳定市场中的经营单位，提高纵向一体化程度会带来较好的经营业绩。而对于迅速增长或处于衰退期市场中的经营单位，在一定条件下，提高纵向一体化程度对经营业绩有不利的影响。

（8）成本因素。工资增加、原材料涨价等生产成本的上升对经营业绩的影响程度及方向是比较复杂的，这取决于经营单位如何在内部吸收成本的上升或怎样将增加的成本转嫁给客户。

（9）现时战略的努力方向。现时战略的努力方向对企业当前业绩和长期业绩的影响往往相反。企业或经营单位不同时期的战略目标、战略态势以及战略类型的变化，也都会对投资收益率和现金流动产生影响。

（四）汤姆森和斯特克兰方法

汤姆森和斯特克兰方法建立于波士顿咨询公司的波士顿矩阵基础之上，经汤姆森和斯特克兰二人加以完善之后提出。这种方法用市场增长率和竞争状况作为决定经营单位选择战略的两个参数。市场增长状况分为迅速和缓慢两级；竞争地位分为强和弱两级。图 25-3 所示为市场增长状况与竞争地位的 4 种组合或 4 个象限，以及每个象限内的战略方案组合。

市场增长迅速

第Ⅱ象限战略
1. 重新规划集中现有产品或服务
2. 横向一体化或合并
3. 放弃
4. 清算

第Ⅰ象限战略
1. 集中经营现有产品或服务
2. 纵向一体化
3. 同心多样化

竞争地位弱　　　　　　　　　　　　　　　　**竞争地位强**

第Ⅲ象限战略
1. 抽资转向
2. 多样化
3. 放弃
4. 清算

第Ⅳ象限战略
1. 同心多样化
2. 复合多样化
3. 合资经营

市场增长缓慢

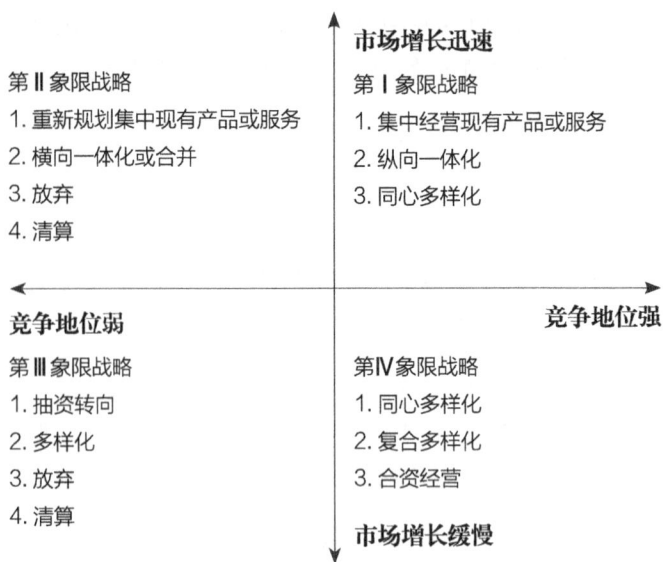

图 25-3　市场增长状况与竞争地位的 4 种组合

各象限企业的战略选择如下。

（1）象限Ⅰ中的企业（快速的市场增长与强劲的竞争地位）处于优越的战略地位，因此，最合理的战略是集中经营现有的产品或服务，预期企业做出努力以保持或提高相对市场占有率，进行必要的投资以继续处于领导地位。此外，处于象限Ⅰ的企业还可考虑实行纵向一体化战略，以作为巩固其市场地位和保持其利润收益的一种战略选择，这在企业具有财力资源和企业具有工艺导向时更应如此。企业突出的优势还可为企业进行同心多样化发展提供机会，这样可作为分散风险的一项措施。

（2）象限Ⅱ中的企业有良好的市场，但竞争地位弱。推荐的战略首先是重新规划集中现有产品或服务。然而，实施这一战略必须回答两个基本问题：为什么目前的措施导致了很弱的竞争地位？应采取什么措施来成为一个有效的竞争者？在市场迅速扩张的条件下，如果企业有资源并能够克服战略上或组织上的弱点，它总能寻找出一个有利的空隙市场。然而，如果企业缺少成功地实施集中生产现有产品或服务战略的条件，则可与具有此种条件的企业实现横向一体化或合并。假若以上战略方案都不可行，则最合逻辑的战略是跳出该行业。具有多种经营业务的企业可考虑放弃某一经营单位；生产单一产品的企业可采取清算拍卖战略。

（3）象限Ⅲ中的企业处于停滞的市场，而且企业又具有较弱的竞争地位，这样的企业最为虚弱。处于这一象限的企业可选择的战略依次为：抽资转向战略——释放无生产率的资源用于可能的发展项目；多样化战略——同心多样化战略或复合多样化战略；放弃战略——放弃这一业务，跳出该行业；清算战略。

（4）象限Ⅳ中的企业虽然市场增长缓慢，但竞争地位强劲。这种条件可使企业利用来自现有业务的多余现金开展多样化的项目。同心多样化战略是第一选择，它可利用显著的优势来取得主导地位。但是，如果同心多样化的战略不是特别吸引人，可考虑复合多样化战略。合资经营也不失为一个合乎逻辑的方案。不论哪种方案，企业的意图是减少对现有设施的投资，这样可释放出最大量的资金用于新的发展方向。

25.2.5　企业战略的实施

战略实施是一个自上而下的动态管理过程。所谓自上而下，主要是指战略目标在公司高层达成一致后，再向中、下层传达，并在各项工作中得以分解、落实。所谓动态，主要是指战略实施的过程中，常常需要在"分析—决策—执行—反馈—再分析—再决策—再执行—再反馈"的不断循环中达成战略目标。

（一）战略实施与战略制定的关系

战略实施就是企业将公司战略付诸实施的过程，企业在明确战略目标后就必须专注于如何将其落实转化为实际行动并确保目标达成。战略的制定固然重要，但战略在尚未实施之前只是纸上的或人们头脑里的东西，而战略的实施则是战略管理过程的行动阶段，因此它比战略的制定更加重要。可以通过表 25-2 认识战略制定和战略实施之间的关系。

表 25-2　战略制定和战略实施的关系

战略实施	战略制度	适宜的	不适宜的
	优异	成功	挽救或毁灭
	很差	麻烦	失败

从表 25-2 可以看出，战略制定的正确与否与战略实施的有效与否有 4 种组合，不同的组合会得到不同的结果。但不论战略制定是否正确，如果战略实施是无效的，那么整个战略管理过程就会很艰难或者失败。相反，即使战略制定是错误的，若战略实施是有效的，那么得到的结果也未必尽如人意。由此可见，战略实施比战略制定更重要。

（二）战略实施的基本原则

企业在实施战略的过程中常常会遇到一些在制定战略时未预料的问题，为了保障战略的实施和战略目标的达成，企业需要遵循以下 3 点原则。

1. 适度合理性

适度合理性有两层内涵。一方面，企业在制定经营目标和战略的过程中往往会受到信息、决策时限以及认识能力等因素的限制，对未来的预测可能不是非常准确，因此制定的战略不一定是最优的，再加上企业内、外部环境经常发生重大变化，常常导致在实际的战略实施过程中企业不能按照原先制定的战略计划行事，这时就需要执行人员当机立断，剔除旧战略中落后的、脱离企业实际运行轨迹的内容，大胆创造新的战略。因此，战略实施过程也可以说是对战略的创造过程。虽然战略的某些内容和特征已发生改变，但只要不妨碍总体战略目标的实现，就是合理的，也就是说，只要基本达到了战略预定的主要目标，就应当认为这一战略的制定及实施是成功的。另一方面，制定了总体经营目标和战略，就需要将其细分为更加具体的、可操作性更强的、能够予以管理和控制的小目标，并分配给企业内部各个部门。由于每个组织都有自己关注的问题和本位利益，而这些本位利益在各组织之间和企业整体利益之间常会发生一些矛盾和冲突，因此就需要企业的高层管理人员在统筹战略实施的过程中尽量寻求各方面都能接受的解决办法。这不可避免地导致了管理层不同程度上的妥协和退让，但只要不妨碍总体战略目标的实现，这些偏差都是可以容忍的，即企业不能抛开客观条件去追求绝对的合理性，而是要遵循适度的合理性原则。

2. 统一领导，统一指挥

对企业战略了解最深的是企业的高层领导者，这么说是因为他们比中、下层管理人员掌握更多的内、外部信息，对企业的需求把握得更加精准；同时他们对企业战略意图的体会也最深，知道如何进行资源分配、调整组织结构、建立信息沟通和激励体制。因此，战略实施必须在高层管理人员的统一领导、统一指挥下进行。其实质内涵是，企业的每个部门只能接受直属上级的命令。对于在战略实施过程中发生的问题，有能力解决的，尽量在小范围、低层次解决，尽量避免将问题扩大到大范围和高层次，只有这样才能保证企业在战略实施过程中有条不紊并卓有成效地运行。

3. 权变

企业战略的制定是基于一定环境条件的假设的，因此战略实施过程中常常不可避免地会发生事情的发展与原先的战略计划偏离的情况，这时就要求管理者要依据内、外部环境随机应变，灵活地采取相应的、适当的调整办法对原先的战略进行调整，保证战略计划的可行性，这就是战略实施的权变问题，其关键环节就在于管理层如何掌握环境的变化程度。如果企业内、外部环境已经发生重大改变，原有战略不再适于企业的发展，那么修改原定战略势在必行，此时若依然实施既定战略，可以预见其最终将会给企业带来麻烦；若企业的内、外部环境发生的变化并不重大，那么管理层就要审慎考虑是否要改变原定战略，因为企业的战略是人心的向导、员工努力的方向，战略的随意修改容易造成人心浮动，带来负面影响，缺少坚韧毅力最终只会一事无成。因此，关键问题在于企业管理层对环境变化的把握，这要求管理层能够准确识别战略实施过程中的关键变量，并对它们进行灵敏度分析——当这些关键变量的变化超出一定范围时就应当对原定战略进行调整并准备相应的替代方案，以便企业对发生的变化有充分的应变能力，能够承担变化带来的后果。

（三）战略实施的 4 个阶段

1. 战略发动

当企业准备实施一个全新的战略时，由于员工对新战略没有充分的认识和理解，大部分人都会心生疑虑。为了树立员工的信心，打消他们的疑虑，获得他们的充分拥护和支持，企业的领导者就需要进行战略发动，即对管理人员和基层员工进行培训，向他们灌输新思想、新观念、新口号，以消除不利于新战略实施的旧观念和旧思想，调动大部分人的积极性和主动性，化战略理想为员工的实际行动。具体做法是：向广大员工讲明企业内外部环境的变化给企业带来的机遇与挑战、新战略的优点、旧战略的弊端及存在的风险等，使大多数员工都能认清形势，认识到实施新战略的必要性和迫切性。只有这样，企业才能获得战略的关键执行人员的理解和支持，扫清战略实施的障碍。

2. 战略计划

战略计划的提出过程：提出企业的战略展望和组织使命，基于企业的发展方向制定企业的发展战略，确立企业的长、短期经营业绩目标以及用来达到既定目标的竞争行动和内部经营方式。然后再将经营战略分解为几个战略实施阶段，每个战略实施阶段都有自己的目标、政策措施、部门策略和相应的方针等。同时企业还需要制定分阶段目标的时间表，对各阶段的目标进行统筹规划和全面安排，注意新、旧战略之间的衔接，尽量减少摩擦和阻力。对于长期目标可以概括描述，而对于各分阶段的目标则应当尽量详细，使战略尽可能具体化，变成各部门具体可操作的业务。

3. 战略运作

战略运作就是指企业在其战略的总体规划下，通过具体的运作活动来达到企业的整体经营目标的过程。企业战略的实施运作主要与下面 6 个因素有关：① 各级领导人员的素质和价值观念；② 企业的组织机构；③ 资源结构与分配；④ 信息沟通；⑤ 控制及激励制度；⑥ 企业文化。利用好这 6 项因素能使战略真正进入企业的日常生产经营活动，让其成为制度化的工作内容。

4. 战略控制与评估

战略控制是指企业在实施战略的过程中，检查企业为达到目标进行的各项活动的进展情况，评价实施企业战略后的企业绩效，把它与既定的战略目标与绩效标准相比较，发现差距，分析产生偏差的原因，并纠正偏差，使企业战略的实施更好地与企业当前所处的内外部环境、企业目标协调一致，使企业战略得以实现。企业只有加强对战略执行过程的控制与评价，才能适应环境的变化，保障企业完成战略任务。

这一阶段的主要工作包括建立绩效评价体系、评估偏差、控制和纠正偏差这 3 个方面的内容，具体有以下 5 点：① 设定绩效标准以作为战略控制的参照体系；② 绩效监控与偏差评估；③ 纠正偏差；④ 监控外部环境的关键因素；⑤ 激励战略控制的执行主体以调动其自我控制和自我评价的积极性。

战略控制在战略实施过程中的作用主要表现在以下 3 个方面：① 战略控制的好坏直接影响企业战略实施的效率高低，虽然战略控制处于战略决策的执行地位，但它对战略实施也是必不可少的；② 企业的战略控制能力制约着企业的战略决策，一个战略控制能力强、效率高的企业能够给予企业高层管理者富足的空间去做大胆的、风险较高的战略决策，而一个战略控制能力差的企业高层管理人员则只能做较为稳妥的战略决策；③ 企业战略的控制和评价可以为战略决策提供重要的反馈，帮助战略制定者发现战略中不符合实际的、不恰当的内容并及时将其剔除，以提高战略决策的适应性水平。

根据不同的划分标准，战略控制可以划分为不同的类型。

以控制时间为划分标准，战略控制可以分为以下 3 种类型。① 事前控制，是指在实际活动前便建立绩效标准及偏差预警系统，在问题发生以前进行控制以防患于未然的控制方式。换句话说事前控制就是在战略目标尚未达成之前通过预测发现战略实施结果可能会偏离既定的标准，对预测因素进行分析和研究，试图在重大差错发生之前阻止。具体表现为企业在战略实施之前便设计好正确、有效的战略计划，该计划必须在高层领管理人员的批准同意后才能执行。② 事后控制，是指在企业经营活动后将战略实施结果和既定标准进行比较，对产生的问题偏差采取控制程序，改正问题的控制方式。这种控制方式的工作重点在于要明确战略控制的程序和标准，由职能部门人员负责日常的控制工作，定期将战略实施结果向高层管理人员汇报，再由高层管理人员决定是否要采取纠正措施。③ 随时控制，也称过程控制，即企业高层管理人员在战略实施的全过程随时采取控制措施以纠正偏差，引导企业沿着战略方向进行经营管理活动的控制方式。这种控制方式的工作重点就在于对关键性的战略措施要进行随时控制。

以控制主体的状态为划分标准，战略控制可以分为以下两种类型。① 避免型控制，是指采用适当的手段避免不适当的行为，从而达到无须控制的目的。如通过与外部组织共担风险减少控制；通过自动化使工作的稳定性得以保持，使其按照企业的目标正确地工作；转移或放弃某项活动，以此来消除有关的控制活动。② 开关型控制，又称行与不行的控制，即在战略实施过程中，按照既定的标准检查战略行动，确定行与不行，类似于开关的开和关。

以控制的切入点为划分标准，战略控制可以分为以下 5 种类型。① 财务控制，包括预算控制和比率控制。② 生产控制，即对企业产品品种、数量、质量、成本、交货期及服务等方面的控制，可以分为产前控制、过程控制及产后控制等。③ 销售规模控制，销售规模的大小会对企业的经济效益产生影响，因此必须对销售规模进行控制。④ 质量控制，包括工作质量控制和产品质量控制。⑤ 成本控制，是企业根据一定时期预先建立的成本管理目标，由成本控制主体在其职权范围内，在生产耗费发生以前和成本控制过程中，对各种影响成本的因素和条件采取的一系列预防和调节措施，以保证各项费用降到最低水平，提高经济效益的一种控制方法。值得注意的是，这里的成本不仅包括生产、销售、储备等有形费用，还包括会议、领导、时间等无形费用。

（四）战略实施的 5 种模式

1. 指挥型

指挥型战略实施的流程是：计划人员向总经理提交企业战略的报告，总经理综合审查后确定最佳战略并向高层管理人员发布，然后强制下层管理人员执行。这种模式的适用条件有：① 总经理有绝对的权威，其发布的各项指令能够推动战略实施进程；② 企业战略的制定者与战略执行者的目标比较一致，战略实施对企业现行运作系统不会构成威胁；③ 企业组织结构需高度集权，企业环境稳定，企业能集中大量信息，且信息能够准确及时地被汇总到总经理手里。因此对于那些环境高速变化的企业来说，指挥型战略实施模式就不适用。这种模式的缺点是：战略制定者和战略执行者高度分离，高层管理人员制定好战略后强制下层管理人员执行，下层管理人员往往缺乏执行动力和创新，使战略执行阻力较大。

2. 变革型

变革型战略实施模式的特点是企业总经理考虑的是如何实施企业战略，在实施过程中总经理需要对企业进行一系列的变革，如建立新的组织机构和信息系统，甚至是兼并经营范围，采用激励手段和控制系统以促进战略的实施。大多数情况下这种模式比指挥型模式更有效，但其也存在缺点，例如：① 尚未解决指挥型模式存在的如何准确获取信息的问题；② 各单位和个人利益对战略实施具有影响；③ 建立新的组织机构和控制系统来支持战略的同时也致使战略失去了灵活性。

3. 合作型

合作型战略实施模式要求企业的管理人员发挥集体智慧，一起对企业战略问题进行讨论，在讨论的基础上尽力达成一致意见，制定出能让各方均满意的战略，然后再进一步贯彻和实施。这种模式最明显的特征就是所有高层管理人员在战略制定和实施过程中都做出了各自的贡献并在战略实施伊始就承担相应的战略责任。合作型的战略实施模式克服了指挥型和变革型模式存在的两大弊端，一是总经理能够获取比较准确的信息，二是在集思广益基础上制定的战略更有可能成功。当然，该模式也不是完美无缺的，其最大的缺点就是战略是持有不同观点和不同目的的参与者协商讨论出的产物，在讨论过程中难免会出现妥协和折中，即战略的经济合理性会有所降低。

4. 文化型

文化型战略实施模式的具体特征是：总经理将战略融入企业文化，不断向员工灌输企业的文化和战略思想，帮助他们建立协调一致的行为准则和价值观，使他们在共同的文化基础上参与战略的实施活动。由于全体员工都参与战略实施活动，战略制定者和战略执行者之间也就没有明确的分割线，所有人都是战略制定者，同时又是战略的执行者，所以企业在实施战略时往往受阻较小，战略实施迅速、风险小、企业发展迅速。然而，这种模式也有它的局限性，具体表现在：① 只适用于员工学识普遍很高的企业，若企业员工的文化素质和学识水平普遍都不高（尤其是劳动密集型企业），那么战略制定的员工参与度将会大打折扣；② 过于浓厚的企业文化可能会掩盖企业存在的某些问题；③ 这种模式费时费力，若企业高层不愿放权，将会导致员工参与战略的制定和实施流于表面形式。

5. 增长型

增长型战略实施模式的特点是企业战略不是自上而下的推行，而是自下而上的产生。这种模式要求总经理充分调动下层管理人员的积极主动性，激励他们制定出能够使企业效益增加的战略，对于下层管理人员提出的一切有利于企业发展的方案，只要可行，总经理都应该批准这些方案并商讨出具体的实施办法，以鼓励员工的创新精神。总经理需要清楚地认识到自己的权力是有限的，其不可能在任何方面都把自己的意愿强加于组织成员，同时总经理还要学会放权，给下层管理人员宽松的环境，激励他们集中精力从事有利于企业发展的经营活动。

25.3　基于 EVA 的企业战略管理

25.3.1　战略管理引入 EVA 指标的原因分析

之所以要在企业战略管理中引入 EVA 指标，本书认为主要有两方面的原因：一是传统的企业财务战略管理存在各种问题，亟待解决；二是基于 EVA 的企业财务管理战略能够克服传统的企业战略管理存在的问题并拥有许多优势。

（一）传统的企业财务管理战略的弊端

1. 缺乏全面的业绩评估体系

企业制定的传统的财务管理战略往往缺乏完善的业绩评估体系，具体表现有以下两点。① 传统的财务管理战略所采用的价值评估指标只包含会计利润，而未对权益资本成本进行充分考虑，这直接导致企业在制定融资决策时未能对各种融资形式的成本进行准确估计，因此也无法很好地分析各种融资方式的利弊，这对制定高效的融资决策是非常不利的。② 由于没有考虑权益资本成本，企业使用的业绩衡量指标也无法准确地反映企业真实的经营业绩，从而，业绩衡量的失衡直接导致了企业制定的管理体系低效、不公允，无法凸显企业自身价值的意义。

2. 缺乏对长远利益的考虑

传统的财务管理战略在指引企业发展的过程中常常忽视对企业未来长远利益的考虑，因为其采用的会计利润指标更加重视企业在某一特定阶段所获得的直接利润，这只能反映财务管理战略近期的行为表现，而其长期性以及全局性没有得到充分的体现，无法真正反映企业的财务状况，从而往往会导致企业管理人员的短期行为。因此，必须对传统的业绩评估指标进行完善和优化，最大限度地挖掘企业的发展潜力。

3. 和企业实际战略脱节

财务战略作为企业战略中一项重要的组成部分，应当基于企业整体战略制定。过去传统的业绩考核指标存在一定的缺陷，无法很好地实施内部控制，同时也无法全面系统地反映企业自身财务战略的利弊。企业自身的价值未得到有效实现，企业的竞争力长期得不到提高，与企业实际发展战略相偏离，这些对企业的长远稳定发展是非常不利的，若不对其进行优化和改善，提高其可操作性和合理性，那么对企业造成的危害可能是致命的。

（二）基于 EVA 的财务管理战略的优势

与过去传统的财务管理战略使用的会计利润指标相比，基于 EVA 的财务管理战略具有以下几点优势。

（1）EVA 是从股东角度定义的企业利润，基于 EVA 财务管理战略的企业的主要财务目标就是尽最大努力实现股东价值的最大化，因此管理者在进行经营决策时会自觉将股东财富与企业决策联系在一起。管理者在追求更高 EVA 的同时，其实也是在实现股东价值的最大化，这在很大程度上解决了所有者与管理者目标不一致的问题。

（2）基于 EVA 的财务管理战略指导下的企业可以终结多个目标的混乱状况，即企业只有一个目标，那就是提高 EVA。采用传统财务管理战略的企业大多用一系列的业绩评价指标来衡量企业的财务状况。例如，如生产部运用边际毛利润和现金流来评价某个产品和某条生产线的获利能力，销售部运用营业收入和市场份额增长率来评价战略计划的可靠性，管理层运用资产报酬率和目标利润来评价业务部门的经营业绩，财务部则习惯用投资利润率来评价企业的经营业绩。

这些不统一的标准及目标极易导致企业在制订经营计划时出现混乱不堪的情况。但是EVA指标的出现能很好地帮助企业解决了这一棘手的问题。利用EVA指标这一统一度量衡取代企业各部门之间不同的考核评价指标，可以化解现有指标之间的冲突和不协调，为所有部门和员工提供一种共同标准，指引他们朝同一个方向前进，这可以大大提高企业的生产经营效率。

（3）传统的业绩评价指标大多不是绝对值标准，即并非越多越好，如销售利润率、每股盈余、投资回报率等，这些指标有时甚至会侵蚀股东的财富，而EVA指标却能够成为企业衡量持续业绩改善的最好标准。这是因为它剔除了投入资金成本，能够对企业的业绩进行持续度量。在EVA管理体系下，企业可以向投资者展示他们的目标和成就，投资者也可以在这个体系下选择EVA业绩最高、最有前景的公司。不过，有一点值得注意，虽然EVA的正负可以说明企业经济效益的有无，但是EVA的高低并不能说明经济效益的高低，因为不同企业在不同时期的资产、资本总额大相径庭，很有可能会出现EVA高的企业，其单位资产和单位资本的EVA却低，而EVA低的企业，其单位资产和单位资本的EVA却高的情况。因此在评价企业的经营效益时还需要引入资本效率。当资本效率为正时表明企业在创造价值，且资本效率越高，企业为股东创造的价值越多。

（4）EVA指标的出现可以帮助企业实现从规模导向到价值导向的转变。很长时间，大多数企业过多片面地关注市场份额和销售额的增长，实施的是注重总资产和总产出的规模导向战略。然而事实证明这种恶性价值战略已经走到了尽头，企业急需一种新的战略，建立一套新的指标体系来指引企业实现持续增长，这种战略就是基于EVA的财务管理战略。这种战略的主张就是帮助企业实现价值最大化，尤其是股东价值最大化，而不是只考虑销售额和市场规模的增长，它的出现使企业战略从传统的规模导向转向了新型的价值导向。

25.3.2 建立和完善以 EVA 为核心的财务战略

企业经营活动的最终目标是使企业的总价值最高，而EVA指标很大程度上体现出了企业的价值变化，以及影响价值创造的因素。如今，EVA指标逐渐变成考核企业管理者的经营绩效以及投资者进行投资决策参考的最佳工具。因此，企业在制定财务战略时，应该将EVA指标引入各个环节。

（一）筹资战略管理

筹资战略考虑的是企业在经营发展过程中需要筹集的资金。由于筹资战略管理是财务战略管理重要的一部分，在战略制定过程中，最重要的是如何确定筹资规模和资本成本率，从而可以使企业价值达到最大。以往传统的管理模式认为，经营活动的目标是利润最大化，所以企业通常只需要关注债务资本成本的高低，而忽略了权益资本成本的存在。在以 EVA 为核心制定筹资决策时，需要考虑债务资本成本和权益资本成本在内的全部资本成本。

把 EVA 指标融入财务战略后，企业要知道，权益资本成本是一种机会成本，有可能会高于债务资本成本，因此不能忽视。这一理念的引入大大提高了企业对于成本的认识，要求企业在筹资过程中，合理权衡债务筹资和权益筹资的比例。债务筹资产生的利息有节税的作用，因此，利用债务筹资可以降低资本成本，但是不管企业当期的经营情况如何，都要支付事先定好的固定利息，盈利波动以及亏损的风险不需要债务人承担，而是由股东承担的。权益筹资不需要定期支付利息和本金，但是股东会比债权人要求更高的报酬率，因此，企业需承担更高的资本成本。所以，在 EVA 思想的指导下，企业需要根据自身的发展情况和风险承受能力对债务筹资和权益筹资的比例进行规划，以最低的资本成本获得所需资金。

（二）投资战略管理

投资战略考虑的是将所筹集到的资金用于哪些项目，这决定了企业的收益情况。EVA 指标能反映企业价值以及股东价值的创造过程，它考虑了所有资本成本。在计算 EVA 指标的过程中，可以计算单个项目的 EVA，然后对是否投资做出决策。只有当该项目的 EVA 大于 0 时，才能说明该项目的投资回报率大于资本成本率，此时该项目才具有投资的价值，说明该项目可行。在资金有限或者对多个互斥项目进行选择投资时，可以通过比较其 EVA 的大小，选择 EVA 较高的项目进行投资。因此，将 EVA 指标引入企业投资战略管理的制定过程，可以使投资资本使用率最高，将企业经营业绩和股东价值最大化紧密联系起来，有利于做出最优决策。

（三）利润分配战略管理

利润分配战略是以企业战略为依据，根据企业内、外部环境变化和企业发展机会对股利分配所进行的全局性和长远性的谋划。企业当期的利润一方面可以作为留存收益，以供企业健康经营发展，另一方面可以作为股利发放给企业的股东。很多时候，投资者会关注企业的股利分配战略，并以此为依据判断企业经营情况。因此，股利应该尽量保持稳定，如果波动幅度过大，会使投资者丧失信心。而将 EVA 引入利润分配战略管理后，企业在制定利润分配战略时，可以根据 EVA 的大小进行决策：当 EVA 大于 0 时，说明企业投资项目的收益率比较高，此时企业要投入资金，应减少资金流出，降低股利支付率，以降低筹资成本、提高企业的 EVA；而当 EVA 小于 0 时，情况则相反。

（四）成本战略管理

成本战略考虑的是对企业成本的控制。在追求产品质量的过程中，若成本过高，必然导致企业盈利能力的下降；相反，成本过低也会使产品质量降低。所以最主要的是企业要寻找最适合企业的成本水平，这样才能确保企业的盈利能力。现代企业成本战略管理中，主要采用作业成本法进行管理，它可将间接成本和辅助费用更加准确地分配到各个作业中。如果将 EVA 融入作业成本法，就能够更好地把资本成本、直接成本和间接成本继续分配到具体的成本对象。所以可以结合两种成本管理方法的优点，采用作业成本法分配间接成本，采用融入 EVA 的作业成本法分配资本成本。

25.3.3　EVA 与平衡计分卡结合的企业财务管理战略

传统的业绩评价指标主要有会计指标、财务指标，注重的是结果的反映，是一种静态的、单一的和被动的反映，不能够全面地、动态地反映企业管理中的问题，不利于管理者主动地分析和管理企业，也不能与组织的战略目标和战略管理手段实现有机的融合。随着我国日益激烈的管理变革，企业不仅要关注财务方面的问题，而且要密切关注在经营过程中其他方面存在的问题，以保障企业的战略、价值驱动因素能与企业财务成果有效地结合，实现企业的战略目标、管理的手段与财务结果的一致。通过将 EVA 和平衡计分卡相结合，可以建立一套以价值管理为导向的业绩评价系统，也就是 EVA 综合平衡计分卡。通过 EVA 综合平衡计分卡，企业可以把日常的经营管理、业绩评价和整体的战略目标密切联系起来；管理层也可以摆脱日常烦琐的管理工作，并在一定程度上防止企业的短期行为与长期的战略目标之间的冲突。价值评估作为基础、价值目标规划和管理决策作为手段，融合种种价值驱动因素及管理手段、厘清管理和业务过程新型的战略管理框架与业绩评价体系，对企业战略管理等工作具有指导性的意义。

（一）EVA 综合平衡计分卡的思路

EVA 综合平衡计分卡的设计是按照"1 个中心、4 个维度"的模式进行的。"1 个中心"是指以企业价值最大化为中心，4 个维度是指把业绩评价指标分为财务指标和非财务指标，其中的一个维度为财务指标，并且财务指标都是基于 EVA 价值管理的，而其他 3 个维度都是非财务指标，使用了平衡计分卡的顾客维度、内部经营维度及学习与成长维度。在 EVA 综合平衡计分卡中，财务维度是其他 3 个维度的出发点和归宿点，其他 3 个维度指标的改善最终要反映到财务指标上来。其他 3 个维度只有达到一定的平衡才能实现财务指标的提升。这样设计的意义在于使企业的发展战略和经营优势紧紧围绕实现 EVA 增长这个总目标。

（二）EVA 综合平衡计分卡绩效评价体系

EVA 综合平衡计分卡绩效评价体系是一个把平衡计分卡和 EVA 结合起来的绩效评价工具，该体系由财务指标和非财务指标构成，不仅关注企业的短期绩效，而且关注企业的长期发展，有效地避免了企业价值管理考核的弊端。EVA 综合平衡计分卡的 4 个维度如下。

（1）顾客维度：从顾客的角度来考虑问题，一切从顾客出发，要把为顾客提供价值作为中心。EVA 综合平衡计分卡旨在以提高市场份额和企业的经济利益为目标，在市场份额方面主要考察企业的顾客满意度、顾客忠诚度和市场份额，把为顾客服务的声明量化为考核的具体指标。顾客作为企业产品和服务的购买者，主要关心企业产品和服务的时间、质量、性能和服务价格。EVA 综合平衡计分卡从顾客的角度，回答了如何提高企业竞争力的问题。

（2）内部运营维度：从企业内部业务的角度来评价到底什么是自身擅长的，内部运营维度是顾客维度的基础，要使产品获得顾客的满意，首先要从企业组织内部进行考察。内部运营维度考察的主要目标是企业的经济效率和效果。在经济效率方面，主要通过产品的制造成本、产品质量、产品退货率来考核。无论是产品的制造成本、产品质量还是产品的退货率，其都是影响顾客满意的重要因素，因此，企业应该熟悉自己最擅长的能力，这是保持竞争优势所必需的。

（3）学习与成长维度：即从学习与成长的角度回答了企业能否继续提高并且创造价值的问题。学习与成长维度有 3 个考核目标，分别是创新能力、学习氛围和学习能力。创新能力主要考察员工的能力，学习氛围主要考察公司的激励机制和制度，学习能力主要从权力和协作两方面进行考察。企业创新能力和学习能力是与企业价值创造有直接联系的，企业只有不断地开发新产品、不断创新，才能为顾客提供更多价值并提高经营效率，才能打入新市场，增加收入，从而增加企业价值。

（4）财务维度：是从财务的角度回答了企业是否达到企业价值最大化的问题。财务维度从经济增加值和经济增加值率两个方面来考察企业的战略及其执行是否有助于企业价值的增加。基于价值管理的企业的主要财务指标是企业价值最大化，因此，企业应该从经济增加值的构成角度来考虑，如税前经济利润、经济利润等。

第 26 章
公司核心竞争力管理

目前，伴随全球经济一体化进程的加快、信息与网络技术发展以及产品生命周期的缩短，市场竞争越来越激烈。如果只凭借偶然的新产品开发或者灵机一动的市场策略，企业很难维持竞争力，并难以在当今竞争激烈的社会中存活。因此企业必须凭借其核心竞争力在社会中立足。这就需要运用企业核心竞争力理论来解释如何让企业保持长期竞争优势，而且这也已经成为近期战略管理理论研究的主旋律。公司战略管理的根本目的就是实现竞争优势，以带来卓越的绩效。而公司战略管理的首要任务就是管理其核心竞争力。

26.1 公司核心竞争力的阐释

1990 年哈默尔和普拉哈拉德正式提出"公司核心竞争力"概念之后，引起了诸多学者的关注，甚至有公司开始从建立和培育核心竞争力的角度来制定并实施公司发展战略，而且很多咨询公司也开始将核心竞争力明确列入其技能、竞争力和技术清单。

26.1.1 公司核心竞争力的内涵

对于有关公司核心竞争力的描述，不同的学者有不同的看法，其中比较著名的观点有以下 3 种。

（一）哈默尔与普拉哈拉德的观点

核心竞争力是"组织中的积累性学识，特别是关于如何协调不同的生产技能和有机整合多种技术流的学识。"关于这个观点，我们可以从 3 个方面来理解：一是组织共有的，是整个公司的资源，而不是某个部门或战略业务单元专有的；二是通过组织学习和信息共享而长期积累的结果，因此，许多公司在核心竞争力匮乏时，会企图通过收购、开发来迅速构建核心竞争力，但其结果往往不尽如人意；三是协调和整合，核心竞争力的形成不是公司技能和技术的简单对齐，而是需要有机协调和整合，即协调不同的生产技能和整合各种技术，同时也涉及如何组织工作和交付价值。哈默尔与普拉哈拉德将核心竞争力做了一个具体化的比喻，即将现代化、多样化的公司比喻成一棵大树，树干和主要树枝是核心产品，树叶、花朵、果实是中级产品，树根则是维护公司健康、提供养分、维持生命、保持稳定的核心竞争力。这一比喻形象地反映了核心竞争力对于公司的意义，也体现了核心竞争力与企业产品的关系和对企业产品的作用。

（二）麦肯锡咨询公司专家的观点

他们认为核心竞争力是群体或团队中根深蒂固的、互相弥补的一系列技能和知识的组合。他们将核心竞争力分解为洞察预见能力和前线执行能力。

（三）迈克尔·波特的观点

他认为核心竞争力是指公司依据自己独特的资源培育创造出的不同于其他公司的、最关键的竞争力量与竞争优势。这种独特的资源一般是资本资源、技术资源或其他方面的资源以及各种资源的综合。只有这种竞争力才能保证公司在激烈的市场竞争中得以存活，才能使公司保持长久的竞争优势，以取得成功。

对于公司核心竞争力，不同学者有着不同的观点。但总体来说，他们都认同公司核心竞争力是使公司在激烈竞争中存活下来的关键，公司能否成功的关键在于公司的核心竞争力的大小。公司核心竞争力是能够整合公司内、外部有形资源和无形资源并使其发挥最大优势的综合性能力。因此，公司核心竞争力的大小关键取决于能否将公司资源集中用于最关键的环境和领域。同样，核心竞争力能够实现关键资源的整合，形成比单纯组合在一起资源更大的优势。需要注意的是，公司核心竞争力是随时间发展变化而变化的，并不是一成不变的。

26.1.2 核心竞争力竞争观念与传统竞争力竞争观念的比较

公司核心竞争力是公司获取竞争优势的源泉，它不是各种能力的简单汇总，而是将所有能力整合在一起的，属于综合性的能力。核心竞争力竞争观念与传统竞争力竞争观念的不同主要体现在以下几点。

传统竞争力竞争观念主要在于争夺最终产品的市场占有率，而核心竞争力竞争观念在于争夺中间产品的市场份额；传统竞争力竞争观念强调公司对环境的适应性，而核心竞争力竞争观念强调公司对自身的培养，强调集中做好关键环节的管理。

26.1.3 公司核心竞争力的基本特征

为了更全面地了解公司核心竞争力，需要对其特征进行更全面的了解。公司核心竞争力的基本特征主要有以下几点。

（一）系统性

公司各类资源、能力与环境要素相互作用才能形成公司自身的竞争力，这就要求公司核心竞争力具有系统性。公司自身能力体系的优势、劣势对比及与竞争对手竞争地位的差别都会影响自身的发展，这就有可能形成"短板效应"。

（二）持久性

核心竞争力只有持久存在才能使公司生存和发展具有持久性。核心竞争力的持久性在于随时间发展不断开发维护已有的竞争性，在发展中不断进步，只有这样才能长久维持下去。不同时代都有与之相对应的新的技术，因此，公司要抓住机会、敢于变革、不断创造，维护已有的核心竞争力，否则就有可能被时代抛弃，无法存活。公司需要在不同环境下提高适应性水平，其内在能力水平成为了决定核心竞争力的主要因素。如果公司的竞争力容易被其他公司复制，那么该竞争力就无法使公司持续获利，而只能维持一小段时间，这样的竞争力显然不是核心竞争力。只有那些独属于公司的，其他企业难以复制的竞争力才能成为核心竞争力。

（三）顾客价值性

凯恩斯认为"一切经济活动最终都是以消费为唯一目的的"，同样，顾客价值性是核心竞争力最基本的特征。公司只有提供让顾客满意的产品，才能实现销售，才能获得利润，才能持续生存与发展。因此，产品越符合顾客心意，公司核心竞争力的价值越大。公司可以通过调研，掌握顾客对现有产品的意见与建议，开发出更符合顾客心意的产品，同时也可以加强服务，让顾客的问题得到更好的解决。

（四）异质性

这就要求公司的核心竞争力难以被对手模仿，具有不可替代的性质，同时还应当独属于公司自身，也就是说其竞争对手并不拥有此种特质。如果公司的核心竞争力很容易被其他公司复制，相当于整个市场都可以成为该公司的替代品。这样下去，该公司也就没有能够使其立足于市场的特殊性。因此，核心竞争力就必须具有异质性，这样才能保证公司能够通过核心竞争力长期存活和发展下去。公司的核心竞争力同时具有技术特性和组织特征，其运作模式、营销方式、规章制度、员工的素质、行为方式等共同营造了公司核心竞争力。

26.2　公司核心竞争力的形成

公司核心竞争力能够在很大程度上影响公司的生存与发展，因此，有必要了解企业核心竞争力的形成。首先应当了解公司核心竞争力的基本构成要素，这样才能知道公司要想具备核心竞争力本身应当做好的准备；其次应当了解影响核心竞争力形成的因素，只有把握好这些因素才能更好地培育和发展公司核心竞争力。

26.2.1　公司核心竞争力的基本构成要素

目前来看，公司核心竞争力的主要构成在于核心技术。公司所拥有的核心技术使其具有独特性，难以被替代，这就可以使顾客难以离开该公司生产的产品而不选择其他产品。这样形成的竞争力才能真正成为公司核心竞争力。但是，仅仅有核心技术是不够全面的，如果没有配套设施，公司将无法将技术转变成可以创造利润的产品，这样，公司一样无法形成其核心竞争力。因此，公司核心竞争力的基本构成要素可以大致分为以下 3 类。

（一）技术能力

技术能力并不是指单一的一种技术，而是一系列技术的集合，包括技术专利、技术规范、设施装备等隐性技术和显性技术。这些内容相互协调，最终形成公司的竞争优势。目前来看，技术能力的基础在于研发能力。技术不会凭空产生，而只有经过研发才能产生。而研发并不能无风险地制造出技术。研发过程中有可能会产生没有价值的技术，甚至有可能根本无法产生技术，这些都属于成本。随着市场需求的不断变化和科学技术的持续进步，研发能力已成为保持公司竞争活力的关键因素。公司的研发活动能够加快产品的更新换代，有助于公司不断提高产品质量、降低产品成本、更好地满足消费者的需求。公司的研发能力主要从研发计划、研发组织、研发过程和研发效果几个方面进行衡量。然而公司并不能因此而放弃研发，因为一旦放弃，公司所遭受的损失会远远大于放弃所节省的成本。现今社会中的公司需要靠核心技术来立足，而核心技术的获得必须依靠巨大成本的研发。现在公司的研发周期大大缩短，以便能创造出更多有价值的技术。只有将技术整合在一起，公司才有可能获得核心竞争力，包括研发能力、技术改造能力、技术转化能力、技术保护能力、应变能力等。公司的技术能力越强，其产品的技术含量、质量、性能、工艺水平和服务水平就越高，产品进入市场的障碍就越少，从而公司参与市场竞争的能力就越强。相应地，公司的生存和发展便有了保障。

（二）决策力、支持力和执行力

1. 决策力

公司高层的决策能力，能体现公司首脑人物的远见卓识。一个公司能走多远，其决策力起决定性的作用。一个公司在纷纷扰扰的大千世界除了获得利益外，还不能忘了公司的社会责任。公司如果能解决人们生活中遇到的难题，给客户带来幸福的生活体验，就会取得相应的回报。丰厚的利润会给员工带来稳定的收入，给公司带来充足的现金流，为公司的长远发展赢得资金投入。公司稳健的发展会给消费者、企业员工、社会公众等多方带来诸多益处。一个将承担社会责任考虑到公司决策中的决策力更容易受到多方的支持，更有助于决策的执行。

2. 支持力

一个决策要争取大多数人的支持才能顺利执行。相同的信仰、相同的信念，诸如"我们因为一个共同的目的而聚首""为了实现我们共同的理想而努力"等这种绝佳的支持力可以将公司上上下下紧紧凝聚在一起。公司只有做好良好的沟通交流，才能使决策获得大多数人的支持，更好地被执行，从而核心竞争力才能得以体现。

3. 执行力

执行力是一种行动，是改变物质的力量，是变化的"因"、决策与支持的"果"。英明的决策、果断的支持要落实到实际行动中以实现目的。执行时不能盲从，常需要变通，执行过程中若出现问题，要注意在取得大多数人理解、支持后对决策进行及时、适当的调整，以实现公司利益最大化，从而实现公司中个人价值的最大化。

（三）品牌影响力

品牌是使市场竞争加剧的产物，因此，越来越多的公司重视品牌战略的打造。在产品高度趋同的今天，消费者已经很难从使用价值的层面来判断究竟哪一种产品是满足自己需求的了，可以说，使用价值已经成为了一种较低层次的需求。品牌是一个公司的产品区别于其他公司产品的重要标志，它也是代表企业文化、价值、特色的符号。在现代社会，品牌影响力意味着财富的积聚程度，拥有具有广泛影响力和口碑良好的品牌对公司的发展有着至关重要的作用。品牌的建立是一条漫长积累的道路，但是毁灭品牌却是朝夕之间的事，所以，品牌影响力的打造，需要公司的长期坚持。企业文化是公司核心竞争力的重要内容，塑造良好的企业文化是公司整合更大范围的资源和迅速提高市场份额的重要手段。企业文化可以使公司中的每一个员工按照公司一致性的发展目标而努力，从而提高公司的生产效率；使员工自觉地协调配合，减少内部冲突及管理费用；为公司的员工带来一种凝聚力，使其围绕核心竞争力展开服务。

26.2.2　影响公司核心竞争力形成的因素

（一）人力资源匮乏

我国公司人力资源存在结构性差异，关键人才数量少，所以在既存公司招工难的同时也存在社会大众找不到工作的现象。公司人力资源匮乏的主要表现如下。

第一，管理人员素质低下。管理人员在现代公司的生产经营活动中处于中心地位。一个公司的成败，70% 取决于管理人员的作用，因此，公司管理人员的素质对公司兴衰成败起着决定性作用。公司管理人员对公司的生存发展起到极为重要的作用。面对激烈的市场竞争，我国很多公司管理人员墨守成规，整体素质较差，对于日新月异的社会环境、企业竞争格局难以应对。

第二，缺乏高技术人才。目前，我国公司缺乏专业技术人员和市场开发、管理运作方面的人才，这是制约公司核心竞争力形成的一个主要原因。例如，一些公司没有长远的眼光，认为公司研发耗资巨大而得益却不定，因此对于高技术人才投入不高，不注重人才的积累和储备，在需要时临时招聘，使得公司的发展大打折扣；一些公司的管理人员对人才资源的教育培训、开发和管理不够重视，对人才这一特殊资源的保值、增值意识薄弱；还有一些公司不知道如何分配人才，造成人才的闲置和浪费，导致人才缺乏工作积极性，极大地阻碍了公司的发展。

第三，人才流动机制、激励机制不完善。长期以来，我国绝大多数人才都集中在国有企业、事业单位，且人事制度十分落后，按干部身份进行简单管理，人才难以发挥作用，同时人才流动性差。流动不畅，人才就会发生固化，很容易使人才安于现状。贡献的多少在收入上的差距并不大就难以具有激励作用，会使公司止步不前。人才流动机制、激励机制的不完善难以激发高层次人才的积极性和创造性，这不仅不利于人才的培育，还会导致原有人才的流失。

（二）研发能力与技术创新能力薄弱

技术创新能力是公司竞争力的核心。公司只有不断地创新，符合市场需求，才能具有竞争优势。公司拥有的专项技术内容必须体现技术进步和技术创新，有着广泛的市场前景，能够转化为强大的产品或服务能力。目前，我国公司技术创新能力薄弱，难以形成核心竞争力，主要原因如下。

第一，促进公司自主创新的技术进步机制尚未形成，缺乏创新的压力和动力。我国公司对于自主创新不够重视，致使研发经费投入不够，大型科研设施严重匮乏。这就导致了公司技术落后，难以形成公司的核心技术能力。

第二，我国公司的研发一直是以研究为导向的，且偏重基础研究并与公司脱节。即研发机构和公司在组织上、空间上和职权上相分离，这是我国技术创新过程的首要障碍。

（三）企业文化

企业文化决定了核心竞争力的价值取向和立足点，同时也使核心竞争力能够具有连续性。

核心竞争力必须符合企业文化，否则无法持久，从而也就无法构成核心竞争力。当外界的环境发生变化时，一些竞争力难以保持优势，而依照企业文化构造的核心竞争力却能保持连续性，如很多百年品牌都是其优秀的企业文化保障了其核心竞争力的平稳更替。企业文化被员工认同的程度越高，员工的行为协同性就越高，企业凝聚力就越强，由此形成的核心竞争力就越能形成企业的集体能力。根据企业文化形成的竞争力难以被对手模仿或复制，由此可以形成核心竞争力。

（四）企业资源

企业资源，是指公司拥有或控制的有效因素的总和，包括资产、生产或其他作业程序技能和知识等。按照竞争优势的资源基础理论，公司的资源禀赋是其获得持续竞争优势的重要基础。企业资源分为有形资源、无形资源和人力资源。

有形资源，是指可见的、能用货币直接计量的资源，主要包括物质资源和财务资源。物质资源包括公司的土地、厂房、生产设备、原材料等，是公司的实物资源；财务资源是公司可以用来投资或生产的资金，包括应收账款、有价证券等。稀缺性的有形资源能使公司获得竞争优势。

无形资源，是指企业长期积累的、没有实物形态的，甚至无法用货币精确度量的资源，通常包括品牌、商誉、技术、专利、商标、企业文化及组织经验等。无形资源一般都难以被竞争对手了解、购买、模仿或替代，因此，无形资源是一种十分重要的公司核心竞争力的来源。

人力资源，是指组织成员向组织提供的技能、知识以及推理和决策能力。大量研究发现，那些能够有效开发和利用人力资源的公司比那些忽视人力资源的公司发展得更好、更快。在技术飞速发展和信息化加快的新经济时代，人力资源在公司中的作用越来越突出。

在分析一个公司拥有的资源时，必须知道哪些资源是有价值的，并且可以使公司获得竞争优势。其主要的判断标准如下。

（1）资源的稀缺性。如果公司掌握了取得处于短缺供应状态的资源，而其他的竞争对手又不能获取这种资源，那么，拥有这种稀缺性资源的公司便能获得竞争优势。如果公司能够持久地拥有这种稀缺性资源，则公司从这种稀缺性资源中获得的竞争优势也将是可持续的。

（2）资源的不可模仿性。资源的不可模仿性是竞争优势的来源，也是价值创造的核心。资源的不可模仿性主要有以下 4 种形式。

① 物理上独特的资源。有些资源的不可模仿性是由物质本身的特性决定的。例如，公司所拥有的房地产处于极佳的位置，拥有矿物开采权或是拥有法律保护的专利生产技术等，这些资源都有其物理上的特殊性，是不可能被模仿的。

② 具有路径依赖性的资源。这是指那些必须经过长期的积累才能获得的资源。其他公司想要模仿，同样需要花费大量时间，这在短期内是不可能实现的。

③ 具有因果含糊性的资源。公司对有些资源的形成原因并不能给出清晰的解释。例如，企业文化常常是一种因果含糊性的资源。具有因果含糊性的资源，是公司中最常见的一种资源，且难以被竞争对手模仿。

④ 具有经济制约性的资源。这是指公司的竞争对手已经具有复制其资源的能力，但因市场空间有限不能与其竞争的情况。

（3）资源的不可替代性。资源的不可替代性是指某种资源很难用替代品来替代。一项资源是公司必须的、不可替代的，但是不一定是不可被模仿的。

（4）资源的持久性。资源的贬值速度越慢，就越有利于形成核心竞争力。企业核心竞争力应当能跟上时代的发展，适应不断变化的环境。正因为如此，公司核心竞争力就不应当仅仅是静态的。核心竞争力的动态管理是指对核心竞争力的开发、整合、提升和评价等进行的同时、连续、循环管理，以确保核心竞争力与公司内、外部环境变化相适应，能够持久地给公司带来竞争优势。

26.2.3 公司核心竞争力动态管理的必要性

在动态的环境中，更需要对公司核心竞争力进行动态管理。这就需要做到管理的循环性、连续性和实时性。公司核心竞争力的动态管理有其必要性，主要观点如下。

（一）公司经营的宏观环境时刻在发生变化

随着经济全球化的加剧，公司面临的外部环境在不断变化，外部环境的不确定性越来越大，与此同时，信息时代的来临使变革速度不断加快，这就使公司竞争力极有可能落后于当前形势的需要。

（二）科学技术日新月异

科学技术的变化会影响公司为客户服务，会影响公司顾客价值的实现。这对于核心竞争力的影响主要有两个方面。一方面，行业技术的进步会降低竞争力的领先性，甚至有可能会使公司落后于其他公司；另一方面，科学技术的重大进步会影响核心竞争力建立的基础。这就要求公司要时刻关注相关技术的发展趋势，利用新技术提升核心竞争力的技术水平和基础。

（三）顾客需求不断变化

随着经济的发展，顾客收入不断提高，其消费心理和生活习惯也在不断变化。所以顾客对产品的关注点从最初的价格转到质量、服务。与之相对应的核心竞争力必须随着顾客需求的变化而变化。

（四）竞争对手的竞争力不断提高

核心竞争力是相对于竞争对手而言的，在激烈的市场竞争中，竞争对手也在不断努力提升自己的竞争力，与之对应的则是公司的核心竞争力不进则退。因此，为了时刻保持核心竞争力的领先水平，公司必须不断强化和提高核心竞争力，对其进行动态管理。

综上所述，核心竞争力的管理并不是一劳永逸的，而是要随时间不断改进、不断循环，进行动态的管理。公司外部经营环境的动荡性决定了核心竞争力管理的动态性，进而决定了对核心竞争力进行动态管理的必然性。

26.2.4　公司核心竞争力的开发

公司核心竞争力的开发其实包含两层含义。一方面，公司已经具备核心竞争力的基本要素，只要将其挖掘出来好好利用，据此制定公司战略就可以形成公司的竞争优势；另一方面，公司为了建立竞争优势、制定了新的战略而决定开发和培育核心竞争力。上述第二个方面属于主要关注点。

（一）核心竞争力开发的基本思路

伊夫·多兹将核心竞争力的管理分为5个阶段，即竞争力的开发、扩散、聚合、发挥和更新。竞争力的开发、扩散以及聚合是核心竞争力形成过程的具体展开。任何既定竞争力的竞争价值都可能随时间的推移而不断减弱，其价值在激烈的竞争中有可能不在具备优势地位。哈默尔提出核心竞争力管理主要有4项任务，即选择、建立、发挥和保护。不同的公司在这4项能力上有差异，也正是这些差异使公司业绩存在差别。许多公司倾向于罗列出待筛选的技能、技术和能力清单，但筛选出的清单只有一小部分属于核心能力，而从中筛选出核心竞争力往往极为耗时。正因为如此，才需要公司对核心竞争力进行开发，并对其开发过程有一个系统的思路与方法。

根据要素种类不同，核心竞争力开发能力包括：核心资源控制能力、战略要素开发能力、有效信息吸收能力和经营环境协调能力。由于各个公司所处环境不同，自身情况不同，所以在这 4 个要素上的优势、劣势也不同，开发角度也不一样。综合开发能力是指公司在保证各战略要素开发能力能够达到相互平衡和相互适应的条件下，对各要素开发的规划和实际实现能力。

一般应当首先确定公司计划达到的最佳组合开发能力，然后以此为目标确定公司的综合开发能力，进行有效管理与规划，使公司核心竞争力的开发既能照顾到现有的组合开发能力，又能考虑到公司的长远利益。公司综合开发能力的实施效果不会高于公司最佳组合开发能力的计划效果，公司的职责在于不断调整和努力提高以使前者不断接近后者。最佳组合开发能力是公司为实现经营目标所设计的核心竞争力开发的最优路径，属于静态的参考指标。

（二）核心竞争力的开发方式

核心竞争力的开发方式主要分为 3 种：公司内部开发、公司外部并购和公司间合作。

1. 公司内部开发

（1）积累。

核心竞争力的积累包括两个方面：知识存量的积累以及技能的积累。

积累主要有两种方式：演化法以及孵化法。演化法是指沿着某一路径不断学习和反复试错的方法；孵化法是指公司组建独立的工作组，通过特有的培植和孕育核心竞争力的方法，专门从事核心竞争力的开发的方法。孵化法优于演化法的方面在于其培育的环境比较理想，这样带来的效果会较为显著，甚至可以迅速地将核心专长移植到整个公司。

在实际中，这两种方法经常被结合起来使用。

（2）创新。

创新是公司获得核心竞争力、保持竞争优势的关键所在。创新就是把生产要素和生产条件的新组合引入生产体系。核心竞争力开发的创新主要从以下几个方面获得。

① 技术创新。技术创新是培育核心竞争力的关键。在新技术、经济全球化、信息化的时代，公司应努力建立学习型组织和创新型组织，为培育和提升公司核心竞争力提供全方位服务。

② 产品创新。公司只有将生产的产品销售出去才能获得利润，才能在竞争中保持优势地位。产品必须根据市场和顾客的需求不断创新，因为产品是公司为顾客服务的载体。产品创新在很大程度上是以技术创新为基础的，公司只要具有强大的技术实力就可以通过产品创新获得竞争优势，甚至获得"垄断"地位。产品创新主要可以从产品线的创新和产品

品质、性能、外观等的创新入手。

③ 市场创新。市场创新型公司风行的是超越顾客导向。市场创新主要可以从以下两个方面进行。一方面，公司可以通过广告、促销活动和售后服务等渠道来挖掘顾客的潜在需求，提高市场占有率，在原有市场上进行渗透型创新；另一方面，公司可以通过寻找新的细分市场，重新给产品定位，寻找新的购买者和市场，进行开发型市场创新。

④ 业务流程创新。业务流程创新是随着工业生产的不断发展而出现的。生产流程的创新直接影响公司的竞争实力，公司实现流程再造是开发公司核心竞争力的重要因素。

⑤ 管理创新。管理创新的内容包括管理思想创新、管理方式创新、管理工具创新、管理制度创新和管理模式创新等。组织创新成为管理创新的重要内容之一，主要包括：突破传统层层分级的金字塔式的直线职能型组织结构和战略经营单位的束缚，构建灵活且高效、扁平式的新型企业组织；实现以人为中心、以组织过程为中心和分权化的组织；加强团队建设，建立公司内部的市场化组织。不同公司管理创新具有的共同点在于增强公司核心竞争力，使公司更有效率。

2. 公司外部并购

公司外部并购是公司实施多元化战略通常采用的方式。公司外部并购是对获取知识或者要素的快速途径。公司通过外部并购获取核心竞争力的做法主要有：搜寻具有某种能力、知识和资源的公司作为并购对象并实施低成本并购；将本公司所拥有的能力和资源与被并购公司的能力和资源进行有机整合，形成核心竞争力。并购只有通过内部资源和能力的整合，将其吸收并予以发展，这样才能使这种战略要素转化为公司的核心竞争力。公司外部并购可以实现快速性和排他性。但同时应当与被并购公司在文化、管理体制等方面进行磨合，否则会严重影响并购效果。

3. 公司间合作

公司间合作的重要方式是建立战略联盟。公司战略联盟，可以实现公司间的资源共享，降低研发成本与风险，同时公司可以借助战略联盟使各个公司能通过认识、消化、获得并利用其他公司所开发的技能和知识，加速自身核心竞争力的开发，从而能比竞争对手更快地进入新行业。

26.2.5 公司核心竞争力的整合

公司核心竞争力的获得具有一定的偶然性，但公司的成长得益于核心竞争力的整合。学习型组织和企业家精神是决定核心竞争力整合的两大因素。

（一）学习型组织的建立——核心竞争力整合的关键途径

学习型组织是一个能熟练地创造、获取和传递知识的组织，同时也善于修正自身的行为，以适应新的知识和见解。当今世界上所有的公司，不论遵循什么理论进行管理，主要有两种类型，一类是等级权力控制型，另一类是非等级权力控制型，即学习型。

学习型组织这一概念主要来自管理学者彼得·圣吉，彼得·圣吉在其著作《第五项修炼——学习型组织的艺术与实务》中提出了学习型组织所需的 5 项修炼。

学习型组织最初的构想源于美国麻省理工学院佛瑞斯特教授。他是一位杰出的技术专家，是 20 世纪 50 年代早期世界第一部通用计算机"旋风"创制小组的领导者。他开创的系统动力学提供了研究人类动态性复杂的方法。所谓动态性复杂，就是将万事万物看成处于动态的、不断变化的过程之中，仿佛是永不止息之流。1956 年，佛瑞斯特以其在自动控制中学到的信息反馈原理研究通用公司的存货问题时有了惊人的发现，从此致力于研究企业内部各种信息与决策所形成的互动结构究竟是如何影响各项活动，并回过头来影响决策本身的起伏变化的形态的。佛瑞斯特既不进行预测，也不单看趋势，而是深入地思考复杂变化背后的本质——整体动态运作的基本机制。他提出的系统动力学的基础概念与目前自然科学中最新发展的混沌理论和复杂理论所阐述的概念，在某些方面具有相通之处。1965 年，他发表了一篇题为《企业的新设计》的论文，运用系统动力学原理，非常具体地构想出未来公司组织的理想形态——层次扁平化、组织信息化、结构开放化，公司内部成员逐渐由从属关系转向为工作伙伴关系，不断学习、不断重新调整结构关系。这是关于学习型组织的最初构想。

学习型组织主要通过以下 3 个方面推动核心竞争力的整合。

1. 学习型组织高层管理者——核心竞争力整合的前提

首先是公司高层管理者的学习创新，并通过自身的做法影响其下属也能够积极参与学习，进而形成公司全员在学习中创新的局面。公司高层管理者需要用创新意识来明确公司的创新方向，善于发现那些对公司发展有重大影响的创意，同时还应当注重将这些创新思想变成行动，将创新技术形成完整的创新体系，进而转变成公司的核心竞争力，使创新真正成为公司利润的源泉。

2. 一专多能的创新型员工——核心竞争力整合的基础

由于现代技术和互联网的发展，公司部门内部的分工只能进一步模糊。项目的运作模式是各部门同时启动、协同作战，这就增加了对员工尤其是高层管理者的能力要求。每个职位的员工不单需要做好本职工作，还有可能会做其他相关工作。一专多能的员工将会成为公司整合核心竞争力的基础性资源。学习型组织将公司视为一个学习整体，公司内部各部门紧密联系，不再是独立、割裂的部分，每个人都是全局系统的一分子。

3. 使用有效的共享学习系统——核心竞争力整合的保障

学习型组织需要把学习融入组织的日常工作，共享学习工程和成果，这样有利于组织产生创新能力。信息共享是学习共享系统的核心。将学习到的东西作为组织的记忆保存下来，就需要设计将学习到的东西进行推广的方法，这就需要在组织系统中建立学习共享系统。监理信息共享平台，是公司核心竞争力的优势所在。公司通过制度化，同时借助一定的信息技术手段，可以建立通畅的信息交流渠道。

开发内部共享学习系统是十分有益的。它可以节约公司资源、提高效率，有利于公司成为一个内部有机联系的系统，同时有利于公司内部员工的合作互助，充分发挥团队的整体作用。学习型组织具有作为生产知识产品的组织发挥功能的作用。学习功能如果只是作为训练功能被分离出来发挥作用，就不会产生组织应有的变化。随着社会的不断发展，生产技术的不断提高，员工局限在工作现场的学习方式已经远远不够，同时这种学习方式也难以实现组织共享。这就要求公司必须创造出能够让员工随时随地都能学习的方式，同时这种学习方式应当是开放式和交流式的，能够实现组织的共享。

基于动态、网络的学习型组织的建立没有固定模式可以遵循，公司可以根据具体所处的环境与自身特点有针对性地选择实现方案，以知识创新和创新应用为核心，支持公司的动态核心竞争力和竞争优势。

（二）企业家精神塑造——核心竞争力整合的关键支持

每个公司都有一种理念，企业家就朝着这个理念努力拼搏，时间长了就会形成一种文化，企业家的成功就是靠他们这种精神的支持。聚焦公司管理八大领域，快速提升首席执行官自身领导力及管理能力，铸就企业家精神，借此达到推动公司成长的目的。

"企业家"这一概念由法国经济学家理查德·坎蒂隆在1800年首次提出，即企业家使经济资源的效率由低转高，企业家精神则是企业家特殊技能（包括精神和技巧）的集合。或者说，企业家精神是指企业家组织建立和经营管理企业的综合才能的表述方式，它是一种重要而特殊的无形生产要素。例如，伟大的企业家——索尼公司创始人盛田昭夫和井深大，他们创造的最伟大的产品不是收录机，也不是彩色显像管，而是索尼公司和它所代表的一切；华特·迪士尼最伟大的创造不是《木偶奇遇记》，也不是《白雪公主》，甚至不是迪士尼乐园，而是华特·迪士尼公司及其使观众快乐的超凡能力；山姆·沃尔顿最伟大的创造不是"持之以恒的天天平价"，而是沃尔玛百货有限公司——一个能够以最出色的方式把零售要领变成行动的组织。到19世纪，人们将企业家具有的某些特征归纳为企业家精神，在英文术语中，企业家（Entrepreneur）和企业家精神（Entrepreneurship）常常互换使用。

长期以来，企业家的概念通常是从商业、管理及个人特征等方面进行定义的。进入20

世纪，企业家精神的定义就已拓展到了行为学、心理学和社会学分析的领域。而在当今发达国家，企业家转到政府或社会组织工作非常普遍，也不断提出和实施用企业家精神来改造政府服务工作和社会管理工作。

企业家理论认为，公司的发展是企业家人力资本作用的结果。企业家对公司成长的贡献是通过企业家创新精神对核心竞争力的开发、培育而体现的。企业家对核心竞争力的关键支撑作用主要通过企业家的创新精神和社会责任精神来发挥。

1. 企业家创新精神——核心竞争力整合的动力

彼得·德鲁克承继并发扬了约瑟夫·熊彼特的观点。他提出企业家精神中最主要的是创新，进而把企业家的领导能力与管理等同起来。他认为"企业管理的核心内容，是企业家在经济上的冒险行为，企业就是企业家工作的组织"。

世界著名的管理咨询公司埃森哲，曾在 25 个国家和地区与几十万名企业家进行交谈。其中 79% 的公司领导认为，企业家精神对于公司的成功非常重要。埃森哲的研究报告也指出，在全球高级管理者心中，企业家精神是组织"健康长寿"的基因和要穴。创新是企业家精神的灵魂。约瑟夫·熊彼特关于企业家是从事"创造性破坏"的创新者的观点，凸显了企业家精神的实质和特征。一个公司最大的隐患，就是创新精神的消亡。创新必须成为企业家的本能，但创新不是"天才的闪烁"，而是企业家艰苦工作的结果。创新是企业家活动的典型特征，从产品创新到技术创新、市场创新、组织形式创新等。创新精神的实质是"做不同的事，而不是将已经做过的事做得更好一些"。所以，具有创新精神的企业家更像一名充满激情的艺术家。

学习和创新能力对公司核心竞争力的整合有着巨大作用。核心竞争力本身就包含公司的创新能力。企业家的创新精神对公司核心竞争力的整合作用具体表现为 3 个方面。首先，企业家对风险的承担意愿是保证公司创新的重要因素。一般来说，创新的风险性很大，只有敢于冒风险而且有风险承受能力的企业家才能真正敢于创新。其次，企业家的创新精神会极力推动公司学习的动力。最后，企业家的创新意识能够帮助公司有效地跟踪现代科学技术的发展，提升产品结构和公司发展的质量，进而保持公司的竞争优势。

2. 企业家的社会责任精神

企业社会责任，是指公司在其商业运作里对其利害关系人应负的责任。企业社会责任的概念是基于商业运作必须符合可持续发展的想法，公司除了考虑自身的财政和经营状况外，也要加入其对社会和自然环境所造成的影响的考量。利害关系人是指所有可以影响公司的决策和行动或会被公司的决策和行动影响的个体或群体，包括员工、顾客、供应商、社区团体、母公司或附属公司、合作伙伴、投资者和股东。

企业家的社会责任精神有利于推动公司管理变革。在成熟的市场竞争中，公众已经开始抵制那些有不道德商业行为的企业。谋求长远发展的公司更需要遵守伦理经营假设，提高伦理道德水平，建立基于卓越伦理的持续竞争优势。

企业家的社会责任精神是通过公司承担的社会责任来对公司核心竞争力发挥整合作用的，具体表现如下。

（1）优化资源配置。

企业家的根本作用在于对公司各种资源的优化配置。具有社会责任精神的企业家会重视资源配置的长远效益，整合公司核心竞争力，进而提升公司的竞争优势。企业家的社会责任精神对人力资源的作用最为突出。卓越的企业伦理对于求职者有很大的亲和力，能够吸引人才，能够激活人力资本的内在动力机制。通过在公司中确立共同的价值目标和价值信念，可以将员工个人目标和公司使命结合在一起，形成"道德共同体"，激发员工的工作潜能。

（2）降低管理成本。

道德作为一种心理契约，是正式制度的重要补充和替代，道德的一致性可以使许多合同能够自我履行，能有效降低管理成本和监督成本。企业家的社会责任精神可以有效提高公司内部的道德水准，通过塑造具有共同理想信念、明确的价值指向、高尚道德境界的员工群体，自发地协调公司与员工及公司内部各部门间的关系，减少内耗，促进合作，降低管理成本。

（3）提高公司运行效率。

《生产、信息费用与经济组织》一书认为，团队精神能有效制约生产中的偷懒问题等道德风险，抑制机会主义倾向，实现"团队生产""联合劳动"的高效率，而团队精神要靠灌输道德行为准则来培养。提高效率与保持道德一致性之间存在着协同关系。

（4）化解公司危机。

有效的危机管理离不开战略统筹，如果企业家具备了社会责任精神，公司就能够在正确承担社会责任的前提下，迅速、一致地解决出现的问题和紧急情况，有效地预防人为产生的危机并化解非人为产生的危机，整合公司核心竞争力，提升公司的竞争优势。如果企业家没有社会责任精神，公司的道德文化就是一种对社会责任的漠不关心的氛围，就容易导致因为管理决策的失误而无法挽回的局面，损害公司形象甚至陷公司于万劫不复之地。

（5）增加公司长期价值。

公司在社会责任方面投入越多，所得到的形象与声誉就会越好，这样会给公司带来长远利益，会让更多消费者认同公司的产品，形成顾客忠诚度，同时顾客也愿意信赖公司，这样也有利于公司对新产品的推出。而如果公司不重视社会责任，那么公司在短期内可以减少投资成本，获得较高利润。然而这样并不利于长远发展，公司只能得到短期收益，这种不负责任的行为一旦被消费者知晓，公司的利益就会受到不可弥补的损失，其形象也会遭到破坏。可以说，社会责任不仅仅是成本，其带来的利润可以来自良好的口碑或者更高的顾客满意度。道德甚至也可以是企业品牌的一部分。

在激烈的竞争中，只有那些具有创新精神和经济优势以及具备社会责任精神的公司能够长盛不衰。

26.2.6　公司核心竞争力的提升

公司核心竞争力是公司获取持续竞争优势的来源和基础。我国公司想要在经济全球化大潮中立于不败之地，非常有效的也是非常关键的一点，就是提升公司的核心竞争力。公司核心竞争力的提升具有重要意义，如下所示。

（一）以技术创新为核心

创新是现代公司获得持续竞争力的源泉，是公司发展战略的核心。公司要想在日趋激烈的市场竞争中占有一席之地，必须从知识经济的要求出发，从市场环境的变化出发，拥断进行技术、管理、制度、市场、战略等诸多方面的创新，其中又以技术创新为核心。只有源源不断的技术创新，公司才能不断向市场推出新产品，不断提高产品的知识含量和科技含量，改进生产技术，降低成本，进而提高顾客价值，提高产品的市场竞争力和市场占有率，并适时开拓新的市场领域。跨国公司都非常重视技术创新，设有专门的研发部门，并不断加大对技术创新的投入，以此增强公司的创新能力。

（二）质量创新，提高产品与服务质量

优良的品质是一个公司的生命，要与国际上的品质标准、环保标准接轨，公司就必须以客户为中心，提高客户的满意度，使用户信赖公司自身的产品与服务，培养客户的忠诚度。当今很多公司的成功，就是通过不断从提高产品质量与提供优质的售后服务做起的。质量过硬、服务到位，可以赢得客户的信任，提高客户对相关公司的满意程度，进而对公司的发展与扩大再生产起到不容忽视的作用。

（三）管理创新

管理创新是指公司采用新的、更有效的方法和途径来进行计划、组织、激励、协调、控制，从而不断提高公司经营管理效率，以适应市场变化，满足市场需求，达到公司效益和社会效益的目标有机统一的过程。公司管理创新的主要内容有经营管理思路、组织结构、管理方式方法、管理模式以及管理制度的创新。在现代企业中，任何一种创新，都必须通

过管理职能来实施，都需经过公司管理各个层次的具体执行来实现。因此，管理创新是公司各种创新的综合体，也是实现公司全面创新的基本保障。

（四）人力资本开发

高素质的人才是公司建立核心竞争力的基础。随着经济、社会的发展，科学技术成为了第一生产力，只有掌握了科学技术的高素质人才才能使公司保持竞争优势。知识为社会的发展提供了强劲的动力。公司为加强人力资本建设需要做到以下两个方面：第一，应当建立高素质的企业家团队，提高企业家自身素质，提高现代管理技巧；第二，应当加强专业性、技术性人才队伍的建设，为此，公司可以通过招聘、培训等方式建立属于自己的高素质人才团队。

（五）正确选择公司的战略发展方向

只有根据公司自身特点、所在产业发展规律制定符合自身情况的战略发展方向，才能有利于提升公司核心竞争力。一旦大方向搞错，公司将为此付出沉重代价。具体而言，企业总体战略包括发展战略、维持战略和收缩战略3个方面的内容。为做大做强，公司应当考虑发展战略。发展战略具体包括一体化战略、密集型战略和多元化战略。公司只有形成一定的规模才能享受规模经济带来的成本优势，而多元化发展是很多公司发展到一定规模所必须要考虑的问题。在实施多元化战略的同时，公司首先应当集中精力搞好主业，而不能为了副业拖垮主业，其次应当考虑利用核心竞争力的延展性进行相关多元化经营，以此实现良好的规模经济效应和范围经济效应。选择正确的战略方向有利于集中公司资源开发公司核心竞争力，并发挥核心竞争力的延展性和溢出效应，以此来提升公司的核心竞争力。

（六）企业文化创新

企业文化属于公司的独特资源，不易被竞争对手模仿。企业文化能够形成公司核心竞争力，培育独特的企业文化可以成为提升公司核心竞争力的有效途径。公司需要实施企业文化战略，提升品牌知名度，强化企业文化的人文色彩，有效激励员工，促进公司成为学习型组织。这样才能更好地引导员工创造更好的产品和服务以满足消费者的需求，进而实现公司的目标。

第27章
公司业务规划

战略是用来开发核心竞争力、获取竞争优势的一系列综合的、协调的约定和行动。如果选择了一种战略，公司即在不同的竞争方式中做出了选择。公司战略是公司整体经营管理策划的核心，也是整体经营管理策划的指向标。卓有成效的战略管理必须向公司管理的纵深地带推进，它要求将公司的总体目标通过一定的管理手段，转化为公司各部门、员工的绩效目标和行动计划。

在确定战略方案之前，需要先进行战略分析，包括3个主要方面，即确定企业的使命和目标、对外部环境进行分析和对内部条件进行分析。战略系统目标确定后，公司需要做两方面工作：一方面，识别战略驱动因素，实现战略系统与绩效系统的连接；另一方面，编制业务规划（含财务规划），实现与经营计划系统、全面预算管理系统的连接。图27-1是战略与战略驱动因素、业务规划的关系。

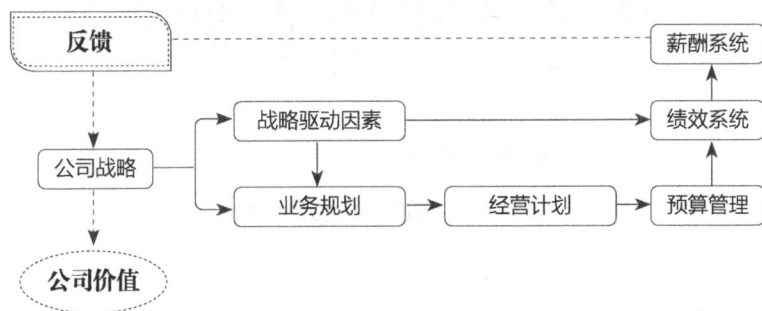

图 27-1　战略与战略驱动因素、业务规划的关系

27.1 战略驱动因素

战略驱动因素是实施战略目标的关键因素，它处于战略管理的下游环节和业务规划的基础环节；同时，它又是服务和服从于公司战略目标的关键绩效指标。识别战略驱动因素的工作非常重要，因为这一工作连接着战略系统和绩效系统，在很大程度上决定着战略实施的成败。

27.1.1 战略驱动因素的含义

识别战略驱动因素是企业管理控制链中不可或缺的环节，它连接着公司战略系统和绩效系统。

从战略管理角度来看，战略驱动因素是指实施战略目标的关键因素，它处于战略管理的下游环节和业务规划的基础环节。

从绩效管理角度来看，战略驱动因素则是指服务和服从于公司战略目标的关键绩效指标（Key Perfovmonce Indicator，KPI）。在公司的战略绩效管理流程中，战略驱动因素处于上游环节，它是确定 KPI 的基础，如图 27-2 所示。

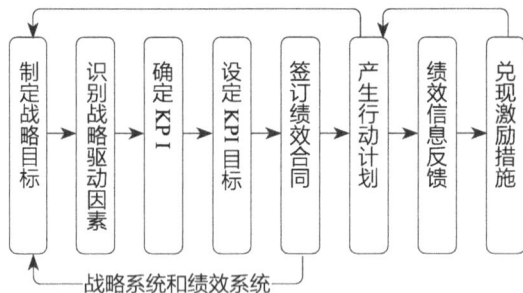

图 27-2 公司的战略绩效管理流程

27.1.2 战略绩效管理流程的构建

为实现公司战略系统和绩效系统的有机对接，需要构建一个完整的战略绩效管理流程。构建战略绩效管理流程实质上也就是"识别战略驱动因素，并进而建立 KPI 体系"的过程。

这一过程包括 3 个主要环节：① 根据战略目标，以财务价值树模型为工具，识别战略驱动因素；② 针对主要的战略驱动因素设计可能的措施，并分析效果及可行性；③ 根据各项措施的预计效果和可行性，分析建立 KPI，形成 KPI 体系。这 3 个环节如图 27-3 所示。

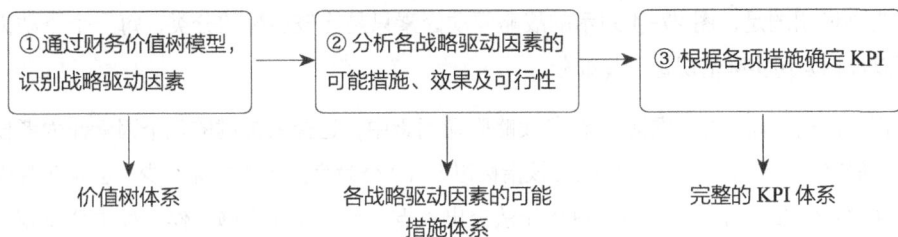

图 27-3　构建战略绩效管理流程

（一）识别战略驱动因素

这里以例证的方式来表述战略绩效管理流程的构建过程。假设 ×× 公路经营公司的战略目标是：未来 5 年投资资本回报率平均水平达到 8%。为实现这一战略目标，该公司首先按财务价值树的方式识别关键的战略驱动因素，如图 27-4 所示。

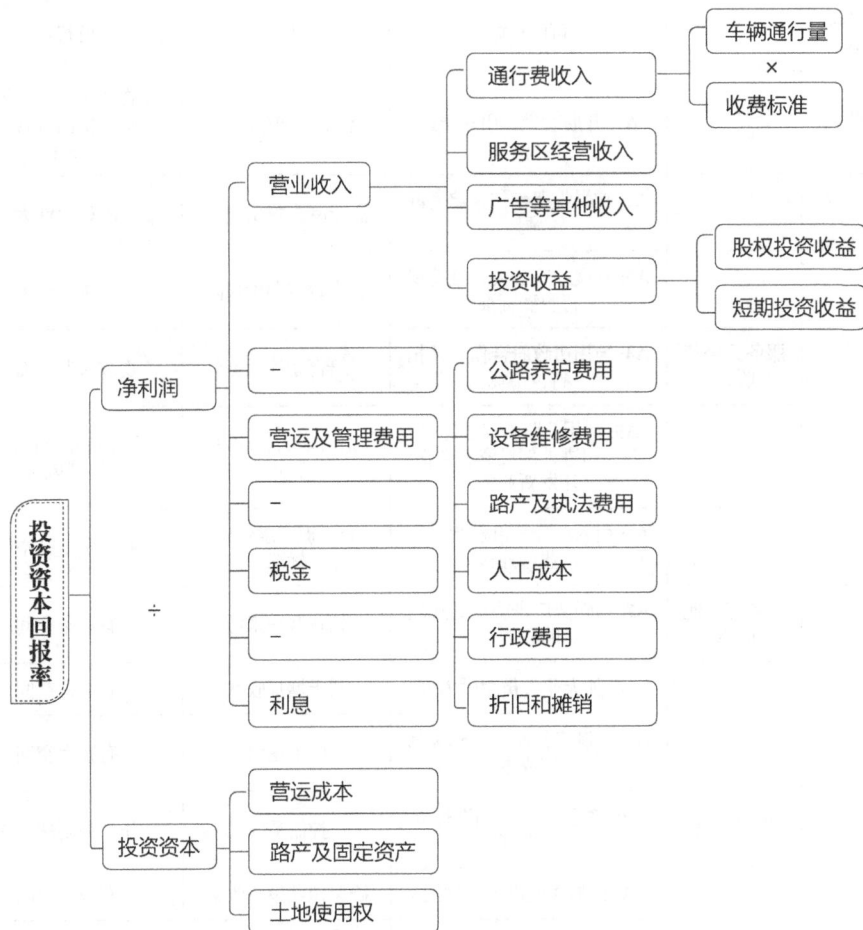

图 27-4　战略驱动因素财务价值树

必须说明的是，图 27-4 列示的战略驱动因素只是比较粗略的分类，每一个驱动因素还可以根据公司实际情况进一步细分。

识别战略驱动因素的原则：在各战略驱动因素中，选择最关键的几个因素作为考核指标。一般来说，对单一考核对象的考核指标以 5~10 个为宜。考核指标太少，会发生片面考核的现象；太多则可能会使考核对象无法突出重点，考核者在实施工作过程中会感到无所适从。考核指标一定要落实到考核对象，将考核指标与部门或岗位挂钩。

（二）设计并分析战略驱动因素的可能措施、效果及可行性

针对主要战略驱动因素，结合公司实际情况，列举各种可能措施，并分析各种可能措施的效果以及可行性大小，如表 27-1 所示。

表 27-1　××公路经营公司战略驱动因素的可能措施、效果及可行性分析

战略驱动因素		可能措施	效果	可行性
营业收入	通行费收入	A1: 开展营销，引车上路	利于增加车流量	调查周边拥有车辆的机构，推出收费优惠政策
		A2: 加强收费稽核，堵塞漏洞	利于减少收费流失	不确定性大
		A3: 开展政府公关，维持现行收费标准	减少政府调价风险	不确定性大
	服务区经营收入	A4: 与周边政府合作，开拓特色市场	培育新的业务	视政府要价而定
		A5: 利用公路沿线土地资源，引进外部投资者合作开发新业务	培育新的利润增长点	仅限于存量资产出资，控制风险
		A6: 引入充分竞价机制，实行业务外包	利于提高承包费标准	有一定上升空间
	广告等其他收入	A7: 与强势广告公司结成战略联盟	拓宽客户来源	有业务空间
		A8: 加大业务员激励力度	利于增加收入	有上升空间
		A9: 控制广告制作、标牌制作成本	成本挖潜	有较大空间
	投资收益	A10: 委托证券公司进行资产管理	控制风险	作为强制性要求
		A11: 加强投资企业管理	确保预期投资收益	有较大空间
		A12: 清理不良投资	消除"出血点"，保证资产质量	需要公司高层加大力度

战略驱动因素		可能措施	效果	可行性
营运及管理费用	公路养护费用	B1: 加强中长期养护规划和年度养护计划工作, 强化预算约束	提高支出的计划性	完全可行
		B2: 严格定额管理, 实行成本节约奖励	利于节约成本	完全可行
	设备维修费用	B3: 推行维修业务外包	战略缩减成本	需解决维修工作及时性问题
		B4: 低库存或零库存管理零配件	控制存货资金占用	提高理念和人员素质
	路产及执法费用	B5: 加强与政府执法部门的沟通	增强执法成本的预见性	有必要, 但未必有明显效果
		B6: 严格路政赔偿管理	维护路产权益, 降低修复成本	完全可行
	人工成本	B7: 压缩管理层级, 实行扁平化管理	提高管理效率	需要政府、公司董事会支持和公司管理层决心
		B8: 结构性地调整员工队伍	减员增效	需要公司管理层强力推行
		B9: 推行薪酬结构的市场取向改革	增加薪酬系统的激励效果	需要公司管理层强力推行
	行政费用	B10: 引进 OA 系统, 推行信息化工作	节约办公费用	可行
		B11: 压缩会议	节约会务费和人工费	需要领导层以身作则
		B12: 削减福利性功能	节约非主营业务支出	需要转变观念, 难度大
	折旧和摊销	B13: 严格控制新增投资	从源头上控制折旧费用	有较大难度
		B14: 处理闲置、低效资产	削减折旧计提基数	可行, 但不要与法规冲突
税金		B15: 注重税收筹划, 合理节税	提高纳税支出的合法性	有一定可行性
		B16: 利用政策, 申请各种财税优惠	增加补贴收入	有一定可行性
利息		B17: 动态维护资本结构, 调节债务和利息支出水平	利用税盾	有一定可行性

续表

战略驱动 因素		可能措施	效果	可行性
营运资本		C1: 严格控制存货和应收账款水平, 利用银行承兑汇票尽可能推迟对外付款	降低营运资本水平	有可行性
路产及固定资产		C2: 按照服务和服从于公路收费主业要求, 控制资本支出	降低投资额	有较大难度
土地使用权		C3: 吸引外部投资者, 开发利用闲置地产	增加利润	有一定可行性
		C4: 转让不需用土地	减少土地投资额	可行, 但不要与法规冲突

（三）分析建立战略驱动因素的 KPI

KPI 是通过对组织内部流程的输入端、输出端的关键参数进行设置、取样、计算、分析, 衡量流程绩效的一种目标式量化管理指标, 是把企业的战略目标分解为可操作的工作目标的工具, 是企业绩效管理的基础。KPI 可以使部门主管明确部门的主要责任, 并以此为基础, 明确部门人员的业绩衡量指标。建立明确的、切实可行的 KPI 体系, 是做好绩效管理的关键。

1. 列举可能的 KPI

根据战略驱动因素的各项可能措施、效果及可行性, 分析各种可能的 KPI。确定 KPI 有一个重要的 SMART 原则: S 代表具体 (Specific), 指绩效考核要切中特定的工作指标, 不能笼统; M 代表可度量 (Measurable), 指绩效指标是数量化或者行为化的, 验证这些绩效指标的数据或者信息是可以获得的; A 代表可实现 (Attainable), 指绩效指标在付出努力的情况下可以实现, 避免设立过高或过低的目标; R 代表相关性 (Relevant), 指绩效指标与上级目标具有明确的关联性, 最终与公司目标相结合; T 代表有时限 (Time-bound), 注重完成绩效指标的特定期限。具体实例如表 27-2 所示。

表 27-2　×× 公路经营公司战略驱动因素 KPI 的建立

可能的措施	可能的指标	建议的 KPI
A1: 开展营销, 引车上路	走访机构客户的次数、与机构客户的签约份数、收回机构客户优惠凭证的份数	收回机构客户优惠凭证的份数
A2: 加强收费稽核, 堵塞漏洞	夜间上路稽核的次数、查处收费违纪的金额、改进联网收费系统的有效建议数	查处收费违纪的金额

可能的措施	可能的指标	建议的 KPI
A3: 开展政府公关，维持现行收费标准	回答人民代表大会代表质询情况、媒体的负面报道次数、与公路沿线地方政府的协调次数	媒体的负面报道次数
A4: 与周边政府合作，开拓特色市场	新增业务收入、新增业务利润、新增业务 EVA	新增业务 EVA
A5: 利用公路沿线土地资源，引进外部投资者合作开发新业务	盘活存量资产金额、新增业务利润、新增业务利润	新增业务利润、盘活存量资产金额
A6: 引入充分竞价机制，实行业务外包	业务外包增加数、现有业务外包基数较上年净增加额	现有业务外包基数较上年净增加额
A7: 与强势广告公司结成战略联盟	与驰名广告公司的签约数、签约广告公司承揽广告业务收入	签约广告公司承揽广告业务收入
A8: 加大业务员激励力度	业务员调查问卷满意率、制度创新效果	业务员调查问卷满意率
A9: 控制广告制作、标牌制作成本	内部审计对改进措施的认可度、边际收入净增加额、各项成本节约举措	边际收入净增加额
A10: 委托证券公司进行资产管理	净增投资收益额、风险违规事件次数	风险违规事件次数
A11: 加强投资企业管理	投资企业董事会管理情况评价、外派干部或投资企业高管人员绩效评价、新增股权投资收益	外派干部或投资企业高管人员绩效评价
A12: 清理不良投资	清理不良投资金额、清理投资相应的止损额、董事会对公司清理措施的评价	董事会对公司清理措施的评价
B1: 加强中长期养护规划和年度养护计划工作，强化预算约束	是否制订养护规划和计划、养护预算是否符合养护计划、社会公众对公路质量的评价	社会公众对公路质量的评价
B2: 严格定额管理，实行成本节约奖励	养护成本节约额、"养护费用／公路里程／通行年限"的行业比较情况	"养护费用／公路里程／通行年限"的行业比较情况
B3: 推行维修业务外包	外包维修业务金额、外包业务成本与自制成本的比较情况	外包业务成本与自制成本的比较情况
B4: 低库存或零库存管理零配件	库存平均余额、库存周转率、库存定额遵守情况	库存定额遵守情况
B5: 加强与政府执法部门的沟通	直接和间接支付给政府执法部门费用的节约额	直接和间接支付给政府执法部门费用的节约额
B6: 严格路政赔偿管理	路政赔偿收入额、"路政赔偿／损坏成本"比率、处理路政毁坏件数	"路政赔偿／损坏成本"比率
B7: 压缩管理层级，实行扁平化管理	政府主管部门、股东和员工对管理部门效率的评价、压缩一级或二级部门的个数	压缩一级或二级部门的个数

续表

可能的措施	可能的指标	建议的 KPI
B8：结构性地调整员工队伍	"新进员工／淘汰员工"比率、大学以上文化程度员工比率、35 岁以下员工比率	"新进员工／淘汰员工"比率
B9：推行薪酬结构的市场取向改革	人工成本节约额、内部员工的薪酬满意度、董事会对薪酬改革的认可度	董事会对薪酬改革的认可度
B10：引进 OA 系统，推行信息化工作	OA 系统的普及情况、办公纸张支出节约额	办公纸张支出节约额
B11：压缩会议	会议费用节约额、削减会议的次数	会议费用节约额
B12：削减福利性功能	削减福利性资产金额、给予员工福利补偿的现金支出与福利性资产营运费用的差额	给予员工福利补偿的现金支出与福利性资产营运费用的差额
B13：严格控制新增投资	每年新增投资额、每年新增非主营业务投资额、新增投资额产生的 EVA	每年新增非主营业务投资额
B14：处理闲置、低效资产	处理资产金额、处理资产的变现额、处理资产的净损益	处理资产的变现额
B15：注重税收筹划，合理节税	现有业务纳税节约额	现有业务纳税节约额
B16：利用政策，申请各种财税优惠	申请财政补贴的金额	申请财政补贴的金额
B17：动态维护资本结构，调节债务和利息支出水平	利息支出节约额、基于资本结构调整因素的公司价值净增加额	利息支出节约额
C1：严格控制存货和应收账款水平，利用银行承兑汇票尽可能推迟对外付款	营运资本定额、营运资本周转率、银行承兑汇票的使用金额	银行承兑汇票的使用金额
C2：按照服务和服从于公路收费主业要求，控制资本支出	同 B13	同 B13
C3：吸引外部投资者，开发利用闲置地产	同 A5	同 A5
C4：转让不需用土地	同 B14	同 B14

2. 筛选并最后确立 KPI 体系

在初步拟定出建议的 KPI 后，需要按"可行性"和"效果"这两项标准，将这些建议的 KPI 进行归类，如图 27-5 所示。只有那些可行性较高和效果较好的 KPI 才应得到重点关注，被列入正式的 KPI 体系。在图 27-5 中，深色区域的 KPI 才能列入正式的 KPI 体系。

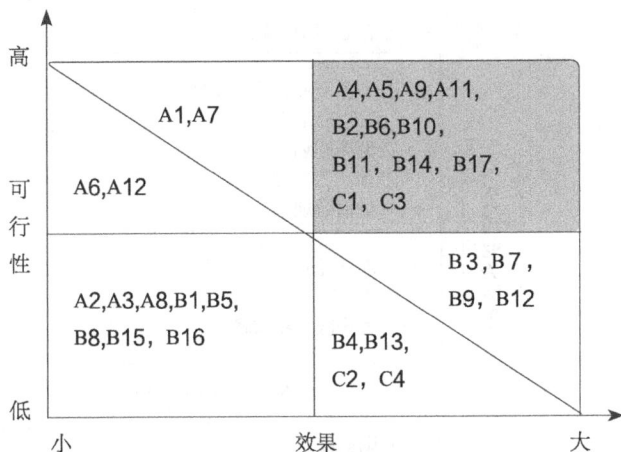

图 27-5　KPI 的初步筛选

值得注意的是，根据战略驱动因素及其实施措施筛选出来的 KPI，仍然是粗略的、不系统的，还需要在此基础上进行 KPI 的有效性测试。有效的 KPI 的确定需要整个企业所有层面的积极参与。随着时间的推移，KPI 和激励系统需要不断完善，需要由简单开始，逐步完善。

27.2　公司业务规划

业务规划是战略目标的延续和细化，是年度经营计划的前提和基础。在公司管理控制链中，业务规划起着连接战略系统和计划系统的作用。

业务规划包括核心竞争力规划，业务及业务组合规划，财务规划，价值链规划，新产品开发，客户服务和保障，组织、激励与人力资源规划以及财务模拟 8 个部分的内容，如图 27-6 所示。

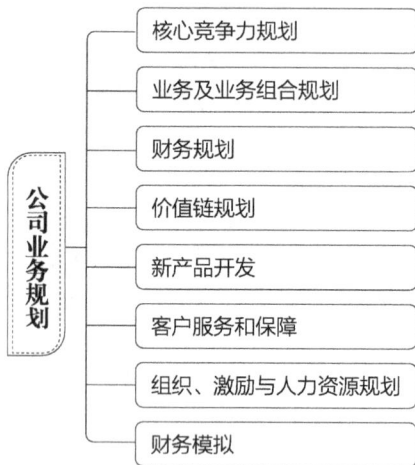

图 27-6　公司业务规划的内容

27.2.1　核心竞争力规划

核心竞争力是公司竞争力中那些最基本的能使整个公司保持长期稳定的竞争优势、获得稳定超额利润的竞争力，是将技能资产和运作机制有机融合的公司自身组织能力，是推行内部管理性战略和外部交易性战略的结果。现代公司的核心竞争力是一个以知识、创新为基本内核的公司某种关键资源或关键能力的组合，是能够使公司在一定时期内保持现实或潜在竞争优势的动态平衡系统。核心竞争力规划是公司业务规划的重点内容。

（一）核心竞争力规划的内容

核心竞争力规划的要点包括：① 根据行业研究结果，描述本行业市场竞争状况和环境；② 主要竞争对手过去 3~5 年的竞争策略和主要工作；③ 本公司过去 3~5 年的竞争策略和主要工作；④ 主要竞争对手未来 3~5 年可能采取的竞争策略；⑤ 本公司未来 3~5 年拟采取的竞争策略；⑥ 主要竞争对手的核心竞争力，如成本水平、品牌效应、营销服务体系、优秀人才、领先的技术、国内外产业嫁接转移的能力、不可争夺的资源占有等；⑦ 本公司的核心业务和能力规划。

（二）评估现有核心竞争力

公司的资源和精力是有限的，因此为了提高资源的利用效率，公司需要对各项业务进行评估分析，合理分配有限的资源。公司可以采用 GE 矩阵来根据公司业务在市场上的实力和所在市场的吸引力对这些业务进行评估，对不同类型的业务采用不同的战略。

首先，要确定战略业务单位。根据公司的实际情况，或依据产品（包括服务），或依据地域，对公司的业务进行划分，形成战略业务单位，并对每个战略业务单位进行内、外部环境分析。其次，确定评价因素及每个因素的权重。根据公司所处的行业特点和公司发展阶段、行业竞争状况确定市场吸引力和公司竞争力的主要评价指标及每一个指标所占的权重。再次，进行评估打分。根据行业分析结果，对各战略业务单位的市场吸引力和竞争力进行评估和打分，并加权求和，得到每一项战略业务单元的市场吸引力和竞争力最终得分。最后，根据每个战略业务单位的市场吸引力和竞争力的总体得分，将每个战略业务单位用圆圈标在 GE 矩阵上，并根据每个战略业务单位在 GE 矩阵上的位置，对各个战略业务单位的发展战略指导思想进行系统说明和阐述。

GE 矩阵方法评估的基本步骤如下。

1. 量化评估业务的市场吸引力

表 27-3 所示为 ×× 业务市场吸引力量化评估。

表 27-3　×× 业务市场吸引力量化评估

	要素	权重	评分（1.00~5.00）	价值
市场吸引力	整体市场规模	0.20	4.00	0.80
	年市场增长率	0.20	5.00	1.00
	历史毛利率	0.15	4.00	0.60
	竞争强度	0.15	2.00	0.30
	技术要求	0.15	4.00	0.60
	受通货膨胀／紧缩危害程度	0.05	3.00	0.15
	能源要求	0.05	2.00	0.10
	环境影响	0.03	3.00	0.09
	社会政治法律	0.02	3.00	0.06
	小计	1.00		3.70

2. 量化评估业务的经营能力

表 27-4 所示为 ×× 业务经营能力量化评估。

表 27-4　×× 业务经营能力量化评估

	要素	权重	评分（1.00~5.00）	价值
业务实力	市场份额	0.10	4.00	0.40
	市场份额扩大	0.15	2.00	0.30
	产品质量	0.10	4.00	0.40

续表

	要素	权重	评分（1.00~5.00）	价值
	品牌信誉	0.10	5.00	0.50
	分销网络	0.05	4.00	0.20
	促销效果	0.05	3.00	0.15
	生产能力	0.05	3.00	0.15
	生产效率	0.05	2.00	0.10
	单位成本	0.15	3.00	0.45
	原材料供应	0.05	5.00	0.25
	研究与开发绩效	0.10	3.00	0.30
	管理人员	0.05	4.00	0.20
	小计	1.00		3.40

3. 业务竞争力的定位评估

根据各项业务的量化评估结果，将各项业务置于 GE 矩阵中分别以"市场吸引力"和"竞争能力"为维度的二元坐标，以判别各项业务的竞争力是位于哪些区域，如图 27-7 所示。

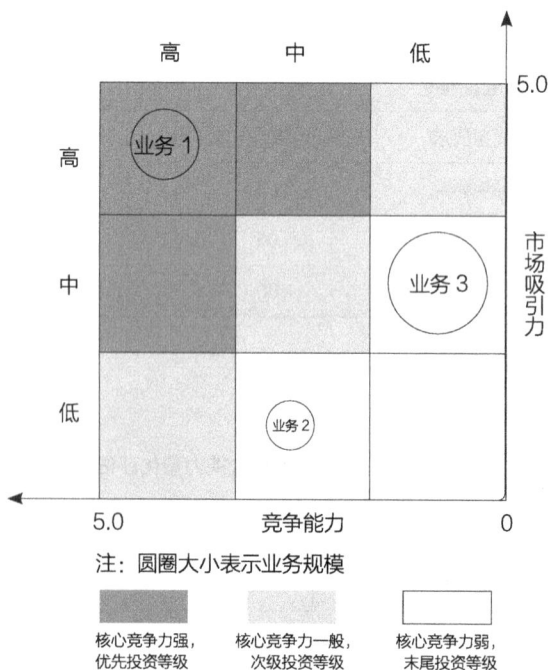

注：圆圈大小表示业务规模

核心竞争力强，优先投资等级　核心竞争力一般，次级投资等级　核心竞争力弱，末尾投资等级

图 27-7　公司业务核心竞争力 GE 矩阵评估

4. 采取对策

公司通过 GE 矩阵对各项业务的竞争力进行评估、定位后，需要根据具体情况，对每一项业务分别采取不同的处理策略，具体情况如图 27-8 所示。

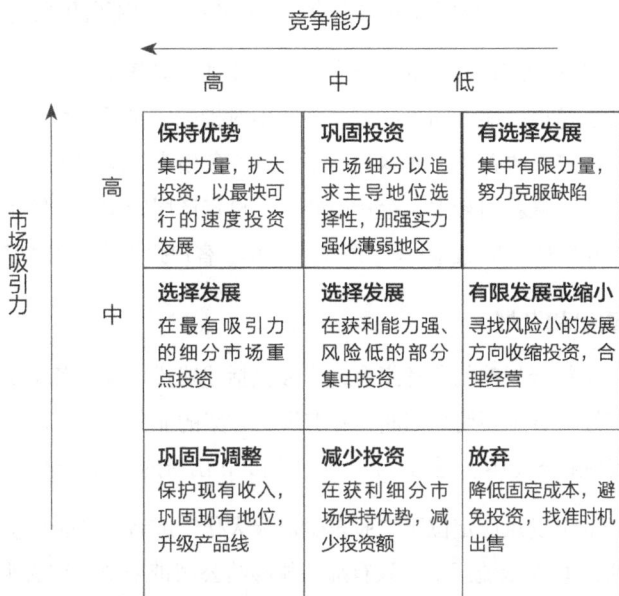

		竞争能力 ←		
		高	中	低
市场吸引力	高	**保持优势** 集中力量，扩大投资，以最快可行的速度投资发展	**巩固投资** 市场细分以追求主导地位选择性，加强实力强化薄弱地区	**有选择发展** 集中有限力量，努力克服缺陷
	中	**选择发展** 在最有吸引力的细分市场重点投资	**选择发展** 在获利能力强、风险低的部分集中投资	**有限发展或缩小** 寻找风险小的发展方向收缩投资，合理经营
		巩固与调整 保护现有收入，巩固现有地位，升级产品线	**减少投资** 在获利细分市场保持优势，减少投资额	**放弃** 降低固定成本，避免投资，找准时机出售

图 27-8　公司核心竞争力评估的不同对策

（三）培育核心竞争力

公司在核心竞争力规划中，要详细列出培育核心竞争力的具体措施，如：① 完善基础制度的建设，包括流程和制度的制定和执行，战略规划、业务规划和年度经营计划的制定和执行，重大决策的民主和科学性建立，经营偏差分析和绩效考核机制建立等；② 进一步降低各项成本指标；③ 加强全国或全球快速销售网络的建设和市场信息的反馈；④ 聚集和培养优秀人才。

27.2.2　业务及业务组合规划

业务组合即大公司赖以依存的各战略事业单元的组合。所谓最佳业务组合，就是公司内的业务组合最具开拓优势、最有吸引力的产业或市场。业务组合规划就是考虑将公司业务进行匹配，实现最优业务组合配对。公司的核心竞争力规划要靠业务及业务组合规划来支撑，业务及业务组合规划是实现公司战略目标和提高公司核心竞争力的基本依托。

业务及业务组合规划既要考虑现有业务的效能管理，也要考虑公司业务的发展和重组。公司根据 3~5 年的发展目标和确定的核心竞争力来规划业务组合战略。

（一）加强现有业务的效能管理

公司要加强对现有业务的会计管理和统计管理，内容包括：① 产品的市场预测（未来5年的销售预测、市场占有率预测）；② 产品的成本预测；③ 产品的效益预测；④ 按照事业部、子（分）公司和工厂、市场区域分类统计现有业务；⑤ 总部费用预测。

在系统的会计管理和统计管理的基础上，公司要加强对各子（分）公司经营效能的预测和分析。经营效能是指公司之间具有可比性的相对指标，包括：净利润／占用资产、毛利率、净利润率、净资产收益率、成本利润率、资产负债率、固定资产占总资产的化率、应收账款回收率、应收账款周转率、存货周转率、总资产周转率、产销率、经营净现金流量占净利润、市场占有率、人员流动率、质量合格率、客户投诉率、相同产品单位成本等。

（二）业务重组和发展

公司要建立一个符合战略的业务组合，一般包括战略投资性业务（长期培育和强化的业务）、财务投资性业务（短期高利润，并有退出方案的业务，也可能转化为战略或风险业务）和风险投资性业务（中、短期培育，作为高 P/E 出售的业务）这 3 部分业务。

业务组合规划的出发点应定位于"股东价值最大化"或者说"企业价值最大化"。业务规划的重点包括：① 现金流至上。只有那些能够给公司带来现金流的业务，才能作为发展重点；而那些不能够给公司带来现金流或未来现金流会枯竭的业务，要坚决退出、废除或终止。② 要重视现有业务的整合、经营能力的提高、现有业务平台作用的发挥。③ 确保每年每股收益达到的水平，当前与未来 3~5 年的收益相结合，既不能使短期内收益减少，又不能透支，导致未来没有收益。④ 新项目以高利润率、高增长、较大市场规模和较强行业地位为选择标准。

1. 业务重组

公司需要根据总体战略目标和核心竞争力规划的要求，对现有业务进行重组，主要有3 种情形。

第 1 种情形是退出业务。不具备或无法培育核心竞争力的业务要坚决退出。业务退出可选择"股转债"或"交叉换股"方式。在"内部人控制"的情形下，某些业务账面亏损未必是其经营状况和盈利能力的真实反映，因此，公司可考虑以"股转债"方式鼓励经理层回购。在产业扩展过程中，如果合作对象有意渗入公司的某些拟退出的业务领域，双方可考虑采用"交叉换股"方式达到进入新领域的目的。

第 2 种情形是培育业务。主要解决"如何做大做强"的问题，包括：技术改造、新建项目、并购、整合、物流系统改进、销售系统改进、采购系统改进、客户服务系统改进、降低成本措施、内部资产重组、引进合资项目、应收账款管理改进、存货管理改进、固定资产清理等。

第 3 种情形是强化业务。主要解决"如何保持和加强优势"的问题，包括业务平台的建立和作用发挥、并购、整合、扩大投资、进一步降低成本、ERP 的实施、全球业务统一结算系统、全球采购系统、全球销售系统、国外业务的转移等。

对于业务重组决策的确定，公司通常采用波士顿矩阵或 GE 矩阵对业务进行评价。上文中已经有关于对 GE 矩阵的讲解，下面主要讲述波士顿矩阵的应用。

波士顿矩阵认为一般决定产品结构的基本因素有两个，即市场引力与企业实力。市场引力体现为企业销售量（额）增长率、目标市场容量、竞争对手强弱及利润高低等，其中最主要的是反映市场引力的综合指标——市场增长率，这是决定企业产品结构是否合理的外在因素。企业实力体现为相对市场占有率，技术、设备、资金利用能力等，其中相对市场占有率是决定企业产品结构的内在要素，它可以直接显示出企业的竞争实力。

在运用波士顿矩阵进行业务评价时，首先要核算企业各种产品的市场增长率和相对市场占有率，然后将业务项目放入 4 象限矩阵图中，根据其处的位置再确定采用的对策。图27-9 是业务产业价值波士顿矩阵评价框架。

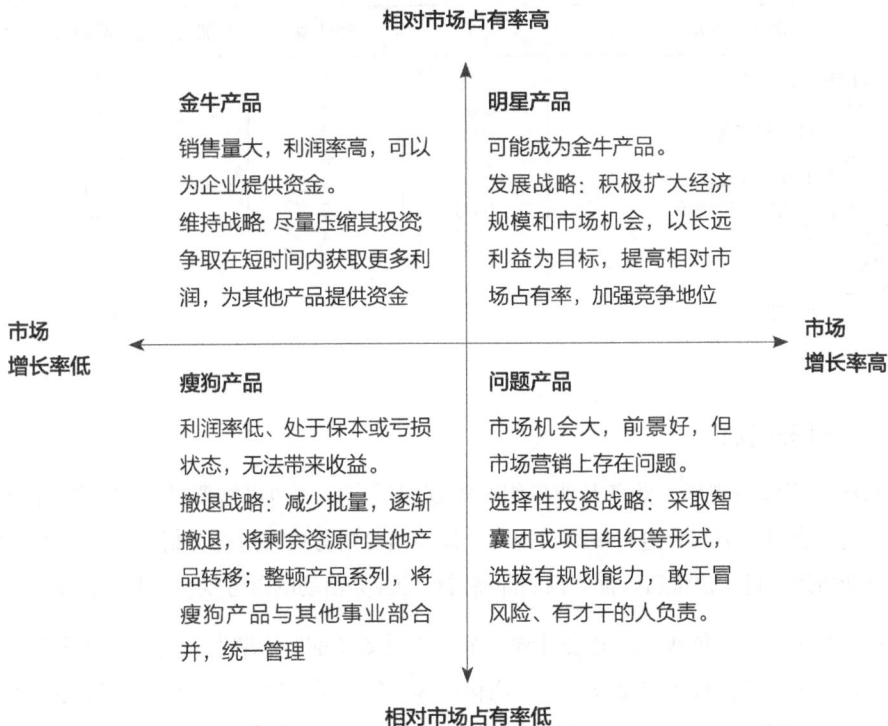

相对市场占有率高

金牛产品

销售量大，利润率高，可以为企业提供资金。

维持战略: 尽量压缩其投资争取在短时间内获取更多利润，为其他产品提供资金

明星产品

可能成为金牛产品。

发展战略: 积极扩大经济规模和市场机会，以长远利益为目标，提高相对市场占有率，加强竞争地位

市场增长率低

市场增长率高

瘦狗产品

利润率低、处于保本或亏损状态，无法带来收益。

撤退战略: 减少批量，逐渐撤退，将剩余资源向其他产品转移；整顿产品系列，将瘦狗产品与其他事业部合并，统一管理

问题产品

市场机会大，前景好，但市场营销上存在问题。

选择性投资战略: 采取智囊团或项目组织等形式，选拔有规划能力，敢于冒风险、有才干的人负责。

相对市场占有率低

图 27-9　业务产业价值波士顿矩阵评价框架

2. 进入新业务

如果经过重组后的业务组合不能满足公司战略的目标要求，那么增加和发展新业务就成为必然选择。一般来说，判断是否进入一个新的业务领域首先要经过 3 个环节的检验，如图 27-10 所示。

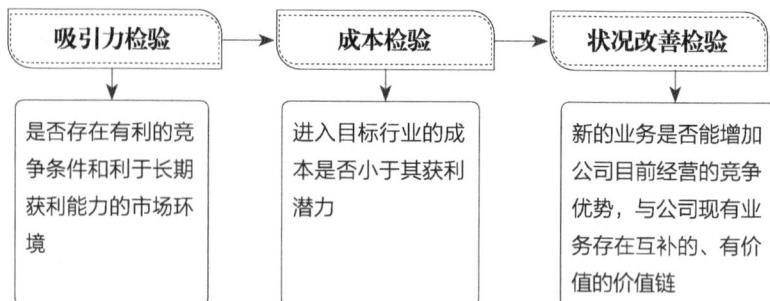

图 27-10　进入新业务领域需经 3 个环节的检验

某一行业吸引力评估过程，如表 27-5 所示。

表 27-5　×× 行业吸引力评估过程

行业吸引力因素	权重	评估值	加权的行业吸引力评估值
市场规模和表现的增长	0.15	5	0.75
竞争强度	0.30	8	2.40
显现的行业机会和威胁	0.05	2	0.10
资源需求	0.10	6	0.60
与公司其他业务的战略匹配	0.15	4	0.60
社会、政治、法规、环境等	0.05	7	0.35
行业获利能力	0.10	4	0.40
风险程度	0.10	5	0.50
权重加总	1.00		
行业吸引力评估值			5.70

27.2.3　财务规划

与核心竞争力规划、业务及业务组合规划相适应，公司也需要进行财务规划。一方面，在对业务及业务组合进行规划抉择时，需要结合财务信息进行分析；另一方面，在对业务及业务组合进行决策后，需要预测即将进行的业务活动的财务状况，并进行规划。

财务规划的内容包括：①投资计划；②融资计划（配股、增发、国内商业贷款、国外商业贷款、政府贴息或免息贷款、政府高科技等政策扶持、吸引国内外投资基金和资金、租赁回购、杠杆收购等）；③现金流计划（经营净现金流、利润、折旧、出售资产、融资、投资现金收益等）；④资产结构及资产质量计划（负债率、财务杠杆的使用、轻资产结构设计、零库存控制、零应收款控制、现金管理等）；⑤利润分配计划（送股、分红配现等）；⑥简化的资产负债表、利润表和现金流量表。

27.2.4　价值链规划

公司价值链是以公司内部价值活动为核心形成的价值链体系。公司的价值活动可以分为两类活动，即基本活动和辅助活动。基本活动是指涉及产品实物形态的生产、营销和支付，以及产品支持和售后服务等；辅助活动是指那些对公司基本活动有辅助作用的投入和基础设施建设。

公司可以根据业务及业务组合规划，对公司的价值链进行系统规划。价值链规划包括供应商规划、上下游产品规划、经销商规划和用户规划这 4 个基本环节，如图 27-11 所示。

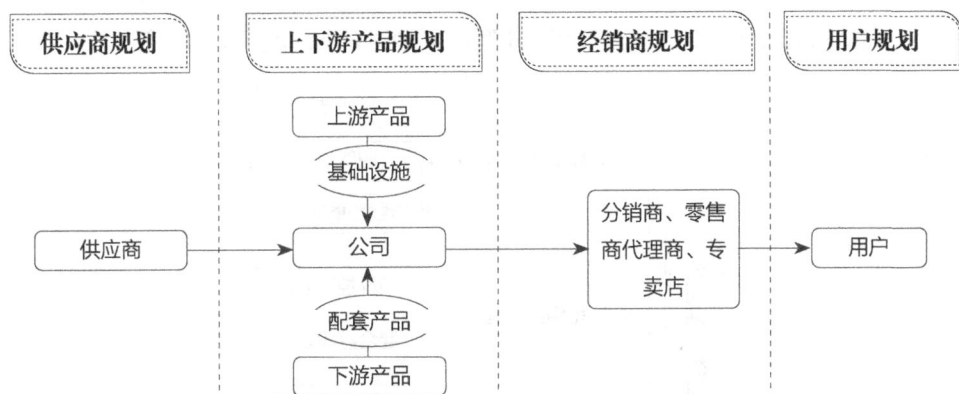

图 27-11　价值链规划框架

27.2.5　新产品开发

新产品开发是指从研究选择适应市场需求的产品开始到产品设计、工艺制造设计，直到投入正常生产的一系列决策过程。广义而言，新产品开发既包括新产品的研制，也包括原有老产品的改进与换代。新产品开发是公司研究与开发的重点内容，也是公司生存和发展的战略核心之一。为了确保业务战略和核心竞争力，公司必须拥有较强的研发能力，保证产品及时更新换代，以更好地满足用户需求。

新产品开发规划包括 12 个方面：①现有产品所处的周期（开创期、成长期、成熟期、衰退期）；②产品寿命；③竞争对手的产品和新产品；④国际同类产品的趋势；⑤客户需求；⑥公司推出新产品的计划；⑦新成品的成本预测；⑧新产品的效益预测；⑨新产品的技术来源；⑩国外产品转移到我国生产的计划；⑪转移产品的效益预测和整合效益预测；⑫新产品需要的投资。

27.2.6 客户服务和保障

客户服务，是指一种以客户为导向的价值观，它整合及管理预先设定的最优成本——服务组合中的客户界面的所有要素。对于公司而言，好的客户服务有利于优质公司形象的树立，增加回头客数量。因此，业务规划必须要有满足客户需求的内容。

客户服务和保障规划的内容包括：① 客户服务的方式和内容；② 客户服务的流程和制度。

27.2.7 组织、激励与人力资源规划

公司的组织结构在很大程度上影响公司的目标和政策的建立，同时也影响公司的资源配置、战略及业务规划的变化。

公司的基本组织形式大致分为 U 型、H 型和 M 型这 3 类，如图 27-12 所示。

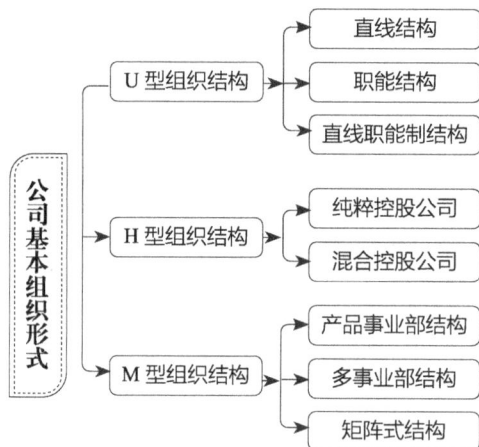

图 27-12　公司组织的基本形式

（一）U 型组织结构

U 型组织结构产生于现代企业发展早期阶段的 U 型结构，是现代企业最基本的组织结构，其特点是管理层级的集中控制。

U 型组织结构具体可分为以下 3 种形式：① 直线结构。直线结构的组织形式是沿着指挥链进行各种作业，每个人只对一个上级负责，必须绝对地服从这个上级的命令。直线结构适用于规模小、生产技术简单的公司，而且还需要管理者具备生产经营所需要的全部知识和经验。这就要求管理者应当是全能式的人物，特别是公司的最高管理者。② 职能结构。职能结构是以按职能实行专业分工的管理办法来取代直线结构的全能式管理。下级既

要服从上级主管人员的指挥，也要听从上级各职能部门的指挥。③ 直线职能制结构。直线职能制结构可以保证直线统一指挥，充分发挥专业职能机构的作用。从企业组织的管理形态来看，直线职能制结构是 U 型组织最为理想的管理架构，因此被广泛采用。

（二）H 型组织结构

H 型组织结构即控股公司结构，严格来讲，它并不是一个公司的组织结构形态，而是企业集团的组织形式。在 H 型公司持有子公司或分公司部分或全部股份时，下属各子公司具有独立的法人资格，是相对独立的利润中心。

控股公司依据其所从事活动的内容，可分为纯粹控股公司和混合控股公司。纯粹控股公司是指，其目的只掌握子公司的股份，支配被控股子公司的重大决策和生产经营活动，而其本身不直接从事生产经营活动的公司。混合控股公司是指既从事股权控制，又从事某种实际业务经营的公司。

H 型组织结构中包含了 U 型组织结构，控股公司的子公司往往是 U 型组织结构。

（三）M 型组织结构

M 型组织结构亦称事业部制或多部门结构，有时也称为产品部式结构或战略经营单位。这种结构可以针对单个产品、服务、产品组合、主要工程或项目、地理分布、商务或利润中心来组织事业部。

实行 M 型组织结构的公司，可以按职能机构的设置层次和事业部取得职能部门支持性服务的方式划分为 3 种类型：① 产品事业部结构。总公司设置研究与开发、设计、采购、销售等职能部门，事业部主要从事生产，总公司有关职能部门为其提供所需要的支持性服务。② 多事业部结构。总公司下设多个事业部，各个事业部都设立自己的职能部门，各职能部门进行科研、设计、采购、销售等支持性服务。各个事业部生产自己设计的产品，自行采购和自行销售。③ 矩阵式结构。这是将职能部门化和产品部门化两种形式相融合的一种结构，该结构通过使用双重权威、信息以及报告关系和网络把职能设计和产品设计结合起来，同时实现纵向与横向联系。

M 型组织结构由 3 个互相关联的层次组成。第 1 个层次由董事会和经理班子组成，是公司的最高决策层，这是 M 型组织结构的核心。它既不同于 H 型组织结构那样从事子公司的直接管理，也不同于 U 型组织结构那样基本上是一个空壳。它的主要职能一是战略研究，向下游各公司输出战略与规划，二是交易协调，目的是最大限度地达到资源和战略的协同。第 2 个层次由职能部门和计划、财务部门组成。其中计划部门是公司战略研究的执行部门；财务部门负责全公司的资金筹措、运用和税务安排，子公司财务只是一个相对独立的核算单位。第 3 个层次是围绕公司的主导或核心业务的互相依存又互相独立的子公司。

子公司不是完整意义的利润中心，更不是投资中心，它本质上是一个在统一经营战略下承担某种产品或提供某种服务的生产或经营单位。子公司负责人是受总公司委托管理这部分资产或业务的代理人，更多的时候是直接由上级单位派驻下来的，他直接对上级负责，而不是该公司自身利益的代表。

对于大型公司而言，比较适合的组织结构是 M 型组织结构，这种组织结构既能使公司的各业务单元具备一定的经营独立性和灵活性，又能使其分享公司的资源和能力。在这种结构中，公司一般沿用两级管理模式——集团总部主要负责战略规划、投资决策、营运协调、人力资源和政府公共关系方面的工作，子公司主要从事专业化经营工作，真正体现"多元化投资、专业化经营"的战略要求。组织结构中要减少管理层级，逐步实现组织结构的扁平化。

公司要实现发展，就必须建立组织和公司人员的发展规划。组织与公司人员的发展规划主要是指分析当前的组织和人员发展状况，提出 3~5 年的人力资源需求，根据业务规划确定 3~5 年的人力资源规划、组织结构设计、调整计划和激励机制设计。

组织发展规划包括组织结构调整计划、公司战略调整计划、企业文化发展规划、人力资源规划。其中，人力资源规划包括人员的招聘、培训、评价、激励等，人力资源规划一般按 5 个步骤进行，如图 27-13 所示。

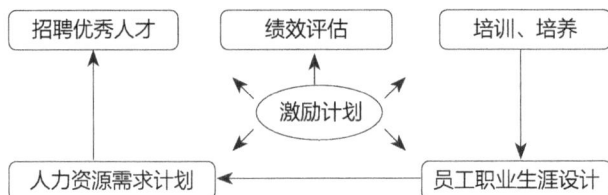

图 27-13　人力资源规划

27.2.8　财务模拟

业务规划的最后一步工作，仍然是将所有有关业务、管理活动的规划归结为财务指标，模拟未来 3~5 年的财务情况，为公司价值评估和预测提供依据。

财务模拟一般包括模拟 3~5 年详尽的 3 张会计报表、3~5 年销售收入明细表（按照产品和市场分类）；如果有可能，利润表的模拟延长至 5~10 年则效果更佳。表 27-6 粗略地列示了 ×× 公司未来 5 年的利润规划表。

表 27-6　××公司 2020—2024 年利润规划表

	2020 年	2021 年	2022 年	2023 年	2024 年
收入来源					
产品 A					
产品 B					
产品 C					
……					
总收入					
销售成本					
毛利					
毛利率					
制造费用					
……					
营业利润					
利润率					
广告促销率					
……					
税息折旧及摊销前利润					
税息折旧及摊销前利润÷销售额					
折旧					
……					
息税前利润					
息税前利润÷销售额					
利息					
商誉摊销					
所得税					
净利润					
净利润率					

第5篇

┃考核与激励篇┃

第28章

绩效量化考核体系

28.1 绩效管理与绩效考核

28.1.1 绩效管理

（一）绩效管理的含义

绩效管理，是指各级管理者和员工为了达到组织目标共同参与的绩效计划制订、绩效辅导沟通、绩效考核评价、绩效结果应用、绩效目标提升的持续循环过程。

（二）绩效管理的作用

1. 促进组织和个人绩效的提升

绩效管理通过设定科学合理的组织目标、部门目标和个人目标，为企业员工指明了努力方向。管理者通过绩效辅导沟通及时发现下属员工工作中存在的问题，给下属员工提供必要的工作指导和资源支持，下属员工通过对工作态度以及工作方法的改进，保证绩效目标的实现。在绩效考核评价环节，对部门和个人的阶段工作进行客观公正的评价，明确部门和个人对组织的贡献，通过多种方式激励高绩效部门和个人继续努力提升绩效，督促低绩效部门和个人找出差距，改善绩效。在绩效反馈面谈过程中，考核者通过与被考核者面对面的交流沟通，帮助被考核者分析工作中的长处和不足，鼓励被考核者扬长避短，促进个人得到发展。对绩效水平较差的部门和个人，考核者应帮助被考核者制订详细的绩效改善计划和实施举措。在绩效反馈阶段，考核者应和被考核者就下一阶段工作提出新的绩效目标并达成共识，被考核者承诺目标的完成。在企业正常运营的情况下，部门或个人新的目标应超出前一阶段目标，激励部门和个人进一步提升绩效，经过这样的绩效管理循环，部门和个人的绩效就会得到全面提升。

另外，绩效管理通过对员工进行甄选与区分，保证优秀人才脱颖而出，同时淘汰不适合的人员。绩效管理能使内部人才得到成长，同时能吸引外部优秀人才，使人力资源能满足企业发展的需要，促进企业绩效和个人绩效的提升。

2. 促进管理流程和业务流程的优化

企业管理涉及对人和对事的管理，对人的管理主要是激励约束问题，对事的管理就是流程问题。所谓流程，就是一件事情或者一项业务如何运作，涉及因何而做、由谁来做、如何去做、做完了传递给谁等几个方面的问题，上述 4 个环节的不同安排都会对结果和企业效率有很大的影响。

在绩效管理过程中，各级管理者都应从企业整体利益以及工作效率出发，尽量提高业务处理的效率，应该在上述 4 个方面不断进行调整优化，使企业运行效率逐渐提高，同时逐步优化企业管理流程和业务流程。

3. 保证企业战略目标的实现

企业一般有比较清晰的发展思路和战略，有远期发展目标及发展规划，企业在此基础上根据外部经营环境的预期变化以及内部条件制定年度经营计划及投资计划，在此基础上制定企业年度经营目标。企业管理者将企业的年度经营目标向各个部门分解就成为部门的年度业绩目标，各个部门将核心指标向各个岗位分解就成为各个岗位的关键业绩指标。

28.1.2 绩效考核

（一）绩效考核的概念

绩效考核是企业绩效管理中的一个环节，常见的绩效考核方法包括平衡计分卡、关键绩效指标法和 360 度考核等。绩效考核是一项系统工程，是绩效管理过程中的一种手段。

（二）绩效考核的作用

1. 达成目标

绩效考核本质上是一种过程管理，而不仅仅是对结果的考核。它是将中长期的目标分解成年度、季度、月度指标，不断督促员工实现、完成目标的过程。有效的绩效考核能帮助企业达成目标。

2. 挖掘问题

绩效考核是一个不断制订计划、执行、检查、处理的 PDCA 循环过程，体现在整个绩效管理环节，包括绩效目标设定、绩效要求达成、绩效实施修正、绩效面谈、绩效改进、再制订目标的循环，绩效考核也是一个不断发现问题、解决问题的过程。

3. 分配利益

与利益不挂钩的考核是没有意义的，员工的工资一般都分为两个部分：固定工资和绩效工资。绩效工资的分配与员工的绩效考核得分息息相关，所以一说起考核，员工的第一反应往往是绩效工资的发放。

4. 促进成长

绩效考核的最终目的并不是单纯地进行利益分配，而是促进企业与员工的共同成长。企业和员工通过考核发现问题、解决问题，找到差距进行提升，最后达到双赢。绩效考核的应用重点在薪酬和绩效的结合上。在人力资源管理中，薪酬和绩效是两个密不可分的环节。在设定薪酬时，一般已将薪酬分解为固定工资和绩效工资，绩效工资正是通过绩效予以体现的，而对员工进行绩效考核也必须要表现在薪酬上，否则绩效和薪酬都失去了激励的作用。

5. 人员激励

企业通过绩效考核，把员工聘用、职务升降、培训发展、劳动薪酬相结合，使得企业激励机制得到充分运用，有利于企业的健康发展，同时也便于员工建立不断自我激励的心理模式。

28.1.3 绩效管理与绩效考核的区别

（一）目的不同

绩效管理是为了达到一定的绩效目标，是以"做事"为中心的；绩效考核的目的，则是给一些综合的人事决策提供依据，如薪酬级别的晋升、职位调整等，因此，绩效考核是以"人"为中心的。当然，绩效管理中也会包含一些涉及人的措施，如发放绩效薪酬、进行人员培训等，但是这些都是围绕更好地达成结果目标和行为标准而进行的；而绩效考核的结果，则用于那些与具体的工作结果和行为标准没有直接关系的人事决策，如人员晋升、薪酬等级的提升等。当然，也有企业利用绩效考核的结果进行绩效薪酬发放、安排人员培训等，甚至很多从事管理研究的人也支持这种做法，但笔者认为这属于对绩效考核结果的误用，其管理效果往往并不好。

（二）对象不同

绩效管理对象是单项绩效，包括单项结果绩效和单项行为绩效；绩效考核的对象则是整体绩效，或者说是创造这些绩效的"人"。

（三）内容不同

绩效管理包括目标和标准设定、监督和控制等活动；绩效考核则主要包括绩效评价标准设计、绩效评估等活动。

（四）周期不同

绩效管理的周期一般来说比较短，并且随着绩效项目的差异而灵活调整。例如，对于生产工人的质量绩效的管理，有时必须以小时为单位来进行；对于科研项目这样本身周期较长的工作，则一般要划分为若干较短的周期进行绩效管理。绩效考核的周期较长且相对固定。

（五）管理者扮演的角色不同

在绩效考核环节，管理者的角色是裁判员；在绩效管理过程中，管理者的身份是多重的，包括裁判员、辅导员、记录员。绩效考核是对员工一段时间内绩效的总结，管理者需要综合各个方面给员工的绩效表现做出评价，公平、公正是至关重要的。因此在绩效考核中，管理者更像裁判员，根据事实客观公正地评价员工的绩效水平。在绩效管理中，管理者除了是裁判员，也是辅导员和记录员。绩效目标制定以后，管理者要做一名辅导员，与员工保持及时、真诚的沟通，持续不断地辅导员工提升业绩，从而帮助员工实现绩效目标。另外，要想做一名合格的裁判员，管理者要先扮演好记录员的角色，记录下有关员工绩效表现的细节，形成绩效管理的文档，以作为绩效考核的依据，确保绩效考核有理有据、公平公正。

（六）管理的目的不同

绩效考核是绩效管理中连接绩效实施和绩效反馈与面谈的环节，它从绩效实施过程中获得员工实际绩效的证据与事实，同时，绩效考核的结果成为绩效反馈与面谈的主题。显而易见，绩效考核的目的是从其作为绩效管理环节这一角度出发的，即对照既定的标准、应用适当的方法来评定员工的绩效水平、判断员工的绩效等级，从而使绩效反馈与面谈有针对性。与绩效考核相比，绩效管理的目的是从其作为人力资源管理环节的角度而谈的，它服务于其他环节，从而提升人力资源管理水平。绩效管理的目的主要体现在以下几个方面：为人员的内部供给计划提供较为详尽的信息；为更有效的职位分析提供依据；为员工薪酬调整提供信息；为制订员工培训与开发计划提供依据，并在此基础上帮助员工制订个人职业生涯发展规划，从而实现企业与员工的双赢。

28.2　绩效考核的衡量点

28.2.1　以工作结果为导向的绩效量化

（一）以工作结果为导向的绩效量化的内涵

绩效是在特定的时间内，由特定的工作职能或活动产出的记录。目标管理或成果管理的代表人物——著名的管理学家彼得·德鲁克认为：为了取得杰出的绩效，每项职务都要有助于整个组织目标的实现。管理人员预期取得的绩效，其绩效量化必须与企业的目标绩效保持一致，必须了解企业目标对自己的要求，清楚企业目标要求自己取得什么样的成果——将目标管理与自我控制绩效量化结合起来，在明确自身目标的前提下，对自己和自己的工作进行指导，自觉而及时地收集关于自己绩效水平的信息，进而根据这些信息对自己的不足之处不断进行修正。

（二）以工作结果为导向的绩效量化的优点

（1）能激励被考核者为达到既定目标而努力。

（2）有利于工作方法的创新。

（3）有利于考核者较为迅速地达到其考核目标。

（4）实施考核成本较低。

（三）以工作结果为导向的绩效量化的缺点

（1）被考核者之间可能会形成恶性竞争，从而忽视工作过程和人际关系的重要性。

（2）一定时期内的结果可能不是由被考核者的行为所致，而可能受与被考核者行为无关的其他因素的影响。

（3）被考核者在完成任务的过程中可能存在不平等的机会和条件，不同条件、相同目标有可能会引起被考核者的不公平感，进而影响被考核者日后的表现。

（4）被考核者为了达到目标，可能会出现短视行为，即以损坏长期利益为代价，达到短期的目标。

"绩效即结果"或是"目标管理"要注意目标绩效量化和员工的全员参与。对于企业来说，在企业初创期或是在短期内急于要完成一个目标的时候，"绩效即结果"的观点应该是最高效的选择，此时一定要注意目标制定过程中员工的参与。

28.2.2　以工作行为为导向的绩效量化

基于"绩效即结果"观点的不足之处，管理学者提出了"绩效即行为"的观点。绩效行为说的代表人物坎贝尔用 8 个因素来描述绩效。这 8 个因素分别为：具体工作任务熟练程度、非具体工作任务熟练程度、书面和口头交流任务的能力、自身付出的努力、个人工作纪律、促进他人和团队的业绩、监督管理或领导、管理或行政管理。

绩效即行为，是员工实际的行为表现，是能观察得到的，包含与组织目标有关的行动和行为，能够用个人的熟练程度（即贡献水平）来评定等级（测量）。绩效是行为的结果不是行为的本身，是可评价要素的行为，这些行为对个人或组织效益具有积极的作用。

可见，绩效是对工作行为（可观察的、可评价的而且与组织的目标有关的行为）进行评价。"绩效即行为"的逻辑：只要员工能够达到既定的行为要求，按部就班地进行工作，一般会达到企业的目标；如果没有达到，与个人无关，是外界因素造成的，不强调行为就放弃结果或企业的目标。"绩效即行为"与"绩效即结果"最大的不同就是"绩效即行为"将可控因素与不可控因素分开，并将不可控因素排除在员工的绩效评价之外，从而更加有利于给予员工恰当的评价，使员工得到适当的激励。但事实上，没有一个岗位只存在可控因素，谁都不能排除不可控因素，这种情况"绩效即行为"似乎鼓励员工不作为，显然对企业不利。对于不可控因素，既不能强制员工克服它而达到企业的目标，也不能放任员工袖手旁观，而应当鼓励员工积极应对困难，对有积极表现甚至是应对恰当的则给予奖励。

依据"绩效即行为"的观点，提出绩效的三维分类和绩效的二维分类。绩效的三维分类为：① 加入企业并留在企业中；② 达到或超过企业对员工所规定的绩效标准；③ 自发进行企业对员工规定外的活动。绩效的二维分类为：① 任务绩效；② 关系绩效或环境绩效。这些绩效维度的分类均为企业开展绩效考核提供了有效的方法，提高了企业的效率，并不断提高管理的有效性。

28.2.3 以胜任力为导向的绩效量化

胜任力对绩效的影响成为目前的热点话题，它在企业中的运用较广泛，良好的胜任力与任务完成良好之间可能存在高度相关，也可能不相关。著名的管理学家斯蒂芬·P. 罗宾斯说，胜任力特质作为评价员工绩效水平的标准已经越来越受到企业的重视。"绩效即胜任力"这个观点强调人的竞争力或胜任力是影响绩效的关键因素。提高完成任务所需的胜任力，更好地完成企业的目标，有利于形成沟通的氛围，有利于企业员工能力的不断提升和企业内人际关系的和谐。注重长远发展的企业应当重视胜任力的作用，只有让企业的员工具有完成工作所需的胜任力，剩下的管理工作就变得轻松简单了。

28.2.4 基于平衡点的绩效

员工绩效的最大化也是企业绩效的最大化，所以要理解员工的绩效，首先就要明确企业绩效的最大化含义，归根结底即企业为什么存在。首先，企业在市场中生存和发展，必须能够不断选择、适应和改善自身生存环境，提高自身的创新能力和学习能力，努力进行新制度变革、新产品开发、新市场开拓的创新活力，不断改善人力资源状况、提高人力资源水平的能力，创建学习型组织。这是企业绩效最根本、最具战略性的意义和表现。其次，企业必须具有高效率的内部运作机制，能够围绕特定的价值链及时调整、优化和再造包括资金流、信息流和物流等在内的内部流程。而所有这一切，都与企业内部员工的工作流程状况直接相关，这一切都离不开企业的管理能力，正如彼得·德鲁克所说，管理已成为经济生产的决定性要素。通过人力绩效管理，提高组织运作效率，是企业获取优秀绩效的保障。最后，企业必须以企业总体经营目标为指南，将持续创新的学习能力、内部运作效率和以顾客为导向的市场营销系统等整合起来，将之转化为有效而优秀的效益表现。

要使企业达到杰出绩效，首要的一点就是要"保持关键性的平衡"。所谓关键性的平衡，即"平衡企业的业绩和员工的自我实现两方面的因素"，达到这个平衡可以使员工富有责任感。要想让员工有积极的责任心，能够发挥额外的力量，就在于让员工真正认为他们在工作中的付出与回报是平衡的。

28.3   影响绩效量化考核的因素

28.3.1   企业对绩效考核定位模糊

很多企业没有正确理解绩效考核的真正功能，企业在尝试绩效考核的过程中，都存在一个问题，那就是误解了绩效考核的本质，没有对绩效考核进行正确定位。

所谓绩效考核的定位问题，即企业通过绩效考核要解决什么问题，实施绩效考核工作的真正目标是什么。例如，部分企业只把绩效考核当作应景的事情，在每个绩效考核周期填写一堆表格便完事；有的企业则对考核目的定位过于狭窄，只是为了考核而考核，使考核流于形式；还有的企业则把绩效考核当成奖惩的工具，根据考核的结果对员工或奖或罚。如果企业对绩效考核定位不正确，绩效考核就难以发挥既定的作用，反而会导致企业不期待行为的发生。

28.3.2   企业没有量化绩效考核指标

制定绩效考核指标是实施绩效考核极为关键的一环，要对绩效考核指标进行量化，就要对指标设定量化项目。很多企业在确定绩效考核指标时，都在追求指标体系全面、完整和系统，全力将员工工作的每一个细节都囊括，却对如何使考核的标准量化并且具有操作性等问题考虑得非常不周到，甚至所制定的绩效考核指标与绩效计划严重偏离。科学地实施绩效量化与考核，主要应该确定关键业绩指标量化项目，将员工的行为引向组织的绩效目标。考核指标如果设定得过多、过于复杂，只会增加绩效考核实施的难度，并且使员工不能清晰地做出行为的取舍。

28.3.3   企业绩效考核过于主观

绩效考核必然要涉及绩效评价，考核者很难规避主观性影响，这便导致绩效考核结果往往会受人为因素影响而产生偏差。例如，一种情况，某个上级对下属存在偏见，即使这名下属兢兢业业，工作十分出色，上级也可能低估下属的努力水平，给予不够公允的评价；另一种情况，有的领导做好好先生，为了不得罪人，便对每一位员工都给予同样的评价，导致考评结果中庸化。此外，考评者也极易产生一些无意的主观偏差，如晕轮效应、近因效应、刻板效应、折射效应等。

28.3.4　企业绩效考核缺乏必要的沟通与反馈

很多企业只是单纯把员工视为被考核者，当对员工实施绩效考核后，便彻底把员工排除在绩效考核体系之外，缺少了绩效沟通和绩效反馈环节，使员工对绩效考核流程和绩效考核结果一知半解，员工根本无从知道自己目前的工作还存在哪些问题，更不知道采取什么绩效改进措施。

28.3.5　企业绩效考核受环境影响

绩效考核结果难以完全规避环境的影响，绩效是人与环境互动的结果，宏观环境和微观环境将会对员工的绩效产生重要影响。若外部经济环境好，员工也许不怎么努力就可以实现较好的业绩；若外部经济环境不好，员工即使非常努力也难以产生较好的工作结果。

28.4　绩效量化考核管理程序

28.4.1　绩效诊断评估

任何管理系统的设计都有一个由初始状态到中间状态，再到理想状态的循序渐进的过程。如果管理者期望管理系统一步到位，则不仅不能将企业引向理想状态，反而还有可能将企业引向毁灭。因此，绩效量化考核的首要工作是深入、系统地诊断企业管理现状，摸清企业管理水平，这样才能为企业设计出科学、合理的绩效考核系统。绩效诊断评估，主要从以下10个方面着手。

（1）企业组织机构设置及工作流程。

（2）部门设置及岗位责权分工。

（3）企业战略目标及企业目标管理。

（4）企业工作计划体系及数据化程度。

（5）企业相关部门或岗位过去1~3年的业绩表现。

（6）企业制度及薪酬系统。

（7）企业工作目标和计划实现周期。

（8）员工业务技能评估。

（9）作业指导书。

（10）企业战略目标和经营计划。

28.4.2　绩效目标确定

所有企业的管理系统都是为实现企业战略目标服务的。因此，明确企业目标指向，将有助于实现目标、凝聚员工，使员工体验目标实现的成就感。此外，管理者要意识到，没有目标、没有计划，也就谈不上绩效。绩效目标主要通过以下 3 个方面确定。

（1）企业战略目标制定与确认。

（2）企业中长期经营计划。

（3）企业工作计划系统（项目计划、部门工作计划、个人工作计划等）。

28.4.3　绩效管理方案制定

这是一个重要的步骤，企业必须根据每个岗位的特点提炼出关键业绩指标，编制规范的考核基准书，作为考核的契约。设计绩效考核的流程时，要对考核的程序进行明确规定，同时要对考核结果的应用做出合理的安排，要体现与绩效奖金的挂钩，同时应用于工作改进、教育训练与职业规划。绩效管理的组织建设主要从以下 6 个方面开展。

（1）绩效管理实施计划。

（2）岗位关键指标和权重。

（3）考核周期及管理考核或跨部门考核。

（4）指标数据化、量化设计。

（5）绩效管理表单设计。

（6）绩效管理组织设计、绩效分析评估、改善流程设计。

28.4.4　绩效测评分析

这是考核的事务性工作，重点辅导绩效考核的组织管理部门学会如何进行考核的核算工作。必须培训绩效管理组织成员熟悉绩效管理工具，这是绩效考核的宣贯、试运行阶段。必须开展全员的培训工作，要每个员工深刻理解绩效考核的意义以及操作办法，这是绩效考核的完善阶段。企业可以根据实际情况和考核的实施情况，对考核的相关方案做出一定的调整，以确保考核的实效性与科学性。利用模拟实施阶段的测评核算出绩效结果，并对结果进行分析，挖掘绩效问题并组织相应的绩效面谈，以不断提升绩效。开展员工绩效考核的目的是帮助低绩效者找到真正影响绩效的问题并加以改善，提升个人或团队的工作绩效，促进个人或团队的发展与成长。绩效测评分析主要体现在以下 5 个方面。

（1）测试工作业绩与绩效考核结果，评估误差性。

（2）绩效管理培训（介绍绩效管理的意义、原理、一般方法和案例）。

（3）企业目标管理（介绍企业目标管理作用、基本思想、目标设定以及目标管理表格的应用）。

（4）绩效管理与平衡计分卡培训（介绍平衡计分卡的理论来源、关键绩效指标的分类、指标来源以及对绩效管理的重要意义）。

（5）全面绩效改善方案培训。

28.4.5　绩效辅导改善

上一阶段的测评分析，可以暴露企业各个层面的问题，如目标问题、组织体系问题、管理工作流程问题、部门或岗位设置分工问题、员工业务能力问题。根据各方面暴露的问题，专业咨询辅导顾问进入部门并给予辅导改善。绩效辅导改善主要体现在以下 7 个方面。

（1）营销管理培训辅导。

（2）生产管理培训辅导。

（3）采购管理培训辅导。

（4）品质管理培训辅导。

（5）仓库管理培训辅导。

（6）行政后勤管理培训辅导。

（7）人力资源管理培训辅导。

28.4.6　绩效考核实施

企业绩效管理组织运行，实施绩效管理与考核，并依据绩效管理方案的周期性进行分析评估，持续改进并完善绩效管理及企业各方面管理。绩效考核实施主要通过以下 8 个步骤实现。

（1）选立考核实施的负责人，该负责人应具备专业的绩效管理知识，在企业有管理威望，熟悉管理流程，有丰富的沟通技巧。

（2）试行期内广泛收集被考核人的意见和建议，让被考核人感受拥有被尊重权、参与制订权。

（3）分段收集考核数据，安排辅导。一个考核周期内的前期要特别关注，中期前由实施负责人安排绩效辅导。

（4）考核周期内的中期前采取沟通方式，特别是非正式沟通，以缓和被考核人的考核压力。

（5）考核期结束后使被考核人认同考核结果（在公布前先达成共识，保留不同意见）。

（6）绩效检讨。先让被考核人自行分析不足的原因及找出改善方案，并提出对考核的意见和建议，再协助分析重点缺失。

（7）绩效方法适时修正（广泛吸取意见，至少在 3 个考核周期内修正 1 次）。

（8）应用绩效考核结果（薪酬、奖罚、福利、调职等）。

第29章
绩效量化的考核方法

29.1 目标管理考核法

29.1.1 目标管理量化考核体系介入

目标管理是彼得·德鲁克提出并倡导的科学的管理模式。它是根据注重最终结果的思想，先由企业最高管理者提出企业在一定时期的总目标，然后由企业内各部门和员工根据总目标确定各自的分目标，并在获得适当资源配置和授权的前提下积极主动为各自的分目标而奋斗，从而使企业的总目标得以实现的一种管理模式。其实质是绩效价值导向，目标管理让整个公司、各个部门、各个员工事先有明确、量化的指标，事中检查考评，事后奖罚兑现。

目标管理是以目标为导向，以人为中心，以成果为标准，使企业和个人取得最佳业绩的现代管理方法。它包含3层含义：第一，参与式的目标设定，即目标由考核者和被考核者共同协商确定；第二，目标过程控制，即考核者通过监督、检查、辅导等实现对目标的过程控制；第三，目标考核，即通过对被考核者的考核，检验目标的达成情况，并分析其原因。

目标管理包括5项要素，如表29-1所示。

表 29-1　目标管理的 5 项要素

要素名称	要素说明
目标是什么	选定目标的名称
达到什么程度	目标要达到的数量、质量和状态
何时完成	目标完成的时限、日程等
怎么办	目标达成的手段、方法、措施等
目标是否达成	目标评价、考核及检讨等

（一）目标管理量化考核体系的内容

目标管理量化考核体系的内容是整合各级目标，形成"立体的企业目标管理体系"，并有效地加以执行。

不少企业因缺乏完整的目标体系，致使企业的人力资源体系（特别是业绩管理体系）无法建立，将基础工作的大量时间花费在目标体系的重建上。

年度目标是企业未来一年内的核心工作内容和努力方向，缺乏目标在一定程度上就意味着缺乏核心，其后果不仅意味着预期目标难以完成，而且会导致管理上的"并发症"，诸如管理无序、不负责任、推诿扯皮等。

企业要设立目标，更要根据目标之间的关联关系建立目标体系。健全的目标管理制度必须要有完善的目标体系，这样才能加强彼此之间的联系，发挥出整体力量。这就表明一个企业的目标体系不仅意味着目标的设立，同时也涵盖了目标之间的内在联系。目标仿佛企业的"立体交叉动脉"，纵横交错，却秩序井然，每一个分支都围绕一个核心，通过发挥整体力量，构建高效有序的目标管理体系，以最终实现预期目标。企业目标量化考核体系的建立步骤如下。

第一步：建立企业总体目标。年度总体目标是企业业绩管理的"中枢神经"，建立科学的年度总体目标是企业目标体系建设的关键。首先，企业年度总体目标源于企业的战略目标。企业的战略目标是企业中、长期的发展规划，要保证战略目标的实现，企业必须将战略目标分解到每个年度，只有这样，企业的战略目标才具有实际意义。其次，企业年度总体目标的内容要科学、全面，反映企业的关键业绩指标。企业年度总体目标的核心内容在于实现资产增值，体现为投资收益率指标值。与之相联系的有利润指标、产值和销售收入指标、成本指标、费用控制指标、风险控制指标、应收账款指标、市场开发指标（市场占有率、市场保持率、新客户开发数）、研发指标、品质管理指标、合格率、优良率指标、安全指标、管理指标（人力资源开发、管理创新、下属培养、客户满意度等）以及企业文化建设指标等。企业年度总体目标既要包括现实工作指标，也要体现产品研发、市场开发、人力资源开发等保证企业未来发展的指标。企业年度总体目标是企业生存和发展的"中枢神经"，所有工作都要根据年度总体目标展开。

第二步：企业级目标确定以后，按照一定的原则和程序对目标进行分解，形成单位目标和个人目标，从而建立企业的目标体系。每一个下属的目标，是为了达成上级的目标而存在的。如果没有上级的目标，则无从议定下属的目标。同样，没有下属的目标，也无从谈及上级主管的目标。制定目标的过程，是建立绩效伙伴关系的过程。在目标的纵向分解过程中，形成了部门、岗位各自相应的目标内容，同时也形成了部门之间、岗位之间的协同目标。这是目标管理应遵循的内在规律。然而，许多企业在进行目标的分解时却忽略了这点。

第三步：部门之间以及岗位任职人员之间必须进行相互有效的支援，并整合企业的资源。企业的整体目标体系，必须具备横向的沟通和协同作用。只有这样，目标体系才算完整。如果每一个人的目标彼此不连贯，部门与部门之间也缺乏横向协调，就会降低企业整体绩效，也难以形成管理的闭环。因此，个人目标与企业整体目标有无脱节，彼此目标有无矛盾或重复，目标的达成基准有无不合理的地方，在目标的达成过程中彼此是否配合等这些问题都需要引起注意。

（二）目标管理量化考核体系的建立方法

（1）目标建立过程开始于企业最高层宣布企业的组织使命。

（2）根据组织使命建立长期目标。

（3）由长期目标促使建立整个组织的执行性目标（短期目标）。

（4）然后建立组织内部每个主要部门或经营单位的长期目标和短期目标。

（5）为每个主要部门或经营单位中的下属单位建立长期目标和短期目标。

（三）企业建立目标管理量化考核体系的优点

（1）建立企业明确的目标指引，抓住经营管理中心环节，保障团队资源有效整合、高效利用。

（2）将企业运营流程上的价值增值过程作为目标构建路径和目标标识，使目标管理重点倾向于企业核心价值。

（3）依据岗位职责体系进行目标分解，建立将企业战略目标有效分解为长期目标、短期目标，将企业目标有效分解为部门目标和岗位目标的纵向目标分解机制。

（4）根据企业运营流程构建共同目标，建立以企业各部门、各岗位目标支撑企业总体目标实现的横向关联机制。

（5）通过目标的逐步授权管理，建立企业多层目标控制机制，使企业经营压力逐级分解，以提高团队整体运作效率。

（四）目标管理量化考核体系导入环境

目标管理量化考核体系需要的导入环境包括以下几个方面。

1. 明确的战略

目标管理量化考核体系必须建立在清晰而明确的基础上。目标就是努力的方向，当设定的目标与企业的战略相一致时，就会加快战略的实现速度；反之，只会与战略管理的目标背道而驰。

2. 清晰的组织分工与结构

目标管理量化考核体系要求企业为每一位员工设定明确的目标，因而，员工之间应该有明确的分工，员工的职责应尽可能地避免重复。

3. 良好的竞争氛围

目标管理量化考核体系具有明显的激励效果，它鼓励员工通过内部、外部的对比，不断提升、不断挑战自我。

29.1.2　目标管理考核核心环节

目标管理考核的核心环节主要包括图 29-1 所示的 4 个环节。

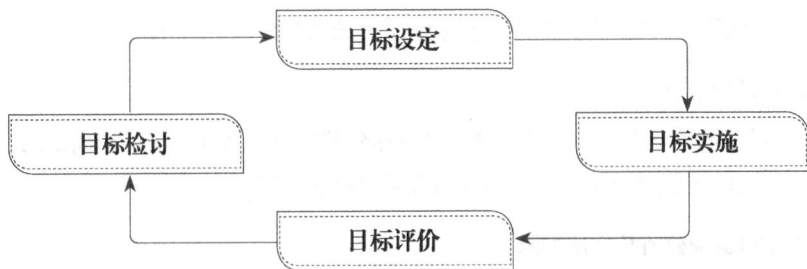

图 29-1　目标管理考核的 4 个环节

（一）目标设定

目标设定是目标管理考核的第一步，它以"充分、必要"为出发点，严格按 SMART 原则进行规划与设计。为被考核者设定的目标应该符合几项要求，如图 29-2 所示。

设定的目标应该是上级与下级员工一致认同的

设定的目标对于被考核者而言应该具有一定的挑战性

目标设定的要求

设定的目标应该与上级的目标存在一定的关联

设定的目标越少越好，总数不宜超过 5 项

设定的目标应该有轻重缓急之分

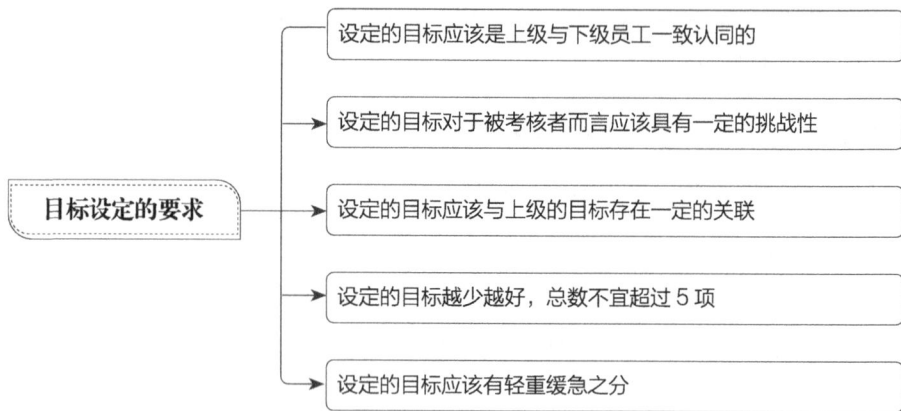

图 29-2　目标设定的要求

目标设定过程一共包括 4 个步骤，如图 29-3 所示。

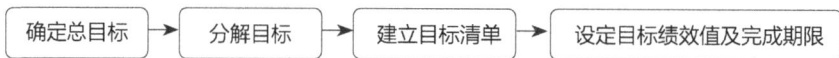

确定总目标 → 分解目标 → 建立目标清单 → 设定目标绩效值及完成期限

图 29-3　目标设定的步骤

1. 确定总目标

企业可以依据自身实际情况确定 2~4 项总目标。企业高级管理人员在确定这些目标时，应该尽量保证目标是可实现的、可衡量的、有实践意义的。

2. 分解目标

企业的高级管理人员可以运用鱼骨分析法等完成对目标任务的分解过程。

3. 建立目标清单

员工的目标清单是由员工及其主管根据目标分解的结果共同参与讨论商定的。目标的实现者同时也是目标的制定者，这可以有效保障目标的实现。

4. 设定目标绩效值及完成期限

某项目标一旦被确定用于绩效考核，企业就必须收集相关的数据，明确员工工作在何时达到何种程度较为合理。目标绩效值确定后，考核者与被考核者就可以将关于目标项目和目标绩效值的内容以书面形式表达出来，形成正式的员工目标管理卡。

（二）目标实施

目标实施过程也是考核者对目标的控制过程。考核者提供对目标的有效控制就可以减少目标实施过程中的偏差，提升员工的绩效水平。考核者在目标实施过程中的工作主要包括 3 项。

1. 目标检查

考核者通过对目标实施情况的检查，可以获取企业的运行信息，掌握目标状态，以便及时采取有效的措施纠正目标偏差，保证目标实现。目标检查过程中，考核者需要了解的信息包括以下 4 个方面。

（1）目标实施进度情况检查，分析判断目标能否如期达成。

（2）目标实施质量状况检查，分析是否需要采取纠正措施。

（3）目标实施协作情况检查，检查各部门之间开展合作情况。

（4）目标支持资源、措施的落实情况等。

2. 目标调整

针对目标检查过程中发现的问题及企业内、外部环境的变化，可以适时地对企业设定的目标进行调整，以保证目标管理体系平稳有序运行。目标调整的项目包括以下 3 个方面。

（1）各部门间的平衡与协同。

（2）协调各部门与部门内部的合作情况，以确保目标的达成情况。

（3）对目标值或目标的达成情况进行修正等。

3. 目标控制

目标控制是指对照企业已设定的目标基准，判断目标是否存在偏差，并采取相应的措施予以调整、纠正的过程。目标控制包括以下 4 个方面的内容。

（1）控制标准的建立。企业应针对设定的不同目标，建立明确的目标控制标准，以防止企业在目标实现过程中出现较大的偏差。

（2）衡量目标执行情况。通过设定的企业控制标准，对照企业目标的执行情况，判断目标是否超过控制标准。

（3）找出偏差。如果企业的目标超过相应的控制标准，则需要找到偏差所在，也就是找出问题到底出在哪里、哪个环节。

（4）分析出现偏差的原因，并找出解决方案。仅仅找出偏差是没有意义的，我们要做的工作是分析偏差出现的原因，并采取相应的措施解决问题，以实现企业事先确立的目标。

（三）目标评价

目标评价是指通过将企业实际实现的目标与企业事先设定的目标相比较，据此来判断企业的目标完成情况以及绩效水平的一种方法。

1. 评价目标设定的形式及完成周期

基于企业目标设定的员工绩效评价往往是通过上级领导对下级员工直接考核的方式实现的。由于考核的指标及标准都已经事先确定，所以绩效评价的实质过程就是目标完成情况的回顾检讨过程。基于目标管理周期的评价主要包括以下两种。

（1）周期性评价。也就是每月、每季或每年评价一次。

（2）项目评价。也就是以项目的进度或者最终完成期限作为评价的时间节点。

2. 目标评价项目

企业的目标评价项目包括以下 3 个方面。

（1）评价企业目标的实现程度。目标实现程度是目标评价的核心内容，是将目标的实际完成情况与目标的理想实现程度相比较得出的。如果在目标执行过程中出现了修正或者相应的调整，应该以修正或调整后的目标作为企业的计划目标进行评价。

（2）目标执行情况评价。目标执行情况评价是指对目标执行过程中企业的内、外部环境对企业目标实现情况的影响进行分析。

（3）评价过程中的沟通。企业在评价过程中的沟通实质上是对目标的完成情况、目标执行过程中出现的问题、偏差以及影响其发挥的相关因素进行分析，并由相关的考核者宣布目标评价的相关结论。

（四）目标检讨

企业对设定的相应目标进行检讨既可以对本周期内项目的完成情况进行总结，又可以为下一周期内的企业目标设定提供相应依据。

1. 目标设定检讨

目标设定检讨的内容包括以下 4 个方面。

（1）目标设定是否存在过高、过低的情况。

（2）目标完成期限的设置是否科学合理。

（3）目标绩效的判断标准是否清晰。

（4）目标的设定是否考虑企业竞争环境的变化等。

2. 目标实施检讨

目标实施检讨的内容包括以下 4 个方面。

（1）企业在目标实施过程中是否提供了足够的资源支持。

（2）企业目标的调整是否过于频繁。

（3）考核者是否为员工提供了足够的资源及辅导。

（4）考核者与员工之间的沟通渠道是否畅通。

3. 目标评价检讨

目标评价检讨的内容包括以下 4 个方面。

（1）目标评价方法或者手段是否科学合理。

（2）考核者在整个目标实施过程中是否听取了员工的意见。

（3）目标评价的过程中是否考虑了宏观环境的变化。

（4）考核者是否存在主观偏见。

29.2 关键绩效指标考核法

29.2.1 关键绩效指标的理论概述

关键绩效指标是指通过对组织内部流程的输入端、输出端的关键参数进行设置、取样、计算和分析以衡量流程绩效的一种目标式量化管理指标；是把企业的战略目标分解为可操作工作目标的工具；是企业绩效管理的基础。关键绩效指标可以使部门主管明确部门的主要责任，并以此为基础，明确部门人员的业绩衡量指标。建立明确的、切实可行的关键绩效指标体系，是做好绩效管理的关键。关键绩效指标是衡量工作人员工作绩效表现的量化指标，是绩效计划的重要组成部分。

关键绩效指标法理论符合一个重要的管理原理——"二八定律"。在整个企业的价值创造过程中，存在着"80/20"的规律，即由企业的骨干人员（20%）创造企业大部分（80%）的价值。而且"二八定律"在企业内部的每一位员工身上同样适用，即 80% 的工作任务是由 20% 的关键行为完成的。因此，只有抓住 20% 的关键行为，并对之进行分析和衡量，才能抓住业绩评价的重心。

关键过程领域（Key Process Area，KPA）指出了企业需要集中力量改进和解决问题的过程。同时，这些关键过程领域指明了为了要达到该能力成熟度等级所需要解决的具体问题。每个关键过程领域都明确地列出一个或多个企业需要完成的目标，并且指明一系列相关联的关键实践。实施这些关键实践就能实现这个关键过程领域的目标，从而达到提高企业实现过程能力的效果。关键结果领域（Key Result Area，KRA）是为实现企业整体目标，不可或缺的、必须取得满意结果的领域，是企业关键成功要素的聚集地。

（一）关键绩效指标的理论基础

二八定律，是由意大利著名经济学家帕累托所提出的一个经济学原理，即在企业价值创造过程中，每个部门和每一位员工 80% 的工作任务是由 20% 的关键行为完成的，抓住 20% 的关键行为，就等同于抓住了主体。

二八定律为企业及其员工的绩效考核指明了方向，即考核工作的主要精力要放在关键的过程和关键的结果上。于是，所谓的绩效考核，一定要放在关键绩效指标上，考核工作一定要围绕关键绩效指标展开。

1. 理论的假设前提

假定人们会采取一切积极的行动努力达成事先所确定的目标，假定人们不会主动采取行动以实现目标，假定人们不清楚应采取什么行动来实现目标，假定制定与实施战略与一般员工无关。

2. 理论的考核目的

以战略为中心，指标体系的设计与运用都为企业战略目标的达成而服务。以控制为中心，指标体系的设计与运用来源于控制的意图，也为更有效地控制个人的行为而服务。

3. 理论的指标产生

在企业内部自上而下对整体层面的战略目标进行层层分解产生，通常是自下而上根据个人以往的绩效与目标产生的。

4. 理论的指标来源

基于企业战略目标与竞争要求的各项增值性工作产出，来源于特定的程序，即对过去行为与绩效的修改。

5. 理论的指标构成体系

企业的财务指标与非财务指标相结合，体现关注短期效益、兼顾长期发展的原则。指标本身不仅传达了结果，也传递了产生结果的过程。在评价过程中应以财务指标为主、非财务指标为辅；注重对过去绩效的评价，且指导绩效改进的出发点是过去的绩效存在的问题，绩效改进行动与战略需要脱钩。

（二）关键绩效指标的特征

关键绩效指标是对企业运作过程中关键成功要素的提炼和归纳，一般有以下特征。

1. 系统性

关键绩效指标是一个系统。企业、部门、班组有各自独立的关键绩效指标，但是必须由企业愿景、战略、整体效益展开，而且层层分解、层层关联、层层支持。

2. 可控性与可管理性

绩效考核指标的设计是基于公司的发展战略与流程，而非岗位的功能。

3. 价值牵引和导向性

下道工序是上道工序的客户，上道工序是为下道工序服务的，内部客户的绩效链最终体现在为外部客户的价值服务上。

（三）关键绩效指标的用途及效果

1. 用途

（1）根据组织的发展规划或目标计划来确定部门和个人的业绩指标。

（2）监测与业绩目标有关的运作过程。

（3）及时发现潜在的问题，发现需要改进的领域，并反馈给相应的部门和个人。

（4）关键绩效指标输出是绩效评价的基础和依据。

2. 效果

（1）把个人目标和部门的目标与企业整体的目标联系起来。

（2）对于管理者而言，阶段性地对部门和个人的关键绩效指标输出进行评价和控制，可引导其正确的目标发展。

（3）集中测量企业需要的行为。

（4）定量和定性地对直接创造利润和间接创造利润的贡献做出评估。

（四）关键绩效指标的确定原则

确定关键绩效指标有一个重要的 SMART 原则。SMART 原则在第 27 章有详细介绍，此处不再赘述。

（五）建立关键绩效指标的要点

建立关键绩效指标的要点在于流程性、计划性和系统性。

第一，明确企业的战略目标，并在企业会议上利用头脑风暴法和鱼骨分析法找出企业的业务重点，也就是企业价值评估的重点；在此基础上再用头脑风暴法找出这些关键业务领域的企业级关键绩效指标。

第二，各部门的主管需要依据企业级关键绩效指标建立部门级关键绩效指标，并对相应的部门级关键绩效指标进行分解，确定相关的要素目标，分析绩效驱动因素（技术、组织、人），确定实现目标的工作流程，分解出各部门级关键绩效指标，以便确定评价指标体系。

第三，各部门的主管和员工一起再将部门级关键绩效指标进一步细分，分解为更细的关键绩效指标及各岗位的业绩衡量指标。这些业绩衡量指标就是员工考核的要素和依据。这种对关键绩效指标体系的建立和测评过程，就是让全体员工统一朝着企业战略目标努力的过程，这也必将对各部门管理者的绩效管理工作起到很大的促进作用。

指标体系确立之后，还需要设定评价标准。一般来说，指标指的是从哪些方面衡量或评价工作，解决"评价什么"的问题；而标准指的是各个指标分别应该达到什么样的水平，解决"被评价者怎样做、做多少"的问题。

第四，必须对关键绩效指标进行审核。例如审核这样的一些问题：多个评价者对同一个绩效指标进行评价，其结果是否能取得一致？这些指标的总和是否可以解释被评价者80%以上的工作目标？跟踪和监控这些关键绩效指标是否可以操作？等等。审核主要是为了确保这些关键绩效指标能够全面、客观地反映被评价者的绩效，而且易于操作。

每一个岗位都影响某项业务流程的过程或影响过程中的某个点。因此，在制定目标及进行绩效考核时，应考虑岗位的任职者是否能控制该指标的结果，如果任职者不能控制，则该项指标就不能作为任职者的业绩衡量指标。例如，跨部门的指标就不能作为基层员工的考核指标，而应作为部门主管或更高层主管的考核指标。

29.2.2　关键绩效指标的考核流程

（一）关键绩效指标提取

企业应首先在每个年度、季度、月度对关键绩效指标进行有效提取，将各项关键绩效指标分类管理、实施分级激励制度。企业应该及时根据不同的市场对各项关键绩效指标完成的难易程度进行有效的调节和激励，为达成整体目标提供有效的路径。

（二）关键绩效指标分解

随后让各个区域营销中心经理根据各自区域情况"领取"关键绩效指标，而不能强行下发，搞"一刀切"。

每项关键绩效指标在不同的区域完成的难易程度都必定会存在差异。关键绩效指标分解就是要根据各区域关键绩效指标的差异性来制定更为科学合理的分解机制，而分解机制的依据就来自关键绩效指标的提取。

首先，关键绩效指标的分类提取这个环节，会促使各个区域经理对其区域情况进行实时、有效的盘点，之后根据盘点的信息制订差异化的关键绩效指标达成计划。例如，某些区域属于相对增量市场，这些区域相对其他区域对放号这个指标就比较容易完成；某些区域属于比较成熟的市场，这些区域考虑更多的就是推广、发展数据业务这项指标。显然区域经理对于相对而言比较容易完成的指标就会更加青睐，他们会根据各自区域的情况"领取"相应指标，这实现了区域指标差异性，使整体指标的达成会更加容易。

其次，基于在关键绩效指标提取这个环节建立的相应的分级激励制度，无形中为区域经理提供了增收的途径，自然而然地会引发各位区域经理对其市场定位进行更加深入的思考，使他们的分析、解读、规划能力将得到有效提升，同时其工作积极性、主动性也会得到提升。

（三）跟踪和优化

在建立的关键绩效指标考核模型中，最关键的一个步骤就是建立反馈机制，这个步骤包含了两个小步骤，即过程跟踪和关键绩效指标优化。

过程跟踪就是在区域经理根据他们的情况制定了相应指标之后，在具体的实施、执行过程中对其进行过程管理的过程。加入这个步骤就是为了更好地推动区域经理执行之前的策略或计划，同时帮助区域经理有效地掌握各个区域业绩的完成情况，为后续的关键绩效指标优化步骤提供依据。要实行有效的跟踪，首先要有跟踪的依据，每日工作计划及客户拜访表就是一个很好的工具。有了这个工具，就有了实现跟踪的方法，结合之前笔者关于快消行业的经验，总结以下几点。

（1）电话主动跟踪。根据提交的各种表单进行电话跟踪，对其计划的内容进行核实。电话主动跟踪又分为内部跟踪及第三方跟踪两种类型，笔者更倾向于第三方跟踪，这样既能保证跟踪的公平、公正，又能为公司内部人员安排节省人力成本。虽然会花费一些金钱成本，但是这种方式的成本相对而言较低。

（2）电话被动跟踪。即区域经理或者渠道经理每到一位客户那里，用客户的电话回拨给直线主管，这样可以使其直线主管了解到下属的拜访路径。但是这种方法会让直线主管遭到"电话轰炸"，笔者不太赞同这种方式。

（3）实地走访跟踪。即考核部门下到各个区域进行实地走访，了解计划的执行情况。这样了解到的信息是最为真实有效的，同时可以与客户联络感情，但这种方式却是最耗费时间和人力成本的方式。

（4）客户跟踪。即让客户行使跟踪的职能。在每个客户端放置一份类似签到表的材料，区域经理或者渠道经理每到一处地方就在上面填写姓名、时间及沟通内容，并定期回收材料。此种方式简单易行，已经被快消行业普遍采用。

关键绩效指标优化：根据之前进行的过程跟踪，对各个区域的计划执行及业绩（指标）达成进度有了解之后就需要对照之前各个区域"领取"的指标进行反馈，与各个区域经理确认是否能够完成指标，再根据各个区域进行指标的优化、再分解。建议这一步骤在考核的半周期时进行。

29.2.3 关键绩效指标量化考核的指标特征

关键绩效指标是对企业运作过程中关键成功要素的提炼和归纳。

因此，关键绩效指标具有以下特征。

（1）将公司愿景、战略、部门员工的工作相连接，层层分解、层层支持，使每一个员工的个人绩效与部门绩效与企业的整体效益直接挂钩。

（2）保证员工的绩效与内、外部客户的价值相连接，共同为实现客户的价值服务。

（一）基本思路

运用鱼骨分析法，建立关键绩效指标体系，其主要流程如下。

（1）根据职责分工，确定哪些个体因素或组织因素与企业整体利益是相关的。

（2）根据岗位的职责标准，定义成功的关键因素。

（3）确定关键绩效指标、绩效标准与实际因素的关系。

（4）关键绩效指标的分解。

（二）灵活处理

由于有些部门工作量化的确有困难，所以就从工作要求、时间节点上进行量化。例如，对于人力资源管理者、行政事务人员、财务人员，其关键绩效指标的量化难度相对较大，若硬性地从其自身职责上进行量化，从逻辑上也说不通，但不对其量化，从情理上同样也说不过去。实际处理时，可以从考核其工作任务或工作要求的角度以及通过时间来界定。从实质上讲，被时间界定的工作任务或工作目标也是定量指标。

（三）PDCA 循环

运用 PDCA 循环逐步完善和落实关键绩效指标，其主要流程如下。

（1）关键绩效指标由专业人员设计。

（2）设计稿上报企业领导班子审议。

（3）根据企业领导班子的意见进行修订。

（4）将修订稿交各职能部门讨论。

（5）将讨论意见集中再修订。

（6）上报、批准、下发。

其中 1~5 项，在实际工作中会进行几次循环。

（四）支持环境

即使有了关键绩效指标，也不能保证这些指标就能完全运用于绩效考核，并达到预期效果。要想真正达到预期效果，还取决于企业是否有关键绩效指标考核的支持环境。建立这种支持环境，同样是关键绩效指标设计时必须考虑的问题。

（1）以绩效为导向的企业文化的支持。建立企业绩效导向的组织氛围，通过企业文化化解绩效考核过程中的矛盾与冲突，形成追求优异绩效的核心价值观的企业文化。

（2）各级管理人员承担完成绩效管理的任务。分解与制定关键绩效指标是各级管理人才应该也必须承担的责任，企业的专业人员只是起到技术支撑的作用。

（3）重视绩效目标的沟通制度建设。在企业的关键绩效指标的分解与制定的过程中，关键绩效指标的建立与落实是一个自上而下、自下而上的规范程序化过程。没有良好的沟通制度，关键绩效指标考核就不会具有实践性。

（4）目标的绩效考核结果与价值分配挂钩。实践表明，两者挂钩的程度紧密、以关键绩效指标为核心的绩效考核系统才能真正发挥作用。

29.2.4　关键绩效指标考核的优缺点

（一）优点

1. 目标明确，有利于企业战略目标的实现

关键绩效指标是企业战略目标的层层分解，企业通过关键绩效指标整合和控制，使员工绩效行为与企业目标要求的行为相互吻合，不至于出现偏差，有力地保证了企业战略目

标的实现。

2. 提出了客户价值理念

关键绩效指标所倡导的是一种为企业内、外部客户价值实现的思想，这对于形成以市场为导向的经营思想是有一定提升价值的。

3. 有利于组织利益与个人利益达成一致

策略性地进行指标的分解，使企业战略目标成为个人绩效目标。员工个人在实现个人绩效目标的同时，也是在实现企业总体的战略目标，从而实现两者的平衡，形成企业与员工共赢的结局。

（二）缺点

关键绩效指标也有其不足之处，主要体现在以下 3 个方面。

1. 关键绩效指标比较难以清晰界定

关键绩效指标更多是倾向于定量化的指标，如果没有运用专业化的工具和手段，这些定量化的指标是否真正对企业绩效产生关键性的影响，很难清晰地界定。

2. 关键绩效指标会使考核者误入机械的考核方式

过分地依赖指标进行绩效考核，而没有考虑人为因素和弹性因素，会产生一些考核上的争端和问题。

3. 关键绩效指标并不适用于企业的所有岗位

关键绩效指标考核法适用于企业规模较大，管理制度相对完善，关键绩效指标较容易提取和量化的企业，并且关键绩效指标考核还应该与企业的管理战略和企业文化相符，并非适用于所有部门。

29.3 平衡计分卡考核法

平衡计分卡（Balanced Score Card，BSC），是哈佛大学教授罗伯特·卡普兰与诺朗顿研究院的首席执行官戴维·诺顿于 20 世纪 90 年代提出的一种绩效评价体系，当时该研究的目的，在于找出超越传统以财务量度为主的绩效评价模式，以使企业的策略能够转变为行动。经过多年的发展，平衡计分卡已经发展为集团战略管理的工具，在集团战略规划与执行管理方面发挥着非常重要的作用。

29.3.1　平衡计分卡的基本介绍

平衡计分卡是绩效管理中的一种新思路，主要适用于对部门的团队绩效进行考核。

平衡计分卡是一种全方位的、由企业的具体财务指标和非财务指标相结合的综合性、策略性评价指标体系。平衡计分卡最突出的特点是：将企业的愿景、使命和发展战略与企业的业绩评价系统联系起来，把企业的使命和战略转变为具体的目标和测评指标，以实现战略和绩效的有机结合。

自平衡计分卡被提出之后，其对企业全方位的考核及关注企业长远发展的观念受到了学术界与企业界的充分重视，许多企业尝试引入平衡计分卡作为企业管理的工具。

平衡计分卡被《哈佛商业评论》评为"过去 80 年来最具影响力的十大管理理念"之一，并为世界 500 强中 80% 的企业所应用。

29.3.2　平衡计分卡的指标体系

平衡计分卡的指标体系如下。

针对财务：净资产收益率、总资产周转率、资本增值率。

针对客户：客户满意率、合同准时率、优质项目率、投诉降低率。

针对内部经营过程：技术、生产效率、设备利用率、学习与创新（产品与服务的创新与员工能力的提高）、员工满意度、员工保持率、创新数目、合理化建议数。

针对综合评价：将每一个指标的实际值与目标值相比较，得到个体指数，进行加权平均后，算出综合指数。

（一）平衡计分卡的原理

在信息时代里，传统的企业绩效管理方法有待改进，企业必须通过在客户、供应商、员工、内部业务流程、技术革新等方面的投资，获得持续发展的动力。基于这样的认识，平衡计分卡认为，企业应从财务、客户、内部运营以及学习与成长 4 个方面审视自身业绩。

（1）财务方面：企业财务性绩效指标能够综合地反映企业业绩，可以直接体现股东的利益，因此财务指标一直被广泛地用来对企业的业绩进行控制和评价，并在平衡计分卡中予以保留。常用的财务性绩效指标主要有利润率和投资回报率。

（2）客户方面：以客户为核心的思想应该在企业业绩的考核中有所体现，即强调"顾客造就企业"。平衡计分卡中涉及客户方面的指标主要有：客户满意程度、客户保持程度、新客户的获得、客户获利能力和市场份额等。

（3）内部运营方面：企业财务业绩的实现、客户各种需求的满足和股东价值的追求，都需要靠企业内部的良好运营来支持。内部运营过程又可细分为创新、生产经营和售后服务3个具体环节。

①创新环节：企业创新主要表现为确立和开拓新市场、发现和培育新客户、开发和创造新产品与服务，以及创立新的生产工艺技术和经营管理方法等。永无止境地创新是保证企业在激烈的市场竞争中制胜的法宝。平衡计分卡中用来衡量创新能力的指标大致有：新产品开发所用的时间、新产品销售收入占总收入的比例、损益平衡时间、一次设计就能完全达到客户对产品性能要求的产品百分比、设计交付生产前需要被修改的次数等。

②生产经营环节：生产经营环节是指从接受客户订单开始到把现有产品或服务生产出来并提供给客户的过程。实现优质经营是这一过程的重要目标，评价其业绩的指标主要有时间、质量和成本，也可以将其进一步细分为产品生产时间、经营周转时间、产品质量、服务质量、产品成本和服务成本等指标。

③售后服务环节：售后服务环节是指在售出和交付产品或服务之后，给客户提供的服务活动过程。它包括提供保证书、修理、退货和换货，以及支付手段的管理（如信用证的管理）等。

上述内部运营方面的内容可以使企业了解到在目标市场中吸引和保持客户所需的价值观念和满足股票持有者对更好的财务收益的期望。

（4）学习与成长方面：企业的学习与成长主要依赖3个方面的资源，即人员、信息系统和企业流程。上述的财务、客户和内部运营目标通常显示出企业现有的人员、信息系统和流程能力与企业实现其期望业绩目标所需能力之间的差距。为了弥补这些差距，企业需要投资于员工培训、信息系统改进与提升和企业流程优化。从本质上来看，企业的学习与成长是基于员工的学习与成长的，因而可以考虑采用以下评价指标：员工培训支出、员工满意程度、员工的稳定性、员工的生产率等。

平衡计分卡的4个方面既包含结果指标，又包含促成这些结果的先导性指标，并且这些指标之间存在着因果关系。平衡计分卡的设计者认为企业的一项战略就是关于因果的一系列设想，企业采用的成功的绩效评价应当明确规定各个不同方面的目标和衡量方法之间的逻辑关系，从而便于管理和证明其合理性。

由于平衡计分卡的构成要素选择和评价过程设计都考虑了上述的因果逻辑关系链，所以它的4个评价维度是相互依赖、支持和平衡的，能够形成一个有机统一的企业战略保障体系和绩效评价体系。

（二）平衡计分卡的特点

平衡计分卡的特点主要体现在它的平衡性，其目的在于确保企业的均衡发展。

（1）财务指标和非财务指标之间的平衡。企业考核的一般是财务指标，而对非财务指标（客户、内部运营、学习与成长）的考核很少，即使有对非财务指标的考核，也多是定性的说明，缺乏量化和系统性的考核；而平衡计分卡是从 4 个维度全面地考察企业，实现了绩效考核过程中财务指标和非财务指标之间的平衡。

（2）企业长期战略目标和短期经营目标之间的平衡。平衡计分卡从企业的战略开始，也就是从企业的长期目标开始，逐步分解到企业的短期经营目标。在关注企业长期发展的同时，平衡计分卡也关注企业目标的完成，使企业的战略规划和年度计划很好地结合起来，弥补了企业战略规划可操作性差的缺点，实现了企业长期战略目标和短期经营目标之间的平衡。

（3）企业外部和企业内部之间的平衡。对于企业而言，股东与客户为外部群体，员工和内部业务流程是内部群体，平衡计分卡认识到在有效实施战略的过程中非常有必要平衡这些群体间可能发生的利益冲突。

（4）领先指标和滞后指标之间的平衡。财务、客户、内部运营、学习与成长这 4 个方面包含了领先指标和滞后指标。财务指标是滞后指标，因为它只能反映企业上一年度的财务情况，不能指导企业如何改善业绩。平衡计分卡对于领先指标（客户、内部运营、学习与成长）的关注，使得企业更加重视过程，而不仅仅是重视结果，从而达到了领先指标和滞后指标之间的平衡。

（三）建立步骤

每个企业都可以根据自身的情况来建立各自的平衡计分卡，但大体上可以遵循以下几个建立步骤。

第一步：定义企业的战略。平衡计分卡应能够反映企业的战略，因此有一个清楚、明确、能真正反映企业愿景的战略是至关重要的。由于平衡计分卡的 4 个方面与企业战略密切相关，所以这一步骤是设计一个好的平衡计分卡的基础。

第二步：管理层就战略目标取得一致意见。由于各种原因，管理层的成员可能会对目标存在不同的看法及意见，但无论如何必须在企业的长远目标上达成一致。另外，应将平衡计分卡的每一个方面的目标数量控制在合理的范围内，仅对那些影响企业成功的关键因素进行测评。

第三步：选择和设计测评指标。一旦目标确定，下一个任务就是选择和设计测评指标，以判断这些目标是否达到。指标必须能准确反映每一个特定的目标，以使通过平衡计分卡收集到的反馈信息具有可靠性。换句话说就是，平衡计分卡中的每一个指标都是表达企业战略的因果关系链中的一部分。在设计指标时，不应采用过多的指标，也不应对那些企业职工无法控制的指标进行测评。一般在平衡计分卡的每一个方面中使用 3~4 个指标就足够了。超出 4 个指标将使平衡计分卡过于零散甚至会变得不起作用。设计的指导思想是简单并注重关键指标。

第四步：制订相应的目标实施计划。要求各层次的管理人员参与测评。这一步骤也包括将平衡计分卡的指标与企业的数据库和管理信息系统相联系，并在全企业范围内运用。

第五步：目标的跟踪监测和反馈。每隔一定的时间就要向最高主管人员报告平衡计分卡的测评情况。在对设定的指标进行过一段时间的测评，并且认为已经达到目标时，就要设定新的目标或对原有目标设定新的指标。平衡计分卡应该被用作战略规划、目标制定以及资源配置的依据之一。

29.3.3　平衡计分卡量化考核评价管理

（一）指标重点

当学习与成长层面指标设计流程与重点明确后，接下来的工作是如何进行指标的衡量与评价。在实际操作中，指标的评价过程往往比想象的难。除了应当专注于战略中宏观的因果关系和驱动关系以外，还需要挖掘、探索这些指标对企业绩效及其员工绩效的贡献程度，即员工与企业的一致性，从而找到学习与成长层面指标对战略实现的贡献度。这一点往往会成为指标评价的难点，也是指标评价需要突破的重点工作。

高贤峰老师的"岗位股份制公司理论"告诉我们，在一个岗位上，企业投入财务资本以收获利润，员工投入人力资本以收获知识和技能。该理论为学习与成长层面指标的战略贡献度衡量提供了一个评价导向：企业主要进行利润方面的考核，通过对财务、客户等硬性指标考核实现；员工主要进行素质能力、知识技能等方面的考核，通过对素质测评结果、学习培训效果等软性指标考核实现。

（二）指标评价管理

指标评价管理包括两项工作：数据采集与指标评价。

1. 数据采集

通过平衡计分卡进行组织业绩衡量时，必须同时考虑相关数据的采集工作，需要精心设计数据的采集源头、途径与筛选统计功能，并且明确企业在这方面的瓶颈与改善措施，只有这样，才不至于在引入平衡计分卡后因缺乏数据采集功能而影响指标评价所发挥的作用。

对于较为成熟的企业，利润等财务指标的考核相对比较完善，而重点是需要建立软性指标专项评价数据采集机制。例如，企业培训对员工成长发展以及企业战略实现到底存在多大作用，一直是培训管理的难点。在培训有效性评价管理中，挑选那些参与企业决策或对战略执行效果具备评审权的对象进行培训效果评价，利用学习培训管理信息化平台实现网上评价、统计功能，确保数据采集源头可靠有力、途径方便可用，从而为后续专项评价工作积累可靠的数据资料。

对于规模较小或初创期的企业，各类指标数据较为缺乏，在引入平衡计分卡之前应先考虑时机是否成熟、条件是否具备，因此，企业可以在数据采集工作方面开始准备工作。在企业数据采集工作中，管理的信息化扮演了重要的角色。组织信息系统的能力建设是获得客户、内部业务流程和决策信息的技术保障，也是企业人力资源管理信息化建设的必由之路。

2. 指标评价

企业战略及其团队战略实现与否最终需要通过市场或客户的认可程度的检验。有关这方面的指标评价，企业通过多年实践已经总结整理出一套相对完善的指标体系、评价计算公式，如市场份额、客户保持率或流失率、新客户开发率、客户满意度等。

对于角色、心态和工具持续改善对战略实现的贡献度等软性指标评价，重点是在分析数据、整理结论的基础上适时开展各类专项评价。主要是学习与成长层面各类管理措施的效果评价，包括员工满意度测评、团队定标达优测评、培训有效性评估和后评估、新员工岗位适应性评价、导师辅导满意度测评等工作。专项评价往往以专题报告的形式，整理学习与成长层面指标对战略实现的贡献度，具有明确的数据来源、合理的理论基础和逻辑推理，以及战略贡献点与决策建议意见，该种形式是软性指标评价的重要形式。

29.3.4　平衡计分卡量化考核的优缺点

根据调查数据显示，全世界的前 500 强的企业中有 70% 企业已运用了平衡计分卡，可见其确实对企业绩效管理和运营管理存在一定的作用。

（一）优点

（1）可以进行企业战略目标的分解，形成具体可测的指标。因为企业战略目标听起来比较抽象，是一个比较宏观的目标，利用平衡计分卡可以把它细化、具体化、内化，并且让其落实到具体的工作行为当中。

（2）考虑了企业财务和非财务的考核因素，也考虑了内部和外部客户，同时，又将短期利益和长期利益相互结合，更为客观、全面。

以往的绩效考核工具和手段往往较多地考虑财务的、内部的、短期的利益和考核要素，而忽视了企业非财务的、外部的、长期的利益和考核要素，然而，这种考核是片面的、不完善的，也存在一定的不公平性，使采集的考核信息也并不是完全对称的。

（二）缺点

（1）平衡计分卡指标的实施难度大，工作量也大。首先对企业战略进行精准的定位本来对高层管理者的管理素质要求就很高，同时也要求各级管理者和人力资源工作者对企业战略的解码能力要很强。而且平衡计分卡考虑的考核要素非常全面、完整，造成企业核算的工作量较大，实施的难度也很高，一般情况下企业不具备完整、规范的管理平台，不具有相关的高素质的管理人员和人力资源专业人员，很难推广平衡计分卡指标。

（2）平衡计分卡指标不能有效地考核个人。平衡计分卡指标很难分解至个人，而是以岗位为核心的目标分解。个人关键素质要求方面体现不明显，会在一定程度上造成岗位职责和素质要求不明确。

（3）平衡计分卡指标的系统庞大，短期很难体现其对战略的推动作用。因为企业战略属于长期规划的范畴，所以平衡计分卡指标的实施周期相对而言也比较长，或者准确点应该称其为一个系统的工程，因而短期内是很难看到其具体效果的，而且需要调动整个企业的资源。

29.4 比率分析法

比率分析法又包括增长比率分析法和结构比率分析法。

29.4.1 增长比率分析法

增长比率分析法又叫横向分析法或水平分析法，主要是通过对企业的各种财务指标在不同时期的数值进行比较分析，反映企业经营业绩和各会计要素的发展变化情况，预测未来发展趋势的分析方法。它主要适用于经济业绩的评价以及利润、利润分配表和资产负债表的分析。

增长比率分析法的主要指标有两个，即增长量和增长率，其计算公式分别如下。

增长量＝报告期数值－基期数值

$$增长率 = 增长量 \div 基期数值 \times 100\%$$

由于基期的选定不同,故产生了环比增长比率分析和定基增长比率分析两种计算方法。

增长比率分析法的主要目的是分析企业经营成果在若干期内的增长情况,以了解企业的发展趋势,判断企业的发展能力。

29.4.2 结构比率分析法

结构比率分析法又叫纵向分析法或垂直分析法,具体是将常规的会计报表换算成结构百分比形式的报表,用以分析某种会计报表中各项目的构成是否合理的一种分析方法。结构比率包括流动资产与总资产的比率,主营业务成本与主营业务收入的比率等。

同一报表中不同项目的结构比率的计算公式如下。

$$结构比率 = 某项目 \div 总体 \times 100\%$$

29.5 绩效评价指标体系

对企业绩效的评价与分析是通过一个有机的指标体系进行的。

29.5.1 盈利能力评价与分析

对企业的财务效益即(盈利能力)进行评价与分析主要是通过分析、评价下列指标来实现的。

1. 净资产收益率

净资产收益率,又称为股东权益报酬率,是企业净利润与所有者权益的比率,其计算公式如下。

$$净资产收益率 = 净利润 \div 所有者权益 \times 100\%$$

净资产收益率从所有者角度考察、分析、评价企业盈利水平,充分体现了所有者投入企业的自有资本获取净收益的能力,凸出反映了投资与报酬的关系,是评价企业资本经营效益的核心指标。同时,它也是评价企业自有资本及其积累获取报酬的最具综合性与代表性的指标,反映了企业资本运营的综合效益。该指标通用性强、适应范围广、不受行业限制，是国际上对企业进行评价时采用频率非常高的一个指标，财务总监可用它来对企业进行评价和分析。同时该指标也是衡量企业综合经营业绩的主要指标，在评价上市公司综合业绩的指标排序中，它居首位。通过对该指标的综合对比分析，可以看出企业获利能力在同行业中所处的地位，以及与同类企业的差异水平。一般认为，净资产收益率越高，企业自有资产获取收益的能力就越强，运营效益就越好，对所有者、债权人的保证程度就越高。

2. 总资产报酬率

总资产报酬率反映企业利用全部经济资源的总体获利能力，用来衡量企业管理当局运用全部资产取得的经济效益，是评价企业资产运营效益的重要指标，其计算公式如下。

总资产报酬率 =（净利润 + 利息支出 + 所得税）÷ 资产总额 × 100%

该指标反映企业资产利用的综合效果，该指标值越大，表明企业投入产出的水平越高，资产利用的效率越高，说明企业在增收节支和节约资金使用方面取得了良好的效果；反之亦然。通过对该指标的分析评价，可以增强各方面对企业资产经营状况的关注，促使企业管理当局提高单位资产的收益水平。

企业的总资产来源于所有者投入和举债两个方面。利润的高低与企业资产的多少、资产的结构、经营管理水平有密切的联系。总资产报酬率是一个综合指标，既反映企业资产的获利能力，又反映企业支付利息的能力，它既与营业利润率有关，又受总资产周转速度的影响。因而要提高总资产报酬率，必须从提高资产利用率、增加营业收入、提高利润水平方面入手。财务总监可以通过该指标，从若干角度去衡量企业的经营业绩，这种分析被称为杜邦分析。

为了正确评价企业的经济效益、挖掘提高利润水平的潜力，财务总监可以用该指标分别与企业前期、与行业平均水平和行业的先进水平进行对比分析，从而找出差异的原因。一般情况下，财务总监可以利用该指标与市场利率进行比较，若该指标值大于市场利率，则表明企业充分利用了财务杠杆，取得了负债经营的良好效果。

3. 资本保值增值率

资本保值增值率反映了所有者投入企业资本的完整性、保值性和增值性。企业的生产经营活动必须使所有者的资本不断保值和增值，从而降低风险，维护所有者权益。提高企业的市场价值是企业管理者的责任。资本保值增值率的计算公式如下。

资本保值增值率 = 期末所有者权益 ÷ 期初所有者权益 × 100%

该指标值越高，表明企业的资本保值状况越好，股东权益增长越快。如果该指标小于100%，表明企业资本受到侵蚀，没有实现资本保值的目标，损害了所有者利益，也妨碍了企业的进步发展；如果该指标值等于100%，表明企业资本刚好保值；如果该指标值大于

100%，表明企业资本增值。

财务总监应清楚资本保值增值率变动的原因。影响资本保值增值率变动的因素主要有3个：一是收益支付率的变动；二是经营的盈亏；三是企业通过增减资本来调整资本结构。在前两种情形下，财务总监通过期末和期初所有者权益总额比较无疑可以准确地判断企业资本的保值增值情况；若是在第 3 种情况下，用该指标衡量企业的资本保值增值水平就会产生一定程度的不可比性。

4. 主营业务利润率

主营业务利润率是企业的主营业务利润和主营业务收入的比率，其计算公式如下。

$$主营业务利润率 = 主营业务利润 \div 主营业务收入 \times 100\%$$

该指标主要反映企业每 100 元主营业务收入为企业带来的主营业务利润，表明企业在增加收入、提高经济效益方面的管理绩效。

主营业务利润率是反映企业销售的最终获利能力指标，是从企业主营业务的盈利能力和获利水平方面对资本收益率指标的进一步补充。该指标值越高，说明企业的获利能力越强。但是它受行业特点影响较大。通常来讲，越是资本密集型企业，其主营业务利润率就越高。财务总监在分析和评价中应当结合不同行业的具体情况进行具体分析。只有当主营业务利润的增长速度快于主营业务收入的增长速度时，该指标才会上升。

主营业务利润率也体现了企业主营业务对利润总额的贡献程度，以及对企业全部收益的影响程度。没有足够大的主营业务利润率就无法形成企业的可观利润。为此，结合主营业务成本和主营业务收入进行分析评价，能够反映企业在成本控制、费用管理、产品营销、经营策略等方面的成绩与不足。

5. 成本费用利润率

成本费用利润率是利润总额与成本费用总额的比率，反映了每耗费 100 元能给企业带来的利润水平，揭示了企业在挖掘潜力、降低耗费、提高效益方面的工作成绩。其计算公式如下。

$$成本费用利润率 = 利润总额 \div 成本费用总额 \times 100\%$$

该指标值越高，说明企业耗费少、收益大、经济效益好。

6. 盈余现金保障倍数

盈余现金保障倍数是企业一定时期经营活动现金净流量与净利润的比值，反映了企业当期净利润中现金收益的保障程度，以及企业盈余的质量。其计算公式如下。

$$盈余现金保障倍数 = 经营活动现金净流量 \div 净利润$$

盈余现金保障倍数是从现金流入和流出的动态角度，对企业收益的质量进行的评价，它是对企业实际的收益能力的再次修正，是反映企业财务效益状况的修正指标。该指标建立在现金收付实现制的基础之上，充分反映了企业当期收益中有多少是有现金保障的。它挤掉了收益中的"水分"，体现了企业当期收益的真实质量状况，同时减少了权责发生制对收益的影响。

一般而言，该指标值越大，表明企业经营活动产生的净利润对现金的贡献越大。由于净利润受多种因素影响，变化较大，所以该指标的数值变化较大，因此，对该指标的分析和评价应根据企业实际效益状况有针对性地进行。

29.5.2　资产营运能力评价与分析

对企业资产营运能力的评价与分析主要通过对以下指标的评价与分析来实现。

1. 总资产周转率

总资产周转率是企业一定时期内营业收入净额与总资产的比率，是综合评价企业全部资产经营质量和利用效率的重要指标。其计算公式如下。

$$总资产周转率 = 营业收入净额 \div 资产总额$$

总资产周转率反映了企业全部资产的营运效率，它是表明企业全部资产在一定时期（通常为一个会计年度）内完成周转的次数。总资产周转率越高，表明企业资产周转速度越快，资产创造的营业收入就越多，企业的营运能力就越强。总资产周转率体现了企业经营期间全部资产从投入到产出周而复始的周转速度，反映了企业全部资产的管理质量和利润效率。由于该指标是一个包容性较强的综合指标，所以从因素分析的角度来看，它受流动资产周转率、应收账款周转率和存货周转率等指标的影响。

通过该指标的对比分析，能够看出本企业与同类企业在资产利用上存在的差异，能够促进企业挖掘潜力、积极创收，提高产品市场占有率和资产利用效率。一般情况下，该指标值越高，说明企业资产周转速度越快，资产利用效率越高。

2. 流动资产周转率

流动资产周转率又叫流动资产周转次数，是企业营业收入净额与平均流动资产总额的比率，反映了企业流动资产的利用效果和周转速度。其计算公式如下。

$$流动资产周转率 = 营业收入净额 \div 平均流动资产总额$$

若使用时间来表示流动资产的周转速度，则可以用流动资产周转天数来计算。它表示企业全部流动资产完成一次周转所需要的时间。其计算公式如下。

$$流动资产周转天数 = 计算周期天数 \div 流动资产周转率$$

在正常情况下，流动资产在一定时期内完成的周转次数越多或者完成一次周转所需要的时间越少，表明资产周转越快，企业流动资产使用效率越高，企业的营运能力越强。流动资产周转率是分析和评价企业流动资产周转情况、衡量企业营运能力的一个综合指标。流动资产周转速度快，就会相对节约流动资产，这相当于增加了企业资金的投入，增强了企业的盈利能力；反之，若流动资产周转速度慢，为维持正常经营，企业需要不断补充流动资产，投入更多的资源，这样，资产使用的低效率就会降低企业的盈利能力。

流动资产周转率将营业收入净额与资产中最具活力的流动资产相比较，既反映了企业一定时期流动资产的周转速度和使用效率，又进一步体现了每单位流动资产实现价值补偿的能力以及补偿速度。要实现该指标的良性变动，企业应当以营业收入净额增长幅度高于流动资产增长幅度作为保证。在企业内部，通过对该指标进行对比分析，一方面可以促进企业加强内部管理，充分有效地利用其流动资产，如降低成本、调动暂时闲置的货币货产进行短期投资从而创造收益；另一方面也可以促进企业采取措施扩大销售，提高流动资产的综合使用效率。

3. 存货周转率

存货周转率也叫存货周转次数，是企业一定时期的营业成本与平均存货余额的比率，是评价企业从取得存货、投入生产到销售（包括现金销售和赊销）等多环节管理状况的综合性指标，既可反映存货的流动性即周转速度，又可反映存货资金占用量是否合理。存货周转率是衡量企业供、产、销平衡效率的一种尺度，也是衡量企业销售能力和分析存货库存状况的指标，可以用来测定存货的变现速度，是对流动资产周转率的补充说明。其计算公式如下。

$$存货周转率 = 营业成本 \div 平均存货余额$$

用时间表示的存货周转率就是存货周转天数，是指企业的存货自入库登账之日起到发运出售之日止的平均天数，即存货完成一次周转所花费的时间。其计算公式如下（以一年360 天为计算标准，下同）。

$$存货周转天数 = 360 \div 存货周转率$$

一般来讲，存货周转率越高、存货周转天数越少，表示企业存货由于销售顺畅而具有较高的流动性，存货转换为现金或应收账款的速度就越快。存货占用水平越低，存货积压风险就越小，企业变现能力以及资金使用效率也就越好。但是存货周转率过高，则表明企业在存货管理上也可能存在某些问题，如供货水平低，甚至经常缺货，或者采购次数过于频繁，批量太小等。因此，合理的存货周转率要视产业特征、市场行情及企业自身的特点而定。

由于存货的计价处理有多种不同的会计方法，如先进先出法、加权平均法等，不同的处理方法会产生不同的影响。所以，在与其他企业或与企业历史时期进行比较时，企业要考虑到会计处理方法不同所产生的影响。

存货周转率是一个与变现能力有关的指标，存货能否变现及变现速度的快慢直接影响到企业短期偿债能力的高低。财务总监利用该指标进行分析时，应综合考虑进货批量、生产销售的季节变化以及存货结构等影响因素。

4. 应收账款周转率

应收账款周转率是指年度内应收账款转为现金的平均次数。该指标说明应收账款的变现速度，是对流动资产周转率的补充说明。其计算公式如下。

$$应收账款周转率 = 赊销收入净额 \div 应收账款平均余额$$

从时间角度分析，反映应收账款变现速度的指标是应收账款周转天数，即从取得应收账款的权力到回收款项而转化为现金所需的时间，也称为应收账款平均账龄。其计算公式如下。

$$应收账款周转天数 = 360 \div 应收账款周转率$$

应收账款周转率表示企业应收账款的变现速度和管理效率。应收账款是流动资产的重要组成部分，在流动资产中具有举足轻重的地位。应收账款周转快说明企业流动资产流动性强，企业短期偿债能力强，在一定程度上可以消除流动比率过低给债权人造成的不良印象。但并不是说应收账款周转率越高越好，如果应收账款周转率过高，则可能代表企业的信用政策、付款条件过于苛刻。这样会限制企业销售的扩大，从而影响盈利水平。评价应收账款周转情况的好坏，应当结合企业所售商品的种类、各地商业往来的惯例、企业信用政策以及行业平均水平进行综合考虑，以确定合理的评价标准，做出准确的判断。由于季节性经营，大量地采用分期收款或现金方式结算都可能使得本指标失实，所以，应当结合企业的前后期间、行业平均水平对应收账款的周转情况进行综合分析。

5. 不良资产比率

不良资产比率是会计期末企业不良资产占总资产的比率。其计算公式如下。

$$不良资产比率 = 年末不良资产总额 \div 年末资产总额 \times 100\%$$

年末不良资产总额是指企业资产中存在问题、在企业的生产经营活动中难以正常运转的那部分资产，主要包括 3 年以上的应收账款、其他应收款及预付账款，积压的存货，闲置的固定资产和不良投资等的账面余额，待处理流动资产及固定资产净损失，潜亏挂账和经营亏损挂账等。该指标着重从企业不能正常循环周转以谋取收益的那部分资产的角度反映企业资产的质量，可以揭示企业在资产管理和使用上存在的问题，从而对企业资产的营运状况进行补充修正。一般情况下，该指标值越高，表明企业沉淀下来不能正常参加生产经营周转的资金越多，资金利用率越差。因此，该指标值越低越好，以 0 为最优水平。

29.5.3 偿债能力评价与分析

企业偿债能力的评价与分析是通过以下指标来进行的。

1. 资产负债率

企业的资产负债率是负债总额和资产总额的比率，表明企业的资产有多少是通过负债手段筹集的，反映了企业的负债水平和长期偿债能力。其计算公式如下。

$$资产负债率 = 负债总额 ÷ 资产总额 × 100\%$$

资产负债率是衡量企业负债水平及负债程度的重要判断标准，它不论对企业的债权人还是所有者都十分重要。适度的资产负债率既能表明企业所有者和债权人的投资风险较小，又能表明企业的经营安全、稳健、有效，具有较强的筹资能力。它是国际上公认的衡量企业偿债能力和经营风险的重要指标。根据比较保守的经验判断，资产负债率的适宜水平是 40%~60%。

在实际评价与分析中，财务总监应当结合国家总体经济状况、行业发展趋势、企业所处竞争环境等具体条件对企业的经营状况进行客观判定。单就资产负债率本身的高低很难判断企业负债状况的合理性，因为过高的资产负债率表明企业财务风险大，过低的资产负债率又表明企业对财务杠杆利用不够。

2. 股东权益比率

股东权益比率是股东权益占总资产的比率，也就是表示总资产中有多少是属于股东自己的部分。其计算公式如下。

$$股东权益比率 = 股东权益总额（包括少数股东权益）÷ 资产总额 × 100\%$$

$$或 \quad 股东权益比率 = 1 - 资产负债率$$

从债权人的角度来讲，该指标值越高，表明其资产负债率就越低，企业的财务风险就越小，债权人的权益就越有保障。但从投资者和企业的角度来讲，该指标值过高未必是好现象。因为该指标值过高，表明企业未能有效地利用财务杠杆，没有充分发挥负债经营的好处，企业的经营能力不强。

3. 流动比率

流动比率是一定时期流动资产与流动负债的比率，是衡量企业短期债务偿还能力、评价企业偿债能力强弱的重要指标。其计算公式如下。

$$流动比率 = 流动资产 \div 流动负债$$

对企业而言，偿还一年内到期的债务是当务之急。短期偿债能力是衡量企业财务状况的重要指标之一。

使用流动比率衡量企业资产的流动性，充分考虑了流动资产规模与流动负债之间的关系，该指标用于判断企业在短期债务到期前，偿还流动负债的能力。流动比率越高，表明企业流动资产流转越快，偿还流动负债的能力越强。但需注意，该指标值过高，说明企业的资金利用效率较低，对生产经营不利。国际上公认的标准为2，在我国较好的流动比率为1.5左右。一般而言，如果企业生产经营周期较长，其流动比率就应相应提高；如果企业生产经营周期较短，其流动比率就可以相对降低。

4. 速动比率

速动比率是企业一定时期的速动资产与流动负债的比率。它也是衡量企业的短期偿债能力、评价流动资产变现能力强弱的重要指标。其计算公式如下。

$$速动比率 = 速动资产 \div 流动负债$$

在流动比率中，分子使用的是全部流动资产，不能准确反映企业的短期偿债能力。因为流动资产中的存货等的变现能力是很弱的，一般不能用来偿债。存货越多，流动比率就越高，但这并不能说明企业的短期偿债能力就越强。因此，剔除存货等变现能力不强的资产后，流动资产就能直接用于偿还债务了。速动比率是对流动比率的补充，反映的是在剔除了变现能力较差的资产后计算的企业短期偿还债务的实际能力。速动比率越高，表明企业偿还流动负债的能力越强。速动比率一般保持在1比较好，这既表明企业具有较高的短期偿债能力。例如，商品流通企业的存货是变现的主要资产，故在评价该类企业的短期偿债能力时，不应采用速动比率，而应该使用流动比率。

5. 现金流动负债比率

现金流动负债比率是企业一定时期的经营现金净流量与流动负债的比率。其计算公式如下。

$$现金流动负债比率 = 年经营现金净流量 \div 年末流动负债 \times 100\%$$

现金流动负债比率是从现金角度来反映企业当期偿付短期负债能力的指标，它从现金流入和现金流出的动态角度对企业的实际偿债能力进行再次修正。由于企业在有利润的年份不一定有足够的现金来偿还债务，所以利用收付实现制为基础的现金流动负债比率指标，能够充分体现企业经营活动所产生的现金净流量可以在多大程度上保证当期流动负债的偿还，直观地反映出企业偿还流动负债的实际能力。

现金流动负债比率较高，表明经营活动产生的现金净流入较多，能够保证企业按时偿还到期债务。但该指标值也不是越高越好的，太高可能是企业流动资产利用不充分，盈利能力不强的表现。

6. 已获利息倍数

已获利息倍数是一定时期的息税前利润总额与利息支出的比率。它反映了企业收益偿付债务利息的保障程度和债务偿还能力，是反映偿债能力状况的基本指标。其计算公式如下。

$$已获利息倍数 = （净利润 + 利息支出 + 所得税）÷ 利息费用$$

已获利息倍数是从偿债资金来源角度考察企业债务利息的偿还能力的，反映了当期企业经营收益是所需支付债务利息的多少倍。如果已获利息倍数适当，则表明企业偿付债务利息的风险较小。国外一般选择计算企业 5 年的已获利息倍数，以充分说明企业稳定偿付利息的能力。

该指标值越大，表明企业的债务利息的偿还越有保证；相反，则表明企业没有足够的资金来源偿还债务利息，企业偿债能力较低。由于企业所处的行业不同，该指标有不同的标准界限。国际上公认的已获利息倍数参照标准为 3，而 1998 年我国企业平均已获利息倍数只有 1。一般情况下，如该指标值大于 1，则表明企业负债经营能够赚取比资本成本高的利润；如该指标值小于 1，则表明企业无力赚取大于资本成本的利润，从而企业的债务风险很大。

29.5.4 发展能力评价与分析

企业发展能力主要采用营业增长率、资本积累率、3 年资本平均增长率、3 年销售平均增长率、技术投入比率等指标进行评价与分析。

（一）营业增长率

营业增长率是指本年营业收入增长额与上年营业收入总额的比率。其计算公式如下。

$$营业增长率 = 本年营业收入增长额 ÷ 上年营业收入总额 ×100\%$$

营业增长率是评价和分析企业成长状况和发展能力的基本指标。它是衡量企业经营状况和市场占有能力、预测企业经营业务拓展趋势的重要指标，也是扩张增量资本和存量资本的重要前提。不断增长的营业收入，是企业生存的基础和发展的条件，世界 500 强企业就是以营业收入的大小来进行排序的。该指标值大于 0，表示本年企业的营业收入有所增长。该指标值越高，表明增长速度越快，企业的市场前景越好；反之，则表明企业的产品不适销对路、质次价高，或者在售后服务等方面存在问题，使产品销售不出去，市场份额萎缩。

财务总监在分析该指标时，应当结合企业历年的营业水平、企业市场占有情况、行业未来发展及其他影响企业发展的潜在因素预测，或者结合企业前3年的营业收入增长进行趋势性的分析判断。

（二）资本积累率

资本积累率是指年末所有者权益增长额与年初所有者权益总额的比率，表示当年资本的积累能力，是分析和评价企业发展能力的基本指标。其计算公式如下。

$$资本积累率 = 年末所有者权益增长额 \div 年初所有者权益总额 \times 100\%$$

资本积累率体现了企业资本的积累情况，是企业发展状况的标志，展示了企业的发展潜力。

资本积累率就是当年所有者权益的增长率，而前面讲的资本保值增值率则是反映所有者权益发展速度的指标。所以，资本积累率的分析、评价方法与资本保值增值率的分析、评价方法相同。

（三）3年资本平均增长率

3年资本平均增长率表明企业资本连续3年的积累情况，是体现企业的发展水平和发展趋势的指标。

$$3年资本平均增长率 = \left(\sqrt[3]{\frac{年末所有者权益总额}{3年前年末所有者权益总额}} - 1 \right) \times 100\%$$

由于一般增长率指标在分析时具有"滞后性"，仅反映当期情况，所以采用该指标能够反映企业资本保值增值的历史发展状况以及企业稳定发展的趋势。该指标值越高，表明所有者权益得到保障的程度越高，企业可以长期使用的资金越充足，企业的抗风险能力和保持持续发展的能力越强。该指标是反映企业发展能力状况的修正指标。

（四）3年销售平均增长率

3年销售平均增长率表明企业主营业务连续3年的增长情况，体现了企业的持续发展态势和市场扩张能力，是评价和分析企业发展状况的修正指标。其计算公式如下。

$$3年销售平均增长率 = \left(\sqrt[3]{\frac{当年主营业务收入总额}{3年前主营业务收入总额}} - 1 \right) \times 100\%$$

主营业务收入是企业积累和发展的基础。

该指标值越高，表明企业主营业务增长势头越好，企业的基础越牢靠，可持续发展能力越强，发展潜力越大。该指标可以反映企业的主营业务增长趋势和稳定程度，体现企业的发展状况和发展能力，使用该指标分析能够避免因少数年份业务波动从而产生对企业发展潜力的错误判断。

（五）技术投入比率

技术投入比率是指企业当年技术转让费支出和研究开发的实际投入与当年主营业务收入净额的比率。它是从企业的技术创新方面反映企业发展潜力和可持续发展能力的指标。其计算公式如下。

技术投入比率 = 当年技术转让费支出和研发投入 ÷ 当年主营业务收入净额 ×100%

该指标值越高，表明企业对新技术的投入越多，企业对市场适应能力越强，未来竞争优势越明显，生存发展的空间越大，发展前景越好。该指标是评价和分析企业发展状况的修正指标。该指标的技术资料从会计报表中是不能直接取得的，而要从其他资料中获取。

将以上指标汇总如表 29-2 所示。

表 29-2　绩效评价指标几点

评价指标内容	基本指标	修正指标
财务效益（盈利能力）状况	净资产收益率 总资产报酬率	资本保值增值率 主营业务利润率 成本费用利润率 盈余现金保障倍数
资产营运（营运能力）状况	总资产周转率 流动资产周转率	存货周转率 应收账款周转率 不良资产比率
偿债能力状况	资产负债率 已获利息倍数	股东权益比率 流动比率 速动比率 现金流动负债比率
发展能力状况	营业增长率 资本积累率	3 年资本平均增长率 3 年销售平均增长率 技术投入比率

29.6　上市公司市场价值评价与分析

评价与分析上市公司市场价值的指标主要有：每股收益、市盈率、每股净资产、每股股利、股利支付率、留存收益率、每股经营活动产生的现金流量净额、每股公积金等。

29.6.1　每股收益

每股收益是上市公司获利能力的主要表现，也是上市公司经营业绩的集中体现。每股收益又称每股盈余，是上市公司所获净利润与期末普通股股份总数的比值。其计算公式如下。

$$每股收益＝净利润 ÷ 期末普通股股份总数$$

该指标反映每一股份的获利水平。该指标值越大，表明上市公司的经营业绩越好，股票的质量也就越高，反映了股票的投资价值。但是，在利用该指标评价与分析上市公司的市场价值时，应当结合上市公司资本结构及其变动可能带来的影响进行分析。例如，本年因股票分红、支付股票股利使得股票及其流通量发生变化，上市公司发行可转换债券等。

每股收益是一个平均指标，不能反映上市公司的盈利总额和盈利规模，所以财务总监不能片面地看该指标，而还要结合净利润、净资产收益率等指标进行评价分析。

29.6.2　市盈率

市盈率是投资者和管理者都十分关注的一个指标。它是上市公司股票的市场价格与每股收益的比值，也称 P/E 值或市场盈利比率。其计算公式如下。

$$市盈率＝某种股票的市场价格 ÷ 该种股票的每股收益$$

由于影响市盈率的因素既有证券市场的供求关系（分子），又有上市公司本身的获利能力（分母），所以该指标一方面可证实该普通股票被看好的程度，另一方面也体现出一定的风险程度，即当期用多大投资代价去谋取既定的投资收益才值得。

根据市盈率可以预测股票入市后多长时间能够保本。该指标反映了股利倾向与收益的比率关系，该指标值越低，表示股票的投资价值越高。它是国际上通用的衡量股票投资价值的重要指标。分析该指标的一般原则是，当某种股票的市盈率较低时，股票具有投资价值；反之，当市盈率较高时，购入该种股票的风险较大。

但是，市盈率也有一定的局限性。首先，该比率是以某一时点上的股票市价与某一时期（如上年度）的每股收益进行比较得到的，信息在时间上的差异为投资者的分析带来了一定的困难。其次，由于上市公司的税负、价格、还贷等政策不尽相同，将该指标在各上市公司之间进行比较有一定的困难。

29.6.3　每股净资产

每股净资产是年末股东权益总额与年末普通股股数的比值。其计算公式如下。

$$每股净资产 = 年末股东权益总额 ÷ 年末普通股股数$$

该指标显示了每一普通股所能分配到的账面净资产的价值，它给人以每一股份于会计期末在公司账面上值多少钱的概念。利用该指标进行横向和纵向的对比及结构分析，可以衡量上市公司的发展速度、发展潜力，估计其股票的合理价位，判断投资价值及风险大小。例如，在公司性质相同、股票市价相近的条件下，某一上市公司股票的每股净资产越高，表明该公司的发展潜力就越大，该上市公司股票的投资价值也就越大，投资者承受的风险就越小，同时上市公司扩股的潜力也就越大。

29.6.4　每股股利

每股股利是上市公司支付普通股股利与普通股股数的比值。其计算公式如下。

$$每股股利 = 普通股股利 ÷ 普通股股数$$

每股股利代表着股东每股股份所获得的股利收益，是衡量股票质量的一项重要指标。高质量股票的标志之一就是每股股利正常、稳定并逐年持续增长。

正常情况下，我国上市公司支付给股东的股利主要来自当年净利润。个别年份净利润不足或者经营亏损无利润可分时，上市公司还可以按不超过股票面值的 6%，用历年积存的盈余公积补足。支付股利的主要形式有股票股利和现金股利两种。

29.6.5　股利支付率

股利支付率是普通股每股股利与每股收益的比率。其计算公式如下。

$$股利支付率 = 普通股每股股利 ÷ 每股收益 ×100\%$$

每股收益越高，可能分配给股东的股利就越多，至于能不能多分配，还取决于上市公司的股利政策——股利支付率。该指标值越高，说明上市公司把赚来的钱更多地分配给了股东；反之，则说明上市公司把赚来的钱更多地沉淀在公司里。该指标值一般应当小于 100%，但若上市公司当年用以往年度的留存收益来分配股利，就可能大于 100%。需注意的是，该指标值大于 100%，并不意味着上市公司实际拿了这么多现金来进行分配。

29.6.6　留存收益率

留存收益率是上市公司净利润支付股利后的余额与净利润的比率。其计算公式如下。

$$留存收益率 = （净利润 − 已分配股利）÷ 净利润 ×100\%$$

该指标值一般为正数，且小于100%，但上市公司若用上年未分配利润分配股利就可能导致该指标为负数。

这一指标用于衡量上市公司当期收益总额有多大的比例留在其内部用于公司发展。该指标值高，意味着上市公司将大量的净利润留存下来，以满足其投资和发展的要求；反之，则意味着上市公司大部分净利润用于发放股利。较多发放股利虽然满足了股东对收益的需求，但是可能给上市公司的发展带来影响。因为留存收益少了，上市公司只有通过配售股票或扩大负债规模等方式来寻求发展，这就增大了经营的风险性。当然，财务总监还要分析留存收益的使用情况，看留存收益是否被充分利用。

29.6.7　每股经营活动产生的现金流量净额

每股经营活动产生的现金流量净额是指在一个会计年度内经营活动产生的现金流量净额与普通股股数的比值。其计算公式如下。

$$每股经营活动产生的现金流量净额 = 本年内经营活动产生的现金流量净额 ÷ 普通股股数$$

该指标反映了上市公司普通股每股所代表的经营活动产生的现金流量净额，也是每股所能获得的最高现金净流量。

反映上市公司股票质量的指标还有每股收益，但每股收益是按权责发生制反映的股票质量，而该指标则是按收付实现制来反映股票的现金保障程度，更为可靠。

29.6.8　每股公积金

每股公积金是指上市公司的年末资本公积金总额与普通股股数的比值。其计算公式如下。

$$每股公积金 = 年末公积金总额 ÷ 普通股股数$$

每股公积金反映了上市公司用资本公积金转增股本的能力，该指标值越大，表明上市公司以资本公积金转增资本的能力越强。

第30章
企业激励与薪酬理论概述

激励是企业管理永恒的主题，也是现代组织理论和管理理论的中心问题。从现代企业管理的角度，设计一套既科学又符合企业自身特点的激励机制是企业管理尤其是人力资源管理的核心内容。

30.1　薪酬激励概念及其作用

薪酬是指企业员工依靠劳动所获得的各种形式的报酬的总和。激励，简言之就是调动企业员工的工作积极性，把其潜在的能力充分地激发出来。薪酬激励就是有效的提高员工工作的积极性，在此基础上促进效率的提高，最终能够促进企业的发展。并且在实现企业盈利的目标同时，也使员工也实现了自我价值。

30.1.1　激励的内涵和类型

（一）激励的内涵

激励就是激发、鼓励、维持动机，调动人的积极性、主动性和创造性，使人有一股内在的动力朝着所期望的目标奋勇前进的心理过程。调动人积极性的各种措施，按其实质来说，就是要采取各种形式的激励手段去激发行为的动机，使外部的刺激转化为人的自觉主动行为的过程。激励的基本原则如下。

1. 目标结合原则

在激励机制中，设置目标是一个关键环节。目标设置必须同时体现企业目标和员工需要。

2. 物质激励和精神激励相结合的原则

物质激励是基础，精神激励是根本。在两者结合的基础上，逐步过渡到以精神激励为主。

3. 引导性原则

外部激励措施只有转化为被激励者的自觉意愿，才能取得激励效果。因此，引导性原则是激励过程的内在要求。

4. 合理性原则

激励的合理性原则包括两层含义：其一，激励的措施要适度，要根据所实现目标本身的价值大小确定与之适当的激励量；其二，奖惩要公平。

5. 明确性原则

激励的明确性原则包括3层含义：其一，明确。激励的目的是需要做什么和必须怎么做。其二，公开。特别是分配奖金等员工关注的问题，公开更为重要。其三，直观。实施物质奖励和精神奖励时都需要直观地表达它们的指标，总结和授予奖励和惩罚的方式。直观性与激励影响的心理效应成正比。

6. 时效性原则

要把握激励的时机，因为"雪中送炭"和"雨后送伞"的效果是不一样的。激励越及时，越有利于将人们的激情推向高潮，使其创造力连续、有效地发挥出来。

7. 正激励与负激励相结合的原则

所谓正激励就是对员工符合企业目标的期望行为进行奖励；所谓负激励就是对员工违背企业目标的非期望行为进行惩罚。正、负激励都是必要而有效的，不仅作用于当事人，而且会间接地影响周围其他人。

8. 按需激励原则

激励的起点是满足员工的需要，但员工的需要因人而异、因时而异，并且只有满足员工最迫切需要（主导需要）的措施，其效价才高，其激励强度才大。因此，企业管理者必须深入地进行调查研究，不断了解员工需要层次和需要结构的变化趋势，有针对性地采取激励措施，只有这样才能收到实效。

（二）激励的类型

激励的类型是指对不同激励方式的分类。从激励内容角度分类，可以将激励分为物质激励和精神激励；从激励作用角度分类，可以将激励分为正向激励和负向激励；从激励对象角度分类，可以将激励分为他人激励和自我激励；从激励产生的原因角度分类，可以将激励分为外附激励和内滋激励。

1. 物质激励和精神激励

物质激励和精神激励有不同的内涵，可以满足人们不同的需要及不同人的需要。例如，奖金可以满足人们的物质需要，但不能满足人们的荣誉感；而职位晋升可以满足人们的成就感，但不能满足人们的物质需要。

2. 正向激励和负向激励

正向激励是一种通过强化积极意义的动机而进行的激励；负向激励是通过采取措施抑制或改变某种动机的激励。负向激励也是一种激励，是通过影响人们的动机来影响行为，使人们从想做某件事转变为不想做某件事。

以"3个和尚没水喝"的故事为例，故事中，正常情况下3个和尚是没有水喝的，但是通过正向激励和负向激励其可能就会有水喝。正向激励：3个和尚协商决定给挑水的和尚报酬，或选举他当寺院的住持，或派他出席全国和尚代表大会。这时，为了取得这些报酬或者荣誉，就会有人愿意当积极分子。负向激励：其中一人主动给大家安排任务（条件合作者），并对不愿挑水的和尚（自私自利者）进行禁水惩罚（志愿惩罚者），为了免受处罚，大家就会选择轮流挑水，这就是负向激励。

3. 他人激励和自我激励

对他人激励是调整他人动机；自我激励是对自己进行激励，调整自己的动机。自我激励也应从需要、目标着手，通过分析自己的需要，选择合理的目标并实现这些目标。

在大多数激励过程中，被激励者是受到外在力量控制的，即必须接受他人的控制或鼓励。很显然，在这样的情况下，要使被激励者产生持续的积极性，就应该不断地施加激励举措。然而，这种靠不断激励而产生的积极性，与更高的目标和实现目标的自觉性相比较，无疑会有它的局限性。实际上，真正的动力绝不是来自外力的，而是依靠自身的，即自我激励。因为，人是不可能真正地被其他人激励的，因为人的行为是由他们自己控制的，他们需要在能使他们自我激励、自我评价和自信的环境中工作，而不是在外界的激励环境中工作。

4. 外附激励和内滋激励

（1）外附激励是指掌握在管理者手中、由经理运用的激励方式，这对被激励者来说是外附的一种激励。以下几种外附激励的方式是行之有效的。

① 赞许。这是一种常用的激励方式，当面称赞、当众夸奖、通报表扬等都属于赞许，即客观上对受赞许者的行为给予肯定，因而有强化其动机的作用。

② 奖赏。奖赏也是一种赞许和鼓励，但它的激励作用要大得多。奖赏既可以是物质的，也可以是精神的，还可以物质奖赏和精神奖赏同时使用的。

③ 竞赛。一般人都有好胜的心理，特别是有高度成就感的人，其好胜的心理更为强烈。因此，竞赛有激励人们上进的作用。但必须注意竞赛要事先公布评比的标准，使大家

明白争夺的目标以及胜败的结果。评比标准要具有可比性，竞赛的结果要公布，许诺的奖励要兑现。

④ 考试。考试对职工的录用、选拔和晋升有较好的激励作用，而且可以在一定程度上避免拉关系、走后门的弊端。

⑤ 评定职称。学位、职衔以及其他技术职称的授予，已经成为一种国际现象，因此，相当多的人正在为之奋斗。如果引导得法、评定合理，可以产生重要的激励作用。

（2）内滋激励是指被激励对象自身产生的一种发自内心的激励力量，包括学习新知识和技能、责任感、光荣感、成就感等。内滋激励有助于员工开发自己，使自己始终保持一种良好的舞台激情。内滋激励主要表现在以下两个方面。

① 认同感。一个人对企业目标有了认同感以后，就会产生一种肯定性的感情和积极态度，从而迸发出一种为实现企业目标而奋斗的驱动力。

② 义务感。这是人们的一种内在要求。人们往往把自己愿意承担的种种义务，看成是应该做的，因此义务感就能对自己的行为产生一种自觉的精神力量。

30.1.2　薪酬的内涵

（一）薪酬的概念

薪酬是指员工因为雇佣关系的存在，而从雇主那里获得的各种形式的经济收入以及有形服务和机制。薪酬本质上是一种公平的交易或交换关系，是组织成员在向组织让渡其劳动或劳务使用权后获得的报酬。

工资是企业薪酬的主要形式，是企业根据国家的法律规定和劳动合同，以货币形式直接支付给员工的劳动报酬。狭义的工资一般指基本工资或标准工资，而广义的工资则包括基本工资、奖金、津贴、补贴和劳动分红等。工资不能等同于薪酬，薪酬是组织成员从事组织所需要的劳动而得到的以货币形式和非货币形式表现的补偿，是组织支付给组织成员的劳动报酬。可见，薪酬的概念与各种意义上的工资的概念都不尽相同，其涵盖的范围比工资更为宽泛。

（二）薪酬的基本形式

薪酬是劳动或劳务的价格表现，其形式是多种多样的，其包括本薪、奖金、津贴和福利 4 种基本形式。

1. 本薪

① 正常工资。管理人员岗位工资、生产工人技能工资构成了员工的正常工资。管理人

员的岗位工资受职位的重要性、工作难度及责任等因素影响，岗位工资分为固定工资和绩效工资。固定工资是指工资中的固定部分，在员工违规、违纪而受到经济处罚时，其固定工资应被相应扣减。绩效工资是指员工完成其职位绩效目标应获得的收入，是员工工资的重要组成并体现了薪酬的激励性。生产工人的技能工资主要根据其技能水平确定。

② 加班工资。员工在工作时间之外从事额外的劳动所获得的报酬。

2. 奖金

奖金分为绩效奖金和效益奖金两种。反映员工工作业绩的部分是绩效奖金，反映公司经济效益的部分是效益奖金。奖金中缺少任何一项都会导致薪酬与工作业绩、经济效益脱节。

3. 津贴

津贴是本薪和奖金的重要补充，有利于薪酬的设置和员工积极性的发挥。津贴设置如果不合理，会造成一些特殊的工作岗位补偿缺失，从而使薪酬失去灵活性。

4. 福利

福利包括社会保险统筹的养老保险、失业保险、医疗保险、工伤保险、生育保险、住房公积金等，是指除工资、奖金外，根据国家、省、市的有关规定所应享受的待遇，以及为保障与提高员工生活水平由公司提供的相关福利措施。福利能让员工有归属感，是人人都能享受的权益。福利特别强调整体性、计划性和长期性。

30.2 关于激励机制的理论综述

由于激励机制在企业管理中的重要性，激励机制一直受到企业管理者的高度重视。同时由于激励管理在人力资源管理中的核心地位，学者也很重视对激励机制的研究。激励机制这个问题在 20 世纪 40 年代至 50 年代，已经被很多管理学者和管理实践者关注，他们对此提出了各种激励理论。这些理论大体归纳为内容型激励理论、过程型激励理论、行为后果激励理论和综合型激励理论四大类。

30.2.1 内容型激励理论

所谓内容型激励理论，是指针对激励的原因与起激励作用的因素的具体内容进行研究的理论。这种理论着眼于满足人们需要的内容，即人们需要什么就满足什么，从而激起人们的动机。内容型激励理论重点研究激发动机的诱因，主要包括亚伯拉罕·马斯洛的需要层次理论、弗雷德里克·赫茨伯格的双因素理论、戴维·麦克利兰的成就需要理论、克雷顿·奥尔德弗的 ERG 理论等。

（一）需要层次理论

亚伯拉罕·马斯洛于 1943 年年初次提出了需要层次理论，他把人类纷繁复杂的需要分为生理的需要、安全的需要、社交的需要、尊重的需要和自我实现的需要 5 个层次。

（二）双因素理论

双因素理论是美国的行为科学家弗雷德里克·赫茨伯格提出来的，又称"激励－保健"理论。

（三）成就需要理论

成就需要理论也称激励需要理论。20 世纪 50 年代初期，美国哈佛大学的心理学家戴维·麦克利兰集中研究了人在生理和安全需要得到满足后的需要状况，特别对人的成就需要进行了大量的研究，从而提出了一种新的内容型激励理论——成就需要理论。麦克利兰认为，在人的生存需要基本得到满足的前提下，成就需要、权力需要和亲和需要是人的最主要的 3 种需要。成就需要的高低对一个人、一个企业的发展起着特别重要的作用。该理论将成就需要定义为：根据适当的目标追求卓越、争取成功的一种内驱力。

（四）ERG 理论

ERG 理论是"生存－相互关系－成长需要"理论的简称。克雷顿·奥德弗认为，职工的需要有 3 类：生存（Existence）的需要、相互关系（Relatedness）的需要和成长（Growth）的需要。该理论认为，各个层次的需要受到的满足越少，越为人们所渴望；较低层次的需要者越是能够得到较多的满足，则较高层次的需要就越渴望得到满足；如果较高层次的需要一再受挫而得不到满足，人们会重新追求较低层次需要的满足。

30.2.2　过程型激励理论

过程型激励理论重点研究从动机的产生到采取行动的心理过程，主要包括维克托·弗鲁姆的期望理论、罗伯特·豪斯的激励力量理论、爱德温·洛克的目标设置理论和斯塔西·亚当斯的公平理论等。

（一）期望理论

期望理论又称作"效价－手段－期望"理论，是管理心理学与行为科学的一种理论。

这个理论可以用公式表示为：激动力量 = 期望值 × 效价。

（二）激励力量理论

激励力量理论是指罗伯特·豪斯把期望理论和双因素理论进行了综合而提出的综合激励理论。该理论的核心可用以下公式来表示。

$$F=V_{it}+E_{ia} \times V_{ia}+E_{ia} \times \sum (E_{ej} \times V_{ej})$$

上式中：

F——激励力量；

V_{it}——任务本身所提供的内在报酬的效价，其中 i 表示内在，t 表示任务本身；

E_{ia}——完成任务的内在期望概率，即主观上对完成任务可能性的估计。其中 a 表示完成（内含的因素有任务的难度、明确性、员工的能力、组织的支持等）；

V_{ia}——完成任务的内在评价或效价。$E_{ia} \times V_{ia}$ 构成了弗洛姆期望理论的基本模式，综合反映了员工工作完成后引起的激励强度；

E_{ej}——完成任务后获得相应外在报酬的期望概率，其中 e 表示外在的，j 表示喜悦和快乐；

V_{ej}——完成任务后获得相应外在报酬的效价。

（三）目标设置理论

目标设置理论是强调设置目标的特点会影响激励水平和工作绩效的理论，认为目标的设置应满足 "SMART" 原则，即挑战性的目标、具体的目标、在目标设置过程中让员工参与，以及对于过去员工完成目标的情况反馈等具有激励作用。该理论对实践的指导意义在于，为员工设置具体、具有挑战性的目标是改善绩效的有效激励手段。

（四）公平理论

公平理论是研究人的动机和知觉关系的一种激励理论，认为员工的激励程度来源于对自己和参照对象的报酬和投入的比例的主观比较感觉，侧重于研究工资报酬分配的合理性、公平性及其对职工生产积极性的影响。

30.2.3　行为后果激励理论

行为后果激励理论是以行为后果为对象，研究如何对行为进行后续激励的理论。这一理论包括强化理论和归因理论。

强化理论是美国心理学家和行为科学家斯金纳等人提出的一种理论。强化理论是以学习的强化原则为基础的关于理解和修正人的行为的一种学说。强化，从其最基本的形式来讲，指的是对一种行为的肯定或否定的结果（奖赏或惩罚），它至少在一定程度上会决定这种行为在今后是否会重复发生。

归因理论是美国心理学家海德于 1958 年提出的，后因美国心理学家韦纳及其同事的研究而再次活跃起来。归因理论是探讨人们行为的原因与分析因果关系的各种理论和方法的总称。归因理论侧重于研究个人用以解释其行为原因的认知过程，即研究人的行为受到激励是"因为什么"的问题。

30.2.4　综合型激励理论

综合型激励理论的代表者是美国心理学家和管理学家莱曼·波特和爱德华·劳勒，他们于 1968 年提出了一个综合激励模型。之所以称之为综合型激励理论是因为该理论吸收了需要理论、期望理论和公平理论的成果，更为全面、完善。

30.3　薪酬决定理论

30.3.1　早期薪酬理论

薪酬是市场经济的产物。早期的薪酬理论虽然不全面，但其基本思想对今天仍有很大影响，是当代薪酬理论的重要基础。这一时期的主要代表人物和主要观点如下。

（一）威廉·配第提出的最低工资理论

最低工资理论认为薪酬和其他产品一样，有一个自然的价值水平，这一价值就是工人生活的基本消费需求。最低工资不仅是工人维持生存的基本保证，也是雇主生产经营的必要条件。如果工人工资低于这一水平，劳动力的再生产就无法进行，社会的稳定和发展就无法维持。正因为如此，政府要立法规定最低工资水平，协调员工与雇主之间的利益冲突。

（二）约翰·斯图亚特·穆勒创立的工资基金理论

工资基金理论认为，一个社会一定时期用于支付工资的资本总额是一定的，这就是该社会的工资基金，其取决于工资成本与其他生产成本的比例。在工资基金确定的情况下，一些工人的工资变动必然会导致另一些工人工资的反向变动。同时，如果工资基金非正常增加，会使企业的其他生产资本减少，最终影响生产的发展。工资基金理论认为，通过工会斗争和政府干预来提高工资这种做法是无济于事的。

（三）亚当·斯密创立的工资差别理论

亚当·斯密认为，造成工资差别的原因主要有两大类：一类是由于不同的职业性质造成的，另一类是由于不同的工资政策造成的。在现实中，社会组织内部和组织外部的工资差别客观存在。亚当·斯密承认这一客观事实，他所指出的职业性质与工资差别之间的联系，实际上是现代社会组织中职务工资制的基础。

30.3.2　近代薪酬理论

随着社会经济的不断发展和劳动力市场的不断完善，尤其是人们对微观经济学的深入研究，形成了比较系统的近代工资理论，同时也形成了一些不同的观点。

（一）边际生产力工资理论

边际生产力工资理论是近代工资研究的基础理论，主要解释工资的短期波动趋势和长期变动趋势，代表人物是英国的经济学家约翰·贝茨·克拉克。他认为，在一个完全自由的市场中，社会组织特别是企业为获得最大利润，必然要实现生产要素的最佳配置。就劳动力要素来说，表现为雇佣工人的边际生产力等于付给工人的工资。因此，工资水平取决于员工提供的边际生产力。如果边际生产力大于工资，雇主就会增加雇佣人数；如果边际生产力小于工资，雇主就会裁减员工；只有当两者相等时，工资的支付才最有效、最经济。但由于现实中的市场竞争是不完全的，劳动力不能完全自由流动，而且劳动力转移需要成本，所以在短期内，一个社会组织的工资可能高于、低于或等于劳动力的边际生产力水平。边际生产力工资理论是一种比较流行和有影响力的工资理论，它揭示了工资水平与社会组织劳动生产率之间的关系。

（二）集体谈判工资论

集体谈判工资论的主要代表人物有英国的经济学家莫里斯·多布、美国经济学家邓洛普等。这一理论认为，工资水平反映社会组织与员工之间的利益关系，由两者之间的力量对比决定，集体谈判就是协调双方利益、决定工资水平的主要方式。集体谈判在一定程度上消除了垄断，而且有助于降低混乱竞争给双方带来的无谓损失。集体谈判决定工资，表面上似乎谈判结果取决于双方力量的对比，实际上其背后仍是经济因素在起作用，各方都要受到经济因素的制约。

1945 年以后，工会组织在一些工业化国家得到了广泛发展，集体谈判工资论也日渐成熟，强调劳资方各自的组织程度对双方的力量对比具有重要意义，并直接决定工资水平。显然，集体谈判工资论不是一种从经济角度研究问题的工资理论，而是一种从社会政治角度对工资问题进行解释的工资理论。

30.3.3　现代薪酬理论

随着人们对社会组织特别是企业管理的注重和深入研究，人们发现薪酬具有十分重要的激励功能，能够满足人们对生存、安全、尊重和自我发展等方面的要求，能够调动劳动者的工作积极性，提高工作效率和工作质量。这一时期的工资研究大多从社会组织员工的需要和状况角度出发，而且和组织管理的关系十分紧密。

（一）激励理论

激励是现代管理中一个十分重要的概念。激励理论认为，员工的绩效水平是与激励相关联的，具体用公式表现如下。

$$员工绩效 ＝ 员工能力 × 激励水平$$

这一公式指出：在员工能力一定的情况下，员工所受到的激励水平越高，其绩效表现水平也越高。激励与人的需求相关。在社会组织中，员工最基本的需求是经济需求，这要通过工资实现。因此，这种工资理论认为，社会组织工资管理的关键是努力发挥其激励功能。

（二）公平理论

薪资分配中的一个重要问题是公平性问题。

赫茨伯格已经注意到，感受到不公平是员工对工作不满意的重要原因。斯塔西·亚当斯则对此进行了深入探讨，提出了公平理论。公平理论认为，员工会将自己的收入和付出与他人的收入和付出进行比较，如果两者的比率相等，就会感到公平，如果两者的比率不相等，尤其是当自己的比率比别人的低时，就会感到不公平，并会力图纠正它。因此，在一个社会组织中，员工关心的不仅是自己的实际工资水平，而且关心与他人工资水平的比较。即使一个员工获得了增加5%工资的奖励，但如果绩效却不如他的同事也得到了同样的奖励，那么加薪也不能使这个员工感到满意。所以，这种工资理论关心的是组织内部的工资结构、工资差别和工资关系。

（三）人力资本理论

西奥多·舒尔茨提出的人力资本理论对工资差别内在原因做出了经济学解释。人力资本理论主要研究人力资本的内容及其构成以及人力资本投资的收入效应。舒尔茨把人力资本的基本观点归纳为以下几点：① 有技能的人是所有资源中最为主要的资源；② 人力资本投资的效益大于物力资本投资的效益；③ 教育投资是人力资本投资的主要部分，教育对经济发展有影响；④ 人力资本理论是经济学的重大问题。人力资本理论虽然不是工资决定理论，但对工资的决定有影响，并为之后能力薪酬的形成提供了强有力的理论依据。人力资本理论对社会组织内员工工资差异问题的解释有很强的说服力，可以较好地解释工业化国家中白领工人和蓝领工人的工资差别。

30.3.4 企业薪酬分配理论

分享经济理论

分享经济理论是美国经济学家马丁·魏茨曼在 1984 年提出的。他认为资本主义的弊端不是在于生产的不合理，而是在于分配制度的不合理，特别是员工报酬分配制度的不合理。在传统工资制度中，工资同企业经营活动没有直接的关系，由于工资固定、劳动成本固定，企业按照最大化原则，对市场需求做出的反映总是体现在产品数量方面，而不是价格方面。但是，成本不能动，价格也就不能动。一旦市场需求收缩，企业只能减少生产，不能降价，因为在成本固定时降价的结果是赔本。所以在市场收缩、产量减少时，工人失业是必然的。魏茨曼主张以"分享基金"作为工人工资的来源，即工资与利润挂钩，工人与雇主在劳动力市场上通过协议规定双方在利润中的分享比例。利润增加，分享比例增加；利润减少，分享比例减少。工资随利润增减而变动。该理论主张雇员工资与企业利润挂钩：当企业利润减少时，雇员规模不变，工资水平则下降；随着工人规模的增加，工资继续下降，即单位劳动成本随就业量的增加而下降，边际劳动成本低于平均劳动成本。因此，实行利润分享的企业倾向多雇佣工人，从而稳定就业，减少失业。我国国有企业的工资制度实际上考虑了工资与企业效益之间的关系。一些企业在实行股份制的过程中，采取工人入股或者以本企业股份支付员工收入和福利的做法，在某种意义上这也是这一理论的运用。

第31章
薪酬激励系统

31.1 现代薪酬激励系统

31.1.1 薪酬管理

薪酬管理作为人力资源管理的重要内容一直备受社会各界关注。这不仅是因为它与员工自身的切身利益息息相关，也是因为它直接影响着企业的经营效果与绩效。现代薪酬管理的四大目标如下。

（一）吸收组织需要的优秀员工

合理的高报酬不仅能让员工提升工作的热情还能为企业的未来发展吸引更多的优秀人才。

（二）达到效率目标

薪酬效率目标制定的本质就在于要用适当的薪酬花费给企业带来最大的收益。主要包括两个方面：第一，要站在产出的角度分析，即薪酬能为企业绩效带来最大的价值利益；第二，要站在投入的角度分析，即要实现薪酬成本的优化控制，用最合适的花费为企业谋取最大的利益。

（三）起到激励作用

薪酬发放的本质在于对员工努力工作的付出提供等值的报酬。只有在员工的付出能够得到相应的让其满意的报酬时，员工才能更有工作的积极性以及对未来的憧憬。

（四）尽力做到公平的原则

薪酬公平要做到分配、过程、机会 3 个方面的公平。分配公平即企业在进行人事决策与奖励措施时符合公平的要求；过程公平即企业依据的标准方法要符合公平性，程序过程要公开、公正；机会公平即企业要提供给员工相同的发展机会，不搞内部认定等潜规则。

现代化的企业薪酬模式必须符合企业的自身特点，因为企业的各个部门都有各自不同的特点。在管理实践中，应选取适合于相应部门和人员的薪酬管理模式，并提高绩效评价的公平和公开程度，这样才能促进薪酬管理模式设计的有效性，提高企业的核心竞争力。

31.1.2　全面薪酬

（一）全面薪酬的理论基础

传统的薪酬管理体系从根本上而言是以企业为向导的，企业薪酬体系缺乏与企业内部员工的有效沟通，使企业的薪酬管理缺乏相应的活力。从薪酬管理历史演变的过程来看，现代管理阶段的薪酬体系发展演变趋势越来越以员工为中心来设计企业薪酬制度，重视员工的参与与多元化利益要求，强化薪酬管理体系的激励作用，强调整体薪酬的实施效能。

全面薪酬管理体系是以员工为导向的整体性的薪酬体系，它认为从激励的角度而言，薪酬是员工个人行为的目标和工作动机产生的有效源泉，有效的薪酬体系及其管理必须让企业员工明确知道什么样的行为是企业管理层所倡导的。全面薪酬管理体系可以用一个等式表达如下。

全面薪酬＝外在薪酬＋内在薪酬＝货币性外在薪酬＋非货币性外在薪酬＋内在薪酬＝直接薪酬＋间接薪酬＋非货币性外在薪酬＋内在薪酬＝（基本工资＋可变薪酬）＋（法定福利＋非固定福利）＋非货币性外在薪酬＋内在薪酬

全面薪酬管理体系的理论基础应该由 Y 理论、ERG 理论、目标管理思想等基本理论构成。

1.Y 理论

全面薪酬管理体系设计的重要前提和假设是道格拉斯·麦克雷戈提出的 Y 理论。Y 理论基于以下几个基本的人性假设。

（1）员工是愿意工作的，并期望自己干得出色。

（2）如果员工对工作做出承诺，他能自我引导和自我控制。

（3）员工愿意承担责任，并能够从工作中获得满足感。

（4）员工普遍具有创造性和决策能力，而不只是管理层次的核心人物具有这种能力。

Y 理论尽管在实际管理活动中存在的广泛性不大，但它给我们提供了一个最重要的管理原则——融合原则。员工个人目标与组织目标的融合，是建立全面薪酬管理体系的理论平台，它使企业能更好地与员工达成共识，构建沟通渠道。

2. ERG 理论

首先，生存的需要与人们基本的物质生存需要有关，它包括马斯洛提出的生理需要和安全需要。其次是相互关系的需要，即指人们对于保持重要的人际关系的要求。这种社会和地位需要的满足是在与其他需要相互作用中达成的，它们与马斯洛的社交需要和尊重需要分类中的外在部分是相对应的。最后，奥尔德弗把成长发展的需要独立出来，它表示个人谋求发展的内在愿望，包括马斯洛的尊重需要分类中的内在部分和自我实现层次中包含的特征。奥尔德弗的 ERG 理论表明：人在同一时间可能有不只一种需要起作用，如果较高层次需要的满足受到抑制，那么人们对较低层次需要的渴望就会变得更加强烈。

3. 目标管理思想

目标管理思想体现为：企业的任务必须转化为目标，企业管理人员必须通过这些目标对下级进行领导并以此来保证企业总目标的实现。

目标管理是一种程序，使一个企业中的上、下级管理人员一起制定共同的目标，确定彼此的成果责任，并以此项责任作为指导业务和衡量各自贡献的准则。每个企业管理人员或员工的分目标就是企业总目标对他们的要求，同时也是企业管理人员或员工对企业总目标的贡献。

在目标管理思想的指导下，管理人员和员工是靠目标来管理的，由所要达到的目标为依据，进行自我指挥、自我控制，而不是由他们的上级来指挥和控制的。企业管理人员对下级进行考核和奖罚也是依据这些分目标进行的。

（二）全面薪酬管理体系的主要内容

全面薪酬管理体系能够提高员工薪酬的质量水平，同时，它扩大了员工薪酬的相关内容，通过各种手段（包括经济手段与非经济手段）帮助企业与员工之间建立起长期有效的伙伴关系，并让员工享受到全面薪酬制度带来的好处。全面薪酬的主要内容包括以下 5 点。

1. 基本工资

基本工资是指员工因完成企业分配的工作而获得的周期性发放的货币性薪酬，其数额相对较为稳定。企业通常是基于企业中各职能岗位的相对价值来为特定职位确定价值的，并根据员工的技术水平、付出的努力程度、工作的复杂程度、完成工作所承担的责任、工作完成质量以及工作环境等薪酬因素来确定各职能岗位基本工资的数量。

2. 可变薪酬

可变薪酬是指企业员工因部分或完全达到某一事先制定的工作目标来给予奖励的薪酬，是以个人、团队、企业业绩或三者综合的预先确定的标准来制定的。可变薪酬的本质是将薪酬与员工个人的绩效紧密结合，可以看作是对员工基本工资的调增。不稳定性是可变薪酬的特征，它的潜在盈利与潜在风险是并存的。

3. 间接薪酬

间接薪酬（或称之为福利薪酬）是指员工作为企业成员所享有的企业为员工在将来的退休生活中所享受的利益保障及一些可能发生的不测事件（如疾病、事故）等所提供的经济补贴，其费用部分或全部由企业承担。间接薪酬中有一部分是具有政府强制性的法定福利，如失业保险、社会保险、医疗保险、养老保险等；另外一部分是自愿性的非固定福利，可由企业自行设置福利项目以作为对法定福利的补充。

4. 非货币性外在薪酬

非货币性外在薪酬包括安全舒适的工作环境、良好的工作氛围和工作关系、引人注目的头衔、主管的赞美和肯定等，这里的工作环境指的是与工作融为一体的那些有形的必需品。而企业塑造良好的工作氛围、工作关系和体现企业的认可和尊重等的常用形式包括：通过社交（员工的交谈、组织员工业余活动等）增进感情、旅游奖励、象征性奖励（勋章、奖杯、纪念品、T 恤衫）等。

5. 内在薪酬

内在薪酬相对于外在薪酬而言，实际上就是员工从工作本身获得的心理收入，即对工作的责任感、成就感、胜任感、富有价值的贡献和影响力等。企业可以通过工作设计、制度、人力资本流动政策等来执行内在薪酬，让员工从工作中得到最大的满足。

全面薪酬不仅包括企业向员工提供的货币性薪酬，还包括企业为员工创造的良好工作环境及工作本身的内在特征、组织特征等带来的非货币性的心理效应。企业向员工提供的全面薪酬，包括货币性薪酬和非货币性薪酬两个部分。外在的货币性薪酬又包括直接薪酬与间接薪酬。

（三）全面薪酬管理体系实施的管理策略

全面薪酬管理体系的实施过程是非常艰难而复杂的，在这个体系中既有程序性的工作，也有非程序性的工作，这个体系既是一种企业管理观念的体现，也是一种管理思维的体现。关键的问题是企业如何有效执行全面薪酬管理体系，因此，相应的管理策略就显得很重要。

（1）构建将以员工工作为中心和以人为中心相结合的组织结构。全面薪酬管理应该是在开放的、扁平的、动态的组织结构中展开的。组织结构应凸显本位开放、横向开放、国际开放，因为只有这样的组织结构才能保持信息对称，使全面薪酬管理的激励沟通作用发挥出来。

（2）设计以人全面发展为核心的职业生涯发展规划。全面薪酬管理是将"人力"看作"人力资本"，不断克服所有权支配劳动、物权支配人权的传统人力资源管理方式的弊端，实行以员工长远发展为目标的薪酬管理体系。

（3）以终身教育理念构建员工培训体系，把受教育与培训作为一种获得报酬的手段，让企业员工成功获得智力资本，保证其"人力"成长为"人力资本"，实现企业与员工的双赢目标。

（4）完善企业员工的奖励机制。奖励机制是企业内部员工全面薪酬管理的一项基本手段，奖励应遵循典型性、时效性、适度性，物质奖励与精神奖励相结合的原则，有效促进企业内部员工全面薪酬管理的各项工作。

（5）细化内在的薪酬措施。一是使员工的工作更富有吸引力，通过工作丰富化、岗位轮岗、工作扩大化等工作设计的手段使工作更具有趣味，从而满足员工的成就感需求；二是提供员工个人成长的机会；三是扩大工作自主权，使企业从仅靠金钱激励员工（加薪、再加薪）的循环中摆脱出来。

（四）全面薪酬管理体系的建立健全措施

1. 增加员工薪酬的透明程度

薪酬制度的公开或保密，关系到员工对企业内部的相关管理活动是否拥有足够的知情权与参与权。若是员工对自己所服务单位中关系自己最切身利益的活动、制度都不能拥有一定的知情权与参与权，那么这对他们的积极性与满意度显然会有所损害。

薪酬公开还是保密，对企业管理而言是一件令人头疼的事，这源于企业内部员工对薪酬制度公平性的高度敏感。在人力资源制度方面，与员工利益关系最紧密的、员工最能感受到公平与否的便是薪酬制度。许多企业尤其是一些中、小企业选择保密，其根本出发点是回避员工的薪酬公平问题。通过企业的实践证明，薪酬保密给内、外部带来的影响，常会被认为管理层存在"暗箱操作"的可能，更易诱发员工对薪酬制度是否公平的疑虑。

一个公平合理的薪酬制度应该经得起实践的检验，因而应该保持一定的透明度。公开薪酬制度体现员工各岗位价值，向企业内部员工完全清晰地揭示了职务提升空间，也揭示了员工的职业发展通道。在人才市场化与竞争力度增强的今天，合理的薪酬制度所公开的岗位价值与职业发展前景，有助于凝聚企业内部人才与吸引外部人才。公平的薪酬制度向企业内部员工传递了每个员工的绩效都会得到公正评估并与薪酬相联系的信息。公开也使得内部沟通更有效，可减少误传，增强信任感。若是制度本身或实际操作有缺陷或误差，能通过畅通的渠道发现、回馈并完善，提升员工的满意度。

2. 充分发挥激励机制作用

马斯洛需要层次理论告诉我们，在设计薪酬制度时应针对企业内部员工的不同需要给予相应的激励，这样才能最大限度地取得效果。企业也应该针对不同岗位，设计不同的激励制度。

对于企业内部一线员工来说，由于对其而言低层次需要表现更为明显，应该主要实施以金钱为主的激励政策，满足其基本的生活开支需要，当然，也应该加入一定的精神激励，使企业员工能够安心地工作，培养其忠于企业、为企业奉献的服务精神。

对于企业管理人员来说，由于其大多部分属于知识型员工，即所谓的知识型人才，故企业应该在一定的物质激励基础上，更多地为他们提供提升工作能力的机会，提升他们的发展空间，满足其实现自我价值的需要。一方面，可以通过提升其技能水平来提高企业的整体经营管理绩效，并且可以在这个过程中为企业关键岗位物色合适的继任人；另一方面，在提高他们技能水平的同时，也要辅以较高水平的劳动报酬，防止为他人作嫁衣裳，从而为企业储存足够的人才。

对于技术人员来说，由于其成就需要特别强烈，企业可以通过培训满足其技术提升的需要，可以通过重新的工作设计使其工作更富挑战性，可以明确其关键地位使其地位相对较高。

3. 管理者要树立以人为本的薪酬管理理念

薪酬对于企业来说，不仅是成本，还是帮助企业实现其目标的重要手段。中、小企业的领导者必须要学习、掌握企业薪酬管理的有关知识，以对薪酬制度、薪酬管理的目的和作用、现代薪酬管理的特点、影响薪酬的因素等有明确、清晰的认识；要掌握员工薪酬的管理方法与艺术；同时要注重与不同层级的员工进行沟通，了解员工各自的不同需求。例如，有的员工注重奖金，有的员工特别是知识型员工更注重晋升渠道、人格尊重、职业发展等。企业管理者要想使员工工作热情最大化，就必须树立以人为本的理念，以员工为中心，了解员工多样化的需求并做好积极的反应，建立以人为本的薪酬管理制度。

4. 建立以绩效为导向的薪酬制度

企业要想实现长远发展，必须要建有与企业发展目标相匹配的科学的内部员工薪酬体系，而科学的内部员工薪酬体系又离不开企业的绩效。如果一个企业确立了完善、科学的内部员工绩效薪酬体系，一方面能在企业内部营造一种员工内部公平竞争的积极氛围，从而提高员工的积极性；另一方面能使企业内部的优秀人才脱颖而出，为企业长久效力。

5. 考虑宽带薪酬的应用

保持员工薪酬体系的适度弹性是拉开员工之间薪酬差距的重要手段之一。为了使企业内部员工之间的薪酬水平有合理的差距，企业首先要做的是对每个员工进行合理的岗位分配，进行岗位或职位的合理评估。不同岗位和不同阶层之间的薪酬要有适当的极差，同一岗位、同一薪酬级别对应的薪酬浮动范围也要有所差距；可以引入宽带薪酬的理念，将原来十几甚至二十几、三十几个薪酬等级压缩成几个级别，但同时将每一薪酬级别所对应的薪酬浮动范围加大，形成一种新的薪酬管理系统及操作流程。引入宽带薪酬有助于引导员工重视个人技能的增长和能力的提高；有利于岗位轮换；有利于推动员工良好的工作表现。

6. 要注重员工薪酬体系的灵活性

对于企业而言，保持薪酬制度的稳定性固然重要，但对于企业发展的不同阶段应该制定不同的薪酬策略。例如，在企业策略调整时、在业绩增加时、在物价上涨时等情形下，企业要根据不同的情况对现有的薪酬制度、薪酬水平做出合理的调整，以适应企业发展目标调整的需要，适应员工绩效提高对所获薪酬的期望水平，保证员工在通货膨胀时期可以维持甚至提高原有的生活水平。只有这样，才能使企业内部员工工作的积极性不断得到提高，增强员工对企业的忠诚度。

7. 内在薪酬和外在薪酬相结合

现代薪酬管理体系的发展趋势，即实行全面薪酬制度。在全面薪酬制度的框架中，薪酬既不是单一的工资，也不是纯粹的货币形式的报酬，还应包括精神方面的激励，如优越的工作环境、良好的工作氛围、培训机会、晋升机会等，因此，企业在这些方面也应该很好地融入薪酬管理体系。内在薪酬和外在薪酬应该完美结合，偏重任何一方都会出现重大偏差，在实践中易造成难以估量的后果。

（五）全面薪酬管理体系下的工资制度

在企业内部员工的薪酬管理实践中，根据薪酬支付依据的不同，薪酬可以划分为岗位工资、职务工资、技能工资、绩效工资、工龄工资、薪级工资等构成元素。一般而言，企业会选择一个或两个元素作为主要薪酬形式，而其他的为辅助薪酬形式。选择并确定工资制度形式是很关键的，这体现着企业的价值导向。

以下是几种主要的工资制度形式。

（1）依据岗位或职务进行支付的工资体系，称为岗位工资制或职务工资制。

（2）依据技能或能力进行支付的工资体系，称为技能工资制或能力工资制。

（3）依据绩效进行支付的工资体系，如计件工资制、提成工资制、承包制等。

（4）依据岗位（职务）和技能进行支付的工资体系，称为岗位技能工资制或职务技能工资制。

（5）依据岗位（职务）和绩效进行支付的工资体系，称为岗位绩效工资制或职务绩效工资制。

其中，上述形式中最后两种形式主要以组合工资制的形式出现。

1. 岗位工资制

岗位工资制是依据任职者在组织中的岗位职责来确定相应的工资等级和工资标准的一种工资制度。岗位工资制的建立基于两个假设：第一，岗位要求刚好与任职者能力素质相匹配，如果任职者的能力素质超过岗位要求，意味着资源的浪费，如果任职者能力素质不能完全满足岗位要求，则意味着任职者不能胜任岗位工作，无法及时、保质保量地完成岗位工作，即任职者不会选择从事这项工作。第二，企业内部不同的岗位将创造的价值量大小是不同的。因此，企业需要根据不同的岗位职责确定不同的工资报酬，同时企业应该将恰当的人放在恰当的岗位上，使任职者的能力素质与岗位要求相匹配。这种制度下，对于超过岗位要求的能力不给予额外报酬，鼓励员工通过岗位晋升机制来获得更多的报酬。

2. 职务工资制

职务工资制实质上是简化了的岗位工资制。对于企业而言，职务和岗位的区别在于：岗位不仅表达出层级还表达出工作性质，如人力资源主管、财务部经理等就是岗位；而职务仅仅表达来层级，如主管、经理，以及科长、处长等。职务工资制在国有企业、事业单位以及政府机构得到广泛的应用。职务工资制只区分等级，其事实上和岗位工资制具有本质的不同：岗位工资制体现不同岗位的差别，岗位价值综合反映了岗位层级、岗位工作性质等多方面因素，是市场导向的工资制度；而职务工资制仅仅体现层级，是典型的等级制工资制度。

职务工资制的特点和岗位工资制的特点近似，但相对于岗位工资制而言，职务工资制有个最大的特点是：根据职务级别定酬，某些人可能没有从事什么岗位工作，但只要到了那个级别就可以享受相应的工资待遇，这是对内部公平的最大挑战。

3. 技能工资制

技能工资制根据员工所具备的技能而向员工支付工资，技能等级不同，薪酬支付的标准也不同。技能通常包括3类，即深度技能、广度技能和垂直技能。深度技能是指从事岗位工作有关的知识和技能，表现在能力的纵向结构上，强调员工在某项能力上不断提高，鼓励员工成为专家。广度技能是指从事相关岗位工作有关的知识和技能，表现在能力的横向结构上，提倡员工掌握更多的技能，鼓励员工成为通才。垂直技能是指员工进行自我管理，掌握与工作有关的计划、领导、团队合作等技能，鼓励员工成为更高层次的管理者。

4. 能力工资制

能力工资制根据员工所具备的能力向员工支付工资，员工能力不同，薪酬支付的标准也不同。在人力资源开发与管理中，能力多指一种胜任力和胜任特征，是员工具备的能够达成某种特定绩效或者是表现出某种有利于绩效达成的行为能力。

根据能力冰山模型，个人绩效行为能力由知识、技能、自我认知、品质和动机五大要素构成。知识是指个人在某一特定领域拥有的事实型与经验型信息；技能是指结构化地运用知识完成某项具体工作的能力，即对某一特定领域所需技术与知识的掌握情况；自我认知是个人关于自己的身份、人格以及个人价值的自我感知；品质是指个性、身体特征对环境和各种信息所表现出来的持续而稳定的行为特征；动机是指在一个特定领域自然而持续的想法和偏好（如成就、亲和力、影响力等）。这些要素将驱动、引导和决定一个人的外在行动。其中，知识和技能是"水面以上部分"，是外在表现，是容易了解与测量的部分，相对而言也比较容易通过培训来改变和发展；而自我认知、品质和动机是"水面以下部分"，是内在的、难以测量的部分，它们不太容易因为外界的影响而改变，但却对人员的行为与表现起着关键性的作用。

技能工资制和能力工资制的理念是："你有多大能力，就有多大的舞台。"技能工资制和能力工资制真正体现"以人为本"的理念，给予员工足够的发展空间和舞台，如果员工技能或能力大大超过岗位工作要求，企业要给员工提供更高岗位的工作机会，如果没有更高层次的岗位空缺，也应给超出岗位要求的技能和能力给予额外报酬。

5. 绩效工资制

绩效工资制是以个人业绩为付酬依据的薪酬制度，其核心在于建立公平合理的绩效评估系统。绩效工资制可以应用在任何领域，适用范围很广，在销售、生产等领域更是得到了大家的认可。计件工资制、提成工资制也都属于绩效工资制。

绩效工资制的优点如下。

（1）有利于个人和组织绩效的提升。绩效工资制的采用需要对绩效进行评价，给予员工一定的压力和动力，同时需要上级主管对下属不断进行绩效辅导和资源支持，因此会促进个人绩效和组织绩效的提升。

（2）实现薪酬内部公平和效率目标。根据绩效付酬，有助于打破"大锅饭"、平均主义思想，鼓励多劳多得，因而有利于实现薪酬的内部公平以及提高效率这两个目标。

（3）人工成本低。一方面，虽然对业绩优异者给予较高报酬会给企业带来一定程度人工成本的增加，但事实上，优秀员工的报酬增加是以给公司带来价值为前提的，在员工获得高报酬的同时企业获得了更多的利益；另一方面，企业给予业绩低下者较低薪酬或淘汰业绩低下者，这会大大降低工资成本。

绩效工资制的缺点如下。

（1）短期行为。由于绩效工资与员工当期绩效相关，所以易造成员工只关注当期绩效而产生短期行为，可能为了短期利益的提高而忽略企业长远的利益。

（2）员工忠诚度不足。如果绩效工资所占比例过大，固定工资太少甚至没有，以及缺乏保健因素，容易使员工产生不满；另外实行这种工资制度不可避免会有员工被淘汰，使员工流动率比较高。这两方面都会影响员工的忠诚度以及组织的凝聚力。

6. 组合工资制

组合工资制在企业薪酬管理实践中，除了以岗位工资、技能工资、绩效工资中的一个为主要元素外，很多情况下是以两个元素为主的，以充分发挥各种工资制度的优点。常见的组合工资制度有岗位技能工资制和岗位绩效工资制。

（1）岗位技能工资制是以按劳分配为原则，以劳动技能、劳动责任、劳动强度和劳动条件等基本劳动要素为基础，以岗位工资和技能工资为主要内容的企业基本工资制度。技能工资主要与劳动技能要素相对应，其确定依据是岗位、职务对劳动技能的要求和员工个人所具备的劳动技能水平。技术工人、管理人员和专业技术人员的技能工资可分为初、中、高三大工资类别，每类又可分为不同的档次和等级。岗位工资与劳动责任、劳动强度、劳动条件三要素相对应，它的确定是依据三项劳动要素评价的总分数划分几类岗位工资的标准，并设置相应档次，一般采取一岗多薪的方式，视劳动要素的不同，同一岗位的工资有所差别。我国大多数企业在进行岗位技能工资制度改革时，除设置技能和岗位两个主要单元外，一般还加入工龄工资、效益工资、各种津贴等。

（2）岗位绩效工资制得到广泛应用是因为在当前市场竞争中，为了激励员工，将员工业绩与收入联系起来是很多企业采取的办法。岗位绩效工资制度除了在企业中得到广泛应用之外，也被用于很多事业单位。事业单位的岗位绩效工资由岗位工资、薪级工资、绩效工资和津贴补贴 4 个部分构成。事业单位员工可分为专业技术人员、管理人员、技术工人和普通工人 4 个序列。

专业技术人员岗位工资根据本人现聘用的专业技术岗位（通俗地讲就是获得了职称并且被聘用）来执行相应的岗位工资标准；管理人员按本人现聘用的岗位（任命的职务）来执行相应的岗位工资标准；技术工人按本人现聘用的岗位（技术等级或职务）来执行相应的岗位工资标准；普通工人执行普通工作岗位的工资标准。

薪级工资根据任职者工龄、任本岗位年限以及岗位等级确定，其实质是对岗位工资进行修正，对经验丰富者给予更多报酬，取消的工龄工资反映在薪级工资中。

绩效工资一般是由上级主管部门核定绩效工资总量，由各单位自主制定绩效工资分配方案。绩效工资可以采取灵活多样的分配形式和办法。

31.1.3 影响薪酬的因素

影响薪酬的因素大致可以分为组织的外在因素和内在因素两大类。

1. 影响薪酬的外在因素

（1）国家的政策和法规。企业制定薪酬政策时，必须考虑国家的相关政策和法规。

（2）劳动力或人才市场供求情况。供过于求时，员工不得不接受较低的薪酬；供不应求时，员工往往可以得到较高的薪酬待遇。

（3）当地生活水准。当地生活水准较高时，为了保证企业内员工的生活水平，企业必须适当上调员工的薪酬。

（4）当地收入水平（市场薪酬水平）。为了稳定人力资源、留住人才，企业在制定薪酬时必须使员工的薪酬与当地收入水平相当。

2. 影响薪酬的内在因素

（1）支付能力。即企业的经营状况和经济实力，其往往与员工薪酬水平成正相关关系。

（2）工作性质的差异性。不同工作的复杂程序、技能要求、工作强度或负荷方面都存在着差异，这种差异是企业确定薪酬差异的重要依据。

（3）员工情况的差异性。员工之间的工龄、文化程度、专业技能等差异也是企业确定薪酬差异的重要依据。

（4）企业对人性的假设。如果企业把员工看成"经济人"，企业的薪酬形式会采用经济性薪酬；如果企业把员工看成"社会人"或"复杂人"，企业的薪酬形式就会更多地采用非经济性薪酬。

31.2 薪酬设计

31.2.1 薪酬设计原则

（一）内部公平性

企业内部的员工薪酬可以按照员工承担的主体责任大小、需要的知识能力高低以及工作性质要求的不同，在薪资结构上合理体现不同层级、不同职系、不同岗位在企业中的价值差异。

（二）外部竞争性

企业内部的员工薪酬应该保持企业在行业中薪资福利的竞争力，应能够吸引优秀的人才加盟。

（三）与绩效相关性

企业内部的员工薪酬必须与企业、团队和个人的绩效完成情况密切相关，不同的岗位绩效考评结果应当在薪酬结构中准确、合理地予以体现，实现员工的自我公平，从而最终保证企业整体绩效目标的实现。

（四）激励性

企业内部的员工薪酬应该以增强工资的激励性为导向，采用动态工资和奖金等激励性工资单元的设计，激发员工工作积极性；另外，应该设计和开放针对不同岗位的不同薪酬通道，使不同岗位的员工有同等的晋升机会。

（五）可承受性

确定企业内部员工合理的薪资水平必须考虑企业实际的支付能力，薪酬水平须与企业的经济效益和承受能力相一致。人力成本的增长幅度应该低于总利润的增长幅度，同时应该低于劳动生产率的增长幅度。企业可选择通过适当工资成本的增加来激发企业内部员工创造更多的经济增加值，保障出资人与债权人的利益，实现企业的可持续发展。

（六）合法性

企业内部员工薪酬体系的设计应当在国家和地区相关劳动法律法规允许的范围内进行。

（七）可操作性

薪酬管理制度和薪酬结构应当尽量浅显易懂，使员工能够理解设计的初衷，从而按照企业的引导规范自己的行为，达到更好的工作效果。简洁明了的制度流程可使操作性更强，有利于迅速推广，同时也便于管理。

（八）灵活性

企业在发展的不同阶段和外部客观环境发生变化的情况下，应当及时对薪酬管理体系进行适当的调整，以适应企业外部环境的变化和企业自身发展的内在要求，这就要求薪酬管理体系具有一定的灵活性。

（九）适应性

企业内部员工的薪酬管理体系应当能够体现企业自身的业务特点以及企业性质、所处区域、行业的特点，并能够满足这些因素的要求。

31.2.2　薪酬设计基本步骤

为实现薪酬管理目标，薪酬设计必须遵照以上的9项原则，细致入微地开展一系列工作，这样才能使方案切合实际且具有广泛的接受程度及良好的可实施性。薪酬设计的基本步骤有以下6个。

（一）薪酬调查

薪酬调查是薪酬设计过程中的重要组成部分。它解决的是薪酬的对外竞争力和对内公平这两个问题，是整个薪酬设计的基础。只有开展实事求是的员工薪酬调查，才能使企业内部员工薪酬设计做到有的放矢，解决企业的薪酬激励存在的根本性问题，做到薪酬个性化和有针对性的设计。薪酬调查通常需要考虑以下3个方面。

（1）企业薪酬现状调查。通过科学的问卷设计，从企业内部员工薪酬水平的3个公正（内部公平、外部公平、自我公平）角度了解现有薪酬体系中的主要问题以及造成问题的原因。

（2）进行薪酬水平调查。主要收集行业和地区的薪酬增长状况、不同薪酬结构对比、不同岗位和不同级别的岗位薪酬数据、奖金和福利状况、长期激励措施以及未来薪酬走势分析等信息。

（3）薪酬影响因素调查。综合考虑薪酬的外部影响因素（国家的宏观经济、通货膨胀、行业特点和行业竞争、人才供应状况等）和企业的内部影响因素（盈利能力和支付能力、人员的素质要求及企业发展阶段、人才稀缺度、招聘难度等）。

（二）确定薪酬原则和策略

确定员工薪酬的原则和策略是薪酬设计后续环节的重要前提。在充分了解企业目前薪酬管理现状的基础上，确定薪酬分配的依据和原则，并以此为基础确定企业的有关分配政策与策略，如不同层次、不同系列人员收入差距的标准，薪酬的构成和各部分的比例等。

（三）职位分析

职位分析是企业内部员工薪酬设计的基础性工作。职位分析的基本步骤是：首先结合企业当前及未来的经营发展目标，在对企业进行深入的业务分析和人员分析的基础上，明确各部门职能和职位间的相互关系；然后进行各岗位的职责调查分析；最后由岗位员工、员工上级和人力资源管理部门共同完成职位说明书的编写。

（四）岗位评价

岗位评价的目的重在解决薪酬对企业内部的公平性问题。通过比较企业内部各个岗位之间的相对重要性，得出相应的岗位等级序列。岗位评价以岗位说明书为依据，其方法有许多种，企业可以根据自身的具体情况和特点，采用不同的方法来进行岗位评价。

（五）薪酬类别的确定

企业根据当前的实际情况和未来发展战略的具体要求，对不同类型的工作人员应当采取不同的薪酬类别。例如，企业高层管理者可以采用与年度经营业绩相关的年薪制，管理序列人员和技术序列人员可以采用岗位技能工资制，营销序列人员可以采用提成工资制，企业急需的人员可以采用特聘工资制等。

（六）薪酬结构设计

薪酬的构成因素反映了企业发展所关注的内容，采取不同的策略、关注不同的方面就会形成不同的薪酬结构。因此，企业在考虑薪酬的构成时，还要综合考虑以下 4 个方面的因素：一是岗位在企业中的层级；二是岗位在企业中的职系；三是岗位员工的技能和资历；四是岗位的绩效。这 4 个因素分别对应薪酬结构中的不同部分。

31.2.3　薪酬设计方法

第一步，展开对企业的工作分析。确定企业运营中需要什么样的岗位，并建立相关岗位的岗位说明书，这是企业内部员工薪酬体系设计的前提条件。

第二步，建立一套科学的岗位评价方法。评价各个岗位的重要性或相对价值，并将所有的岗位都纳入工资级档系统，以形成企业的工资级别。例如，将整个企业的工资体系设计为 10 级，秘书这个岗位的工资定为第 5 级，而董事长这个岗位的工资就是第 10 级。企业通过这样的办法，可以解决薪酬确定中内部公平性的问题。

第三步，展开薪酬调查，并由企业根据自己的薪酬政策确定每个工资级别的薪酬定位。例如，确定应该是按照市场上的25P、50P还是75P（P代表排名）来定位。这样做的目的是保证薪酬的外部吸引力。

第四步，确定薪酬结构。这里既包括确定固定工资和浮动工资的比例，也包括确定岗位工资和技能工资的关系等。比较常见的办法是把工资级别设计为一个区间，并在这个区间内划分出不同的档次。同一岗位的不同员工将根据他们的技能、经验、学历的不同，对应不同的工资级档。

31.2.4　薪酬设计程序

企业内部员工薪酬体系的设计对企业而言是一项比较复杂的系统工程，不是靠文字堆砌而成的文案就能形成的，而是企业全体参与的过程，是与人力资源管理部分紧密结合的过程。

（一）培育管理的良好环境

企业内部员工薪酬体系不是靠人力资源部闭门造车、参加几次培训或是完全把它交给咨询企业就能完成的。企业需要培育良好的管理环境，如同培育好的土壤：与上层沟通好，获得支持；与中层沟通好，获得配合；与员工沟通好，获得认同。

（二）工作分析

企业应进行相关的工作分析，以保证企业里所有的工作都能合理分配到合适的人身上，为随后的岗位评价奠定基础。工作分析活动需要由人力资源部门、员工及其主管上级通过共同努力与合作来完成，通常采用访谈法、问卷法、观察法、现场工作日记或日志法等方法，最后形成岗位说明书和工作规范。岗位说明书是描述工作执行者实际的工作内容、工作方法以及工作环境的书面文件；工作规范以岗位说明书的内容为依据，说明工作执行者主要应具备的知识、技能和经验等。

（三）岗位评价

职位评价是对企业中所有岗位的相对价值进行排序的一个过程，其应用的主要方法有排序法、分类法、要素比较法和要素点值法，其中最复杂也是相对比较科学的方法是要素点值法。应用要素点值法时，首先选取若干关键性的薪酬要素指标，并对每个要素的不同水平进行科学合理的界定，同时给各个水平赋予一定的分值，这个分值也叫作"点值"或"点数"，然后按照这些关键的薪酬要素对职位进行评估，得到每个岗位的总点数，最后以此决定岗位的相对薪酬，保证组织内部薪酬的公平性。

著名的海氏因素点值评估体系认为，智能水平、解决问题的能力、职务承担的责任是最主要的付酬因素，每个要素是由一个多维矩阵的形式表现出来的。

（四）薪酬市场调查

由于企业自身开展的薪酬调查效果难以保证，所以企业一般可以到咨询公司购买市场薪酬调查报告。但由于企业之间存在同一职位名称而工作内容非同一性的问题，再加上市场调查结果是统计分析后的总体表现，所以，市场调查结果也只是起到参考作用。具体的企业薪酬设计，需要结合企业的实际情况，包括企业规模、盈利情况、员工层次等来确定。

（五）其他制度衔接

上文已经提到人力资源管理的每一部分都不是独立的，而是相互联系、相互影响的。例如，薪酬设计出来以后，对招聘工作有指导作用，而每个员工的具体薪酬又是由绩效考核结果决定的，绩效考核的结果又影响到培训、晋升等，这些进而又影响薪酬。所以，设计薪酬体系，是一个庞大的工程，需要全体员工的参与。

第 32 章
基于 EVA 的薪酬激励

32.1 基于 EVA 的薪酬激励概述

32.1.1 基于 EVA 的薪酬激励的优势

（一）改善了企业的整体治理结构

EVA 薪酬激励计划成了管理层和所有者之间的利益纽带，使管理层和所有者关系进一步协调，整个企业的经营目标也实现了统一。另外，通过导入 EVA 薪酬激励计划，确保管理层在追求自身利益最大化的同时实现所有者价值的最大化，建立起一种所有者控制管理层行为的合理运行机制。

（二）建立了上不封顶的绩效薪酬激励计划

企业采取的上不封顶的绩效薪酬激励计划会使企业的管理层去发现并成功实施可以使所有者财富增值的行为。而且，在传统的企业薪酬激励制度下，一旦管理层的薪酬奖金到达上限，管理层可能会采取损害所有者财富的行为，以谋求个人利益的最大化。

（三）采取了红利银行制度，建立了相应的奖金库

在该制度中，绩效计酬和奖金支付是分开的，管理层奖金计入奖金银行，每年实际支付给管理层的红利则基于更新的奖金库账户余额（由期初余额加本年的奖金组成）的一定比例。如果奖金库账户余额为负数，则没有奖金支付。本期期末余额将被结转到下一期。在奖金库制度下，一部分额外的奖金将被保存起来，以备以后业绩下降时补偿损失，从而

防止管理层产生了为了短期目标而牺牲长期目标的企图，同时激励管理层增加工作时间，减少企业不景气时的损失。让红利银行的奖金处于变动的状态，可以使管理层在行为方式和思考方式上趋于股东利益，使他们从企业的长期发展角度出发，规划企业的发展，并不断追求持续和长期的改进。

（四）按照预先设定的计划目标设立相应奖金额度

EVA 薪酬激励计划不再采取谈判等形式，而是按照全行业的发展趋势确定本企业的业绩指标。当 EVA 增加的价值等于计划目标时，管理层就能得到事先设定的奖金。这与传统奖励制度的业绩指标制度有一定的相同点，但是两者之间又存在显著的差别：在 EVA 奖金计划中，EVA 改进目标一般每 3 年确定 1 次，而不是每 1 年谈判 1 次的；随着实际业绩的变化，计算 EVA 计划改进目标的基数每年自动调整 1 次。

（五）营造出创造价值和财富的企业文化氛围

通过 EVA 薪酬激励计划把员工的奖励与年度预算相分离，奖励的基础从达到预算目标变成了分享 EVA 的增加值。这样，管理层和所有者有着共同的利益诉求，管理层目标也从试图降低所有者的期望转向了努力提高企业的经营业绩。而企业通过 EVA 薪酬激励机制最终可以营造出一种创造财富和价值的企业文化氛围。

32.1.2　企业管理层薪酬激励影响因素的分析

企业管理层作为企业的特殊管理群体，与一般企业内部员工的不同之处在于，其日常的经营管理工作是一种特殊劳动行为贡献，因而企业管理层薪酬制度的确立相对于企业内部的员工来说要更为复杂、重要，其薪酬组成需要认真考虑，也需要企业组织管理的权变思想。合理、高效的企业管理层薪酬激励制度，对于企业的长期发展战略至关重要。

企业管理层薪酬水平的高低受到很多内、外部因素影响。从外部因素来看，劳动生产率水平、经理人市场的供求状况、地区差异、行业差异、物价变动、与薪酬相关的法律法规等因素，都会影响企业管理层的薪酬水平。从企业内部因素来看，企业经济效益、生产要素边际生产率、企业文化、董事会和股权结构、企业规模、成长潜力、企业绩效、财务结构、研发投入密集度、资本密集度、资产负债率、现金流变动率都会对企业管理层薪酬水平产生影响。下面对几种主要的影响因素进行分析。

（一）地理位置差异因素

在与全行业的企业比较过程中，地理位置差异是一个重要指标。不同地区具有不同的薪酬水平，这是当前非常普遍的经济现象。不同地区薪酬差异的原因，除了受经济因素影响以外，还受其他社会环境因素的影响。正如社会契约理论所阐述的那样，企业员工薪酬和雇佣合同，也可以看成是一种社会契约。根据社会契约理论，不同企业的雇员对于雇佣关系的期望是不同的，因此，他们对于劳动薪酬的期望也就不一样。

在管理层的人力资源市场上，市场通过边际效益原则进行经济资源的有效配置。一般而言，当经营管理人员的边际成本等于边际收益时，就是经营管理人员的均衡薪酬水平。就经济理论而言，这是一个很好的资源配置机制，但是，在现实中这个机制不一定适用。主要是因为在现实社会中经营管理人员的边际效益无法被准确衡量。但是，一般而言，当地区经营管理人员的劳动成本普遍提高时，劳动力市场中经营管理人员供给曲线就要向左上方移动，如果这时经营管理人员需求曲线位置保持不变，那么劳动力市场中的均衡薪酬水平就会提高。这是市场供求规律的必然结果，也是边际成本等于边际收益的均衡生产结果。

从经营管理人员市场的需求角度来看，经营管理人员需求面的变化同样会对地区经营管理人员平均薪酬产生影响。经济比较发达的地区，一般也是企业发展比较活跃、企业效益比较好的地区，由于这些地区集中了这些好的企业，就构成了当地经营管理人员市场的强大生产需求。根据经营管理人员市场的供需关系理论，这时，在市场其他经济情况不变的条件下，需求曲线向右上方移动，导致均衡薪酬水平提高。

（二）企业经营的行业差异因素

企业管理层的薪酬激励制度与企业一般员工薪酬激励制度相比具有相似的目标，都是希望通过有效的员工薪酬激励来吸引有能力的人员加入企业，保证有才能的高层管理人员留任，并且激励这些高层管理人员提高企业的经营业绩。公平理论研究表明，企业管理层薪酬激励系统的目标能否得以实现，关键取决于能否给这些高级员工提供足够的公平感、满足感。

公平理论研究者把公平分成两类：企业的外部公平和内部公平。这里我们只涉及外部公平，所谓外部公平，是指企业给予每个员工的实际有效薪酬至少等于同类工人在市场上的平均薪酬水平。因此，为了实现高管团队的薪酬激励目标，企业首先需要让这些高管从外部比较的角度感觉到他们是受到公平的待遇的，进而获得外部公平感。

行业平均薪酬水平受到不同行业特征的影响，其中一个重要因素是社会中不同行业具有不同的技术水平与生产率。根据劳动生产率理论，一个行业劳动生产率主要是由每单位劳动力所投入的技术应用水平决定的。在生产力水平相对较为成熟的行业中，技术的应用标准都较高，因此，同一行业中不同企业的员工之间的薪酬具有较强的可比性。同行业其他员工的工资，往往成为外部比较的参照物。

行业内部一般具有较高的技术同质性，使得行业均衡薪酬成为企业制定薪酬水平的重要参考标准。同一行业中的企业股东，可以通过比较观察同行业中其他企业员工的薪酬制度来采取相似行动。尽管同一行业内部不同企业之间也存在一定的差异，但是企业雇主都会有一种普遍信念，即他们认为通过效仿同行中其他竞争对手的做法可以具有竞争力和获利。通过同行之间比较，企业股东会认为只要与同行业竞争对手在薪酬支付上存在的差异比较小，就可以获利，实现企业的长远发展。企业雇主一般很少通过计算员工生产率和市场供求关系来确定雇员薪酬，而是通过薪酬调查来了解同行做法，进而确定本企业的薪酬水平的。

因此，无论从雇员的角度还是企业的角度，行业薪酬水平都是外部公平的重要衡量尺度。对雇员而言，低于同行业平均薪酬水平的差距太大，意味着存在外部不公平现象；对企业而言，高于行业平均薪酬水平的差距太大，也意味着存在外部不公平现象。相对公平的举措就是参考行业平均薪酬水平，再根据本企业实际的经营特点进行合理调整来制定本企业的薪酬水平。不同行业，由于技术含量不同、产业生命周期差异等，具有不同行业的平均薪酬。所以外部公平理论预测，高平均薪酬行业，其企业管理层薪酬就比较高；相应地，低平均薪酬行业，其企业管理层薪酬就比较低。

（三）企业规模

从人力资本角度而言，企业经营管理人员薪酬水平应该和管理者本人的内在能力、累积的知识和技能正相关。因为随着企业规模的扩大，企业管理的复杂性也会倍增，要管理这个复杂性不断增加的企业就要求管理者拥有更多的技能，所以企业经营管理人员就需要得到更高的薪酬以使他们尽可能地高效管理公司。人力资源和企业规模之间还可能存在另一种关系，即拥有更多人力资本的管理者更容易被大型的、更复杂的企业聘用，因此就会获得更高薪酬。

从"委托－代理"角度而言，企业经营管理人员的薪酬水平不仅反映其个人的管理能力高低，还反映了企业的代理与监督成本的高低。由于企业不能直接观测企业经营管理人员的个人努力程度，就需要通过其他监督机制来克服所谓的"委托－代理"问题。但是，引入其他监督机制在降低代理成本的同时也提高了监督成本。当增加的监督成本大于减少的代理成本时，企业可采用高薪激励方式使企业经营管理人员更加努力工作，以避免因为经营失败而失去高薪的机会。由于大企业管理者行为难以被监督，大企业就越可能通过给予经营管理人员更高的薪酬来激励他们。

（四）企业支付能力

企业的实际支付能力是影响和决定企业经营管理人员薪酬的一个重要前提因素。企业的实际支付能力是指企业能够提供给雇员的薪酬支付能力。租金共享理论认为，那些处于经济发达地区的企业一般具有较强的新财富创造能力，因此企业需要和企业员工分享这些新创造的价值，其主要原因如下。

第一，企业员工讨价还价的能力。当企业拥有大量的新财富而不与员工实行共享机制时，员工就会通过降低努力程度、集体辞职以及阻挠和新员工之间的合作来威胁企业以达到自身的利益诉求。

第二，如果企业不与员工共享新创造的价值，员工可能加入行业工会来与企业进行谈判。为了阻止员工加入工会，企业往往会通过提高员工薪酬的方法来和员工分享新财富。同时，企业领导者发现给员工较高的薪酬可以使自己过得更加舒服，因为员工指责管理者的做法会因为使该员工获得较高的薪酬而减少。

第三，企业员工一般认为企业经营管理人员参与新财富分享是公平行为。因此，利润分享可以提高企业员工心中的公平感，高薪酬就可以提高员工的努力程度、减少离职率，进而降低劳动成本。

（五）风险因素的影响

企业的经营管理风险是影响企业经营管理人员薪酬水平的重要因素。根据"委托－代理"理论，股东和企业经营管理人员之间存在显著的利益冲突。由股东雇来的企业经营管理人员会追求个人利益最大化而不是股东利益最大化，结果导致股东利益受到损害。股东和企业经营管理人员之间的冲突，主要源于以下两个方面。

其一，企业经营管理人员具有追求个人利益最大化的动机与需要。例如，企业经营管理人员会利用企业特权去追求企业规模的扩展和采用可能损害股东利益的行为来维持和巩固自己的利益，这些行为都是企业经营管理人员为追求利益最大化而做出的，但是可能会损害股东利益，不是股东利益最大化所需要的行为。

其二，企业经营管理人员和股东对于企业经营风险的态度是不同的。股东可以通过购买不同的股票来投资不同企业，进而达到组合投资、分散风险的目的。这种多元化的组合投资，可以降低股东所面临的投资风险。因此，一般认为股东是风险中性的。但是，由于企业经营管理人员和企业的密切关系，经营管理人员不太可能任职好几家企业，所以他们不太可能拥有组合投资。一个高管一般只能在一家公司里任职，所以对这个工作的风险态度不可能是风险中性的。

企业经营管理人员普遍被认为是风险规避者。企业经营管理人员希望得到使自己所承担风险最小的绩效薪酬结构。对于既定的绩效薪酬水平，企业经营管理人员更偏好于固定的现金绩效薪酬而不是权益绩效薪酬，因为权益绩效薪酬往往和企业长远的经营绩效相联系，并且在一定程度上超出企业经营管理人员的控制。当企业经营管理人员的人力资本会随着企业绩效变化而变化时，这种偏好就更加显著了。为了减少绩效薪酬的风险，经营管理人员会采取各种方法来减少企业风险，这些行为对于企业绩效会产生负面影响。

（六）股权结构因素

股权结构是企业治理的重要内容。一般而言，在其他条件不变的情况下，股权是集中在某一大股东手中的，大股东将在薪酬制度设计中独揽大权，并根据自己的好恶和利益关系恣意制定有利于自身的政策。与此相对应的，倘若股权在几家大股东中均衡地分布，多家股东在薪酬政策的制定中相互制衡，企业将会越倾向于设计与企业绩效挂钩的市场化薪酬制度。为此，可以将第三大股东的持股比例与第一大股东的持股比例之比定义为股权制衡度。股权制衡度越高，说明股权在三家大股东之间的分布越均衡，此时，企业经营管理团队的薪酬越取决于市场化因素。

32.2 基于 EVA 的薪酬激励框架

32.2.1 企业传统薪酬激励制度的制约

典型的绩效薪酬奖励计划有 3 个主要特点：① 奖金的发放是根据企业的财务经营目标的实现情况确定的，以预算的经营利润为目标来发放奖金最为常见；② 奖金的发放是以实现最低赢利目标为前提的；③ 奖金支出存在上限。

许多绩效薪酬奖励计划都把企业目标业绩的 80% 作为"门槛"业绩，并规定实际业绩低于"门槛"业绩时管理层将无法得到绩效奖金，而奖金发放的上限为目标业绩的 120%。在典型的"80%~120%"绩效奖金发放体系中，如果达到"门槛"业绩则发放 80% 的目标奖金，如果达到最高限额的经营业绩，则发放 120% 的目标奖金。

该方案的主要目的就是要降低挽留风险和股东成本。在预算基础上做出的企业的财务经营目标可以确保预期的奖金分配额等于目标奖金分配额，这样就降低了挽留风险，而奖金发放的最高限额的规定则降低了股东成本。但是，这种方案存在以下 4 个主要缺陷。

第一，企业并没有选择正确的经营业绩衡量指标。传统的奖金激励体系通常以企业规模、会计盈余或资本回报率等业绩指标作为考核指标，这可能会导致经营管理人员做出损害企业价值的决策。以营业利润或资本回报率等来衡量经营业绩，这与股东价值最大化目标之间并没有显著的目标一致性。因为只要存在大量绩效奖金的诱惑，经营管理人员就可以操纵会计利润或销售额。如果投入资本的回报未能超出资本成本，即使会计利润增加，其实际也是在毁灭企业价值。

第二，"门槛"业绩和最高限额的规定鼓励经营管理人员通过把现期收入或开支转移到下一期，以实现当期业绩最小化的做法，即给予了经营管理人员做假的动机。例如，如果一位销售人员早在该年度的9月或10月就拿到了相当于最高限额的奖金，那么这位销售人员就可能通过拖延收入的确认，甚至鼓励客户将订单拖延到下一年度的方式与企业的奖励计划进行博弈。通过这种方式，销售人员将该年度超额的营业额储存起来，以便在需要的年份使用。

第三，容易导致企业的经营管理人员行为短期化并影响企业内部团结与稳定。绩效薪酬奖励计划通常是建立在一定的财务经营目标的实现基础之上的，而且该经营目标可逐年调整。这意味着经营管理人员必须审慎考虑今年的经营业绩完成情况会对下一年的经营目标所产生的影响。如果今年的经营业绩目标实现了，这就意味着该管理人员下一年将面对更高的业绩目标，这对经营管理人员来说无异于一种潜在的处罚。

第四，未能结合企业的长期发展战略，企业通常根据年度预算利润完成情况发放奖金。这种方法通常鼓励企业的经营管理人员设立保守、容易完成的经营业绩目标以获得绩效奖金。这还容易导致下属与上级讨价还价，使经营管理人员急于追求短期成果而不能充分重视企业长期发展，也不愿意在3~5年内能获得更大回报的项目上进行投资。

32.2.2　EVA在激励制度中的优势

由于EVA是一个企业在扣减综合资本成本后所得出的企业的经济利润增量，所以当EVA为0时，企业日常经营活动所产生的效益正好等于股东期望回报水平；EVA超过0的部分是经营管理人员为股东创造的超出其事先预期的剩余经济价值。企业可以设定一定的分配比例机制，将超额的EVA中的一部分分配给经营管理人员者作为绩效薪酬：超额越多，奖励越多；而奖励越多，经营管理人员创造超额EVA的动力则越大。这样一个分配机制既考虑到了考核目标设定的科学性和合理性，又保障了经营管理人员的利益和股东利益相关联。而且这种薪酬激励奖金100%来源于经营管理人员创造的剩余价值。这种机制称为自我供给的奖励计划，对股东来说没有多余的成本。在奖金计划中，使用EVA增量作为企业经营业绩的衡量标准，其原因如下。

首先，与最初的EVA奖金计算公式 [EVA奖金 =（工资 × 目标% × 公司业绩系数）× 5%+（工资 × 目标% × 部门业绩系数）× 40%+（工资 × 目标% × 个人业绩系数）× 10%] 计算得出的奖金额相比，依据EVA增量值所计算出的奖金额可以提高激励效果。其次，EVA增量对业绩好、业绩差的企业都适用，而不只局限于EVA为正数的企业。因此，经营管理人员所获得的奖金总额等于目标奖金额加上超额EVA增量与一个固定百分比的乘积（超额EVA增量的数值既可以为正也可以为负）的总和，目标奖金额是在取得了预期 EVA 后获得的。经营管理人员奖金主要是 EVA 的增量部分，而 EVA 的增量可正可负，因此经营管理人员的奖金所得可以为正值，也可以为负值，而且奖金没有最高限额和最低限额。

通过上述分析可以看出：EVA 薪酬激励系统的基本设计思想就是力求将经营管理人员的利益与所有者的利益统一起来，培养经营管理人员的长期观念，尽可能减少经营管理人员的短期行为和会计操纵，从而最终实现股东价值的最大化；为经营管理、资本预算、计划、业绩度量和员工薪酬制度设立一个统一的目标；同时还营造一种追求业绩的文化氛围和所有者思想，使经营管理人员积极创造价值。

32.3 基于 EVA 的薪酬激励应用案例及前景分析

32.3.1 薪酬激励机制的目标

在建立激励机制时，应采取适当的平衡性措施，考虑以下 4 个目标。

第一，经营管理人员与股东利益实现总体一致。即所建立的激励机制，能够保证经营管理人员与股东利益最大限度地达到一致。让企业的经营管理人员能够从股东的角度进行决策，使经营管理人员的短期利益和长期利益都能与股东的利益在整体上实现一致。

第二，财务杠杆作用的发挥机制。企业的经营管理人员的投入可能给自己带来巨大的财务杠杆效应，也有可能会承担较大损失。因此，企业要想经营管理人员能够真正发挥财务杠杆效应，给企业带来价值增值，就应该给经营管理人员足够的薪酬激励，使其能够承担一定的风险，达到激励作用最大化，从而实现企业价值最大化。

第三，限制高职。经营管理人员高职问题对企业的经营影响很大，如何挽留，特别是在经营业绩不佳的情况下更加重要。好的激励机制应该达到限制高级经营管理人员高职的目标。

第四，股东成本。要求把经营管理人员的薪酬限制在能使当前股东利益最大化的范围之内，使股东付出的激励、监管成本和损失成本降至最低，实现股东利益的最大化。

32.3.2　基于 EVA 的上市公司经营管理人员薪酬激励制度设计

企业经营业绩评价的最终目的是建立与之相对应的薪酬激励计划，以激发经营管理人员的工作积极性，缓解股东与经营管理人员之间由于信息不对称、权责不对等引发的利益冲突，从而改善企业的日常经营管理，降低"委托 – 代理"成本，提升企业的经济效益。由于传统薪酬激励制度存在考核指标不合理、经营管理人员收入不平衡、长期激励不足等问题，所以设计了基于 EVA 的上市公司经营管理人员薪酬激励制度。

（一）经营管理人员薪酬激励制度的设计原则

1. 相关性原则

降低企业股东的"委托 – 代理"成本的一个重要措施就是制定一个完善的薪酬激励机制，这个机制应当能够激发经营管理人员的工作积极性，以实现企业价值最大化的最终目标。因此，这个能够把经营管理人员的薪酬与其对企业的贡献程度密切相连的薪酬计划，比建立在利润基础上的传统薪酬计划更有效。以利润为基础的传统薪酬计划易受操纵，可能导致经营管理人员人为粉饰会计报表以获取高额奖金。

2. 坚持企业长远利益与当前利益相结合的原则

在传统薪酬激励方式的机制下，经营管理人员往往只注重当前的利益，而忽视企业的长远发展。因此，在制定经营管理人员的薪酬激励计划时，应将短期激励机制与长期激励机制有效结合，使经营管理人员兼顾企业短期利益和长远利益。

3. 兼顾效率与公平原则

为了避免企业内部分配不公平，必须在设立薪酬激励机制时同时兼顾效率和公平。经营管理人员的激励会影响企业整体的文化氛围，因此，企业在设计经营管理人员薪酬激励计划时，在适当拉开高层管理者与普通员工绩效报酬距离的同时，也要防止绩效薪酬过分悬殊，以免影响普通员工的士气，影响企业整体的团结与稳定。

4. 风险收益原则

在设计经营管理人员的绩效薪酬计划时，要遵循风险与收益对等的原则，使经营管理人员承担一部分企业经营风险，再根据其所承担的经营风险的大小发放相应的绩效薪酬。

5. 可行性原则

在设计经营管理人员的薪酬方案时，相关指标的规定必须明确且可行，经营目标的设置必须结合企业的具体情况而定。设置经营目标时不能盲目攀比，而且目标是经营管理人员通过努力能够实现的。

6. 科学性原则

经营管理人员激励制度的设计要科学并且合理，要能够真正激发经营管理人员的工作热情和工作积极性，促使经营管理人员增加股东价值，同时能够防止人为操纵。

（二）设计经营管理人员薪酬激励制度应考虑的因素

任何一个薪酬激励制度都不可能一成不变地适用于所有行业与所有企业，因此，企业在设计经营管理人员的薪酬激励时应结合企业所处的行业背景与企业特点，不能盲目效仿和攀比。在设计经营管理人员的薪酬激励计划时，尤其应注意考虑以下因素。

（1）企业的规模。企业规模大小与经营管理人员报酬同方向变动。企业规模越大，工作就越复杂，经营管理人员完成任务的难度就越高，获得的报酬也应越高。

（2）企业的性质。企业的性质不同，经营管理人员薪酬激励的方式也应有所差别。对于高新技术企业来说，可更多地采用长期激励方式；而对于那些成熟行业的企业而言，短期激励方式的比重可适当加大。

（3）企业的发展阶段。同一企业在不同发展阶段的目标有所差别，激励方式也应有所不同。创立期的企业可更多地采取长期激励方式以鼓励经营管理人员艰苦创业。进入成熟期以后，企业发展较稳定且增长放缓，则短期激励方式的比重可适当增大。

（4）企业的外部环境。企业的生产经营活动要受国家政策、法律、宏观经济形势等外部因素的影响，而不单取决于经营管理人员自身的努力程度。因此，在设计经营管理人员薪酬激励制度时，要考虑外部因素的影响。

32.3.3　基于 EVA 的红利银行计划

（一）基于 EVA 的红利银行计划概述

由传统的薪酬激励计划可知，尽管设置奖金上限能在一定程度上防止人为操纵会计盈余的可能性，但在上限与下限之间并未完全消除盈余操纵的动机，而超出上限之后经营管理人员又得不到更多的激励。因而思腾思特咨询公司提出了红利银行计划。

在红利银行计划中，奖金计算和奖金支付是分别运作的，经营管理人员的奖金计入红利银行，每年实际支付给经营管理人员的红利是红利银行账户余额（由期初余额加本年的奖金组成）的一定比例（如1/3）。如果红利银行账户余额为负则当期不支付奖金，本期余额被结转到下一期。这种不设上、下限的激励制度可以在更大程度上激发经营管理人员为股东创造财富的热情。

总之，基于 EVA 的红利银行计划的一个特点就是"红利缓冲库"的设置。"红利缓冲库"使经营管理人员承担红利逐步减少的风险，可以激励他们为了股东利益更好地经营企业。

（二）EVA 红利的计算

现代 EVA 红利计划经历了长期发展的过程，红利的计算公式也有很大的变化。

1. X 红利计划

红利 $=X\times\mathrm{EVA}_t$

其中，X 为经营管理人员分享系数，EVA 为当期的 EVA。

这种红利计划没有反映经营管理人员为企业创造的 EVA 增量，没有把经营管理人员的努力程度和报酬联系起来，可能导致经营管理人员以投机取巧的方式来提高 EVA，却不改善企业价值。

2. XY 红利计划

红利 $=X\times\mathrm{EVA}_t+Y\times(\mathrm{EVA}_t-\mathrm{EVA}_{t-1})$

其中，X、Y 为经营管理人员分享系数，EVA_{t-1} 为前一期的 EVA。

在确定具体的分享系数 X、Y 时，由企业的薪酬管理委员会结合企业的具体薪酬计划而定。一般来说：当 $\mathrm{EVA}_t>0$ 时，X 取的是正数；当 $\mathrm{EVA}_t<0$ 时，$X=0$；确保即使某年的 EVA 为负，只要与上年相比有所改善，经营管理人员仍然可以得到一定奖金。

3. 现代 EVA 红利计划

红利 = 目标奖金 $+Y(\mathit{\Delta EVA}-EI)$

上式中：$\mathit{\Delta EVA}$ 为实际 EVA 增量；

EI 为预期 EVA 增量，

Y 为 EVA 增量分享系数。

由上式可见，红利等于目标奖金加上超额 EVA 增量（即实际 EVA 增量与预计 EVA 增量之差）的一定比例（Y）的总和。EVA 增量适用于所有企业，不论其 EVA 值是正数还是负数。若经营管理人员只达到预期 EVA，则超额 EVA 增量为 0，经营管理人员就只能获得目标奖金，而没有超额奖金。

（三）EVA 红利的支付——红利银行

一般而言，红利银行账户的设置主要有以下两种类型：一种是"超额"红利银行账户。目标奖金主要采取用现金支付的方式，当期"超额奖金"按照一定比的例存入红利银行账户，企业每年派发该账户的一定比例，一般为 1/3，同时，若以后年度业绩出现负数时则从该账户中予以扣减，扣减比例一般也为 1/3。另一种是"完全"红利银行账户。即将当期的全部目标奖金都存入红利银行账户，每年派发该账户余额的一定比例，如 1/3，当业绩出现负数同样减计该账户。

红利银行制度有效地平抑了经营管理人员绩效报酬的高峰和低谷，注重经营管理人员对公司的长期贡献，引导经营管理人员更加关注企业的长远发展。同时，红利银行制度可以有效防止红利的大幅波动，并且延迟了红利大幅波动带来的不利影响，直到红利的大幅变动与股东财富波动紧密相关为止。

（四）基于 EVA 的红利银行计划的具体设计

由以上分析可知，企业在设计具体的 EVA 红利计划时要考虑多重因素的影响，要从企业的自身特点出发，确定具体的 EVA 红利计划。本书根据企业所属不同行业所表现的特点，设计适合的 EVA 红利计划。

1. 红利 =（$EVA_t - EVA_{t-1}$）$\times a$

该形式适用于发展迅速、潜力巨大、处于上升期的行业，如电信、高新技术行业。这种行业的企业发展速度很难估计，采用 EVA 增量衡量经营管理人员业绩可以最大程度地调动经营管理人员的工作积极性，使业务得以迅速扩张。

2. 红利 =（$EVA_t -$ 目标 EVA）$\times a_1 +$（$EVA_t - EVA_{t-1}$）$\times a_2$

该形式通常适用于成熟行业，如交通运输业、制造业、能源类企业。这些行业的企业 EVA 一般情况下为正数，而且发展较为稳定，前景比较容易预测。该形式旨在鼓励经营管理人员不要仅仅满足于 EVA 为正数，而要达到和超越预定的目标，同时使企业业绩不断得到改善。

3. 当 $EVA_t > 0$ 时，红利 =$EVA_t \times a_1 +$（$EVA_t - EVA_{t-1}$）$\times a_2$

当 $EVA_t = 0$ 时，红利 = 本年（$EVA_t - EVA_{t-1}$）$\times a_2$

其中 a_1、a_2 表示特定的比例。该形式适用于增长缓慢，已进入衰退期的行业，如纺织业等传统行业。这类行业的企业在正常情况下只能获得行业平均利润，EVA 的均值为 0 或小于 0；该形式同时以大于 0 的 EVA 和 EVA 增量作为薪酬发放的依据，旨在鼓励传统行业中经营管理人员的积极性，挖掘内部潜力，使 EVA 大于 0，并能逐年提高。